Dodge Caravan Plymouth Voyager y Chrysler Town & Country Manual de Reparación Automotriz

por L. Alan LeDoux y John H Haynes

Miembros de la Sociedad de Escritores Automotrices

Modelos cubiertos:
Dodge Caravan, Plymouth Voyager y
Chrysler Town & Country
1996 hasta 2002

No incluye información sobre la unidad de todas las ruedas (AWD) y los modelos de combustible alternativo

ABCDE
FGHIJ
KLMNO
PQRST

Haynes Publishing Group
Sparkford Nr Yeovil
Somerset BA22 7JJ England

Haynes North America, Inc
861 Lawrence Drive
Newbury Park
California 91320 USA

Reconocimientos

Los diagramas de cableado fueron creados exclusivamente para Haynes North America, Inc. por Valley Forge Technical Communications. Entre los asesores técnicos que contribuyeron a este proyecto se encuentran Steven Von Eschen y Walter Visnisky.

© **Haynes North America, Inc. 2015**

Con permiso de J. H. Haynes & Co. Ltd

Un libro de la Serie de Manuales de reparación automotriz de Haynes

Impreso en los EE. UU.

ISBN-13: 978-1-562092-162-3

ISBN-10: 1-62092-162-6

Número de Control de la Biblioteca del Congreso 2015933078

Contenido

Haynes, mecánico, autor y fotógrafo con la Dodge Caravan modelo 1996

Acerca de este manual

Su propósito

El propósito de este manual es ayudarlo a obtener de su vehículo los mayores beneficios al más bajo costo. Puede hacerlo de distintas maneras. Puede ayudarle a decidir qué trabajo se debe hacer, incluso si usted decide que se haga en el departamento de servicio de un concesionario o en un taller mecánico. Suministra información y procedimientos para el mantenimiento y servicio de rutina, e indica los procedimientos de diagnóstico y reparación a seguir cuando ocurra un problema.

Confiamos que utilice este manual para hacer usted mismo el trabajo. En el caso de muchos trabajos sencillos, podría ser más rápido que lo haga usted en vez de hacer una cita para llevar el vehículo a un taller y hacer los recorridos de ida y vuelta. Aun más importante, usted se puede ahorrar mucho dinero si evita los pagos que cubren la mano de obra y los gastos generales del taller. Un beneficio extra es la satisfacción y el logro que se siente después de haber hecho el trabajo usted mismo.

Uso de este manual

El manual está dividido en Capítulos. Cada Capítulo está dividido en secciones numeradas, cuyo título se muestra en negrita entre líneas horizontales. Cada sección consiste en párrafos numerados consecutivamente.

Al comienzo de cada sección numerada se hace referencia a toda ilustración que corresponda a los procedimientos de dicha sección. Los números de referencia utilizados en las ilustraciones identifican a la sección y al paso pertinentes dentro de dicha sección. Es decir, la ilustración 3.2 significa que se refiere a la sección 3 y al paso (o párrafo) 2 de esa sección.

Los procedimientos, si ya se describieron una vez en el texto, no suelen repetirse. Cuando sea necesario hacer referencia a otro Capítulo, se hará dando el número del Capítulo y la sección. Las referencias cruzadas indicadas sin el uso de la palabra "Capítulo" corresponden a secciones y/o párrafos de ese mismo Capítulo. Por ejemplo, "vea la sección 8" significa la sección 8 de ese mismo Capítulo.

Las referencias a los lados izquierdo y derecho del vehículo se hacen suponiendo que usted está sentado en el asiento del conductor, mirando hacia adelante.

Aunque preparamos este manual con extremo cuidado, ni los escritores ni los editores se hacen responsables de ningún posible error u omisión en la información suministrada.

NOTA

notas a proporcionar información necesaria para el procedimiento. información que se realice el procedimiento a la información.

PRECAUCIÓN

se proporciona una herramienta o un procedimiento de los pasos que debe hacer cuando se completa el procedimiento de la cual se encuentra. Si no se toma en cuenta la información de una precaución pudieran ocurrir daños en el conjunto en el que se está trabajando.

ADVERTENCIA

un Warning proporcionar herramientas especiales y procedimiento de los pasos que debe seguir el procedimiento a el Warning completa que se encuentra. Si no se toma en cuenta una advertencia pudieran ocurrir lesiones personales.

Introducción a la Dodge Caravan, Plymouth Voyager y Chrysler Town & Country

Dodge Caravan, Plymouth Voyager y Chrysler Town & Country son modelos de mini vans de motor delantero y tracción delantera. Estos modelos están disponibles con cuerpos de gran longitud o longitud estándar; están equipados con una puerta trasera levadiza estándar y una puerta lateral corredera en el lado de la acera (lado de pasajero) del vehículo, y una puerta lateral corredera opcional en el lado del conductor. Cuentan con motores V6 o de cuatro cilindros montados transversalmente, equipados con inyección de combustible electrónica multipunto. El motor impulsa las ruedas delanteras a mediante un transeje automático de cuatro velocidades a través ejes impulsores independientes.

La suspensión delantera totalmente independiente consta de resorte helicoidal/unidades montantes, brazos de control inferiores con enlaces barra estabilizadora que conectan la barra estabilizadora. La suspensión trasera utiliza un eje de viga y las unidades de husillo/cubo sujetados mediante resortes de hoja. Una barra lateral llamada varilla Panhard localiza el eje de viga, y está conectado entre la unidad de eje de viga y la carrocería del vehículo. Una barra estabilizadora trasera está equipada en algunos modelos.

La unidad de dirección hidráulica de cremallera y piñón está montada detrás del motor.

Los frenos delanteros son de disco; los frenos traseros son de tambor o de tipo disco opcional. El freno mecánico de ayuda es de serie con un sistema de frenos antibloqueo (ABS) opcional.

Números de identificación del vehículo

Números de identificación del vehículo

Las modificaciones son un proceso continuo y poco conocido de la fabricación de vehículos. Como los manuales y las listas de las piezas de repuesto se compilan en forma numérica, los números de cada vehículo son esenciales para identificar correctamente los componentes necesarios.

Número de identificación del vehículo (VIN)

El número de identificación del vehículo (VIN), que aparece en el Certificado de título e inscripción del vehículo, también está estampado en un plato gris ubicado en la esquina izquierda superior del tablero (del lado del conductor), cerca del parabrisas (vea la ilustración). El VIN le informa cuándo y dónde se fabricó el vehículo, país de origen, marca, tipo, sistema de seguridad para pasajeros, línea, serie, estilo de carrocería, motor y planta de ensamblaje.

Códigos de motor y de año del modelo en el VIN

Dos piezas particularmente importantes de información que se encuentra en el VIN son el código del motor y el código del año del modelo. Contando desde la izquierda, la designación del código del motor es el octavo dígito y la designación del código del año del modelo es el décimo dígito.

En los modelos cubiertos en este manual, los códigos de motor son:

B	2.4L de 4 cilindros
3	3.0L V6
3	3L V6
3	3.8L V6

En los modelos cubiertos en este manual, los códigos del año de modelo son:

T	1996
V	1997
W	1998
X	1999
Y	2000
1	2001
2	2002

El Número de identificación del vehículo (VIN) se puede ver desde afuera a través del parabrisas en el lado del conductor

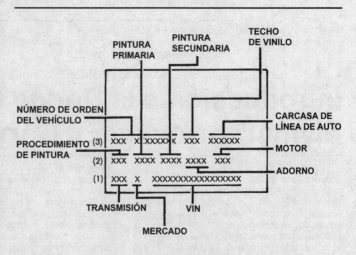

El código de chapa de la carrocería del fabricante se encuentra en el panel de travesaño de cierre del radiador en el compartimento del motor

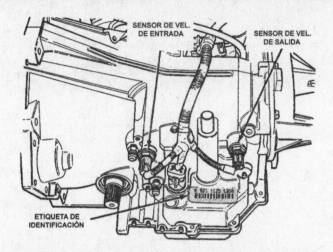

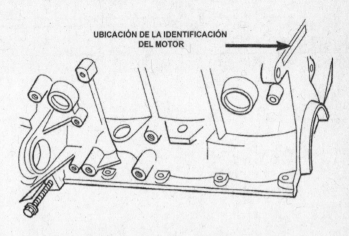

El número de identificación del transeje se encuentra en un adhesivo en el extremo izquierdo (lado del conductor) del transeje

El número de identificación del motor 2.4L con cuatro cilindros se encuentra en la parte trasera del bloque de cilindros

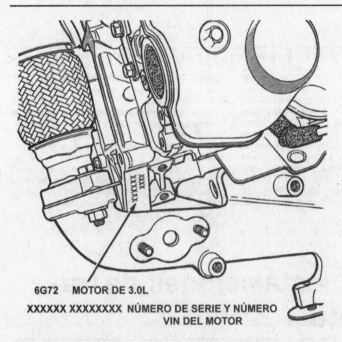

6G72   MOTOR DE 3.0L

XXXXXX XXXXXXXX NÚMERO DE SERIE Y NÚMERO VIN DEL MOTOR

El número de identificación del motor 3.0L V6 está situado en la parte delantera del motor cerca de la tubería de escape de cruce, por debajo de la cabeza del cilindro

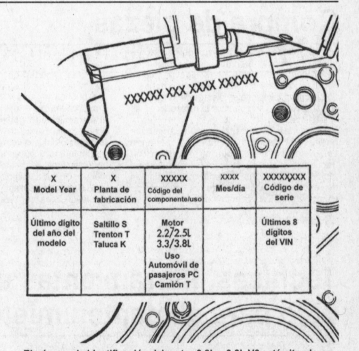

X Model Year	X Planta de fabricación	XXXXX Código del componente/uso	XXXX Mes/día	XXXXXXXX Código de serie
Último dígito del año del modelo	Saltillo S Trenton T Taluca K	Motor 2.2/2.5L 3.3/3.8L Uso Automóvil de pasajeros PC Camión T		Últimos 8 dígitos del VIN

El número de identificación del motor 3.3L y 3.8L V6 está situado en la parte trasera del bloque de cilindros por debajo de la cabeza del cilindro

Código de chapa de la carrocería

El código de chapa de la carrocería, que se encuentra en el compartimiento en el travesaño del soporte del radiador, proporciona información más específica sobre el vehículo - el tipo de motor, el transeje, pintura, etc. (ver ilustración).

Número de identificación del transeje

El Número de identificación del transeje se encuentra en una etiqueta en la parte superior del extremo izquierdo del alojamiento del transeje (ver ilustración).

Número de identificación del motor

El número de identificación del motor (EIN) está estampado en la parte trasera del bloque del motor.

Compra de piezas

Se pueden obtener piezas de refacción a través de muchas fuentes, que por lo general se dividen en dos categorías: departamentos de refacciones de concesionarios autorizados o tiendas minoristas independientes de autopartes. Nuestro consejo en cuanto a las refacciones es el siguiente:

Tiendas minoristas de autopartes: las buenas tiendas de autopartes mantienen en existencias piezas que se necesitan con frecuencia y que se desgastan relativamente rápido, como piezas de embrague, sistemas de escape, piezas de frenos, piezas de afinación, etc. Estas tiendas a menudo ofrecen piezas nuevas o reacondicionadas mediante intercambio, lo que puede ahorrarle a usted una gran cantidad de dinero. Las tiendas de autopartes de precios con descuento a menudo son buenos lugares para comprar las piezas y materiales no específicos necesarios para el mantenimiento general del vehículo, como aceite, grasa, filtros, bujías, bandas, pintura para retoques, focos, etc. También suelen vender herramientas y accesorios en general, tienen horarios cómodos de atención, precios bajos y a menudo no quedan lejos.

Departamentos de refacciones de concesionarios autorizados: esta es la mejor fuente de piezas que sean específicas del vehículo (como piezas principales del motor, piezas de la transmisión, piezas de carrocería, etc.), que en general no están disponibles en otros lugares.

Información acerca de la garantía: si el vehículo todavía está cubierto por la garantía, asegúrese de no instalar ninguna refacción (sin importar la fuente) que pudiera invalidar la garantía.

Para estar seguro de adquirir las piezas correctas, tenga a mano los números del motor y del chasis, y de ser posible, lleve las piezas viejas para que no haya ninguna duda.

Técnicas, herramientas e instalaciones de trabajo para el mantenimiento

Técnicas de mantenimiento

Hay una gran cantidad de técnicas involucradas en el mantenimiento y la reparación, a las que se hará referencia a lo largo del manual. La aplicación de dichas técnicas permitirá al mecánico amateur ser más eficiente, más organizado y más capacitado para realizar correctamente las diversas tareas, lo que garantizará que la reparación sea meticulosa y completa.

Sujetadores

Los sujetadores son las tuercas, pernos, pernos prisioneros (birlos) y tornillos utilizados para unir dos o más piezas. Hay unas cuantas cosas que se deben tener en cuenta al trabajar con sujetadores. Casi todos utilizan un elemento de trabado de algún tipo, como contratuercas, arandelas de seguridad, tuercas de seguridad, pestañas de trabado y adhesivos para roscas. Todos los sujetadores roscados tienen que estar limpios y rectos, las roscas no deben estar dañadas y las esquinas de la cabeza hexagonal donde calza la llave de tuercas deben estar en buenas condiciones. Desarrolle el hábito de reemplazar todas las tuercas y pernos dañados. Las tuercas de seguridad especiales con insertos de nailon o de fibra sólo se pueden utilizar una vez. Al quitarlas pierden su capacidad de trabado y se deben reemplazar.

Las tuercas y pernos que presenten herrumbre se deben tratar con un líquido penetrante, a fin de facilitar su extracción y prevenir su ruptura. Algunos mecánicos utilizan trementina en una aceitera con pico, ya que funciona bastante bien. Después de aplicar el líquido penetrante, déjelo trabajar por unos minutos antes de intentar aflojar la tuerca o el perno. Si el sujetador presenta mucha herrumbre se puede utilizar un cincel para partirlo o una segueta para cortarlo, y también se puede utilizar herramientas especiales de partir tuercas que están disponible en las tiendas de herramientas.

Si se rompe un perno o prisionero de un conjunto, puede perforarlo y quitarlo con una herramienta especial disponible en las tiendas de herramientas. La mayoría de los talleres automotrices de mecanizado pueden realizar estos u otros procedimientos de reparación, como la reparación de orificios roscados con daños en los hilos.

Cuando quite de un conjunto arandelas planas y arandelas de seguridad, debe volver a colocarlas exactamente como estaban anteriormente Reemplace toda arandela dañada. Nunca utilice arandelas de seguridad en ninguna superficie de metal blando (como el aluminio) ni en láminas delgadas, ya sean de metal o de plástico.

Tamaños de los sujetadores

Por varias razones, los fabricantes de automóviles cada vez más están utilizando sujetadores del sistema métrico. Por eso es importante poder diferenciar entre los sujetadores estándar (a veces llamados "americanos" o "SAE") y los métricos, ya que no son intercambiables.

Las dimensiones de todos los pernos, ya sean estándar o métricos, se indican de acuerdo con su diámetro, paso de la rosca y longitud. Por ejemplo, un perno estándar 1/2 - 13 x 1 tiene 1/2 pulgada de diámetro, rosca de 13 hilos por pulgada y 1 pulgada de largo. Un perno métrico M12 - 1.75 x 25 tiene un diámetro de 12 mm, rosca de paso de 1.75 mm (la distancia entre los hilos) y 25 mm de largo. Los dos pernos son casi idénticos y es fácil confundirlos, pero no se pueden intercambiar.

Además de las diferencias en diámetro, paso de la rosca y longitud, los pernos métricos y estándar se pueden distinguir al examinar sus cabezas. Para empezar, la distancia entre caras planas opuestas de un perno estándar se mide en pulgadas, mientras que la misma dimensión en los pernos métricos se mide en milímetros (lo mismo ocurre con las tuercas). Por ello no se debe utilizar llaves estándar con tuercas ni

pernos métricos, ni llaves métricas con tuercas ni pernos estándar. Además, la mayoría de los pernos estándar tienen marcas hacia afuera desde el centro de la cabeza que denotan la resistencia (el "grado") del perno, que es una indicación de la magnitud del par de apriete que se les puede aplicar. A mayor cantidad de marcas, más resistente es el perno. En los automóviles normalmente se utilizan pernos de los grados 0 al 5. Los pernos métricos en vez de marcas tienen en su cabeza un número de clasificación (grado), que indica su resistencia. En este caso, mientras más alto el número, más resistente es el perno. En los automóviles normalmente se utilizan pernos de las clases 8.8, 9.8 y 10.9.

En el caso de las tuercas, las indicaciones de resistencia también se pueden utilizar para distinguir entre estándar y métricas. Muchas tuercas estándar tienen puntos estampados en uno de sus lados, mientras que las tuercas métricas están marcadas con un número.

Mientras más cantidad de puntos, o más alto sea el número, más resistente es la tuerca.

Los pernos prisioneros métricos también están marcados en sus extremos de acuerdo a su clase (grado). Para indicar su grado, los prisioneros de mayor tamaño tienen marcado un número (del mismo modo que las tuercas y los pernos métricos), mientras que los prisioneros más pequeños tienen marcado un código geométrico.

Se debe tener en cuenta que muchos sujetadores, especialmente los de grado 0 a 2, no tienen marcas que los distingan. Cuando sea ese el caso, la única forma de determinar si el sujetador es estándar o métrico es medir el paso de la rosca o compararlo con el de un sujetador de dimensiones conocidas de tamaño similar.

A los sujetadores estándar normalmente se los conoce como "SAE", para diferenciarlos de los métricos. Sin embargo, se debe tener en cuenta que, técnicamente hablando, "SAE" se

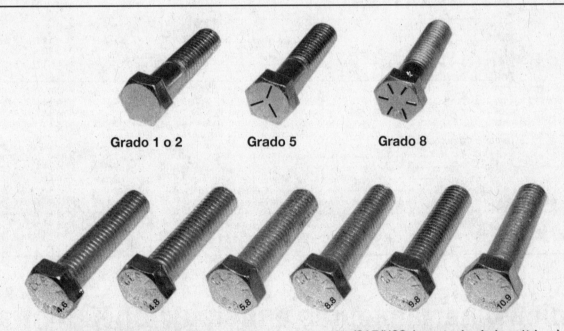

Grado 1 o 2   Grado 5   Grado 8

Marcas de la fuerza del perno (la parte de encima normales/SAE/USS; la parte de abajo métricos)

Grado	Intensificación
Tuerca de grado 5	3 puntos
Tuerca de grado 8	6 puntos

Marcas para la fuerza de las tuercas normales

Grado	Intensificación
Propiedad de la tuerca clase 9	Arábica 9
Propiedad de la tuerca clase 10	Arábica 10

Marcas para la fuerza de las tuercas métricas

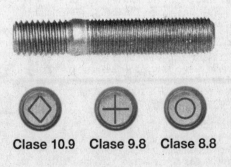

Clase 10.9   Clase 9.8   Clase 8.8

Marcas para la fuerza de los espárragos métricos

refiere solo a sujetadores no métricos de rosca fina A los sujetadores no métricos de rosca gruesa se les conoce como de tamaños "USS".

Dado que sujetadores del mismo tamaño (tanto estándar como métricos) podrían tener distintos valores de resistencia, asegúrese de volver a colocar todo perno, perno prisionero y tuerca en su ubicación original en el vehículo. También, cuando reemplace un sujetador, asegúrese de que el nuevo tenga un grado de resistencia igual o mayor que el original.

Secuencias y procedimientos de apriete

La mayoría de los sujetadores roscados deben estar apretados a un valor específico de par (el par de apriete es la fuerza de torsión aplicada al componente roscado, como una tuerca o un perno). El apriete en exceso de los sujetadores puede debilitarlos y romperlos, mientras que el apriete insuficiente puede hacer que se aflojen con el tiempo. En función del material del que estén fabricados y de su diámetro, los pernos, tornillos y prisioneros tienen valores específicos de par de apriete, que en este manual se indican en muchos casos en la sección de especificaciones al comienzo de cada Capítulo. Asegúrese de cumplir cuidadosamente las recomendaciones de par de apriete. En el caso de sujetadores que no tengan asignado un valor específico, suministramos como guía un cuadro de valores generales. Estos valores de par de apriete corresponde a sujetadores secos (sin lubricación), enroscados en acero o hierro fundido (no en aluminio). Como se mencionó anteriormente, el tamaño y el grado de los sujetadores determina la magnitud máxima de par de apriete que se les puede aplicar sin riesgo. Los valores indicados aquí son aproximados, y corresponden a sujetadores de los grados 2 y 3. Grados más altos podrían tolerar valores mayores.

Los sujetadores distribuidos en un patrón, como los pernos de culata de cilindro, pernos de colectores de aceite, pernos de cubiertas de diferenciales y otros se deben aflojar y apretar en la secuencia correcta, a fin de evitar deformaciones en el componente. La secuencia normalmente se indica en el Capítulo correspondiente. Si no se indica una secuencia específica, se puede utilizar el procedimiento a continuación a fin de evitar deformaciones.

Tamaños métricos de las roscas	ft-lb	Nm
M-6	6 a 9	9 a 12
M-8	14 a 21	19 a 28
M-10	28 a 40	38 a 54
M-12	50 a 71	68 a 96
M-14	80 a 140	109 a 154
Tamaños de rosca de los tubos		
1/8	5 a 8	7 a 10
1/4	12 a 18	17 a 24
3/8	22 a 33	30 a 44
1/2	25 a 35	34 a 47
Tamaño de la rosca E.E U.U		
1/4 - 20	6 a 9	9 a 12
5/16 - 18	12 a 18	17 a 24
5/16 - 24	14 a 20	19 a 27
3/8 - 16	22 a 32	30 a 43
3/8 - 24	27 a 38	37 a 51
7/16 - 14	40 a 55	55 a 74
7/16 - 20	40 a 60	55 a 81
1/2 - 13	55 a 80	75 a 108

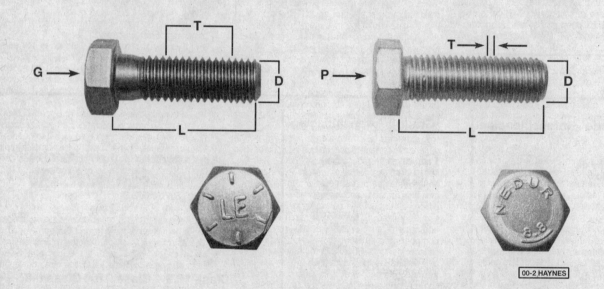

Dimensiones y marcas de grado de pernos, estándar (SAE y USS)

G Marcas de grado (resistencia del perno)
L Longitud (en pulgadas)
T Paso de la rosca (cantidad de hilos por pulgada)
D Diámetro nominal (en pulgadas)

Dimensiones y marcas de grado de pernos, sistema métrico

P Clase (resistencia del perno)
L Longitud (en milímetros)
T Paso de la rosca (distancia entre los hilos, en milímetros)
D Diámetro

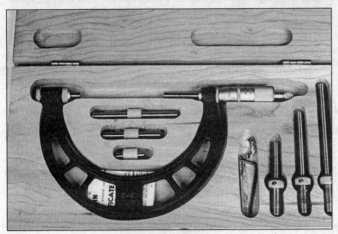

Juego de micrómetros

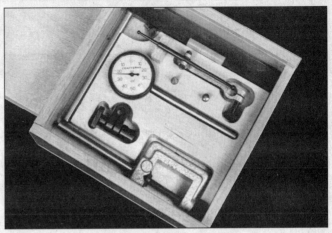

Juego de indicadores de esfera

Inicialmente, se debe colocar y apretar los pernos o tuercas sólo con la mano. A continuación se debe dar una vuelta completa a cada sujetador con la herramienta, en un patrón cruzado o diagonal. Después de haber apretado cada uno dicha vuelta, regrese al primero y apriételos media vuelta adicional, siguiendo la misma secuencia. Finalmente, apriete todos los sujetadores un cuarto de vuelta a la vez, hasta que todos estén apretados al par correcto. Para aflojar y quitar sujetadores, siga el mismo procedimiento en secuencia inversa.

Desarme de componentes

El desarme de componentes se debe hacer cuidadosamente, tomando todas las previsiones correspondientes a fin de asegurarse de que no haya dificultades al volverlos a armar. Mantenga siempre un registro de la secuencia en la que se desmontó las piezas. Tome nota de las características o marcas especiales de las piezas que se pueden instalar de más de una forma, como las arandelas ranuradas de empuje en los ejes. Es una buena idea colocar las piezas desarmadas sobre una superficie limpia, en el orden en el que las desmontó. También podría ser útil hacer bosquejos o tomar fotografías de los componentes antes de desmontarlos.

Cuando quite sujetadores de componentes, mantenga un registro de sus posiciones. A veces, volver a enroscar un perno en su pieza, o colocar las arandelas y tuercas en el prisionero correspondiente puede evitar confusiones más adelante. Si no puede volver a enroscar las tuercas o pernos en sus ubicaciones originales, debe guardarlas en una caja con compartimientos o en varias cajas pequeñas. Los moldes para pastelillos y panecillos son ideales para este propósito, porque en cada cavidad se pueden guardar los pernos y tuercas de una zona en particular (p.ej., los pernos del colector de aceite, los de las tapas de válvulas, los de los soportes del motor, etc). Los moldes como esos son especialmente útiles cuando se trabaja en conjuntos que incluyan piezas muy pequeñas, como carburadores, alternadores, trenes de válvulas así como las piezas internas del tablero y de las molduras Se puede marcar las cavidades con pintura o cinta a fin de identificar su contenido.

En toda oportunidad que desconecte mazos de cableado y conectores, es buena idea que identifique las dos mitades con el uso de trozos numerados de cinta de enmascarar, a fin de facilitar su correcta reconexión.

Superficies de sellado, uniones de junta

En muchos conjuntos de los vehículos se utilizan juntas para sellar las superficies de unión entre dos piezas, a fin de contener lubricantes, líquidos, vacío y presión.

Muchas veces, antes de instalar dichas juntas se les aplica un compuesto sellador líquido o en pasta. El envejecimiento, el calor y la presión a veces pueden hacer que las dos piezas se peguen tan fuertemente que se haga muy difícil separarlas. Con frecuencia, la unión de las piezas se puede aflojar golpeándolas cerca de las superficies de contacto con un martillo de cara suave. Si coloca un bloque de madera entre el martillo y el conjunto puede utilizar un martillo normal. No martille sobre piezas de fundición ni sobre piezas que pudieran dañarse con facilidad. En toda situación de gran dificultad para separar piezas, compruebe siempre que se hayan quitado todos los sujetadores.

No utilice desarmadores ni barras para hacer palanca al separar piezas ya que es fácil dañar las superficies de sellado, que deben permanecer lisas. Si es necesario hacer palanca, utilice el mango de madera de una escoba vieja, pero tenga presente que será necesario realizar una limpieza adicional si la madera se astilla.

Después de separar las piezas, debe raspar cuidadosamente los residuos de la juntas viejas y limpiar las superficies de sellado. A fin de ablandarlos y poder rasparlos con facilidad, los residuos de material de junta y de los compuestos de sellado se pueden humedecer con un penetrante contra la herrumbre o con un compuesto químico especial. Para fabricar un raspador, puede aplastar un trozo de tubo de cobre y dar filo a uno de sus extremos. Se recomienda el cobre porque generalmente es menos duro que los componentes a raspar, lo que reduce las posibilidades de mellar sus superficies. En algunos casos los residuos de las juntas se pueden extraer con un cepillo de alambre. En todo caso, sin importar el método que utilice, las superficies de contacto deben quedar limpias y lisas. Si por alguna razón sufre daños una superficie de sellado, al volver a armar los componentes se deberá utilizar un compuesto sellador de juntas lo suficientemente grueso para que rellene las melladuras. En la mayoría de las aplicaciones se debe utilizar un compuesto del tipo que no se endurece (o que se endurece sólo parcialmente).

Consejos para el desmontaje de mangueras

Advertencia: *si el vehículo está provisto de un sistema de aire acondicionado (A/C), no desconecte ninguna de las mangueras del sistema sin primero hacer que despresuricen el sistema, en el departamento de servicio de un concesionario o en una estación de servicio de sistemas de A/C.*

Las precauciones para el desmontaje de mangueras son muy similares a las precauciones de retiro de juntas. Evite rayar y mellar las superficies de contacto de las mangueras, dado que podría causar fugas en la conexión. Lo anterior es especialmente válido para las mangueras del radiador. Debido a diversas reacciones químicas, el hule de las mangueras se puede adherir a las espitas metálicas a las que se conectan. Para desconectar una manguera, afloje inicialmente las abrazaderas que la fijan a la espita. Después, con unos alicates de articulación deslizante, tome la manguera por la zona de la abrazadera y gírela alrededor de la espita. Mueva la manguera de acá para allá hasta que esté completamente suelta, y después desconéctela. La desconexión se hará con mayor facilidad si puede aplicar lubricante de siliconas o de otro tipo entre la manguera y la parte externa de la espita. Al instalar mangueras, aplique el mismo lubricante a la parte interna de la manguera y a la parte externa de la espita a fin de hacer más fácil la instalación.

Como último recurso (y si de todas maneras se va a reemplazar la manguera), se puede cortar el hule con un cuchillo y pelar la manguera para desconectarla de la espita. Si debe hacer lo anterior, tenga cuidado de no dañar la espita metálica.

Si una abrazadera de manguera está rota o dañada, no vuelva a utilizarla. Las abrazaderas de alambre generalmente se debilitan con el tiempo, así que es una buena idea reemplazarlas por abrazaderas de tornillo en toda oportunidad que haya que desconectar una manguera.

Herramientas

Toda persona que planee hacer el mantenimiento y las reparaciones de su propio vehículo debe contar con una buena selección de herramientas, como un requerimiento básico. La inversión inicial podría parecer alta en el caso de propietarios de vehículos que no tengan muchas herramientas, pero cuando se compara con los costos en aumento del mantenimiento y de la reparación profesional de vehículos, es una inversión sabia.

A fin de ayudar al propietario a decidir qué herramientas son necesarias para realizar las tareas que se explican en este manual, se indican los siguientes tres juegos de herramientas: mantenimiento menor y reparación y mantenimiento

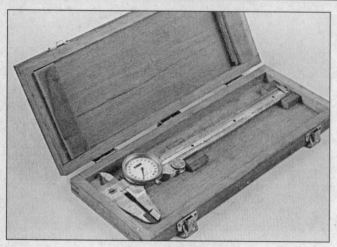

Vernier de esfera

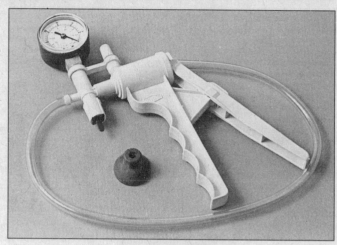

Bomba manual de vacío

Lámpara de sincronización

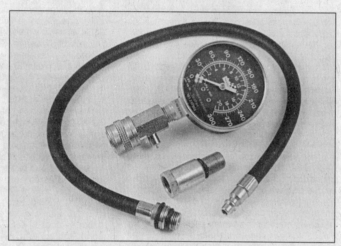

Medidor de compresión con adaptador de orificios de bujías

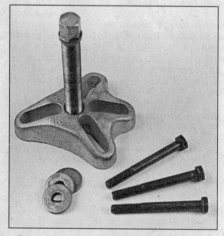

Extractor de volantes de la dirección y del motor

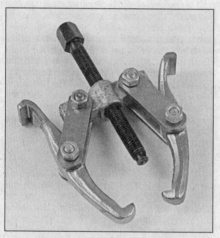

Extractor de propósito general

Herramienta de extracción de botadores

o reparación especiales.

a el newcomer posible mecánico debe comenzar con el mantenimiento y la reparación menor de herramienta que es adecuada para el trabajo a simplificar los vehículos. Después, a medida que aumente su confianza y experiencia, los propietarios de vehículos pueden realizar tareas más difíciles, y comprar herramientas adicionales a medida que las vayan necesitando. en el juego

básico está más en la reparación y mantenimiento de el conjunto. Con el paso del tiempo y la acumulación de experiencia, el mecánico amateur habrá reunido un juego de herramientas lo suficientemente completo para la mayoría de los procedimientos de reparación y reacondicionamiento, y agregará herramientas de la categoría de especiales cuando considere que el gasto se justifica debido a la frecuencia de uso.

Juego de herramientas para mantenimiento y reparaciones menores

Las herramientas de este juego se deben considerar como la mínimas requeridas para realizar mantenimiento de rutina, servicio y reparaciones menores en el vehículo. Recomendamos que compre llaves combinadas

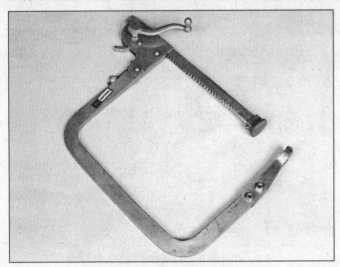

Compresor de resortes de válvula

Compresor de resortes de válvula

Escariador para cilindros

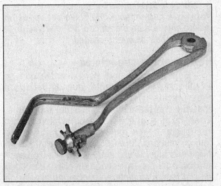

Herramienta de limpieza de ranuras de anillos de pistón

Herramientas de desmontaje e instalación de anillos

Compresor de anillos

(un extremo cerrado y otro abierto). Aunque cuestan más que las llaves abiertas, ofrecen las ventajas de los dos tipos de llaves de tuercas.

Juego de llaves combinadas (de 1/4" a 1"
*   o de 6 mm a 19 mm)*
Llave ajustable, 8"
Llave de bujías con inserto de hule
Herramienta de ajuste de aberturas de
*   bujía*
Juego de calibradores de hoja
Llave de purga de los frenos
Desarmador de punta recta (punta de 5/16" x
*   6 in de longitud)*
Desarmador de cruz (punta No. 2 x 6 in
*   de longitud)*
Alicates, combinado, 6 in de longitud
Sierra de mecánico y una variedad de
*   hojas*
Medidor de presión de llantas
Pistola de grasa
Aceitera de mecánico
Lija de esmeril fina
Cepillo de alambre
Herramienta de limpieza de bornes y
*   terminales de cables de baterías*
Llave de filtros de aceite
Embudo (tamaño mediano)
Gafas de seguridad
Torres de elevación (2)
Recipiente de drenaje

Nota: si va a realizar afinaciones básicas como parte del mantenimiento de rutina, deberá comprar un medidor de ángulo de cierre

("dwell") combinado con tacómetro, y también una lámpara estroboscópica de sincronización, ambos de buena calidad. Aunque las anteriores se incluyen en la lista de herramientas especiales, se mencionan aquí porque son absolutamente necesarias para afinar correctamente casi todos los vehículos.

Juego de herramientas de reparación y reacondicionamiento

Este juego, junto con el de herramientas de mantenimiento y reparaciones menores, es esencial para toda persona que planee realizar reparaciones importantes. Estas herramientas incluyen un juego completo de dados que, aunque es costoso, es invaluable por su versatilidad, especialmente cuando cuenta con diversas extensiones y matracas. Recomendamos los juegos de dados de acople de 1/2", más que los de 3/8". Aunque las matracas de acople más grande son más pesadas y costosas, tienen la capacidad de aceptar una mayor variedad de dados grandes. Sin embargo, lo ideal sería que el mecánico tenga dos juegos de dados, uno de acople de 3/8" y otro de 1/2".

Juego(s) de dados
Matraca reversible
Extensión (10 in)
Junta universal para dados
Torquímetro (de acople del mismo tamaño
*   que el de los dados)*
Martillo de bola (8 onzas)
Martillo de cara suave (de plástico o de hule)
Desarmador de punta recta (punta de 1/4"

*   x 6 in de longitud)*
Desarmador de punta recta (punta de
*   5/16", corto)*
Destornillador Phillips (n.º 3 x 8 pulg)
Desarmador de cruz (punta No.2, corto)
Alicates: de presión
Alicates: combinado
Alicates: cigüeña
Alicates: para anillos de retención
*   (internos y externos)*
Cincel de corte en frío (1/2")
Trazador

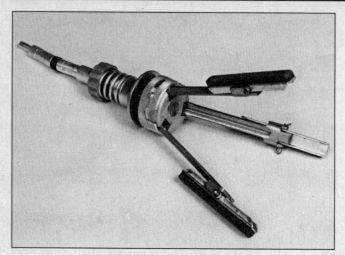

Herramienta de bruñido de cilindros

Herramienta de retención de resortes de freno

Raspador (hecho de un tubo aplastado,
de cobre)
Centro punto
Botadores de pasadores (1/16", 1/8",
3/16")
Regla recta de acero (12 in)
Juego de llaves Allen (1/8" a 3/8" o 4 mm
a 10 mm)
Una variedad de limas
Cepillo de alambre (grande)

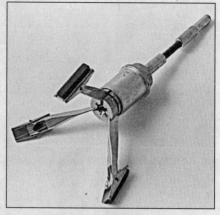

Afilador de cilindro de freno

Torres de elevación (segundo juego)
Gato (de tipo tijera o hidráulico)
Nota: otra herramienta que suele ser útil es un
taladro eléctrico de mandril de 3/8" y un juego de
brocas, ambos de buena calidad.

Herramientas especiales

Este juego incluye herramientas que no
se utilizan frecuentemente, que se venden a
altos precios o que es necesario utilizar de
acuerdo con las instrucciones del fabricante.
A menos que utilice estas herramientas con
frecuencia, no es muy económico que usted
compre muchas de ellas. Una posibilidad sería
dividir el costo y el uso entre usted y uno o varios
amigos. Además, la mayoría de ellas se pueden
alquilar temporalmente en tiendas de alquiler de
herramientas.

Este juego contiene principalmente
solo aquellas herramientas e instrumentos
ampliamente disponibles al público, y no
herramientas especiales producidas por los
fabricantes de vehículos para distribuir en los
departamentos de servicio de sus concesionarios.
En el texto de este manual ocasionalmente
se hace referencia a herramientas especiales
de los fabricantes. Por lo general se ofrece un
método alternativo para realizar el trabajo sin la
herramienta especial. Sin embargo, a veces no
hay alternativas a su uso. Cuando ese sea el
caso y no se pueda comprar ni pedir prestada

la herramienta, el trabajo se debe hacer en el
departamento de servicio de un concesionario o
en un taller de reparación automotriz.

Compresor de resortes de válvula
Herramienta de limpieza de ranuras de
anillos de pistón
Compresor de anillos de pistón
Herramienta de instalación de anillos de
pistón
Medidor de compresión de cilindros
Escariador de cilindros
Herramienta de bruñido de superficies de
cilindros
Medidor de diámetros de cilindros
Micrómetros y/o calibradores de esfera
Herramienta de extracción de botadores
Separador de rótulas
Extractor universal
Desarmador de impacto
Juego de indicadores de esfera
Lámpara estroboscópica de sincronización
(de captador de inducción)
Bomba manual de vacío y presión
Tacómetro/medidor de ángulo de cierre
("dwell")
Multímetro eléctrico universal
Polipasto de cable de acero
Herramientas de desmontaje e instalación de
resortes de frenos
Gato de piso

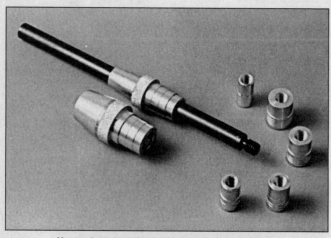

Herramienta de alineación de plato de embrague

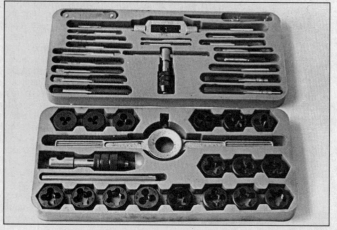

Juego de machuelos y troqueles

Compra de herramientas

Para el mecánico amateur que recién comience a involucrarse en el mantenimiento y la reparación de su vehículo, hay varias opciones disponibles para la compra de herramientas. Si todos los trabajos que va a realizar son de mantenimiento y reparaciones menores, le bastará con comprar herramientas individuales. Por otra parte, si tiene planificado hacer trabajos extensos, es una buena idea que adquiera un juego sencillo de herramientas en alguna de las grandes cadenas de venta minorista. Por lo general al comprar un juego se logra un ahorro importante respecto a los precios de cada herramienta individual, y además suelen venir en un estuche. A medida que vaya necesitando más herramientas puede comprar juegos adicionales, herramientas individuales y una caja más grande de herramientas para ampliar la disponibilidad de herramientas. Armar gradualmente un juego de herramientas permite repartir el costo en un período más largo de tiempo, y le da al mecánico la libertad de elegir solo las herramientas que utilizará realmente.

Muchas veces las tiendas de herramientas serán la única fuente de herramientas especiales que pudiera necesitar, pero, sin importar en qué lugar usted compre sus herramientas, intente evitar las baratas, especialmente cuando compre desarmadores y dados, porque no duran mucho tiempo. El gasto de reemplazo de herramientas baratas será mayor con el tiempo que el costo inicial de herramientas de calidad.

Cuidado y mantenimiento de las herramientas

Las buenas herramientas son caras, por lo que tiene sentido tratarlas con respeto. Manténgalas limpias y en buenas condiciones de uso, y guárdelas correctamente cuando no estén en uso. Siempre quíteles con un trapo todo residuo de tierra, grasa o astillas de metal antes de guardarlas. Nunca deje las herramientas dispersas en el área de trabajo. Después de terminar un trabajo, siempre inspeccione cuidadosamente debajo del cofre a fin de comprobar que no hayan quedado herramientas allí, que se perderían al salir a probar el vehículo.

Algunas herramientas, como desarmadores, alicates, llaves de tuercas y dados se pueden colgar en un panel montado en la pared del garaje o taller, mientras que otras se deben mantener en una caja o una bandeja de herramientas. Debe guardar con mucho cuidado los instrumentos de medición, indicadores, medidores, etc. en un lugar en el que no sufran daños por la intemperie

ni por el impacto de otras herramientas.

Las herramientas duran más cuando se las trata con cuidado y se guardan adecuadamente. Sin embargo, incluso con el mejor de los cuidados, se desgastarán con el uso frecuente. Cuando se dañe o desgaste alguna herramienta, reemplácela. Si lo hace, los siguientes trabajos serán más seguros y los disfrutará más.

Reparación de roscas dañadas

Algunas veces pueden sufrir daños las roscas internas de un tuerca o de un orificio roscado, generalmente por apretar en exceso el sujetador. Las roscas dañadas son un problema muy frecuente, especialmente cuando se trabaja con piezas de aluminio, ya que el aluminio es tan blando que se daña con facilidad.

Las roscas, ya sean externas o internas, por lo general solo se dañan parcialmente. Después de limpiarlas con un machuelo o con un troquel pueden seguir funcionando. Sin embargo, a veces las roscas se dañan gravemente. Cuando eso sucede se tiene tres opciones:

1) *Taladre un orificio y hágale rosca del diámetro mayor siguiente que sea adecuado; utilice un perno, tornillo o perno prisionero también del diámetro mayor siguiente.*

2) *Taladre un orificio y hágale rosca para colocar un inserto, después taladre y hágale rosca al inserto de las dimensiones del tornillo original. También puede comprar un inserto ya roscado del tamaño original. En esos casos sólo tiene que taladrar un orificio del tamaño especificado y colocar el inserto roscado con un perno con contratuerca. Una vez que el inserto esté completamente asentado, retire el perno con contratuerca.*

3) *El tercer método utiliza un kit patentado de reparación de roscas, como los de Heli-Coil y Slimsert. Esos kits de fácil uso están diseñados para reparar roscas dañadas en agujeros pasantes y agujeros ciegos. Ambos están disponibles en forma de kits, adecuados para una variedad de tamaños y patrones de rosca. Taladre un orificio y después hágale rosca con el machuelo especial incluido en el kit. Coloque el inserto y el orificio volverá a tener el diámetro y el paso de rosca originales.*

Sin importar el método que utilice, asegúrese de hacer el trabajo tranquila y cuidadosamente. La impaciencia y la falta de cuidado al realizar algunos de estos procedimientos relativamente sencillos puede arruinarle el día y costarle caro si daña una pieza costosa.

Instalaciones de trabajo

Algo que no hay que pasar por alto cuando se analizan las herramientas es la zona de trabajo. Si va a realizar más que el mantenimiento de rutina, es esencial que tenga una zona adecuada de trabajo.

Se entiende y se considera que muchos mecánicos amateur no tienen un buen taller o garaje disponible, y que terminan desmontando motores y realizando reparaciones importantes al aire libre. Sin embargo, se recomienda que culmine los reacondicionamientos y las reparaciones bajo techo.

Es absolutamente necesario contar con un banco de trabajo limpio y plano, de una altura que le sea cómoda para trabajar. El banco de trabajo debe estar equipado con una prensa cuyas mordazas puedan abrirse al menos cuatro pulgadas (10 cm).

Como se mencionó anteriormente, también es necesario un espacio limpio y seco para guardar las herramientas, y también los lubricantes, líquidos, solventes de limpieza y otros que pronto se harán necesarios.

A veces representa un problema el aceite y los líquidos de desecho, que hayan sido drenados del motor o del sistema de enfriamiento durante el mantenimiento y las reparaciones normales. A fin de evitar verterlos en el suelo o en alcantarillados, guarde los líquidos usados en recipientes grandes, séllelos con tapas y llévelos a una planta autorizada de desecho o de reciclaje. Las jarras de plástico, como los recipientes vacíos de anticongelante, son ideales para ese propósito.

Siempre mantenga a la mano periódicos viejos y trapos limpios. Las toallas viejas son excelentes para limpiar derrames. Muchos mecánicos utilizan rollos de toallas de papel en la mayoría de los trabajos, porque están fácilmente a la mano y son desechables. A fin de mantener limpia la superficie debajo del vehículo y proteger el piso del garaje o taller, puede cortar y aplanar una caja grande de cartón.

Cuando trabaje sobre superficies pintadas del vehículo, como cuando se apoye sobre una salpicadera para dar servicio a alguna pieza debajo del cofre, siempre cúbrala con una manta o cubrecama viejo a fin de proteger el acabado. En las tiendas de autopartes se venden almohadillas cubiertas de vinilo, hechas especialmente para este propósito.

Arranque con cables pasacorriente y batería de refuerzo

Tenga en cuenta las siguientes precauciones cuando utilice una batería de refuerzo para encender el vehículo:

a) Antes de conectar la batería de refuerzo, asegúrese de que el interruptor del encendido esté en la posición de apagado.

b) Asegúrese de que todos los equipos eléctricos (luces, calefacción, limpiaparabrisas, etc.) estén apagados.

c) Asegúrese de que la batería de refuerzo sea del mismo voltaje que la batería descargada del vehículo.

d) Si la batería está siendo arrancada con cables puente desde la batería de otro vehículo, los dos vehículos NO DEBEN ROZARSE entre sí.

e) Asegúrese de que el transeje esté en Neutral (transeje manual) o Park (transeje automático).

f) Utilizar protección ocular cuando arranque un vehículo con cables puente.

Conecte el cable puente entre los terminales positivos (+) de cada batería. Conecte el otro cable puente primero al terminal negativo (-) de la batería auxiliar, luego a una buena masa de motor en el vehículo que se desea arrancar (ver ilustración). Conecte el cable al menos a 18 pulgadas de la batería, si es posible. Asegúrese de que los cables puente no entre en contacto con el ventilador, la correa de transmisión y otras piezas que se muevan dentro del motor.

Arranque el motor utilizando la batería de refuerzo y permita que la velocidad de ralentí del motor se estabilice. Desconecte los cables puente en el orden inverso de conexión.

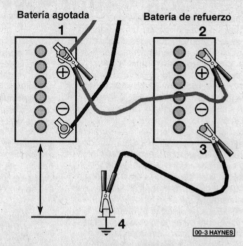

Batería agotada 1   **Batería de refuerzo** 2

3

4

00-3 HAYNES

Haga las conexiones de los cables de la batería de refuerzo en el orden numérico que se muestra (observe que el cable negativo de la batería de refuerzo NO se conecta al terminal negativo de la batería descargada).

Elevación y remolque

Elevación con gato

El gato suministrado con el vehículo solo debe utilizarse para elevar el vehículo cuando cambie un neumático o coloque soportes de gatos debajo del bastidor. Advertencia: Nunca trabaje debajo del vehículo o encienda el motor mientras utiliza este gato como único medio de soporte.

El vehículo debe estar sobre terreno firme y nivelado con las ruedas bloqueadas y el transeje en Park (transeje automático). Si se está cambiando un neumático, primero afloje las tuercas de seguridad media vuelta solo para aflojarlas inicialmente antes de levantar el vehículo - luego dejar las tuercas en su lugar hasta levantar el vehículo para elevar la rueda del suelo. Asegúrese de que no haya pasajeros en el interior del vehículo, ya que está siendo levantado del suelo.

Coloque el gato debajo del lado del vehículo en el punto de apoyo más cercano a la rueda a cambiar (véase la ilustración). Precaución: Nunca coloque el gato debajo los resortes traseros. Si está utilizando un gato de piso, colóquelo debajo del punto de apoyo del bastidor unitario en la parte delantera o trasera, como se muestra en la ilustración. Nota: Si su camioneta está equipada con paneles de efectos de tierra instalados en fábrica opcionales alrededor de los estribos laterales exteriores inferiores del vehículo, se deberán utilizar cojines elevadores especiales - etiquetados PUNTO DE LA GRÚA. Maneje el gato con un movimiento lento y parejo hasta que la rueda esté despegada del suelo. Si utiliza soportes de gato, colóquelos en los puntos de apoyo.

Quite las tuercas de seguridad, saque la rueda, instale la rueda de repuesto y vuelva a enroscar las tuercas con los lados biselados mirando hacia dentro. Apriete las tuercas firmemente, pero espere a bajar el vehículo antes

de apretarlas por completo.

Baje el vehículo, retire el gato y apriete las tuercas de seguridad (si están flojas o no están instaladas) en un patrón cruzado. Si es posible, apriete con una llave de torsión (véase el Capítulo 1 para las cifras de par). Si usted no tiene una llave de torsión, asegúrese de que las tuercas sean controladas por una estación de servicio o taller de reparación tan pronto como sea posible. Vuelva a apretar las tuercas después de 500 millas.

Si el vehículo está equipado con un neumático de repuesto, recuerde que es sólo para uso temporal hasta que el neumático regular sea reparado. No exceda la velocidad máxima para la que el neumático está clasificada.

Remolque

Se recomienda el vehículo ser remolcado con las ruedas delanteras (en coche) elevadas del suelo o transportado en un camión de plataforma para evitar daños al transeje. Se recomienda una plataforma de arrastre o un remolque. Si es absolutamente necesario, el

vehículo puede ser remolcado desde la parte posterior con las ruedas delanteras en el suelo o desde la parte frontal con una barra de remolque con las cuatro ruedas en el suelo, siempre que la velocidad no sea superior a 25 millas por hora y la distancia sea inferior a 15 millas; el transeje puede dañarse si se superan estas limitaciones.

Durante el remolque, el freno de estacionamiento debe ser liberado. No exceda de 50 mph (35 millas por hora en carreteras en mal estado). Para total seguridad, en caso de que las ruedas delanteras toquen el suelo, el transeje debe estar en punto muerto y la dirección deberá estar desbloqueada (interruptor de encendido en la posición OFF).

La seguridad es una consideración fundamental al remolcar, y se debe cumplir con todas las leyes estatales y locales pertinentes. Se debe utilizar un sistema de cadena de seguridad en todo momento. Recuerde que la dirección hidráulica y los frenos asistidos no funcionan con el motor apagado.

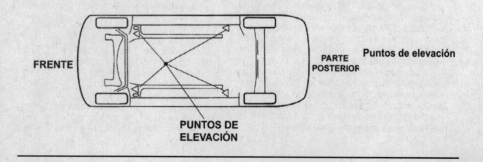

FRENTE   PARTE POSTERIOR   **Puntos de elevación**

PUNTOS DE ELEVACIÓN

Químicos y lubricantes automotrices

Una cantidad de químicos y lubricantes automotrices están disponibles para utilizar durante el mantenimiento y la reparación del vehículo. Incluyen una amplia variedad de productos que incluyen desde solventes de limpieza y desengrasantes hasta lubricantes y aerosoles protectores para caucho, plástico y vinilo.

Limpiadores

El limpiador del carburador y del estrangulador son solventes fuertes para la goma, el barniz y el carbón. La mayoría de los limpiadores para carburador dejan una capa de lubricante seco que no se endurece ni se apelmaza. Debido a esta capa, no es recomendable utilizarlos sobre componentes eléctricos.

El limpiador para sistemas de frenos se utiliza para quitar el polvo del freno, la grasa y el aceite del sistema de frenos, donde se necesitan superficies limpias. No deja residuos y suele eliminar el chillido de los frenos causado por contaminantes.

El limpiador eléctrico quita los depósitos por oxidación, corrosión y de carbón de los contactos eléctricos, lo que restablece la capacidad completa del flujo de corriente. También puede utilizarse para limpiar bujías, las boquillas del carburador, los reguladores de voltaje y otras piezas donde se desea tener una superficie libre de aceite.

Los productos antihumedad eliminan el agua y la humedad de los componentes eléctricos, como alternadores, reguladores de voltaje, conectores eléctricos y bloques de fusibles. No son conductivos ni corrosivos.

Los desengrasantes son solventes pesados utilizados para quitar la grasa del exterior del motor y de los componentes del chasis. Se pueden pulverizar o cepillar y, dependiendo del tipo, se pueden enjuagar con agua o solvente.

Lubricantes

El aceite para motor es el lubricante formulado para utilizar en motores. Normalmente contiene una gran variedad de aditivos para evitar la corrosión y reducir la espuma y el desgaste. El aceite para motor viene en varios pesos (valores de viscosidad) desde 0 a 50. El peso recomendado del aceite depende de la estación, la temperatura y las demandas del motor. El aceite liviano se utiliza en climas fríos y bajo condiciones de carga liviana. El aceite pesado se utiliza en climas calientes y con cargas pesadas. Los aceites multiviscosos están diseñados para tener las características de los aceites livianos y pesados y están disponibles en una gran cantidad de pesos desde 0W-20 a 20W-50.

El aceite de engranajes está diseñado para utilizarse en diferenciales, transmisiones manuales y otras áreas donde se requiere lubricación de alta temperatura.

La grasa para chasis y rodamientos de ruedas es una grasa pesada que se usa donde se encuentran cargas aumentadas y donde se produce fricción, como en los rodamientos de las ruedas, las rótulas, los extremos de la barra de acoplamiento y las juntas universales.

La grasa de rodamientos de ruedas de alta temperatura está diseñada para resistir las temperaturas extremas que enfrentan los rodamientos de las ruedas en los vehículos equipados con frenos de disco. Normalmente contiene disulfuro de molibdeno (molibdeno) que es un lubricante seco.

La grasa blanca es una grasa pesada para aplicaciones de metal a metal donde el agua es un problema. La grasa blanca se mantiene blanda bajo temperaturas bajas y altas (normalmente desde -100 a +190 ºF) y no se lavará ni diluirá con la presencia de agua.

El lubricante de armado es un lubricante especial de presión extrema, que normalmente tiene molibdeno, utilizado para lubricar las piezas de carga pesada (como rodamientos principales y de bielas y lóbulos de leva) para el arranque inicial de un motor nuevo. Los lubricantes de armado lubrican las piezas sin que se salgan ni se laven hasta que el sistema de aceitado del motor comience a funcionar.

Los lubricantes de silicona se utilizan para proteger las piezas de caucho, plástico, vinilo y nailon.

Los lubricantes de grafito se utilizan donde no pueden usarse aceites debido a problemas de contaminación, como en seguros. El grafito seco lubrica las piezas de metal y evita la contaminación por tierra, agua, aceite o ácidos. Es un conductor eléctrico y no hará que fallen los contactos eléctricos en los seguros, como el interruptor de ignición.

Los penetrantes de molibdeno aflojan y lubrican los sujetadores trabados, oxidados y corroídos y evita que se oxiden o traben en el futuro.

La grasa disipadora de calor es una grasa que no conduce electricidad y se utiliza para montar los módulos de ignición eléctrica donde es esencial que se transfiera el calor hacia afuera del módulo.

Selladores

El sellador de RTV es uno de los compuestos para juntas más usados. El RTV, hecho de silicona, es un curador por aire que sella, une, impermeabiliza, rellena las irregularidades de la superficie, permanece flexible, no se contrae, es relativamente fácil de quitar y se utiliza como un sellador suplementario con casi todas las juntas de temperatura baja y media.

El sellador anaeróbico es muy parecido al RTV ya que se lo puede utilizar para sellar juntas o para formarlas. Permanece flexible, es resistente a solventes y rellena las imperfecciones de la superficie. La diferencia entre un sellador anaeróbico y uno de tipo RTV está en la curación. El RTV cura cuando se expone al aire mientras que el sellador anaeróbico cura solo con la ausencia de aire. Esto significa que un sellador anaeróbico cura solo después del armado de piezas y las sella juntas.

El sellador de roscas y tubos se utiliza para sellar las conexiones hidráulicas y neumáticas, y las líneas de vacío. Normalmente, está hecho de un compuesto de Teflón y viene en spray, líquido para pintar y como una cinta para envolver.

Químicos

El compuesto antiadherente evita la adhesión, las escorias, la fusión en frío, la oxidación y la corrosión de los sujetadores. El antiadherente de alta temperatura, normalmente fabricado con lubricantes de cobre y grafito, se utiliza para el sistema de escape y los pernos del múltiple de escape.

Los compuestos fijadores anaeróbicos se utilizan para evitar que los sujetadores vibren o se aflojen y cura solo después de la instalación, con la ausencia de aire. El compuesto fijador de resistencia media se utiliza para tuercas, pernos y tornillos pequeños que puede llegar a quitar luego. El compuesto fijador de alta resistencia es para tuercas, pernos y pernos prisioneros grandes que no se quitan regularmente.

Los aditivos de aceite varían desde los mejoradores del índice de viscosidad hasta los tratamientos químicos que dicen reducir la fricción interna del motor. Debe tener en cuenta que la mayoría de los fabricantes de aceites advierten contra el uso de aditivos con sus aceites.

Los aditivos de combustible desempeñan varias funciones, según su composición química. Normalmente contienen solventes que ayudan a disolver el pegamento y el barniz que se acumula en el carburador, la inyección de combustible y las piezas de admisión. También sirven para descomponer los depósitos de carbón que se forman en las superficies internas de las cámaras de combustión. Algunos aditivos contienen lubricantes de cilindros superiores para válvulas y anillos de pistón y otros contienen químicos para eliminar la condensación del tanque de gasolina.

Varios

El aceite del freno es un líquido hidráulico especialmente formulado, capaz de resistir el calor y la presión que se encuentran en los sistemas de frenos. Debe tener cuidado para que el líquido no entre en contacto con las superficies pintadas o de plástico. Siempre vuelva a sellar un contenedor abierto para evitar que se contamine por agua o suciedad.

El adhesivo para burletes se utiliza para unir los burletes alrededor de las puertas, ventanas y la puerta del maletero. A veces se utiliza para unir las piezas de adorno.

El tratamiento anticorrosivo del chasis es una sustancia a base de petróleo como el alquitrán y está diseñado para evitar que las superficies metálicas de la parte inferior del vehículo se corroan. También actúa como un agente atenuador de sonido al aislar la parte inferior del vehículo.

Las ceras y pulidores se utilizan para ayudar a proteger del clima las superficies pintadas y brillantes. Distintos tipos de pintura pueden necesitar el uso de distintos tipos de ceras y pulidores. Algunos pulidores utilizan un limpiador químico o abrasivo para ayudar a eliminar la capa superior de pintura oxidada (opaca) de los vehículos viejos. En los últimos años, se introdujeron muchos pulidores sin cera que contienen una gran cantidad de químicos como polímeros y siliconas. Estos pulidores sin cera suelen ser más fáciles de aplicar y duran más que las ceras y los pulidores convencionales.

Factores de conversión

Longitud (distancia)

Pulgadas (in)	X	25.4	=	Milímetros (mm)	X	0.0394	= Pulgadas (in)
Pies (ft)	X	0.305	=	Metros (m)	X	3.281	= Pies (ft)
Millas	X	1.609	=	Kilómetros (km)	X	0.621	= Millas

Volumen (capacidad)

Pulg. cúbicas (cu in; in^3)	X	16.387	=	Centímetros cúbicos (cc; cm^3)	X	0.061	= Pulg. cúbicas (cu in; in^3)
Pintas imperiales (Imp pt)	X	0.568	=	Litros (l)	X	1.760	= Pintas imperiales (Imp pt)
Cuartos imperiales (Imp qt)	X	1.137	=	Litros (l)	X	0.880	= Cuartos imperiales (Imp qt)
Cuartos imperiales (Imp qt)	X	1.201	=	Cuartos EE.UU. (US qt)	X	0.833	= Cuartos imperiales (Imp qt)
Cuartos EE.UU. (US qt)	X	0.946	=	Litros (l)	X	1.057	= Cuartos EE.UU. (US qt)
Galones Imperiales (Imp gal)	X	4.546	=	Litros (l)	X	0.22	= Galones Imperiales (Imp gal)
Galones Imperiales (Imp gal)	X	1.201	=	Galones EE.UU. (US gal)	X	.0833	= Galones Imperiales (Imp gal)
Galones EE.UU. (US gal)	X	3.785	=	Litros (l)	X	.0264	= Galones EE.UU. (US gal)

Masa (peso)

Onzas (oz)	X	28.35	=	Gramos (g)	X	0.035	= Onzas (oz)
Libras (lb)	X	0.454	=	Kilogramos (kg)	X	2.205	= Libras (lb)

Fuerza

Onzas-fuerza (ozf; oz)	X	0.278	=	Newtons (N)	X	3.6	= Onzas-fuerza (ozf; oz)
Libras-fuerza (lbf; lb)	X	4.448	=	Newtons (N)	X	0.225	= Libras-fuerza (lbf; lb)
Newtons (N)	X	0.1	=	Kilogramos-fuerza (kgf; kg)	X	9.81	= Newtons (N)

Presión

Libras-fuerza por pulg. cuadr. (psi; lbf/in^2; lb/in^2)	X	0.070	=	Kilogramos-fuerza por centí. cuadrado (kgf/cm^2; kg/cm^2)	X	14.223	= Libras-fuerza por pulg. cuadr. (psi; lbf/in^2; lb/in^2)
Libras-fuerza por pulg. cuadr. (psi; lbf/in^2; lb/in^2)	X	0.068	=	Atmósferas (atm)	X	14.696	= Libras-fuerza por pulg. cuadr. (psi; lbf/in^2; lb/in^2)
Libras-fuerza por pulg. cuadr. (psi; lbf/in^2; lb/in^2)	X	0.069	=	Barias	X	14.5	= Libras-fuerza por pulg. cuadr. (psi; lbf/in^2; lb/in^2)
Libras-fuerza por pulg. cuadr. (psi; lbf/in^2; lb/in^2)	X	6.895	=	Kilopascal (kPa)	X	0.145	= Libras-fuerza por pulg. cuadr. (psi; lbf/in^2; lb/in^2)
Kilopascal (kPa)	X	0.01	=	Kilogramos-fuerza por centí. cuadrado (kgf/cm^2; kg/cm^2)	X	98.1	= Kilopascal (kPa)

Torque (momento de fuerza)

Libras-fuerza pulgadas (lbf in; lb in)	X	1.152	=	Kilogramos-fuerza centímetro (kgf cm; kg cm)	X	0.086	= Libras-fuerza pulgadas (lbf in; lb in)
Libras-fuerza pulgadas (lbf in; lb in)	X	0.113	=	Newton-metros (Nm)	X	8.85	= Libras-fuerza pulgadas (lbf in; lb in)
Libras-fuerza pulgadas (lbf in; lb in)	X	0.083	=	Libras-fuerza pies (lbf ft; lb ft)	X	12	= Libras-fuerza pulgadas (lbf in; lb in)
Libras-fuerza pies (lbf ft; lb ft)	X	0.138	=	Kilogramos-fuerza metros (kgf m; kg m)	X	7.233	= Libras-fuerza pies (lbf ft; lb ft)
Libras-fuerza pies (lbf ft; lb ft)	X	1.356	=	Newton-metros (Nm)	X	0.738	= Libras-fuerza pies (lbf ft; lb ft)
Newton-metros (Nm)	X		=	Kilogramos-fuerza metros (kgf m; kg m)	X	9.804	= Newton-metros (Nm)

Vacío

Pulg. mercurio (in. Hg)	X	3.377	=	Kilopascal (kPa)	X	0.2961	= Pulg. mercurio
Pulg. mercurio (in. Hg)	X	25.4 0.102	=	Milímetros mercurio (mm Hg)	X	0.0394	= Pulg. mercurio

Potencia

Caballaje (hp)	X	745.7	=	Watt (W)	X	0.0013	= Caballaje (hp)

Velocidad

Millas por hora (miles/hr; mph)	X	1.609	=	Kilómetros por hora (km/hr; kph)	X	0.621	= Millas por hora (miles/hr; mph)

Consumo de combustible*

Millas por galón, Imperial (mpg)	X	0.354	=	Kilómetros por litro (km/l)	X	2.825	= Millas por galón, Imperial (mpg)
Millas por galón, EE.UU. (mpg)	X	0.425	=	Kilómetros por litro (km/l)	X	2.352	= Millas por galón, EE.UU. (mpg)

Temperatura

Grados Fahrenheit = (°C x 1.8) + 32   Grados Celsius (Grados centígrados; °C) = (°F - 32) x 0.56

*Es una práctica común convertir millas por galón (mpg) a litros/100 kilómetros (l/100km),
(Imperial) x l/100km = 282 y mpg (US) x l/100km = 235

DECIMALES a MILÍMETROS

Decimal	mm	Decimal	mm
0.001	0.0254	0.500	12.7000
0.002	0.0508	0.510	12.9540
0.003	0.0762	0.520	13.2080
0.004	0.1016	0.530	13.4620
0.005	0.1270	0.540	13.7160
0.006	0.1524	0.550	13.9700
0.007	0.1778	0.560	14.2240
0.008	0.2032	0.570	14.4780
0.009	0.2286	0.580	14.7320
0.010	0.2540	0.590	14.9860
0.020	0.5080	0.600	15.2400
0.030	0.7620	0.610	15.4940
0.040	1.0160	0.620	15.7480
0.050	1.2700	0.630	16.0020
0.060	1.5240	0.640	16.2560
0.070	1.7780	0.650	16.5100
0.080	2.0320	0.660	16.7640
0.090	2.2860	0.670	17.0180
0.100	2.5400	0.680	17.2720
0.110	2.7940	0.690	17.5260
0.120	3.0480	0.700	17.7800
0.130	3.3020	0.710	18.0340
0.140	3.5560	0.720	18.2880
0.150	3.8100	0.730	18.5420
0.160	4.0640	0.740	18.7960
0.170	4.3180	0.750	19.0500
0.180	4.5720	0.760	19.3040
0.190	4.8260	0.770	19.5580
0.200	5.0800	0.780	19.8120
0.210	5.3340	0.790	20.0660
0.220	5.5880	0.800	20.3200
0.230	5.8420	0.810	20.5740
0.240	6.0960	0.820	21.8280
0.250	6.3500	0.830	21.0820
0.260	6.6040	0.840	21.3360
0.270	6.8580	0.850	21.5900
0.280	7.1120	0.860	21.8440
0.290	7.3660	0.870	22.0980
0.300	7.6200	0.880	22.3520
0.310	7.8740	0.890	22.6060
0.320	8.1280	0.900	22.8600
0.330	8.3820	0.910	23.1140
0.340	8.6360	0.920	23.3680
0.350	8.8900	0.930	23.6220
0.360	9.1440	0.940	23.8760
0.370	9.3980	0.950	24.1300
0.380	9.6520	0.960	24.3840
0.390	9.9060	0.970	24.6380
0.400	10.1600	0.980	24.8920
0.410	10.4140	0.990	25.1460
0.420	10.6680	1.000	25.4000
0.430	10.9220		
0.440	11.1760		
0.450	11.4300		
0.460	11.6840		
0.470	11.9380		
0.480	12.1920		
0.490	12.4460		

FRACCIONES a DECIMALES a MILÍMETROS

Fracción	Decimal	mm	Fracción	Decimal	mm
1/64	0.0156	0.3969	33/64	0.5156	13.0969
1/32	0.0312	0.7938	17/32	0.5312	13.4938
3/64	0.0469	1.1906	35/64	0.5469	13.8906
1/16	0.0625	1.5875	9/16	0.5625	14.2875
5/64	0.0781	1.9844	37/64	0.5781	14.6844
3/32	0.0938	2.3812	19/32	0.5938	15.0812
7/64	0.1094	2.7781	39/64	0.6094	15.4781
1/8	0.1250	3.1750	5/8	0.6250	15.8750
9/64	0.1406	3.5719	41/64	0.6406	16.2719
5/32	0.1562	3.9688	21/32	0.6562	16.6688
11/64	0.1719	4.3656	43/64	0.6719	17.0656
3/16	0.1875	4.7625	11/16	0.6875	17.4625
13/64	0.2031	5.1594	45/64	0.7031	17.8594
7/32	0.2188	5.5562	23/32	0.7188	18.2562
15/64	0.2344	5.9531	47/64	0.7344	18.6531
1/4	0.2500	6.3500	3/4	0.7500	19.0500
17/64	0.2656	6.7469	49/64	0.7656	19.4469
9/32	0.2812	7.1438	25/32	0.7812	19.8438
19/64	0.2969	7.5406	51/64	0.7969	20.2406
5/16	0.3125	7.9375	13/16	0.8125	20.6375
21/64	0.3281	8.3344	53/64	0.8281	21.0344
11/32	0.3438	8.7312	27/32	0.8438	21.4312
23/64	0.3594	9.1281	55/64	0.8594	21.8281
3/8	0.3750	9.5250	7/8	0.8750	22.2250
25/64	0.3906	9.9219	57/64	0.8906	22.6219
13/32	0.4062	10.3188	29/32	0.9062	23.0188
27/64	0.4219	10.7156	59/64	0.9219	23.4156
7/16	0.4375	11.1125	15/16	0.9375	23.8125
29/64	0.4531	11.5094	61/64	0.9531	24.2094
15/32	0.4688	11.9062	31/32	0.9688	24.6062
31/64	0.4844	12.3031	63/64	0.9844	25.0031
1/2	0.5000	12.7000	1	1.0000	25.4000

¡Seguridad primero!

Sin importar el entusiasmo que tenga por comenzar con el trabajo, tómese el tiempo para asegurarse de que su seguridad no peligra. La falta de atención por un instante puede resultar en un accidente lo mismo que no observar ciertas precauciones de seguridad simples. La posibilidad de un accidente siempre está y no debe considerar los siguientes puntos como una lista completa de todos los peligros. Por el contrario, su intención es que tome conciencia de los riesgos y que tenga una conciencia de seguridad durante todos los trabajos que realice en su vehículo.

Cosas esenciales permitidas y no permitidas

NO confíe en el gato cuando trabaje debajo del vehículo. Siempre utilice soportes de gato aprobados para apoyar el peso del vehículo y colóquelos debajo de los puntos de elevación o apoyo recomendados.

NO intente aflojar los sujetadores extremadamente apretados (es decir, las tuercas de orejetas de las ruedas) mientras el vehículo está sobre un gato porque se puede caer.

NO arranque el motor sin primero asegurarse de que la transmisión esté en Neutral (o Park donde se aplique) y el freno de estacionamiento esté aplicado.

NO quite el tapón del radiador del sistema de enfriamiento caliente, déjelo enfriar o cúbralo con una tela y libere gradualmente la presión.

NO intente drenar el aceite para motor hasta que esté seguro de que se enfrió tanto como para que usted no se queme.

NO toque ninguna pieza del motor o sistema de escape hasta que se haya enfriado lo suficiente para evitar quemaduras.

NO utilice su boca para transvasar líquidos tóxicos como gasolina, anticongelante y aceite del freno, ni permita que permanezcan en su piel.

NO inhale el polvo del forro de freno, es potencialmente peligroso (vea *Amianto* a continuación).

NO permita que el aceite o grasa derramada permanezca en el suelo, límpielo antes de que alguien se resbale.

NO utilice llaves con adaptadores flojos u otras herramientas que podrían resbalarse y causar lesiones.

NO empuje las llaves cuando afloje o apriete tuercas o pernos. Siempre intente llevar la llave hacia usted. Si la situación requiere que empuje sobre la llave, empuje con una mano abierta para evitar lastimarse los nudillos en el caso de que la llave se deslice.

NO intente levantar usted solo un componente pesado, pídale a alguien que lo ayude.

NO *se apure ni tome atajos poco seguros para terminar el trabajo.*

NO permita que haya niños o mascotas dentro o cerca del vehículo mientras usted está trabajando.

UTILICE protección para ojos cuando utilice herramientas eléctricas, como taladros, lijadoras, amoladoras de banco, etc. y cuando trabaje debajo del vehículo.

MANTENGA la ropa suelta y el cabello largo alejados de las piezas que se mueven.

ASEGÚRESE de que cualquier elevador que utilice tenga un valor de carga segura de trabajo adecuado para la tarea.

PÍDALE a alguien que lo controle periódicamente cuando trabaje en el vehículo estando solo.

HAGA el trabajo en una secuencia lógica y asegúrese de que todo esté correctamente armado y apretado.

MANTENGA los químicos y líquidos bien tapados y fuera del alcance de niños y mascotas.

RECUERDE que la seguridad de su vehículo afecta su seguridad y la de otros. Si tiene dudas sobre algún punto, pídale consejo a un profesional.

Amianto

Ciertos productos de fricción, aislamiento, selladores y de otro tipo, como los forros de freno, bandas de freno, forros de embrague, convertidores de torque, juntas, etc., pueden contener amianto u otros materiales de fricción peligrosos. Debe tener un cuidado extremo para evitar la inhalación del polvo de estos productos, ya que son peligrosos para la salud. Si tiene dudas, asuma que sí contienen amianto.

Bolsas de aire

Las bolsas de aire son dispositivos que pueden **CAUSAR** lesiones si se despliegan mientras usted trabaja en el vehículo. Siga las instrucciones del fabricante para desactivar las bolsas de aire cada vez que trabaje cerca de sus componentes.

Dirección, suspensión y frenos

Estos sistemas son esenciales para conducir con seguridad, así que asegúrese de que un taller o persona calificada revise su trabajo. También, los resortes de suspensión comprimidos pueden causar lesiones si se liberan repentinamente, asegúrese de utilizar un compresor para resortes.

Fuego

Siempre recuerde que la gasolina es altamente inflamable. Nunca fume o tenga ningún tipo de llama abierta mientras trabaje en el vehículo. Pero el riesgo no termina allí. Una chispa causada por un cortocircuito eléctrico, por el contacto de dos superficies de metal, o incluso por la estática de su cuerpo en ciertas condiciones, puede encender los vapores de la gasolina, que, en lugares cerrados, son altamente explosivos. Bajo ninguna circunstancia utilice gasolina para la limpieza de las piezas. Utilice un solvente seguro aprobado.

Siempre desconecte el cable a tierra (-) de la batería antes de trabajar con cualquier pieza del sistema de combustible o del sistema eléctrico. Nunca se arriesgue a derramar combustible sobre un componente del motor o escape caliente. Se recomienda firmemente que tenga todo el tiempo un extinguidor de fuego a mano adecuado para incendios por combustible y electricidad en el garaje o taller. Nunca intente extinguir los incendios por combustible o electricidad con agua.

Gases

Ciertos gases son altamente tóxicos y pueden dejarlo inconsciente rápidamente o incluso llevarlo a la muerte si los inhala en exceso. Los vapores de gasolina entran en esta categoría, junto con los vapores de algunos solventes de limpieza. Cualquier drenaje o vertido de estos líquidos tan volátiles deben realizarse en un área bien ventilada.

Cuando utilice líquidos y solventes de limpieza, lea cuidadosamente las instrucciones del contenedor. Nunca utilice los materiales de contenedores sin marcar.

Nunca encienda el motor en un espacio cerrado, como un garaje. Los gases del escape contienen monóxido de carbono, que es extremadamente venenoso. Si debe encender el motor, hágalo al aire libre o al menos tenga la parte trasera del vehículo fuera del área de trabajo.

La batería

Nunca cree una chispa ni deje un foco al descubierto cerca de la batería. Normalmente liberan una cierta cantidad de gas hidrógeno, que es altamente explosivo.

Siempre desconecte el cable a tierra (-) de la batería antes de trabajar en los sistemas de combustible o eléctrico.

Si es posible, afloje los tapones de llenado o cubierta cuando cargue la batería desde una fuente externa (esto no se aplica a las baterías selladas o libres de mantenimiento). No cargue la batería con un valor excesivo o puede romperse.

Tenga cuidado cuando agregue agua a una batería con mantenimiento o cuando traslade una batería. El electrolito, aunque esté diluido, es muy corrosivo; no debe permitir que entre en contacto con la ropa o la piel.

Siempre utilice protección para ojos cuando limpie la batería para evitar que los depósitos cáusticos entren en los ojos.

Corriente doméstica

Cuando utilice una herramienta eléctrica, luz de inspección, etc., que funciona con corriente doméstica, siempre asegúrese de que la herramienta esté correctamente conectada al tomacorrientes y que, donde sea necesario, tenga la descarga correcta a tierra. No utilice estos elementos si están húmedos y, nuevamente, no cree una chispa ni aplique calor excesivo cerca del combustible o los vapores del combustible.

Voltaje del sistema de ignición secundario

Puede sufrir una descarga eléctrica grave si toca ciertas piezas del sistema de ignición (como los cables de bujías) cuando el motor esté en marcha o girando, particularmente si los componentes están húmedos o el aislante está defectuoso. En el caso de un sistema de ignición electrónico, el voltaje del sistema secundario es mucho más alto y puede ser fatal.

Ácido fluorhídrico

Este ácido extremadamente corrosivo se forma cuando ciertos tipos de caucho sintético, que se encuentran en los anillos O, sellos de aceite, mangueras de combustible, etc. se exponen a temperaturas superiores a los 750 °F (400 °C). El caucho se transforma en una sustancia calcinada o pegajosa que contiene el ácido. *Una vez formado, el ácido sigue siendo peligroso durante años. Si penetra en la piel, puede ser necesario amputar el miembro afectado.*

Cuando trabaje con un vehículo que ha sufrido un incendio o con componentes rescatados de un vehículo que haya sufrido uno, utilice guantes protectores y deséchelos después de utilizarlos.

Diagnóstico de fallas

Contenido

Esta sección brinda una guía sencilla de referencia acerca de los problemas más comunes que podrían ocurrir durante la operación de su vehículo. Dichos problemas y sus posibles causas se agrupan bajo distintos encabezados según el correspondiente componente o sistema; por ejemplo, *Motor, Sistema de enfriamiento*, etc. También se hace referencia al Capítulo o a la sección en el que se trata el problema.

Recuerde que un diagnóstico de fallas correcto no es una ciencia que solo pueden llevar a cabo los mecánicos profesionales. Simplemente, es el resultado de combinar conocimientos con un enfoque inteligente y sistemático del problema. Trabaje siempre siguiendo un proceso de eliminación: comience con la posible causa más sencilla y avance hasta llegar a la más compleja, y nunca pase por alto lo obvio. Cualquiera puede olvidarse de llenar el tanque de gasolina o dejar las luces encendidas toda la noche, así que no dé por sentado que usted no debe tener en cuenta tales descuidos.

Finalmente, identifique siempre las causas de los problemas, y haga lo necesario a fin de asegurarse de que no vuelvan a suceder. Si el sistema eléctrico falla debido a una mala conexión, inspeccione las demás conexiones del sistema a fin de asegurarse de no vayan a fallar también. Si un fusible específico se quema continuamente, averigüe la razón, no se limite a reemplazarlo repetidamente. Recuerde, la falla de un componente pequeño a menudo puede ser una señal de posibles fallas o de funcionamiento incorrecto de un componente o sistema más importante.

Motor

1   El motor no gira con el arranque

1   Conexiones de los terminales de la batería flojos o corroídos (Capítulo 1).
2   Batería descargada o defectuosa (Capítulo 1).
3   El transeje automático no está completamente acoplado en Park (Capítulo 7).
4   Conductores rotos, flojos o desconectados en el circuito del arranque (Capítulos 5 y 12).
5   El piñón del motor de arranque está trabado en la corona del volante del motor (Capítulo 5).
6   Falla del solenoide del arranque (Capítulo 5).
7   Falla del motor de arranque (Capítulo 5).
8   Falla del interruptor del encendido (Capítulo 12).
9   Dientes del piñón de arranque o del volante del motor desgastados o rotos (Capítulo 5.
10   Motor agarrotado.

2   El motor gira con el arranque pero no arranca

1   El tanque de combustible está vacío.
2   Batería descargada (el motor gira lentamente) (Capítulo 5).
3   Conexiones de los terminales de la batería flojos o corroídos (Capítulo 1).
4   Fuga de combustible de los inyectores, la bomba de combustible, regulador de presión, etc. (Capítulo 4).
5   El combustible no llega al sistema de inyección de combustible (Capítulo 4).
6   Los componentes de ignición están húmedos o dañados (Capítulo 5).

7   Bujías gastadas, defectuosas o con abertura incorrecta (Capítulo 1).
8   Los conductores del circuito de arranque están rotos, flojos o desconectados (Capítulo 5).
9   Cables rotos, flojos o desconectados en la bobina de la ignición, o bobina defectuosa (Capítulo 5).
10   La cadena o correa de distribución está rota o dañada (Capítulo 2).

3   Es difícil encender el motor cuando está frío

1   Batería descargada o con baja carga (Capítulo 1).
2   El sistema de combustible no funciona correctamente (Capítulo 4).
3   Fugas en los inyectores (Capítulo 4).
4   El sistema de control del motor no funciona correctamente (Capítulo 6).

4   Es difícil encender el motor cuando está caliente

1   Taponamiento del filtro de aire (Capítulo 1).
2   No llega combustible a los inyectores (Capítulo 4).
3   El sistema de control del motor no funciona correctamente (Capítulo 6).
4   Las conexiones de la batería están corroídas, especialmente las conexiones a tierra (Capítulo 1).

5   Motor de arranque ruidoso o excesivamente duro cuando engrana.

1   Los dientes del engranaje del piñón o del volante del motor están desgastados o rotos (Capítulo 5).
2   Pernos de montaje del motor de arranque flojos o faltantes (Capítulo 5).

6   El motor arranca pero se apaga inmediatamente

1   Las conexiones eléctricas al distribuidor, bobina o alternador están flojas o defectuosas (Capítulo 5).
2   No llega suficiente combustible al inyector de combustible (Capítulos 1 y 4).
3   Fugas de vacío en la junta entre el pleno de admisión/inyección de combustible del cuerpo del acelerador (Capítulos 1 y 4).
4   El sistema de control del motor no funciona correctamente (Capítulo 6).

7   Charco de aceite debajo del motor

1   La junta o la arandela del perno de drenaje de la bandeja de aceite presenta fugas (Capítulo 2).
2   La unidad de envío de presión de aceite presenta fugas (Capítulo 2).
3   Las cubiertas de las válvulas presentan fugas (Capítulo 2).
4   Los sellos de aceite del motor presentan

fugas (Capítulo 2).
5   El alojamiento de la bomba de aceite presenta fugas (Capítulo 2).

8   El motor funciona tosca o erráticamente en marcha mínima

1   Fuga de vacío (Capítulos 2 y 4).
2   Fugas en la válvula de la EGR (Capítulo 6).
3   Taponamiento del filtro de aire (Capítulo 1).
4   La bomba de combustible no entrega combustible suficiente al sistema de inyección de combustible (Capítulo 4).
5   Fuga en la junta de la culata (Capítulo 2).
6   La cadena o correa de sincronización o las ruedas dentadas están desgastadas (Capítulo 2).
7   Desgaste en los lóbulos del árbol de levas (Capítulo 2).
8   El sistema de control del motor no funciona correctamente (Capítulo 6).

9   El motor falla en marcha mínima

1   Bujías descastadas o con abertura incorrecta (Capítulo 1).
2   Cables de bujía defectuosos (Capítulo 1).
3   Fuga de vacío (Capítulo 1).
4   Compresión desigual o baja (Capítulo 2).
5   Inyector de combustible defectuoso (Capítulo 4).
6   El sistema de control del motor no funciona correctamente (Capítulo 6).
7   El lóbulo del árbol de levas o el componente de la válvula de tren está desgastado (Capítulo 2).

10   El motor falla en todo el rango de velocidades

1   Taponamiento y/o impurezas en el filtro de combustible (Capítulo 1)
2   Bajo nivel de salida de combustible de los inyectores, inyector defectuoso (Capítulo 4).
3   Bujías defectuosas o con abertura incorrecta (Capítulo 1).
4   Sincronización incorrecta de la ignición (Capítulo 5).
5   Cable de la bujía defectuoso (Capítulo 1 o 5).
6   Componentes del sistema de emisiones o del control del motor defectuosos (Capítulo 6).
7   Presiones de compresión de los cilindros bajas o desparejas (Capítulo 2).
8   Sistema de ignición débil o defectuoso (Capítulo 5).
9   Fuga de vacío en el cuerpo del acelerador de inyección de combustible, en el múltiple de admisión o en las mangueras de vacío (Capítulo 4).
10   El lóbulo del árbol de levas o el componente de la válvula de tren está desgastado (Capítulo 2).

11   El motor se atranca al ser acelerado

1   Bujías sucias (Capítulo 1).
2   Filtro de aire obstruido (Capítulo 1).
3   El sistema de suministro de combustible o de inyección de combustible no funciona correctamente (Capítulo 4).
4   El sistema de control del motor no funciona

correctamente (Capítulo 6).
5   fugas o mal funcionamiento del sistema EVAP (Capítulo 6).
6   Salida del alternador baja o excesiva (Capítulo 5).

12   El motor se acelera de repente estando el acelerador en la misma posición

1   Fuga de aire en la admisión(Capítulo 4).
2   Falla del embrague del convertidor de torque (TCC)/solenoide (Capítulo 6).
3   El sistema de suministro de combustible o de inyección de combustible no funciona correctamente (Capítulo 4).
4   El sistema de control del motor no funciona correctamente (Capítulo 6).
5   Sensores de oxígeno contaminados o defectuosos (Capítulo 6).
6   Falla en el sistema EGR (Capítulo 6).

13   El motor se cala

1   Conexión de cable de acelerador adheridos o pegados (Capítulo 4).
2   Falla del sistema de control de aire de ralentí (Capítulo 4).
3   Taponamiento del filtro de combustible y/o agua e impurezas en el sistema de combustible (Capítulos 1 y 4).
4   El sistema de suministro de combustible o de inyección de combustible no funciona correctamente (Capítulo 4).
5   El sistema de control del motor no funciona correctamente (Capítulo 6).
6   Falla en el sistema EGR (Capítulo 6).

14   Al motor le falta potencia

1   Sincronización incorrecta de la ignición.
2   Bujías defectuosas o con abertura incorrecta (Capítulo 1).
3   Bobina de ignición defectuosa (Capítulo 5).
4   Inmovilidad en los frenos (Capítulo 9).
5   El nivel de líquido de la transmisión automática es incorrecto (Capítulos 1 y 7).
6   El sistema de suministro de combustible o de inyección de combustible no funciona correctamente (Capítulo 4).
7   El sistema de control del motor no funciona correctamente (Capítulo 6).
8   Poca compresión del cilindro (Capítulo 2C).
9   Restricción en convertidor catalítico o en el sistema de escape (Capítulo 4).

15   Contraexplosiones del motor

1   El sistema de control de emisiones no funciona correctamente (Capítulo 6).
2   Sincronización incorrecta de la ignición (Capítulo 5).
3   Sistema de ignición secundario defectuoso; aislante de bujía rajado; cables de bujías defectuosos (Capítulos 1 y 5).
4   Mal funcionamiento del sistema de inyección de combustible (Capítulo 4).
5   Fuga de vacío en los inyectores de combustible, en el múltiple de admisión o en las mangueras de vacío (Capítulo 4).
6   EGR abierta todo el tiempo (Capítulo 6).

7   El sistema de control del motor no funciona correctamente (Capítulo 6).

16   Sonidos metálicos o golpeteos del motor durante la aceleración o cuesta arriba

1   Grado de combustible (octanos) incorrecto.
2   Sistema de inyección de combustible defectuoso (Capítulo 4).
3   Bujías o cables incorrectos o dañados (Capítulo 1).
4   Termostato defectuoso o incorrecto (Capítulo 3).
5   Bajo nivel de refrigerante (Capítulo 1).
6   Sistema de sensor de golpeteos defectuoso (Capítulo 6).
7   Fuga de vacío (Capítulo 2C y 4).
8   Mal funcionamiento del sistema de EGR (Capítulo 6).
9   El sistema de control del motor no funciona correctamente (Capítulo 6).

17   El motor funciona con la luz de baja presión de aceite encendida

1   Bajo nivel de aceite (Capítulo 1).
2   Cortocircuito en el circuito de cableado (Capítulo 12).
3   Transmisor de presión de aceite defectuoso (Capítulo 2).
4   Los cojinetes de motor o o la bomba de aceite están desgastados (Capítulo 2).

18   Motores diésel continúan funcionando después de colocar el interruptor en apagado

1   Temperatura del motor en funcionamiento excesivamente alta (Capítulo 3).
2   Marcha mínima demasiado alta (Capítulo 4).

Sistema eléctrico del motor

19   La batería no se mantiene cargada

1   Banda de mando del alternador defectuosa o ajustada incorrectamente (Capítulo 1).
2   Bajo nivel de electrolitos de la batería (Capítulo 1).
3   Los terminales de la batería están flojos o corroídos (Capítulo 1).
4   El alternador no recarga correctamente (Capítulo 5).
5   Cableado flojo, roto o defectuoso en el circuito de recarga (Capítulo 5).
6   Cortocircuito en el cableado del vehículo (Capítulo 12).
7   Batería defectuosa internamente (Capítulos 1 y 5).

20   La luz del alternador no se apaga

1   Falla en el alternador o en el circuito de carga (Capítulo 5).
2   Banda de mando del alternador defectuosa o desajustada (Capítulo 1).

3   El regulador de voltaje del alternador no funciona (Capítulo 5).

21   La luz del alternador no se enciende cuando se gira la llave a la posición de encendido

1   Bombilla de la luz advertencia defectuosa (Capítulo 12).
2   Falla en el circuito impreso, en el cableado del tablero o en el receptáculo del foco (Capítulo 12).

Sistema de combustible

22   Consumo excesivo de combustible

1   Elemento del filtro de aire sucio o taponado (Capítulo 1).
2   Restricción en convertidor catalítico o en el sistema de escape (Capítulo 4).
3   El sistema de control del motor o de emisiones no funciona correctamente (Capítulo 6).
4   Mal funcionamiento del sistema de inyección de combustible (Capítulo 4).
5   Presión baja de una o varias llantas o llanta(s) del tamaño incorrecto (Capítulo 1).

Fuga de combustible u olor a combustible

1   Fuga en la tubería de alimentación o de retorno de combustible (Capítulos 1 y 4).
2   Tanque demasiado lleno.
3   Filtros de cartucho de evaporación obstruidos (Capítulos 1 y 6).
4   Mal funcionamiento del sistema de inyección de combustible (Capítulo 4).

Sistema de enfriamiento

24   Sobrecalentamiento

1   Cantidad insuficiente de refrigerante en el sistema (Capítulo 1).
2   Correa de transmisión de la bomba de agua defectuosa o ajustada incorrectamente (Capítulo 1).
3   Núcleo del radiador taponado o parrilla del radiador obstruida (Capítulo 3).
4   Termostato defectuoso (Capítulo 3).
5   El ventilador del radiador eléctrico no funciona o las aspas están rotas o agrietadas (Capítulo 3).
6   La tapa del radiador no mantiene la presión correcta (Capítulo 3).

25   Sobre-enfriamiento

1   Termostato defectuoso (Capítulo 3).
2   El dispositivo emisor del medidor de temperatura no es preciso (Capítulo 3)

26   Fuga externa de refrigerante

1   Mangueras deterioradas o dañadas;

abrazaderas sueltas (Capítulos 1 y 3).
2   Sellos defectuosos de la bomba de agua (Capítulo 3).
3   Fuga desde el núcleo del radiador o la botella del depósito de refrigerante (Capítulo 3).
4   Fugas en tapones de drenaje del motor o en tapones de camisas de agua (Capítulo y 2).

27   Fuga interna de refrigerante

1   Fuga en la junta de culata de cilindros (Capítulo 2).
2   Grietas en el hueco o el cabezal del cilindro (Capítulo 2).

28   Pérdida de refrigerante

1   Demasiado refrigerante en el sistema (Capítulo 1).
2   Líquido refrigerante hirviendo a causa de un sobrecalentamiento (Capítulo 3).
3   Fuga interna o externa (Capítulo 3).
4   Tapón defectuoso del radiador (Capítulo 3).

29   Mala circulación del refrigerante

1   La bomba de agua no funciona (Capítulo 3).
2   Restricción en el sistema de refrigeración (Capítulos 1 y 3).
3   Correa de transmisión de la bomba de agua defectuosa o ajustada incorrectamente (Capítulo 1).
4   Termostato atorado (Capítulo 3).

Transeje automático

Nota: Debido a la complejidad del transeje automática, es difícil para el mecánico doméstico diagnosticar correctamente y hacer el servicio de este componente. En el caso de otros problemas que no sean los indicados a continuación, se debe llevar el vehículo a un concesionario o a un taller de transmisiones.

30   Fuga de líquido

1   El líquido de transmisiones automáticas es de color rojo profundo. No debe confundir las fugas de líquido con las de aceite de motor. El flujo de aire puede llevar fácilmente el aceite de motor al transeje.
2   para localizar una fuga, primero retire toda la suciedad y el hollín acumulada en el alojamiento del transeje con agentes desengrasantes o limpieza a vapor. Luego conduzca el vehículo a baja velocidad para que el flujo de aire no lleve el aceite o líquido de la fuga lejos del origen de la fuga. Eleve el vehículo y determine el origen de la fuga. Las zonas usuales de las fugas son:
a) *Colector (Capítulos 1 y 7).*
b) *Varilla medidora (Capítulos 1 y 7)*
c) *Líneas de aceite del transeje (Capítulos 3 y 7)*

31   Fluido del transeje marrón o tiene olor a quemado

Fluido del transeje quemado (Capítulo 1).

32   Problemas generales del mecanismo de cambio de marchas

1   El Capítulo 7 trata sobre la revisión y el ajuste del mecanismo de cambios en los transejes automáticos. Los problemas comunes atribuibles a un mecanismo mal ajustado son:
a) *El motor arranca en marchas distintas de Park y Neutral.*
b) *El indicador de la palanca de cambios señala una marcha distinta de la realmente usada.*
c) El vehículo se mueve estando en Park.
2   Vea el Capítulo 7 para obtener información sobre los procedimientos de ajuste del mecanismo de cambios.

33   El transeje no hace el cambio descendente al pisar a fondo el acelerador

Falla en los controles electrónicos de transeje.

34   El motor arranca en marchas distintas de Park y Neutral.

El mecanismo de cambios no está ajustado correctamente (el Capítulo 7).

35   El transeje patina, cambia toscamente, funciona ruidosamente o no impulsa el vehículo ni hacia adelante ni en reversa

Hay muchas causas probables para los problemas anteriores, pero el mecánico doméstico debe preocuparse por solo una posibilidad: el nivel de aceite. Antes de llevar el vehículo a un taller de reparación, inspeccione el nivel y las condiciones del líquido como se indica en el Capítulo 1. Corrija el nivel del líquido según sea necesario o cambie el líquido y el filtro si hace falta. Si el problema continúa, haga que un profesional diagnostique la causa.

Ejes impulsores

36   Ruido de clic en los giros

Juntas externas CV gastadas o dañadas (Capítulo 8).

37   Temblor o vibración durante la aceleración

1   Convergencia excesiva (Capítulo 10).
2   Juntas externas o internas CV gastadas o dañadas (Capítulo 8).
3   El conjunto de la junta interna CV está adherido o desgastado (Capítulo 8).

38   Vibración en las velocidades de carretera

1   Ruedas y/o neumáticos delanteros desbalanceados (Capítulos 1 y 10).
2   Neumáticos delanteros ovalados (Capítulo 1 y 10).
3   Juntas CV desgastadas (Capítulo 8).

Frenos*

Nota: Antes de asumir que existe un problema de frenos, asegúrese de que:
a) *Los neumáticos están en buen estado y correctamente inflados (Capítulo 1).*
b) *La alineación frontal es correcta (Capítulo 10).*
c) *el vehículo no está cargado con el peso de una manera desigual.*

39   El vehículo hala hacia un lado al frenar

1   Presión incorrecta de las llantas (Capítulo 1).
2   Extremo frontal desalineado (alinéelo).
3   Las llantas delanteras o traseras no concuerdan entre sí.
4   Mangueras o líneas de freno restringidas (Capítulo 9).
5   Falla del conjunto de pinza o tambor de freno (Capítulo 9).
6   Piezas de la suspensión flojas (Capítulo 10).
7   Pinzas flojas (Capítulo 9).
8   Desgaste excesivo del material de las balatas o de las zapatas o en uno de los lados del freno de disco o de tambor (Capítulo 9).

40   Ruido (chirrido de alta frecuencia cuando se aplican los frenos)

1   Balatas de freno de disco desgastadas. El ruido proviene del sensor de desgaste frotándose contra el disco (no se aplica a todos los vehículos). Reemplace las balatas inmediatamente (Capítulo 9).
2   nuevas pastillas instaladas incorrectamente (muchos de ellos requieren un compuesto anti-chillido en las placas de apoyo).

41   El freno está duro o vibra (pedal tiembla)

1   Desviación lateral excesiva del disco de freno (Capítulo 9).
2   Los frenos de tambor traseros están ovalados (Capítulo 9).
3   Desgaste de las balatas desparejo (Capítulo 9).
4   Disco defectuoso (Capítulo 9).

42   Se requiere presionar el pedal excesivamente para detener el vehículo

1   Mal funcionamiento del reforzador del freno de potencia (Capítulo 9).

2 Falla parcial del sistema (Capítulo 9).
3 Balatas o zapatas excesivamente desgastadas (Capítulo 9).
4 El pistón en la pinza o cilindro de rueda atascado o lento (Capítulo 9).
5 Las balatas o zapatas de freno están contaminadas con aceite o grasa (Capítulo 9).
6 Pastillas o zapatas nuevas instaladas y todavía no se asientan. Tomará un tiempo hasta que el material nuevo se asiente en el tambor o disco.

43 Recorrido excesivo del pedal del freno

1 Falla parcial del sistema de frenos (Capítulo 9).
2 Fluido insuficiente en el cilindro maestro (Capítulos 1 y 9).
3 Aire atrapado en el sistema (Capítulos 1 y 9).

44 Los frenos arrastran

1 Ajuste incorrecto del interruptor de la luz de freno (Capítulo 9).
2 La devolución de los pistones del cilindro maestro no es correcta (Capítulo 9).
3 Las líneas o mangueras de los frenos están obstruidas (Capítulos 1 y 9).
4 Ajuste incorrecto del freno de estacionamiento (Capítulo 9).
5 Pistones de las pinzas atorados (Capítulo 9).

45 Acaparamiento o acción de frenado desigual

1 Falla de la válvula dosificadora (Capítulo 9).
2 Mal funcionamiento de la unidad del reforzador del freno de potencia (Capítulo 9).
3 Mecanismo del pedal de freno agarrotado (Capítulo 9).
4 Hay líquido de frenos, grasa o aceite en las pastillas o zapatas (Capítulo 9).

46 El pedal del freno se siente esponjoso al pisarlo

1 Aire en las líneas hidráulicas (Capítulo 9).
2 Los pernos de montaje del cilindro maestro están flojos (Capítulo 9).
3 Cilindro maestro defectuoso (Capítulo 9).

47 El pedal de freno llega al piso con poca resistencia

1 Poco o nada de líquido en el depósito del cilindro maestro causados por fugas en la pinza o los pistones del cilindro de la rueda (Capítulo 9).
2 Líneas de freno sueltas, dañadas o desconectadas (Capítulo 9).

48 El freno de estacionamiento no se sostiene

Varillaje del freno de estacionamiento mal ajustado (Capítulos 1 y 9).

Sistemas de suspensión y dirección

Nota: Antes de intentar diagnosticar los sistemas de suspensión y dirección, realice los siguientes controles preliminares:

a) *La presión de los neumáticos debe ser correcta y el desgaste, parejo.*
b) *Inspeccione las juntas de dirección de la columna a la dirección en busca de desgaste o conectores flojos.*
c) *Inspeccione la suspensión delantera y trasera y el conjunto del mecanismo de dirección en busca de piezas sueltas o dañadas.*
d) *Neumáticos ovalados o fuera de equilibrio, llantas dobladas y sueltas o rodamientos duros de las ruedas.*

49 El vehículo hala hacia un lado

1 Los neumáticos no coinciden o son desiguales (Capítulo 10).
2 Muelles rotos o caídos (Capítulo 10).
3 Ruedas que deben ser alineadas (Capítulo 10).
4 Los frenos delanteros arrastran (Capítulo 9).

50 Desgaste de los neumáticos anormal o excesivo

1 Alineación de las ruedas (Capítulo 10).
2 Muelles rotos o caídos(Capítulo 10).
3 Neumáticos desbalanceados (Capítulo 10).
4 Puntales de los amortiguadores desgastados (Capítulo 10).
5 Vehículo sobrecargado.
6 Las llantas no rotan regularmente.
7 La presión de las llantas no es correcta (Capítulo 1).

51 La rueda hace un ruido de golpes

1 Ampolla o protuberancia en los neumáticos (Capítulo 10).
2 Acción del puntal del amortiguador inadecuada (Capítulo 10).

52 Temblores, sacudidas o vibraciones

1 La llanta o la rueda están desbalanceadas u ovaladas (Capítulo 10).
2 Rodamientos de las ruedas delanteras flojos o desgastados (Capítulos 1, 8 y 10).
3 Extremo de la barra de acoplamiento desgastado (Capítulo 10).
4 Articulaciones de rótula inferiores desgastadas (Capítulos 1 y 10).
5 Desviación excesiva de las ruedas (Capítulo 10).
6 Ampolla o protuberancia en los neumáticos (Capítulo 10).

7 Pernos de montaje del mecanismo de la dirección (Capítulo 10).

53 Dirección dura

1 Falta de lubricación en articulaciones de rótula, extremos de la barra de acoplamiento y el conjunto del mecanismo de la dirección (Capítulo 10).
2 Alineación de la rueda delantera (Capítulo 10).
3 Baja presión de neumáticos (Capítulos 1 y 10).
4 Bajo nivel de líquido de la dirección hidráulica (Capítulo 1).
5 Bomba de dirección hidráulica o el mecanismo de la dirección defectuoso (Capítulo 10).

54 La dirección no vuelve al centro con facilidad

1 Falta de lubricación en las rótulas y los extremos de la barra de acoplamiento (Capítulo 10).
2 Agarrotamiento en las rótulas (Capítulo 10).
3 Agarrotamiento en la columna de dirección (Capítulo 10).
4 Falta de lubricante en el conjunto del mecanismo de la dirección (Capítulo 10).
5 Las ruedas delanteras deben ser alineadas o los componentes de la suspensión delantera están doblados (Capítulo 10).

55 Ruido anormal en el extremo frontal

1 La falta de lubricación en articulaciones de rótula y extremos de los tirantes (Capítulos 1 y 10).
2 Puntal de montaje dañado (Capítulo 10).
3 Bujes del brazo de control o extremos de los tirantes desgastados (Capítulo 10).
4 Barra estabilizadora floja (Capítulo 10).
5 Tuercas de las ruedas flojas (Capítulos 1 y 10).
6 Pernos de suspensión flojos (Capítulo 10).

56 Dirección errática o con poca estabilidad

1 Los neumáticos no coinciden o son desiguales (Capítulo 10).
2 Falta de lubricación en articulaciones de rótula y extremos de los tirantes (Capítulos 1 y 10).
3 Conjuntos de los amortiguadores desgastados (Capítulo 10).
4 Barra estabilizadora floja (Capítulo 10).
5 Muelles rotos o caídos (Capítulo 10).
6 Alineación de las ruedas (Capítulo 10).

57 Dirección errática al frenar

1 Rodamientos de las ruedas desgastados (Capítulo 10).
2 Muelles rotos o caídos (Capítulo 10).

3   Fuga en el cilindro o pinza de la rueda(Capítulo 9).
4   Discos de freno deformados (Capítulo 9).

58   Cabeceo o inclinación excesiva al cruzar y/o al frenar

1   Barra estabilizadora floja (Capítulo 10).
2   Puntal o monturas de los amortiguadores desgastados (Capítulo 10).
3   Muelles rotos o caídos (Capítulo 10).
4   Vehículo sobrecargado.

59   Fondos de suspensión

1   Vehículo sobrecargado.
2   Puntales de los amortiguadores desgastados (Capítulo 10).
3   Muelles incorrectos, rotos o caídos (Capítulo 10).

60   Neumáticos ahuecados

1   Alineación de rueda delantera o trasera (Capítulo 10).
2   Puntales de los amortiguadores desgastados (Capítulo 10).

3   Rodamientos de las ruedas desgastados (Capítulo 10).
4   Desviación excesiva de la llanta o rueda (Capítulo 10).
5   Articulaciones de rótula desgastadas (Capítulo 10).

61   Desgaste excesivo de una llanta en su borde externo

1   Presión de inflación incorrecta (Capítulo 1).
2   Velocidad excesiva al cruzar.
3   Alineamiento del extremo delantero incorrecto (convergencia excesiva). Haga que un profesional lo alinee.
4   Brazo de la suspensión doblado o retorcido (Capítulo 10).

62   Desgaste excesivo de una llanta en su borde interno

1   Presión de inflación incorrecta (Capítulo 1).
2   Alineamiento del extremo delantero incorrecto (divergencias). Haga que un profesional lo alinee.
3   Componentes de la dirección flojos o dañados (Capítulo 10).

63   Banda de rodadura de la llanta desgastada en una zona

1   Neumáticos desbalanceados.
2   Rueda dañada o combada. Inspeccione y reemplace de ser necesario.
3   Llanta defectuosa (Capítulo 1).

64   La dirección tiene mucho juego o está muy floja

1   Rodamientos de las ruedas desgastados (Capítulo 10).
2   Extremo de la barra de acoplamiento suelto (Capítulo 10).
3   Mecanismo de la dirección flojo (Capítulo 10).
4   Eje de la dirección intermedia desgastado o flojo (Capítulo 10).

65   Golpeteo o clic en la dirección

1   Lubricante insuficiente o inadecuado en el conjunto del mecanismo de la dirección (Capítulo 10).
2   Acople del mecanismo de la dirección flojo (Capítulo 10).

Capítulo 1
Afinación y mantenimiento de rutina

Contenido

Especificaciones

Lubricantes y líquidos recomendados

Nota: *A continuación hay una lista de las recomendaciones de los fabricantes en el momento en que se escribió este manual. Ocasionalmente, los fabricantes mejoran las especificaciones de sus líquidos y lubricantes, por lo que le sugerimos que consulte en la tienda de autopartes local cuáles son las recomendaciones actualizadas.*

Aceite del motor
  Tipo .... Aceite de rendimiento de combustible y multigrado API SG SH o SG/SD
  Viscosidad .... Vea la tabla adjunta.

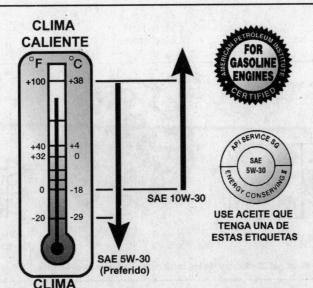

CLIMA
CALIENTE

°F   °C
+100 +38

+40   +4
+32   0

0   -18

-20   -29

SAE 10W-30

CLIMA
FRÍO

SAE 5W-30
(Preferido)

FOR GASOLINE ENGINES
AMERICAN PETROLEUM INSTITUTE · CERTIFIED

API SERVICE SG
SAE 5W-30
ENERGY CONSERVING II

USE ACEITE QUE
TENGA UNA DE
ESTAS ETIQUETAS

Cuadro de viscosidad de aceite para motor: para una mejor economía de combustible y mejor arranque en climas fríos, seleccione el grado de viscosidad SAE más bajo para el rango de temperatura que se espera.

1-a3 HAYNES

Lubricantes y líquidos recomendados (continuación)

Líquido de transeje automático
    1996 hasta 1999 .... Mopar ATF plus 3 o ATF plus 3 Tipo 7176
    2000 y posteriores .... Mopar ATF plus 4 o ATF plus 4 Tipo 9602
Aceite de diferencial .... Sumidero común con el transeje automático
Aceite para dirección hidráulica.. Aceite para dirección hidráulica Mopar o equivalente
Aceite de freno .... Especificaciones DOT 3 y normas SAE J1703
Refrigerante del motor .... Mezcla 50/50 de agua y anticongelante de base de etilenglicol
Grasa de mecanismo de freno de estacionamiento .... Grasa blanca a base de litio NLGI n.º 2
Grasa de lubricación del chasis... Grasa de chasis de uso múltiple NLGI n.º2
Lubricante de bisagras de capó, puertas y cajuela o maletero .... Aceite del motor
Grasa de bisagras de puertas y resortes de retención....... Grasa de chasis de uso múltiple NLGI n.º2
Lubricante de cilindro de cerradura .... Spray de grafito
Lubricante del conjunto de traba del capó.......................... Mopar Lubriplate o equivalente
Lubricante de traba de puertas... Mopar Door Ease n.º3744859 o equivalente

Capacidades*

Aceite del motor (incluido el filtro)
    Motor 2.4L
        1996 hasta 1998 .... 4.5 qt
        1999 y posteriores .... 5.0 qt
    Motor 3.0L .... 4.0 qt
    Motor 3.3/3.8L
        1996 hasta 1998 .... 4.0 qt
        1999 y posteriores .... 4.5 qt
Transeje automático
    31TH/O-haul Fill .... 8.5 cuartos
    41TE/O-haul Fill .... 9.1 cuartos
Sistema de enfriamiento
    Motor 2.4L .... 9.5 cuartos
    Motor 3.0L .... 10.5 cuartos
    Motor 3.3/3.8L... 10.5 cuartos
Todas las capacidades son aproximadas. Agregue la cantidad necesaria para llegar al nivel adecuado.

Frenos

Límite de desgaste de las pastillas de freno
    de disco (incluyendo zapata de metal)........................... 5/16 pulg.
Límite de desgaste de la zapata del freno de tambor .... 1/16 pulg.

Sistema de ignición

Tipo de bujías
    2.4L (de 1999 a 2000) .... Champion RC12YC5 o equivalente
    2.4L (2001 y posteriores) .... Champion RE14CC5 o equivalente
    3.0L   .... Champion RN11YC4 o equivalente
    3.3/3.8L.. Champion RN14PMP5 o equivalente
Luz de bujía
    2.4L   .... 0.048 a 0.053 pulg.
    3.0L   .... 0.039 a 0.044 pulg.
    3.3/3.8L.. 0.048 a 0.053 pulg.
Resistencia del cable de la bujía
    2.4L
        n.º 1 y n.º 4.. 4.2 K ohmios
        n.º 2 y n.º 3.. 4.2 K ohmios

El terminal oscurecido en la tapa del distribuidor indica la posición del cable de la bujía número uno.

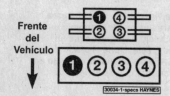

Motores de 2.0 y 2.4 L

Motor 3.0L V6

Motor 3.0L V6

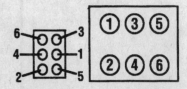

Motores 3.3L y 3.8L V6

Ubicaciones de los cilindros y de los terminales de bobinas del motor

3.0L
   n.º 1.. 14.0 K ohmios
   n.º 2.. 10.4 K ohmios
   n.º 3.. 14.9 K ohmios
   n.º 4.. 11.5 K ohmios
   n.º 5.. 17.5 K ohmios
   n.º 6.. 10.3 K ohmios
3.3/3.8L (1996 a 2000)
   n.º 1.. 18.5 K ohmios
   n.º 2.. 15.5 K ohmios
   n.º 3.. 20.4 K ohmios
   n.º 4.. 21.2 K ohmios
   n.º 5.. 27.7 K ohmios
   n.º 6.. 26.7 K ohmios
3.3L (2001 y posteriores)
   n.º 1.. 22.5 K ohmios
   n.º 2.. 22.8 K ohmios
   n.º 3.. 19.3 K ohmios
   n.º 4.. 19.3 K ohmios
   n.º 5.. 13.6 K ohmios
   n.º 6.. 16.4 K ohmios
Orden de ignición
   2.4L 1-3-4-2
   3.0/3.3/3.8L.. 1-2-3-4-5-6

Especificaciones de torque

Ft-lb (a menos que se indique lo contrario)

Bujías 20
Tuercas de orejeta de la rueda.. 100
Transeje automático
   Pernos del colector 15
   Tornillos del cuerpo, del filtro a la válvula .... 45 in-lb

Disposición típica del compartimiento del motor 3.3/3.8L (modelos de 1996 a 2000)

1 Varilla de medición del transeje automático	4 Batería	8 Tapa de relleno de aceite del motor
2 Depósito del cilindro maestro de los frenos	5 Depósito de aceite para dirección hidráulica	9 Alojamiento del filtro de aire
3 Depósito del líquido lavaparabrisas	6 Varilla de medición del aceite del motor	10 Depósito del refrigerante del motor
	7 Manguera superior del radiador	

Típico compartimento del motor 3.3/3.8L (2001 y modelos posteriores)

1 Varilla de medición del transeje automático	4 Batería	7 Manguera superior del radiador
2 Depósito del cilindro maestro de los frenos	5 Depósito de aceite para dirección hidráulica	8 Tapa de relleno de aceite del motor
3 Depósito del líquido lavaparabrisas	6 Varilla medidora del aceite del motor	9 Alojamiento del filtro de aire
		10 Depósito del refrigerante del motor

Componentes típicos de la parte inferior del compartimento del motor 3.3/3.8L

1 Mordazas de frenos delanteros.	3 Funda de junta de CV interna	5 Transeje automático	8 Cuna de suspensión
2 Puntal de amortiguador y resorte	4 Tapón de drenaje del aceite del motor	6 Funda de la junta exterior de CV y funda	9 Extremo del acoplamiento
		7 Mecanismo de la dirección	10 Barra estabilizadora

Componentes típicos de la parte inferior trasera (modelos 1996 a 2000)

1	Resonador/tubo de escape	4	Resorte de hojas	7	Barra transversal
2	Tanque de combustible	5	Silenciador	8	Conjunto del eje
3	Manguera de llenado de combustible	6	freno de tambor trasero	9	Amortiguador

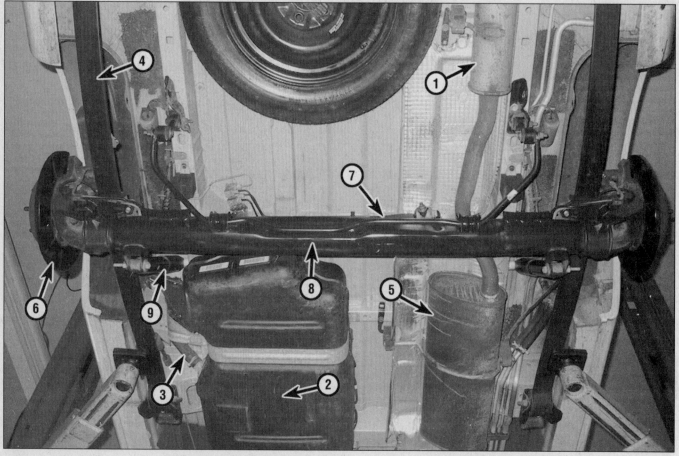

Componentes típicos de la parte inferior trasera (modelos 2001 y posteriores)

1	Resonador/tubo de escape	4	Resorte de hojas	7	Barra transversal
2	Tanque de combustible	5	Silenciador	8	Conjunto del eje
3	Manguera de llenado de combustible	6	Freno de tambor o disco trasero	9	Amortiguador

1 Plan de mantenimiento para las minivans Chrysler, Dodge y Plymouth

Los intervalos de mantenimiento indicados a continuación se basan en la suposición de que el propietario del vehículo llevará a cabo el trabajo de mantenimiento o de servicio, en vez de que lo haga el departamento de servicio de un concesionario. Aunque los intervalos de tiempo/recorrido están basados en las recomendaciones del fabricante, la mayoría se han acordado a fin de asegurar que la inspección y el cambio de lubricantes y líquidos se hagan a intervalos que promuevan la máxima vida útil del motor y del tren de potencia. Para mantener los vehículos en condiciones óptimas de funcionamiento y maximizar el valor de reventa del vehículo, los procedimientos de mantenimiento se pueden realizar con más frecuencia de lo recomendado siguiendo el cronograma a continuación. Se fomenta la iniciativa del propietario.

Cuando el vehículo es nuevo, el servicio inicial debe ser realizado por el departamento de servicio de un concesionario autorizado por el fabricante, a fin de preservar la garantía. En muchos casos, la primera revisión de mantenimiento es gratuita para el propietario (consulte con el departamento de servicio de su concesionario para más información).

Cada 250 millas (400 km) o semanalmente, lo que ocurra primero

Revise el nivel de aceite del motor y llénelo hasta donde sea necesario (vea la Sección 4).
Revise el nivel de refrigerante y agregue refrigerante si es necesario (vea la Sección 4).
Inspeccione el nivel del líquido lavaparabrisas (vea la Sección 4).
Inspeccione el nivel de electrolitos de la batería (vea la Sección 4).
Inspeccione el nivel del líquido de frenos (vea la Sección 4).
Inspeccione los neumáticos y la presión de los neumáticos (vea la Sección 5).
Inspeccione el nivel del líquido del transeje automático (vea la Sección 6).
Inspeccione el nivel del líquido de la dirección hidráulica (vea la Sección 7).
Revise el funcionamiento de todas las luces.
Compruebe el funcionamiento de la bocina.

Cada 3,000 millas (5,000 km) o tres meses, lo que ocurra primero

Cambie el aceite y el filtro del motor (vea la Sección 8).

Cada 7,500 millas o 6 meses, lo que ocurra primero

Revise y limpie la batería (vea la Sección 9)
Inspeccione las mangueras del sistema de enfriamiento en busca de fugas y daños (vea la Sección 10).
Revise el estado de todas las mangueras de vacío y las conexiones (vea la Sección 11).
Controle el estado de la hoja del limpiaparabrisas (vea la Sección 12).
Rote los neumáticos (vea la Sección 13).
Compruebe el juego libre de la articulación de la dirección y articulaciones de rótula (vea la Sección 14).
Compruebe los tubos de escape y ganchos (vea la Sección 15).

Cada 15,000 millas o 12 meses, lo que ocurra primero

Lubrique las articulaciones de rótula de dirección de la suspensión delantera (vea la Sección 17) *
Inspeccione los frenos (vea la Sección18).
Inspeccione las mangueras y las conexiones del sistema de combustible en busca de fugas y daños (vea la Sección19).
Inspeccione la o las bandas (sección 20).

Cada 30,000 millas (50,000 km) o 24 meses, lo que ocurra primero

Reemplace el elemento del filtro de aire (vea la Sección 21)
Cambie el líquido y el filtro del transeje automático (vea la Sección 22)
Inspeccione la funda del eje impulsor (vea la Sección 23)
Drene y reemplace el refrigerante del motor (vea la Sección 25)
Revise y reemplace, si es necesario, la válvula PVC (vea la Sección 26).
Revise las mangueras del sistema de combustible de emisiones por evaporación (vea la Sección 27).
Reemplace las bujías (sección 28).
Compruebe el estado de los cables de encendido primario y de los cables de las bujías (vea la Sección 29)
Revise el funcionamiento de los cinturones de seguridad (vea la Sección 30).

Cada 60,000 millas (100,000 km) o 48 meses, lo que ocurra primero

Reemplace el filtro de combustible (vea la Sección 31).
* Este elemento se ve afectado por condiciones de funcionamiento "extremas" que se describen a continuación. Si se utiliza el vehículo en condiciones "extremas", realice todas las tareas de mantenimiento indicadas con un asterisco (*) en los intervalos siguientes:
Considere las condiciones "extremas" si se utiliza el vehículo principalmente: . .
en áreas polvorientas;
para llevar remolques;
en marcha mínima durante períodos prolongados o al conducir a velocidades bajas;
cuando la temperatura se encuentra por debajo del punto de congelación y los trayectos son de menos de cuatro millas.
en lugares donde el tráfico es pesado y las temperaturas alcanzan con regularidad los 90 ºF o más

Cada 2,000 millas

Cambie el filtro y el aceite del motor

Cada 9,000 millas

Compruebe la funda del eje impulsor, suspensión y dirección
Revise los frenos
Lubrique los extremos de los tirantes

Cada 15,000 millas

Reemplace el elemento del filtro de aire
Cambie el líquido y el filtro del transeje automático

2   Introducción

Este capítulo está diseñado para ayudar al mecánico casero en el mantenimiento de las minivans Chrysler, Dodge y Plymouth. Los objetivos primarios son el máximo rendimiento, economía, seguridad y fiabilidad.

Se incluye un programa de mantenimiento maestro, seguido de procedimientos que tratan específicamente cada punto del programa. Se incluyen inspecciones visuales, ajustes, reemplazo de componentes y otros puntos útiles. Consulte las ilustraciones del compartimiento del motor y de la parte inferior del vehículo, a fin de conocer la ubicación de los componentes.

Siga el programa de mantenimiento tiempo o kilometraje y los procedimientos paso a paso, que constituyen un programa de mantenimiento preventivo, para maximizar la fiabilidad y la vida útil del vehículo. Es un programa integral - mantener algunos componentes en los intervalos especificados, pero no otros no producirá los mismos resultados.

Descubrirá que muchos procedimientos pueden y deben agruparse, debido a la naturaleza de los procedimientos que se están realizando o debido a la proximidad de los componentes.

Si eleva el vehículo, deberá inspeccionar los sistemas de escape, suspensión, dirección y combustible mientras se encuentra debajo del vehículo. Cuando se rotan los neumáticos, es lógico inspeccionar los frenos mientras los neumáticos estén desmontados. Finalmente, si alquila o pide prestada una llave de torque, incluso si solo necesita apretar las bujías, también puede comprobar, en la medida que el tiempo lo permita, el correcto apriete de sujetadores importantes.

El primer paso de este programa de mantenimiento es que usted se prepare antes de iniciar el trabajo propiamente dicho. Estudie los procedimientos que planea realizar, y después reúna todas las piezas y herramientas necesarias. Si llega a tener algún problema, solícite ayuda a un mecánico o a una persona que tenga experiencia en realizar sus propias reparaciones. **Nota:** *Debido a la falta de espacio en el compartimiento del motor, puede ser de ayuda quitar la cubierta del motor (vea el Capítulo 11) para realizar algunos de los procedimientos de mantenimiento.*

3   Información general acerca de las afinaciones

En este manual, el término "afinación" se utiliza para indicar una combinación de operaciones individuales y no un procedimiento específico.

Si se sigue el programa de mantenimiento de rutina y se inspeccionan con frecuencia los niveles de los líquidos y las piezas de alto desgaste desde un primer momento, el motor se conservará en condiciones de operación relativamente buenas y se minimizará la necesidad de trabajos adicionales.

Habrá momentos en que el motor funcione mal debido a la falta de mantenimiento regular. Esto es probable si se adquiere un vehículo usado que no ha recibido las revisiones de mantenimiento regulares y frecuentes. En este caso, se necesitará una afinación del motor para establecer intervalos del mantenimiento de rutina.

El primer paso en todo procedimiento de afinación o de diagnóstico es una inspección

de la compresión de los cilindros. La revisión de la compresión (vea el Capítulo 2A) le ayudará a determinar el estado de los componentes internos del motor y puede utilizarse como guía para los procedimientos de afinación y reparación. Si una inspección de la compresión indica un grave desgaste interno del motor, una afinación convencional no mejorará el desempeño del motor y sería una pérdida de tiempo y dinero. Alguien que cuente con el equipo adecuado, y los conocimientos para utilizarlo correctamente, deberá realizar las inspecciones de la compresión.

Se requieren los siguientes procedimientos para afinar correctamente un motor que no funciona bien:

Afinaciones menores

- *Inspeccione todos los líquidos relacionados con el motor (vea la Sección 4).*
- *Limpie, inspeccione y compruebe las buenas condiciones de la batería (vea la Sección 9).*
- *Reemplace las bujías (vea la Sección 28).*
- *Reemplace los cables de las bujías (vea la Sección 29).*
- *Revise y ajuste la correa de transmisión (vea la Sección 20).*
- *Inspeccione el filtro de aire (vea la Sección 21).*
- *Inspeccione la válvula de ventilación positiva del cárter (PCV) (vea la Sección 26)*
- *Inspeccione todas las mangueras del compartimiento del motor (sección 11)*
- *Realice un mantenimiento del sistema de enfriamiento (vea la Sección 25).*

Afinaciones mayores

Todos los puntos de las afinaciones menores, y además: . .
- *Reemplace el filtro de aire (vea la sección 21)*
- *Inspeccione el sistema de combustible (vea la Sección 19)*
- *Reemplace el filtro de combustible (vea la Sección 31).*
- *Inspeccione el sistema de recarga (vea el Capítulo 5)*

4   Revisión de los niveles de líquidos (cada 250 millas o semanalmente)

Nota: *Las siguientes revisiones del nivel de líquido deben hacerse cada 250 millas o semanalmente. En los procedimientos específicos de mantenimiento se puede encontrar*

4.4a La varilla medidora de aceite se ubica en la parte delantera del motor.

inspecciones adicionales de niveles de líquidos. Independientemente de los intervalos, revise periódicamente debajo del vehículo en busca de fugas de líquidos.

1   Los líquidos son una parte esencial de los sistemas de lubricación, enfriamiento, frenos y limpiaparabrisas. Los líquidos se agotan o contaminan poco a poco durante el funcionamiento normal del vehículo y se deben reponer periódicamente. Antes de agregar líquido a cualquiera de los siguientes componentes, vea la sección Lubricantes y líquidos recomendados al comienzo de este capítulo. **Nota:** *el vehículo debe estar nivelado cuando se inspeccionen los niveles de líquidos.*

Aceite del motor

Vea las ilustraciones 4.4a, 4.4b y 4.5.

2   El nivel de aceite del motor se comprueba con la varilla situada en la parte frontal, en el lado izquierdo (del conductor) del motor. La varilla se extiende a través de un tubo hasta alcanzar la bandeja de aceite que se encuentra en la base del motor.

3   El nivel de aceite se debe revisar antes de manejar el vehículo o 15 minutos después de que se ha apagado el motor. Si lo revisa inmediatamente después de haber conducido el vehículo, parte del aceite permanecerá en los componentes de la parte superior del motor, lo que dará una lectura incorrecta.

4   Extraiga del tubo la varilla de medición (vea la ilustración) y limpie con un trapo o una toalla de papel todo el aceite del extremo de la varilla. Vuelva a introducir la varilla de medir limpia hasta el fondo del tubo y sáquela nuevamente. Observe el nivel aceite en el extremo de la varilla. Agregue aceite si es necesario para mantener el nivel en la marca Max (ver ilustración).

5   Retire la tapa del aceite (claramente marcada), ubicada en la cubierta de la válvula (ver ilustración) y agregue aceite. Un embudo puede reducir los derrames cuando se añade aceite.

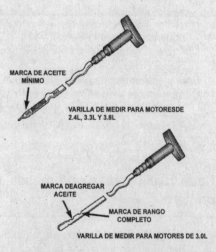

MARCA DE ACEITE MÍNIMO

VARILLA DE MEDIR PARA MOTORESDE 2.4L, 3.3L Y 3.8L

MARCA DEAGREGAR ACEITE

MARCA DE RANGO COMPLETO

VARILLA DE MEDIR PARA MOTORES DE 3.0L

4.4b El nivel de aceite debe este entre las marcas MIN (mínimo) y MAX (máximo) de la varilla de medir; de lo contrario, agregue el aceite necesario para llevarlo cerca de la marca MAX (hace falta un cuarto de aceite para llevarlo desde la marca inferior a la superior).

4.5 Para quitar el tapón de llenado de aceite, gírelo hacia la izquierda.

4.8 Asegúrese de que el nivel del líquido refrigerante en el depósito se encuentra en la marca MAX o cerca de ella; si está por debajo de la marca MIN, añada más líquido refrigerante.

6   El nivel de aceite debe superar siempre la marca MIN o el motor puede dañarse. No llene en exceso el motor agregando demasiado aceite; puede resultar en bujías sucias, fugas de aceite o fallas de sello.

7   Inspeccionar el nivel del aceite es un paso importante del mantenimiento preventivo. Un bajo nivel de aceite constante indica una fuga de aceite, debida a sellos dañados, juntas defectuosas o guías de las válvulas o anillos desgastados. Si el aceite es de color lechoso o contiene gotas de agua, el bloque puede estar roto y debe ser revisado inmediatamente. Se debe revisar el estado del aceite cada vez que revise el nivel de aceite. Pase los dedos pulgar e índice por el aceite en la varilla de medición antes de limpiarla. Si detecta en la varilla de medición pequeñas partículas de polvo o metal, se debe cambiar el aceite (vea la Sección 8).

Refrigerante del motor

Consulte la ilustración 4.8.

Advertencia: *No permita que el compuesto anticongelante entre en contacto con su piel o con las superficies pintadas del vehículo. Enjuague inmediatamente las áreas contaminadas con abundante agua. No guarde refrigerantes nuevos ni deje refrigerantes viejos al alcance de niños o mascotas: se sienten atraídos por el olor dulce. La ingestión de una pequeña cantidad de refrigerante puede ser fatal. Limpie inmediatamente las salpicaduras en el suelo del garaje y la bandeja colectora de aceite. Mantenga*

4.14 Levante la tapa para agregar más líquido al depósito del limpiaparabrisas

cubiertos los envases de anticongelante y repare las fugas del sistema de enfriamiento inmediatamente.

8   Los vehículos incluidos en este manual están equipados con un sistema presurizado de recuperación de refrigerante, los cuales facilitan la revisión de los niveles de refrigerante. Un depósito del sistema de recuperación de refrigerante está acoplado al panel interior del guardafango, o el radiador está conectado mediante una manguera al cuello del radiador (ver ilustración). A medida que el motor se calienta, el refrigerante escapa por una válvula en la tapa del radiador y pasa por la manguera al depósito. A medida que se enfría el motor, el refrigerante regresa automáticamente al sistema de recuperación de refrigerante a fin de mantener el nivel correcto.

9   El nivel de refrigerante debe verificarse con el motor a temperatura de funcionamiento normal. El nivel del líquido debe mantenerse por encima de la marca de llenado en frío.

10   Si para llevar el sistema al nivel correcto se requiere de una pequeña cantidad de refrigerante, se puede utilizar agua. Si se requiere una gran cantidad de refrigerante o anticongelante de alta calidad, se debe mezclar con agua en la proporción especificada en el contenedor de anticongelante y añadir al depósito. Esto evitará que la solución se diluya.

11   Retire la tapa del depósito para añadir refrigerante. **Advertencia:** *No quite la tapa cuando el motor está caliente.* Cuando el motor se haya enfriado, envuelva una tela gruesa sobre la tapa y gírela hasta el primer tope. Si sale vapor por la tapa, deje que el motor se enfríe, luego retire la tapa.

12   Cuando compruebe el nivel de refrigerante, compruebe también su estado. Debe ser relativamente transparente. Si presenta un color marrón o de herrumbre, debe drenar el sistema, enjuagarlo y volverlo a llenar (vea la Sección 25).

13   Si el nivel del refrigerante baja con frecuencia, podría haber una fuga en el sistema. Inspeccione el radiador, las mangueras, la tapa de relleno, los tapones de drenaje y la bomba de agua (vea la Sección 25). Si no detecta ninguna fuga, haga revisar la presión de la tapa de relleno en una estación de servicio.

Líquido lavaparabrisas

Consulte la ilustración 4.14

14   El líquido limpiador de parabrisas y ventana de luneta trasera se almacena en el depósito

de plástico en el compartimiento del motor (ver ilustración). Mantener el nivel de líquido en el depósito de aproximadamente una pulgada por debajo de la tapa de llenado.

15   En climas templados, se pueden llenar los depósitos con agua corriente, pero no se deben llenar más de 2/3 a fin de permitir la expansión del agua si se llegara a congelar. En climas más fríos, utilice anticongelante para lavaparabrisas, disponible en las tiendas de autopartes, a fin de disminuir el punto de congelación del líquido. Mezcle el anticongelante con agua de acuerdo con las indicaciones del envase. **Precaución:** *No utilice anticongelante para sistemas de enfriamiento; de lo contrario, dañará la pintura del vehículo. Para evitar la escarcha en climas fríos, caliente el parabrisas con el desempañador antes de utilizar el lavaparabrisas.*

Electrolito de batería

Advertencia: *Se deben tomar ciertas precauciones al inspeccionar y dar servicio a la batería. El gas hidrógeno, que es altamente inflamable, se produce en las celdas. Mantenga cigarrillos encendidos, llamas expuestas, bombillas descubiertas, y chispas lejos de la batería. El electrolito de la batería es ácido sulfúrico diluido, que puede quemar la piel y causar lesiones graves en contacto con los ojos (usar gafas de seguridad). También daña la ropa y las superficie pintadas. Cuando se trabaja cerca de la batería, deberá quitarse las joyas de metal que podrían ponerse en contacto con el terminal positivo de la batería y un suelo, provocando un corto directo.*

16   Hay algunos vehículos en los que la batería no requiere mantenimiento; la batería está sellada y no tiene tapas extraíbles para añadir agua.

17   Si se usa una batería que requiere mantenimiento, los tapones en la parte superior de la batería deben quitarse periódicamente para revisar si el nivel de electrolito. Esta revisión es especialmente importante durante los meses calurosos de verano.

18   Retire cada una de las tapas y añada agua destilada para llevar el nivel en cada celda al anillo dividido en la abertura de llenado.

19   Compruebe el estado general de la batería y los componentes relacionados cuando compruebe el nivel de agua de ésta. Consulte la Sección 9 para ver los procedimientos completos de verificación de la batería y de mantenimiento.

Líquido de freno

Consulte la ilustración 4.21

20   El cilindro principal se encuentra en lado conductor del cortafuegos del compartimiento del motor.

21   El nivel del líquido de frenos se debe mantener en la marca MAX del depósito (ver ilustración).

22   Si el nivel de líquido es bajo, utilice un trapo para limpiar la parte superior del depósito. Cualquier materia extraña que entre en el cilindro maestro cuando se quita la tapa puede bloquear las líneas del sistema de freno. Cubra las superficies pintadas alrededor del cilindro principal; el líquido de frenos daña la pintura. Con cuidado, vierta líquido de frenos nuevo en el cilindro principal. Utilice el líquido de frenos especificado por el fabricante, que se encuentra en la sección de lubricantes y fluidos recomendados al inicio de este capítulo. Mezclar diferentes tipos de líquidos de frenos puede dañar el sistema.

23   Inspeccionar el fluido y el cilindro principal en busca de contaminación. El sistema hidráulico de frenos normalmente no necesita drenaje y rellenado periódico, pero si se encuentran partículas de suciedad, depósitos de óxido o gotas de agua en el líquido, el sistema debe ser desmontado, limpiado, y vuelto a llenar con líquido nuevo.

24   Vuelva a instalar la tapa del cilindro principal.

25   El nivel de líquido de freno en el cilindro principal descenderá ligeramente a medida que se gastan las zapatas o pastillas de freno. Si el cilindro principal requiere que se agregue líquido repetidamente para mantenerlo en el nivel adecuado, es indicio de una fuga en el sistema de freno que se debe corregir de inmediato. Revise todos los cables de freno, conexiones, cilindros de rueda, y el reforzador de frenos (vea

4.21 El nivel del líquido de frenos en el depósito blanco transparente de líquido de freno se debe mantener en la marca MAX (flecha)

el Capítulo 9).

26   Si encuentra el depósito vacío o casi vacío, deberá purgar el sistema de frenos (vea el Capítulo 9).

5   Revisión de los neumáticos y de la presión de los neumáticos (cada 250 millas o semanalmente)

Vea las ilustraciones 5.2, 5.3, 5.4a, 5.4b y 5.8

1   La inspección periódica de los neumáticos podría ahorrarle la molestia de quedar varado con un neumático pinchado. Le proporciona información importante acerca de los posibles problemas en los sistemas de dirección y suspensión.

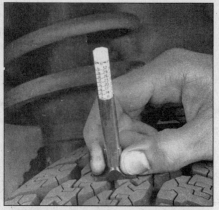

5.2 Utilice un indicador de profundidad de la banda de rodadura para monitorear el desgaste de las llantas. Se consiguen en las tiendas de autopartes y en las estaciones de servicio, y cuestan muy poco.

2   Los neumáticos originales en estos vehículos cuentan con bandas de media pulgada de ancho que aparecerán cuando la profundidad de la banda de rodamiento alcance 1/16 de pulgada, lo cual indica que están gastados. Revise el desgaste del neumático con un dispositivo de bajo costo que se conoce como indicador de profundidad de la banda de rodamiento (vea la ilustración).

3   Observe si hay desgaste anormal en la banda (vea la ilustración). Las irregularidades en el patrón de la banda, tales como ondulaciones en los bordes, zonas lisas y mayor desgaste de un lado que del otro, son señales de problemas de alineación del tren delantero o de desbalance de las llantas. Lleve el vehículo a una tienda de neumáticos o estación de servicio si aparece cualquiera de estas condiciones.

INFLADO INSUFICIENTE

DESGASTE EN FORMA DE COPAS

El desgaste en forma de copas puede ser ocasionado por:
• Inflado insuficiente y/o irregularidades mecánicas, como ruedas y/o llantas desbalanceadas o ruedas deformadas o dañadas.
• Barra de acoplamiento o brazo auxiliar de la dirección flojo o desgastado.
• Piezas de la suspensión delantera flojas, dañadas o desgastadas.

INFLADO EXCESIVO

CONVERGENCIA HACIA ADENTRO INCORRECTA O ÁNGULO CÁMBER EXTREMO

DESGASTE EN FORMA DE ESCAMAS DEBIDO AL DESLINEAMIENTO

5.3 Este cuadro lo ayudará a determinar las condiciones de los neumáticos, las causas probables del desgaste anómalo y las medidas correctivas necesarias.

5.4a Si una llanta pierde aire de forma constante, primero inspeccione el núcleo de la válvula a fin de asegurarse de que esté bien apretado (en las tiendas de autopartes se suelen conseguir llaves especiales que cuestan muy poco).

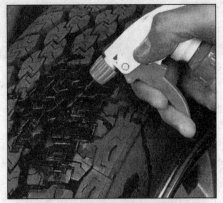

5.4b Si el núcleo de la válvula está bien apretado, eleve la esquina del vehículo correspondiente a la llanta que pierde aire y rocíe agua jabonosa sobre la banda de rodadura a la vez que hace girar lentamente la rueda. Las fugas formarán pequeñas burbujas.

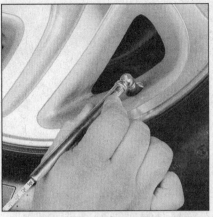

5.8 Para prolongar la vida útil de los neumáticos, compruebe su presión al menos una vez por semana con un medidor preciso (no olvide la de repuesto).

4   Inspeccione los neumáticos en busca de cortes, pinchaduras y clavos o tachuelas. Después de haberse perforado, a veces un neumático puede mantener la presión durante poco tiempo y otras veces se desinfla muy lentamente . Si el desinflado lento es constante, inspeccione el vástago de la válvula a fin de asegurarse de que esté bien apretado (vea la ilustración). Examine la banda en busca de un objeto incrustado en el neumático o un tapón que haya comenzado a tener fugas (las pinchaduras de los neumáticos radiales se reparan con un tapón que se coloca en la pinchadura. Si sospecha una pinchadura, puede controlar por rocío con una solución de agua jabonosa a la superficie (vea la ilustración). Si hay una fuga, la solución jabonosa hará burbujas. A menos que la pinchadura sea muy grande, por lo general el neumático se puede reparar en un taller de neumáticos o en una estación de servicio.
5   Inspeccione cuidadosamente los lados de las llantas en busca de fugas de líquido de freno. Si ve alguna, inspeccione los frenos inmediatamente.
6   La presión de aire correcta agrega millas a la vida útil de las llantas, mejora la economía de combustible y la calidad general de la marcha. La presión de los neumáticos no se puede calcular correctamente mediante la observación, sobre todo si son radiales. Es esencial contar con un medidor de presión de llantas. Tenga un medidor preciso en el vehículo o en el garaje. Los medidores de las boquillas de las mangueras de aire de las gasolineras no suelen ser precisos.
7   Compruebe la presión de los neumáticos cuando están fríos, lo que significa que el vehículo no se ha usado por más de una milla en las tres horas anteriores. Con las llantas calientes, es bastante usual que la presión aumente de cuatro a ocho psi.
8   Desenrosque el tapón de la válvula y presione firmemente el medidor sobre el vástago de la válvula (vea la ilustración). Compare el valor con la presión de neumáticos recomendada que se muestra en el cartel ubicado en el parante de la puerta del lado del conductor. Asegúrese de volver a colocar la tapa de la válvula a fin de evitar que entren suciedad y humedad en la válvula. Revise los cuatro neumáticos y, si es necesario, agregue la cantidad de aire suficiente para llegar al nivel de presión recomendado.
9   Mantenga el neumático de repuesto inflado a la presión especificada (consulte el manual

del propietario o el panel lateral del neumático). Tenga en cuenta que la presión recomendada para el neumático de repuesto es mayor que para los neumáticos del vehículo.

6   Revisión del nivel de líquido del transeje automático (cada 250 millas o semanalmente)

Consulte las ilustraciones 6.3 y 6.4
1   El fluido del transeje debe estar a temperatura de funcionamiento normal para una lectura de varilla precisa. Conducir el vehículo durante varios kilómetros, haciendo frecuentes arranques y paradas para permitir la que la transmisión pase por todas las marchas.
2   Estacione el vehículo en una superficie plana, ponga el transeje en Park y deje el motor en ralentí.
3   Retire la varilla del transeje (ver ilustración) y límpiela completamente con un trapo limpio.
4   Vuelva a colocar la varilla en el eje transversal hasta que el tapón se asiente completamente. Quite la varilla y observe el nivel de líquido. El nivel de líquido debe estar en el área marcada caliente (entre los dos agujeros superiores en la varilla de medición) (ver ilustración). Si el líquido no está caliente (100ºF aproximadamente), el nivel debe estar en el área marcada caliente (entre los dos orificios inferiores).
5   Si el nivel del líquido está en o por debajo de la marca Add (agregar) en la varilla, agregue suficiente líquido para aumentar el nivel dentro de las marcas indicadas para la temperatura adecuada. Añada líquido directamente en el orificio de la varilla, y use un embudo para evitar derrames.
6   No llene excesivamente el transeje, permita que el nivel del líquido esté por encima

6.3 La varilla medidora de fluido del transeje automático se encuentra en el lado izquierdo del compartimiento del motor en los primeros modelos, o detrás de la parte inferior derecha del radiador en modelos posteriores.

del orificio superior de la varilla, ya que podría causar daños internos en la transmisión. Para evitar el sobrellenado, agregue líquido poco a poco, conduciendo el vehículo y comprobando el nivel entre las adiciones.
7   Utilice el fluido del transeje especificado por el fabricante, que se encuentra en la sección de lubricantes y fluidos recomendados al inicio de este capítulo.
8   También se debe comprobar las buenas condiciones del líquido cuando inspeccione su nivel. Si se trata de un color marrón rojizo oscuro o huele a quemado, se debe cambiar. Si tiene dudas sobre el estado del líquido, compre líquido nuevo y compare el color y el olor de los dos.
9   Si se necesita agregar líquido con frecuencia, probablemente haya una fuga que debe ser identificada y corregida antes de que sea grave.

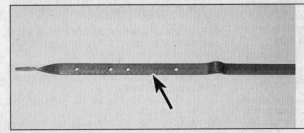

6.4 Comprobar el nivel de fluido con el transeje a temperatura de funcionamiento normal; el nivel debe mantenerse en el rango HOT (caliente) (entre los dos orificios o marcas superiores).

7.2 La varilla medidora del depósito de la dirección hidráulica se encuentra en el lado derecho del compartimiento del motor en los primeros modelos, o en el lado izquierdo del múltiple de admisión en modelos posteriores.

7   Revisión del nivel de líquido para dirección hidráulica (cada 250 millas o semanalmente)

Consulte las ilustraciones 7.2 y 7.5

1   Los sistemas de dirección hidráulica pueden, ocasionalmente, requerir la reposición de líquidos.

2   El depósito de la bomba de la dirección hidráulica está en el compartimiento del motor (ver ilustración).

3   El nivel del líquido de la dirección hidráulica se puede comprobar con el motor caliente o en frío.

4   Con el motor apagado, vea el nivel de líquido a través del depósito transparente si es posible. Para una lectura más precisa, se puede comprobar la varilla en los modelos anteriores. Limpie la tapa del depósito y el área alrededor de la tapa con un trapo. Esto evitará que caiga material extraño en el depósito cuando se retira la tapa.

5   Gire y extraiga la tapa del depósito, que tiene una varilla de medición acoplada. Limpie el líquido de la parte inferior de la varilla con un trapo limpio. Vuelva a colocar la tapa y extráigala de nuevo para obtener una revisión del nivel de fluido. El líquido debe estar en la marca Full Cold (lleno en frío) de la varilla (ver ilustración). Si el motor está caliente, el nivel del líquido se puede comprobar en el otro lado de la varilla.

6   Si se necesita agregar líquido, usar un embudo para verter líquido de dirección hidráulica directamente en el depósito. El tipo correcto de líquido se encuentra en la sección de lubricantes y fluidos recomendados al inicio de este capítulo.

7   Si se necesita agregar líquido en el depósito con frecuencia, compruebe las mangueras de dirección hidráulica, las conexiones de las mangueras, la bomba de la dirección hidráulica, y la caja de dirección en busca de fugas.

8   Cambio del filtro y aceite para motor (cada 3000 millas o 3 meses)

Consulte las ilustraciones 8.3, 8.9, 8.14 y 8.19.

1   Los cambios de aceite frecuentes son el procedimiento de mantenimiento preventivo más importante que realiza el mecánico aficionado.

7.5 La varilla medidora de líquido de dirección hidráulica (modelos anteriores) está marcado para comprobar el fluido frío (como se muestra) o caliente.

Cuando el aceite del motor se pone viejo, se diluye y contamina, lo que puede llevar a un desgaste prematuro del motor.

2   Se debe instalar un nuevo filtro cada vez que se cambia el aceite.

3   Reúna las herramientas, materiales, trapos limpios y periódicos (para limpiar derrames) antes de comenzar este procedimiento (ver ilustración). **Nota:** *Para evitar el redondeo de las esquinas del tapón de drenaje, use una llave de seis puntos o de cubo.*

4   El trabajo es mucho más fácil si el vehículo se levanta en un elevador o gato, o se sostiene con torretas. **Advertencia:** *No trabaje debajo de vehículos levantados solo con un gato.*

5   Deslícese debajo del vehículo para familiarizarse con las ubicaciones del tapón de drenaje y el filtro de aceite. Los componentes del motor y escape estarán calientes, es una buena idea para averiguar los posibles problemas antes de comenzar.

6   Caliente el motor hasta la temperatura de funcionamiento normal. Utilice el tiempo de calentamiento para reunir todo lo necesario para el trabajo. El tipo correcto de líquido se encuentra en la sección de lubricantes y fluidos recomendados al inicio de este capítulo.

7   Cuando el aceite esté caliente (el aceite caliente se drenará mejor y el lodo fluirá más fácil), levante el vehículo y apóyelo firmemente en torretas (ver "Elevación y remolque" al comienzo de este manual).

8   Lleve todas las herramientas, los trapos y los periódicos necesarios debajo del vehículo. Coloque la bandeja de drenaje debajo del tapón de drenaje. El aceite inicialmente caerá del motor, por lo que deberá ubicar la bandeja con cuidado.

9   No toque los componentes de escape calientes. Retire el tapón de drenaje en la parte inferior de la bandeja de aceite (ver ilustración). Si el aceite está muy caliente, es posible que necesite usar guantes mientras desenrosca el tapón.

10   Vacíe el aceite en la bandeja. Puede que necesite mover la bandeja más abajo del motor, ya que el flujo de aceite se convertirá en un goteo.

11   Limpie el tapón de drenaje con un trapo para eliminar pequeñas partículas de metal que pueden contaminar el aceite nuevo.

12   Limpie el área alrededor de la abertura de la bandeja de aceite, vuelva a instalar el tapón de drenaje y apriete firmemente.

13   Coloque la bandeja de aceite debajo del filtro de aceite.

14   Afloje el filtro de aceite utilizando una llave

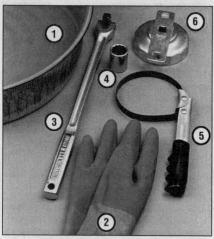

8.3 Se necesitan herramientas para cambiar el aceite del motor y el filtro.

1   *Recipiente de drenaje - Debe ser poco profundo pero ancho, para evitar derrames*

2   *Guantes de hule - Cuando usted quite el tapón de drenaje y el filtro le caerá aceite en las manos (los guantes previenen quemaduras)*

3   *Mango articulado - A veces el tapón de drenaje de aceite está muy apretado y se necesita un mango articulado para aflojarlo.*

4   *Dado - Para utilizarlo con el mango articulado o con una llave de trinquete (debe ser del tamaño correcto para el tapón de drenaje, preferiblemente de seis puntos).*

5   *Llave de filtros - Es una llave de banda de metal que para funcionar bien necesita que haya espacio libre alrededor del filtro.*

6   *Llave para filtro - Este tipo se coloca en la base del filtro y puede girarse con una o llave de cubo o de trinquete (hay llaves de distintos tamaños para distintos tipos de filtros).*

para filtro de aceite (vea la ilustración). Las llaves de cadena o filtro de banda de metal pueden deformar el envase del filtro, pero esto no importa porque se desechará el filtro.

15   El filtro de aceite puede estar demasiado apretado o en un lugar poco accesible para usar una llave de filtro convencional. Hay herramientas que se ajustan sobre el extremo del filtro, y se

8.9 Para evitar el redondeo de las esquinas, utilice la llave de extremo de caja del tamaño correcto o un dado para quitar el tapón de drenaje de aceite del motor

8.14 El filtro de aceite suele estar bien ajustado y se necesitará una llave especial para quitarlo. NO use una llave para ajustar el filtro de aceite.

8.19 Lubrique la junta del filtro de aceite con aceite para motor limpio antes de instalar el filtro en el motor.

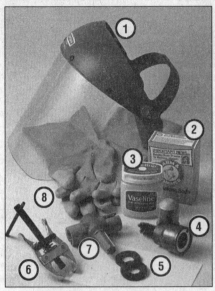

9.1 Herramientas y materiales que se necesitan para el mantenimiento de la batería

9.5 En algunos modelos, la batería está asegurada por una abrazadera en la base; asegúrese de que la tuerca esté apretada (flecha).

pueden girar con un mango articulado o trinquete, y pueden ser más adecuados para retirar el filtro. Si el filtro está demasiado apretado, coloque la llave cerca del extremo roscado del filtro, al lado del motor.

16   Desenrosque el filtro viejo (tenga cuidado, está lleno de aceite) y vacíe el filtro en la bandeja de drenaje.

17   Compare el filtro nuevo y la viejo a fin de asegurarse de que sean idénticos.

18   Quite todo el aceite, la suciedad y lodo de la zona de montaje del filtro de aceite con un trapo limpio. Revise el filtro viejo para asegurarse de que la junta de caucho no haya quedado en el motor.

19   Aplique una fina capa de aceite al sello de aceite nuevo de el filtro (vea la ilustración).

20   Fije el filtro nuevo. Siga las instrucciones de ajuste impresas en el envase o el empaque del filtro. La mayoría de los fabricantes recomiendan que los filtros se instalen ajustándolos a mano. Evite ajustar en exceso.

21   Retire las herramientas y materiales de debajo del vehículo, con atención a evitar derramar el aceite de la bandeja de drenaje. Levante el vehículo, quite las torretas y baje el vehículo.

22   Localice el tapón de llenado de aceite en el compartimiento del motor.

23   Use un embudo al añadir aceite si la abertura de llenado está obstruida.

24   Añada la cantidad especificada de aceite nuevo. Espere unos minutos para dejar que el aceite drene la bandeja; luego, inspeccione el nivel con la varilla de medición (consulte la sección 4 de ser necesario). Si el nivel de aceite está por encima de la marca Add (agregar), arranque el motor para permitir que el aceite nuevo circule.

25   Mantenga el motor en funcionamiento durante un minuto aproximadamente; luego, apáguelo. Mire debajo del vehículo y revise que no haya fugas en el tapón de drenaje de la bandeja de aceite ni alrededor del filtro de aceite. Si tienen fugas, vuelva a apretarlos.

26   Después de que el aceite haya circulado y el filtro se ha llenado, vuelva a comprobar el nivel de aceite. Si es necesario. agregue suficiente líquido para elevar el nivel hasta la marca adecuada en la varilla de medir.

27   Compruebe si hay fugas y mantener una estrecha vigilancia sobre el nivel de aceite durante los primeros viajes después de un cambio de aceite.

28   El aceite de motor viejo no puede ser

reutilizado y debe ser eliminado adecuadamente. Los centros de recolección de aceite usado, los talleres de reparaciones y las gasolineras suelen aceptar usado. Después de que el aceite se haya enfriado, se debe verter en recipientes (botellas de plástico con tapas de rosca) antes de ser transportado a un vertedero o centro de recuperación.

---

9   Revisión, mantenimiento y carga de la batería (cada 7500 millas o 6 meses)

Vea las ilustraciones 9.1, 9.5, 9.6a, 9.6b, 9.7a y 9.7b.

1   La única manera de asegurar un encendido rápido y confiable es seguir un programa de mantenimiento preventivo de rutina para la batería. Antes de realizar el mantenimiento de la batería, asegúrese de que usted tiene el equipo necesario (ver ilustración).

2   Se deben tomar precauciones cuando se realiza el mantenimiento de la batería. Apague el motor y los accesorios y desconecte el cable del terminal negativo de la batería antes de reparar la batería.

3   La batería produce gas hidrógeno, que es inflamable y explosivo. Nunca fume, encienda un fósforo, haga una chispa alrededor de la batería, y siempre cargue la batería en un área ventilada.

4   El electrolito contiene ácido sulfúrico, que

1   *Máscara facial/gafas protectoras - Al quitar corrosión con un cepillo, las partículas ácidas pueden fácilmente caer en los ojos.*

2   *Bicarbonato de sodio - Se puede usar una solución de bicarbonato de sodio y agua para neutralizar la corrosión.*

3   *Vaselina - Una capa de esta sustancia en los bornes de la batería contribuirá a prevenir la corrosión.*

4   *Limpiador de bornes y cables de la batería - Un cepillo de alambre que se utiliza para quitar los residuos de corrosión de los bornes y cables de la batería.*

5   *Arandelas de fieltro tratadas - Colocar estas arandelas en los bornes, directamente debajo de las abrazaderas de los cables, contribuirá a prevenir la corrosión.*

6   *Extractor - A veces las abrazaderas de los cables son muy difíciles de separar de los bornes, incluso después de haber aflojado por completo la tuerca y el perno. Esta herramienta saca la abrazadera hacia afuera en línea recta del borne sin causar daños.*

7   *Limpiador de bornes y cables de baterías - Esta es una versión algo distinta de la herramienta de limpieza del número 4, pero hace lo mismo.*

8   *Guantes de hule - Otro artículo de seguridad a tener en cuenta cuando se le da servicio a la batería .Recuerde que está llena de ácido.*

es tóxico y corrosivo. No permita que entre en contacto con los ojos, la piel ni la ropa. Use gafas de seguridad cuando trabaje cerca de la batería.

5   Revise el estado de la batería. Si el terminal positivo y la abrazadera del cable de la batería de su vehículo tienen un protector de caucho, asegúrese de que no esté roto ni dañado. El protector debe cubrir ambas piezas por completo. Busque conexiones corroídas o flojas, rajaduras en la caja y la cubierta o abrazaderas de retención flojas (ver ilustración). Revise la longitud completa de cada cable para comprobar si hay rajaduras y conductores deshilachados.

9.6a La corrosión en los terminales de la batería usualmente tiene el aspecto de un polvillo ligero y esponjoso.

9.6b Extraiga el cable de un borne de la batería con una llave - A veces se requieren tenazas especiales para baterías para realizar este procedimiento, si la corrosión ha deteriorado la tuerca hexagonal (siempre saque primero el cable a tierra y conéctelo al último).

6   Si hay corrosión (depósitos blancos y esponjosos) (vea la ilustración) alrededor de los terminales, se debe quitar la batería para limpiarla. Afloje las tuercas de la abrazadera del cable con una llave. Retire la abrazadera del cable negativo primero, después la abrazadera del cable positivo y sáquela de los terminales deslizándolas (ver ilustración). Desconecte la tuerca y los pernos, quite la abrazadera y retire la batería del compartimiento del motor.

7   Limpie las abrazaderas de los cables con un cepillo para baterías o limpiador para terminales y una solución de agua caliente bicarbonato de sodio (vea la ilustración). Lave los terminales y la parte superior de la caja de la batería con la misma solución cuidando que el líquido no entre en la batería. Use gafas de seguridad y guantes de hule cuando las limpie los cables, terminales, y la parte superior de la batería, para evitar que cualquier solución entre en contacto con sus ojos o manos. Use ropa vieja. El ácido sulfúrico quema la ropa. Lave a fondo con agua todas las áreas limpiadas.

8   Antes de volver a instalar la batería, inspeccione el soporte de la batería de plástico. Si está sucio o corroído, quitar y limpiar con agua tibia y bicarbonato de sodio. Inspeccione los soportes de metal que sostienen el soporte de la batería. Si están corroídos, lávelos. Si la corrosión es extensa, arene los soportes hasta llegar al metal descubierto y rocíelos con una imprimador a base de zinc (disponible en tiendas de pintura de automóviles y de suministro).

9   Vuelva a colocar el soporte de la batería y la batería en el compartimiento del motor. Asegúrese de que no haya piezas o cables el soporte durante la instalación de la batería.

10   Instale las arandelas de fieltro tratadas alrededor de los terminales (disponibles en tiendas de autopartes), después, cubra los terminales y las abrazaderas de cable con vaselina o grasa para evitar una mayor corrosión. Instale las abrazaderas de los cables y apriete las tuercas. Instale el cable negativo al final.

11   Instale las abrazaderas de retención y las tuercas. Apriete la tuerca sólo lo suficiente para mantener firmemente la batería en su lugar. El apriete excesivo de esta tuerca puede romper la caja de la batería.

Recarga

12   Retire todas las tapas de las celdas (si es el caso) y cubra los orificios con un paño limpio a fin de evitar salpicaduras de electrolito. Desconecte el cable negativo de la batería y conecte los cables del cargador de baterías a los bornes de la batería (positivo al positivo, negativo al negativo). Enchufe el cargador y asegúrese de que se ha fijado en 12 voltios.

13   Si está utilizando un cargador de más de dos amperios, inspeccione periódicamente la batería a fin de asegurarse de que no se sobrecaliente. Si está usando un cargador de mantenimiento, puede dejar la batería en recarga de un día para otro sin preocuparse de inspeccionarla periódicamente después de las dos primeras horas.

14   Medir la gravedad específica con un hidrómetro cada hora durante las últimas horas del ciclo de carga si la batería tiene tapas de las celdas extraíbles. Los hidrómetros no son costosos y están disponibles en las tiendas de autopartes. Siga las instrucciones que se incluyen con el hidrómetro. La batería está cargada cuando hayan pasado dos horas sin cambios en el valor del peso específico y cuando el electrolito en las celdas comience a emitir gases (burbujear) libremente. Las lecturas del peso específico en

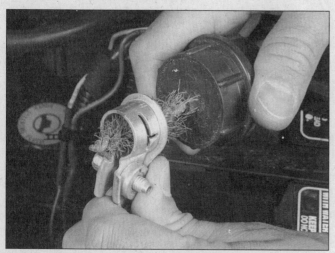

9.7a Cuando limpie las abrazaderas del cable se debe eliminar toda la corrosión (el interior de la abrazadera está ahusado para que coincida con el ahusamiento en el borne, por lo tanto, no elimine demasiado material).

9.7b Independientemente del tipo de herramienta usada en los bornes de la batería, la superficie debe quedar limpia y brillante.

Revise por un área con rozamiento que pudiera fallar prematuramente.

Revise por un área blanda que indica que la manguera está deteriorada por dentro.

El excesivo apriete de la abrazadera en una manguera endurecida dañará la manguera y causará fugas.

Revise cada manguera por hinchazón y por extremos con aceite. Se pueden encontrar rajaduras y roturas comprimiendo la manguera.

10.4 Las mangueras, como correas de transmisión, suelen fallar en el peor momento posible. Para evitar el inconveniente de que explote una manguera del radiador o del calefactor, inspecciónelas cuidadosamente como se muestra aquí.

las celdas deben ser muy similares entre sí. Si no es así, es probable que la batería tenga una o varias celdas defectuosas.

15   Las baterías del tipo sellada tienen hidrómetros integrados a la cubierta, que indican la carga mediante el color que se muestra en la ventana del hidrómetro. Generalmente, un hidrómetro que muestre un color vivo indica una carga completa, y un hidrómetro opaco indica que la batería necesita carga. Consulte las instrucciones del fabricante de la batería para comprobar que interpreta correctamente los colores.

16   Si la batería es del tipo sellada y no tiene un hidrómetro integrado, puede conectar un voltímetro digital a los terminales de la batería para controlar la carga. Una batería completamente cargada debería dar una lectura de 12.6 voltios o más.

17   En el capítulo 5 y al principio de este manual puede encontrar más información acerca de la batería y del arranque con batería de refuerzo.

10   Revisión del sistema de enfriamiento (cada 7500 millas o 6 meses)

Consulte la ilustración 10.4

Advertencia: *El ventilador de refrigeración eléctrico puede empezar a funcionar en cualquier momento en que el interruptor de encendido está activado. Asegúrese de que el encendido está apagado cuando se trabaja cerca del ventilador.*

1   Muchas fallas importantes de los motores se pueden atribuir a fallas en su sistema de enfriamiento. Si el vehículo tiene una transmisión automática, el sistema de refrigeración también enfría el fluido de transmisión.

2   El sistema de enfriamiento debe revisarse con el motor frío. Realice el control antes de que el vehículo se haya usado o después de que haya estado apagado por tres o cuatro horas.

3   Retire la tapa del radiador y lave, por dentro y por fuera. Limpie la boca de llenado del radiador y elimine todo rastro de corrosión.

4   Compruebe cuidadosamente toda la longitud de las mangueras del radiador superiores e inferiores y las mangueras de calefacción más pequeñas, y reemplace los que están agrietados, hinchados o deteriorados. Se pueden detectar las rajaduras con mayor facilidad si se aprieta la manguera (vea la ilustración).

5   Asegúrese de que las conexiones de todas las mangueras estén ajustadas. Las fugas en el sistema de enfriamiento usualmente se muestran como depósitos blancos o de color óxido cerca de la fuga.

6   Use aire comprimido o un cepillo blando para quitar insectos, hojas, y otros desechos del frente del radiador y del condensador del aire acondicionado. Tenga cuidado de no dañar las delicadas aletas del radiador y de no cortarse los dedos con ellas.

7   Haga probar la presión del sistema de enfriamiento. La mayoría de las estaciones de servicio y talleres de reparación harán esto por un costo mínimo si usted no tiene un medidor de presión.

11   Revisión y reemplazo de las mangueras de debajo del capó (cada 7500 millas o 6 meses)

Advertencia: *Solo podrá reemplazar las mangueras del aire acondicionado el departamento de servicio de un concesionario o un taller de aire acondicionado que cuente con el equipo para despresurizar el sistema con seguridad . Nunca quite los componentes ni las mangueras del aire acondicionado hasta que el sistema se haya despresurizado.*

Generales

1   Las altas temperaturas debajo del motor pueden causar el deterioro de las mangueras de hule y de plástico que se utilizan para el funcionamiento del motor, de los accesorios y del sistema de emisiones. Las inspecciones en busca de grietas, abrazaderas sueltas, endurecimiento y fugas deben realizarse periódicamente.

2   La información de manguera del sistema de enfriamiento se puede encontrar en la Sección 25.

3   Algunas mangueras están aseguradas con abrazaderas. Asegúrese de que estén bien apretadas y no permita que la manguera pierda. Si no se utilizan abrazaderas, asegúrese de que la manguera no se haya expandido ni endurecido

en la sección que cubre la conexión y dado lugar a fugas.

Mangueras de vacío

4   Muchas veces las mangueras de vacío, especialmente las del sistema de emisiones, están codificadas por colores o se designan mediante rayas de color moldeadas en ellas. Los distintos sistemas requieren mangueras de diferentes grosores, grados de resistencia al aplastamiento y temperatura. Cuando reemplace mangueras, asegúrese de que las nuevas y las viejas sean idénticas.

5   Si desmonta más de una manguera, asegúrese de etiquetar las mangueras y las conexiones a fin de asegurar su reconexión correcta.

6   Al inspeccionar las mangueras de vacío, asegúrese de incluir las conexiones en T de plástico. Inspeccione las conexiones para detectar rajaduras y revise la manguera donde encaja sobre la conexión para ver si está estirada, lo que puede causar fugas.

7   Se puede utilizar un pequeño trozo de manguera de vacío (de 1/4 de pulgada de diámetro interno) como estetoscopio para detectar fugas de vacío. Sostenga un extremo de la manguera cerca del oído y desplace el otro extremo sobre las mangueras y las conexiones de vacío, en busca del siseo característico de las pérdidas de vacío. **Advertencia:** *Cuando utilice mangueras de vacío como estetoscopio, evite que su cuerpo y la manguera hagan contacto con los componentes móviles del motor, tales como la banda, el ventilador de enfriamiento, etc.*

Mangueras de combustible

Advertencia: *La gasolina es extremadamente inflamable; tome precauciones adicionales cuando trabaje en cualquier parte del sistema de combustible. No fume ni permita llamas expuestas o bombillas descubiertas cerca del área de trabajo y no trabaje en un garaje donde haya algún tipo de aparato a gas (tal como un termotanque o secador de ropa) con un piloto encendido. Si derrama combustible sobre la piel, enjuáguese de inmediato con agua y jabón. Cuando trabaje en el sistema de combustible, use gafas de seguridad y tenga a mano un extintor de incendios Clase B. Aliviar la presión del sistema de combustible (vea el Capítulo 4) antes de trabajar en cualquier parte del sistema de combustible.*

8   Inspeccione las mangueras de hule en busca de deterioro y daños. Examinar en busca de grietas donde las mangueras se doblan y justo antes de puntos de sujeción, tales como la unidad de inyección de combustible.

9   Para reemplazar una línea de combustible, se debe usar una línea de combustible de alta calidad diseñada para sistemas de inyección de combustible. **Advertencia:** *Nunca use como mangueras de combustible mangueras de vacío, tubos de plástico transparente ni mangueras para agua.*

Tuberías metálicas

10   Entre el tanque de combustible y la unidad de inyección del combustible a menudo se utilizan líneas metálicas para las líneas de combustible. Inspeccione las tuberías a fin de asegurarse de que no estén dobladas, aplastadas ni agrietadas.

11   Se debe utilizar tubos de acero sin soldadura si se debe reemplazar una sección de la tubería de combustible. Las tuberías de cobre y aluminio no tienen la fuerza para soportar la vibración normal del motor.

12   Compruebe las líneas de freno de metal

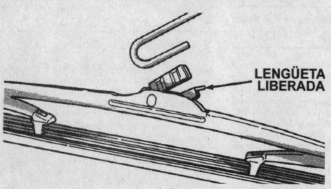

12.4 Desenganchar la lengüeta de liberación que sujeta la escobilla al brazo del limpiaparabrisas.

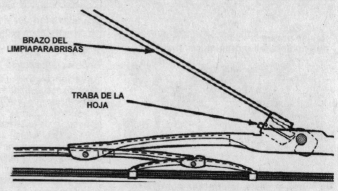

12.8 Suelte el pestillo que sujeta la escobilla al brazo del limpiaparabrisas

en el cilindro maestro y dosificación de freno o unidad ABS (si se usa) en busca de grietas o conexiones sueltas. Una fuga de líquido de frenos requiere una inspección y reparación inmediata.

12   Inspección y reemplazo de la hoja del limpiaparabrisas (cada 7500 millas o 6 meses)

Limpiaparabrisas

Consulte la ilustración 12.4.

Nota: *Antes de reemplazar las escobillas del limpiaparabrisas del parabrisas delantero o trasero, asegúrese de que las escobillas nuevas sean iguales a las que se está por reemplazar.*

1   Las escobillas del limpiaparabrisas deben revisarse periódicamente en busca de rajaduras o deterioro.
2   Encienda el interruptor de encendido y el ciclo de los limpiaparabrisas a una posición paralela a la A-pilar, a continuación, apague el motor.
3   Levante el conjunto de escobilla del limpiaparabrisas para separarlo del parabrisas.
4   Desenganche la lengüeta de liberación que sostiene la escobilla al brazo del limpiaparabrisas (ver ilustración).
5   Quite la escobilla del brazo del limpiaparabrisas.
6   La instalación se realiza en forma inversa al desmontaje.

Limpiaparabrisas trasero

Consulte la ilustración 12.8

7   Levante la escobilla de la ventana trasera.
8   Quite la traba que sujeta la escobilla al brazo del limpiaparabrisas (vea la ilustración).
9   La instalación se realiza en forma inversa al desmontaje.

13   Rotación de neumáticos (cada 7500 millas o 6 meses)

Consulte la ilustración 13.2

1   Se debe hacer la rotación de las llantas en los intervalos que se especifican y cuando se observe desgaste disparejo. Este es un buen momento para revisar los frenos, dado que al vehículo lo levantarán y le quitarán los neumáticos (vea la Sección 18). Lea la sección correspondiente si se debe hacer otro trabajo al mismo tiempo.

2   Los neumáticos radiales se deben girar en un patrón específico según si el repuesto está incluido en la rotación o no (ver ilustración).
3   Consulte "Elevación y remolque" al comienzo de este manual a fin de conocer el procedimiento a seguir para elevar el vehículo y cambiar los neumáticos. Si se revisarán los frenos, no aplique el freno de estacionamiento y asegúrese de que al menos dos neumáticos estén bloqueados para evitar que el vehículo se mueva.
4   Todo el vehículo debe elevarse. Esto puede hacerse con un elevador o elevando cada esquina del vehículo y luego apoyarlo sobre torretas. Utilice cuatro torretas y vuelva a comprobar la estabilidad del vehículo.
5   Después de la rotación de los neumáticos, comprobar y ajustar la presión de los neumáticos y el ajuste la tuerca de la rueda.

14   Revisión de la dirección y suspensión (cada 7,500 millas o 6 meses)

1   Cuando la parte delantera del vehículo se eleva para el servicio es una buena idea comprobar los componentes de suspensión y dirección en busca de desgaste y daños.
2   Algunas indicaciones de desgaste y daños son: juego excesivo en el volante, la excesiva inclinación en las curvas, el movimiento del

cuerpo en carreteras en mal estado, o la unión en el volante.
3   Antes de que el vehículo sea elevado, probar los amortiguadores. Empuje hacia abajo (o balancee) el vehículo en cada esquina. Si no vuelve al nivel dentro de uno o dos botes, los amortiguadores están gastados y deben ser reemplazados. Al mismo tiempo, comprobar si hay chirridos o ruidos extraños en la suspensión. Revise los amortiguadores para detectar fugas. En el Capítulo 10 puede encontrar información sobre la dirección y suspensión.
4   Eleve la parte delantera del vehículo, apóyela firmemente sobre torretas de seguridad (consulte "Elevación y remolque" al comienzo de este manual).
5   Revise las tuercas del cubo de la ruedas delanteras (en el centro de cada rueda) para corroborar el ajuste y asegurarse de que están correctamente rizadas.
6   Deslícese debajo de el vehículo y en busca de pernos flojos, piezas desconectadas o rotas y bujes de caucho deteriorados en todos los componentes de la suspensión y la dirección. Revise la funda del mecanismo de dirección en busca de fugas de aceite y grasa. Revise las mangueras y las conexiones de la dirección hidráulica en busca de fugas y las juntas de la dirección en busca de desgaste.
7   Pídale a un ayudante que gire el volante de lado a lado y revise los componentes de la dirección para detectar holgura, roce e inmovilidad. Si las ruedas no responden al movimiento del volante, encuentre el relevo.

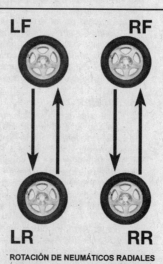

13.2 El patrón recomendado de rotación de neumáticos para estos vehículos.

ROTACIÓN DE NEUMÁTICOS RADIALES

1-AJ HAYNES

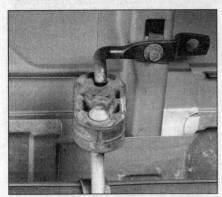

15.2 Controle los pernos de montaje, soportes y ganchos del sistema de escape en busca de daños

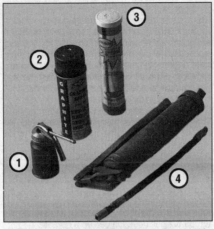

17.1 Materiales necesarios para la lubricación del chasis y la carrocería

18.5 Al observar el extremo de la mordaza, se puede determinar el espesor del material de fricción en las pastillas interior y exterior

15   Revisión del sistema de escape (cada 7500 millas o 6 meses)

Consulte la ilustración 15.2

1   Revise el sistema de escape, desde el múltiple hasta el extremo del tubo de escape, con el motor frío (al menos tres horas después de haber conducido el vehículo). Esto debe hacerse en un elevador para no tener acceso restringido.
2   Revise los tubos y las conexiones en busca de signos de fuga o corrosión que indiquen una posible falla. Asegúrese de que todos los soportes y ganchos estén firmes y en buen estado (vea la ilustración).
3   Inspeccione la parte inferior del vehículo para detectar agujeros, corrosión y soldaduras abiertas que puedan permitir que los gases de escape ingresen en el compartimiento de pasajeros. Selle todas las aberturas con sellador de silicona o masilla.
4   El traqueteo y otros ruidos a menudo se originan en el sistema de escape, especialmente en las monturas y ganchos. Trate de mover los tubos, el silenciador y el convertidor catalítico. Si los componentes tocan el cuerpo, asegúrelos con nuevas monturas.
5 Este es un momento ideal para comprobar el estado del motor mediante la inspección del extremo del tubo de escape. Los depósitos del escape indican el estado de afinación del motor. Si el tubo está negro y tiene hollín o está cubierto de depósitos blancos, el motor podría necesitar una afinación (incluyendo una inspección a fondo del sistema de combustible).

16   Revisión del nivel de lubricante del diferencial

El diferencial y el transeje comparten la bandeja de aceite. No es necesario realizar pruebas separadas de nivel de líquidos ni llenar el diferencial.

17   Lubricación del chasis (cada 15,000 millas o 12 meses)

Consulte la ilustración 17.1

1   Para lubricar el chasis se necesita una pistola de grasa y un cartucho lleno con la grasa adecuada (ver lubricantes y fluidos recomendados), spray

1   *Aceite de motor - Se puede utilizar aceite de baja viscosidad en una aceitera como esta en las bisagras de las puertas y del cofre.*
2   *Spray de grafito - Se utiliza para lubricar los cilindros de las cerraduras.*
3   *Grasa - Se puede conseguir grasa en una gran variedad de tipos y consistencias para utilizar con pistolas de grasa. Revise las Especificaciones para conocer sus requisitos.*
4   *Pistola de grasa - Para la lubricación del chasis se necesita una pistola de grasa como la que se muestra aquí, de manguera y boquilla desmontables. Límpiela por completo después de utilizarla.*

de grafito y una aceitera llena de aceite de motor (ver ilustración). Si se usan tapones en lugar de graseras, se debe comprar e instalar graseras.
2   Eleve el vehículo y apóyelo firmemente sobre soportes de gato (consulte "Elevación y remolque" al comienzo de este manual).
3   Antes de usar la pistola de grasa, retire el extremo de la boquilla de la pistola un poco de grasa para quitar toda la suciedad del extremo de la pistola. Limpie la boquilla con un trapo.
4   Deslícese debajo del vehículo y lubrique los componentes (lleve muchos trapos).
5   Limpie las graseras y coloque la boquilla firmemente sobre ellas. Bombear la palanca de la pistola de engrase para bombear grasa en la grasera hasta que salga entre los dos componentes. Si la grasa escapa por los bordes de la boquilla de la pistola de grasa, es señal de que la grasera está obstruida o de que la boquilla de la pistola no está completamente asentada sobre la grasera. Vuelva a colocar la boquilla de la pistola sobre la grasera e inténtelo otra vez. Reemplace la boquilla por una nueva, si es necesario.
6   Lubrique el contacto de deslizamiento y puntos de pivote del cable del freno de estacionamiento y las guías y palancas de los cables. Aplique con los dedos grasa para chasis en el cable y las partes relacionadas.
7   Bajar el vehículo al suelo.
8   Abra el capó y aplique un poco de grasa de chasis en el mecanismo de traba del capó. Pida a un ayudante que tire de la palanca de liberación del capó en el interior del vehículo mientras usted lubrica el cable en la traba.
9   Lubrique todas las bisagras (de las puertas, del capó, etc.) con el lubricante recomendado a fin de mantenerlas en buenas condiciones.

10   Los cilindros de las cerraduras pueden lubricarse con grafito en spray o lubricante de silicona que se pueden obtener en las tiendas de autopartes.
11   Lubrique los burletes de las puertas con aerosol de silicona. Esto reducirá el rozamiento y retrasará el desgaste.

18   Revisión del sistema de freno (cada 15,000 millas o 12 meses)

Consulte las ilustraciones 18.5, 18.14 y 18.16.
Advertencia: *El polvo generado por el sistema de frenos puede contener asbesto, lo que es perjudicial para la salud. Nunca lo sople con aire comprimido ni lo inhale. Debe usar una mascarilla con filtro aprobada al trabajar en los frenos. No use solventes a base de petróleo para limpiar las piezas del freno. Use únicamente el limpiador del sistema de frenos.*
1   Se deben inspeccionar los frenos cada vez que se quiten las ruedas o si se sospecha un defecto. Las indicaciones de posibles problemas en el sistema de freno son: el vehículo tira hacia un lado al frenar, ruidos inusuales de los frenos, recorrido excesivo del pedal de freno, pedal pulsante y escape de líquidos; por lo general se ven en el interior de la llanta o rueda.

Frenos de disco (delantero y trasero)

2   Los frenos de disco se pueden comprobar visualmente mediante al extraer de las ruedas.
3   Levante el vehículo y colóquelo de manera segura sobre gatos de elevación. Quite la rueda (consulte "Elevación y remolque" al comienzo de este manual).
4   Ahora quedará a la vista la mordaza de los frenos de disco, que contiene las pastillas. Hay una pastilla externa y otra interna en cada mordaza. Se debe controlar el desgaste en ambas.
5   Revise el espesor de la pastilla. Para hacerlo, observe los extremos de la mordaza y mire a través del orificio de inspección del cuerpo de la mordaza (vea la ilustración). Si el espesor combinado del forro de la pastilla y del soporte de metal es de 5/16 pulgadas o menos, se deben reemplazar las pastillas.
6   Si no conoce el estado de las pastillas, extráigalas para una inspección más detallada o para reemplazarlas (vea el Capítulo 9).
7   Antes de instalar las ruedas, compruebe si hay fugas alrededor de las conexiones de la

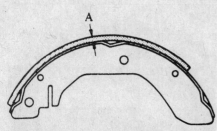

18.14 Si el material de fricción está adherido a la zapata de freno, mida el grosor del material de fricción desde la superficie externa hasta la superficie de la placa, como se muestra aquí. Si el material de fricción está remachado a la zapata metálica, mida desde la superficie externa del material de fricción hasta las cabezas de los remaches.

manguera del freno en la mordaza o mangueras de freno dañadas (grietas, fugas, áreas desgastadas, etc.). Reemplace las mangueras o conexiones según sea necesario (vea el Capítulo 9).

8   Compruebe los discos en busca de indentaciones, desgaste, manchas y quemados. Si existen, se debe quitar el conjunto de disco y cubo para servicio (vea el Capítulo 9).

Frenos de tambor

9   Eleve el vehículo y apóyelo firmemente sobre soportes de gato (consulte "Elevación y remolque" al comienzo de este manual). Bloquee las ruedas delanteras para evitar que el vehículo se desplace. No aplique el freno de estacionamiento o se bloquearán los tambores.

10   Quite las ruedas traseras.

11   Marque el cubo para que pueda ser reinstalado en la misma posición. Utilice un trazador, tiza, etc. en la placa de respaldo, tambor, cubo.

12   Quite el tambor de freno (vea el Capítulo 9).

13   Con el tambor retirado, limpie la suciedad y el polvo con limpiador de frenos. **Advertencia:** *Nunca sople el polvo con aire comprimido ni lo inhale (puede contener asbesto, que es perjudicial para la salud).*

14   Observe el espesor del material del forro en las zapatas de freno delantero y trasero. Si el material se encuentra 1/16 de pulgada por encima del nivel de las cabezas de los remaches embutidos o del nivel de los soportes de metal, se deben reemplazar las zapatas. Las zapatas también se deben reemplazar si están rajadas, vidriadas (áreas brillosas) o cubiertas con aceite de frenos.

15   Asegúrese de que todos los resortes del freno estén conectados y en buenas

condiciones.

16   Revise los componentes de freno (incluidas las mangueras y conexiones) para detectar fugas de líquido. Quite cuidadosamente de los tapones de caucho del cilindro de la rueda ubicados en la parte superior de las zapatas (vea la ilustración). Toda pérdida es una indicación de que los cilindros de la rueda se deben reacondicionar (vea el Capítulo 9).

17   Limpie el interior del tambor con un trapo limpio y alcohol desnaturalizado o limpiador de frenos. Tenga cuidado de no inhalar el polvo de asbesto.

18   Revise el interior del tambor para detectar rajaduras, marcas, ralladuras profundas o "puntos duros" que aparecen como pequeñas áreas descoloridas. Si las imperfecciones no se pueden eliminar con un paño esmeril fino, se debe sacar el tambor y llevarlo a un negocio de autopartes para que lo vuelvan a revestir.

19   Repita este procedimiento en la rueda restante. Si la inspección revela que todas las partes están en buen estado, reinstale los tambores de freno y las ruedas, y baje el vehículo al suelo.

Freno de estacionamiento

20   El freno de estacionamiento se maneja a pedal y asegura el freno trasero. El método más simple para revisar el freno de estacionamiento es detener el vehículo en una pendiente pronunciada, aplicar el freno de estacionamiento y cambia la transmisión a neutro. Si el freno de estacionamiento no evita que el vehículo se mueva, necesita ajuste (vea el Capítulo 9).

---

19   Revisión del sistema de combustible (cada 15,000 millas o 12 meses)

Consulte la ilustración 19.6

Advertencia: *La gasolina es extremadamente inflamable; tome precauciones adicionales cuando trabaje en cualquier parte del sistema de combustible. No fume ni permita llamas expuestas o bombillas descubiertas cerca del área de trabajo y no trabaje en un garaje donde haya algún tipo de aparato a gas (tal como un termotanque o secador de ropa) con un piloto encendido. Si derrama combustible sobre la piel, enjuáguese de inmediato con agua y jabón. Cuando trabaje en el sistema de combustible, use gafas de seguridad y tenga a mano un extintor de incendios Clase B. Aliviar la presión del sistema de combustible (vea el Capítulo 4) antes de trabajar en cualquier parte del sistema*

de combustible.

1   El sistema de combustible en los vehículos de inyección de combustible es presurizado incluso cuando el motor está apagado y se debe despresurizar antes de comenzar el mantenimiento (vea el Capítulo 4). Después de la despresurización, esté preparado para recoger el combustible de las líneas desconectadas para el mantenimiento. Conecte todas las líneas de combustible para evitar que el tanque de combustible se desvíe.

2   El sistema de combustible se puede inspeccionar mejor si se levanta el vehículo con un elevador para que los componentes que se encuentran debajo del vehículo se puedan ver con facilidad. Si no se dispone de un elevador, use gatos para elevar el vehículo y sostenerlo de modo seguro.

3   Si puede oler gasolina al conducir o después de que el vehículo ha estado estacionado bajo el sol, se debe revisar el sistema de combustible de inmediato.

4   Quite el tapón del tanque de gasolina y revise la junta para verificar que no haya daños o corrosión y que la impresión de sellado permanezca intacta. Reemplace el tapón con uno nuevo, si es necesario.

5   Inspeccione el tanque de gasolina y el cuello de relleno en busca de perforaciones, grietas u otros daños. La conexión entre el cuello de llenado y el tanque es importante. El cuello de llenado de caucho puede tener filtraciones debido a abrazaderas sueltas o caucho desgastado. Un mecánico aficionado puede solucionar este problema con facilidad. **Advertencia:** *Nunca trate de reparar un tanque de combustible usted solo (excepto los componentes de caucho). Si no se toman las precauciones necesarias, cualquier llama expuesta puede provocar que los vapores de combustible exploten.*

6   Revise todas las mangueras de goma y líneas metálicas del tanque de combustible en busca de conexiones sueltas, mangueras deterioradas, líneas plegadas u otros daños (ver ilustración). Inspeccione las líneas en su totalidad hasta la parte delantera del vehículo y repare o reemplace las secciones dañadas según sea necesario (vea el Capítulo 4).

---

20   Revisión, ajuste y reemplazo de la correa de transmisión (cada 15,000 millas o 12 meses)

Consulte las ilustraciones 20.2a, 20.2b, 20.2c, 20.2d, 20.2e, 20.3a, 20.3b, 20.4 y 20.8

Advertencia: El ventilador de refrigeración eléctrico puede empezar a funcionar en cualquier

18.16 Utilice un pequeño destornillador para hacer palanca con cuidado y quitar la funda del cilindro. Compruebe si existe alguna fuga

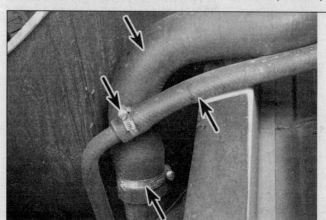

19.6 Compruebe que las abrazaderas y los tubos del tanque de combustible (flechas) no estén dañados o deteriorados

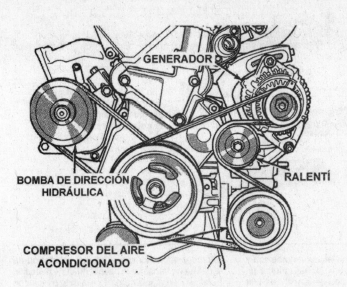

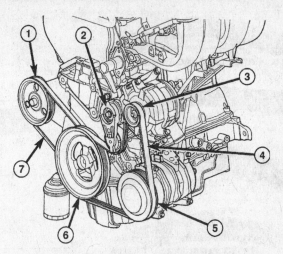

20.2a Diseño de la correa de transmisión del motor de 2.4L (1996 a 2000)

20.2b Diseño de la correa de transmisión del motor de 2.4L (modelos 2001 y posteriores)

1 Polea de la bomba de la dirección hidráulica	5 Polea del compresor del aire acondicionado
2 Tensor de correa	6 Polea del cigüeñal
3 Polea del generador	7 Correa de la dirección hidráulica
4 Correa serpentina	

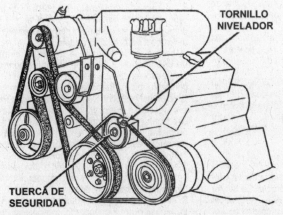

20.2c Diseño de la correa de transmisión del motor 3.0L

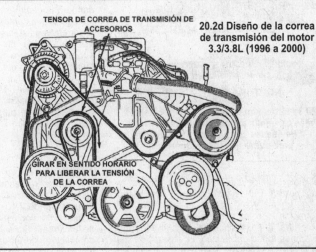

20.2d Diseño de la correa de transmisión del motor 3.3/3.8L (1996 a 2000)

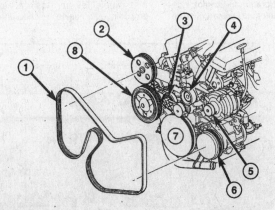

20.2e Diseño de la correa de transmisión del motor 3.3/3.8L (modelos 2001 y posteriores)

1 Correa serpentina	5 Polea del generador
2 Polea de la bomba de la dirección hidráulica	6 Polea del compresor del aire acondicionado
3 Tensor de correa	7 Polea del cigüeñal
4 Polea de retorno	8 Polea de la bomba de agua

momento en que el interruptor de encendido está activado. Asegúrese de que el encendido está apagado cuando se trabaja cerca del ventilador.

1   Las correas de transmisión o correas en V están ubicadas en la parte delantera del motor y cumplen un papel importante en el funcionamiento general del vehículo y sus componentes. Las correas de transmisión tienen tendencia a fallar después de un período y se deberán inspeccionar y ajustar periódicamente para evitar un daño importante.

2   La cantidad de correas de transmisión utilizadas depende de los accesorios del motor. En el motor de 2.4L, se utilizan dos correas de transmisión: una serpentina para activar el compresor de aire acondicionado y el alternador y una correa en V para activar la bomba de la dirección hidráulica. El motor de 3.0L utiliza dos correas de transmisión: una serpentina para encender el alternador y la bomba dirección hidráulica y una correa en V para encender el aire acondicionado. El motor de 3.3/3.8L utiliza solo una correa serpentina (V, estriada) para conducir todos los componentes (ver ilustraciones).

3   Con el motor apagado, abra el capó y encuentre las correas en la parte delantera

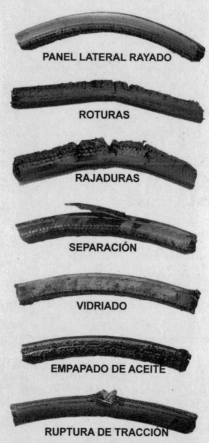

PANEL LATERAL RAYADO

ROTURAS

RAJADURAS

SEPARACIÓN

VIDRIADO

EMPAPADO DE ACEITE

RUPTURA DE TRACCIÓN

20.3a Estos son algunos de los problemas más comunes asociados con las correas en V (revise las correas con mucho cuidado para evitar una falla inoportuna)

ACEPTABLE

Grietas a través de las partes en "V" de la correa

1/2"

Dos o más costillas adyacentes faltantes 1/2" (12.5 mm) o más

INACEPTABLE

Grietas paralelas a las partes en "V" de la correa

20.3b Revise las correas en V acanaladas para detectar desgastes como este. Si la correa se ve gastada, reemplácela

del motor. Utilice una linterna para comprobar cada correa. En las correas en V, compruebe si hay grietas y separación de las capas (ver ilustración). En las correas en V acanaladas, comprobar la separación del caucho adhesivo en ambos lados del núcleo, la separación del núcleo desde el lado de la correa, si el un núcleo está cortado, la separación de las nervaduras de la goma adhesiva, si las nervaduras están agrietadas o separadas y si las nervaduras están desgarradas, desgastadas; o si hay grietas en las superficies interiores de las nervaduras (ver ilustración). Revise cada correa para ver si están deshilachadas o vidriadas, lo que les da un aspecto brilloso. Se debe revisar ambos lados de la cinta. Deberá doblar la correa para revisar la parte inferior. Utilice los dedos para palparla donde no pueda verla. Si encuentra alguna de las condiciones antes mencionadas, reemplace la correa (vaya al Paso 6).

4   La tensión de cada correa se controla situándose entre medio de las poleas y empujando la correa. Aplicar unas 10 libras de fuerza con el pulgar y ver cuánto se mueve la correa (se desvía). Mida la desviación con una regla (ver ilustración). La correa se debe desviar cerca de 1/4 de pulgada si la distancia entre poleas es de entre 7 y 11 pulgadas y alrededor de 1/2 pulgada si la distancia es de entre 12 y 16 pulgadas.

Ajuste

5   Si se necesita ajustar la correa del compresor de aire acondicionado o del alternador de un motor de 2.4L modelo 1996 a 2000, afloje la tuerca de bloqueo superior y ajuste el tensor de la correa. Para ajustar la correa de la bomba de dirección hidráulica, afloje el perno de pivote y ajuste el tensor de la correa. Si se debe ajustar la correa de aire acondicionado en un motor de 3.0L, afloje la tuerca de bloqueo de la polea de retorno y gire el tornillo de ajuste. La tensión de la correa de transmisión del alternador y dirección hidráulica se mantiene de forma automática con un tensor dinámico. En motores de 3.3/3.8L, un tensor dinámico mantiene automáticamente la tensión correcta de la correa.

Reemplazo

6   Para reemplazar una correa, siga los procedimientos anteriores para el ajuste de la correa de transmisión, pero deslice la correa fuera de la polea del cigüeñal y quítela. Si va a reemplazar la correa de la bomba de dirección hidráulica de un motor de 2.4 l, debe quitar las correas de compresores de aire acondicionado y alternador primero debido a la forma en que se organizan en la polea del cigüeñal. Dado que las correas tienden a desgastarse más o menos al mismo tiempo, es una buena idea reemplazar las dos en el mismo momento. Marque cada correa y la ranura de la polea correspondiente para que las correas de reemplazo se puedan instalar correctamente.

7   Lleve la correas viejas a la tienda de autopartes para realizar una comparación directa de longitud, anchura y diseño.

8   Después de reemplazar una correa de transmisión en V acanalada, asegúrese de que encaja correctamente en las ranuras acanaladas en las poleas (ver ilustración). Es importante que la correa se centre de manera apropiada.

9   Ajuste las correas de acuerdo con el procedimiento que se describe anteriormente.

REGLA

DEFLECCIÓN DE LA CORREA

BORDE RECTO

ASEGÚRESE DE QUE LA REGLA ESTÉ PERPENDICULAR AL BORDE RECTO.

20.4 Medición de la deflexión de la correa de transmisión con una regla.

CORRECTO

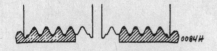

INCORRECTO   **INCORRECTO**

20.8 Al instalar la correa en V acanalada, asegúrese de está centrada en la polea - no debe solapar ningún borde de la polea

21 Reemplazo del filtro de aire (cada 30,000 millas o 24 meses)

Consulte las ilustraciones 21.2 y 21.3

1   El filtro de aire se encuentra en un alojamiento en la esquina frontal izquierda del compartimiento del motor y debe ser reemplazado a intervalos especificados.

2   Retire los tornillos del alojamiento y levante cuidadosamente la cubierta (ver ilustración).

3   Levante y retire el filtro (ver ilustración).

4   Limpie el interior del alojamiento con un trapo. Tenga cuidado y no deje caer nada en el conjunto de filtro de aire.

5   Ubique el filtro de aire nuevo en el alojamiento y coloque la cubierta. Asegúrese de apretar las abrazaderas de la manguera que fueron aflojadas o retiradas.

22 Cambio del líquido y filtro del transeje automático (cada 30,000 millas o 24 meses)

Consulte la ilustración 22.3

1   Se debe cambiar el líquido de la transmisión automática y el filtro, y limpiar el imán a los intervalos recomendados.

2   Eleve la parte delantera del vehículo, apóyela firmemente sobre gatos y aplique el freno de estacionamiento.

3   Coloque un recipiente debajo de la bandeja del transeje y afloje los pernos de la bandeja (ver ilustración). Retire por completo los pernos de la parte trasera de la bandeja. Golpee suavemente la esquina de la bandeja para romper el sello y permitir que el líquido drene en el recipiente (los pernos restantes evitarán que la bandeja se separe de la transmisión). Retire los pernos restantes y retire la bandeja.

4   Instale un filtro y junta nuevos, limpie los imanes, y vuelva a apretar los tornillos del filtro.

5   Retire el sellador antiguo de la transmisión y bandeja (evite causar melladuras y hendiduras en las superficies de sellado) y limpie el imán de la bandeja con un paño limpio y que no deje pelusas.

6   Aplique un cordón de 1/8 pulgadas de RTV a la superficie de sellado de la bandeja y colóquela en la transmisión. Instale y ajuste los pernos al torque indicado en las Especificaciones de este capítulo usando un patrón cruzado.

23.3 Empuje la funda para comprobar si hay daños y signos de fugas de grasa

21.2 Utilice un cubo de bujías y retire los pernos del alojamiento del filtro de aire

21.3 Retire o levante el alojamiento del filtro de aire y retire el elemento

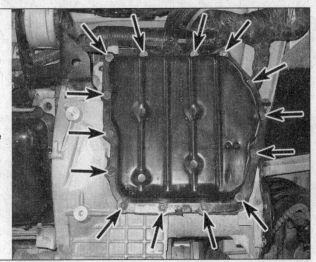

22.3 Utilice un cubo de bujías y una extensión para retirar los pernos de la bandeja del transeje

Llegue al torque final en tres o cuatro pasos.

7   Baje el vehículo y agregue cuatro cuartos de líquido del transeje especificado (ver Lubricantes y fluidos recomendados al inicio de este capítulo). Arranque el motor y déjelo en ralentí durante un minuto, luego mueva la palanca de cambio a través de cada marcha, hasta terminar en Park o Neutral. Compruebe si hay fugas de líquido alrededor de la bandeja.

8   Si es necesario, agregue más líquido (poco a poco) hasta que el nivel esté entre las marcas Add (agregar) y Full (lleno) (tenga cuidado de no llenarla de más).

9   Asegúrese de que la varilla de medición esté completamente asentada o podría entrar suciedad en el transeje.

23 Revisión de la funda del transeje (cada 30,000 millas o 24 meses)

Consulte la ilustración 23.3

Si las fundas del transeje están dañadas o deterioradas, las juntas CV pueden dañarse gravemente y su reparación puede ser costosa. Las fundas deben ser inspeccionadas cuidadosamente en los intervalos recomendados.

Eleve la parte delantera del vehículo, sosténgalo correctamente sobre soportes de gato y aplique el freno de estacionamiento.

Pasar por debajo del vehículo y controlar las cuatro fundas de transeje (dos en cada uno) cuidadosamente para detectar grietas, roturas, agujeros, goma deteriorada y abrazaderas sueltas o faltantes (ver ilustración). Si las fundas están sucias, límpielas antes de comenzar la inspección.

Si ve daños o deterioro, reemplace las fundas por otras nuevas y compruebe que las juntas CV no estén dañadas (vea el Capítulo 8).

24 Cambio de lubricante del diferencial

El diferencial y el transeje comparten la bandeja de aceite. No es necesario realizar pruebas separadas de nivel de líquidos ni llenar el diferencial.

25 Mantenimiento del sistema de enfriamiento: Drenaje, enjuague y rellenado (cada 30,000 millas o 24 meses)

Consulte las ilustraciones 25.4, 25.6 y 25.7.

Advertencia: *no permita que el refrigerante (anticongelante) entre en toque su piel o las*

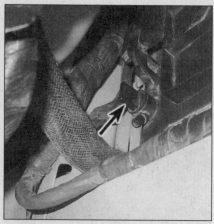

25.4 La conexión para drenaje está en la parte inferior del radiador (flecha) (típico).

superficies pintadas del vehículo. Enjuague inmediatamente los derrames con agua. El anticongelante es altamente tóxico si se ingiere. Nunca deje el envase del anticongelante abierto ni deje charcos de anticongelante en el piso. A los niños y las mascotas les atrae su olor dulce y pueden ingerirlo. Consulte a las autoridades locales cómo desechar el anticongelante. Muchas comunidades disponen de centros de recolección que se ocuparán de que el anticongelante se deseche en forma segura.

1   El sistema de enfriamiento debe ser vaciado, enjuagado y rellenado periódicamente para reponer la mezcla de anticongelante. Esto evitará la formación de óxido y la corrosión,que pueden perjudicar el rendimiento del sistema de refrigeración y causar daños al motor. Cuando se realiza mantenimiento al sistema de enfriamiento, se debe inspeccionar las mangueras y la tapa del radiador, y hacer los reemplazos que sean necesarios (vea la Sección 10).

Drenaje

2   Con el motor en marcha, mueva el control de la calefacción para máximo calor.
3   Coloque un recipiente grande debajo del radiador para recoger la mezcla de anticongelante a medida que se drena.
4   Sin quitar la tapa de presión del radiador y con el sistema sin presión, apague el motor y

abra el grifo de drenaje (ver ilustración).
5   Primero se debe vaciar el depósito del tanque de refrigerante; a continuación, retire la tapa de presión del radiador.
6   Para ventilar el motor de 2.4 l, retire el sensor de temperatura del refrigerante ubicado sobre el alojamiento de salida de agua (ver ilustración).
7   Para ventilar los motores de 3.3/3.8 l, quite el tapón de ventilación (ver ilustración).

Enjuague

8   Si el radiador está gravemente contaminado u obstruido, retírelo e invierta el sentido de circulación (véase el Capítulo 3). Coloque una manguera en la salida inferior del radiador e impulse agua limpia hacia atrás a través del radiador hasta que salga por la parte superior. Si es necesario reparar o limpiar el radiador más profundamente, se debe consultar una tienda de reparación de radiadores.
9   Si el refrigerante se drena con regularidad y el sistema se rellena con la mezcla de anticongelante adecuada, no debería ser necesario utilizar limpiadores químicos.

Rellenado

10   Llene el sistema con anticongelante al 50% de su capacidad y luego termine de llenarlo con agua.
11   El motor de 2.4L requiere ventilación por eliminación del sensor de refrigerante en la parte superior del conector de salida de agua (ver ilustración 25.6).
12   Los motores 3.3/3.8L modelos 1996 y 1997 requieren la extracción del tapón en la culata delantera del cilindro (ver ilustración 25.7).
13   Cuando el refrigerante alcanza el orificio del sensor de refrigerante (motor de 2.4L), o el orificio del tapón de ventilación (motores de 3.3/3.8L), instale el sensor de refrigerante o el tapón de ventilación.
14   Haga funcionar el motor hasta que alcance la temperatura normal de funcionamiento y, con el motor en ralentí, añada agua hasta el nivel correcto y coloque el tapón del radiador.
15   Observe cuidadosamente el nivel de refrigerante y las mangueras del sistema de enfriamiento durante las primeras millas de conducción. Apriete las abrazaderas de las mangueras y añada más refrigerante si es necesario.

26   Reemplazo y revisión de la válvula de ventilación positiva del cárter (PCV) (cada 30,000 millas o 24 meses)

Consulte las ilustraciones 26.1a, 26.1b, 26.1c y 26.1d

1   Las válvulas PCV para los motores de 2.4L, 3.0L y 3.3/3.8 están situadas cerca del múltiple de admisión (ver ilustraciones).
2   Con el motor en ralentí a la temperatura de funcionamiento normal, extraiga la válvula PCV de su punto de anclaje.
3   Escuchará un silbido. Coloque su dedo sobre la abertura de la válvula. Si no hay vacío en la válvula, revise si una manguera, el puerto de la cámara o la válvula están obstruidos. Reemplace las mangueras obstruidas o deterioradas.
4   Apague el motor y sacuda la válvula. La válvula debe vibrar libremente. Si no funciona correctamente, reemplácela. **Advertencia:** *No intente limpiar la válvula PCV.*
5   Reemplace la válvula PCV con una nueva que sea adecuada según el tamaño específico del vehículo y motor. Compare las válvulas vieja y nueva para asegurarse de que sean idénticos.
6   La instalación se realiza en secuencia inversa al desmontaje.

27   Revisión del sistema de control de emisiones por evaporación (cada 30,000 millas o 24 meses)

Consulte la ilustración 27.2

1   El sistema de control de emisiones por evaporación extrae los vapores de combustible del tanque de gasolina y el sistema de combustible; los almacena en un recipiente de carbón y los conduce al múltiple de admisión durante el funcionamiento normal del motor.
2   La señal más común de una falla en el sistema de emisiones por evaporación es un fuerte olor a combustible en el compartimiento del motor o debajo del vehículo. Si se detecta olor a combustible, inspeccionar los recipientes de carbón situados bajo el asiento del conductor. En los modelos a partir de 2001, hay dos recipientes de carbón en el sistema. Revise los

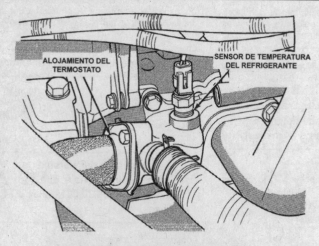

25.6 Sensor de temperatura del motor 2.4L

25.7 3.3/3.8L Tapón de ventilación del motor

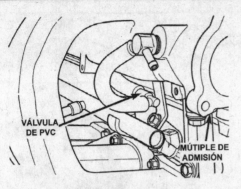

26.1a Válvula PCV del motor 2.4L

26.1b Válvula PCV del motor 3.0L

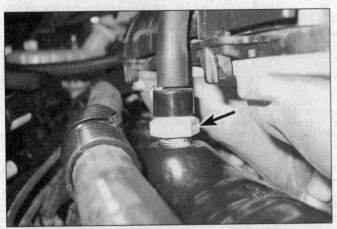

26.1c Válvula PCV del motor 3.3/3.8L en la cubierta de la válvula trasera. . .

26.1d . . y la manguera de aire fresco en la cubierta de la válvula frontal

recipientes y todas las mangueras en busca de daño y deterioro.

3   La inspección del sistema de control de emisiones por evaporación, y el reemplazo y renovación del recipiente se explican en detalle en el Capítulo 6.

28   Revisión y reemplazo de bujías (cada 30,000 millas o 24 meses)

Vea las ilustraciones 28.2, 28.5a, 28.5b, 28.5c, 28.7, 28.11, 28.17 y 28.18.

1   En los motores 2.4L, las bujías se encuentran en la parte superior del motor. En los motores 3.0L y 3.3/3.8L, las bujías se encuentran en los lados del motor.

2   Las herramientas necesarias reemplazar las bujías incluyen un trinquete, un cubo de bujías (acolchado en el interlor para proteger los aisladores de porcelana de las bujías nuevas), extensiones, y un calibrador para comprobar y ajustar la abertura de las bujías (ver ilustración). Existe una herramienta para separar de las bujías las fundas de los cables, pero no es obligatoria. Se debe utilizar un torquímetro para apretar las bujías debido a que estos motores tienen culatas de cilindro de aluminio.

3 Antes de reemplazar las bujías, comprar las nuevas, comprobar y ajustar la abertura, y reemplazarlas una a la vez. Asegúrese de comprar la bujía correcta para su motor

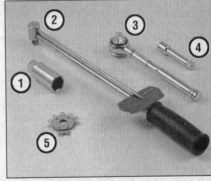

28.2 Herramienta que se necesitan para cambiar bujías

1   *Cubo de bujías - Este cubo tiene un material acojinado especial en su interior para proteger el aislante de porcelana de las bujías.*

2   *Torquímetro - Aunque no es obligatorio, utilizar esta herramienta es la mejor forma de asegurar que las bujías estén correctamente apretadas.*

3   *Trinquete - Herramienta manual estándar que se acopla al cubo de bujías.*

4   *Extensión - Según el modelo y los accesorios del vehículo, podrían ser necesarias extensiones y articulaciones universales especiales para tener acceso a una o varias bujías.*

5   *Medidor de aberturas de bujías - Los medidores de la abertura de las bujías vienen en varios diseños. Asegúrese de que incluya la luz que corresponda a su motor*

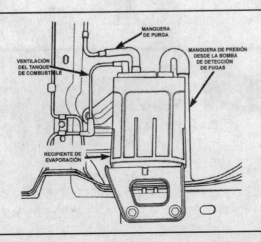

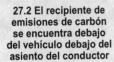

27.2 El recipiente de emisiones de carbón se encuentra debajo del vehículo debajo del asiento del conductor

28.5a Los fabricantes de bujías recomiendan usar un medidor de tipo cable para comprobar abertura; si el cable no se desliza entre los electrodos con una ligera holgura, se requiere un ajuste.

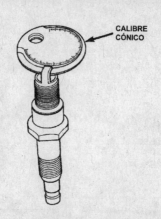

28.5b Para evitar daños en las puntas de platino de los electrodos, use sólo un medidor cónico para comprobar la abertura de las bujías

28.5c Para modificar la abertura, solamente doble el electrodo lateral, como lo indican las flechas, y tenga mucho cuidado de no rajar o mellar el aislante de porcelana que rodea al electrodo central.

específico. Esta información se puede encontrar en las Especificaciones al inicio de este capítulo, en el manual del propietario de fábrica, o en la etiqueta de Información de control de emisiones del vehículo (VECI) que se encuentra debajo del capó. Si las fuentes contienen información contradictoria, compre la bujía especificada en la etiqueta VECI, se imprimió para su motor específico.

4   Deje que el motor se enfríe por completo antes de quitar las bujías. Mientras que el motor se está enfriando, revise las bujías nuevas para detectar defectos y calibre su abertura si es necesario.

5   En las bujías que no tienen puntas de platino, la abertura se comprueba insertando un medidor del espesor correspondiente entre los electrodos en la punta de la bujía (ver la ilustración). En las bujías con puntas de platino, la abertura se comprueba insertando un medidor cónico entre las pastillas de platino en los electrodos en la punta del tapón (ver ilustración). La abertura de la bujía aparece en la etiqueta VECI en el compartimento del motor y en las Especificaciones de este Capítulo. El medidor debe tocar cada uno de los electrodos. Si la abertura es incorrecta, el ajustador del grosor del

medidor se puede usar para doblar el electrodo lateral curvo hasta que la abertura sea la apropiada (ver ilustración). Revise el cuerpo de la bujía para detectar grietas (si encuentra alguna, esa bujía no se deberá usar). Si el electrodo lateral no está exactamente sobre el electrodo central, utilice el ajustador para alinearlos.

Extracción de motores V6

6 Cubra el guardafango para evitar daños en la pintura.

7   Con el motor frío, desconecte el cable de una de las bujías. Tire del cable solamente por la funda en el extremo del cable; no hale el cable. Gire la funda suavemente y tire de ella hasta quitarla de la bujía (ver ilustración).

8   Use aire comprimido para soplar toda suciedad o materiales extraños que pudiera haber en el área de la bujía. Una bomba para bicicletas también se puede utilizar si el aire no está disponible. La idea es que los materiales extraños no caigan en el cilindro a través del orificio de la bujía cuando se quita la bujía.

Bujías n.º 1

9   Retire la correa de transmisión (vea la Sección 20).

10   Retire los cuatro pernos del soporte del alternador (vea el Capítulo 5) y empuje el alternador hacia atrás.

11   Retire la bujía con el cubo de bujías y el trinquete (ver ilustración).

Bujías n.º 3 y 5

12   Retire el resonador y el perno del puntal de admisión en la culata.

13   Quite el perno del puntal de admisión en el múltiple de admisión y corra el puntal fuera del camino.

14   Extraiga las bujías con el cubo de bujías y el trinquete.

Bujías n.º 2, 4, y 6

15   Las bujías 2, 4 y 5 son de fácil acceso.

16   Compare las bujías con la tabla en el interior de la contratapa de este manual para conocer la condición general del motor.

Instalación

17   Cubra ligeramente las roscas de las bujías con compuesto anti-adherente (ver ilustración) para evitar que las bujías se adhieran a la culata de aluminio.

18   Es difícil de instalar las bujías en sus

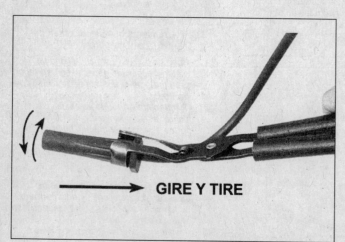

GIRE Y TIRE

28.7 Usar una herramienta de extracción de funda de bujía como esta facilitará la extracción de las fundas.

28.11 Utilice trinquete y cubo de bujías para extraer las bujías

28.17 Aplique una pequeña capa de lubricante antiadherente a las roscas de las bujías

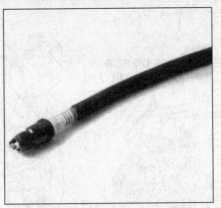

28.18 Al instalar las bujías, un trozo de manguera de caucho de 3/8 pulgadas de diámetro interior le ayudará a ahorrar tiempo y evitará dañar las roscas.

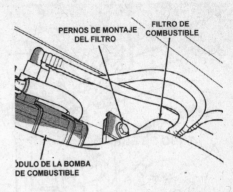

31.2 El filtro de combustible está ubicado debajo del vehículo, sobre el tanque de combustible

orificios sin dañar el roscado. Coloque un pedazo de manguera de goma de 3/8 pulgadas de diámetro interior sobre el extremo de la bujía (ver ilustración). Las mangueras flexibles actúan como una junta universal para alinear la bujía con su orificio. Si se empieza a dañar el roscado de la bujía, la manguera se deslizará y evitará daños en el roscado. Ajuste el tapón según el torque que se indica en las Especificaciones de este capítulo.
19   Conecte el cable de la bujía a la bujía nueva girando la funda suavemente y empujando el cable hasta que quede fijado en la bujía.
20   Repita este procedimiento en el resto de las bujías. Se las debe reemplazar una a la vez para evitar que se mezclen cables de las bujías.

29   Revisión y reemplazo de cables de bujías (cada 30,000 millas o 24 meses)

1   Los cables de bujía deben revisarse en los intervalos recomendados y cada vez que se instalen bujías nuevas en el motor.
2   Los cables deben inspeccionarse uno por vez para evitar que se mezclen, lo que es importante para un funcionamiento apropiado del motor. **Nota:** *El acceso a las bujías en motores V-6 que son de difícil acceso se describe en la Sección 28.*
3   Desconecte el cable de la bujía. Se puede utilizar una herramienta de desmontaje de cable de bujía o puede tomar la funda del cable, torcerla suavemente y tirar del cable para desconectarlo. Tire de la funda de goma, no del cable de la bujía.
4   Compruebe el interior de la funda para detectar corrosión, que es un polvo blanco crujiente (no la confunda la grasa dieléctrica blanca usada en las fundas de cable de la bujía).
5   Empuje el cable y la funda de la bujía hacia la bujía nuevamente. Debe quedar apretado en la bujía. Si no es así, desconecte el cable de la bujía y utilice unas pinzas para aplastar cuidadosamente el conector de metal en el interior de la funda, hasta que encaje ajustadamente.
6   Limpie la suciedad acumulada y la grasa a lo largo de toda la longitud de cada cable con un paño limpio. Revise si los cables tienen áreas quemadas, grietas u otros daños. Doble los cables en varios lugares para asegurarse de que

el conductor en el interior no se ha endurecido. Repita el procedimiento para las conexiones restantes.
7   Si se necesitan cables de bujías nuevos, compre un juego completo, pre-cortado para su motor particular. Los terminales y fundas de goma deben estar ya instalados en los cables. Reemplace los cables uno por uno a fin de evitar confusiones en el orden de ignición. Asegúrese de que los terminales están perfectamente asentados en el paquete de la bobina y en las bujías.

30   Revisión de los cinturones de seguridad (cada 30,000 millas o 24 meses)

1   Revise los cinturones de seguridad, las hebillas, las placas del pestillo y los aros guía para detectar daños y señales de desgaste.
2   Verifique si la luz que recuerda ajustarse el cinturón de seguridad se enciende cuando la llave se coloca en la posición Run (en marcha) o Start (arranque). También se debería oír una campanada.
3   Los cinturones de seguridad están diseñados para bloquearse ante una frenada repentina o un impacto, sin embargo, permiten el libre movimiento durante la conducción normal. Asegúrese de que los retractores sujetan el cinturón de seguridad contra su pecho mientras conduce y rebobinan el cinturón por completo cuando la hebilla se desabrocha.

4   Si alguna de las revisiones anteriores revela problemas con el sistema de cinturones de seguridad, reemplace las partes cuando sea necesario.

31   Reemplazo del filtro de combustible (cada 60,000 millas o 48 meses)

Consulte las ilustraciones 31.2 y 31.4
Advertencia: *La gasolina es extremadamente inflamable. Tome precauciones adicionales al trabajar en cualquier sección del sistema de combustible. No fume ni permita llamas expuestas o bombillas descubiertas cerca del área de trabajo y no trabaje en un garaje donde haya algún tipo de aparato a gas (tal como un termotanque o secador de ropa) con un piloto encendido. Si derrama combustible sobre la piel, enjuáguese de inmediato con agua y jabón. Cuando trabaje en el sistema de combustible, use gafas de seguridad y tenga a mano un extintor de incendios Clase B.*
1   Despresurización del sistema de combustible (ver Capítulo 4)
2   El filtro de combustible es un recipiente desechable situado en la parte trasera del vehículo, en la parte superior del depósito de combustible (ver la ilustración).
3   Eleve la parte trasera del vehículo, sosténgalo correctamente sobre soportes de gato y bloquee las ruedas delanteras. Se debe descender el depósito de combustible para permitir el acceso al filtro y líneas (vea el Capítulo

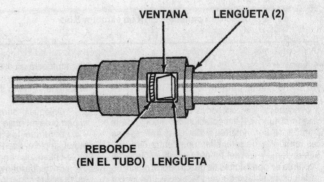

31.4 Presione las lengüetas de retencion y tire de las conexiones rápidas para desconectarlas del tubo de combustible (típico)

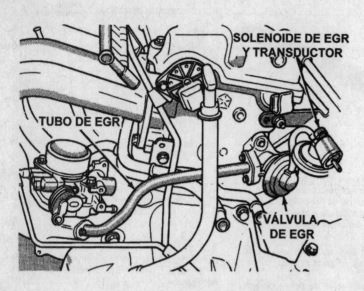

32.2a Componentes EGR en el motor 2.4L (modelos 1996 a 2000)

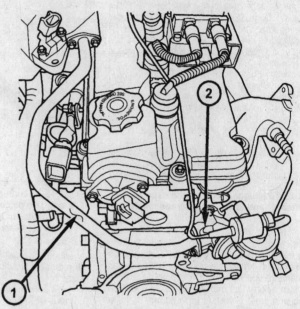

32.2b Tubo EGR (1) y válvula (2) en el motor 2.4L (modelos 2001 y posteriores)

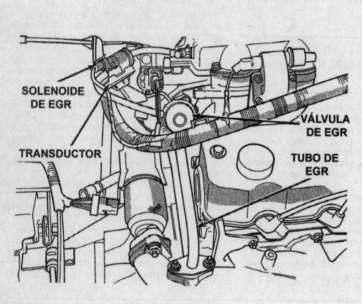

32.2c Componentes EGR en el motor 3.0L

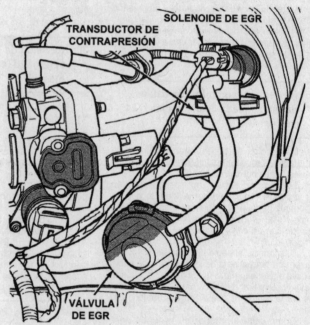

32.2d Componentes EGR en el motor 3.3/3.8L (modelos 1996 a 2000)

4, Sección 7).

4   Envuelva un trapo alrededor del filtro de combustible para recoger el combustible residual (que todavía puede estar bajo presión) y desconecte los accesorios de conexión rápida desde el tubo de alimentación del módulo de la bomba de combustible y del chasis. Presione las lengüetas de retención, una contra otra (ver ilustración), y tire del tubo de combustible o del conjunto de conexiones de desconexión rápida de la boquilla del tubo de combustible. El retenedor

se mantendrá en el tubo de combustible.

5   Retire los pernos de montaje y desconecte el soporte y el filtro del vehículo (vea la ilustración 31.2).

6   Coloque el nuevo filtro en su posición, instale el perno de montaje y apriételo firmemente.

7   Lubrique las conexiones con aceite de motor limpio e inserte los accesorios de conexión rápida hasta que encajen en su lugar.

8   Encienda el motor y revíselo para detectar fugas en las conexiones de las mangueras.

32   Inspección del Sistema de recirculación de los gases de escape (EGR) (cada 30,000 miles o 24 meses)

Consulte las ilustraciones 32.2a, 32.2b, 32.2c, 32.2d y 32.2e

1   Un sistema EGR que no funciona bien puede provoca la detonación, la vacilación, la

marcha inestable, y que se cale el motor.

2   Inspeccione las mangueras y las conexiones entre el cuerpo del acelerador, múltiple de admisión, transductor y solenoide EGR, y la válvula EGR (ver ilustraciones). Reemplace las mangueras endurecidas, agrietadas o fundidas y los conectores defectuosos.

3   Compruebe el sistema de control de EGR y la válvula EGR con el motor caliente y en ralentí.

4   Ponga la transmisión en neutro y dejar el motor en ralentí durante aproximadamente un minuto. Haga que el motor funcione a aproximadamente 2,000 rpm, pero no más de 3,000 rpm.

5   El vástago de la válvula EGR debe moverse cuando se acelera el motor (la posición de la ranura en el vástago de la válvula EGR debe cambiar). Repita la prueba varias veces para confirmar el movimiento.

6   Si el vástago de la válvula EGR se mueve, el sistema de control está funcionando normalmente.

7   Si el sistema de control no está funcionando normalmente vea el Capítulo 6.

32.2e Válvula EGR (A) y tubo (B) montados en el motor V6 de 3.3/3.8L (modelos 2001 y posteriores)

Notas

Capítulo 2   Parte A
Motor de cuatro cilindros

Contenido

Especificaciones

Generales

Hueco	3.4446 a 3.4452 pulgadas
Carrera	3.976 pulgadas
Compression ratio	9.4 1
Presión de compresión	170 a 225 psi
Desplazamiento	148 pulgadas cúbicas
Orden de ignición	1-3-4-2
Presión de aceite	
En ralentí	4 psi (mínima)
A 3000 rpm	25 a 80 psi

Frente del vehículo

Ubicaciones de los cilindros y de los terminales de bobinas

Árbol de levas

Diámetro del muñón del rodamiento	de 1.021 a 1.022 pulgadas
Diámetro interno de los cojinetes	de 1.024 a 1.025 pulgadas
Espacio libre del rodamiento	de 0.0027 a 0.003 pulgadas
Juego libre	de 0.0019 a 0.0066 pulgadas
Elevación de los lóbulos	
Admisión	0.324 pulgadas
Escape	0.256 pulgadas
Deformación de la culata de cilindros	
Superficie de la junta de la culata	0.004 pulgadas máximo
Superficies de montaje del múltiple de escape	0.006 pulgadas máximo (por pie)

Múltiples de admisión y de escape

Límite de deformación	0.006 pulgadas máximo (por pie)

Bomba de aceite

Límite de alabeo de la cubierta	0.003 pulgadas
Espesor del rotor interno	0.370 pulgadas (mínimo)
Espesor exterior del rotor	0.370 pulgadas (mínimo)
Diámetro externo del rotor	3.148 pulgadas (mínimo)
Holgura de la cubierta del rotor a la bomba	0.004 pulgadas
Holgura del rotor externo al alojamiento	0.015 pulgadas (máximo)
Espacio entre el rotor interno y el lóbulo del rotor externo	0.008 pulgadas (máximo)
Longitud libre del resorte de alivio de presión	2.39 pulgadas (aproximado)

Especificaciones de torque

Ft-lb (a menos que se indique lo contrario)

Pernos de tapa de cojinete de árbol de levas
    Pernos M6 .... 105 in-lb
    Pernos M8 21
Pernos del sensor de posición del árbol de levas 20
Perno de la rueda dentada del cigüeñal...................................... 75
Perno de la polea del cigüeñal 100
Pernos de culatas de cilindros
    Primer paso 25
    Segundo paso.. 50
    Tercer paso 50
    Paso final .... Ajuste 90° adicionales (1/4 de vuelta)
Pernos que fijan el plato de transmisión al cigüeñal 70
Monturas del motor
    Montura frontal (vea la ilustración 17.9)
        Pernos 2, 3 y 4 80
        Pernos 1 y 5 40
    Montura izquierda
        Pernos de la montura a la transmisión 40
        A través de perno 55
    Montura derecha
        Sujetadores del carril al montaje del motor..................... 50
        Sujetador Horizontal 111
        Sujetadores del motor verticales..................................... 75
    Montura trasera
        A través de perno 55
    Puntales y pernos de cuello estructurales (vea la ilustración 13.13)
        Pernos 1 a 3... 75
        Pernos 4 a 8... 45
Pernos del múltiple de escape a la culata de cilindros
    1996 hasta 2000 17
    2001 y posteriores 14
Pernos del tubo de escape al múltiple de escape 20
Protector contra calor del múltiple de escape .... 105 in-lb
Pernos del múltiple de admisión a la culata de cilindros
    1996 hasta 2000 17
    2001 y posteriores 21
Sujetador del adaptador del filtro de aceite................................ 60
Pernos del colector de aceite .... 105 in-lb
Bomba de aceite
    Pernos de fijación 21
    Tornillos de la cubierta .... 105 in-lb
    Perno del tubo colector 21
    Perno de la tapa de la válvula de alivio 30
Pernos del alojamiento del termostato 17
Correa de sincronización
    Pernos de la cubierta
        Pernos de fijación de afuera hacia adentro .... 40 in-lb
        Pernos de la bomba de aceite/de la cubierta a la culata interiores ..... 105 in-lb
    Pernos del tensor (tipo mecánico).. 21
    Perno de la polea del tensor... 30
    Perno de la polea de retorno de la correa de sincronización
        1996 hasta 1998 45
        1999 40
Pernos de la cubierta de las válvulas... 105 in-lb

Para obtener especificaciones de torque adicionales, consulte la Parte C, Sección de especificaciones

---

1   Información general

El Capítulo 2A cubre los procedimientos de reparación de motor de cuatro cilindros de 2.4 litros cuando el motor está en el vehículo. Toda la información relacionada con el desmontaje y la instalación del motor y el reacondicionamiento del bloque del motor y de la culata de cilindros se puede encontrar en el Capítulo 2D.

Los procedimientos de reparación indicados a continuación presuponen que el motor está instalado en el vehículo. Si el motor está desmontado del vehículo y apoyado sobre un soporte, muchos de los pasos indicados en esta parte del Capítulo 2A no serán pertinentes.

Las especificaciones incluidas en el Capítulo 2A sólo corresponden a los procedimientos contenidos en este. El Capítulo 2D contiene las especificaciones necesarias para reconstruir la culata de cilindros y el bloque del motor.

El motor de cuatro cilindros de 2.4 litros con doble árbol de levas en cabeza (DOHC) del que habla este Capítulo cuenta con cuatro válvulas por cilindro dispuestos en dos bancos en línea. El bloque de cilindros es el diseño de la cubierta cerrada usado para reducir el enfriamiento y peso, y tiene la bomba de agua moldeada en el bloque. El motor de 2.4 litros tiene dos ejes balanceadores instalados en el

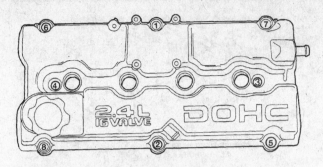

3.6 Quite los pernos de montaje de la tapa de la válvula.

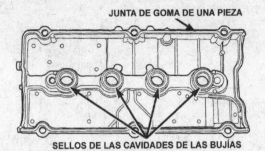

JUNTA DE GOMA DE UNA PIEZA

SELLOS DE LAS CAVIDADES DE LAS BUJÍAS

3.8 Instale nuevas juntas de la cubierta de la válvula y los sellos de las bujías

extremo del cigüeñal del motor. Para obtener más información sobre los ejes balanceadores consulte el Capítulo 2D.

2   Reparaciones posibles con el motor en el vehículo

Muchas operaciones de reparación se pueden realizar sin desmontar el motor.

Limpie el compartimiento del motor y el exterior del motor con desengrasante antes de comenzar cualquier trabajo. Le facilitará el trabajo y le ayudará a mantener limpios los componentes internos del motor.

Podría ser útil quitar el capó a fin de facilitar el acceso al motor durante las reparaciones (consulte el Capítulo 11). Cubra los guardafangos para evitar que se dañe la pintura. Están disponibles almohadillas especiales, pero una manta o un cubrecama viejos también le servirán.

Si se detectan pérdidas de vacío o fugas de gases de escape, de aceite o de líquido refrigerante se deben reemplazar juntas o sellos. En general esas reparaciones se pueden realizar sin desmontar el motor. Con el motor en su lugar, se puede acceder a las juntas de los múltiples de admisión y escape, de la bandeja de aceite y de las culatas de los cilindros. También se puede acceder a los sellos de aceite del árbol de levas y del cigüeñal.

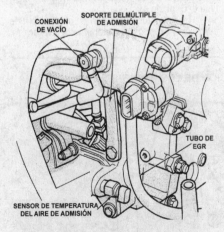

CONEXIÓN DE VACÍO

SOPORTE DEL MÚLTIPLE DE ADMISIÓN

TUBO DE EGR

SENSOR DE TEMPERATURA DEL AIRE DE ADMISIÓN

4.4 Desconecte las mangueras de vacío de las conexiones y el conector eléctrico del sensor de temperatura del aire de admisión

Los componentes exteriores del motor, como los múltiples de admisión y escape, la bandeja de aceite, la bomba de aceite, la bomba de agua, el motor de arranque, el alternador, el distribuidor y los componentes del sistema de combustible, se pueden extraer para su reparación con el motor en su lugar.

La culata de cilindros y árboles de levas se pueden extraer sin sacar el motor y el mantenimiento de los componentes de las válvulas también se puede realizar con el motor en el vehículo. El reemplazo de la correa de sincronización y las ruedas dentadas también es posible con el motor en el vehículo.

Con el motor en el vehículo, se pueden reemplazar los pistones y sus anillos, y las bielas y sus cojinetes. Sin embargo, este método no se recomienda debido al trabajo de limpieza y preparación que se debe hacer a los componentes involucrados.

3   Tapas de válvulas: Desmontaje e instalación

Desmontaje

Consulte la ilustración 3.6

1   Desconecte el cable del terminal negativo de la batería.
2   Desmonte los cables de la bujía (vea el Capítulo 1) y el grupo de bobinas de ignición (vea el Capítulo 5).
3   Desconecte la conexión a tierra de la cubierta de la válvula.
4   Etiquete y desconecte las mangueras de emisiones y los cables eléctricos que conectan la cubierta de la válvula o pasan por ella.
5   Retire las tuercas que sujetan los soportes de las partes delantera y trasera del múltiple de escape a los espárragos de la cubierta de la culata del cilindro.
6   Retire los pernos de la cubierta de la válvula y levante la cubierta (vea la ilustración). Si la cubierta se adhiere a la culata del cilindro, golpéela suavemente con un martillo blando o coloque un bloque de madera contra la cubierta y golpee la madera con un martillo. **Precaución:** *Si hace palanca entre la cubierta de la válvula y la culata del cilindro, Sea cuidadoso a fin de evitar melladuras y hendiduras en las superficies de la junta de una u otra parte. Una fuga podría desarrollarse después de volver a montar.*
7   Retire el medio sello redondo de la junta de la tapa de la válvula. Limpie bien la cubierta de la válvula y elimine todos los rastros de material de la junta usada. Las tiendas de autopartes tienen solventes que pueden resultar útiles para

quitar juntas. Luego de limpiar las superficies, desengráselas con un trapo empapado en disolvente para laca o acetona.

Instalación

Consulte la ilustración 3.8

8   Instale nuevas juntas de la cubierta de la válvula y los sellos de las bujías (vea la ilustración).
9   Instale el medio sello redondo y aplique sellador RTV anaeróbico a las esquinas de tapa del árbol de levas y en los bordes superiores del medio sello redondo.
10   Coloque la cubierta de la válvula en el motor e instale los pernos de la cubierta. Apriete los pernos de la cubierta de la válvula en tres pasos al torque indicado en las especificaciones en este Capítulo y utilizando un patrón cruzado. Comience en el centro de la tapa y trabaje hacia el exterior.
11   La instalación de las piezas restantes se realiza en orden inverso al del desmontaje.
12   Una vez finalizada la instalación, ponga el motor en marcha y revise que no haya fugas.

4   Múltiple de admisión: Desmontaje, inspección e instalación

Advertencia: *Permita que el motor esté completamente frío antes de comenzar este procedimiento.*

Desmontaje (modelos de 1996 a 2000)

Vea las ilustraciones 4.4, 4.5, 4.8, 4.11a, 4.11b, 4.11c y 4.14

1   Alivie la presión del sistema de combustible (vea la Capítulo 4).
2   Desconecte el cable del terminal negativo de la batería.
3   Retire el conducto de admisión de aire y el resonador del cuerpo del acelerador y desconecte el cable del acelerador y el cable del control de crucero (si lo tiene). Desconecte del sensor de posición del acelerador y válvula de control de marcha en vacío los conectores eléctricos (vea el Capítulo 4).
4   Retire las mangueras de vacío de los accesorios de las conexiones de vacío y desconecte el conector eléctrico del sensor de temperatura de la admisión del aire (vea la ilustración). Retire la manguera de EGR de la válvula de EGR.
5   Consulte el Capítulo 4 y retire la conexión de conexión rápida de la manguera de combustible

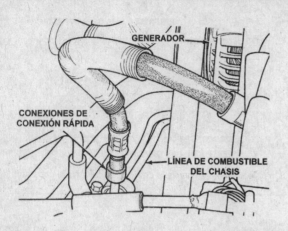

4.5 Desconecte el accesorio de conexión rápida de la línea de combustible.

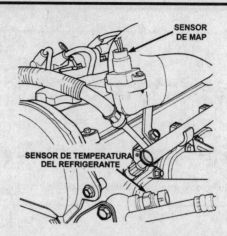

4.8 Desconecte los conectores eléctricos del sensor MAP y sensor de temperatura del refrigerante.

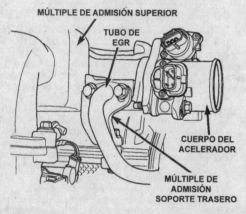

4.11a Extraiga el soporte de apoyo trasero del múltiple de admisión

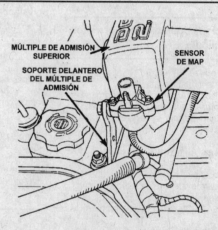

4.11b Extraiga el soporte de apoyo delantero del múltiple de admisión

de la línea de combustible del chasis (vea la ilustración).

6   Retire la varilla medidora y su tubo del bloque del motor.

7   Drene el sistema de enfriamiento (vea el Capítulo 1). Desmonte el calefactor y las mangueras del radiador superior del múltiple de admisión.

8   Desconecte los conectores eléctricos del conjunto del sensor MAP y del sensor de

temperatura del refrigerante (vea la ilustración).

9   Quite las correas de transmisión accesorias (vea el Capítulo 1)..

10   Desmonte el generador y su soporte (vea el Capítulo 5).

11   Retire los pernos del soporte de apoyo trasero, el soporte de apoyo delantero y los pernos del soporte de apoyo central (vea la ilustración).

12   Etiquete y desconecte todas las mangueras

de vacío restantes, conectores de arnés de cables, soportes y mangueras de emisión conectados al cuerpo de arranque o al múltiple de admisión.

13   Etiquete y desconecte los conectores eléctricos de los inyectores de combustible y deje a un lado el arnés del inyector de combustible (vea el Capítulo 4).

14   Retire las tuercas o pernos del múltiple de admisión y retírelo del motor (vea la ilustración).

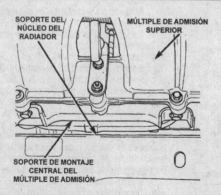

4.11c Extraiga el soporte de apoyo central del múltiple de admisión

UBICACIÓN DE LOS PRISIONEROS

4.14 Ubicación de las tuercas del múltiple de admisión o secuencia de apriete de los pernos

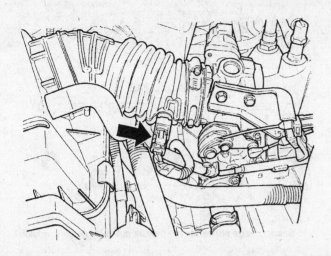

4.21 Desconecte el sensor de temperatura del aire de admisión (IAT)

4.23 Ubicación de los conectores eléctricos del cuerpo del acelerador (típico)

1   Conector eléctrico de control de aire de ralentí
2   Conector del sensor de posición del acelerador (TPS)

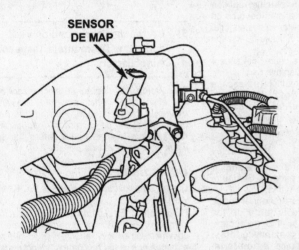

4.24 Ubicación del conector del sensor MAP en el múltiple de admisión

4.29 Conjunto de soporte de apoyo del múltiple de admisión superior

1   Tuerca del soporte a la culata de cilindro
2   Perno del soporte al múltiple de admisión
3   Soporte del múltiple de admisión superior

Si se adhiere, golpee el múltiple suavemente con un martillo blando o haga palanca con cuidado desde la culata. **Precaución:** *No haga palanca entre las superficies de sellado de las juntas.*

Inspección (todos los años)

15   Quite las juntas del múltiple de admisión limpiando todo rastro de material de junta de las culatas de los cilindros y del múltiple de admisión. **Precaución:** *La culata del cilindro y el múltiple de admisión son de aluminio y se mellan o rayan con facilidad. No dañar las superficies de la junta o se puede producir una fuga después de que se haya terminado trabajo. Las tiendas de autopartes tienen solventes para quitar juntas que pueden resultar útiles.*
16   Controle la superficie de contacto del múltiple de admisión para detectar deformaciones usando una regla metálica y un calibrador de lámina. Además, controle la superficie del múltiple de admisión en la culata del cilindro. Si la deformación en cualquier superficie sobrepasa los límites establecidos en las Especificaciones de este Capítulo, se deberá repulir o reemplazar

el múltiple de admisión o la culata en un taller de mecánica automotriz.

Instalación (modelos de 1996 a 2000)

17   Instale el múltiple de admisión con una junta nueva. Apriete los pernos o tuercas en tres pasos, siguiendo la secuencia de ajuste recomendada (vea la ilustración 4.14), al torque indicado en las Especificaciones de este Capítulo.
18   La instalación de las piezas restantes se realiza en orden inverso al del desmontaje.

Desmontaje (modelos 2001 y posteriores)

Consulte las ilustraciones 4.21, 4.23, 4.24, 4.29, 4.34 y 4.38.
19   Alivie el sistema de presión (vea el Capítulo 4).
20   Desconecte el cable del terminal negativo de la batería.
21   Desconectar el conector del sensor de temperatura de entrada del aire (vea la ilustración).

22   Desconecte el tubo de entrada de aire del cuerpo del acelerador y desmonte el alojamiento del filtro de aire superior.
23   Desconecte el conector eléctrico del sensor de posición del acelerador (vea la ilustración).
24   Desconecte el conector del sensor MAP (vea la ilustración).
25   Desconecte las líneas de vacío para purgar el solenoide y la válvula de PCV del múltiple de admisión.
26   Etiquetar y desconectar las líneas de vacío del reforzador de frenos, LDP, depósito de vacío de control de velocidad y transductor EGR (si están incluidas en el modelo) de las conexiones en el múltiple de admisión.
27   Desconecte el acelerador, el control de velocidad (si el modelo lo incluye) y los cables del control del transeje (modelos de transeje automático de 3 velocidades) de la palanca del acelerador y el soporte (vea el Capítulo 4).
28   Desconecte la manguera de EGR de la válvula de EGR.
29   Quite los pernos del soporte de apoyo del múltiple superior (vea la ilustración).

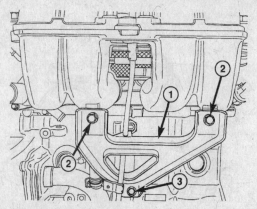

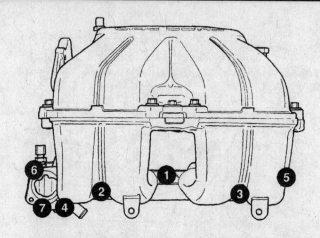

4.34 Conjunto de soporte de apoyo del múltiple de admisión inferior

1   Soporte de apoyo
2   Pernos del soporte al múltiple de admisión superior
3   Perno de bloqueo del soporte al motor inferior

4.38 Secuencia de apriete de los pernos del múltiple de admisión

30   Retire la varilla medidora del tubo.
31   Consulte el Capítulo 4 y desconecte el accesorio de desconexión rápida de la manguera de combustible.
32   Drene el sistema de enfriamiento (vea el Capítulo 1). Retire la alimentación del calentador y las mangueras del radiador superiores en el múltiple de admisión.
33   Desconecte el conector del arnés de cables del inyector de combustible o sensor de temperatura del refrigerante.
34   Extraiga los pernos superiores del soporte de apoyo del múltiple de admisión inferior (vea la ilustración).
35   Desconecte el conector del arnés eléctrico del inyector de combustible.
36   Quite los pernos de la dirección hidráulica y deje a un lado el depósito. No desconecte las líneas de líquido del depósito.
37   Retire los pernos inferiores del soporte de apoyo del múltiple de admisión inferior (vea la ilustración 4.34) y desmonte el conjunto del múltiple de admisión. Si se adhiere, golpee el múltiple suavemente con un martillo blando o haga palanca con cuidado desde la culata.
Precaución: *No haga palanca entre las superficies de sellado de las juntas.*

Instalación (modelos 2001 y posteriores)

38   Instale el múltiple de admisión con una junta nueva. Apriete los pernos en tres pasos, siguiendo la secuencia de ajuste recomendada (vea la ilustración), al torque indicado en las Especificaciones de este Capítulo.
39   La instalación de las piezas restantes se realiza en orden inverso al del desmontaje.

---

5   Múltiple de escape - desmontaje, inspección e instalación

---

Advertencia: *Permita que el motor esté completamente frío antes de comenzar este procedimiento.*

Desmontaje

1   Desconecte del borne negativo de la batería el cable.
2   Coloque el freno de estacionamiento y bloquee las ruedas traseras.

3   Levante la parte delantera del vehículo y apóyela firmemente sobre torretas de seguridad.
4   Al trabajar debajo del vehículo, aplique aceite penetrante a los sujetadores del tubo de escape al el múltiple para facilitar su desmontaje. Retire el tubo de escape del múltiple de escape en el punto de inflexión.
5   Desconecte el arnés de cables del sensor de oxígeno superior (vea el Capítulo 6).
6   Quite los pernos del múltiple de escape y desmonte el múltiple. **Nota:** *Puede que sea necesario desmontar el tubo de escape para facilitar la extracción del múltiple (vea el Capítulo 4).*

Inspección

7   Use un cepillo de alambre para limpiar los pernos del múltiple de escape. Sustituya los que tienen las roscas dañadas.
8   Utilice un raspador para eliminar todos los restos de material de la junta de las superficies de contacto de la brida de escape e inspeccione si hay desgaste y grietas. **Precaución:** *Cuando quite el material de la junta, sea cuidadoso a fin de evitar melladuras y ralladuras en la superficie de sellado. Cualquier daño a la superficie puede causar una fuga después de volver a montar. Las tiendas de autopartes tienen solventes que pueden resultar útiles para quitar juntas.*
9   Controle la superficie de contacto del múltiple de escape a la culata para detectar deformaciones usando una regla metálica y un calibrador de lámina. Además, controle la superficie de la culata del cilindro. Si la deformación excede el límite indicado en las Especificaciones en este Capítulo, se deberá repulir o reemplazar el múltiple de escape o la culata en un taller de mecánica automotriz.

Instalación

Vea las ilustraciones 5.11a y 5.11b.
10   Aplique Loctite N.º 271 a las roscas de los pernos de montaje antes de la instalación.
11   Instale la junta (seca, no use sellador), múltiple, y pernos nuevos. Apriete los pernos en varios pasos siguiendo la secuencia de ajuste recomendada (vea la ilustración), al torque indicado en las Especificaciones de este Capítulo.
12   La instalación de los componentes restantes se realiza en orden inverso al del desmontaje. **Nota:** *Instale una nueva junta entre el múltiple de escape y el tubo de escape.*

13   Arranque el motor e inspeccione en busca de fugas de gases de escape.

---

6   Correa de sincronización y cubiertas: Desmontaje, inspección e instalación

---

Precaución: *Si la correa de sincronización falló con el motor en funcionamiento, las válvulas pueden haberse dañado. Realice una prueba de compresión en el motor después de haber reemplazado la correa para determinar si hay algún daño en la válvula.*

Desmontaje

Consulte las ilustraciones 6.5, 6.6, 6.7, 6.11 y 6.12
Precaución: *El sistema de sincronización es complejo. El motor se dañará seriamente si comete algún error. No intente este procedimiento a menos que tenga mucha experiencia con este tipo de reparaciones. Si no está seguro de sus capacidades, consulte a un experto. Revise dos veces el trabajo y cerciórese de que todo esté correcto antes de intentar arrancar el motor.*
Precaución: *No gire el cigüeñal o los árboles de levas luego de haber desmontado la correa de sincronización. Esto dañará las válvulas del contacto con los pistones. No trate de girar el cigüeñal con los pernos de rueda dentada del árbol de levas y no gire el cigüeñal en sentido antihorario.*
1   Desconecte el cable del terminal negativo de la batería.
2   Levante el vehículo y apóyelo firmemente sobre torretas de seguridad.
3   Quite el protector contra salpicaduras interior derecho (vea el Capítulo 11).
4   Quite las correas de transmisión accesorias (vea el Capítulo 1).
5   Afloje el perno central de la polea del cigüeñal. Si está apretado, destrábelo insertando un destornillador grande o una barra a través de la abertura en la polea, para mantener inmóvil la polea. Afloje el perno con un trinquete y mango articulado (vea la ilustración).
6   Instalar un extractor de tres mordazas en el cubo central de la polea y quitar la polea del cigüeñal (vea la ilustración). Utilice el inserto adecuado para evitar que el extractor de dañe las roscas del perno del cigüeñal. Si la

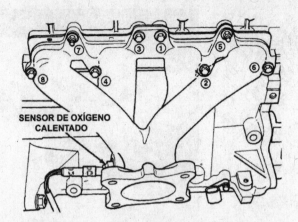

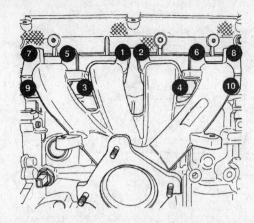

5.11a Secuencia de apriete de los pernos del múltiple de escape (modelos de 1996 a 2000)

5.7b Secuencia de apriete de los pernos del múltiple de escape (modelos de 2001 y posteriores)

6.5 Inserte un destornillador grande o barra por la abertura de la polea del cigüeñal y haga palanca contra el bloque del motor, luego afloje el perno con un trinquete y mango articulado

6.6 Instale un extractor de tres mordazas en la polea, coloque el poste central del extractor en el extremo del cigüeñal (usar el inserto adecuado para no dañar las roscas del cigüeñal), y retire la polea del cigüeñal

polea es difícil de quitar, golpee suavemente el perno central del extractor con un mazo de bronce para destrabarla. **Precaución:** *No utilice un extractor con mordazas que agarren el diámetro externo de la polea. El amortiguador de la polea y el cubo se pueden separar. Utilice sólo el tipo que se muestra en la ilustración.*

7   Retire los sujetadores inferiores de la cubierta de la correa de sincronización y la cubierta (vea la ilustración).

8   Baje el vehículo y retire los sujetadores superiores de la correa de sincronización y la cubierta (vea la ilustración 6.7).

9   Vuelva a instalar el perno del cigüeñal utilizando un espaciador apropiado (esto le permitirá girar el cigüeñal más adelante).

10   Quite el montaje del motor y el soporte de montaje del lado derecho (lado del conductor) (vea la Sección 17). Asegúrese de que el motor se apoya con un gato de piso colocado bajo la bandeja de aceite. Coloque un bloque de madera en la cabeza del gato para evitar que el gato de piso abolle o dañe la bandeja de aceite.

11   Alinear las marcas de sincronización de las ruedas dentadas del árbol de levas y el cigüeñal antes de retirar la correa de distribución (vea la ilustración). Si es necesario, alinear las marcas

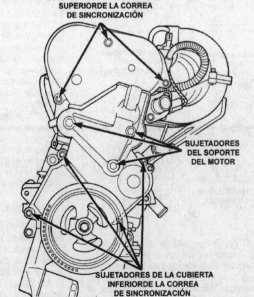

6.7 Ubicaciones de los sujetadores de cubiertas exteriores de la correa de sincronización

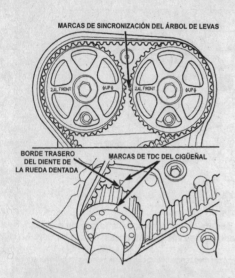

MARCAS DE SINCRONIZACIÓN DEL ÁRBOL DE LEVAS

BORDE TRASERO
DEL DIENTE DE
LA RUEDA DENTADA

MARCAS DE TDC DEL CIGÜEÑAL

TENSOR DE LA
CORREA

LLAVE ALLENDE
1/8 Ó 3 mm.

LLAVE ALLEN

6.18 Inspeccione cuidadosamente la correa de sincronización; doblarla hacia atrás a menudo hará visible el daño o desgaste

6.11 Antes de retirar la correa de sincronización, asegúrese de que las marcas de sincronización de las ruedas dentadas del árbol de levas y cigüeñal se alinean con sus respectivas marcas. Girar el motor (a la derecha sólo como se ve desde el extremo del cigüeñal) según sea necesario para alinear ambos conjuntos de marcas de sincronización. La marca de sincronización rueda dentada del cigüeñal está alineada en el borde posterior del diente de la rueda dentada

de distribución rotando el cigüeñal, ¡hacia la derecha solamente! Si va a reutilizar la correa de distribución, pinte una flecha en sobre ella para indicar el sentido de rotación (sentido horario).

12　Inserte una llave Allen de 6 mm en la conexión hexagonal en la polea tensora. Inserte una broca de 1/8 de pulgada (o llave Allen de 3 mm) en el pequeño orificio en la polea. Aplique una ligera presión en la llave Allen y gire la polea tensora en sentido antihorario hasta que la broca se deslice e ingrese en el orificio de bloqueo (vea la ilustración).

13　Deslice la correa de distribución de las

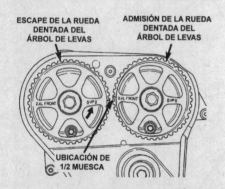

ESCAPE DE LA RUEDA
DENTADA DEL
ÁRBOL DE LEVAS

ADMISIÓN DE LA RUEDA
DENTADA DEL
ÁRBOL DE LEVAS

UBICACIÓN DE
1/2 MUESCA

6.20 Gire la rueda dentada del árbol de levas de escape hacia la derecha de modo que la marca de sincronización esté de medio punto por debajo de la marca de sincronización de la rueda dentada del árbol de levas de escape

6.12 Para aliviar la tensión de la correa de sincronización, coloque la llave Allen del tamaño apropiado en la polea y aplique torque en sentido antihorario hasta que los orificios de pasador de retención se alineen e insertar una broca de 1/8 de pulgada para sujetar la polea en su sitio

ruedas dentadas y déjela a un lado. Si va a reutilizar la correa de distribución, guárdela en una bolsa de plástico. No permita que la cinta entre en contacto con aceite o agua, esto acortará considerablemente su vida útil.

14　Si es necesario retirar las ruedas dentadas del árbol de levas o la cubierta posterior de la correa de distribución (para reemplazar el sello del árbol de levas), (vea la Sección 8).

Inspección

Consulte la ilustración 6.18.

15　Inspeccione el sello de aceite delantero del cigüeñal para detectar fugas. Reemplácelo si es necesario (vea la Sección 7).

16　Inspeccione la bomba de agua en busca de fugas (por lo general, un rastro de líquido refrigerante húmedo o seco es indicador de ellas). Compruebe que no haya demasiado juego libre en la polea ni rugosidad en el cojinete. Reemplácelo si es necesario (vea el Capítulo 1).

17　Gire la polea tensora y la polea de retorno y muévalas de lado a lado para comprobar que no haya demasiado juego libre en las poleas ni que los cojinetes estén rugosos. Inspeccione visualmente las ruedas dentadas de las correas de sincronización en busca de daños o desgaste. Remplace componentes según sea necesario.

18　Inspeccione la correa de distribución en busca de grietas, separación, desgaste, dientes perdidos, y contaminación por combustible (vea la ilustración). Reemplace la correa si su condición es dudosa o el kilometraje del motor es similar al que se hace referencia en el Plan de mantenimiento (vea el Capítulo 1).

Instalación

Consulte la ilustración 6.20

Precaución: *Antes de arrancar el motor, gire con cuidado el cigüeñal a mano al menos dos revoluciones completas (use un dado o un mango articulado sobre el perno central de la polea del cigüeñal). Si percibe algún tipo de resistencia, ¡DETÉNGASE! Algo está mal: Lo más probable es que las válvulas estén tocando*

los pistones. Debe encontrar el problema antes de continuar. Revise su trabajo y vea si existe algún tipo de información actualizada sobre reparaciones.

19　Compruebe que las marcas de sincronización en las ruedas dentadas del árbol de levas están alineadas (vea la ilustración 6.11).

20　Gire la rueda dentada del árbol de levas de escape hacia la derecha de manera que la marca de sincronización esté medio punto por debajo de la marca de sincronización del árbol de levas de admisión (vea la ilustración).

21　Alinee la marca de sincronización de la rueda dentada con la flecha marcada en el alojamiento de la bomba de aceite (vea la ilustración).

22　Instale la correa de sincronización de la siguiente manera: Coloque la correa en la rueda dentada del cigüeñal; manteniendo la tensión en la correa, envuelva con ella la rueda dentada de la bomba de agua, polea de retorno, ruedas dentadas del árbol de levas, y la polea tensora. Para tensar la correa, girar el árbol de levas de escape hacia la izquierda hasta que las marcas de sincronización en ambas ruedas dentadas queden alineadas.

23　Tire de la broca de la polea tensora.

24　Utilice el perno en el centro de la rueda dentada del cigüeñal para girar el cigüeñal hacia la derecha dos revoluciones completas. **Precaución:** *Si nota resistencia mientras gira el cigüeñal - DETÉNGASE. Las válvulas pueden estar golpeando los pistones debido a una sincronización de válvulas incorrecta. Vuelva a comprobar la sincronización de las válvulas.* **Nota:** *Las marcas dentadas del árbol de levas y el cigüeñal se alinearán cada dos revoluciones del cigüeñal.*

25　Vuelva a revisar el alineamiento de las marcas de sincronización (vea la ilustración 6.11). Si las marcas no se alinean correctamente, afloje el tensor, deslice la correa de la rueda dentada del árbol de levas, vuelva a alinear las marcas, vuelva a instalar la cinta y compruebe la alineación una vez más.

26　La instalación de los componentes faltantes se realiza en orden inverso al del desmontaje. Apriete el perno de la polea del cigüeñal al torque indicado en las Especificaciones de este Capítulo.

27　Arranque el motor y pruebe el vehículo en la carretera.

7.2 Acople un extractor de engranajes de tipo perno a la rueda dentada del cigüeñal y desmontar la rueda dentada del cigüeñal

7.3 Utilice un destornillador para hacer palanca con cuidado y quitar el sello del cigüeñal delantero de su agujero

7.5 Lubrique el nuevo sello del cigüeñal delantero frontal con aceite de motor y, con un martillo y trinquete, conducir el sello en el agujero hasta que esté a ras del alojamiento de la bomba de aceite

7.6 Colocar la rueda dentada del cigüeñal con la palabra FRONT (frente) (flecha) hacia afuera e instalarla en el cigüeñal

7   Sello delantero de aceite del cigüeñal - reemplazo

Consulte las ilustraciones 7.2, 7.3, 7.5 y 7.6.
Precaución: *No gire los árboles de levas o el cigüeñal cuando se quita la correa de distribución o se pueden producir daños en el motor.*
1   Quite la correa de sincronización (vea la Sección 6).
2   Retire del cigüeñal la rueda dentada de la correa de distribución del cigüeñal con un extractor de engranajes de tipo perno (vea la ilustración). Extraiga la llave Woodruff del chavetero del cigüeñal.
3   Envuelva la punta de un destornillador pequeño con cinta adhesiva. Trabaje desde abajo el guardabarros interior derecho y utilice el destornillador para hacer palanca con cuidado y extraer el sello de su orificio (vea la ilustración). Tenga cuidado de no dañar el conjunto de la bomba de aceite, el cigüeñal, y el orificio del sello.
4   Limpie e inspeccione el orificio del sello y la superficie de sellado en el cigüeñal. Las imperfecciones pequeñas se pueden limpiar con tela de esmeril. Si se formó una ranura en

la superficie de sellado del cigüeñal (de contacto con el sello), la instalación de un nuevo sello probablemente no detenga la fuga.
5   Lubrique el sello nuevo con aceite de motor y utilice un martillo y el manguito de tamaño adecuado, para conducir el sello en el agujero hasta que esté a ras del alojamiento de la bomba de aceite (vea la ilustración).
6   Instale la llave Woodruff y la rueda dentada de la correa de sincronización del cigüeñal con la palabra FRONT (frente) hacia fuera en el cigüeñal (vea la ilustración).
7   La instalación de los componentes faltantes se realiza en orden inverso al del desmontaje. Apriete el perno de la polea del cigüeñal al torque indicado en las Especificaciones de este Capítulo.
8   Encienda el motor y revíselo para detectar fugas de aceite.

8   Sello de aceite del árbol de levas: reemplazo

Consulte las ilustraciones 8.5a, 8.5b, 8.6, 8.8a, 8.8b y 8.10
Precaución: *No gire los árboles de levas o el cigüeñal cuando se quita la correa de distribución o se pueden producir daños en el motor.*
1   Quite la cadena de sincronización (vea la Sección 6).
2   Gire el cigüeñal en sentido antihorario hasta que la rueda dentada del cigüeñal quede tres puntos por Debajo del punto muerto superior (BTDC) (vea la ilustración 6.11). Esto evitará daños en el motor si la rueda dentada de árbol de levas gira durante la extracción del perno de la rueda dentada.
3   Sostenga la rueda dentada del árbol de levas y quite el perno de la rueda dentada. **Nota:** *Para sujetar el árbol de levas o la rueda dentada mientras afloja el perno, se recomienda usar una herramienta de soporte de polea de tipo correa, que está disponible en la mayoría de los comercios de autopartes. Utilice dos destornilladores grandes para hacer palanca y levantar el árbol de levas. Si la llave de correa no está disponible, retire la cubierta de la válvula para acceder a las partes planas del árbol de levas*
4   Desmonte la polea de retorno.
5   Retire los pernos que sujetan la cubierta posterior al bloque motor y la culata. Retire la cubierta posterior (vea las ilustraciones).

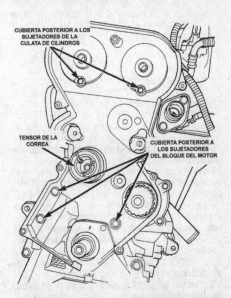

CUBIERTA POSTERIOR A LOS SUJETADORES DE LA CULATA DE CILINDROS

TENSOR DE LA CORREA

CUBIERTA POSTERIOR A LOS SUJETADORES DEL BLOQUE DEL MOTOR

8.5a Sujetadores de la cubierta de la correa de sincronización trasera

8.5b Retire la cubierta de la correa de sincronización trasera

8.6 Quite el sello del árbol de levas de la perforación de su orificio cuidadosamente. NO corte ni raye el árbol de levas o el orificio del sello

8.8a Con un martillo y trinquete, golpee suavemente el sello en su lugar con la cara del resorte hacia el interior

8.8b Si el espacio es limitado y no se puede utilizar un martillo y trinquete para instalar el sello, se puede realizar un instalador de sellado con una Sección de tubo (de diámetro apropiado), un perno y una arandela. Coloque el tubo sobre el sello y presiónelo en su lugar apretando el tornillo

6　Haga palanca en el sello de aceite del árbol de levas con un destornillador pequeño para poder quitarlo (vea la ilustración). No raye el orificio ni dañe el árbol de levas en el proceso (si el árbol de levas está dañado, el sello nuevo tendrá fugas).

7　Limpie el orificio y cubra el borde exterior del sello nuevo con aceite para motor o grasa de uso múltiple. Lubrique el borde del sello.

8　Use un trinquete (con un diámetro exterior ligeramente más pequeño que el diámetro exterior del sello) y un martillo (vea la ilustración). Coloque el nuevo sello en la culata de cilindro con cuidado hasta que esté alineado con la cara de la culata de cilindro. Si no dispone de un trinquete, también puede servir un pedazo corto de tubo. **Nota:** *Si la ubicación del motor hace que sea difícil de usar un martillo para instalar el sello del árbol de levas, fabrique una herramienta de instalación usando un tubo de la longitud adecuada, un perno y una arandela grande (vea la ilustración). Coloque el tubo sobre el sello y enrosque el perno en el árbol de levas. El sello puede ahora ser presionado en el orificio apretando el perno.*

9　Instale la cubierta de la correa de distribución trasera y polea de retorno.

10　Instale la rueda dentada del árbol de levas, alineando el pasador en el árbol de levas con el orificio en la rueda dentada (vea la ilustración). Instale la rueda dentada del árbol de levas (vea el Paso 2) y apriete el perno de la rueda dentada al torque indicado en las Especificaciones de este Capítulo.

11　Vuelva a instalar la correa de sincronización (vea la Sección 6).

12　Ponga en marcha el motor e inspeccione en busca de fugas de aceite sello del árbol de levas.

9　**Balancines y ajustadores hidráulicos de juego libre de válvulas: desmontaje, inspección e instalación**

Desmontaje

Consulte la ilustración 9.2

1　Quite los árboles de levas (vea la Sección 10).

2　Después de los árboles de levas se han desmontado; se puede levantar los balancines (también conocidos como seguidores de leva) (vea la ilustración). **Precaución:** *Cada balancín y ajustador de juego libre de válvulas debe ser devuelto a su ubicación original; por lo tanto, márquelos o colóquelos en un recipiente marcado (como una caja de huevos o en una bandeja de magdalenas) para que no se confundan.*

3　Desmonte los balancines y ajustadores hidráulicos de juego libre de válvula de la culata de cilindro.

Inspección

Consulte la ilustración 9.4.

4　Compruebe visualmente la punta del balancín, rodillo, y el alojamiento del ajustador de juego libre en busca de daños (vea la ilustración). Reemplácelos si encuentra desgaste o daño.

5　Inspeccione cada ajustador cuidadosamente en busca de signos de desgaste y daños especialmente en la punta de bola que hace contacto con el balancín. Dado que los ajustadores de juego libre suelen obstruirse, recomendamos

8.10 Cuando instale una rueda dentada del árbol de levas, asegúrese de que el pasador en el árbol de levas está alineado con el agujero en la rueda dentada (flechas)

reemplazarlos si le preocupa su estado o si escucha un golpeteo en el motor provocado por las válvulas.

Instalación

6　Antes de la instalación, los ajustadores de válvula deben estar parcialmente llenos con aceite del motor; esto se comprueba si hay poco

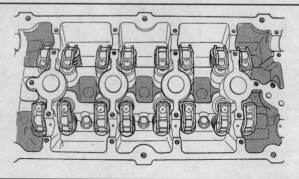

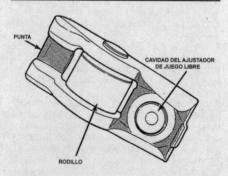

9.2 Cuando se han desmontado los árboles de levas y los balancines, los ajustadores hidráulicos de espacio libre de válvula (ubicados debajo del balancín) se pueden quitar. Asegúrese de mantener los balancines y ajustadores de válvula en orden para que puedan volver a instalarse en sus lugares

PUNTA

CAVIDAD DEL AJUSTADOR DE JUEGO LIBRE

RODILLO

9.4 Inspeccione la punta del balancín, rodillo, y alojamiento del ajustador de espacio libre en busca de daños

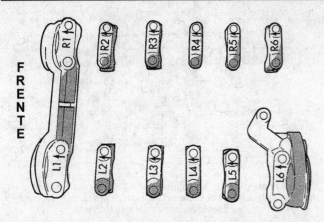

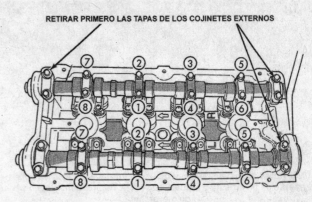

10.4 Las tapas de cojinete del árbol de levas están contadas; se deben volver a instalar en los mismos lugares

10.5 Retire las tapas de los cojinetes exteriores primero, y luego aflojar los pernos de la tapa del cojinete restantes en la secuencia mostrada - 1/4 de vuelta a la vez hasta que se puedan quitar con la mano

o ningún movimiento del émbolo con el ajustador deprimido. Si hay exceso de carreras del émbolo, coloque el conjunto de balancines en aceite de motor limpio y bombee el émbolo hasta que se elimine la carrera del émbolo. **Nota:** *Si el émbolo todavía viaja dentro del balancín cuando se llena de aceite, es defectuoso y el conjunto de brazo oscilante debe ser reemplazado.*

7   Instale los ajustadores hidráulicos de juego libre y los balancines en sus ubicaciones originales en la culata de cilindro.

8   Instale los árboles de levas (vea la Sección 10).

9   Al volver a arrancar el motor después de sustituir los balancines o ajustadores de juego libre, los ajustadores normalmente emitirán un sonido de golpeteo. Después de haber calentado el motor, aumente lentamente la velocidad del motor desde el ralentí hasta 3,000 rpm y otra vez a ralentí durante un minuto. Si el ruido de los ajustadores no se calma, deben ser reemplazados.

10   Árboles de levas: Desmontaje, inspección e instalación

Desmontaje

Consulte las ilustraciones 10.4 y 10.5

1   Desmonte la tapa de válvulas (Sección 3).

2   Quite la correa de sincronización (vea la Sección 6).

3   Extraer las ruedas dentadas del árbol de levas y la cubierta de la correa de distribución posterior (vea la Sección 8).

4   Las tapas de los cojinetes del árbol de levas tapas se identifican con su ubicación numerada en la culata (vea la ilustración).

5   Retire las tapas de los cojinetes exteriores en cada extremo de los árboles de levas. Extraiga las tapas de los cojinetes de los árboles de levas restantes. Afloje los tornillos un poco a la vez, en la secuencia que se muestra, a fin de evitar que se deformen de los árboles de levas (vea la ilustración). Cuando las tapas de los cojinetes han sido aflojadas lo suficiente para desmontarlas, todavía pueden ser difíciles de extraer. Utilice los pernos de la tapa del cojinete para hacer palanca y mueva la tapa hacia atrás y adelante para aflojar la tapa de la culata de cilindro. Si todavía son difíciles de quitar puede golpearlas 3suavemente con un martillo blando hasta que se puedan levantar. **Precaución:** *Guárdelos en orden para que se puedan volver*

a instalar en sus lugares originales, con la misma cara hacia adelante.

6   Extraiga cuidadosamente los árboles de levas de la culata de cilindro Escriba ENTRADA y ESCAPE en los árboles de leva. No se deben mezclar.

7   Retire el sello frontal de cada árbol de levas. **Nota:** *Sería prudente inspeccionar los balancines y los ajustadores de juego libre en este momento (vea la Sección 9).*

Inspección

Consulte la ilustración 10.9.

8   Limpiar los árboles de levas y la superficie de la junta. Inspeccione el árbol de levas en busca de daño o desgaste en las superficies de los lóbulos, ejes de cojinetes y las superficies de contacto del sello. Inspeccione las superficies de cojinetes del árbol de levas en la culata y las tapas de cojinetes en busca de hendiduras y otros daños.

9   Mida los diámetros de los ejes de cojinete del árbol de levas (vea la ilustración). Medir el diámetro interior de las superficies de los cojinetes del árbol de levas en la culata de cilindro utilizando un medidor telescópico (instalar temporalmente las tapas de los cojinetes). Reste la medida del eje del cojinete para obtener la holgura de aceite del cojinete del árbol de levas. Compare esta holgura con los valores que se

indican en las Especificaciones de este Capítulo. Reemplace las piezas desgastadas según sea necesario.

10   Reemplace el árbol de levas si falla cualquiera de las inspecciones anteriores. **Nota:** *Si los lóbulos presentan desgaste, reemplace los balancines y ajustadores de juego libre junto con el árbol de levas.* Puede que se necesite reemplazar la culata de cilindro si las superficies de los cojinetes del árbol de levas en la culata están dañadas o excesivamente desgastadas.

11   Limpie e inspeccione la culata de cilindro (vea el Capítulo 2D).

Medición del juego axial del árbol de levas

Consulte la ilustración 10.14

12   Lubricar los árboles de levas y los ejes de cojinete de la culata de cilindro con aceite de motor limpio.

13   Coloque el árbol de levas en su ubicación original en la culata. **Nota:** *No instale los balancines para esta prueba.* Instale la tapa del cojinete trasero y ajuste los pernos al torque indicado en las Especificaciones de este Capítulo.

14   Instale un indicador de cuadrante en la culata de cilindro y coloque la punta del indicador en el árbol de levas en el extremo de la rueda dentada (vea la ilustración).

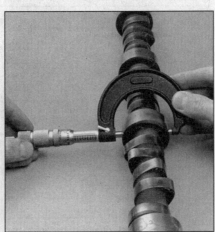

10.9 Mida los diámetros del eje de cojinete del árbol de levas con un micrómetro y comparar las mediciones de las dimensiones indicadas en las Especificaciones de este Capítulo

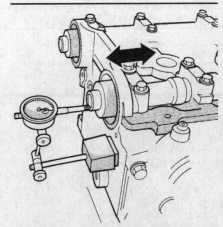

10.14 Medir el juego axial del árbol de levas con indicador de cuadrante colocado en la rueda dentada el extremo del árbol de levas como se muestra

10.17 Antes de instalar el árbol de levas, lubrique los ejes de cojinete, superficies de empuje y lóbulos con lubricante para montaje o aceite de motor limpio

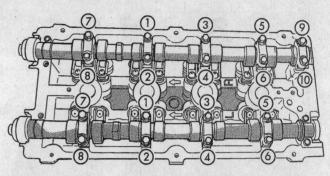

10.19 Apriete las tapas de cojinete del árbol de levas avanzando en tres pasos iguales en la secuencia mostrada al valor de par dado en las Especificaciones de este Capítulo

15   Utilice un destornillador para hacer apalancar con cuidado el árbol de levas completamente hacia atrás (hacia el sensor de posición del árbol de levas) hasta que se detenga. Vuelva el indicador de cuadrante a cero y apalanque el árbol de levas completamente hacia delante (hacia el extremo del indicador de cuadrante). La cantidad de carrera del indicador es el juego axial del árbol de levas. Compare el juego axial con la tolerancia que se indica en las Especificaciones en este Capítulo. Si el juego axial es excesivo, revise los ejes de cojinetes de la culata de cilindro y árbol de levas en busca de desgaste. Reemplácelos según sea necesario.

Instalación

Consulte las ilustraciones 10.17, 10.19 y 10.20.

16   Instale la válvula de ajustadores de juego libre de válvula y balancines (vea la Sección 9).
17   Limpie las tapas y ejes de cojinetes y el árbol de levas. Cubra los ejes de cojinete, lóbulos, y porciones de empuje del árbol de levas con abundante lubricante para el montaje o aceite de motor (vea la ilustración).
18   Instale con cuidado los árboles de levas en la culata en su ubicación original. Instale temporalmente las ruedas dentadas de los árboles de levas y gire los árboles de levas para que sus marcas de distribución se alineen (vea la ilustración 6.11). Asegúrese de que el cigüeñal está ubicado con la marca de sincronización de la rueda dentada del cigüeñal en tres puntos BTDC.
Precaución: *Si los pistones están en TDC al apretar las tapas de los cojinetes del árbol de levas, se pueden producir daños en el motor.*

19   Instale las tapas de los cojinetes, a excepción de las tapas de los extremos N.° 1 y N.° 6 (lado izquierdo) (vea la ilustración 10.4). Apriete los pernos en varios pasos, siguiendo la secuencia que se muestra, hasta el torque indicado en las Especificaciones de este Capítulo (vea la ilustración).
20   Aplique una pequeña gota de sellador anaeróbico (aproximadamente 1/8 de pulgada) a las tapas de cojinetes N.° 1 y N.° 6 (en el lado izquierdo) (vea la ilustración). Instale las tapas de los cojinetes y apriete el perno al torque indicado en las Especificaciones de este Capítulo.
21   Instale los sellos de aceite nuevos del árbol de levas (vea la Sección 8).
22   Instale la correa de sincronización, las cubiertas y los componentes relacionados (vea la Sección 6).
23   Haga funcionar el motor y revíselo para detectar fugas de aceite.

11   Resortes, retenedores y sellos de válvulas - reemplazo

Consulte las ilustraciones 11.4, 11.7, 11.8, 11.13 y 11.15
Nota: *los resortes dañados y los sellos de vástago de válvula defectuosos se pueden reemplazar sin desmontar las culatas de cilindros. Para realizar este procedimiento, normalmente se necesitan*

dos herramientas especiales y una fuente de aire comprimido. Lea cuidadosamente esta Sección y alquile o compre las herramientas antes de iniciar el trabajo.
1   Desmonte la tapa de válvulas (Sección 3).
2   Extraiga la bujía del cilindro que tiene el componente defectuoso. Si va a reemplazar todos los sellos de vástago, debe extraer todas las bujías.
3   Gire el cigüeñal hasta que el pistón del cilindro afectado esté en el punto muerto superior (TDC) de la carrera de compresión (vea el Capítulo 2D). Si va a reemplazar los sellos de vástago de todas las válvulas, comience con el cilindro número 1 y trabaje en las válvulas un cilindro a la vez. Pase de un cilindro a otro siguiendo la secuencia de ignición que se muestra en las Especificaciones en este Capítulo.
4   Enrosque un adaptador en el orificio de la bujía (vea la ilustración) y conecte la manguera de una fuente de aire comprimido. La mayoría de las tiendas de autopartes venden los adaptadores para mangueras de aire comprimido. **Nota:** *Muchos medidores de compresión de cilindros utilizan un adaptador de rosca que posiblemente se pueda conectar a los adaptadores de desconexión rápida provistos en las mangueras de aire comprimido.*
5   Quite los balancines (vea la Sección 9).
6   Aplique aire comprimido al cilindro.
Advertencia: *el aire comprimido podría forzar el pistón hacia abajo y hacer girar súbitamente el cigüeñal. Si la llave utilizada para posicionar el*

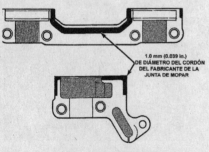

TAPA DE LEVA DELANTERA (#1L/1R)

1.0 mm (0.039 in.) DE DIÁMETRO DEL CORDÓN DEL FABRICANTE DE LA JUNTA DE MOPAR

TAPA DE LEVA TRASERA IZQUIERDA (#6L)

10.20 Aplicar una pequeña cantidad de sellador anaeróbico en las tapas de cojinetes n.° 1 y n.° 6 como se muestra

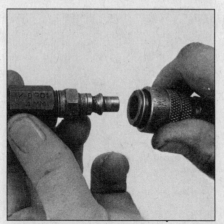

11.4 Esta es la apariencia del adaptador de mangueras de aire comprimido que se enrosca en el orificio de la bujía. Generalmente se pueden obtener en las tiendas de autopartes

11.7 Utilice las pinzas de punta fina (como se muestra) o un pequeño imán para quitar los retenedores de resorte de válvula; tenga cuidado de no dejarlos caer en el motor

11.8 Retire el conjunto de asiento de resorte o el sello guía de la válvula con un par de pinzas

11.13 Golpee suavemente el sello nuevo para ubicarlo en su lugar con un martillo y un trinquete de alcance profundo.

11.15 Aplique una pequeña cantidad de grasa a cada sujetador antes de la instalación para mantenerlos en su lugar sobre el vástago de la válvula hasta que se suelte el resorte.

pistón número 1 en TDC está sujeta al perno del cigüeñal, podría causar daños o lesiones al girar el cigüeñal.

7   Rellene con trapos de taller limpios los orificios de la culata de cilindros encima y debajo de las válvulas, a fin de prevenir que piezas y herramientas caigan al interior del motor. Comprima el resorte con un compresor de resorte de válvula y quite los sujetadores con una pinza de punta fina pequeña o un imán (vea la ilustración).

8   Retire el retenedor de resorte y resorte de válvula, y después retire el sello del vástago o el conjunto de asiento de resorte (vea la ilustración). **Precaución:** *Si la presión del aire no logra mantener la válvula en la posición cerrada durante este procedimiento, probablemente la cara de contacto de la válvula o el asiento está dañado. Deberá desmontar la culata de cilindros para realizar reparaciones adicionales.*

9   Coloque una banda elástica o cinta adhesiva alrededor de la punta del vástago de la válvula a fin de que la válvula no caiga en la cámara de combustión, y proceda a liberar la presión del aire comprimido.

10   Inspeccione el vástago de la válvula en busca de daños. Haga girar la válvula en su guía y observe su extremo en busca de movimiento extraño, lo que indica que la válvula está doblada y se debe reemplazar.

11   Mueva la válvula hacia arriba y hacia abajo en la guía. Si el vástago se atasca, la válvula está doblada o la guía está dañada. En cualquiera de los dos casos se deberá desmontar la culata de cilindros para realizar la reparación.

12   Levante el vástago para cerrar la válvula y vuelva a aplicar presión de aire al cilindro a fin de mantener la válvula en posición de cerrada. Luego, quite del vástago la banda elástica o la cinta adhesiva.

13   Lubrique el vástago de la válvula con aceite de motor e instale el nuevo sello de guía de válvula o conjunto de asiento de resorte. Golpéelo suavemente con un trinquete de alcance profundo para colocarlo en su lugar (vea la ilustración).

14   Coloque el resorte en posición sobre la válvula.

15   Coloque el retenedor del resorte de la válvula. Comprima el resorte de la válvula y coloque cuidadosamente los sujetadores en la ranura. Aplique una pequeña cantidad de grasa en la parte interior de cada sujetador para mantenerlos en su lugar (vea la ilustración).

16   Quite la presión de la herramienta del resorte y asegúrese de que los sujetadores estén asentados.

17   Desconecte la manguera de aire comprimido y quite del orificio de la bujía el adaptador.

18   Instale los balancines (vea la Sección 9).

19   Instale las bujías y conecte los cables.

20   Instale la cubierta de válvula (vea la Sección 3).

21   Arranque el motor y hágalo funcionar.

22   Verifique que no haya fugas de aceite ni sonidos inusuales provenientes del área de la cubierta de la válvula.

12   Culatas de cilindros: desmontaje e instalación

Precaución: *Permita que el motor esté completamente frío antes de comenzar este procedimiento.*

Desmontaje

Consulte las ilustraciones 12.14 y 12.15

1   Coloque el pistón número uno en el punto muerto superior (ver Capítulo 2D).

2   Desconecte el cable del terminal negativo de la batería.

3   Alivie la presión del sistema de combustible (vea la Capítulo 4). Vacíe el sistema de enfriamiento (vea el Capítulo 1).

4   Retire los grupos de bobina, cables de las bujías y las bujías (vea los Capítulos 1 y 5).

5   Desmonte el múltiple de admisión (vea la Sección 4). Cubra los puertos de admisión en el cabezal de cilindro del múltiple de admisión con cinta aislante para que no ingresen residuos ni contaminación.

6   Desmonte el depósito de la dirección hidráulica y las mangueras, y déjelos a un costado (vea el Capítulo 10).

7   Desmonte el múltiple de escape (vea la Sección 5). **Nota:** *El múltiple de escape es más fácil de desmontar después de que se ha desmontado la culata del cilindro. Si es posible, dejarlo acoplado.*

8   Desconecte la manguera superior del radiador del alojamiento del termostato (vea el Capítulo 3).

9   Desconecte del sensor de posición del árbol de levas el conector eléctrico (vea el Capítulo 5). Desconecte los conectores eléctricos del inyector de combustible y deje el arnés a un lado (vea el Capítulo 4).

10   Quite la correa de sincronización (vea la Sección 6).

11   Extraiga las ruedas dentadas del árbol de levas, la polea de retorno y la cubierta de la

correa de transmisión trasera (vea la Sección 8).

12   Quite los árboles de levas, balancines y los ajustadores de juego libre de válvulas (vea las Secciones 9 y 10).

13   Afloje los pernos de la culata de cilindro 1/4 de vuelta a la vez, siguiendo el orden inverso de la secuencia de apriete (vea la ilustración 12.19), hasta que los pueda sacar con la mano. **Nota:** *Anote la ubicación de los pernos de diferentes longitudes para que pueda volver a colocarlos en sus ubicaciones originales.*

14   Levante con cuidado el cabezal de cilindro hacia arriba y colóquelo sobre bloques de madera para evitar daños en las superficies de sellado. Si la culata se adhiere al bloque del motor, desmóntela colocando un bloque de madera contra la pieza de fundición de la culata y golpeando la madera con un martillo o haciendo palanca en la culata con una barra de palanca colocada cuidadosamente sobre un saliente de la pieza de fundición (vea la ilustración). **Nota:** *Los procedimientos de desarmado e inspección de las culatas de cilindros se describen en el Capítulo 2D. También es una buena idea revisar la culata para detectar deformaciones, incluso si solo está reemplazando la junta.*

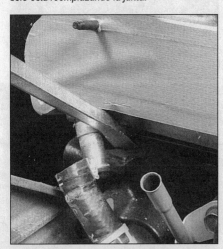

12.14 Si la culata está adherida al bloque del motor, desmóntela colocando un bloque de madera contra la pieza de fundición de la culata y golpeando la madera con un martillo o haciendo palanca en la culata con una barra de palanca colocada cuidadosamente sobre un saliente de la pieza de fundición

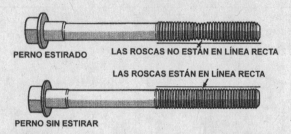

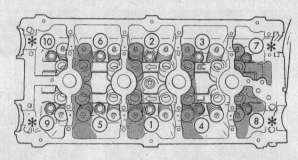

12.15 Coloque una regla de precisión a lo largo del perfil de la rosca del perno de culata como se muestra; si alguna parte de las roscas de los pernos no están en la regla, se debe reemplazar el perno

12.19 Secuencia de APRIETE de los pernos de la culata de cilindros

15   Quite todos los restos de material de junta viejo del bloque y la culata. En las tiendas de autopartes se pueden conseguir solventes especiales que ablandan las juntas y facilitan mucho el desmontaje. **Precaución:** *La culata es de aluminio. Sea cuidadoso a fin de evitar hendiduras en las superficies de sellado.* Coloque trapos limpios en los cilindros para evitar que ingresen residuos cuando trabaja en el bloque. Utilice una aspiradora para eliminar la contaminación del motor. Use un roscador del tamaño correcto para hacer las roscas en el bloque del motor. Limpie e inspeccione todos los sujetadores roscados en busca de daños. Inspeccione las roscas de los pernos de la culata de cilindro en busca de "estrangulamiento", donde el diámetro de las roscas se estrecha debido al estiramiento de los pernos (vea la ilustración). Si

13.7a Si la bandeja de aceite se ha quedado atascada en el bloque, golpee con un martillo blando para liberarla

el perno de la culata de cilindro presenta daños o estrangulamiento, se debe reemplazar. **Nota:** *Si se requiere mayor desmontaje de la culata de cilindro, consulte el Capítulo 2D.*
16   Consulte el Capítulo 2D para la limpieza e inspección de la culata.

Instalación

Consulte la ilustración 12.19.
17   Coloque una nueva junta y la culata en su lugar en el bloque del motor.
18   Aplique aceite de motor limpio a las roscas de los pernos de la culata e instálelos en sus ubicaciones originales.
19   Apriete los pernos de la culata de cilindro en la secuencia mostrada, (vea la ilustración) avanzando en tres pasos hasta el torque indicado en las Especificaciones de este Capítulo. Después del tercer paso, apriete los pernos 90 grados adicionales (1/4 de vuelta). **Nota:** *No se necesita una llave de torsión para la etapa final. Marcar los pernos en relación con la culata y colocar otra marca de 90 grados a la derecha de la marca de salida. Con un trinquete y mango articulado , apriete los pernos en secuencia, los 90 grados adicionales.*
20   Instale los balancines y los ajustadores hidráulicos de juego libre de válvulas (vea la Sección 9).
21   Instale la cubierta de la correa de sincronización posterior, árboles de levas, y las ruedas dentadas del árbol de levas (vea la Sección 10).
22   Instale la correa de sincronización (vea la Sección 6). Después de la instalación, gire lentamente el cigüeñal manualmente, en sentido horario hasta realizar dos vueltas completas. Vuelva a revisar las marcas de sincronización del árbol de levas.

23   La instalación de los componentes faltantes se realiza en orden inverso al del desmontaje.
24   Vuelva a llenar el sistema de enfriamiento y compruebe los niveles de líquido (vea el Capítulo 1).
25   Arranque el motor y hágalo funcionar hasta que alcance la temperatura de funcionamiento normal. Revise que no haya fugas y que funcione correctamente.

13   Colector de aceite - desmontaje e instalación

Desmontaje

Consulte las ilustraciones 13.7a, 13.7b, 13.8a y 13.8b
1   Desconecte el cable del terminal negativo de la batería.
2   Eleve el vehículo y sosténgalo de manera segura sobre torres de elevación.
3   Quite el protector contra salpicaduras de la correa de transmisión accesoria (vea el Capítulo 11).
4   Drene el aceite del motor (vea el Capítulo 1).
5   En los modelos de 1998 y posteriores, extraiga el soporte de montaje (vea la Sección 17). Quite los pernos que acoplan el puntal al motor y transeje (vea la ilustración 13.13).
6   Retire los pernos que sujetan el cuello estructural al motor, la bandeja de aceite y el transeje (vea la ilustración 13.13).
7   Utilice un patrón cruzado para aflojar y quitar los pernos de montaje y baje la bandeja de aceite del vehículo. Si la bandeja está atascada, golpéela suavemente con un martillo blando (vea las ilustraciones) o coloque un bloque de madera

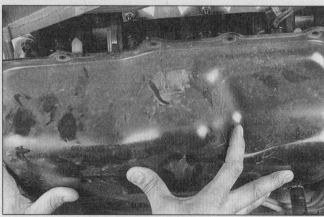

13.7b Retire la bandeja de aceite del bloque; tenga cuidado de no derramar aceite residual que pueda estar dentro

13.8a Desatornille el perno (flecha) y retire el conjunto del tubo recolector de la bomba de aceite; limpie el tubo y la pantalla completamente e inspeccione en busca de daños o residuos extraños

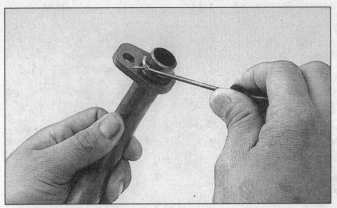

13.8b Extracción del anillo O la del tubo recolector de la bomba de aceite

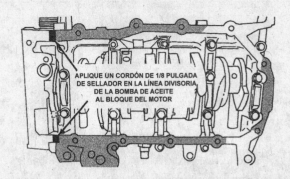

APLIQUE UN CORDÓN DE 1/8 PULGADA DE SELLADOR EN LA LÍNEA DIVISORIA, DE LA BOMBA DE ACEITE AL BLOQUE DEL MOTOR

13.11 Aplicar un cordón de 1/8 de pulgada de sellador RTV a la junta de unión del bloque de cilindros a la bomba de aceite en la brida de la bandeja de aceite

contra la bandeja y golpee suavemente el bloque de madera con un martillo. **Precaución:** *Si usted está insertando una cuña entre la bandeja de aceite y el bloque del motor para separarlos, tenga mucho cuidado de no causar cortes ni indentaciones en la superficie de la junta de cualquiera de las partes; podría ocasionar una fuga de aceite.*

8   Quite el conjunto de tubo recolector y pantalla de la bomba de aceite (vea la ilustración). Retire los sellos de anillo O del tubo recolector y descártelos (vea la ilustración). Limpiar profundamente el tubo y la pantalla.

9   Limpie las superficies de sellado en la bandeja de aceite y el bloque. Utilice un raspador para quitar todos los rastros de material de la junta usada. Las tiendas de autopartes tienen solventes que pueden resultar útiles para quitar juntas. Compruebe la superficie de sellado de la bandeja de aceite en busca de deformaciones. Repare o reemplace según sea necesario. Después de limpiar y reparar (si era necesario), limpie las superficies de la junta de la bandeja con un trapo empapado en diluyente de laca o acetona.

Instalación

Consulte las ilustraciones 13.11 y 13.13.

10   Coloque en nuevo anillo O en el tubo recolector de aceite e instálelo en el alojamiento de la bomba de aceite. Apriete los pernos al torque indicado en las Especificaciones de este Capítulo.

11 Aplicar un cordón de 1/8 de pulgada de sellador RTV a la junta de unión del bloque de cilindros a la bomba de aceite en la brida de la bandeja de aceite (vea la ilustración). Instale una nueva junta de bandeja de aceite.

12   Coloque la bandeja de aceite en posición e instale los pernos ajustándolos solamente con los dedos. Avanzando desde el centro hacia afuera y de lado a lado, apriete los pernos al torque indicado en las Especificaciones de este Capítulo.

13   En los modelos de 1998, instale el puntal y el collar estructural mediante el siguiente procedimiento (vea la ilustración): **Precaución:** *El puntal y cuello estructural se deben instalar como se indica o pueden ocurrir daños en el puntal, collar o bandeja de aceite.*

a) *Coloque el collar en su posición e instale el perno 1, solo apretando a mano.*
b) *Instale el perno 4, solo apretado a mano.*
c) *Coloque el puntal en su posición e instale el perno 3, sólo apretando a mano.*
d) *Instale el perno 2, solo apretando a mano.*
e) *Instale el perno 6, solo apretando a mano.*
f) *Instale el perno 5, solo apretando a mano.*
g) *Apriete los pernos 1, 2 y 3 al torque indicado en las Especificaciones de este Capítulo.*
h) *Instale los pernos 7 y 8, solo apretados a mano.*
i) *Apriete los pernos 4 a 8 al torque indicado en las Especificaciones de este Capítulo.*

14   Instale el soporte de montaje frontal del motor.

15   El resto de la instalación se realiza en secuencia inversa al desmontaje.

16   Vuelva a llenar el cárter con la cantidad y tipo de aceite correcto (ver la Sección *Lubricantes y fluidos recomendados* en el Capítulo 1).

17   Arranque el motor e inspeccione en busca de fugas.

18   Pruebe el vehículo en carretera y vuelva a revisar que no haya fugas.

14   Bomba de aceite: desmontaje, inspección e instalación

Nota: *Se puede realizar mantenimiento a la válvula de alivio de presión de la bomba de aceite sin quitar la bandeja de aceite ni el tubo recolector de aceite.*

Desmontaje

Consulte las ilustraciones 14.5a, 14.5b, 14.6a, 14.6b, 14.6c, 14.8 y 14.9.

1   Desconecte el cable del terminal negativo de la batería.

2   Quite la correa de sincronización (vea la Sección 6).

3   Desmonte el conjunto de bandeja y tubo recolector de aceite (vea la Sección 13).

4   Desmonte la rueda dentada del cigüeñal (vea la Sección 7).

5   Quite los pernos y desmonte del motor el conjunto de bomba de aceite (vea la ilustración). **Precaución:** *Si no puede quitar la bomba con*

13.13 Detalles de instalación de puntal y cuello estructural de la bandeja de aceite a la transmisión: modelos de 1998

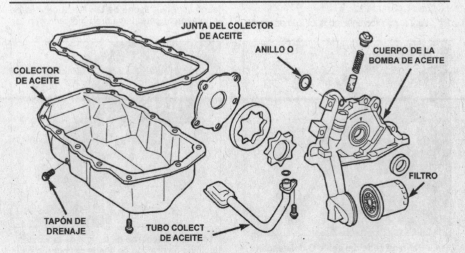

JUNTA DEL COLECTOR DE ACEITE

ANILLO O

CUERPO DE LA BOMBA DE ACEITE

COLECTOR DE ACEITE

FILTRO

TAPÓN DE DRENAJE

TUBO COLECT DE ACEITE

14.5a Bomba de aceite y componentes relacionados

14.5b Si la bomba no se sale al intentar quitarla con la mano, golpéela suavemente con un martillo blando o haga palanca suavemente en un saliente de fundición

14.6a Retire los tornillos de montaje de la cubierta del rotor (flechas). . .

14.6b . . . y levante la cubierta del rotor

la mano, golpéela suavemente con un martillo blando o haga palanca sobre una base de fundición (vea la ilustración).

6   Retire los tornillos de montaje y la cubierta del conjunto de rotor del alojamiento de la bomba de aceite.

9   Extraiga del cuerpo los rotores interior y exterior (vea la ilustración). **Precaución:** *Tenga mucho cuidado con estos componentes. Las tolerancias son fundamentales para lograr la presión de aceite correcta. Las hendiduras u otros daños requerirán que se reemplace el conjunto de la bomba completo.*

7   Utilice un martillo y una guía de latón para quitar el sello delantero del cigüeñal del alojamiento de la bomba de aceite, luego descartarlo.

8   Retire el sello del anillo O del depósito de presión del alojamiento de la bomba de aceite y descártelo (vea la ilustración).

9   Desmonte el conjunto de la válvula de alivio; tome nota de la forma en que se instala el pistón de la válvula de alivio. Retire el perno de la tapa, y el perno, la arandela, el resorte y válvula de alivio (vea la ilustración).

Inspección

Consulte las ilustraciones 14.12a, 14.12b, 14.12c, 14.12d y 14.12e

10·   Limpie con solvente todos los componentes,

14.6c Vista ampliada del conjunto de bomba de aceite

A   Cubierta del rotor
B   Rotor exterior
C   Rotor interior
D   Cuerpo de la bomba de aceite

incluyendo las superficies del bloque y la bandeja de aceite. Inspeccione todas las superficies para detectar desgaste excesivo o daños.

11   Inspeccione la superficie deslizante del pistón de la válvula de alivio de presión de aceite y resorte de la válvula en busca de daños. Si el resorte o la válvula están dañados, se deben reemplazar como un conjunto. Mida el juego libre del resorte de la válvula de escape y compárelo con los valores indicados en las

Especificaciones de este Capítulo. Reemplace el resorte si supera la tolerancia por más de 1/8 de pulgada.

12   Comprobar las dimensiones del rotor de la bomba de aceite y la holgura con un micrómetro o pie de rey y un calibrador de lámina (vea las ilustraciones) y comparar los resultados con los valores indicados en las Especificaciones de este Capítulo. Sustituya los dos rotores si cualquier dimensión está fuera de tolerancia.

14.8 Retire el sello del anillo O del depósito de presión del alojamiento de la bomba de aceite; aplique aceite de motor al nuevo sello durante la instalación

14.9 Retire el perno de la tapa de la válvula de alivio de presión de aceite del cuerpo de la bomba de aceite y retire el resorte y el pistón de la válvula de alivio

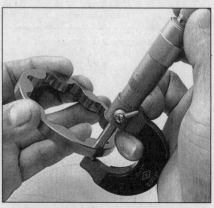

14.12a Mida el grosor del rotor exterior en cuatro lugares igualmente espaciados y calcular el promedio

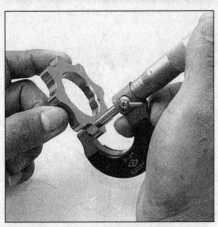

14.12b Mida el grosor del rotor interno con un micrómetro o mordaza

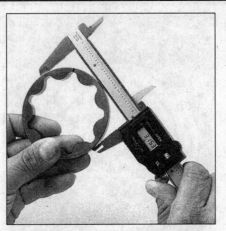

14.12c Mida el diámetro exterior del rotor exterior con un micrómetro o mordaza

14.12d Utilice un calibrador de láminas plano para medir el juego exterior del cuerpo de la bomba de aceite a rotor

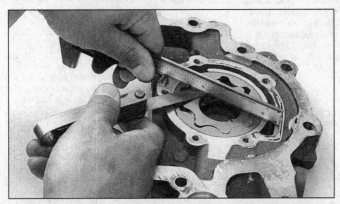

14.12e Con los rotores instalados, coloque una regla de precisión en toda la superficie de la cubierta del rotor y mida la holgura entre los rotores y la superficie de cubierta del rotor

14.16 Aplique una capa de sellador anaeróbico a la superficie de sellado del alojamiento de la bomba de aceite, como se muestra

Instalación

Consulte la ilustración 14.16

13   Lubrique el pistón de la válvula de alivio, el orificio del pistón, y resorte con aceite de motor limpio. Instalar el pistón de la válvula de alivio en el orificio con el extremo ranurado en primer lugar, seguido por el resorte y el perno de la tapa. Apriete el perno de la tapa al par de apriete indicado en Especificaciones de este Capítulo. **Nota:** *Si el pistón de la válvula de alivio no está instalado correctamente, se pueden producir daños graves en el motor.*

14   Lubricar la cavidad del rotor de la bomba de aceite en el alojamiento y los rotores interior y exterior con aceite de motor limpio e instalar ambos rotores en el cuerpo. Si el rotor interior tiene un chaflán, instalarlo con el chaflán orientado hacia la tapa del rotor. Rellene la cavidad del rotor con aceite de motor limpio e instalar la cubierta. Apriete los tornillos de la cubierta torque indicado en las Especificaciones de este Capítulo.

15   Instale un anillo O nuevo en el pasaje de descarga de aceite.

16   Aplicar sellador anaeróbico a la superficie de sellado del cuerpo de la bomba de aceite (vea la ilustración) y coloque el conjunto de la bomba en el bloque , alineando el rotor interno y las secciones planas del mando del cigüeñal. Apriete los pernos de la bomba de aceite al torque indicado en las Especificaciones de este Capítulo.

17   Instale el nuevo sello delantero del cigüeñal en el alojamiento de la bomba de aceite (vea la Sección 7).

18   Instale la rueda dentada del cigüeñal (vea la Sección 7) y la correa de sincronización (vea la Sección 7).

19   Instale el conjunto de tubo recolector de la bomba de aceite y la bandeja de aceite (vea la Sección 13).

20   Instale un nuevo filtro de aceite (vea la Sección 1) y baje el vehículo.

21   Llene el cárter con la cantidad y tipo de aceite correcto (vea la Sección *Lubricantes y fluidos recomendados* en el Capítulo 1).

22   Conecte el cable negativo de la batería.

23   Después de que el sellador se ha curado, según las instrucciones del fabricante, arrancar el motor y comprobar si hay fugas.

---

15   Plato de transmisión - desmontaje e instalación

Desmontaje

Consulte la ilustración 15.4

1   Levante el vehículo y apóyelo firmemente sobre torretas de seguridad.

2   Desmonte el transeje (vea el Capítulo 7).

3   Para asegurar la alineación correcta durante

15.4 Haga coincidir las marcas del plato de transmisión y la placa de respaldo al cigüeñal y, utilizando la herramienta adecuada para sostener el plato de transmisión, desmonte los pernos

la reinstalación, haga coincidir las marcas del plato de transmisión y la placa de respaldo al cigüeñal para que se puedan volver a montar en la misma posición.

4   Quite los pernos que sujetan el plato de transmisión al cigüeñal (vea la ilustración). Puede

16.3 Con un destornillador de punta plana 16/3 pulgadas, haga palanca con mucho cuidado en el sello principal trasero del cigüeñal para sacarlo de su orificio. No cortar ni rayar las superficies de sellado en el cigüeñal o el orificio del sello

16.5 Coloque el nuevo sello con las palabras THIS SIDE OUT (este lado hacia afuera) hacia afuera Instale este sello SECO NO SE DEBE LUBRICAR Coloque el sello suave y uniformemente en el bloque de cilindros hasta que esté al RAS de la superficie exterior del bloque. NO conducirlo pasado el ras o habrá una fuga de aceite; el sello debe estar AL RAS

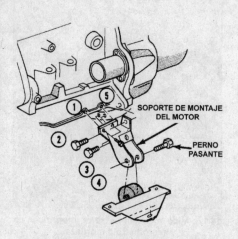

17.9 Detalles de la instalación del montaje del motor

utilizar una herramienta especial, disponible en la mayoría de las tiendas de autopartes, para sujetar el plato de transmisión mientras afloja los pernos. Si no cuenta con la herramienta, inserte un destornillador en los dientes de la corona de arranque para trabar el plato de transmisión.

5   Desmonte el plato de transmisión del cigüeñal. El plato de transmisión es pesado, asegúrese de tenerlo apoyado antes de sacar el último perno.

6   Limpie el plato de transmisión para eliminar todo residuo de grasa y aceite. Inspeccione el plato de transmisión en busca de daños u otros defectos (vea el Capítulo 2A).

7   Limpie e inspeccione las superficies de contacto del plato de transmisión y el cigüeñal.

8   Si el sello trasero del cigüeñal tiene fugas, reemplácelo antes de volver a instalar el plato de transmisión (vea la Sección 16).

Instalación

9   Coloque el plato de transmisión y la placa de respaldo contra el cigüeñal. Alinear las marcas de coincidencia realizadas previamente. Antes de instalar los pernos, aplique a las roscas compuesto de trabado de roscas.

10   Sostenga el plato de transmisión con la herramienta de sujeción, o inserte un destornillador en los dientes de la corona de arranque para evitar que la placa de accionamiento gire. Apriete los pernos al torque indicado en las Especificaciones de este Capítulo.

11   El resto de la instalación se realiza en secuencia inversa al desmontaje.

16   Sello principal trasero de aceite - reemplazo

Consulte las ilustraciones 16.3 y 16.5

1   El sello de aceite principal trasero se presiona dentro de un hueco maquinado en la tapa del cojinete principal trasero y el bloque del motor.

2   Quite el plato de transmisión (vea la Sección 15).

3   Utilice un destornillador de hoja plana de

3/10 pulgadas para hacer palanca y extraer el sello viejo (vea la ilustración). **Nota:** *Compruebe que el sello de aceite esté instalado al ras de la superficie exterior del bloque.* **Precaución:** *Para evitar fugas de aceite, tenga mucho cuidado de no rayar o dañar la superficie de sellado del cigüeñal o el hueco del sello del bloque del motor.*

4   Limpie completamente el cigüeñal y el hueco del sello del bloque y desengrase estas áreas limpiándolas con un trapo empapado en disolvente de laca o acetona. NO lubrique el borde o el diámetro exterior del sello nuevo; se debe instalar como viene del fabricante. SECO.

5   Ubique el nuevo sello en el cigüeñal. **Nota:** *Cuando instale el nuevo sello, las palabras THIS SIDE OUT (este lado hacia afuera) deben quedar hacia afuera.* Utilice una herramienta de conductor y piloto del tamaño adecuado para conducir el sello en el bloque de cilindros hasta que quede al ras de la superficie exterior del bloque. Si el sello se conduce a pasado el ras, habrá una fuga de aceite. Asegúrese de que el sello esté al mismo nivel (vea la ilustración).

6   La instalación de los componentes faltantes se realiza en orden inverso al del desmontaje.

17   Bases del motor - inspección y reemplazo

1   Las bases del motor casi nunca requieren atención, pero las bases rotas o deterioradas se deben reemplazar de inmediato ya que los esfuerzos añadidos sobre los componentes del tren de potencia podrían causar daños y desgaste prematuro.

Inspección

2   Se debe elevar ligeramente el motor a fin de retirar de las bases el peso del motor.

3   Eleve el vehículo y apóyelo firmemente sobre torres de elevación; proceda a colocar un gato debajo del colector de aceite del motor. Coloque un bloque de madera grande entre la cabeza del gato y la bandeja de aceite del motor

para evitar daños. Eleve el motor con cuidado solo lo suficiente como para quitar el peso de las monturas del motor. **Advertencia:** *NO coloque ninguna parte de su cuerpo debajo del motor cuando esté sostenido únicamente por un gato.*

4   Inspeccione las bases en busca de grietas, endurecimiento y separación del hule del soporte de metal. A veces, el hule se parte justo a la mitad.

5   Inspeccione en busca de movimiento entre las placas de montaje y el motor o el bastidor (utilice un destornillador grande o una barra de palanca para intentar mover los montajes). Si nota algún movimiento, baje el motor y apriete los sujetadores de los montajes.

6   Puede aplicar conservante de caucho a los montajes para retardar el deterioro.

Reemplazo

Consulte las ilustraciones 17.9, 17.17, 17.20 y 17.27.

Montaje frontal

7   Levante la parte delantera del vehículo y apóyela firmemente sobre torretas de seguridad.

8   Coloque un gato de piso debajo del motor (con un bloque de madera entre la cabeza del gato y la bandeja de aceite) y eleve el motor ligeramente para aliviar el peso de los montajes.

9   Retire el soporte del motor frontal a través del perno del aislante y el soporte de montaje en el travesaño frontal (vea la ilustración).

10   Retire los seis tornillos de la toma de aire para poder acceder a todos los tornillos de montaje delanteros.

11   Retire los tornillos de montaje delantero del motor y retire el conjunto de aislante.

12   Instale el montaje nuevo y ajuste los pernos según el torque indicado en las Especificaciones de este Capítulo.

Montaje izquierdo

13   Levante la parte delantera del vehículo y apóyela firmemente sobre torretas de seguridad.

14   Retire la rueda delantera izquierda.

15   Coloque un gato de piso debajo del motor (con un bloque de madera entre la cabeza del gato y la bandeja de aceite) y eleve el motor ligeramente para aliviar el peso de los montajes.

16   Retire el aislante mediante el perno del montaje.

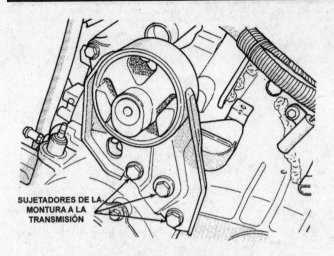

SUJETADORES DE LA
MONTURA A LA
TRANSMISIÓN

17.17 Montaje izquierdo de motor típico

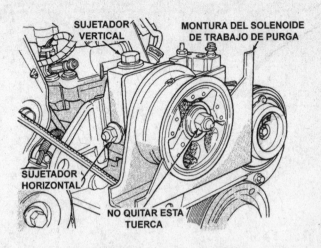

SUJETADOR
VERTICAL

MONTURA DEL SOLENOIDE
DE TRABAJO DE PURGA

SUJETADOR
HORIZONTAL

NO QUITAR ESTA
TUERCA

17.20 Montaje derecho de motor típico

17   Retire los sujetadores de montaje de la transmisión y retire el montaje (vea la ilustración).

18   Instale el soporte de montaje y ajuste los pernos según el torque indicado en las Especificaciones de este Capítulo.

Montaje derecho

19   Levante la parte delantera del vehículo y apóyela firmemente sobre torretas de seguridad. Retire el solenoide purga y el arnés de cables del soporte de montaje del motor.

20   Retire los dos sujetadores verticales aisladores del soporte del motor derecho del riel del bastidor y afloje el sujetador horizontal. **Nota:**

No quite la tuerca grande situada en el extremo del núcleo (vea la ilustración).

21   Coloque un gato de piso debajo del motor (con un bloque de madera entre la cabeza del gato y la bandeja de aceite) y eleve el motor ligeramente para aliviar el peso de los montajes.

22   Quite los sujetadores vertical y horizontal del soporte del lado del motor. Retire el conjunto de montaje.

23   Instale el soporte de montaje y ajuste los pernos según el torque indicado en las Especificaciones de este Capítulo.

Montaje trasero

24   Levante la parte delantera del vehículo y

apóyela firmemente sobre torretas de seguridad. Retire la rueda delantera izquierda.

25   Coloque un gato de piso debajo del motor (con un bloque de madera entre la cabeza del gato y la bandeja de aceite) y eleve el motor ligeramente para aliviar el peso de los montajes.

26   Retire el aislante mediante el perno del montaje y travesaño de la suspensión trasera.

27   Retire los cuatro sujetadores de montaje y retire el montaje (vea la ilustración).

28   Instale el montaje nuevo y ajuste los pernos según el torque indicado en las Especificaciones de este Capítulo.

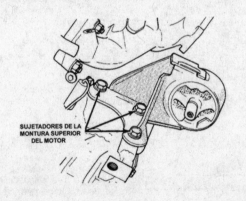

SUJETADORES DE LA
MONTURA SUPERIOR
DEL MOTOR

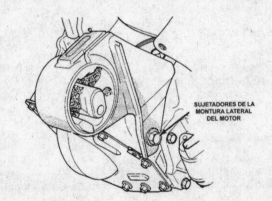

SUJETADORES DE LA
MONTURA LATERAL
DEL MOTOR

17.27 Montaje trasero de motor típico

Notas

Capítulo 2 Parte B
Motor V6 3.0L

Contenido

Especificaciones

Generales

Hueco	3.587 pulgadas
Carrera	2.992 pulgadas
Relación de compresión	8.85:1
Presión de compresión	178 psi
Desplazamiento	181 pulgadas cúbicas
Orden de ignición	1-2-3-4-5-6
Presión de aceite	
En ralentí	10 psi
A 3000 rpm	45 a 75 psi
Número de cilindros (del extremo de la correa de transmisión al extremo del transeje)	
Trasero (lado del cortafuego)	1-3-5
Delantero (lado del radiador)	2-4-6

Árbol de levas

Límite de desviación del asiento	0.004 pulgadas
Altura del lóbulo	1.624 pulgadas
Límite de desgaste del lóbulo	0.020 pulgadas

Bomba de aceite

Límite de alabeo de la cubierta	0.003 pulgadas
Espesor del rotor interno	0.744 pulgadas
Espesor exterior del rotor	0.744 pulgadas
Diámetro externo del rotor	3.246 pulgadas
Holgura del rotor a la cubierta de la bomba	0.003 pulgadas
Holgura entre la caja y el rotor externo	0.007 pulgadas
Espacio entre el rotor interno y el lóbulo del rotor externo	0.0068 pulgadas
Holgura entre la caja y el rotor interno	0.003 pulgadas

El terminal oscurecido en la tapa del distribuidor indica la posición del cable de la bujía número uno.

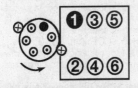

Numeración de cilindros, rotación del distribuidor y ubicación de los terminales de bujías

Especificaciones de torque

Ft-lb (a menos que se indique lo contrario)

Perno de la rueda dentada del cigüeñal..	70
Perno del sensor de posición del árbol de levas	20
Perno del amortiguador de vibración del cigüeñal	100
Pernos de culatas de cilindros	
Paso 1	50
Paso 2	65
Paso 3	80
Pernos del adaptador del mando del distribuidor	130 in-lb
Pernos de montaje del plato de transmisión	75*
Tuercas del múltiple de escape..	175 in-lb
Pernos del protector contra calor del múltiple de escape.....................	105 in-lb
Pernos del tubo de escape al múltiple..	21
Pernos del tubo transversal de escape..	51
Tuercas/pernos del múltiple de admisión..	20
Pernos del colector de aceite	105 in-lb
Pernos del tubo recolector de aceite a la bomba	21
Pernos de montaje del conjunto de la bomba de aceite........................	130 in-lb
Tapón de alivio de la bomba de aceite..	36
Pernos de la cubierta de la bomba de aceite	104 in-lb
Pernos del eje del balancín	180 in-lb
Pernos del alojamiento del termostato	17
Pernos de la cubierta de la correa de sincronización...........................	115 in-lb
Perno trabado del tensor de la correa de sincronización	20
Conjunto de polea tensora de la correa de sincronización....................	30
Pernos de la cubierta de las válvulas..	88 in-lb

Aplicar un compuesto de trabado de roscas a las roscas antes de la instalación

1   Información general

El Capítulo 2B está dedicado a los procedimientos de reparación dentro del vehículo para el motor V6 de 3.0L. Toda la información relacionada con el desmontaje y la instalación del motor y el reacondicionamiento del bloque del motor y de la culata de cilindros se puede encontrar en el Capítulo 2D.

Los procedimientos de reparación indicados a continuación presuponen que el motor está instalado en el vehículo. Si el motor está desmontado del vehículo y apoyado sobre un soporte, muchos de los pasos indicados en esta parte del Capítulo 2B no serán pertinentes.

Las especificaciones incluidas en el Capítulo 2B solo corresponden a los procedimientos contenidos en el Capítulo 2B. El Capítulo 2D contiene las especificaciones necesarias para reconstruir la culata de cilindros y el bloque del motor.

El motor V6 de 60 grados tiene un bloque de hierro fundido y culatas de cilindro de aluminio con un árbol de levas en cada culata. El bloque es de paredes delgadas para peso ligero. Una pieza fundida de cojinete principal de "bastidor de cuna", las tapas de cojinete principal están moldeadas como una unidad, conectadas por un puente o una cercha, sostiene el cigüeñal de hierro fundido.

Los árboles de levas se accionan mediante la correa de distribución del cigüeñal. Un tensor accionado por resorte, ajustado por una tuerca de trabajo excéntrica, mantiene la tensión de la correa. Cada árbol de levas acciona dos válvulas por cilindro a través de ajustadores de válvula hidráulicos y balancines de aluminio forjado montados en el eje.

Cada pistón de tres anillos de aluminio fundido tiene dos anillos de compresión y un anillo de control de aceite de tres piezas. Los pasadores de pistón están presionados en bielas de acero forjado.

El distribuidor, montado en el extremo de la correa de transmisión de la culata de cilindro delantero, es accionado mediante un engranaje helicoidal en el árbol de levas. La bomba de agua, en el extremo de la correa de sincronización del bloque, es accionado en el cigüeñal por una correa de transmisión y polea. La bomba de aceite de engranajes está montada en la caja de la bomba de aceite, acoplada a la cubierta de la correa de sincronización y es accionada por el cigüeñal.

El aceite viaja desde la bomba de aceite, a través del filtro, a la galería de aceite principal. A continuación, se dirige a los cojinetes principales, el cigüeñal, los cojinetes de las bielas y pistones, las paredes del cilindro, o las culatas de cilindro.

2   Reparaciones posibles con el motor en el vehículo

Muchas reparaciones grandes se pueden realizar sin desmontar el motor.

Limpie el compartimiento del motor y el exterior del motor con desengrasante antes de comenzar cualquier trabajo. Le facilitará el trabajo y le ayudará a mantener limpios los componentes internos del motor.

Podría ser útil quitar el capó a fin de facilitar el acceso al motor durante las reparaciones (consulte el capítulo 11). Cubra los guardafangos para evitar que se dañe la pintura. Están disponibles almohadillas especiales, pero una manta o un cubrecama viejos también le servirán.

Si se detectan pérdidas de vacío o fugas de gases de escape, de aceite o de líquido refrigerante se deben reemplazar juntas o sellos. En general esas reparaciones se pueden realizar sin desmontar el motor. Con el motor en el vehículo, se puede acceder a las juntas de los múltiples de admisión y escape, de la bandeja de aceite y de las culatas de los cilindros. También se puede acceder a los sellos de aceite del árbol de levas y del cigüeñal.

Los componentes exteriores del motor, como los múltiples de admisión y escape, la bandeja de aceite (y la bomba de aceite), la bomba de agua, el motor de arranque, el alternador, el distribuidor y los componentes del sistema de combustible, se pueden extraer para reparar con el motor en el vehículo.

La culata de cilindros y el árbol de levas se pueden extraer sin sacar el motor, y el mantenimiento de los componentes de las válvulas también se puede realizar con el motor en el vehículo. El reemplazo de la correa de sincronización y las ruedas dentadas también es posible con el motor en el vehículo.

La reparación o sustitución de los anillos de pistón, pistones, bielas y cojinetes de biela se puede hacer con el motor en el vehículo; sin embargo, esta práctica no es recomendable debido a los trabajos de limpieza y preparación que se debe hacer a los componentes implicados.

3   Tapas de válvulas - desmontaje e instalación

1   Alivie la presión del sistema de combustible (capítulo 4).
2   Desconecte el cable del terminal negativo de la batería.

Desmontaje

Cubierta de la válvula frontal (lado del radiador)

Consulte las ilustraciones 3.3 y 3.7

3   Retire la manguera del respiradero deslizando la abrazadera de la manguera hacia

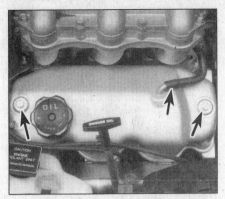

3.3 Para retirar la cubierta de la válvula delantera (lado del radiador), retire la manguera del respiradero y los cables de las bujías, luego retire los dos pernos y arandelas de la cubierta

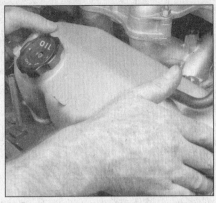

3.7 Retire la tapa de la válvula; si está atorada en la culata de cilindros, intente soltarla golpeando un bloque de madera con un martillo o deslizando una espátula flexible entre la culata de cilindro y la cubierta para romper el sello de la junta; no haga palanca en la junta entre la cubierta y la culata de cilindro o puede dañar las superficies de sellado.

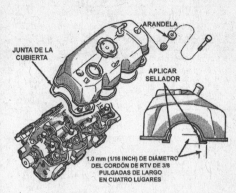

3.19 Detalles de instalación de la cubierta de la válvula: aplique un cordón de 1/16 pulgadas de sellador RTV a las áreas que se muestran

atrás y tirando de la manguera de la boquilla de la cubierta de la válvula (vea la ilustración).

4   Retire de las bujías los cables de bujía. Etiquételos con cinta de enmascarar para evitar confusiones durante la instalación. Etiquetar y retirar los cables y mangueras unidos a la cubierta de la válvula.

5   Retire la varilla medidora y retire el tubo de la varilla del bloque del motor (siga el tubo por la parte delantera del bloque y encontrará un solo perno de soporte que sostiene el tubo al bloque).

6   Quite los pernos y arandelas de la cubierta de la válvula.

7   Retire la cubierta de la válvula (vea la ilustración). **Precaución:** *Si la tapa está atorada en la culata de cilindros, golpee suavemente un extremo con un bloque de madera y un martillo para que se afloje. Si eso no funciona, deslice una espátula flexible entre la culata de cilindros y la cubierta para romper el sello de la junta. No haga palanca en la junta entre la cubierta y la culata del cilindro, puede dañar las superficies de sellado (lo que en el futuro podría causar fugas de aceite).*

Cubierta de la válvula trasera (lado del cortafuego)

8   Retire la manguera del respiradero de la cubierta (vea la ilustración 3.3).

9   Etiquete y desconecte los cables de las bujías.

10   Suelte los retenes de cableado, luego etiquete y retire el cableado y las mangueras.

11   Desmonte el filtro de aire y el conjunto del filtro de aire (vea el Capítulo 4).

12   Quite el conducto de admisión de aire y el resonador del cuerpo del acelerador.

13   Quite el motor del limpiaparabrisas (vea el Capítulo 12).

14   Quite la correa de transmisión accesoria (vea el Capítulo 1).

15   Desmonte el alternador (vea el Capítulo 5).

16   Quite los pernos y las arandelas de la cubierta de la válvula y levante la cubierta de la válvula. Lea la información de Precaución en el Paso 7.

Instalación

Consulte la ilustración 3.19

17   Las superficies de contacto de las culatas de cilindros y de las tapas de válvulas deben estar perfectamente limpias cuando se instalen las tapas. Utilice un raspador para quitar los trozos de sellador y de material de

la junta vieja, y después limpie las superficies de contacto con diluyente de pintura o con acetona. Si hay residuos de sellador o de aceite sobre las superficies de contacto cuando se instala la tapa, se pueden producir fugas de aceite.

18   Si es necesario, limpie las roscas de los tornillos de montaje con un machuelo, a fin de eliminar la corrosión y reparar las roscas dañadas. Asegúrese de que los orificios roscados de la culata de cilindros estén limpios; haga pasar un roscador para eliminar la corrosión y restaurar las roscas dañadas.

19   Se deben alinear las juntas con las cubiertas antes de instalar las cubiertas. Aplique una capa fina de sellador RTV a la cubierta en las zonas que se indican (vea la ilustración), luego coloque la junta dentro de la cubierta y permita que se asiente el sellador para que la junta se adhiera a la cubierta. Si no se deja asentar el sellador, la junta se puede desprender de la cubierta cuando esta se instale en el motor.

20   Coloque cuidadosamente la cubierta sobre la culata de cilindro e instale los pernos.

21   Apriete los pernos en tres o cuatro pasos al torque indicado en las Especificaciones de este capítulo.

22   La instalación de las piezas restantes se realiza en orden inverso al del desmontaje.

23   Arranque el motor y controle si hay fugas de aceite a medida que el motor se calienta.

4   Múltiple de admisión - desmontaje e instalación

Desmontaje

Consulte las ilustraciones 4.4, 4.5 y 4.7

1   Alivie la presión de combustible (vea el Capítulo 4).

2   Desconecte el cable del terminal negativo de la batería.

3   Drene el sistema de enfriamiento (capítulo 1). Retire la manguera del radiador del alojamiento del termostato y la manguera del calentador de la tubería del calentador.

4   Retire el pleno de admisión de aire (vea la ilustración) (vea la Sección 4). Cubra los puertos del múltiple de admisión para evitar que caigan piezas y herramientas dentro del motor.

5   Desconecte el arnés de cables del inyector de combustible del arnés de cables del motor. Retire las conexiones de vacío del riel de combustible y el regulador de presión de combustible (vea la ilustración).

6   Desconecte la manguera de admisión de combustible del riel de combustible. Quite

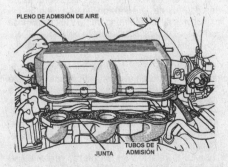

4.4 Desmonte la cámara de admisión de aire.

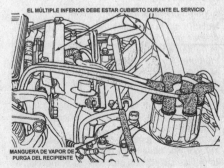

4.5 Retire las conexiones de vacío del regulador de presión de combustible y del riel de combustible

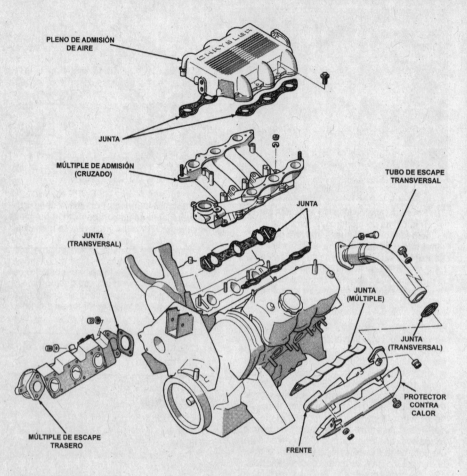

4.7 **Vista ampliada de los conjuntos de múltiple de admisión y escape**

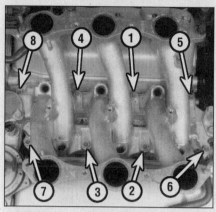

4.14 **Secuencia de apriete de las tuercas del múltiple de admisión**

5   Múltiples de escape - desmontaje e instalación

Advertencia: *Deje que el motor se enfríe completamente antes de comenzar este procedimiento.*

Desmontaje

Consulte las ilustraciones 5.6, 5.7, 5.9, 5.10a, 5.10b y 5.10c

1   Desconecte el cable del terminal negativo de la batería.

2   Eleve el vehículo y sosténgalo de manera segura sobre torres de elevación.

3   Aplique un poco de aceite de penetración a los sujetadores del múltiple de escape y permita que lo absorban.

4   Para desmontar el múltiple de escape delantero, retire el depósito de líquido refrigerante (vea el Capítulo 3) y el tubo de la varilla medidora (siga el tubo por la parte delantera del bloque y encontrará un solo perno de soporte que sostiene el tubo al bloque) (vea la ilustración 5.10a).

5   Para desmontar el múltiple de escape trasero, retire el conjunto del purificador de aire, el conducto de admisión de aire y el cable conductor del sensor de oxígeno.

6   Retire los pernos y tuercas que sujetan las bridas del tubo transversal a los múltiples de escape delanteros o traseros (vea la ilustración).

5.6 **Retire los pernos/tuercas de la brida del tubo transversal de escape (flechas) (solo se muestran los pernos de la brida superior)**

los pernos del riel de combustible y levante el conjunto de riel de combustible/inyector del múltiple de admisión (vea el Capítulo 4).

7   Quite las tuercas y arandelas y el múltiple de admisión (vea la ilustración).

8   Es probable que el múltiple se atore en las culatas de cilindro y que se necesite fuerza para separar el sello de junta. **Precaución:** *No haga palanca entre el múltiple y la culata de cilindro porque esto puede ocasionar daños en las superficies de sellado de juntas y fugas de vacío.*

Instalación

Consulte la ilustración 4.14

Nota: *Las superficies de contacto de las culatas de cilindro y del múltiple deben estar perfectamente limpias cuando se instala el múltiple. En la mayoría de las tiendas de autopartes puede conseguir solventes para remover juntas, y pueden serle útiles para quitar el material de juntas viejas. Las culatas de cilindro son de aluminio, rasparlas con fuerza puede dañarlas. Asegúrese de seguir las instrucciones impresas en el envase.*

9   Utilice un raspador para quitar los trozos de sellador y de material de la junta vieja, y después limpie las superficies de contacto con diluyente de pintura o con acetona. Si hay residuos de sellador o de aceite sobre las superficies de contacto cuando se instala el múltiple, se podrían producir fugas de aceite y pérdidas de vacío. Use una aspiradora para quitar todo el material que

caiga dentro de los puertos de admisión en las culatas de cilindro.

10   Use un machuelo del tamaño correcto para reparar las roscas en los orificios de los pernos, y después use aire comprimido (si está disponible) para quitar los desechos de los orificios . **Advertencia:** *lleve puestas gafas de seguridad o un protector facial para protegerse los ojos cuando utilice aire comprimido.*

11   Coloque las juntas sobre las culatas de cilindro. No es necesario usar sellador; sin embargo, siga las instrucciones incluidas con las nuevas juntas.

12   Asegúrese de que todas las aberturas de los puertos de la admisión, los orificios de los conductos de líquido refrigerante y los orificios de los pernos estén correctamente alineados.

13   Coloque el múltiple en su lugar con cuidado, sin tocar las juntas.

14   Instale las tuercas y pernos y apriételos al torque indicado en las Especificaciones de este capítulo, siguiendo la secuencia recomendada (vea la ilustración). Llegue al torque final en dos pasos.

15   Instale el conjunto de riel de combustible/inyector y el pleno de admisión de aire (vea el Capítulo 4).

16   La instalación de las piezas restantes se realiza en orden inverso al del desmontaje.

17   Ponga en marcha el motor e inspeccione en busca de fugas de aceite y de líquido refrigerante en las uniones del múltiple de admisión.

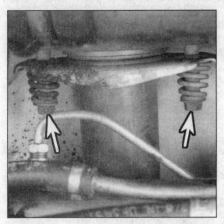

5.7 Quitar los pernos de la brida del tubo de escape (flechas) del múltiple de escape delantero y trasero

5.9 Para retirar el múltiple de escape frontal, retire el tubo de la varilla medidora (ver la siguiente ilustración) y los pernos del protector contra calor (flechas)

7   Desmonte los pernos de la brida del tubo de escape del múltiple de escape delantero y trasero (vea la ilustración).
8   Para desmontar el múltiple de escape trasero, desconecte el tubo de EGR (vea el Capítulo 6).
9   Para desmontar el múltiple de escape delantero, quite los tres pernos del protector contra calor (vea la ilustración) y el protector contra calor.
10   Retire los múltiples de escape y las juntas (vea las ilustraciones).
11   Inspeccione cuidadosamente los múltiples y los sujetadores en busca de grietas y daños.
12   Utilice un raspador para eliminar todo residuo de material de la junta vieja y depósitos de carbón de las superficies de contacto del cabezal de cilindro y múltiple. Si la junta presentaba fugas, haga que revisen el múltiple en busca de deformaciones en un taller de mecanizado automotriz. Rectifique si es necesario.

Instalación

Consulte las ilustraciones 5.13a y 5.13b

13   Coloque las juntas nuevas sobre los espárragos de la culata de cilindro. **Nota:** *Instale la junta con los números 1-3-5 en la parte superior en el banco trasero y con los números 2-4-6 en el banco delantero (vea las ilustraciones).*
14   Instale el múltiple y apriete las tuercas sin usar una herramienta.
15   Trabajando desde el centro hacia afuera, apriete las tuercas en tres o cuatro pasos iguales al par indicado en las Especificaciones de este capítulo.
16   La instalación de las piezas restantes se realiza en orden inverso al del desmontaje. Utilice juntas nuevas al conectar el tubo transversal de escape a los múltiples de escape.
17   Arranque el motor e inspeccione en busca de fugas de gases de escape.

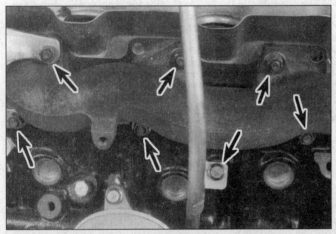

5.10a Pernos del múltiple de escape delantero y perno de soporte de tubo de la varilla medidora (flechas)

5.10b Pernos inferiores del múltiple de escape trasero (flechas). . .

5.10c . . . y pernos superiores (flechas)

5.13a Instale una nueva junta de acero del múltiple de escape a los espárragos del múltiple (se muestra la junta trasera, la junta frontal es similar)

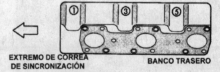

EXTREMO DE CORREA DE SINCRONIZACIÓN   BANCO TRASERO

EXTREMO DE CORREA DE SINCRONIZACIÓN   BANCO DELANTERO

5.13b Asegúrese de instalar la junta del múltiple de escape correcta en la culata de cilindro correspondiente

6.5a Para quitar la polea de dos piezas del amortiguador de vibraciones, retire estos pernos (flechas)

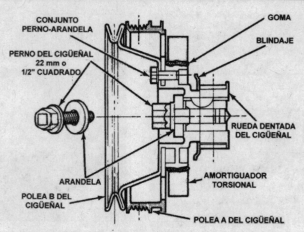

6.5b Esta vista transversal muestra la relación entre las dos mitades de la polea y el amortiguador de vibraciones; note el chavetero que bloquea el amortiguador en el perno de la punta del cigüeñal

6.6a Si no tiene una llave de cadena, puede fabricar una herramienta para sostener el cigüeñal con un trozo de hierro ángulo y un par de pernos del mismo paso de rosca y diámetro que los orificios de la polea del cigüeñal. . .

6 Polea del cigüeñal/amortiguador de vibración: desmontaje e instalación

Desmontaje

Consulte las ilustraciones 6.5a, 6.5b, 6.6a y 6.6b

1 Desconecte el cable del terminal negativo de la batería.

2 Afloje las tuercas de la rueda delantera derecha, levante la parte delantera del vehículo y apóyela firmemente sobre torretas de seguridad.

3 Retire la rueda y el protector contra salpicaduras interior derecho.

4 Quite las correas de transmisión accesorias (vea el Capítulo 1).

5 Retire los tornillos que sujetan la polea al amortiguador de vibraciones y retire la polea (vea la ilustración). **Nota:** *La polea del cigüeñal es en realidad un diseño de dos piezas (vea la ilustración).*

6 Envuelva un paño y una llave de cadena alrededor del amortiguador de vibraciones. Sostenga el cigüeñal para que no gire y utilice una llave de cubo para aflojar el perno del amortiguador. Si usted no tiene una llave de cadena, puede fabricar una herramienta para sostener el cigüeñal con un trozo de hierro ángulo y un par de pernos del paso de rosca y diámetro adecuado. Perforar un par de orificios en el hierro ángulo a la misma distancia que dos orificios de la polea del cigüeñal, insertar los pernos a través del hierro ángulo y enrósquelos en los orificios de la polea (vea la ilustración). O retire la cubierta del plato de transmisión (vea la ilustración) y trabe el cigüeñal colocando un destornillador entre los dientes de la corona y la campana de embrague.

7 Desmonte el amortiguador de vibración. Si está trabado, instale un extractor de amortiguador de vibración/volante que se atornilla en el cubo de amortiguador y tire de ella por encima del extremo del cigüeñal. **Precaución:** *No intente quitarlo utilizando un extractor de mandíbula que agarra el borde exterior del amortiguador o este se puede dañar.*

Instalación

8 Lubrique ligeramente la superficie de contacto del sello con aceite de motor y posicionarlo en el extremo del cigüeñal. Alinear el chavetero en la polea con la llave en el cigüeñal y empujar la polea en su lugar con la mano. Si es necesario, golpee suavemente el amortiguador

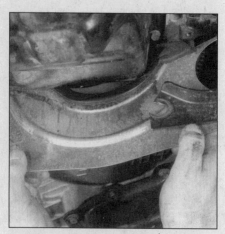

6.6b . . . o desmontar la cubierta del volante del motor/plato de transmisión e inmovilizar el cigüeñal colocando un destornillador largo entre la corona dentada y la campana de embrague

7.5 Quite los pernos (flechas) y el conjunto de polea tensora de la correa serpentina.

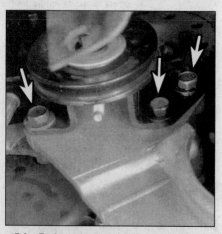

7.6a Retire estos pernos (flechas) y retire el conjunto de polea tensora de la correa de transmisión del compresor de aire acondicionado

usando un bloque de madera y un martillo.

9   Sostenga el cigüeñal como se describe en el Paso 6, instale el perno y ajústelo al torque indicado en las Especificaciones de este capítulo.

10   La instalación de las piezas restantes se realiza en orden inverso al del desmontaje.

---

7   Correa de sincronización - desmontaje, instalación y ajuste

Desmontaje

Consulte las ilustraciones 7.5, 7.6a, 7.6b, 7.6c, 7.7, 7.8, 7.10, 7.11, 7.12a, 7.12b, 7.13a, 7.13b, 7.13c, 7.14 y 7.16

Precaución: *El sistema de sincronización es complejo. El motor se dañará seriamente si comete algún error. No intente este procedimiento a menos que tenga mucha experiencia con este tipo de reparaciones. Si no está seguro de sus capacidades, consulte a un experto. Revise dos veces el trabajo y cerciórese de que todo esté correcto antes de intentar arrancar el motor.*

1   Desconecte el cable del terminal negativo de la batería.

2   Afloje las tuercas de la rueda delantera derecha, levante la parte delantera del vehículo y apóyela firmemente sobre torretas de seguridad. Retire la rueda delantera derecha y el protector contra salpicaduras interior.

3   Coloque el pistón número 1 en TDC de la carrera de compresión (vea el Capítulo 2D).

4   Retire la correa de transmisión para el compresor del aire acondicionado y la correa serpentina para la bomba de dirección hidráulica y alternador (vea el Capítulo 1).

5   Retire el conjunto de polea tensora para la correa serpentina (vea la ilustración).

6   Retire el conjunto de polea tensora de la correa de transmisión del compresor (vea las ilustraciones) y el soporte de montaje del compresor.

7   Quite los pernos del soporte de montaje de la bomba de dirección hidráulica y aparte la bomba y el soporte a un lado (vea la ilustración).

8   Quite la polea del cigüeñal y el amortiguador de vibración (vea la Sección 6). Levante la brida de la rueda dentada del cigüeñal (vea la ilustración).

Nota: *No permita que el cigüeñal gire durante la extracción de la polea. Si el cigüeñal se mueve, el*

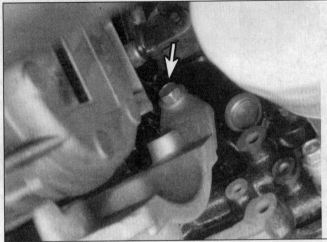

7.6b Retire este perno del soporte de compresor (flecha), empuje el conjunto de soporte y compresor a un lado y fijarlo con un trozo de alambre

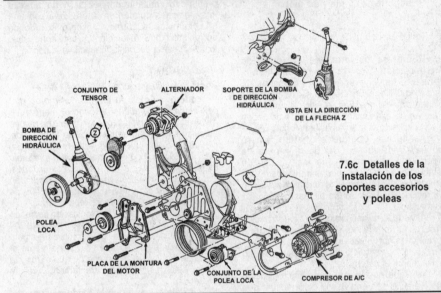

CONJUNTO DE TENSOR — **ALTERNADOR** — **SOPORTE DE LA BOMBA DE DIRECCIÓN HIDRÁULICA** — **VISTA EN LA DIRECCIÓN DE LA FLECHA Z** — **BOMBA DE DIRECCIÓN HIDRÁULICA** — **POLEA LOCA** — **PLACA DE LA MONTURA DEL MOTOR** — **CONJUNTO DE LA POLEA LOCA** — **COMPRESOR DE A/C**

7.6c Detalles de la instalación de los soportes accesorios y poleas

---

número uno del pistón no estará en TDC.

9   Coloque un gato de piso y un bloque de madera debajo la bandeja de aceite del motor para sostenerla.

10   Escriba o marque la relación entre el soporte de montaje del motor y el soporte del motor; luego retire el montaje derecho del motor (vea la ilustración).

7.7 Retire estos dos pernos del soporte de la bomba de dirección hidráulica, deslice a un lado el conjunto de la bomba y el soporte y apóyelo con un trozo de alambre

7.8 Después de haber desmontado la polea del cigüeñal y el amortiguador de vibraciones, desmontar esta brida de la rueda dentada del cigüeñal

7.10 Para retirar el soporte del motor derecho, quite los pernos del soporte de montaje del motor y del cuerpo del vehículo (flechas)

7.11 Quite los pernos (flechas) y retire el soporte de montaje del motor

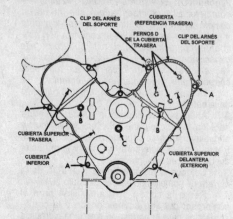

7.12a Quite los pernos (flechas) y retire las tres cubiertas de la correa de sincronización (no se ven todos los pernos en esta foto)

11   Retire el soporte de montaje del motor (vea la ilustración).

12   Retire las cubiertas de la correa de sincronización (vea la ilustración). Tenga en cuenta los diversos tipos y tamaños de los pernos. Haga un diagrama o tome notas cuidadosamente mientras se retira la cubierta de la correa de distribución. Los pernos se deben volver a instalar en sus ubicaciones originales.

13   Asegúrese de que el pistón número uno está todavía en TDC de la carrera de compresión verificando que las marcas de distribución en las tres ruedas dentadas de las correas de sincronización están alineadas con sus respectivas marcas de alineación (vea las ilustraciones).

14   Alivie la tensión en la correa de distribución aflojando la tuerca de la polea tensora de la correa de distribución (vea la ilustración). Empuje la polea hacia el cortafuego y luego vuelva a apretar el tornillo.

15   Verifique que la correa de sincronización está marcada con una flecha para mostrar qué lado mira hacia afuera. Si no hay una marca, pinte una (solo si se vuelve a instalar la misma correa). Deslice la correa de sincronización de las ruedas dentadas y compruebe el estado del tensor.

16   Revise la cadena de la sincronización (vea la ilustración). Observe en la parte trasera (el

lado sin los dientes): Si hay grietas o desgaste, o está dura, brillante e inflexible, y no muestra indentaciones cuando se la presiona con una uña, cambiar la correa. Observe el lado de accionamiento: Si faltan dientes, está agrietada o excesivamente desgastada, cambiar la correa.

Instalación

Consulte las ilustraciones 7.17a y 7.17b.

Precaución: *Antes de arrancar el motor, gire con cuidado el cigüeñal a mano al menos dos revoluciones completas (use un dado o un mango articulado sobre el perno central de la polea del cigüeñal). Si percibe algún tipo de resistencia, ¡DETÉNGASE! Algo está mal: Lo más probable es que las válvulas estén tocando los pistones. Debe encontrar el problema antes de continuar. Revise su trabajo y vea si existe algún tipo de información actualizada sobre reparaciones.*

17   Instalar la correa de sincronización haciendo palanca en el tensor hacia el lado opuesto del resorte, hacia el extremo de la ranura de ajuste (vea la ilustración). Apriete provisionalmente el perno de bloqueo y asegúrese de que el resorte tensor está posicionado correctamente (vea la ilustración).

18   Instale la correa en la rueda dentada del cigüeñal primero, y mantenga la correa apretada en el lado de tensión.

19   Instale la correa en la rueda dentada delantera (lado del radiador) del árbol de levas, la polea de la bomba de agua, la rueda dentada

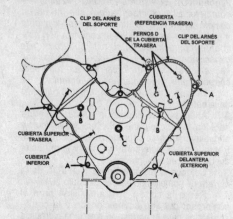

7.12b Los pernos de la cubierta de la correa de sincronización tienen cuatro longitudes diferentes; según su longitud, los pernos se clasifican en A, B, C y D

A   M6x20   C   M6x25
B   M6x55   D   M6x10

trasera del árbol de levas y el tensor de la correa de distribución. Tenga cuidado de no empujar las ruedas dentadas del árbol de levas o el engranaje del cigüeñal moviéndolos de las marcas de sincronización. Instale la correa de distribución con la flecha apuntando al extremo opuesto al motor.

7.13a Para confirmar que el pistón número uno está todavía Punto muerto superior (TDC) de la carrera de compresión, compruebe que las marcas de sincronización en la rueda dentada del árbol de levas trasero...

7.13b ...la rueda dentada del árbol de levas delantero...

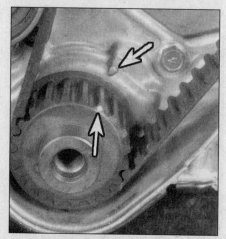

7.13c ...y la rueda dentada del cigüeñal están alineadas con sus respectivas marcas de alineación estacionarias

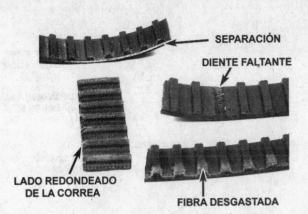

7.16 Al inspeccionar la correa de sincronización, estas son las condiciones que debe buscar

SEPARACIÓN

DIENTE FALTANTE

LADO REDONDEADO DE LA CORREA

FIBRA DESGASTADA

7.14 Para aliviar la tensión en la correa de distribución, aflojar este perno (flecha) en la polea tensora de la correa de sincronización

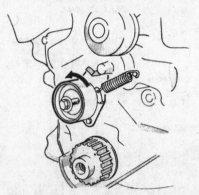

7.17a Antes de instalar la correa de sincronización, gire el tensor lejos del resorte (en sentido antihorario) hasta el final de la ranura de ajuste. . .

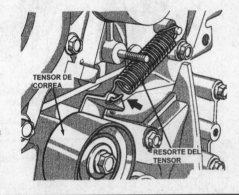

7.17b . . . luego apriete temporalmente el perno de bloqueo con el resorte posicionado como se muestra

TENSOR DE CORREA

RESORTE DEL TENSOR

20   Alinear las líneas blancas de fábrica de la correa de sincronización con la marca grabada en cada una de las ruedas dentadas del árbol de levas y la rueda dentada del cigüeñal. Asegúrese de que los tres grupos de marcas de sincronización estén alineados en forma correcta (vea la ilustración 7.23). **Nota:** *Asegúrese de instalar la brida de la rueda dentada del cigüeñal en el engranaje del cigüeñal (vea la ilustración 7.8).*

Ajuste

Consulte las ilustraciones 7.23 y 7.25

21   Afloje la tuerca del tensor y deje que el conjunto de tensor salte hacia la correa; el tensor de resorte aplicará automáticamente la cantidad de tensión apropiada a la correa.

22   Gire lentamente el cigüeñal en sentido horario dos vueltas completas, devolviendo

el pistón número uno a TDC de la carrera de compresión. **Precaución:** *Si se siente una resistencia excesiva al girar el cigüeñal, es indicio de que los pistones están haciendo contacto con las válvulas. Vuelva sobre el procedimiento para corregir la situación antes de continuar.*

23   Asegúrese de que todas las marcas de sincronización siguen alineadas (vea la ilustración). Apriete el tornillo del tensor al par indicado en las

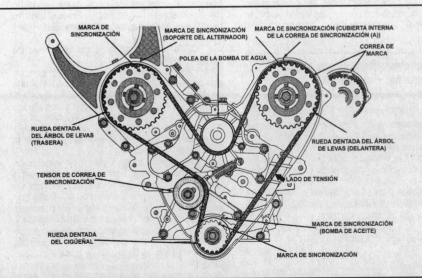

7.23 Después de girar el cigüeñal dos vueltas completas y volver el pistón número uno a TDC, la correa de transmisión y las marcas deberían tener este aspecto. Si no lucen así, afloje la polea tensora, retire la correa, vuelva a alinear las marcas y a instalar la correa

MARCA DE SINCRONIZACIÓN

MARCA DE SINCRONIZACIÓN (SOPORTE DEL ALTERNADOR)

MARCA DE SINCRONIZACIÓN (CUBIERTA INTERNA DE LA CORREA DE SINCRONIZACIÓN (A))

POLEA DE LA BOMBA DE AGUA

CORREA DE MARCA

RUEDA DENTADA DEL ÁRBOL DE LEVAS (TRASERA)

RUEDA DENTADA DEL ÁRBOL DE LEVAS (DELANTERA)

TENSOR DE CORREA DE SINCRONIZACIÓN

LADO DE TENSIÓN

MARCA DE SINCRONIZACIÓN (BOMBA DE ACEITE)

RUEDA DENTADA DEL CIGÜEÑAL

MARCA DE SINCRONIZACIÓN

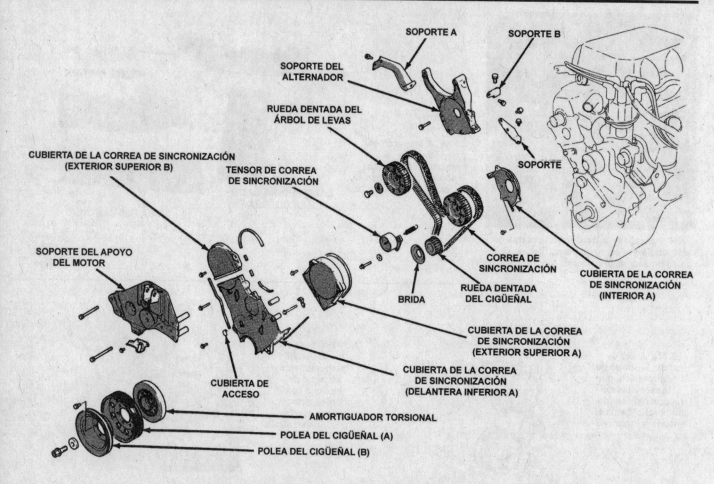

7.25 Vista ampliada del conjunto de correa de sincronización y componentes relacionados

Especificaciones de este Capítulo, manteniendo el tensor estable con la mano.

24   Compruebe la deflexión de la correa de sincronización observando la fuerza que la polea tensora ejerce sobre la correa de sincronización. Si la correa parece floja, reemplace el resorte tensor.

25   La instalación de las piezas restantes se realiza en orden inverso al del desmontaje. Consulte las secciones adecuadas (vea la ilustración).

8   Sello delantero de aceite del cigüeñal - reemplazo

Vea las ilustraciones 8.3, 8.4, 8.7, 8.8a y 8.8b

1   Desconecte el cable del terminal negativo de la batería.

2   Retire las correas de transmisión (vea el Capítulo 1), la polea del cigüeñal (vea la Sección 6) y la correa de sincronización (vea la Sección 7).

3   Deberá poder sacar la rueda dentada del cigüeñal (vea la ilustración) deslizándola con la mano. Si la rueda dentada está atascada, inserte dos destornilladores detrás de la rueda dentada del cigüeñal y haga palanca con cuidado para quitar la rueda dentada del cigüeñal. Algunas ruedas dentadas se pueden quitar fácilmente con destornilladores.

Otras son más difíciles de quitar debido a que la corrosión las funde con el cigüeñal. Si la rueda dentada del motor resulta difícil de quitar haciendo palanca, tenga mucho cuidado de no dañar la bomba de aceite con los destornilladores.

4   Si la rueda dentada no se afloja, perfore dos orificios en la cara de la rueda dentada y use un extractor de tipo perno para separarlo del cigüeñal (vea la ilustración). **Precaución:** *No vuelva a utilizar una rueda dentada perforada - sustituirla.*

5   Quite las placas guía de la correa de sincronización.

6   Haga palanca cuidadosamente con un destornillador o una herramienta de desmontaje de sellos para retirar el sello de aceite. No raye ni melle la superficie el cigüeñal mientras quita los sellos.

7   Antes de la instalación, aplique una capa de grasa multiuso en el interior del sello (vea la ilustración).

8   Fabrique una herramienta de instalación de sello con un tubo corto de diámetro igual o ligeramente menor que el diámetro exterior de la junta en sí. Lime el extremo de la tubería que sostendrá el sello hasta que no tenga bordes afilados. También necesitará una arandela grande, un poco más grande en diámetro que la tubería, en la que pueda asentar la cabeza del perno (vea la ilustración). Instale el sello de aceite presionándolo con la herramienta de instalación de sellos hasta que esté en la

posición correcta (vea la ilustración). Cuando vea y sienta que el sello ya no se mueve, no gire más el perno o el sello se dañará.

9   Deslice la placa de guía de la correa de sincronización en el extremo del cigüeñal.

10   Asegúrese de que la llave Woodruff está en su lugar en el cigüeñal.

11   Aplique una capa delgada de lubricante de montaje en el interior de la rueda dentada de la correa de sincronización y deslícela en el cigüeñal.

12   La instalación de las piezas restantes se realiza en orden inverso al del desmontaje. Consulte el Capítulo 7 para obtener información sobre la instalación de la correa de sincronización y el procedimiento de ajuste. Ajuste todos los pernos según el torque indicado en las Especificaciones de este capítulo.

9   Sello de aceite del árbol de levas: reemplazo

Consulte las ilustraciones 9.3, 9.4a, 9.4b, 9.5a, 9.5b, 9.6, 9.7a y 9.7b

Nota: *El motor de 3.0L está equipado con dos sellos de aceite de los árboles de levas en la parte delantera (extremo de la correa de sincronización) y dos tapones de aceite del árbol de levas en la parte trasera (extremo del transeje) del motor.*

8.3 Si no puede tirar de la rueda dentada del cigüeñal con la mano, intente separarla haciendo palanca con dos barras de palanca pequeñas

8.4 Si la rueda dentada del cigüeñal está perforada con dos orificios roscados, retire la rueda dentada con extractor de tipo perno

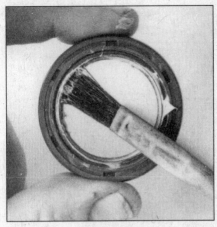

8.7 Aplicar una capa de grasa en el borde del sello nuevo antes de instalarlo; si aplica una pequeña cantidad de grasa en el borde exterior será más fácil de empujar hacia dentro del orificio

8.8a Fabrique una herramienta de instalación de sellos con un pedazo de tubo y una arandela grande. . .

8.8b. . . y presione el sello en el orificio; el tubo debe apoyarse contra el borde exterior del sello a medida que aprieta el perno.

9.3 Fabrique una herramienta de sujeción de rueda dentada a partir de un pedazo de hierro ángulo y un par de pernos para bloquear la rueda dentada del árbol de levas en su lugar mientras afloja el perno de retención

1   Desconecte el cable del terminal negativo de la batería.

2   Retire los las correas de transmisión (vea el Capítulo 1), la polea del cigüeñal (vea la Sección 6) y la correa de sincronización (Vea la Sección 7).

3   Utilice una porción de hierro ángulo y un par de pernos largos que quepan en los orificios de la rueda dentada para fabricar una herramienta de sujeción de rueda dentada del árbol de levas. Fije la rueda dentada del árbol de levas en su lugar y afloje el perno de retención de la rueda dentada (vea la ilustración). Cuando el perno esté desmontado, podrá desmontar la rueda dentada con la mano. **Nota:** *No mezcle las ruedas dentadas del árbol de levas. Si usted está quitando las dos ruedas dentadas, marque cada una con una "F" (frontal, lado del radiador) o una "T" (trasera, lado del cortafuegos). Se deben instalar en la misma leva de la que se quitaron.*

4   Para volver a colocar el sello del árbol de levas delantero, retire la cubierta de la correa de sincronización interna (vea la ilustración). Para quitar el sello para el árbol de levas trasero, retire el soporte del alternador (vea la ilustración).

9.4a Para reemplazar el sello en el árbol de levas delantero, quite los pernos de la cubierta de sincronización internos (flechas) y retire la cubierta

9.4b Para quitar el sello en el árbol de levas trasero, retire la rueda dentada del árbol de levas, los pernos del soporte del alternador (flechas) y quitar el soporte

9.5a Para quitar el adaptador del mando del distribuidor, retire la tuerca de sujeción de distribuidor (flecha superior), retire el distribuidor y quite los tres pernos de retención del adaptador (flechas)

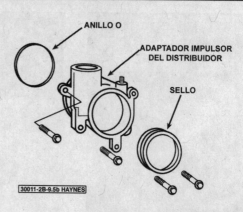

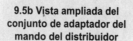

9.5b Vista ampliada del conjunto de adaptador del mando del distribuidor

ANILLO O

ADAPTADOR IMPULSOR DEL DISTRIBUIDOR

SELLO

30011-2B-9.5b HAYNES

5   Para volver a colocar el sello en el árbol de levas delantero, es una buena idea cambiar el anillo O ubicado entre el adaptador del mando del distribuidor y la culata de cilindro. Retire el distribuidor (vea el Capítulo 5) y el adaptador (vea las ilustraciones). **Nota:** *Si retira el adaptador, omita los siguientes pasos que describen cómo reemplazar el sello dentro del vehículo.* Haga palanca en el sello viejo para retirarlo, instale un nuevo sello con el adaptador en el banquillo, vuelva a conectar el adaptador, apriete los pernos con fuerza, e instale el distribuidor.

6   Si está reemplazando un sello trasero o no desea quitar el adaptador de mando del distribuidor, haga un par de pequeños orificios en el sello viejo, pase un par de tornillos de chapa en los agujeros y luego retire con cuidado el sello de aceite viejo con un destornillador y un martillo de orejas (vea la ilustración). No melle ni raye el árbol de levas.

7   Hay diversas formas de instalar el sello nuevo Fabrique una herramienta de instalación de sellos como se describe en la Sección 8 o utilice un trinquete muy grande, con un diámetro interior lo suficientemente grande como para despejar el extremo del árbol de levas y colocar con cuidado el sello del árbol de levas (vea las ilustraciones). Retire el pasador de posicionamiento de la rueda dentada del extremo de la leva, si es necesario,

para evitar dañar el pasador.

8   Si ha reemplazado el sello de leva frontal, vuelva a instalar la cubierta de la correa de sincronización interna.

9   Al instalar la rueda dentada, asegúrese de que la marca T o F miren hacia afuera. El lado de la polea con la hendidura profunda debe mirar hacia el motor, lo que significa que la cavidad poco profunda debe mirar hacia afuera.

10   Utilice su herramienta de sujeción de rueda dentada para apretar el perno al torque indicado en las Especificaciones de este Capítulo.

11   La instalación de las piezas restantes se realiza en orden inverso al del desmontaje.

---

10   Balancines y ajustadores hidráulicos de juego libre de válvulas: desmontaje, inspección e instalación

---

Inspección

Consulte la ilustración 10.1.

1   Controle los ajustadores hidráulicos de válvula en busca de juego libre colocando un cable pequeño a través del orificio de purga de aire en el balancín mientras presiona ligeramente la bola de retención hacia abajo (vea la ilustración).

9.6 Para extraer un sello del árbol de levas, perforar un par de pequeños agujeros en el sello viejo, ajustar un par de tornillos de chapa en los agujeros y sacar el sello con un destornillador y un martillo

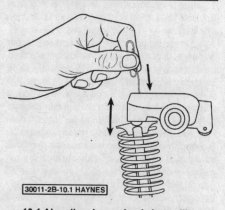

10.1 Al realizar la prueba de juego libre, asegúrese de que el ajustador que está siendo probado tiene el lóbulo del árbol de levas correspondiente mirando al lado opuesto del balancín (válvula cerrada)

30011-2B-10.1 HAYNES

9.7a Puede presionar el nuevo sello para ubicarlo en su lugar con una porción de tubería y un perno del tamaño y paso de rosca adecuados (no deje que el árbol de levas gire mientras aprieta el perno)

9.7b Como último recurso, también puede colocar un sello de levas en su lugar con un martillo y un trinquete grande, pero asegúrese de no dañar el pasador de posicionamiento de la rueda dentada en el extremo del árbol de levas

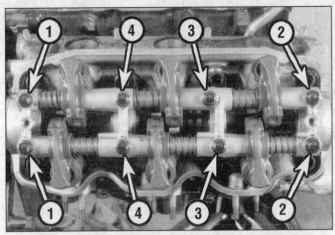

10.4 Afloje los pernos de los ejes del balancín un poco a la vez en la secuencia mostrada

10.6a Antes de levantar el conjunto de balancín de la culata de cilindro, asegúrese fijar con cinta adhesiva los ajustadores de válvula hidráulicos en sus orificios en las puntas de los balancines, o se saldrán de lugar

10.6b El conjunto de balancines es accionado por resorte, y se puede desarmar cuando lo desmonte de la culata de cilindro; es una buena idea colocar el conjunto en una superficie limpia con todas sus partes ordenadas

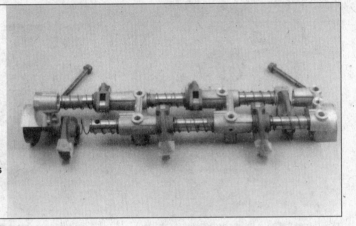

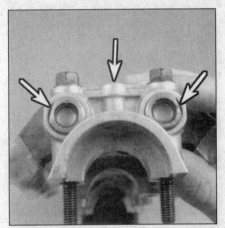

10.6c Se debe marcar cada tapa de cojinete ("1", "2", etc.), enumerando su posición en la culata (flecha central), si no tienen número, escriba uno usando un trazador o un punzón - también tenga en cuenta la superficie plana (flechas izquierda y derecha); cuando vuelva a montar el conjunto del eje de balancín, coloque las superficies planas como se muestra

2　Mantenga la bola de retención ligeramente hacia abajo y mueva el balancín hacia arriba y hacia abajo para verificar si hay juego libre. Debería haber movimiento, pero solo un poco. Si no hay juego libre, reemplace el ajustador por uno nuevo.

Desmontaje

Consulte las ilustraciones 10.4, 10.6a, 10.6b y 10.6c

3　Coloque el motor en TDC para el cilindro número 1 (vea el Capítulo 2D). Quite las tapas de válvulas (vea la Sección 3).

4　Afloje los pernos del eje de balancín (vea la ilustración) en dos o tres etapas, trabajando desde los extremos hacia el centro de los ejes. **Precaución:** *Algunas de las válvulas estarán abiertas al aflojar los pernos del eje de balancín y los ejes de balancín estarán bajo una cierta cantidad de presión del resorte de la válvula. Los pernos deben aflojarse gradualmente. Aflojar un perno a la vez cerca de un balancín bajo presión del resorte podría doblar o romper el eje de balancines.*

5　Antes del desmontaje, escriba o pinte marcas que identifiquen los balancines para asegurarse de que se instalarán en sus ubicaciones originales.

6　Quite los pernos y retire los conjuntos de eje de balancín y los ajustadores hidráulicos de juego libre de válvulas uno a uno. Colóquelos

sobre una mesa de trabajo en el mismo orden en el que estaban instalados. Se deben volver a instalar en la misma culata de cilindro. Tenga en cuenta la ubicación del número estampado en la tapa de cojinete y la posición de las muescas (vea las ilustraciones).

Inspección

Consulte la ilustración 10.8.

7　Revise la punta del balancín, rodillo, y el alojamiento del ajustador de juego libre en busca de desgaste. Si encuentra desgaste o daño, reemplácelos.

8　Inspeccione cada ajustador de válvula (vea la ilustración) cuidadosamente en busca de signos de desgaste y daño, especialmente en la punta de bola que hace contacto con el balancín. Los ajustadores hidráulicos de válvula se obstruyen con frecuencia. Reemplácelos si tiene dudas acerca de su condición o si escucha un golpeteo en el motor provocado por las válvulas.

Instalación

Consulte las ilustraciones 10.10a, 10.10b y 10.10c

9　Los ajustadores de válvula deben estar parcialmente llenos con aceite del motor; esto se comprueba si hay poco o ningún movimiento del émbolo con el ajustador deprimido. Si hay exceso de carrera del émbolo, coloque el conjunto de balancín en

AJUSTADOR DE TRABA HIDRÁULICA

10.8 Los ajustadores de válvula hidráulicos son unidades de precisión instaladas en el orificio maquinado en los conjuntos de balancines

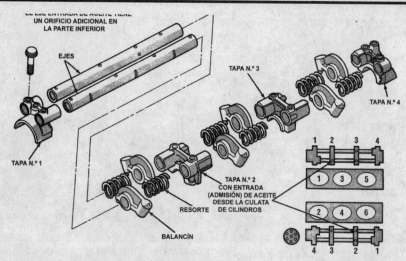

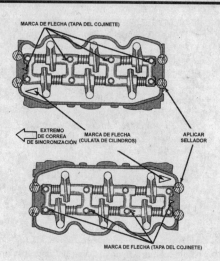

10.10a Vista ampliada del conjunto de balancín; observe que la tapa del cojinete n.º 2 en cada culata de cilindro debe estar en la posición correcta para garantizar que el conjunto de balancín recibe el aceite de la galería de aceite de la culata directamente debajo de la tapa n.º 2

10.10b Las flechas en las tapas de los cojinetes deben apuntar en la misma dirección que las flechas de las culatas de cilindros

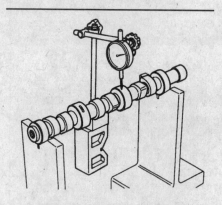

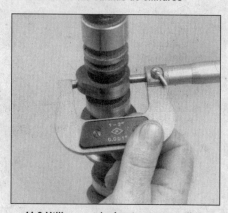

10.10c Usando una llave de torsión pulgadas-libras, apretar los pares de los pernos de montaje del balancín en el orden opuesto exacto en el que se han aflojado

11.7 Necesitará un indicador de cuadrante y un conjunto de bloques en V para medir el la desviación del árbol de levas

11.8 Utilice un micrómetro para medir la altura del lóbulo de leva

aceite de motor limpio y bombee el émbolo hasta que se eliminar el desplazamiento del émbolo. **Nota:** *Si el émbolo todavía se mueve cuando el balancín está lleno de aceite, es defectuoso, y se debe reemplazar el conjunto de balancín.*

10   La instalación de las piezas restantes se realiza en orden inverso al del desmontaje. **Nota:** *Asegúrese de que las flechas estampadas en la culata de cilindro y las tapas de los cojinetes (vea las ilustraciones) apuntan en la misma dirección.* Apriete los pernos del eje de balancines, en varias etapas, al torque indicado en las Especificaciones de este capítulo siguiendo el orden inverso al orden en que se aflojaron los pernos (vea la ilustración 10.4).

11   Árboles de levas - desmontaje, inspección e instalación

Desmontaje

1   Desconecte el cable del terminal negativo de la batería. Coloque el motor en TDC para el cilindro número 1 (vea el Capítulo 2D).
2   Quite la correa de sincronización y las rue-

das dentadas del árbol de levas (vea la Sección 7). Si está quitando el árbol de levas trasero (lado del cortafuego), retire el soporte del alternador y el alternador. Si está quitando el árbol de levas delantero (lado del radiador), retire la cubierta de la correa de sincronización interior y el adaptador de mando del distribuidor (vea la Sección 9).
3   Desmonte los conjuntos de balancines (vea la Sección 10).
4   Saque cuidadosamente los tapones del árbol de levas de la sección trasera (extremo del transeje) de la culata de cilindro. Al hacerlo, no raye ni melle el árbol de levas.
5   Levante con cuidado el árbol de levas de la culata.

Inspección

Consulte las ilustraciones 11.7 y 11.8.

6   Controle las superficies del cojinete del árbol de levas para verificar si hay erosión, rayas, corrosión y desgaste anormal. Si las superficies del cojinete están dañadas, se deberá reemplazar la culata de cilindro.
7   Controle la desviación del árbol de levas colocando el árbol de levas entre dos bloques en V y ubicando un indicador de cuadrante en

el muñón central (vea la ilustración). Coloque el indicador de esfera en cero. Gire el árbol de levas lentamente y observe la lectura total del indicador de cuadrante. Registre las lecturas y compárela con la desviación indicada en las Especificaciones de este capítulo. Si la desviación medida excede la desviación especificada, reemplace el árbol de levas.
8   Controle la altura del lóbulo del árbol de levas midiendo cada lóbulo con un micrómetro (vea la ilustración). Compare sus mediciones con la altura del lóbulo indicada en las Especificaciones de este capítulo. Restar la altura lóbulo de la leva medida de la altura especificada para calcular el desgaste de los lóbulos de leva. Compárelo con el límite de desgaste especificado. Si es mayor al límite de desgaste especificado, reemplace el árbol de levas.
9   Inspeccione el contacto y las superficies deslizantes de cada ajustador hidráulico de válvula en busca de hendiduras o daños (vea la Sección 10). Reemplace las piezas defectuosas.
10   Controle los balancines y ejes en busca de desgaste anormal, picaduras, desgaste, ralladuras y zonas ásperas. No intente restaurar los balancines moliendo rectificando las superficies almohadilladas. Reemplace las piezas defectuosas.

Instalación

11   Lubricar los ejes de cojinete y los lóbulos del árbol de levas con grasa a base de molibdeno o lubricante de montaje de motor, luego instalarlo con cuidado en la culata. No raye las superficies del cojinete con los lóbulos de la leva.

12   Instale el soporte del alternador.

13   Coloque los pernos del adaptador del mando del distribuidor y apriételos al par indicado en las especificaciones en este capítulo.

14   Instale la cubierta de la correa de sincronización interna.

15   Asegúrese de que la marca de la rueda dentada del cigüeñal todavía está alineada con su marca en la bomba de aceite. Deslice las ruedas dentadas de los árboles de levas sobre los árboles de levas y alinee las marcas de las ruedas dentadas con sus correspondientes marcas en las culatas de cilindros. Coloque los pernos y apriételos al par indicado en las Especificaciones en este capítulo.

16   Instale la correa de sincronización (vea la Sección 7).

17   La instalación de las piezas restantes se realiza en orden inverso al del desmontaje.

---

12   Resortes, retenedores y sellos de válvulas - reemplazo

Este procedimiento es esencialmente el mismo que para los motores de cuatro cilindros de 2.4 litros. Vea el Capítulo 2A, Sección 11, y siga los procedimientos que se detallan allí.

---

13   Culatas de cilindros - desmontaje e instalación

Nota: Permita que el motor esté completamente frío antes de comenzar este procedimiento.

Desmontaje

1   Coloque el motor en TDC para el cilindro número 1 (vea el Capítulo 2D). Drene el refrigerante del motor (vea el Capítulo 1).

2   Retire la cubierta de la correa de sincronización, la correa de sincronización (vea la Sección 7), y las ruedas dentadas del árbol de levas (vea la Sección 9).

3   Desmonte el múltiple de admisión (sección 4).

4   Quite componentes de los balancines y los ajustadores hidráulicos de juego libre (vea la Sección 10).

5   Desmonte los múltiples de escape (sección 5). **Nota:** *Si lo desea, cada múltiple puede permanecer acoplado a la culata de cilindro hasta después de que retire la culata de cilindro del motor. Sin embargo, se debe desconectar el múltiple del sistema de escape o tubo transversal.*

Culata de cilindro frontal (lado del radiador)

6   Quite el distribuidor (vea el Capítulo 5).

7   Retire el compresor de aire acondicionado del soporte sin desconectar ninguna manguera (vea el capítulo 3) y déjelo a un lado. Puede ser útil asegurar el compresor al vehículo con una

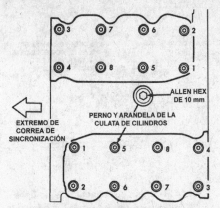

13.12 Secuencia de DESMONTAJE de los pernos de la culata de cilindro

cuerda o alambre para asegurarse de que no cuelga sujetado por sus mangueras.

8   Desmonte el soporte del compresor del aire acondicionado (vea el Capítulo 3).

Culata de cilindro trasera (lado del cortafuego)

9   Retire las mangueras de calefacción y los soportes del extremo del transeje de la culata.

10   Desmonte del compartimento del motor el alojamiento del filtro de aire (vea el Capítulo 4).

11   Quite el alternador (vea el Capítulo 5) y soporte de la culata del cilindro.

Ambas culatas de cilindros

Consulte la ilustración 13.12

12   Afloje los pernos de la culata de cilindro con una llave Allen de 10 mm en incrementos de 1/4 de vuelta hasta que pueda quitarlos con la mano. Siga la secuencia numérica apropiada para el desmontaje (vea la ilustración).

13   Se deben volver a instalar los pernos de la culata de cilindro en sus ubicaciones originales. Para evitar que se confundan, almacenarlos en los soportes de cartón marcados para indicar el patrón de pernos. Marque los soportes con F (frontales) y T (traseros) e indicar el extremo de la correa de sincronización del motor.

14   Desmonte la culata de cilindro del bloque. Si siente resistencia, desalojar la culata golpeándola con un bloque de madera y un martillo. Si se requiere hacer palanca, hágala solo en un saliente de fundición; tenga mucho cuidado de no dañar la culata o el bloque.

15   Si es necesario, quite los árboles de levas (vea la Sección 11).

Instalación

Consulte las ilustraciones 13.23.

16   Quite todos los rastros de material de junta vieja de la culata de cilindro y bloque del motor. Las superficies de contacto de las culatas de cilindros y del bloque deben estar perfectamente limpias cuando se instalan las culatas.

17   Utilice un raspador para quitar los trozos de carbón y de material de la junta vieja, y después limpie las superficies de contacto con diluyente de pintura o con acetona. Si las superficies de contacto tienen residuos de aceite cuando se instalan las culatas, es posible que las juntas no

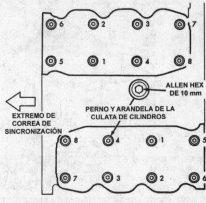

13.23 Secuencia de APRIETE de los pernos de la culata de cilindro

sellen correctamente y que se produzcan fugas. Utilice una aspiradora para retirar los residuos que caigan en los cilindros.

18   Revise las superficies de contacto del bloque y de la culata de cilindro para detectar hendiduras, rayas profundas u otros daños. Si el daño es leve se puede eliminar con una lima; si es excesivo, el mecanizado podría ser la única alternativa.

19   Utilice un machuelo del tamaño correcto para limpiar y reparar las roscas de los orificios de los pernos en las culatas de cilindros. Fije los pernos en una prensa de banco y haga pasar un troquel a lo largo de las roscas para quitarles la corrosión y restaurarlas. La suciedad, la corrosión, el compuesto sellador y las roscas dañadas afectarán las lecturas de torque. Asegúrese de que los orificios roscados del bloque estén limpios y secos.

20   Coloque en posición las juntas nuevas en las espigas del bloque.

21   Posicione con cuidado las culatas de cilindro sobre el bloque sin tocar las juntas.

22   Engrase ligeramente las roscas e instale los pernos en sus ubicaciones originales. Apriételos firmemente con la mano.

23   Apriete los pernos en tres pasos, en la secuencia adecuada (vea la ilustración), al torque indicado en las Especificaciones de este Capítulo.

24   La instalación de las piezas restantes se realiza en orden inverso al del desmontaje.

25   Agregue refrigerante y cambie el filtro y el aceite del motor (vea el Capítulo 1).

26   Arranque el motor y revise con cuidado para detectar fugas de aceite y de refrigerante.

---

14   Colector de aceite - desmontaje e instalación

Desmontaje

Consulte la ilustración 14.11

1   Desconecte el cable del terminal negativo de la batería.

2   Eleve el vehículo y sosténgalo de manera segura sobre torres de elevación.

3   Quite el protector contra salpicaduras del vehículo.

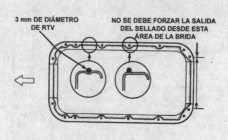

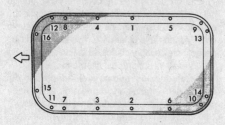

14.11 Vista ampliada del conjunto de bandeja de aceite y tubo recolector de aceite

14.14 El cordón de sellador RTV no debe interferir con los orificios para los pernos la bandeja de aceite

14.15 Secuencia de ajuste de los pernos de la bandeja de aceite

4   Drene el aceite de motor e instale el nuevo el filtro de aceite (vea el Capítulo 1).

5   Desconecte los tubos de escape del múltiple trasero (vea el Capítulo 5).

6   Apoyar el motor/transeje sujetándolo firmemente desde arriba con un elevador de motor o, mejor, un accesorio de soporte del motor de tres barras (disponible en la mayoría de tiendas de autopartes o tiendas de alquiler de equipos). **Advertencia:** *Debe estar completamente seguro de que el motor/transeje está firmemente sujetado. NO coloque partes de su cuerpo debajo del motor/transeje; si los soportes fallan, estos componentes pueden aplastarlo.*

7   Afloje los pernos de los soportes del motor (vea la Sección 18). Levante el conjunto del motor/transeje para proporcionar espacio para extraer la bandeja de aceite.

8   Quite los pernos de sujeción la bandeja de aceite.

9   Desmonte la bandeja de aceite. No haga palanca entre el bloque del motor y la bandeja de aceite, ya que las superficies de sellado pueden dañarse y causar fugas de aceite. Si la bandeja está atorada, desalójela con un martillo y un bloque de madera.

10   Utilice un raspador de juntas para eliminar de la bandeja y el bloque todo residuo de material de la junta vieja. Limpie las superficies de contacto con disolvente de barniz o con acetona.

11   Aflojar los pernos del tubo recolector de

aceite y conjunto de la pantalla (vea la ilustración).

Instalación

Consulte las ilustraciones 14.14 y 14.15.

12   Reemplace la junta en la brida del tubo recolector de aceite y reinstale el tubo. Ajuste los pernos del tubo recolector al torque indicado en las Especificaciones de este capítulo.

13   Asegúrese de que los orificios roscados del bloque están limpios (utilizar un roscador para eliminar el sellador o corrosión de las roscas).

14   Aplique una pequeña cantidad de sellador RTV (o equivalente) a la unión entre el bloque y la bomba, y a la unión entre el bloque y el retenedor de sello (vea la ilustración), y aplique un cordón delgado continuo a lo largo de la circunferencia de la brida de la bandeja de aceite. **Nota:** *Deje que el sellador se asiente (que se endurezca un poco) antes de instalar la junta.*

15   Instale la bandeja de aceite y apriete los pernos en tres o cuatro pasos, en la secuencia que se muestra (vea la ilustración), al torque indicado en las Especificaciones de este capítulo.

16   La instalación de las piezas restantes se realiza en orden inverso al del desmontaje.

17   Dejar que el sellador se seque durante al menos 30 minutos.

18   Llene el cárter con aceite (vea el Capítulo 1), arranque el motor y compruebe si hay presión de aceite y fugas.

15   Bomba de aceite: desmontaje, inspección e instalación

Desmontaje

Consulte la ilustración 15.3

1   Retire la correa de sincronización (vea la Sección 7) y la rueda dentada del cigüeñal (vea la Sección 8). Desmonte la bandeja de aceite y el tubo recolecto (vea la Sección 14).

2   Afloje los pernos de la bomba de la dirección hidráulica (vea el Capítulo 10) sin desconectar las mangueras. Retire el soporte de la bomba de la dirección hidráulica.

3   Quite los pernos de la bomba de aceite del frente del motor (vea la ilustración).

4   Use un bloque de madera y un martillo para romper soltar la bomba de aceite.

5   Tire de la bomba de aceite para quitarla del bloque del motor.

6   Utilice un raspador de juntas para eliminar de la bomba de aceite y del bloque del motor todo residuo de material de la junta vieja y de sellador. Limpie las superficies de contacto con disolvente de barniz o con acetona.

Inspección

Consulte las ilustraciones 15.7, 15.9, 15.10a, 15.10b, 15.10c, 15.10d, 15.10e y 15.10f

7   Retire los tornillos que sujetan la cubierta trasera a la bomba de aceite (vea la ilustración).

8   Limpie todos los componentes con solvente y luego revíselos para verificar si hay daños o desgaste.

9   Retire el tapón de la válvula de alivio de presión de aceite, la arandela, el resorte y la válvula (émbolo) (vea la ilustración). Compruebe la superficie deslizante de la válvula de alivio de presión de aceite y el resorte de la válvula. Si el resorte o la válvula están dañados, se deben reemplazar como un conjunto.

10   Compruebe las siguientes holguras con un calibrador de láminas (vea las ilustraciones) y compare las mediciones con las holguras en las Especificaciones de este Capítulo:

a) Caja-rotor exterior

b) Holgura del extremo del motor

c). Caja-rotor interior

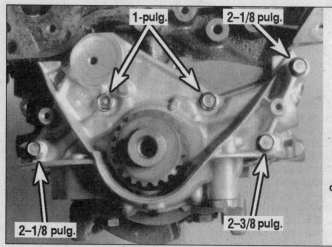

15.3 Para retirar el conjunto de la bomba de aceite del motor, desmontar la rueda dentada del árbol de levas; a continuación, retire estos pernos (flechas). Observe las ubicaciones correctas para los pernos de distinta longitud para el reensamblaje

15.7 Los tornillos de sujeción de la cubierta de la bomba se atornillan firmemente en la fábrica; es probable que necesite utilizar un destornillador de impacto para poder aflojarlos (en caso contrario, dañará las cabezas de los tornillos)

15.9 Vista ampliada del conjunto de la bomba de aceite

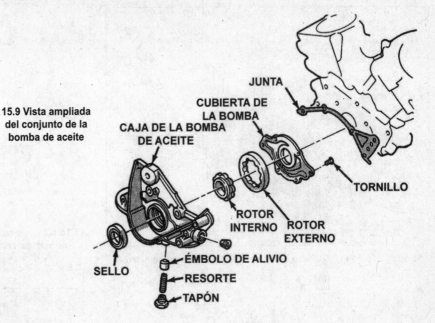

JUNTA

CUBIERTA DE LA BOMBA

CAJA DE LA BOMBA DE ACEITE

TORNILLO

ROTOR INTERNO

ROTOR EXTERNO

SELLO

ÉMBOLO DE ALIVIO

RESORTE

TAPÓN

15.10a Use un calibrador de lámina para determinar la holgura entre el rotor exterior y la caja.

15.10b Use una regla metálica y un calibrador de lámina para determinar la holgura del extremo del rotor (la holgura entre la cara del rotor y la cubierta de la bomba)

15.10c Calcular la tercera medida, la holgura entre el rotor interior y la caja, es más complicado: En primer lugar, mida el diámetro interior del orificio del rotor interior en la caja con un medidor de orificio. . .

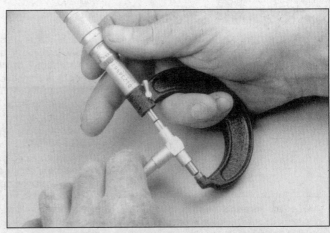

15.10d . . . medir el calibre de orificio con un micrómetro. . .

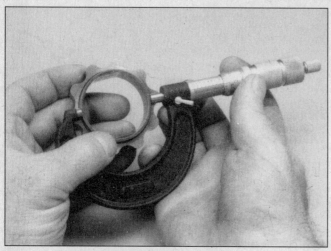

15.10e ... medir el diámetro del rotor interior con un micrómetro. . .

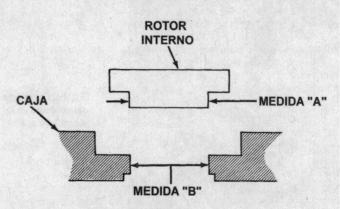

15.10f ... y restar la medición "A" de la medida "B" (diám. int. del orificio del rotor en la caja del rotor menos el diám. ext. del rotor interior)

17.3 Para retirar el retenedor del sello de aceite trasero principal, retire estos cinco pernos

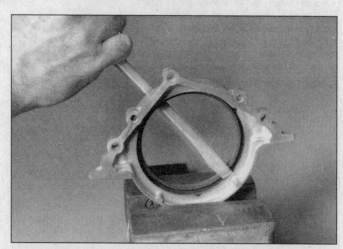

17.4 Para retirar el sello viejo del retenedor del sello principal trasero, montar el retenedor en una prensa de banco y levante el sello viejo con un destornillador

17.5 Para instalar el nuevo sello en el retenedor de sello, coloque el retenedor en posición horizontal en un espacio de trabajo limpio y ponga el nuevo sello en su lugar utilizando un bloque de madera y un martillo

Si alguna de estas holguras es excesiva, reemplace el conjunto de la bomba de aceite en su totalidad.

11   Coloque vaselina en las cavidades de la bomba de aceite para cebarla. Arme la bomba de aceite y ajuste los tornillos al torque indicado en las Especificaciones de este Capítulo. Instale la válvula de alivio de presión de aceite, resorte, y la arandela. Luego, apretar el tapón de la válvula de alivio de presión de aceite al torque indicado en las Especificaciones de este Capítulo.

Instalación

12   Aplique una delgada capa de sellador RTV a la junta de la bomba de aceite nueva.
13   La instalación de las piezas restantes se realiza en orden inverso al del desmontaje. Alinear las superficies planas del cigüeñal con las superficies planas del rotor interior de la bomba de aceite. Apriete todos los sujetadores al torque indicado en las Especificaciones de este capítulo.

16   Plato de transmisión - desmontaje e instalación

Este procedimiento es esencialmente el mismo para todos los motores. Consulte el Capítulo 2A, la Sección 15, y siga el procedimiento descrito allí, pero use el torque indicado en las Especificaciones de este Capítulo.

17   Sello principal trasero de aceite - reemplazo

Consulte las ilustraciones 17.3, 17.4, 17.5 y 17.6.

Nota: Es posible hacer palanca para extraer el sello usado e instalar uno nuevo sin necesidad de retirar el retenedor de sello, pero no es recomendable, porque es fácil mellar o rayar el cigüeñal o el orificio del sello. Si tiene mucho cuidado, puede dañar el borde del sello nuevo durante la instalación. Sin embargo, si las circunstancias impiden retirar la bandeja de aceite y el retenedor, utilice el procedimiento descrito en el Capítulo 2A, Sección 16 (pero tenga en cuenta que el siguiente método es la forma recomendada para cambiar el sello principal trasero).

1   Desmonte el transeje (vea el Capítulo 7).

2   Desmonte la bandeja de aceite (vea la Sección 14).

3   Retire los pernos de retención del sello de aceite trasero principal y el retenedor (vea la ilustración).

4   Coloque el retenedor en una prensa de banco y extraiga el sello viejo (vea la ilustración).

5   Para instalar el nuevo sello, coloque el retenedor sobre una superficie limpia y plana, e instalar el sello cuidadosamente usando un bloque de madera y un martillo (vea la ilustración).

6   Cubra la superficie de contacto del retenedor con sellador RTV (vea la ilustración), aplique una ligera capa de aceite limpio en el borde del sello, instale el retenedor, y apriete los pernos de retención al torque indicado en las Especificaciones de este Capítulo.

7   La instalación de las piezas restantes se realiza en orden inverso al del desmontaje.

18   Bases del motor - inspección y reemplazo

Este procedimiento es esencialmente el mismo para todos los motores. Consulte el Capítulo 2A, Sección 17, y siga el procedimiento descrito allí.

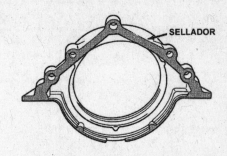

SELLADOR

17.6 Antes de instalar el retenedor del sello de aceite trasero principal en el bloque, recubrir las superficies de contacto del retenedor con sellador RTV

Notas

Capítulo 2 Parte C
Motores V6 3.3L y 3.8L

Contenido

Especificaciones

Generales

Hueco
  3.3L .... 3.66 pulgadas
  3.8L .... 3.779 pulgadas
Carrera
  3.3L .... 3,188 pulgadas
  3.8L .... 3.425 pulgadas
Relación de compresión
  3.3L 8.9:1
  3.8L 9.6:1
Desplazamiento
  3.3L .... 201 pulgadas cúbicas
  3.8L .... 231 pulgadas cúbicas
Número de cilindros (del extremo de la correa de transmisión al extremo de la transmisión)
  Banco frontal (lado del radiador) 2-4-6
  Banco trasero 1-3-5
Orden de ignición 1-2-3-4-5-6
Presión de aceite
  Velocidad en ralentí .... 5 psi (mínima)
  A 3000 rpm .... 30 a 80 psi

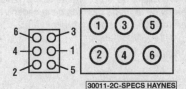

Ubicaciones de los cilindros y de los terminales de bobinas

Árbol de levas

Diámetro del muñón del rodamiento
N.º 1	para 1.999 inches 1,997
N.º 2	para 1.983 inches 1,981
N.º 3	para 1.968 inches 1,966
N.º 4	de 1.952 a 1.950 pulgadas

Diámetro interno de los cojinetes
N.º 1	de 2.000 a 2.001 pulgadas
N.º 2	de 1.984 a 1,985 pulgadas
N.º 3	de 1.969 de 1.970 pulgadas
N.º 4	de 1.953 a 1.954 pulgadas
Espacio libre del rodamiento	de 0.001 a 0.003 pulgadas
Juego libre	de 0.012 a 0.005 pulgadas
Elevación de los lóbulos	0.400 pulgadas

Bomba de aceite

Límite de alabeo de la cubierta	0.001 pulgadas
Grosor del rotor externo (mínimo)	0.301 pulgadas
Grosor del rotor interno (mínimo)	0.301 pulgadas
Holgura del rotor a la cubierta de la bomba	0.004 pulgadas
Holgura del rotor externo al alojamiento....................	0.015 pulgadas
Espacio entre el rotor interno y el lóbulo del rotor externo	0.008 pulgadas

Especificaciones de torque

Ft-lb (a menos que se indique lo contrario)

Perno de la rueda dentada del cigüeñal......................	40
Pernos de la placa de empuje del árbol de levas................................	105 in-lb
Perno de la polea del cigüeñal	40

Pernos de culatas de cilindro
Paso 1 (pernos 1 a 8)..	45
Paso 2 (pernos 1 a 8)..	65
Paso 3 (pernos 1 a 8)..	65
Paso 4 (pernos 1 a 8)..	Ajuste 90° adicionales (1/4 de vuelta)
Paso 5 (perno 9)..	25
Pernos que fijan el plato de transmisión al cigüeñal	70
Pernos de la placa de soporte del montaje del motor	40
Pernos de la culata de cilindro al múltiple de escape....................	17

Pernos del múltiple de escape al convertidor
catalítico (modelos de 2001 y posteriores)	27

Pernos del transversal de escape
desde 1996 hasta 2000..	25
2001 y posteriores..	30
Pernos de retención del levantaválvulas.....................	105 in-lb
Pernos de retención de la junta del múltiple de admisión	105 in-lb
Pernos del múltiple de admisión a la culata de cilindros	200 in-lb
Tapón del enfriador de aceite	20
Tapón de drenaje de la bandeja de aceite del motor...................	20
Pernos/tuercas de la bandeja de aceite	105 in-lb
Pernos de montaje del tubo recolector de la bomba de aceite	21
Pernos de la cubierta (placa) de la bomba de aceite	105 in-lb
Pernos que fijan la tapa de válvulas a la culata de cilindros	105 in-lb
Pernos del retenedor del sello de aceite principal trasero....................	105 in-lb

Pernos del eje del balancín
desde 1996 hasta 2000..	21
2001 y posteriores..	17

Pernos de la cubierta de la cadena de sincronización
M8	20
M10	40
Amortiguador de la cadena de sincronización (guía)............................	105 in-lb
Pernos de la rueda dentada de la cadena al cigüeñal	35
Pernos de la bomba de agua	105 in-lb

3.4 Quite los pernos de montaje de las cubiertas de las válvulas

3.5 Tenga cuidado de no doblar o dañar la cubierta de la válvula o la culata de cilindro cuando haga palanca

1   Información general

El Capítulo 2C abarca los procedimientos de reparación dentro del vehículo para los motores V6 3.3L y 3.8L Estos motores utilizan un bloque de hierro fundido con seis cilindros dispuestos en "V" en un ángulo de 60 grados entre los dos bancos. Las culatas de cilindro de aluminio de la válvula superior están equipadas con guías y asientos de válvulas reemplazables. Un árbol de levas integrado, impulsado por cadena del cigüeñal y levantaválvulas hidráulico, acciona las válvulas mediante varillas de empuje tubulares.

Toda la información relacionada con el desmontaje y la instalación del bloque motor y el reacondicionamiento de la culata de cilindros se puede encontrar en el Capítulo 2D. Los procedimientos de reparación indicados a continuación presuponen que el motor está instalado en el vehículo. Si el motor está desmontado del vehículo y apoyado sobre un soporte, no serán pertinentes muchos de los pasos indicados en el Capítulo 2C.

Las especificaciones incluidas el Capítulo 2C solo corresponden a los procedimientos contenidos en el Capítulo 2C. El Capítulo 2D contiene las especificaciones necesarias para reconstruir la culata de cilindro y el bloque del motor.

2   Reparaciones posibles con el motor en el vehículo

Muchas reparaciones grandes se pueden realizar sin desmontar el motor.

Limpie el compartimiento del motor y el exterior del motor con desengrasante antes de cualquier trabajo. Le facilitará el trabajo y ayudará a que no ingrese suciedad en los componentes internos del motor

Podría ser útil desmontar el capó para facilitar el acceso al motor durante las reparaciones (vea el Capítulo 11). Cubra los guardafangos a fin de evitar daños a la pintura. Están disponibles almohadillas especiales, pero una manta o un cubrecama viejos también le servirán.

Si se detectan pérdidas de vacío o fugas de gases de escape, de aceite o de líquido refrigerante, es indicación de que se debe reemplazar juntas o sellos. En general, esas reparaciones se pueden realizar sin desmontar el motor. Se

puede acceder a las juntas de los múltiples de admisión y escape, de la bandeja de aceite y de la culata de cilindro, y a los sellos de aceite del cigüeñal con el motor en el vehículo.

Los componentes exteriores del motor, como los múltiples de admisión y escape, la bandeja de aceite, la bomba de aceite, la cubierta de la cadena de sincronización, la bomba de agua, el motor de arranque, el alternador y los componentes del sistema de combustible, se pueden extraer para reparar con el motor en el vehículo.

Las culatas de cilindro se pueden desmontar sin necesidad de extraer el motor. El mantenimiento de los componentes de válvulas también se puede realizar con el motor en el vehículo. También se puede reemplazar la cadena de sincronización y las ruedas dentadas con el motor en el vehículo, pero el árbol de levas no se puede desmontar con el motor en el vehículo.

La reparación o sustitución de los anillos de pistón, pistones, bielas y cojinetes de biela es posible con el motor en el vehículo, sin embargo, esta práctica no es recomendable debido a los trabajos de limpieza y preparación que se debe hacer a los componentes.

3   Tapas de válvulas - desmontaje e instalación

Desmontaje
Cubierta de la válvula frontal (lado del radiador)

Consulte las ilustraciones 3.4 y 3.5

1   Desconecte el cable negativo de la batería.

2   Desconecte los cables de ignición de las bobinas (vea el Capítulo 1). Etiquete cada cable antes del desmontaje para volver a instalarlos correctamente.

3   Quite la manguera de ventilación del cárter de la cubierta de válvulas.

4   Quite los pernos de la cubierta de válvulas (vea la ilustración).

5   Retire la cubierta de la válvula. **Nota:** *Si la cubierta de la válvula se adhiere a la culata del cilindro, use un bloque de madera y un martillo para desprenderla. Si la cubierta de la válvula todavía no se afloja, hágale palanca con cuidado, sin deformar la brida de sellado (vea la ilustración).*

Cubierta de la válvula trasera (lado del cortafuego)

6   Desconecte el cable negativo de la batería.

7   Quite el conjunto del limpiaparabrisas (vea el Capítulo 12).

8   Etiquete las tuberías de vacío del cuerpo del acelerador y desacóplelas.

9   Quite la correa de transmisión serpentina (vea el Capítulo 1).

10   Desmonte el alternador (vea el Capítulo 5).

11   Desconecte los cables de ignición de las bobinas (vea el Capítulo 1). Etiquete cada cable antes del desmontaje para volver a instalarlos correctamente.

12   Desmonte el juego de bobinas de ignición (vea el Capítulo 5).

13   Desmonte el pleno de admisión de aire (vea el Capítulo 4).

14   Retire la manguera de ventilación de la válvula de PCV.

15   Quite los pernos de la cubierta de válvulas (vea la ilustración 3.4).

16   Desacople la cubierta de válvulas. **Nota:** *Si la tapa se adhiere a la culata del cilindro, use un bloque de madera y un martillo para desprenderla. Si la cubierta de la válvula todavía no se afloja, hágale palanca con cuidado, sin deformar la brida de sellado (vea la ilustración 3.5).*

Instalación

17   Las superficies de contacto las culatas de cilindro y las cubiertas de las válvulas deben estar perfectamente limpias cuando se instalan las cubiertas de válvulas. Use un raspador de juntas para eliminar cualquier rastro de sellador o material viejo de la junta, luego limpie las superficies de contacto con un diluyente de barniz o acetona (si hay sellador o aceite sobre las superficies de contacto cuando se instala la válvula, se pueden producir fugas de aceite). Tenga mucho cuidado de no mellar ni deformar las superficies de contacto con el raspador.

18   Limpie las roscas de los pernos de montaje con un machuelo, a fin de eliminar la corrosión y reparar las roscas dañadas. Use un macho de rosca para limpiar los orificios roscados en las culatas.

19   Coloque la cubierta de la válvula y la nueva junta en su posición, coloque los pernos. Apriete los pernos en varios pasos hasta el torque indicado en las Especificaciones de este Capítulo.

4.2 Desconecte la manguera de derivación del refrigerante del múltiple de admisión cerca del alojamiento del termostato.

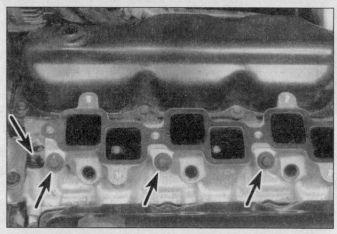

4.3a Quite los pernos del múltiple de admisión usando un patrón circular, empezando por los pernos exteriores

4.3b Haga palanca en el múltiple de admisión solo en las áreas donde la superficie de contacto de la junta no se dañará

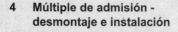

4.4 Quite los tornillos de retención de la junta del múltiple de admisión (flechas)

20   La instalación de las piezas restantes se realiza en orden inverso al del desmontaje.
21   Encienda el motor y revíselo cuidadosamente para detectar fugas de aceite.

---

4   Múltiple de admisión - desmontaje e instalación

Desmontaje (modelos desde 1996 hasta 2000)

Vea las ilustraciones 4.2, 4.3a, 4.3b y 4.4.

1   Retire la tapa del múltiple de admisión, el pleno del múltiple de admisión y el conducto e inyectores de combustible (vea el Capítulo 4).
2   Retire la manguera superior del radiador, manguera de derivación y la manguera trasera del múltiple de admisión (vea la ilustración).
3   Retire los pernos del múltiple de admisión y el múltiple de admisión (vea la ilustración) y separe el múltiple de admisión del motor (vea la ilustración). Si el múltiple está atascado, haga palanca con cuidado sobre un saliente de fundición - no haga palanca entre el múltiple de admisión y las culatas cilindro, ya que se pueden producir daños a las superficies de sellado de la junta. Si está instalando un nuevo múltiple de

admisión, transferir todos los accesorios y sensores al nuevo múltiple de admisión.
4   Retire los tornillos de sujeción de la junta del múltiple de admisión (vea la ilustración) y las abrazaderas, y levante la junta del bloque del motor.

Instalación (modelos desde 1996 hasta 2000)

Consulte la ilustración 4.7

Nota: *Las superficies de contacto de las culatas de cilindro, del bloque del motor y del múltiple de admisión deben estar perfectamente limpias al instalar el múltiple de admisión. En la mayoría de las tiendas de autopartes puede conseguir solventes para remover juntas y pueden ser útiles para quitar el material viejo de la junta que está atorado a las culatas de cilindro y al múltiple de admisión (el múltiple de admisión está hecho de aluminio, rasparlo con fuerza puede dañarlo). Asegúrese de seguir las instrucciones impresas en el envase del solvente.*

5   Levante la junta vieja para extraerla. Utilice un raspador para quitar los restos de sellador y de material de la junta vieja, y después limpie las superficies de contacto con diluyente de barniz o acetona. Si queda sellador viejo o aceite sobre las superficies de contacto cuando se instala el múltiple de admisión, pueden aparecer fugas de aceite. Use una aspiradora para quitar todo el material de las juntas que caiga dentro de los puertos de admisión o en la cuenca de los levantaválvulas.

6   Use un macho de rosca del tamaño correcto para reparar las roscas en los orificios de los pernos, y después use aire comprimido (si está disponible) para quitar de los orificios los desechos. **Advertencia:** *lleve puestas gafas de seguridad o un protector facial para protegerse los ojos cuando utilice aire comprimido.*
7   Aplique un cordón de 1/4 de pulgada de sellador RTV o equivalente a las cuatro uniones de las culatas de cilindro al bloque del motor (vea la ilustración).
8   Instale la junta del múltiple de admisión y apriete los pernos de retención.
9   Coloque en su lugar el múltiple de admisión bajándolo con cuidado e instale los pernos/tuercas de montaje a mano.

4.7 Aplique sellador RTV a las esquinas de la culata de cilindro y del bloque del motor

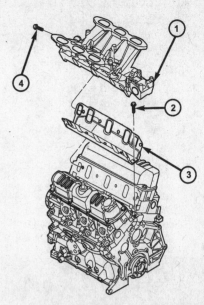

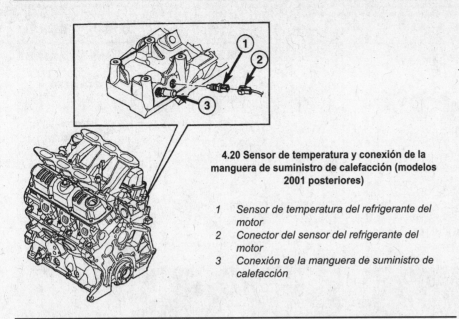

4.20 Sensor de temperatura y conexión de la manguera de suministro de calefacción (modelos 2001 posteriores)

1   *Sensor de temperatura del refrigerante del motor*
2   *Conector del sensor del refrigerante del motor*
3   *Conexión de la manguera de suministro de calefacción*

4.23 Conjunto de múltiple de admisión inferior (modelos 2001 y posteriores)

1   *Múltiple de admisión inferior*
2   *Tornillos de sujeción de juntas*
3   *Junta del múltiple*
4   *Pernos de montaje del múltiple*

10   Apriete los pernos en tres pasos, desde el centro hacia afuera y en un patrón cruzado al torque indicado en las Especificaciones de este Capítulo.
11   La instalación de las piezas restantes se realiza en orden inverso al del desmontaje.
12   Cambie el filtro y aceite del motor y rellene el sistema de enfriamiento (vea el Capítulo 1).
13   Arranque el motor e inspeccione en busca de fugas.

Desmontaje (modelos 2001 y posteriores)

Consulte las ilustraciones 4.20 y 4.23

14   Alivie la presión del sistema (vea Capítulo 4).
15   Desconecte el cable del terminal negativo de la batería.
16   Drene el sistema de enfriamiento (vea el Capítulo 3).
17   Desmonte el múltiple superior de admisión (vea el Capítulo 4).
18   Consulte el Capítulo 4 y desconecte el accesorio de desconexión rápida de la manguera de combustible.
19   Desmonte el grupo de bobinas de ignición y su soporte (vea el Capítulo 5).
20   Desconecte la manguera de suministro de calefacción y el sensor de temperatura del motor (vea la ilustración).
21   Desconecte el conjunto de conductos del inyector de aceite (vea el Capítulo 4).
22   Desconecte la manguera superior del radiador.
23   Quite los pernos del múltiple de admisión inferiores y el múltiple de admisión inferior y separe el múltiple de admisión inferior del motor (vea la ilustración). Si el múltiple de admisión inferior está atascado, haga palanca con cuidado sobre un saliente de fundición; no haga palanca entre el múltiple de admisión inferior, y las culatas de cilindro, ya que se pueden producir daños a las superficies de sellado de la junta. Si está instalando un nuevo múltiple de admisión inferior,

transferir todos los accesorios y sensores para el nuevo múltiple de admisión inferior.
24   Quite los tornillos de sujeción de la junta del múltiple de admisión inferior y retire la junta del bloque de cilindros (vea la ilustración 4.23).

Instalación (modelos 2001 y posteriores)

Consulte las ilustraciones 4.27 y 4.30.

Nota: *Las superficies de contacto de las culatas de cilindro, del bloque de cilindros y del múltiple de admisión deben estar perfectamente limpias cuando se instala el múltiple de admisión inferior. En la mayoría de las tiendas de autopartes puede conseguir solventes para remover juntas y pueden ser útiles para quitar el material viejo de la junta que está atorado a las culatas de cilindro, al bloque de cilindros y al múltiple de admisión inferior (el múltiple de admisión inferior está hecho de aluminio, rasparlo con fuerza puede dañarlo). Asegúrese de seguir las instrucciones impresas en el envase del solvente.*
25   Utilice un raspador para quitar los restos de sellador y de material de la junta vieja, y después limpie las superficies de contacto con diluyente de pintura o acetona. Si queda sellador viejo o aceite sobre las superficies de contacto cuando

se instala el múltiple de admisión inferior, se pueden producir fugas de aceite o vacío. Use una aspiradora para quitar todo el material de las juntas que caiga dentro de los puertos de admisión o en la cuenca de los levantaválvulas.
26   Use un macho de rosca del tamaño correcto para reparar las roscas en los orificios de los pernos, y después use aire comprimido (si está disponible) para quitar de los orificios los desechos. **Advertencia:** *lleve puestas gafas de seguridad o un protector facial para protegerse los ojos cuando utilice aire comprimido.*
27   Aplique un cordón de 1/4 de pulgada de sellador RTV o equivalente a las cuatro uniones de las culatas de cilindro al bloque del motor (vea la ilustración).
28   Instale la junta de admisión inferior y apriete los tornillos de retención.
29   Coloque en su lugar el múltiple de admisión inferior bajándolo con cuidado e instale los pernos de montaje a mano.

4.27 Aplicar sellador RTV a las esquinas de las culatas de cilindro y bloque del motor (1)

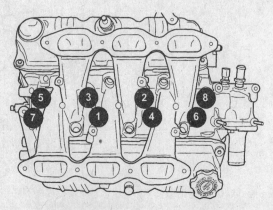

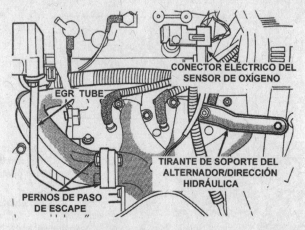

4.30. Secuencia de ajuste de los pernos de montaje del múltiple de admisión inferior (modelos 2001 y posteriores)

5.9 Desconecte el tubo de EGR del múltiple de escape.

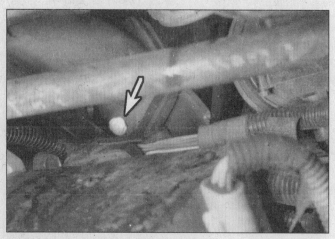

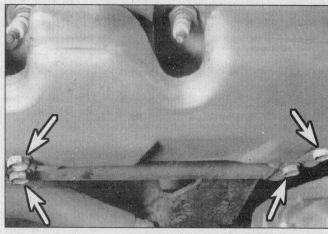

5.12 Se accede al perno inferior del tubo transversal por debajo del compartimiento del motor con una extensión y una llave articulada

5.15 Retire los cuatro pernos (flechas) para separar el protector contra calor del múltiple de escape

30   Apriete los pernos en tres pasos, siguiendo la secuencia recomendada (vea la ilustración) al torque indicado en las Especificaciones de este Capítulo.

5   Múltiples de escape - desmontaje e instalación

Desmontaje (modelos desde 1996 hasta 2000)

Consulte las ilustraciones 5.9, 5.12 , 5.15a, 5.15b, 5.16 y 5.17

1   Desconecte el cable negativo de la batería.

2   Retire el conjunto del filtro de aire (vea el Capítulo 4).

3   Deje que el motor se enfríe completamente, luego drene el líquido refrigerante (vea el Capítulo 1) y desconecte el tubo de derivación de líquido refrigerante.

4   Quite la correa de transmisión accesoria (vea el Capítulo 1).

5   Desmonte el alternador (vea el Capítulo 5).

6   Levante el vehículo, apóyelo de forma segura sobre torretas de elevación, y desconecte los tubos de escape de los múltiples de escape

en la junta flexible.

7   Desconecte el conector del sensor de oxígeno descendente.

8   Bajar el sistema de escape para obtener acceso al múltiple de escape trasero.

9   Desconecte el tubo de EGR del múltiple de escape y el cable conductor del sensor de calor de oxígeno (vea la ilustración).

10   Retire el protector contra calor del montaje trasero del motor.

11   Retire el puntal de soporte del alternador/dirección hidráulica (vea la ilustración 5.9).

12   Quitar los pernos del tubo transversal de escape (vea la ilustración 5.9) donde se une con el múltiple de escape delantero. **Nota:** *Se accede al perno inferior por debajo del compartimiento del motor (vea la ilustración).*

13   Desconecte el conector del sensor de oxígeno ascendente.

14   Quite los pernos que sujetan el múltiple de escape trasero a la culata de cilindro, y retire el múltiple de escape.

15   Baje el vehículo y quite los tornillos que sujetan los protectores contra calor delanteros a los múltiples de escape (vea las ilustraciones).

16   Quite los pernos que sujetan el tubo transversal al múltiple de escape delantero (vea la ilustración).

17   Quite los pernos de montaje y los múltiples de escape de la culata de cilindros (vea la ilustración). Asegúrese de aplicar lubricante penetrante a los pernos y roscas antes de extraerlos.

Instalación (modelos desde 1996 hasta 2000)

18   Limpie las superficies de contacto para retirar cualquier rastro de material de juntas viejas, luego inspeccione el múltiple de escape para verificar si hay deformaciones y rajaduras. Se puede revisar el alabeo sosteniendo una regla metálica contra la brida de contacto. Si se puede insertar un calibrador de láminas más grueso que 0.030 pulgadas entre la regla y la superficie de la brida, lleve el múltiple de escape a un taller de maquinado automotriz para que sea revestido.

19   Coloque el múltiple de escape en la posición correcta con la junta nueva e instale los pernos firmemente con la mano. **Nota:** *Asegúrese de identificar las juntas del múltiple de escape por la designación del cilindro correcto y la posición de los orificios de escape en la junta.*

20   Ajuste en varios incrementos los pernos de montaje al torque indicado en las Especificaciones de este Capítulo. Comience desde el medio y luego continúe hacia los extremos.

21   La instalación de las piezas restantes se

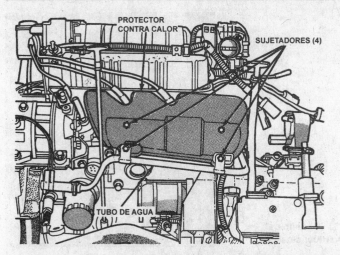

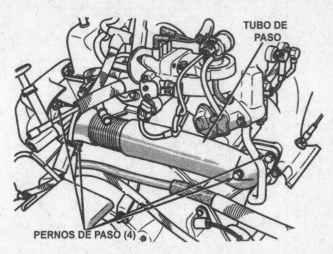

5.15b Quite los pernos de montaje del protector contra calor acoplado al múltiple de escape trasero

5.16 Quite los pernos de tubo transversal

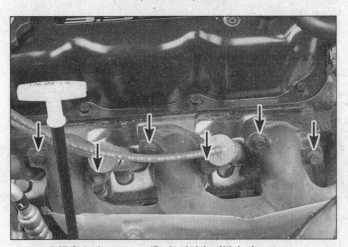

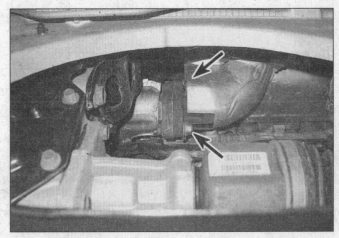

5.17 Quite los pernos (flechas) del múltiple de escape.

5.26 Retire los dos pernos de montaje del tubo transversal

realiza en orden inverso al del desmontaje.

22   Encienda el motor y verifique si hay fugas de escape entre el múltiple de escape y la culata de cilindro, y entre el múltiple de escape y el tubo de escape.

Desmontaje (modelos 2001 y posteriores)

Múltiple de escape trasero

Consulte las ilustraciones 5.26, 5.27, 5.32 y 5.36.

23   Desconecte el cable del terminal negativo de la batería.

24   Desmonte el conjunto del motor del limpia-parabrisas (vea el Capítulo 12).

25   Desconecte el banco trasero de cables de las bujías.

26   Quite los pernos del tubo transversal donde se une con el múltiple de escape trasero (vea la ilustración).

27   Desconecte y retire el conector del sensor de oxígeno ascendente (vea la ilustración). Desmonte el sensor de oxígeno ascendente (vea el Capítulo 6).

28   Quite los pernos y el protector contra calor superior (vea la ilustración 5.27).

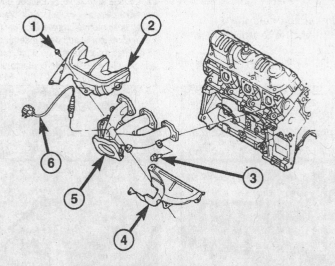

5.27 Conjunto de múltiple de escape trasero

1 Tornillo del protector contra calor	4 Protector contra calor inferior
2 Protector contra calor superior	5 Múltiple de escape trasero
3 Perno del múltiple de escape	6 Sensor de oxígeno ascendente

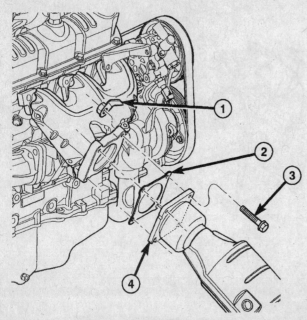

5.32 Conjunto de convertidor catalítico

1   Tuerca de la brida
2   Junta
3   Perno
4   Convertidor
    catalítico

5.36 Retire los dos pernos de montaje del tubo transversal

29   Levante el vehículo, apóyelo de manera segura en torretas de elevación y quite el protector de la correa de transmisión.

30   Afloje el perno inferior del puntal de soporte de la bomba de dirección hidráulica.

31   Desconecte el conector del sensor de oxígeno descendente.

32   Quite los pernos y desconecte el convertidor catalítico del múltiple de escape (vea la ilustración).

33   Baje el vehículo y retire el perno de soporte superior de la bomba de dirección hidráulica.

34   Quite los pernos que sujetan el múltiple de escape trasero a la culata de cilindro, y retire el múltiple de escape trasero.

Múltiple de escape delantero

35   Desconecte el cable del terminal negativo de la batería.

36   Desmontar el tubo transversal donde se une con el múltiple de escape delantero (vea la ilustración).

37   Desconecte el banco delantero de cables de las bujías.

38   Quite los pernos y el protector contra calor superior.

39   Quite los pernos que sujetan el múltiple de escape delantero a la culata de cilindro, y retire el múltiple de escape delantero.

Instalación (modelos 2001 y posteriores)

40   Limpie las superficies de contacto para retirar cualquier rastro de material de juntas viejas, luego inspeccione el múltiple de escape para verificar si hay deformaciones y rajaduras. Compruebe si hay alabeo sosteniendo una metálica contra la superficie de contacto. Si se puede insertar un calibrador de láminas más grueso que 0.030 pulgadas entre la regla y la superficie de contacto, lleve los múltiples de escape a un taller de maquinado automotriz para que sean revestidos.

41   Coloque el múltiple de escape en la posición correcta con la junta nueva e instale los pernos de montaje firmemente con la mano. **Nota:** *Asegúrese de identificar la junta del múltiple de escape por la designación del cilindro correcto y la posición de los orificios de escape en la junta.*

42   Comience desde el centro y vaya hacia los extremos para ajustar los pernos al torque indicado en las Especificaciones de este Capítulo.

43   La instalación de las piezas restantes se realiza en orden inverso al del desmontaje.

44   Encienda el motor y verifique si hay fugas de escape entre el múltiple de escape y las culatas de cilindro, y entre los múltiples de escape, el tubo transversal y el convertidor catalítico.

6   Polea del cigüeñal - desmontaje e instalación

Desmontaje

Consulte las ilustraciones 6.6a, 6.6b y 6.7

1   Desconecte el cable negativo de la batería.

2   Afloje las tuercas de la rueda delantera derecha, levante el vehículo y apóyelo firmemente sobre torretas de elevación.

3   Quite la rueda.

4   Retire la pantalla protectora del guardafango interior delantero derecho (vea el Capítulo 11).

5   Quite la correa de transmisión serpentina (vea el Capítulo 1).

6   Retire la cubierta del plato de transmisión y coloque un destornillador grande en los dientes de la corona para evitar que el cigüeñal gire (vea la ilustración), mientras un ayudante quita el perno que sujeta la polea del cigüeñal al cigüeñal (vea la ilustración).

7   Tire de la polea del cigüeñal para desmontarla cigüeñal con un extractor de dos mandíbulas acoplado al cubo interior como se muestra (vea la ilustración). **Precaución:** *No acoplar el extractor al borde exterior de la polea o esta se puede dañar.*

6.6a Utilice un destornillador grande o una barra de palanca colocada en la esquina de la campana de embrague para fijar el plato de transmisión en su lugar

6.6b Retire el perno de la polea del cigüeñal (flecha) con un trinquete y mango articulado

6.7 Retire la polea del cigüeñal con un extractor de dos mandíbulas acoplado al cubo interior - NO tire del borde exterior de la polea o se podrían producir daños

7.8 Retire los pernos (flechas) que sujetan la placa de soporte del motor al motor.

Instalación

8   Instale la polea del cigüeñal con una herramienta de instalación especial que se enrosca al cigüeñal en lugar del perno de la polea del cigüeñal (disponible en la mayoría de las tiendas de autopartes). Asegúrese de aplicar aceite de motor limpio o grasa multiuso a la superficie de contacto del sello del buje amortiguador (si no se lubrica, el borde del sello podría dañarse y podrían ocurrir fugas de aceite). Si la herramienta no está disponible, se pueden utilizar el perno de la polea del cigüeñal y varias arandelas utilizadas como separadores, siempre y cuando no se exceda el torque del perno de la polea del cigüeñal.

9   Quite la herramienta e instale el perno de la polea del cigüeñal y ajústelo al torque indicado en las Especificaciones de este Capítulo.

10   La instalación de las piezas restantes se realiza en orden inverso al del desmontaje.

---

7   Cubierta de la cadena de la sincronización - desmontaje e instalación

---

Desmontaje (modelos desde 1996 hasta 2000)

Consulte las ilustraciones 7.8 y 7.13

1   Desconecte el cable negativo de la batería.

2   Quite la correa de transmisión serpentina (vea el Capítulo 1).

3   Drene el refrigerante y desmonte la polea de la bomba de agua (vea el Capítulo 3).

4   Levante el vehículo y apóyelo firmemente sobre torretas de elevación. Drene el aceite del motor (vea el Capítulo 1).

5   Sostenga la transmisión con un gato de piso y un bloque de madera y retire el soporte del motor más próximo a la cadena de sincronización (lado derecho) del motor (vea la Sección 18).

6   Retire la bandeja de aceite (vea la Sección 14) y el tubo recolector de la bomba de aceite.

7   Retire la rueda derecha y la pantalla protectora interior (vea el Capítulo 11). Quite la polea del cigüeñal (vea la Sección 6).

8   Desmonte la polea tensora y retire la placa de montaje del motor (vea la ilustración).

9   Quite los pernos que sujetan el compresor de aire acondicionado a su soporte y déjelo a un lado. Utilice alambre mecánico para sujetar el conjunto al guardafango y mantenerlo alejado de la zona de trabajo (vea el Capítulo 3). **Advertencia:** *Las mangueras de refrigerante están bajo presión, no las desconecte.*

10   Desmonte el tensor de la correa de transmisión del motor.

11   Quite el sensor de levas de la cubierta de la cadena de sincronización (vea el Capítulo 4).

12   Desconecte la manguera de purga del cartucho de la zona del guardafango.

13   Quite los pernos que sujetan la cubierta de la cadena de sincronización al bloque del motor (vea la ilustración). **Nota:** *Dibuje un diagrama que muestre las ubicaciones y tamaños de los pernos de la cubierta de sincronización para facilitar la instalación.*

Desmontaje (modelos 2001 y posteriores)

Consulte las ilustraciones 7.24 y 7.28

14   Desconecte el cable del terminal negativo de la batería.

15   Drene el refrigerante (vea el Capítulo 1).

16   Levante el vehículo y apóyelo firmemente sobre torretas de elevación. Drene el aceite del motor (vea el Capítulo 1).

17   Retire la rueda derecha y la pantalla protectora interior (vea el Capítulo 1).

18   Retire la bandeja de aceite (vea la Sección 14) y el tubo recolector de la bomba de aceite.

19   Quite la correa de transmisión serpentina (vea el Capítulo 1).

20   Desmonte el compresor de aire acondicionado de su soporte y déjelo a un lado. Utilice alambre mecánico para sujetar el conjunto al guardafango y mantenerlo alejado de la zona de trabajo (vea el Capítulo 3). **Advertencia:** *Las mangueras de refrigerante están bajo presión, no las desconecte.*

21   Desmonte la polea del cigüeñal (vea la Sección 6).

22   Desmonte la manguera inferior del radiador (vea el Capítulo 3). Retire la manguera del calentador del alojamiento de la cubierta de la cadena de sincronización, o la entrada de la bomba de agua (en los modelos equipados con enfriador de aceite).

23   Quite el soporte del lado derecho del motor (vea la Sección 18).

24   Afloje los pernos y desmonte la polea tensora del soporte del motor (vea la ilustración).

25   Quite los pernos y retire el soporte de montaje del motor. Retire el sensor del árbol de levas de la cubierta de la cadena de sincronización (vea la ilustración 7.24).

26   Desmonte la bomba de agua (vea el Capítulo 3).

7.13 Quite los pernos de la cubierta de la cadena de sincronización del motor (asegúrese de marcar la ubicación de cada perno para facilitar la instalación correcta)

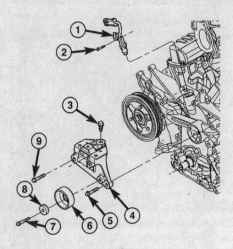

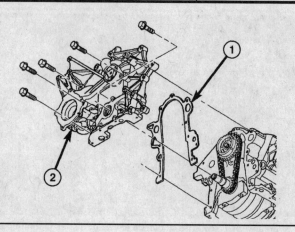

7.28 Conjunto de junta y cubierta de la cadena de sincronización (modelos 2001 y posteriores)

1   Junta
2   Conjunto de la cubierta de la cadena de sincronización

7.24 Conjunto de sensor del árbol de levas y soporte de montaje del motor (modelos 2001 y posteriores)

1   Sensor del árbol de levas
2   Perno del sensor del árbol de levas
3   Perno vertical del soporte de montaje
4   Soporte de montaje del motor
5   Perno horizontal del soporte de montaje
6   Polea tensora
7   Perno de la polea tensora
8   Espaciador del perno de la polea tensora
9   Perno horizontal del soporte de montaje

27   Quite el perno y el puntal del soporte de la bomba de dirección hidráulica a la cubierta frontal.

28   Quite los pernos que sujetan la cubierta de la cadena de sincronización al bloque del motor (vea la ilustración). **Nota:** *Dibuje un diagrama que muestre las ubicaciones y tamaños de los pernos de la cubierta de sincronización para facilitar la instalación.*

8.2 Detalles de alineación de la rueda dentada y la cadena de sincronización

A   Marca de alineación la rueda dentada del cigüeñal
B   Marca de alineación de la rueda dentada del árbol de levas
C   Perno de la rueda dentada del árbol de levas

Instalación (todos los modelos)

29   Utilice un raspador de juntas para eliminar de la cubierta y del bloque del motor todo residuo de material de la junta vieja y de sellador. La cubierta está hecha de aluminio, asegúrese de no mellarla o deformarla. Limpie las superficies de sellado de la junta con disolvente de barniz o acetona.

30   Aplique una delgada capa de sellador RTV a ambos lados de la junta nueva, y después colóquela en posición sobre el bloque del motor. Acople la cubierta al bloque del motor, asegurándose de que las partes planas del engranaje de la bomba de aceite se alinean con las partes planas del cigüeñal. Coloque los pernos y apriételos en patrón cruzado, en tres pasos, al torque indicado en las Especificaciones de este Capítulo.

31   La instalación de las piezas restantes se realiza en orden inverso al del desmontaje.

32   Añadir el aceite y el refrigerante (vea el Capítulo 1), arranque el motor y compruebe si hay fugas.

8   Cadenas de sincronización y ruedas dentadas: desmontaje, inspección e instalación

Desmontaje

Consulte la ilustración 8.2

Precaución: *El sistema de sincronización es complejo. El motor se dañará seriamente si comete algún error. No intente este procedimiento a menos que tenga mucha experiencia con este tipo de reparaciones. Si no está seguro de sus capacidades, consulte a un experto. Revise dos veces el trabajo y cerciórese de que todo esté correcto antes de intentar arrancar el motor.*

1   Desmonte la cubierta de la cadena de la sincronización (vea la Sección 7).

2   Instale temporalmente el perno de la polea del cigüeñal y gire el cigüeñal con el perno para alinear las marcas de sincronización en las ruedas dentadas del cigüeñal y árbol de levas. La flecha del cigüeñal debe estar arriba (posición de las 12 en punto) y la flecha de la rueda dentada del árbol de levas debe estar en la posición de las seis en punto (vea la ilustración).

3   Quite el perno de la rueda dentada del árbol de levas. No gire el árbol de levas en el proceso (si lo hace, vuelva a alinear las marcas de sincronización antes de retirar la rueda dentada).

4   Utilice dos destornilladores grandes para hacer palanca con cuidado y quitar la rueda dentada del árbol de levas de la clavija del árbol de levas.

5   Las ruedas dentadas de las cadenas de sincronización deben reemplazarse en juegos. Si va a instalar una nueva cadena de distribución, desmonte la rueda dentada del cigüeñal con un extractor e instale una nueva. Asegúrese de alinear la chaveta del cigüeñal con el chavetero de la rueda dentada durante la instalación.

Inspección

Precaución: *Antes de arrancar el motor, gire con cuidado el cigüeñal a mano al menos dos revoluciones completas (use un dado o un mango articulado sobre el perno central de la polea del cigüeñal). Si percibe algún tipo de resistencia, ¡DETÉNGASE! Algo está mal: Lo más probable es que las válvulas estén tocando los pistones. Debe encontrar el problema antes de continuar. Revise su trabajo y vea si existe algún tipo de información actualizada sobre reparaciones.*

6   Inspeccione el amortiguador de la cadena de sincronización (guía) en busca de grietas y desgaste, y reemplazarlo si es necesario.

7   Limpie la cadena de sincronización y ruedas dentadas con solvente y séquelas con aire comprimido (si está disponible). **Advertencia:** *Use protección para los ojos al utilizar aire comprimido.*

8   Inspeccione los componentes en busca de desgaste y daños. Busque dientes deformados, astillados, picados, y agrietados.

9   La cadena de distribución y ruedas dentadas se deben reemplazar por unas nuevas si el motor tiene un alto kilometraje, la cadena tiene daños visibles, o el total de juego libre de una rueda dentada hasta la mitad del espacio entre dos ruedas dentadas supera una pulgada. No sustituir una cadena de sincronización o ruedas dentadas desgastadas pueden provocar que el motor funcione erráticamente y que se reduzca la potencia o el millaje. Las cadenas sueltas pueden interrumpir la sincronización. En el peor de los casos, que la cadena salte o se rompa provocará daños graves en el motor.

Instalación

Consulte la ilustración 8.10

10   Gire el árbol de levas para colocar la clavija a las 6 horas (ver ilustración 8.2). Acople la cadena de sincronización a la rueda dentada del árbol de levas, luego engránela con la rueda dentada del cigüeñal. Las marcas de sincronización deben

8.10 Asegúrese de que los enlaces de referencia de colores de la cadena de sincronización se alinean con las marcas de las ruedas dentadas (flechas)

9.2 Tenga cuidado de no dañar la superficie del cigüeñal cuando desmonte el sello frontal

9.3 Utilice un trinquete de gran tamaño y golpee suavemente el sello hasta que quede posicionado en su lugar

estar alineadas (vea la ilustración 8.2). **Nota:** *Si el cigüeñal se ha movido, gírelo hasta que la flecha impresa en la rueda dentada del cigüeñal esté exactamente en la parte superior. Si el árbol de levas se ha girado, instale la rueda dentada temporalmente y gire el árbol de levas hasta que la marca de sincronización de la rueda dentada quede en la parte inferior, frente a la marca de la rueda dentada del cigüeñal. Las flechas deben apuntarse la una a la otra. Los enlaces de referencia de colores de la cadena de sincronización deben estar alineados con las marcas de sincronización de los árboles de levas y cigüeñal que se encuentran en la posición de las tres en punto (vea la ilustración). Si está usando las piezas de repuesto, compruebe esta alineación.*

11   Instale el perno que fija la rueda dentada del árbol de levas y apriételo al torque indicado en las Especificaciones en este Capítulo.

12   Lubrique la cadena y la rueda dentada con aceite para motor limpio. Instale la cubierta de la cadena de sincronización (vea la Sección 7).

13   La instalación de las piezas restantes se realiza en orden inverso al del desmontaje.

---

9   Sello delantero de aceite del cigüeñal - reemplazo

Consulte las ilustraciones 9.2 y 9.3

1   Desmonte la polea del cigüeñal (vea la Sección 6).

2   Observe cómo está instalado el sello; el nuevo se debe instalar a la misma profundidad y mirando hacia el mismo lado. Con cuidado, haga palanca con un extractor de sellos o un destornillador largo y saque el sello (vea la ilustración). Asegúrese de no distorsionar la cubierta ni rayar

el cigüeñal. Envuelva con cinta la punta del destornillador para no dañar el cigüeñal.

3   Aplique aceite de motor limpio o grasa multiuso al borde exterior del sello nuevo, luego instálelo en la cubierta con el borde (lado del resorte) hacia ADENTRO. Coloque el sello en su lugar (vea la ilustración) con un trinquete de gran tamaño y un martillo (si no cuenta con un trinquete, una porción de tubo de diámetro adecuado también servirá). Asegúrese de que el sello entre en el orificio de forma pareja. Pare cuando la cara frontal esté a la profundidad adecuada.

4   Vuelva a instalar la polea del cigüeñal.

---

10   Balancines y varillas de empuje - desmontaje, inspección e instalación

Desmontaje (modelos desde 1996 hasta 2000)

Consulte las ilustraciones 10.2 y 10.3

1   Desmonte las cubiertas de válvulas (vea la Sección 3).

2   En los balancines montados en eje, afloje cada perno del eje de los balancines un poco a la vez hasta que todos ellos estén lo suficientemente flojos como para quitarlos con la mano (vea la ilustración). Si los balancines se quitan del el eje, asegúrese de tener en cuenta la forma en que están ubicados. En los balancines de tipo pedestal, retire cada perno de pedestal y retire el balancín, junto con el pedestal. Marque cada balancín y pedestal para que se puedan volver a montar de la misma manera.

3   Extraiga las varillas de empuje y guárdelas en orden a fin de asegurarse de que no se confun-

dan durante la reinstalación (vea la ilustración).

Inspección (todos los años)

4   Revise cada balancín en busca de desgaste, rajaduras y otros daños, especialmente donde las varillas de empuje y los vástagos de válvulas entran en contacto.

5   Inspeccione todas las zonas de pivote y eje o pedestal de los balancines en busca de desgaste, grietas y agarrotamiento. Si los balancines o los ejes/pedestales están desgastados o dañados, reemplácelos por unos nuevos.

6   En los balancines montados en eje, inspeccione los ejes en busca de desgaste excesivo y agarrotamiento. Inspeccione que los orificios de aceite no estén obstruidos.

7   Inspeccione las varillas de empuje en busca de grietas y desgaste excesivo en sus extremos. Haga rodar cada una de las varillas de empuje sobre un pedazo de vidrio plano para ver si está doblada (si se mueve hacia arriba y hacia abajo al rodar la varilla está doblada).

Instalación (modelos desde 1996 hasta 2000)

8   Lubrique el extremo inferior de cada varilla de empuje con aceite para motor limpio o grasa a base de molibdeno e instálelas en sus ubicaciones originales. Asegúrese de que cada varilla de empuje esté completamente asentada en el dado del levantaválvulas.

10.3 Asegúrese de guardar las varillas de empuje en forma organizada a fin de asegurarse de volver a instalarlos en sus posiciones originales.

10.2 Retire los pernos del eje del balancín de la culata de cilindro; asegúrese de comenzar con los exteriores primero

9   Aplique grasa a base de molibdeno en los extremos de los vástagos y en los extremos superiores de las varillas de empuje.

10   Aplique grasa a base de molibdeno en el eje o pedestal de los balancines. Instalar los balancines en el eje o pedestales y bajar el conjunto sobre la culata de cilindro. Apriete los pernos. En los balancines montados en eje, ajuste los pernos poco a poco (trabajando desde el centro hacia afuera), al torque indicado en las Especificaciones de este Capítulo. A medida que ajusta los pernos, asegúrese de que las varillas de empuje engranan correctamente con los balancines. **Precaución:** *Deje que el motor se asiente durante 20 minutos antes de comenzar.*

11   Instale las cubiertas de válvula.

Desmontaje (modelos 2001 y posteriores)

Consulte las ilustraciones 10.13 y 10.14

12   Desmonte las cubiertas de válvulas (vea la Sección 3).

13   Afloje los pernos del eje de balancines un poco a la vez, hasta que estén lo suficientemente flojos como para quitarlos con la mano (vea la ilustración).

14   Desmonte el conjunto de eje y balancín. Si se van a retirar del eje los balancines, arandelas y retenedores o espaciadores de eje, asegúrese de anotar cómo están posicionados (vea la ilustración). Para quitar los pernos y retenedores o espaciadores, utilice pinzas y agarre los bordes de los retenedores o espaciadores y tire de ellos hacia arriba hasta desmontarlos del eje.

15   Extraiga las varillas de empuje y guárdelas en orden a fin de asegurarse de que no se confundan al volver a instalarlas (vea la ilustración 10.3).

Instalación (modelos 2001 y posteriores)

16   Lubrique el extremo inferior de cada varilla de empuje con aceite para motor limpio o grasa a base de molibdeno e instálelas en sus ubicaciones originales. Asegúrese de que cada varilla de empuje esté completamente asentada en el dado del levantaválvulas.

17   Aplique grasa a base de molibdeno en los extremos de los vástagos y en los extremos superiores de las varillas de empuje.

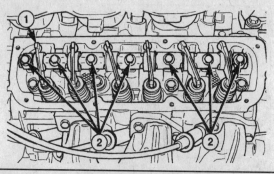

10.13 Conjunto de balancines y eje

1   *Balancín*
2   *Pernos del eje del balancín*

18   Aplique grasa a base de molibdeno en el eje de balancines. Si se han extraído, instale los balancines, arandelas retenedores o espaciadores de eje y pernos en el orden correcto (vea la ilustración 10.14). Instale el conjunto del balancín en la culata de cilindro. Ajuste los pernos poco a poco (comenzando desde el centro hacia afuera), al torque indicado en las Especificaciones de este Capítulo. A medida que ajusta los pernos, asegúrese de que las varillas de empuje engranan correctamente con los balancines. **Precaución:** *Deje que el motor se asiente durante 20 minutos antes de comenzar.*

19   Instale las cubiertas de válvula.

---

11   Levantaválvulas hidráulico: Desmontaje, inspección e instalación

Consulte las ilustraciones 11.6, 11.7, 11.8 y 11.9.

1   Un levantaválvulas ruidoso se puede aislar cuando el motor está en marcha mínima. Coloque un estetoscopio de mecánico o una manguera cerca de cada válvula mientras escucha desde el otro extremo. Otro método consiste en retirar la tapa de la válvula y, con el motor al ralentí, tocar cada uno de los retenedores de resorte de válvula, uno a la vez. Si un levantaválvulas es defectuoso, será evidente ya que sentirá un choque en el retenedor cada vez que la válvula se asiente.

2   Las causas más probables de levantaválvulas ruidosos son la suciedad atrapada en el interior del elevador y la falta de flujo de aceite, viscosidad, o presión. Antes de descartar los levantaválvulas, revise el aceite en busca de contaminación de combustible, nivel correcto, limpieza, y la viscosidad correcta.

Desmontaje

3   Desmonte el múltiple de admisión (vea la Sección 4) y las cubiertas de válvula (vea la Sección 3).

4   Extraiga los balancines y las varillas de empuje (vea la Sección 10).

5   Desmonte las culatas de cilindro del bloque de motor (vea la Sección 13).

6   Retire los pernos de la placa de retención (vea la ilustración) y levante la placa para tener acceso a los levantaválvulas hidráulicos.

7   Cada par de elevadores se sujeta con un yugo de alineación. Levante el yugo de los elevadores (vea la ilustración).

8   Existen distintas formas de extraer los botadores de sus cavidades. Muchas empresas de herramientas fabrican una herramienta especial diseñada para sostener y extraer los levantaválvulas que está disponible en la mayoría de las tiendas de autopartes, pero no es necesaria en todos los casos. En los motores con bajo recorrido, que no tengan grandes acumulaciones de barniz, los elevadores a menudo se pueden extraer con un pequeño imán e incluso con los dedos (vea la ilustración). Se puede usar un trazador de maquinista con un extremo doblado para quitar los levantaválvulas colocando la punta debajo del anillo retenedor en la parte superior de cada levantaválvulas. **Precaución:** *No use tenazas para quitar los levantaválvulas, a menos que tenga la intención de reemplazarlos por unos nuevos. Las tenazas pueden dañar a los levantaválvulas maquinados con precisión y*

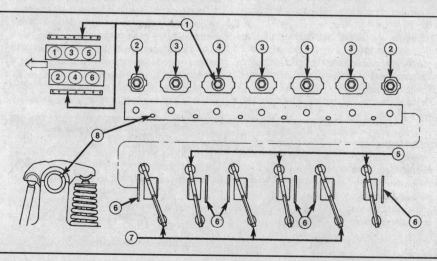

10.14 Conjunto de balancines, arandelas, retenedores/espaciadores y eje

1   *Perno de alimentación de aceite del eje de balancines (mayor longitud)*
2   *Retenedor/espaciador de eje (0,84 pulgadas)*
3   *Retenedor/espaciador de eje (1,47 pulgadas)*
4   *Retenedor/espaciador de eje (1,61 pulgadas)*
5   *Balancín, escape*
6   *Arandela*
7   *Balancín, admisión (mayor calibración)*
8   *Orificio de lubricación del balancín (ubicado hacia afuera y hacia el resorte de válvula)*

11.6 Retire los pernos (flechas) que sujetan la placa de retención del levantaválvulas

11.7 Levante los yugos de alineación

endurecidos, lo cual los hace inútiles.

9   Guarde los levantaválvulas en una caja provista de identificaciones claras a fin de asegurarse de volver a instalarlos en sus posiciones originales (vea la ilustración).

Inspección

Consulte la ilustración 11.11.

10   Limpie los levantaválvulas con solvente y séquelos cuidadosamente. No los confunda.

11   Inspeccione las paredes y los asientos de las varillas de empuje de todos los levantaválvulas en busca de señales de roce, hendiduras y desgaste desparejo. Si las paredes del levantaválvulas están dañadas o desgastadas, inspeccione también los orificios de los levantaválvulas en el bloque del motor (vea la ilustración).

12   Compruebe el rodillo de cada levantaválvulas en busca de libertad de movimiento, soltura excesiva, áreas planas, o picaduras. El árbol de levas también debe ser revisado para detectar signos de desgaste anormal. **Nota:** *Los levantaválvulas de rodillo usados se pueden volver a instalar cuando se reemplaza el árbol de levas; también se puede seguir utilizando el árbol de levas viejo si se reemplazan los levantaválvulas.*

Instalación

13   Al instalar levantaválvulas usados, asegúrese de que están ubicados en sus orificios originales. En los modelos 2001 y posteriores, coloque el elevador de válvula con el orificio de lubricación hacia arriba, hacia el centro del bloque del motor. Sumerja los levantaválvulas en aceite para quitar el aire atrapado. Cúbralos con grasa a base de molibdeno o lubricante de motor antes de la instalación.

14   La instalación de las piezas restantes se realiza en orden inverso al del desmontaje.

15   Apriete los pernos de retención la placa de retención al torque indicado en las Especificaciones de este Capítulo.

16   Arranque el motor y revíselo para detectar fugas de aceite.

12   Resortes, retenedores y sellos de válvulas - reemplazo

Este procedimiento es esencialmente el mismo que el de los motores de cuatro cilindros 2.4L. Vea el Capítulo 2A, Sección 11, y siga las instrucciones que se detallan allí.

11.8 En los motores con bajo millaje, los levantaválvulas se pueden quitar con la mano; si los levantaválvulas están recubiertos con barniz, una herramienta especial para extraer levantaválvulas puede ser necesaria

13   Culatas de cilindros - desmontaje e instalación

Precaución: *Deje que el motor se enfríe completamente antes de aflojar los pernos de la culata.*

Desmontaje

Consulte la ilustración 13.9

1   Desconecte el cable negativo de la batería.

2   Desmonte el múltiple de admisión (vea la Sección 4).

3   Desconecte todos los cables y mangueras de vacío de las culatas de cilindro. Etiquetarlos para facilitar la reinstalación.

4   Desconecte los cables de ignición y desmonte las bujías (vea el Capítulo 1). Etiquetar los cables ignición para facilitar la reinstalación.

5   Desmonte el múltiple de escape (vea la Sección 5).

6   Desmonte las cubiertas de válvulas (vea la Sección 3).

7   Extraiga los balancines y las varillas de empuje (vea la Sección 10).

8   Con una junta de culata de cilindro nueva, marque el patrón de los cilindros y pernos en un pedazo de cartón (vea el Capítulo 2A). Asegúrese de indicar cuál es la parte delantera (extremo de la cadena de sincronización) del motor como punto de referencia. Haga orificios en las ubicaciones de los pernos. Afloje cada uno de los pernos de montaje de la culata de cilindro, un cuarto

11.9 Almacene los levantadores en una caja de manera que se vuelva a instalar a cada uno en su orificio original

de vuelta a la vez, hasta que se puedan quitar con la mano. Trabaje siguiendo una secuencia perno a perno que sea la inversa de la secuencia de ajuste (vea la ilustración 13.18). Coloque los pernos en el soporte de cartón a medida que los extrae; este procedimiento le garantiza volver a instalarlos en las ubicaciones originales, lo cual es esencial.

9   Levante las culatas de cilindro del motor. Si siente resistencia, no haga palanca entre la culata y el bloque del motor ya que dañará las superficies de contacto. Revise una vez más en busca de

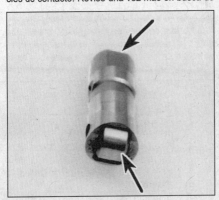

11.11 Revise el rodillo en busca de picaduras o soltura excesiva y las superficies del levantaválvulas en busca de deformaciones, marcas, desgaste o daño (flechas)

13.9 No haga palanca en la culata de cilindro cerca de la superficie de contacto de la junta; use las esquinas bajo los salientes de fundición

13.12 Use una espátula o una espátula de juntas para eliminar la junta de la culata

13.15 Asegúrese de que las designaciones impresas están hacia arriba y hacia adelante

cabezas de pernos que se le puedan haber pasado por alto; luego, utilice un martillo y un bloque de madera para golpear suavemente la culata de cilindro y romper el sello de la junta (vea la ilustración). Tenga cuidado porque hay clavijas de localización en el bloque del motor que sirven para ubicar cada culata de cilindro. Como último recurso, haga palanca solo en la esquina trasera para levantar cada culata de cilindro, con cuidado de no dañar nada. Luego del desmontaje, almacene las culatas de cilindro en bloques de madera a fin de prevenir daños en las superficies de las juntas.

10   Consulte el Capítulo 2D para obtener información sobre los procedimientos de desmontaje, inspección y mantenimiento de las válvulas de las culatas de cilindro.

Instalación

Consulte las ilustraciones 13.12, 13.15, 13.17 y 13.18.

11   Las superficies de contacto de cada culata de cilindro y del bloque del motor deben estar perfectamente limpias cuando se instale la culata.

12   Use un raspador de juntas para eliminar cualquier rastro de carbón y material viejo de la junta (vea la ilustración), luego limpie las superficies de contacto con un diluyente de barniz o acetona. Si las superficies de contacto tienen residuos de aceite cuando se instala la culata de cilindro, es posible que las juntas no sellen correctamente y que se produzcan fugas. Cuando trabaje en el bloque del motor, es una buena idea cubrir la cuenca de los levantaválvulas con trapos a fin de evitar que ingresen desechos en el

motor. Utilice un trapo o una aspiradora para retirar todo residuo que caiga en los cilindros.

13   Inspeccione las superficies de contacto del bloque del motor y de las culatas de cilindros, en busca de melladuras, rayas profundas y otros daños. Si el daño es leve, puede eliminarlo con una lima; si es excesivo, es posible que el maquinado sea la única alternativa.

14   Utilice un machuelo del tamaño correcto para limpiar y reparar las roscas de los orificios de los pernos en las culatas de cilindros. La suciedad, la corrosión, el compuesto sellador y las roscas dañadas afectarán las mediciones del torque.

15   Coloque en posición las juntas nuevas en las clavijas del bloque del motor. Algunas juntas están marcadas TOP (superior) o FRONT (frontal) para garantizar una instalación correcta (vea la ilustración).

16   Coloque cuidadosamente en posición la culata de cilindro sobre el bloque del motor, sin afectar la posición de la junta.

17   Revise las roscas de los pernos de la culata de cilindro en busca de estiramiento (vea la ilustración). Reemplace los pernos que se han estirado.

18   Apriete los pernos 1 al 8 en la secuencia recomendada para el torque indicado en las Especificaciones de este Capítulo (Paso 1) (vea la ilustración). A continuación, apriete los pernos del 1 a 8 siguiendo la secuencia recomendada al torque indicado en las Especificaciones de este Capítulo (Paso 2). Apriete los mismos pernos al mismo torque una vez más como un doble control (Paso 3). Apriete cada perno (excepto el número 9) un adicional de 90 grados (1/4 de vuelta) siguiendo la secuencia recomendada (Paso 4). No utilice una llave de torsión para este paso, aplicar una

marca de pintura a la cabeza del perno o utilizar un medidor de par-ángulo (disponible en la mayoría de tiendas de autopartes) y un trinquete y mango articulado para ajustar cada perno exactamente 90 grados más. Después de que todos los pernos de culata (del número 1 al 8) se han apretado lo suficiente, apriete el perno número 9 al torque indicado en las Especificaciones de este Capítulo (Paso 5).

19   La instalación de las piezas restantes se realiza en orden inverso al del desmontaje.

20   Reemplace el aceite y el filtro de aceite (vea el Capítulo 1).

14   Colector de aceite - desmontaje e instalación

Desmontaje

Vea las ilustraciones 14.7a y 14.7b

1   Desconecte el cable negativo de la batería.

2   Levante la parte delantera del vehículo y apóyela firmemente sobre torretas de elevación. Aplique el freno de estacionamiento y bloquee las ruedas traseras para que no se mueva de los soportes.

3   Desmonte la bandeja contra salpicaduras inferior (vea la Sección 11) y la abrazadera flexible al perno de transmisión.

4   Drene el aceite del motor (vea Capítulo 1).

5   Retire la cubierta inferior del plato de transmisión.

6   Quite el arranque (vea el Capítulo 5).

7   Quite los pernos y las tuercas, y desacople cuidadosamente la bandeja de aceite del bloque del motor (vea la ilustración). No haga palanca entre el bloque del motor y la bandeja porque esto puede ocasionar daños en las superficies de sellado y provocar fugas de aceite. Golpee la bandeja suavemente con un martillo de superficie blanda para romper el sello de la junta (vea la ilustración).

Instalación

8   Limpie la bandeja con solvente y elimine todo el material de sellado y junta viejo de las superficies de contacto del bloque del motor y bandeja. Limpie las superficies de contacto con diluyente de barniz o acetona y asegúrese de que los orificios de los pernos en el bloque del motor estén despejados. Controle la brida del colector de aceite para verificar si hay deforma-

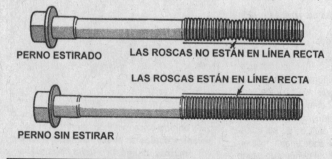

PERNO ESTIRADO   LAS ROSCAS NO ESTÁN EN LÍNEA RECTA

LAS ROSCAS ESTÁN EN LÍNEA RECTA

PERNO SIN ESTIRAR

13.17 Para comprobar el estiramiento de un perno de culata, colóquelo contra una regla de metal; si alguna de las roscas no hacen contacto con la regla, reemplace el perno

13.18 Secuencia de APRIETE de los pernos de la culata de cilindros

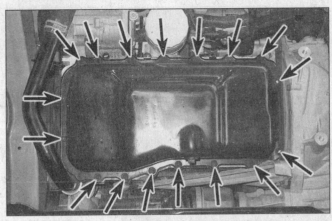

14.7a Quite los pernos de la bandeja de aceite.

14.7b Utilice un martillo blando para a aflojar la bandeja de aceite; tenga cuidado de no mellarla

ciones, especialmente alrededor de los orificios del perno. Si es necesario, coloque la bandeja en un bloque de maderá y utilice un martillo para rectificar y restaurar la superficie de la junta.

9   Aplique un cordón de sellador RTV a la superficie inferior de la cubierta de la cadena de distribución y a la parte inferior del retenedor de sello de aceite principal trasero. Instale una nueva junta en la brida de la bandeja de aceite.

10   Coloque la bandeja de aceite en la posición correcta en el bloque del motor e instale las tuercas y pernos.

11   Apriete los pernos al torque indicado en las Especificaciones de este Capítulo. Comenzando

en el centro, siga un patrón cruzado y trabaje hasta el torque final en tres pasos.

12   La instalación de las piezas restantes se realiza en orden inverso al del desmontaje.

13   Vuelva a llenar el motor con aceite (vea el Capítulo 1), hágalo funcionar hasta alcanzar la temperatura normal de funcionamiento y verifique si hay fugas.

15   Bomba de aceite: desmontaje, inspección e instalación

Desmontaje

Consulte la ilustración 15.2

1   Desmonte el colector de aceite (vea la Sección 14).

2   Desmonte la cubierta de la cadena de la sincronización (vea la Sección 7). Retire la cubierta de la bomba de aceite (placa) de la cubierta de la cadena de sincronización (vea la ilustración).

Inspección

Consulte las ilustraciones 15.4, 15.6, 15.7, 15.8 y 15.9

3   Limpie con solvente todas las piezas profundamente e inspeccione con cuidado los rotores, la cubierta de la bomba, y de la cadena de sincronización en busca de muescas, arañazos o rebabas. Reemplace el conjunto si está dañado.

4   Utilice una regla metálica y calibrador de lám-

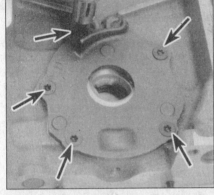

15.2 Quite los pernos de la cubierta de la bomba de aceite (flechas)

inas para medir la cubierta de la bomba de aceite en busca de alabeo (vea la ilustración). Si el alabeo supera el límite indicado en las Especificaciones de este Capítulo, se debe reemplazar la bomba.

5   Mida el grosor del rotor externo. Si el grosor es menor que el indicado en las Especificaciones de este Capítulo, se debe reemplazar la bomba.

6   Medir el grosor del rotor interno (vea la ilustración). Si el diámetro es menor que el indicado en las Especificaciones de este Capítulo, se debe reemplazar la bomba

7   Coloque el rotor externo en la cubierta de la cadena de sincronización o el alojamiento de la bomba de aceite y mida la holgura entre el rotor y el alojamiento (vea la ilustración). Si la holgura

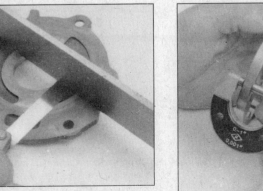

15.4 Coloque una regla metálica a lo largo de la cubierta de la bomba de aceite y verifique si hay alabeo con un calibrador de láminas

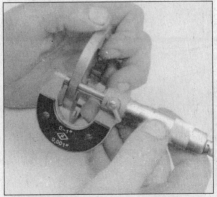

15.6 Use un micrómetro o para medir el grosor del rotor interno

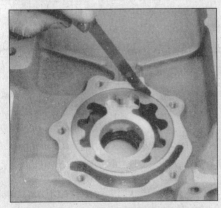

15.7 Revise la holgura entre el rotor y el alojamiento con un calibrador de láminas

15.8 Controle la holgura entre los lóbulos de los rotores interno y externo (flecha)

es mayor que la máxima permitida indicada en las Especificaciones de este Capítulo, se debe reemplazar la bomba.

8   Instale el rotor interno en el conjunto de la bomba de aceite y mida la holgura entre los lóbulos de los rotores interno y externo (vea la ilustración). Si la holgura es mayor que el valor indicado en las Especificaciones de este Capítulo, se debe reemplazar la bomba. **Nota:** Instale el rotor interno con la marca mirando hacia arriba.

9   Coloque una regla metálica a lo largo de la cara del conjunto de la bomba de aceite (vea la ilustración). Si la holgura entre la superficie de la bomba y los rotores es mayor que el límite indicado en las Especificaciones de este Capítulo, se debe reemplazar la bomba.

Instalación

10   Instale la cubierta de la bomba y ajuste los pernos al torque indicado en las Especificaciones de este Capítulo.

11   Para instalar la bomba, gire las partes planas del rotor para que se alineen con las partes planas del cigüeñal.

12   Instale la cubierta de la cadena de sincronización (vea la Sección 7) y apriete los pernos al

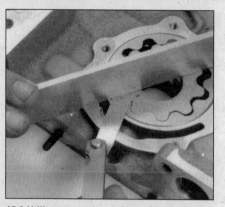

15.9 Utilice una regla metálica y un calibrador de láminas para controlar la holgura entre la superficie de la cubierta de la bomba de aceite y los rotores.

torque indicado en las Especificaciones de este Capítulo.

13   La instalación de las piezas restantes se realiza en orden inverso al del desmontaje.

16   Enfriador de aceite: extracción e instalación (modelos 2001 posteriores)

Desmontaje

Consulte las ilustraciones 16.4 y 16.5

1   Desconecte el cable del terminal negativo de la batería.

2   Drene el refrigerante (vea el Capítulo 1).

3   Levante el vehículo y apóyelo firmemente sobre torretas de elevación. Drene el aceite del motor y saque el filtro de aceite (vea el Capítulo 1).

4   Desconecte las mangueras de refrigerante de los puertos de entrada y salida (vea la ilustración).

5   Desatornille y retire el montaje del enfriador de aceite y el enfriador de aceite (vea la ilustración).

Instalación

6   Lubrique el conector del enfriador de aceite en el adaptador de filtro de aceite con aceite de motor limpio.

7   Coloque el lado plano del enfriador de aceite paralelo a la bandeja de aceite e instale el enfriador de aceite en el adaptador. Instale el montaje y apriételo al torque indicado en las Especificaciones de este Capítulo.

8   Instale el filtro de aceite y vuelva a llenar el motor con aceite (vea el Capítulo 1).

9   Rellene el sistema de enfriamiento (vea el Capítulo 1). Haga funcionar el motor hasta que alcance la temperatura normal de funcionamiento, y compruebe que no haya fugas.

17   Plato de transmisión - desmontaje e instalación

Este procedimiento es esencialmente el mismo para todos los motores. Consulte el Capítulo 2A, Sección 15, y siga el procedimiento descrito allí, pero utilice el torque indicado en las Especificaciones de este Capítulo.

18   Sello principal trasero de aceite - reemplazo

Este procedimiento es esencialmente el mismo para todos los motores. Consulte el Capítulo 2A, Sección 16, y siga el procedimiento descrito allí.

19   Bases del motor - inspección y reemplazo

Este procedimiento es esencialmente el mismo para todos los motores. Consulte el Capítulo 2A, Sección 17, y siga el procedimiento descrito allí.

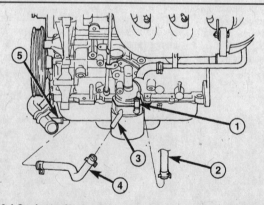

16.4 Conjunto de mangueras y enfriador de aceite del motor

1	Tubo de admisión del enfriador de aceite	4	Manguera de salida
2	Manguera de admisión	5	Tubo de entrada de la bomba de agua
3	Tubo de salida del enfriador de aceite		

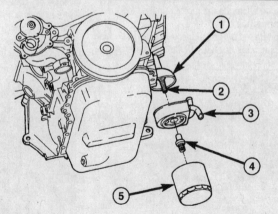

16.5 Conjunto de enfriador de aceite del motor

1	Adaptador del filtro de aceite	3	Enfriador de aceite
2	Conector	4	Conexión
		5	Filtro de aceite

Capítulo 2 Parte D
Procedimientos generales de reacondicionamiento de motores

Contenido

Especificaciones

Motores de cuatro cilindros

Generales

Desplazamiento	148 pulgadas cúbicas
Presión de compresión del cilindro	De 170 a 225 psi
Variación máxima entre cilindros	25 %
Presión de aceite	
Velocidad en ralentí	4 psi mínima
A 3000 rpm	25 a 80 psi
Orden de ignición	1-3-4-2
Bloque del motor	
Diámetro del hueco del cilindro	3,445 inches
Límite de conicidad del cilindro	0.002 pulgadas
Límite de ovalado del cilindro	0.002 pulgadas

Motores de cuatro cilindros (continuación)

Pistones y anillos
Diámetro de los pistones	de 3.4434 a 3.4441 pulgadas
Espacio libre entre el pistón y el hueco	de 0.0009 a 0.0022 pulgadas

Holgura lateral de los anillos de pistón
    Anillo de compresión superior

Estándar	de 0.0011 a 0.0031 pulgadas
Límite de servicio	0.004 pulgadas

    Segundo anillo de compresión

Estándar	de 0.001 a 0.0026 pulgadas
Límite de servicio	0.004 pulgadas
Anillo de compresión superior	de 0.0098 a 0.020 pulgadas
Segundo anillo de compresión	de 0.009 a 0.018 pulgadas
Anillo de aceite	de 0.0098 a 0.025 pulgadas

Cigüeñal y bielas
Juego axial

Estándar	de 0.0035 a 0.0094 pulgadas
Límite de servicio	0.015 pulgada

Eje de cojinetes principal

Diámetro	de 2.361 a 2.3625 pulgadas
Límites de ovalado o conicidad	0.0001 inch

Eje de biela

Diámetro	para 1.9685 inches 1,967
Límites de ovalado o conicidad	0.0001 inch

Espacio para el aceite del cojinete principal

Estándar	de 0.0007 a 0.0023 pulgadas
Límite de servicio	0.003 pulgadas

Espacio para el aceite del rodamiento de la biela

Estándar	de 0.0009 a 0.0027 pulgadas
Límite de servicio	0.003 pulgadas
Juego axial de la biela (holgura lateral)	de 0.0051 a 0.0150 pulgadas

Culata de cilindros y válvulas
Límite de alabeo de la culata	0.004 pulgadas
Ángulo de asiento de la válvula	45 grados
Ángulo de la cara de válvula	44-1/2 a 45 grados

Ancho del margen de la válvula
    Admisión

Estándar	de 0.050 a 0.063 pulgadas
Límite de servicio	No disponible

    Escape

Estándar	de 0.038 a 0.051 pulgadas
Límite de servicio	No disponible

Diámetro del vástago de la válvula

Admisión	0.234 pulg
Escape	0.233 inch

Espacio libre entre el vástago y la guía

Admisión	de 0.0018 a 0.0025 pulgadas
Escape	de 0.0029 a 0.0037 pulgadas
Longitud libre del resorte de válvula	1.905 inches
Altura instalada del resorte de válvula	1.496 inches

Árbol de levas
Juego axial

Estándar	de 0.0019 a 0.0066 pulgadas
Límite de servicio	No disponible

Elevación de los lóbulos

Admisión	0.324 inch
Escape	0.256 inch
Espacio libre del rodamiento	de 0.0027 a 0.003 pulgadas
Diámetro del muñón del rodamiento	de 1.021 a 1.022 pulgadas

Especificaciones de torque*

Ft-lb (a menos que se indique lo contrario)

Perno de la rueda dentada del cigüeñal	75

Pernos de la bancada/tapa del cojinete principal del cigüeñal

Paso 1 (pernos de bancada n.º 11, 17 y 20 solamente)	Apretado a mano
Paso 2 (pernos de bancada n.º 11, 17 y 20 solamente)	Apriete uniformemente hasta que se bloqueen los contactos de la bancada
Paso 3 (pernos de bancada n.º 11, 17 y 20 solamente)	20
Paso 4 (pernos de la tapa del cojinete n.º 1 a 10)	30
Paso 5 (pernos de la tapa del cojinete n.º 1 a 10)	Apriete 90 grados adicionales
Paso 6 (pernos de la bancada restantes)	20
Perno del amortiguador del cigüeñal	100
Tuercas de la tapa de cojinete de la biela	20 más 1/4 de vuelta

Ejes de contrapeso
  Pernos que sujetan el portador al bloque 40
  Espárrago de doble rosca de la cubierta del engranaje .... 105 in-lb
  Pernos de la rueda dentada 21
  Pernos del tensor de la cadena .... 105 in-lb
  Cubierta del portador .... 105 in-lb
* Nota: *Consulte la Parte A para ver especificaciones de torque adicionales.*

Motor 3.0L V6

Generales
Desplazamiento .... 181 pulgadas cúbicas
Presión de compresión del cilindro .... 178 a 250 rpm
Variación máxima entre cilindros 25%
Presión de aceite
  Velocidad en ralentí .... 10 psi
  A 3000 rpm .... 45 a 75 psi
Orden de ignición 1-2-3-4-5-6

Bloque del motor
Diámetro del hueco del cilindro .... 3.587 inches
Límite de conicidad del cilindro .... 0.001 pulgadas
Límite de ovalado del cilindro .... 0.0003 pulgadas

Pistones y anillos
Diámetro de los pistones .... para 3.586 inches 3,585
Holgura lateral de los anillos de pistón
  Anillo de compresión superior
    Estándar .... de 0.0020 a 0.0035 pulgadas
    Límite de servicio .... 0.0039 pulgadas
  Segundo anillo de compresión
    Estándar
      1996-1998 .... de 0.0016 a 0.0033 pulgadas
      1999 .... de 0.0008 a 0.0024 pulgadas
Espacio libre del extremo del anillo de pistón
  Anillo de compresión superior
    Estándar .... para 0.018 inch 0,012
    Límite de servicio .... 0.031 pulgadas
  Segundo anillo de compresión
    Estándar .... de 0.018 a 0.024 pulgadas
    Límite de servicio .... 0.031 pulgadas
  Anillo de aceite
    Estándar .... de 0.008 de 0.024 pulgadas
    Límite de servicio .... 0.039 pulgadas

Cigüeñal y bielas
Juego axial
  Estándar .... de 0.002 a 0.010 pulgadas
  Límite de servicio .... 0.012 pulgadas
Eje de cojinetes principal
  Diámetro .... de 2.361 a 2.362 pulgadas
  Límite de conicidad .... 0.0002 pulgadas
  Límite de ovalado .... 0.001 pulgadas
Eje de biela
  Diámetro .... de 1.968 de 1.969 pulgadas
  Límite de conicidad .... 0.0002 pulgadas
  Límite de ovalado .... 0.001 pulgadas
Espacio para el aceite del cojinete principal .... de 0.007 a 0.0014 pulgadas
Espacio para el aceite del rodamiento de la biela .... de 0.007 a 0.0014 pulgadas
Juego axial de la biela (holgura lateral)
  Estándar .... de 0.004 a 0.010 pulgadas
  Límite de servicio .... No disponible

Culata de cilindros y válvulas
Límite de alabeo de la culata .... 0.002 pulgadas
Ángulo de asiento de la válvula .... de 44 a 44.5 grados
Ángulo de la cara de válvula .... de 45 a 45.5 grados
Ancho del margen de la válvula
  Admisión
    Estándar .... 0.047 inch
    Límite de servicio .... 0.027 pulgadas
  Escape
    Estándar .... 0.079 pulgadas
    Límite de servicio .... 0.059 pulgadas

Motor 3.0L V6 (continuación)

Culata de cilindros y válvulas (continuación)
Espacio libre entre el vástago y la guía.
    Admisión
        Estándar.. de 0.0001a 0.002 pulgadas
        Límite de servicio .... 0.004 pulgadas
    Escape
        Estándar.. de 0.0019 a 0.0003 pulgadas
        Límite de servicio.. 0.006 pulgadas
Longitud libre del resorte de válvula
    Estándar .... 1.960 pulgadas
    Límite de servicio.. 1.9213 pulgadas
Altura instalada del resorte de válvula
    Estándar .... 1.590 inches
    Límite de servicio.. No disponible
Diámetro del vástago de la válvula
    Admisión.. de 0.313 a 0.314 pulgadas
    Escape.. de 0.312 a 0.3125 pulgadas
Árbol de levas
    Elevación del lóbulo
        Estándar.. 1.624 pulgadas
        Límite de servicio.. 1.604 pulgadas
Diámetro de los muñones.. No disponible

Especificaciones de torque*
    Ft-lb (a menos que se indique lo contrario)
Pernos de monobloque del cojinete principal del cigüeñal............................ 60
Pernos de la tapa de cojinete de biela 38
* Nota: *Consulte la Parte B para ver especificaciones de torque adicionales.*

Motores V6 3.3L y 3.8L

Generales
Desplazamiento
    3.3L .... 201 pulgadas cúbicas
    3.8L .... 231 pulgadas cúbicas
Presión de compresión del cilindro... 170 a 250 rpm
Variación máxima entre cilindros... 25 %
Presión de aceite
    En ralentí .... 5 psi
    A 3000 rpm .... 30 a 80 psi
Orden de ignición 1-2-3-4-5-6

Bloque del motor
Diámetro del hueco del cilindro
    3.3L .... 3.661 pulgadas
    3.8L .... 3.779 pulgadas
Límite de conicidad del cilindro
    Estándar .... 0.002 pulgadas
    Límite de servicio.. No disponible
Límite de ovalado del cilindro
    Estándar .... 0.003 pulgadas
    Límite de servicio.. No disponible

Pistón y aros de pistón
Diámetro de los pistones
    3.3L .... para 3.6602 inches 3,6594
    3.8L .... de 3.7776 a 3.7783 pulgadas
Espacio libre entre el pistón y el hueco... de 0.001 a 0.0022 pulgadas
Holgura lateral de los anillos de pistón
    Anillo de compresión superior y secundario
        Estándar.. de 0.0012 a 0.0037 pulgadas
        Límite de servicio.. 0.004 pulgadas
    Anillo de aceite (rieles de acero)
        Estándar.. de 0.005 a 0.0089 pulgadas
        Límite de servicio.. 0.0090 pulgadas
Espacio libre del extremo del anillo de pistón
    Anillo de compresión superior y secundario
        Estándar.. de 0.0118 a 0.0217 pulgadas
        Límite de servicio.. 0.039 pulgadas
    Anillo de aceite (rieles de acero)
        Estándar.. de 0.098 a 0.0394 pulgadas
        Límite de servicio.. 0.074 pulgadas

Cigüeñal y bielas

Juego axial
    Estándar .... de 0.0036 a 0.0095 pulgadas
    Límite de servicio .... 0.015 pulgadas
Eje de cojinetes principal
    Diámetro .... de 2.5202 a 2.5195 pulgadas
    Límite de ovalado o conicidad .... 0.001 pulgadas
Eje de biela
    Diámetro .... 2.2837 pulgadas
    Límites de ovalado o conicidad .... 0.001 pulgadas
Espacio para el aceite del cojinete principal
    Estándar .... de 0.0005 a 0.0024 pulgadas
    Límite de servicio .... 0.003 pulgadas
Espacio para el aceite del rodamiento de la biela
    Estándar .... de 0.0008 a 0.0029 pulgadas
    Límite de servicio .... 0.003 pulgadas
Juego axial de la biela (holgura lateral)
    Estándar .... de 0.005 a 0.013 pulgadas
    Límite de servicio .... 0.015 pulgadas

Culata de cilindros y válvulas

Límite de alabeo de la culata .... 0.002 pulgadas
Ángulo de asiento de la válvula .... de 45 a 45.4 grados
Ángulo de la cara de válvula .... 44.5 grados
Ancho del margen de la válvula
    Admisión
        Estándar .... 0.031 pulgadas
        Límite de servicio .... No disponible
    Escape
        Estándar .... 0.0469 pulgadas
        Límite de servicio .... No disponible
Juego libre entre vástago y guía
    Admisión
        1999-2000 .... de 0.001 a 0.003 pulgadas
        2001 y posteriores .... de 0.001 a 0.0025 pulgadas
    Escape
        1999-2000 .... de 0.002 a 0.006 pulgadas
        2001 y posteriores .... de 0.002 a 0.0037 pulgadas
Longitud libre del resorte de válvula .... 1.909 pulgadas
Altura instalada del resorte de válvula .... de 1.662 a 1.681 pulgadas
Diámetro del vástago de la válvula
    Admisión .... de 0.312 a 0.313 pulgadas
    Escape .... de 0.3112 a 0.3119 pulgadas

Árbol de levas

Juego axial .... de 0.005 a 0.012 pulgadas
Elevación de los lóbulos .... 0.2678 pulgadas
Holgura del cojinete del árbol de levas
    Estándar .... de 0.001 a 0.003 pulgadas
    Límite de servicio .... 0.005 pulgada
Diámetro del muñón del árbol de levas
    N.º 1 .... de 1.997 a 1.999 pulgadas
    N.º 2 .... de 1.981 a 1.983 pulgadas
    N.º 3 .... de 1.966 a 1.968 pulgadas
    N.º 4 .... de 1.950 a 1.952 pulgadas
Diámetro del cojinete del árbol de levas (en el interior)
    N.º 1 .... de 2.000 a 2.001 pulgadas
    N.º 2 .... de 1.984 a 1.985 pulgadas
    N.º 3 .... de 1.969 a 1.970 pulgadas
    N.º 4 .... de 1.953 a 1.954 pulgadas

Especificaciones de torque*

                                                                                   Ft-lb (a menos que se indique lo contrario)
Pernos de la tapa del cojinete principal .... 30 más 1/4 de vuelta
Pernos del plato de empuje del árbol de levas .... 105 in-lb
Perno de la rueda dentada del cigüeñal 40
Tuercas de la tapa de cojinete de la biela .... 40 más 1/4 de vuelta
* **Nota:** *Consulte la Parte C para ver especificaciones de torque adicionales.*

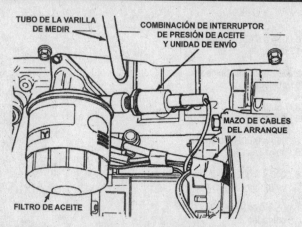

2.4a Ubicación de la unidad de envío de presión de aceite en motores V6 3.0L

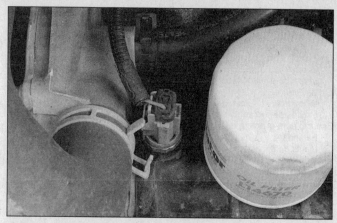

2.4b La unidad de envío de presión de aceite se ubica al lado del filtro de aceite en los motores V6 3.3L y 3.8L

1 Información general

En este Capítulo se incluyen los procedimientos generales de reacondicionamiento para las culatas de cilindros y los componentes internos del motor.

La información abarca desde consejos sobre la preparación para el reacondicionamiento y la compra de piezas de repuesto hasta procedimientos detallados paso a paso de desmontaje e instalación de componentes internos del motor y la inspección de componentes.

Este Capítulo se elaboró sobre la premisa de que el motor ha sido extraído del vehículo. Para obtener información sobre las reparaciones con el motor instalado en el vehículo y los componentes externos para reacondicionamiento del motor, consulte el Capítulo 2A (motor de cuatro cilindros), 2B (motor V6 3.0L) y 2C (motores V6 3.3L y 3.8L).

Las especificaciones que se incluyen en el Capítulo 2D son solo las necesarias para los procedimientos de inspección y reacondicionamiento que siguen. Consulte los Capítulos 2A, 2B y 2C para obtener especificaciones adicionales.

2 Reacondicionamiento del motor: información general

Consulte las ilustraciones 2.4a y 2.4b.

No siempre es fácil determinar cuándo se debe realizar el reacondicionamiento completo de un motor, o si es necesario hacerlo. Se deben tener en cuenta varios factores.

El millaje alto no indica necesariamente que se debe realizar un reacondicionamiento; mientras que un millaje bajo no excluye la necesidad de hacerlo. La frecuencia del mantenimiento es la consideración más importante. Es probable que un motor al que se le realizaron cambios de aceite y filtro periódicos y frecuentes, así como otros procedimientos necesarios de mantenimiento, le brinde muchos miles de kilómetros de servicio confiable. Es posible que un motor mal mantenido requiera un reacondicionamiento prematuramente.

El consumo excesivo de aceite es una indicación de que los anillos de pistón y las guías o los sellos de válvula necesitan ser reparados. Antes de decidir que los anillos o guías están desgastados, asegúrese de que la pérdida de aceite no es causada por fugas de aceite. Realice una inspección de compresión del cilindro (vea la Sección 4) para determinar el grado de trabajo requerido.

Controle la presión del aceite con un medidor instalado en el lugar de la unidad de envío de presión de aceite (vea las ilustraciones) y compare esta medición con las Especificaciones de este Capítulo. Como regla general, debe haber unos diez psi de presión por cada 1,000 rpm de velocidad del motor. Si la presión es extremadamente baja, es probable que los cojinetes principales y de biela o la bomba de aceite estén desgastados.

La pérdida de potencia, marcha tosca, el golpeteo y los sonidos metálicos en el motor, el ruido excesivo del tren de válvulas y el alto consumo de combustible también podrían indicar la necesidad de un reacondicionamiento, en particular si están presentes todos a la vez. Si una afinación completa no soluciona el problema, la única solución es una reparación mecánica importante.

El reacondicionamiento del motor implica la restauración de las piezas internas del motor a las nuevas especificaciones. Durante un reacondicionamiento, se reemplazan los anillos de pistón y se reacondicionan las paredes de los cilindros (mediante rectificación o afilado). Si un taller de maquinado automotriz realiza una rectificación, se instalarán pistones nuevos de mayor tamaño. Generalmente se instalan cojinetes principales, de biela y del árbol de levas nuevos; y se restaura el cigüeñal para restaurar los ejes de cojinete si fuera necesario. Las válvulas deben restaurarse también, en este momento ya suelen estar desgastadas. Cuando se reacondiciona el motor también se pueden reconstruir otros componentes, como el distribuidor, el arranque y el alternador. El resultado final debería ser un motor como nuevo que brindará muchas millas sin problemas. **Nota:** *Al reacondicionar un motor se DEBEN reemplazar los componentes críticos del sistema de enfriamiento, como las mangueras, las correas de transmisión, el termostato y la bomba de agua. Se debe revisar cuidadosamente el radiador para asegurarse de que no esté tapado ni tenga fugas (vea el Capítulo 3). Es una buena idea reemplazar la bomba de aceite siempre que realicen procedimientos de reacondicionamiento en el motor. No se recomienda reacondicionar la bomba de aceite.*

Antes de comenzar con el reacondicionamiento del motor, lea todo el procedimiento a fin de familiarizarse con la magnitud del trabajo.

Reacondicionar el motor no es difícil si se siguen todas las instrucciones cuidadosamente, se tienen las herramientas y los equipos necesarios y se presta mucha atención a todas las especificaciones. Sin embargo, puede llevar mucho tiempo. Tenga en cuenta que el vehículo estará fuera de servicio al menos dos semanas, especialmente si se deben reparar o reacondicionar piezas en un taller de mecanizado automotriz. Compruebe que las piezas de repuesto estén disponibles y asegúrese de obtener por adelantado las herramientas y los equipos especiales necesarios. La mayor parte del trabajo se puede realizar con herramientas de mano comunes, aunque se necesitan diversos instrumentos de medición de precisión para inspeccionar piezas y determinar si es necesario reemplazarlas. El taller de mecanizado automotriz puede inspeccionar las partes y ofrecer asesoramiento sobre la reconstrucción o reemplazo. **Nota:** *Siempre espere hasta que se haya desarmado completamente el motor y se hayan inspeccionado todos los componentes (especialmente el bloque del motor, cárter y cigüeñal) antes de decidir qué operaciones de mantenimiento o reparación debe realizar el taller de maquinado automotriz. La condición del bloque será el principal factor a tener en cuenta a la hora de determinar si se debe reacondicionar el motor original o comprar un uno reconstruido. No compre piezas o realice trabajos en otros componentes hasta que el bloque se ha examinado cuidadosamente. Como regla general, el costo principal de un reacondicionamiento es el tiempo, por lo que no es recomendable instalar piezas gastadas o de baja calidad.*

Para asegurar la máxima vida útil de un motor reconstruido y la menor cantidad de problemas posibles, todo se debe ensamblar con cuidado en un entorno extremadamente limpio.

3 Punto muerto superior (TDC) del pistón número 1 - cómo encontrarlo

Nota: *El siguiente procedimiento se basa en la suposición de que los cables de las bujías y distribuidor (si está equipado) se han instalado correctamente. Si usted está tratando de localizar el TDC para instalar el distribuidor correctamente, la posición del pistón debe ser determinada por la sensación de compresión en el orificio de la bujía número mientras se gira el cigüeñal lentamente en sentido horario y luego se alinea con las marcas de sincronización de ignición.*

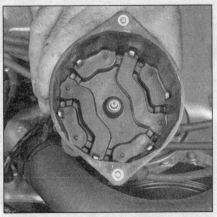

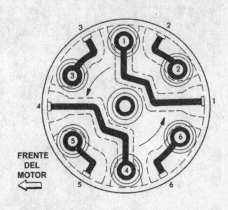

3.13A Use un marcador de punta de fieltro o tiza para marcar el alojamiento del distribuidor directamente debajo del terminal del cable de la bujía número 1 pero tenga en cuenta que. . .

3.13b . . . los terminales dentro de la tapa del distribuidor están desplazados de sus respectivos terminales de los cables de la bujía en la parte superior de la tapa, por lo que es fácil confundirse por la posición del rotor en relación con el terminal del cable de la bujía cuando el pistón número uno está en TDC

3.13c Para evitar confusiones, consulte esta guía de terminal para la tapa del distribuidor siempre que intente localizar el TDC para el pistón número uno (o cuando realice cualquier procedimiento que involucre alinear rotor con el terminal correcto). Esta es la vista desde la parte superior de la tapa

1   El Punto muerto superior (TDC) es el punto más alto del recorrido que cada pistón alcanza en su movimiento ascendente y descendente en el cilindro cuando rota el cigüeñal. Cada uno de los pistones alcanza su TDC durante la carrera de compresión y nuevamente durante la carrera de escape, pero generalmente cuando se habla del TDC se refiere a la carrera de compresión. La marca de sincronización en la rueda dentada de la correa de sincronización del cigüeñal en la parte delantera del cigüeñal se refiere al pistón número 1.

2   Ubicar los pistones en el TDC es una parte esencial de muchos de los procedimientos, como el desmontaje del árbol de levas, de la rueda dentada o correa de distribución, y del distribuidor.

3   Antes de iniciar el procedimiento, asegúrese de colocar la transmisión en Neutral y de aplicar el freno de estacionamiento o de bloquear las ruedas traseras. Desactive el sistema de encendido, desconectando el cable de cada bujía y conectando cada cable de forma segura a una conexión a tierra con un cable de puente (vea el Capítulo 1).

4   Desconecte el cable negativo de la batería.

5   Para llevar cualquiera de los pistones a su TDC, se debe girar el cigüeñal mediante uno de los siguientes métodos. Al mirar desde el extremo de la correa de transmisión del motor, la rotación normal del cigüeñal es en sentido horario.

a) *El método de preferencia es hacer girar el cigüeñal con un trinquete y una llave de cubo colocados sobre el perno en la parte delantera del cigüeñal.*

b) *También se puede utilizar un interruptor de arranque remoto. Siga las instrucciones que se incluyen con el interruptor. Una vez que el pistón se encuentre cerca del TDC, use el cubo y el trinquete como se describe en el párrafo anterior.*

c) *Si cuenta con un ayudante que pueda llevar por instantes el interruptor del encendido a la posición de arranque, puede acercar el pistón al TDC sin tener que usar un interruptor de arranque remoto. Asegúrese de que su ayudante esté fuera del vehículo, alejado del interruptor del encendido, y proceda a utilizar el cubo y el trinquete como se indica en Paso 5a para finalizar el procedimiento.*

6   En los motores V6 3.0L, tenga en cuenta la posición del terminal del cable de la bujía número

uno en la tapa del distribuidor. Si el terminal no está marcado, siga el cable de la bujía del cilindro número uno hasta la tapa.

Motores de cuatro cilindros

Nota: *Las marcas de sincronización en estos motores solo son visibles luego de que se han retirado las cubiertas de la correa de sincronización.*

7   Retire el protector contra salpicaduras de la correa de transmisión accesoria (vea el Capítulo 11) para acceder al perno de la polea o amortiguador del cigüeñal.

8   Instale un medidor de compresión (de atornillado con una manguera) en el orificio de la bujía del cilindro número 1. Coloque el dial calibre donde pueda verlo mientras gira el perno de la polea o el amortiguador del cigüeñal. **Nota:** *El cilindro número 1 se encuentra en la parte delantera del motor (extremo de la correa de transmisión).*

9   Gire el cigüeñal en sentido horario hasta que vea en el medidor que la compresión aumenta; lo cual indica que se encuentra en la carrera de compresión.

10   Desmonte la cubierta superior de la correa de la sincronización (vea la Sección 6 del Capítulo 2A). Gire el cigüeñal en sentido horario hasta que las marcas de sincronización de la rueda dentada del árbol de levas están alineadas (vea la ilustración 6.11 en el Capítulo 2A). Ahora el cigüeñal está ubicado en el TDC del pistón número 1 en la carrera de compresión. **Nota:** *Si gira el cigüeñal demasiado, rote el cigüeñal hacia la derecha aproximadamente 1-3/4 vueltas para acercarse a la carrera de compresión de nuevo.*

11   Luego de que el pistón número uno se ha ubicado en el TDC en la carrera de compresión, se puede localizar el TDC de los pistones restantes girando el cigüeñal exactamente 180 grados (media vuelta) desde esa posición siguiendo el orden de ignición de las bujías (vea las Especificaciones del Capítulo 1). La primera rotación de 180 grados del TDC del pistón número 1 llevará al pistón del cilindro número 3 al TDC en su carrera de compresión; otra rotación de 180 grados llevará el cilindro número 4 al TDC en su carrera de compresión, etc.

Motor 3.0L V6

Consulte las ilustraciones 3.13a, 3.13b, 3.13c y 3.15

12   Tenga en cuenta la posición del terminal en la tapa del distribuidor para el cable de la bujía número 1. Si el terminal no está marcado, siga el cable de la bujía del cilindro número uno hasta la tapa.

13   Utilice un rotulador o tiza para hacer una marca en el cuerpo distribuidor directamente debajo del terminal. Para ello, será necesario consultar las ilustraciones que acompañan el texto, ya que la tapa del distribuidor en estos motores ha desplazado terminales; los terminales dentro de la tapa están desplazados de sus respectivos terminales de los cables de la bujía en la parte superior de la tapa (vea las ilustraciones).

14   Quite la tapa del distribuidor y déjela a un lado (vea el Capítulo 1, si es necesario).

15   Gire el cigüeñal (consulte el Paso 5 arriba) hasta que la muesca "0" en la polea del cigüeñal esté alineada con el indicador de sincronización (situado en la parte delantera del motor) (vea la ilustración).

16   Mire el rotor del distribuidor; debe estar apuntando directamente a la marca que hizo en el cuerpo distribuidor. Si es así, continúe con el Paso 12.

17   Si el rotor está desviado 180 grados, el pistón número 1 está en el TDC de la carrera de escape; prosiga con el siguiente paso.

18   Para que el pistón esté en el TDC en la carrera de compresión, gire el cigüeñal una vuelta completa (360°) en sentido horario. El rotor debe apuntar ahora hacia la marca en el distribuidor. Cuando el rotor apunta al terminal del cable de la bujía número uno dentro de la tapa del distribuidor y las marcas de sincronización están alineadas, el pistón número uno está en el TDC en la carrera de compresión.

19   Una vez que el pistón número 1 se encuentre en el TDC de la carrera de compresión, el TDC de cualquiera de los demás pistones se puede ubicar haciendo girar el cigüeñal siguiendo el orden de la ignición. Marque las ubicaciones de los terminales de los cables de las bujías restantes en el cuerpo distribuidor igual que lo hizo para el terminal número uno, luego numere

3.15 Para llevar el número uno del pistón al TDC en un motor V6 3.0L, ver la muesca de sincronización en el borde de la polea del cigüeñal y alinearla con la marca de 0 grados en la cubierta de sincronización

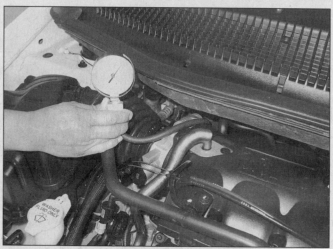

4.6. Se prefiere un medidor de compresión con conexión de rosca para el orificio de la bujía en lugar del que requiere presión manual para mantener el sello.

las marcas de manera que se correspondan con los números de los cilindros. A medida que gira el cigüeñal, el rotor también girará. Cuando está apuntando directamente a una de las marcas en el distribuidor, el pistón para ese cilindro está en el TDC de la carrera de compresión.

Motores V6 3.3L y 3.8L

20 Retire la tapa de la válvula más cercana al radiador (vea el Capítulo 2B).
21 Extraiga las bujías (Capítulo 1).
22 Use un cubo y trinquete en el perno de la polea del cigüeñal para girar el cigüeñal en sentido horario hasta que los balancines del cilindro número 2 (el cilindro más cercano al guardafango derecho) se pueda girar. Con el motor en esta posición, se ha encontrado el TDC aproximado para el cilindro número 2. Para llevar el motor al TDC (aproximado) para el cilindro número 1, haga una marca en la polea del cigüeñal y una marca correspondiente en el motor, y luego gire el cigüeñal 120 grados en sentido antihorario.
23 Esta posición será la adecuada para la mayoría de las operaciones que requieren que el motor esté configurado en el TDC, pero si se debe encontrar el TDC exacto, se debe utilizar una rueda de grado y un indicador de cuadrante (con el adaptador de orificio de bujías adecuado).
24 Instale la rueda de grado (disponible en muchas tiendas de autopartes), en la polea del cigüeñal.
25 Coloque el motor en TDC para el cilindro número 2 como se describe en el Paso 22. Utilice el adaptador adecuado para instalar el indicador de cuadrante en el orificio de la bujía número 2.
26 Gire lentamente el cigüeñal en el sentido de las agujas del reloj hasta que el indicador de cuadrante muestre que el pistón ha alcanzado su punto más alto.
27 Alinee la marca cero en la rueda grado con la marca hecha en el motor.
28 Gire el cigüeñal 120 grados en sentido horario. El motor ahora está posicionado en TDC para el cilindro número 1.
29 Se puede encontrar el TDC para cualquiera de los cilindros restantes girando el cigüeñal hacia la derecha en intervalos de 120 grados y realineando las marcas de sincronización. Siga el orden de ignición indicado en las Especificaciones de este Capítulo.

4 Inspección de la compresión de los cilindros

Consulte la ilustración 4.6.

1 La inspección de la compresión indicará las condiciones mecánicas del extremo superior (pistones, anillos, válvulas y juntas de culata) del motor. Esta inspección puede indicar si la compresión se ha reducido debido a fugas causadas por el desgaste de los anillos de pistón, válvulas y asientos defectuosos o una junta de culata quemada. **Nota:** *Para esta revisión, el motor se debe encontrar a la temperatura de funcionamiento normal y la batería debe estar completamente cargada. El estrangulador debe estar totalmente abierto para obtener una lectura de compresión precisa (si el motor está caliente, el estrangulador debe estar abierto).*
2 Limpie el área alrededor de las bujías antes de desmontarlas (use aire comprimido si está disponible, un cepillo pequeño, o una bomba de neumático de bicicleta) para prevenir que ingrese suciedad en los cilindros mientras se realiza la inspección de compresión.
3 Extraiga del motor todas las bujías (vea el Capítulo 1).
4 Trabe el acelerador en posición de completamente abierto.
5 Desconecte el cable de la bobina del centro de la tapa del distribuidor y conéctelo a tierra en el bloque del motor. Con un cable puente con abrazaderas en cada extremo, asegúrese una buena conexión a tierra.
6 Instale el medidor de compresión en el orificio de la bujía número uno (vea la ilustración).
7 Haga girar el motor durante al menos siete carreras de compresión y observe el medidor. En un motor en buenas condiciones, la compresión debe aumentar rápidamente. Una compresión baja en la primera carrera, seguida de su aumento gradual en las carreras sucesivas, es indicio de desgaste de los anillos del pistón. Una lectura baja de la compresión durante la primera carrera, que no se incrementa durante las carreras siguientes, indica fugas en las válvulas o una junta de culata fundida (una culata agrietada también puede ser la causa). Los depósitos en la parte inferior de las culatas de las válvulas también pueden producir baja compresión. Tome

nota de la lectura más alta obtenida.
8 Repita el procedimiento con los cilindros restantes y compare los resultados con las Especificaciones de este Capítulo.
9 Agregue un poco de aceite de motor (aproximadamente tres aplicaciones de una aceitera) a cada cilindro a través del orificio de la bujía, y repita la prueba.
10 Si aumenta la compresión después de agregar el aceite, los anillos del pistón definitivamente están desgastados. Si la compresión no aumenta demasiado, hay una fuga en las válvulas o en la junta de la culata. Las fugas a través de las válvulas pueden ser consecuencia de asientos o caras de válvula quemadas, o de válvulas deformadas, agrietadas o dobladas.
11 Si dos cilindros adyacentes tienen una compresión igualmente baja, es probable que se haya quemado la sección de la junta de la culata que se encuentra entre ellos. La presencia de líquido refrigerante en las cámaras de combustión o en el cárter confirmaría esa situación.
12 Si un cilindro está 20% más bajo que el resto y el motor presenta un ralentí algo brusco, es probable que se deba a un lóbulo de escape desgastado en el árbol de levas.
13 Si la compresión es inusualmente alta, es probable que las cámaras de combustión estén recubiertas con depósitos de carbón. Deberá desmontar y descarbonizar la culata de cilindros.
14 Es una buena idea llevar el vehículo a un taller de reparación de automóviles para que se le realice una prueba de inyección de aire comprimido si la compresión muy baja o varía sustancialmente entre los cilindros. Dicha prueba indicará exactamente en qué lugar se produce la fuga y su gravedad.

5 Inspecciones de diagnóstico con medidor de vacío

1 Un medidor de vacío proporciona información valiosa y de bajo costo sobre la condición de un motor. Se puede inspeccionar en busca de desgaste en los anillos o en las culatas de los cilindros, fugas en las juntas de las culatas de cilindro o del múltiple de admisión, ajustes incorrectos del carburador, taponamientos en el escape, válvulas atoradas o quemadas, resortes

de válvula débiles, sincronización incorrecta de la ignición o de las válvulas y problemas de la ignición.

2   Las lecturas de los medidores de vacío son fáciles de malinterpretar, así que se deben usar junto con otras pruebas para confirmar los diagnósticos.

3   Tanto las lecturas absolutas como la velocidad de desplazamiento de la aguja son importantes para una interpretación exacta. La mayoría de los medidores miden el vacío en pulgadas de mercurio (in-Hg). A medida que aumenta el vacío (o disminuye la presión atmosférica), la medición disminuye. Por cada incremento de 1,000 pies en la elevación sobre el nivel del mar, las lecturas del medidor disminuirán aproximadamente una pulgada de mercurio.

4   Conecte el medidor de vacío directamente al vacío del múltiple de admisión, no al vacío transmitido. Asegúrese de que no haya mangueras desconectadas durante la prueba u obtendrá lecturas falsas.

5   Caliente el motor por completo antes de comenzar la prueba. Bloquee las ruedas y aplique el freno de estacionamiento. Con la transmisión en Park, arranque el motor y déjelo funcionar en marcha mínima normal. **Advertencia:** *inspeccione cuidadosamente las aspas del ventilador en busca de grietas y daños antes de arrancar el motor. Mantenga sus manos y el medidor de vacío lejos del ventilador y no se pare frente al vehículo o en línea con el ventilador mientras funciona el motor.*

6   Consulte las siguientes lecturas del medidor de vacío y lo que indican sobre la condición del motor:

a) *Una lectura baja y estable generalmente indica una fuga en una junta entre el múltiple de admisión y el carburador o el cuerpo del acelerador, una fuga en la manguera de vacío, una sincronización tardía de ignición o una sincronización incorrecta del árbol de levas. Compruebe la sincronización de la ignición con una luz de sincronización y elimine todas las otras posibles causas. Utilice las pruebas en este Capítulo antes de quitar la cubierta de la cadena de sincronización para comprobar las marcas de sincronización.*

b) *Si la lectura es de tres a ocho pulgadas por debajo del vacío normal y fluctúa en esa lectura, es posible que el problema sea que hay una fuga en la junta del múltiple de admisión en un puerto de admisión o un inyector de combustible defectuoso.*

c) *Si la aguja cae en forma regular aproximadamente de dos a cuatro pulgadas de vacío a una velocidad constante, es probable que las válvulas tengan fugas. Para confirmarlo, realice una prueba de compresión o inyección de aire comprimido.*

d) *Una caída irregular o una oscilación hacia abajo de la aguja puede ser producto de una válvula adherida o un fallo de la ignición. Realice una prueba de compresión o una prueba de inyección de aire comprimido y revise las bujías.*

e) *Una fluctuación rápida de aproximadamente cuatro pulgadas de vacío en ralentí junto con la presencia de humo proveniente del escape indica guías de válvulas desgastadas. Para confirmarlo, realice una prueba de inyección de aire comprimido. Si la fluctuación rápida ocurre cuando se aumenta la velocidad del motor, inspeccione en busca de fugas en la junta del múltiple de admisión o de la culata de cilindro, resortes débiles de válvulas, válvulas quemadas o una falla de la sincronización de la ignición.*

f) *Una fluctuación leve, de una pulgada hacia arriba o hacia abajo, puede representar problemas de ignición. Inspeccione los elementos de afinación usuales y, de ser necesario, haga inspeccionar el motor con un analizador de la ignición.*

Si hay una fluctuación de gran magnitud, realice una prueba de la compresión o de inyección de aire comprimido a fin de determinar si hay un cilindro que no funciona o funciona mal, o una junta de culata quemada.

h) *Si la aguja se mueve lentamente a través de un amplio rango, revise que el sistema de ventilación positiva del cárter (PCV) no esté tapado, que no haya una mezcla incorrecta de combustible durante el ralentí, o fugas en las juntas del múltiple de escape o cuerpo del acelerador.*

i) *Compruebe si hay un retorno lento después de acelerar el motor rápidamente a 2,500 rpm aproximadamente y dejar que el gas escape. La lectura debe bajar hasta casi llegar a cero, elevarse por encima de la lectura de normal de ralentí (aproximadamente más de 5 in-Hg) y luego volver a la lectura de ralentí anterior. Si el vacío regresa lentamente y no llega a un pico cuando se libera el acelerador, es posible que los anillos estén desgastados. Si tarda mucho en regresar, inspeccione el sistema de escape (por lo general el silenciador o el convertidor catalítico) en busca de taponamientos. Una forma fácil de inspeccionar lo anterior es desconectar en forma temporal el escape antes de la pieza sospechosa y volver a realizar la prueba.*

6   Desmontaje del motor - métodos y precauciones

Si decide que debe extraer el motor para realizar un reacondicionamiento o trabajos de reparación a gran escala, debe realizar varios pasos preliminares.

Busque un lugar adecuado para trabajar con espacio adecuado de trabajo y almacenamiento. Si no dispone de un taller o garaje, deberá contar con una superficie de trabajo plana, horizontal y limpia, hecha de concreto o asfalto.

Limpiar el compartimiento del motor o transmisión antes del desmontaje de estos componentes le ayudará a mantener las herramientas limpias y organizadas.

Necesitará un equipo de elevación de motores o una viga de elevación sobre bastidores adecuada para desmontar el motor. Asegúrese de que el equipo tenga una capacidad de peso superior al peso combinado del motor y la transmisión. Dados los peligros potenciales involucrados al elevar y extraer el motor o la transmisión del vehículo, la seguridad es de gran importancia.

Deberá contar con un ayudante si es la primera vez que desmonta un motor. También es útil que una persona más experimentada brinde consejos y ayuda. Existen varios casos en los que una sola persona no puede realizar en forma simultánea todas las operaciones necesarias al elevar y extraer el motor del vehículo.

Planifique la operación de antemano. Antes de comenzar el trabajo, rente o compre todas las herramientas y equipos que necesitará. Algunos de los equipos necesarios para realizar el desmontaje y la instalación del motor o transmisión en forma segura y con facilidad (además del equipo de elevación de motores) son un gato de piso para servicio pesado, un

juego completo de llaves y cubos (como se describe en la Introducción de este manual), bloques de madera y muchos trapos y solvente limpiador para limpiar salpicaduras de aceite, líquido refrigerante y gasolina. Si debe rentar el elevador, asegúrese de reservarlo con antelación y realice todas las operaciones posibles sin él de antemano. Eso le ahorrará tiempo y dinero.

Tenga en cuenta que el vehículo estará fuera de uso durante bastante tiempo. Un taller de maquinado automotriz deberá realizar parte del trabajo que la persona que hace sus propias reparaciones no puede realizar sin los equipos especiales. Dichos talleres a menudo están muy ocupados, por lo que es aconsejable hablar con ellos antes de desmontar el motor a fin de calcular correctamente la cantidad de tiempo requerida para reacondicionar o reparar los componentes.

Siempre sea extremadamente cuidadoso al desmontar e instalar el motor. Ser descuidado puede implicar sufrir graves lesiones. Planifique de antemano y tómese su tiempo un trabajo de este tipo, si bien es de gran envergadura, se puede realizar con éxito.

7   Motor - desmontaje e instalación

Advertencia: *La gasolina es extremadamente inflamable; por lo tanto, tome precauciones adicionales cuando desconecte cualquier parte del sistema de combustible. No fume ni permita llamas expuestas o bombillas descubiertas en el área de trabajo o cerca de esta, y no trabaje en un garaje donde haya algún tipo de aparato a gas natural (tal como un secador de ropa o termotanque). Si le cae combustible en la piel, enjuáguese de inmediato. Tenga un extintor de incendios de clase B a mano y sepa cómo usarlo. Además, el sistema de aire acondicionado está bajo alta presión; haga descargar el sistema en el departamento de servicio del concesionario o en una estación de servicio antes de desconectar las mangueras o conexiones.*
Nota: *Antes de comenzar a trabajar, lea cuidadosamente los siguientes pasos y familiarícese con el procedimiento. El motor, junto con el transeje, se debe retirar de debajo del vehículo, lo que requiere un elevador de vehículos y un conjunto de soporte del motor/transeje.*

Desmontaje

Consulte las ilustraciones 7.15 y 7.19

1   Si el vehículo está equipado con aire acondicionado, haga que descarguen el sistema de aire acondicionado en una estación de servicio o departamento de servicio del concesionario.

2   Alivie la presión del sistema de combustible (vea el Capítulo 4).

3   Desconecte el cable negativo de la batería.

4   Cubra las salpicaderas y el panel debajo de la rejilla del cofre, y proceda a desmontar el cofre (vea el Capítulo 11). Están disponibles almohadillas especiales de protección de las salpicaderas, pero una manta o un cubrecama viejo también le servirán.

5   Retire la cubierta de la batería, la batería, y la bandeja de la batería, con el depósito vacío integrado (vea el Capítulo 1).

6   Bloquee las mangueras de calefacción al conjunto del calefactor posterior, si está equipado.

7   Vacíe el sistema de enfriamiento. Etiquete y desconecte todas las mangueras de refrigerante del motor (vea el Capítulo 1).

8   Desconecte las mangueras del calefactor (vea el Capítulo 3).

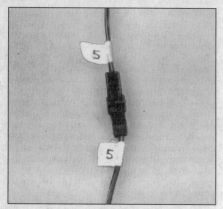

7.15 Etiquete cada cable antes de desenchufar el conector.

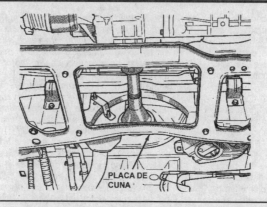

7.19 Desmonte la placa del soporte transversal.

PLACA DE CUNA

9   Extraiga el módulo del ventilador (vea el Capítulo 3), el radiador y los depósitos de refrigerante y líquido limpiaparabrisas.
10   Desconecte el varillaje de cambios de la transmisión automática (vea el Capítulo 7).
11   Desconecte el varillaje del cuerpo del acelerador y las mangueras de vacío del cuerpo del acelerador (vea el Capítulo 4).
12   Desmonte las correas de transmisión accesorias (vea el Capítulo 1).
13   Retire el compresor de aire acondicionado del motor (vea el Capítulo 3).
14   Desconecte el arnés de cables del alternador y desmonte el alternador (vea el Capítulo 5).
15   Etiquete las líneas de vacío, las mangueras del sistema de emisiones, los conectores del cableado, las correas de conexión a tierra y las líneas de combustible para asegurarse de que se vuelvan a instalar en forma correcta; luego, desconéctelos. Trozos de cinta de enmascarar con números o letras escritos funcionan bien para este propósito (vea la ilustración). Si existe la posibilidad de confusiones, haga un dibujo del compartimiento del motor y etiquete en forma clara las líneas, las mangueras y los cables.
16   Desconecte las líneas de combustible que van desde el motor al chasis (vea el Capítulo 4). Coloque un tapón o una tapa a todas las líneas o conexiones abiertas.
17   Levante el vehículo asegurándose de que está apoyado de forma segura.
18   Extraiga los protectores contra salpicaduras interior y derecho (vea el Capítulo 11).
19   Quite la placa del soporte travesaño (vea la ilustración).
20   Drene el aceite del motor y saque el filtro (vea el Capítulo 1).
21   Desmonte los transejes (vea el Capítulo 8).
22   Desconecte la tubería de escape del múltiple (vea el Capítulo 4).
23   Desmonte el soporte y el montaje frontal del motor (vea el Capítulo 2A).
24   Desmonte el soporte y el montaje trasero de la transmisión (vea el Capítulo 2A).
25   Desmonte el conjunto de soporte y bomba de la dirección hidráulica (vea el Capítulo 10).
26   Retire del motor los conectores y el arnés de cables.
27   Retire el espárrago y el collar de refuerzo y la cubierta de inspección de la transmisión (véase el Capítulo 7).
28   Haga coincidir las marcas del plato de transmisión y el convertidor de torque.
29   Quite los pernos que unen el plato transmisión convertidor de torque (vea el Capítulo 7).
30   Baje el vehículo al suelo y quite las correas de conexión a tierra del vehículo (vea el Capítulo 12).

31   Vuelva a comprobar que no quede nada que conecte el motor al vehículo (o a la transmisión, si corresponde). Desconecte todo lo que siga conectado.
32   **Advertencia:** *Al levantar el vehículo en esta oportunidad, asegúrese de que está apoyado firmemente y tiene los dos puntos de elevación traseros del elevador en la parte más trasera posible. Cuando el motor y el transeje se separan del vehículo, el centro de gravedad del vehículo cambiará, y es posible que el vehículo se caiga del elevador si este no está colocado correctamente. Levantar el vehículo en un elevador lo suficiente como para permitir que el conjunto de soporte del transeje/motor se posicione por debajo del conjunto de transeje/motor. El conjunto de soporte Chrysler consiste en las herramientas especiales número 6710, 6135, 6408 y 6848. El objetivo de este conjunto de soporte es que el conjunto del motor/transeje se apoye con seguridad mientras es levantado con el elevador. Otros conjuntos de soporte pueden lograr esto. Consulte talleres de alquiler de herramientas para obtener recomendaciones.*
33   Baje el vehículo hasta que el motor y la transmisión toquen apenas el soporte. Vuelva a controlar para asegurarse de que el soporte está configurado para manejar tanto el motor como la transmisión.
34   Baje el vehículo de modo que solo el peso del motor y la transmisión esté en el gato de piso.
35   Retire el perno de montaje izquierdo de la transmisión y el montaje derecho del motor (vea el Capítulo 2A).
36   Levante el vehículo lentamente. Puede que sea necesario mover el conjunto de transmisión o motor en el soporte para desmontar las bridas del cuerpo.
37   Una vez que el conjunto de transmisión o motor está fuera del vehículo, bájelo lentamente y con cuidado al suelo y apóyelo en bloques de madera. Quite los pernos que sujetan el bloque del motor a la transmisión y, con cuidado, separe el motor de la transmisión. Asegúrese de que el convertidor de torque permanezca fijo (sujételo al alojamiento con un par de pinzas para evitar que se salga).
38   Desmonte el plato de la transmisión y monte el motor en un soporte para motor.

Instalación

39   Inspeccione las bases del motor y de la transmisión. Si presentan desgaste o daños, reemplácelas.
40   Vuelva a acoplar el motor a la transmisión. **Precaución:** *NO use los pernos que sujetan la transmisión al motor para forzar la unión entre la transmisión y el motor. Tenga mucho cuidado al instalar el convertidor de torque (vea el Capítulo 7).*

41   Levante cuidadosamente el motor o transmisión para ubicarlo en el compartimiento del motor; asegúrese de que los soportes estén alineados. La instalación de los componentes restantes se realiza en orden inverso al del desmontaje. Vuelva a comprobar que todo esté conectado correctamente.
42   Agregue refrigerante, aceite, líquido de dirección hidráulica y de transmisión según sea necesario. Si se ha extraído el cilindro principal de los frenos, purgue los frenos (véase el Capítulo 9). Vuelva a comprobar el nivel del líquido y pruebe los frenos.
43   Arranque el motor y compruebe que no haya fugas y que funcionen bien todos los accesorios. Después proceda a instalar el capó y haga un recorrido de prueba en el vehículo.
44   Si descargó el sistema de aire acondicionado, evacúelo, recárguelo y verifique que no tenga fugas en la tienda que lo descargó.

8   Opciones de la reconstrucción de motores

Los mecánicos aficionados se encontrarán con diversas opciones al momento de realizar el reacondicionamiento de un motor. La decisión de reemplazar el bloque del motor, los conjuntos de biela o pistones y el cigüeñal depende de varios factores. La consideración número uno es la condición del bloque. Otras consideraciones son el costo, el acceso a instalaciones de taller de mecanizado automotriz, la disponibilidad de piezas de repuesto, el tiempo requerido para completar el proyecto y el grado de experiencia como mecánico aficionado con la que cuenta.
Algunas de las opciones para el reacondicionamiento incluyen:
Piezas individuales - Si los procedimientos de inspección revelan que el bloque del motor y la mayoría de los componentes se pueden volver a usar, la alternativa más económica puede ser comprar piezas individuales. Se debe inspeccionar cuidadosamente el bloque, el cigüeñal y los conjuntos de pistón y biela. Aunque el bloque muestre muy poco desgaste, se deben bruñir los cilindros.
Bloque corto - Un bloque corto consta de un motor con conjuntos de biela o pistones y cigüeñal ya incorporados. Todos los cojinetes nuevos están incorporados y todas las holguras serán las correctas. El cigüeñal, los componentes del tren de válvulas, las culatas de cilindros y las piezas externas existentes se pueden empernar al bloque corto con una necesidad mínima o nula de trabajo de taller de maquinado automotriz.
Bloque largo - Un bloque largo consiste en un bloque corto más una bomba de aceite, una bandeja de aceite, culatas de cilindros, cubiertas

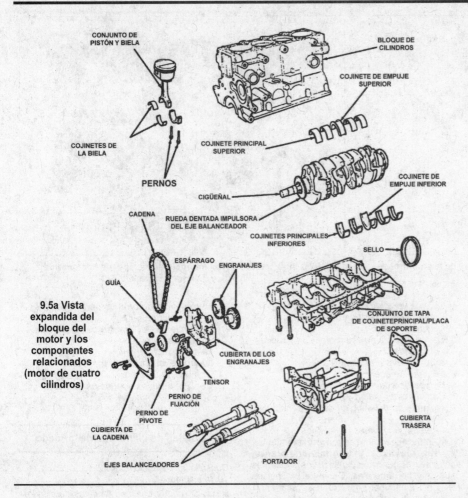

9.5a Vista expandida del bloque del motor y los componentes relacionados (motor de cuatro cilindros)

Labels: CONJUNTO DE PISTÓN Y BIELA, BLOQUE DE CILINDROS, COJINETE DE EMPUJE SUPERIOR, COJINETES DE LA BIELA, COJINETE PRINCIPAL SUPERIOR, PERNOS, CIGÜEÑAL, COJINETE DE EMPUJE INFERIOR, CADENA, RUEDA DENTADA IMPULSORA DEL EJE BALANCEADOR, COJINETES PRINCIPALES INFERIORES, SELLO, ESPÁRRAGO, ENGRANAJES, GUÍA, CONJUNTO DE TAPA DE COJINETE PRINCIPAL/PLACA DE SOPORTE, CUBIERTA DE LOS ENGRANAJES, TENSOR, PERNO DE FIJACIÓN, PERNO DE PIVOTE, CUBIERTA DE LA CADENA, EJES BALANCEADORES, PORTADOR, CUBIERTA TRASERA

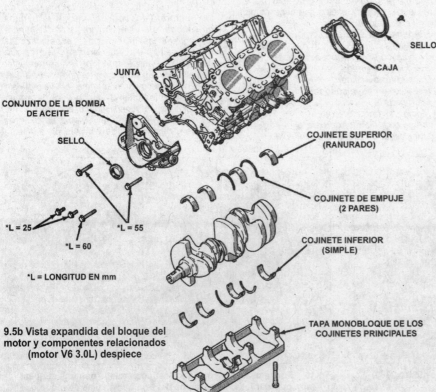

9.5b Vista expandida del bloque del motor y componentes relacionados (motor V6 3.0L) despiece

Labels: JUNTA, CONJUNTO DE LA BOMBA DE ACEITE, SELLO, SELLO, CAJA, COJINETE SUPERIOR (RANURADO), COJINETE DE EMPUJE (2 PARES), COJINETE INFERIOR (SIMPLE), TAPA MONOBLOQUE DE LOS COJINETES PRINCIPALES, *L = 25, *L = 55, *L = 60, *L = LONGITUD EN mm

de balancines, componentes de cigüeñal y tren de válvulas, ruedas dentadas de sincronización y cubiertas de cadenas o engranajes de sincronización. Todos los componentes ya están instalados con cojinetes, sellos y juntas nuevos incorporados. Lo único que se necesita es instalar las partes externas y los múltiples.

Motor usado - Si bien el reacondicionamiento es la mejor forma de estar seguro de que tiene un motor como nuevo, los motores usados que se pueden obtener en desarmaderos y a través de importadores son a menudo una solución sencilla y económica. Muchos motores usados vienen con garantías, pero realice siempre una inspección de diagnóstico completa a todo motor usado antes de comprarlo. Inspeccione la compresión y busque señales de fugas de aceite. Si es posible, haga que el vendedor ponga en marcha el motor, ya sea en el vehículo o en un banco de pruebas, a fin de que usted pueda comprobar que funciona sin problemas, sin golpeteo ni ruidos de otro tipo.

Piense qué alternativa le conviene más y analice la situación junto con talleres de maquinado automotriz locales, distribuidores de autopartes o reconstructores experimentados antes de ordenar o comprar piezas de reemplazo.

9 Reacondicionamiento de motores - secuencia de desarmado

Consulte las ilustraciones 9.5a, 9.5b, 9.5c, 9.5d y 9.5e

1   Es mucho más fácil desarmar el motor y trabajar en él si está montado sobre un soporte portátil para motores. Los soportes se pueden alquilar a bajo costo en las tiendas de alquiler de equipos. Se debe retirar la placa de transmisión del motor antes de que sea montado en un soporte.
2   Si no cuenta con un soporte, es posible desarmar el motor estando apoyado sobre bloques en el suelo. Tenga mucho cuidado de evitar inclinar o dejar caer el motor cuando trabaja sin un soporte.
3   Si el motor que va a adquirir es uno reconstruido, primero debe desmontar todos los componentes externos y transferirlos al motor de reemplazo de la misma forma que lo haría si usted hubiese sido quien hizo el reacondicionamiento completo. Estos componentes incluyen:

Alternador y soportes
Componentes de control de emisiones
Conjunto de módulo o bobina de ignición, cables de bujía y bujías
Termostato y cubierta del alojamiento
Bomba de agua
Componentes de la EFI (inyección electrónica de combustible)
Múltiples de admisión y de escape
Filtro de aceite
Soportes del motor
Plato de transmisión

Nota: *Al desmontar los componentes externos del motor, preste mucha atención a los detalles que pudieran ser útiles o importantes durante la reinstalación. Tome nota de la posición en la que están instaladas las juntas, los sellos, espaciadores, pasadores, soportes, las arandelas, los pernos y otros elementos pequeños.*
4   Si va a adquirir un bloque corto (vea la Sección 8), deberá desmontar también las culatas de cilindro, bandeja de aceite y bomba de aceite. Para obtener más información, vea la Sección 8.
5   Si planea realizar un reacondicionamiento completo, debe desarmar el motor y desmontar los componentes internos en el siguiente orden general (vea las ilustraciones):

9.5c Vista del extremo (cadena de distribución) de los motores V6 3.3L y 3.8L (de 1996 a 2000)

9.5d Vista trasera lateral (múltiple de escape) de los motores V6 3.3L y 3.8L (de 1996 a 2000)

Motor de cuatro cilindros

Múltiples de admisión y de escape
Tapa de la válvula
Cubiertas de la correa de sincronización
Correa y ruedas dentadas de sincronización
Árboles de levas
Seguidores del árbol de levas (balancines) y ajustadores hidráulicos de juego libre.
Bomba de agua
Culatas de cilindros
Bandeja de aceite y tubo recolector de aceite
Bomba de aceite
Soporte del eje balanceador
Conjuntos de pistón y biela
Cigüeñal y tapa del cojinete principal o mono-bloque

Motores V6

Tapas de válvulas
Múltiples de escape
Conjuntos de balancines y árbol de levas (motor V6 3.0L)
Balancines y varillas de empuje (motores V6 3.3L y 3.8L)
Múltiples de admisión
Levantadores de válvulas (motores V6 3.3L y 3.8L)

Culatas de cilindros
Cubierta de la cadena o correa de sincronización
Cadena/correa de sincronización y ruedas dentadas
Árbol de levas (motor V6 3.0L)
Bandeja de aceite
Bomba de aceite
Conjuntos de pistón y biela
Alojamiento del sello de aceite principal trasero
Cigüeñal y cojinetes principales

6   Antes de comenzar los procedimientos de desarmado y reacondicionamiento, asegúrese de tener disponibles los siguientes equipos y herramientas. Consulte la Sección *Reacondicionamiento de motores - secuencia de rearmado* para obtener una lista de las herramientas y los materiales que necesita para volver a ensamblar el motor.

Herramientas de mano comunes
Pequeñas cajas de cartón o bolsas de plástico para almacenar piezas
Raspador de juntas
Escariador de cilindros
Extractor de balanceadores
Micrómetros
Medidores telescópicos
Juego de indicador de esfera
Compresor de resortes de válvula

Herramienta de bruñido para superficies de cilindros
Herramienta de limpieza de ranuras de anillos de pistón
Taladro eléctrico
Juego de machuelos y troqueles
Cepillos de alambre
Cepillos para los conductos de aceite
Solvente de limpieza

10   Culatas de cilindros - desarmado

Consulte las ilustraciones 10.2, 10.3, 10.4a, 10.4b y 10.4c

Nota: *Se puede conseguir culatas de cilindros nuevas reconstruidas para la mayoría de los motores en concesionarios y tiendas de autopartes. Pueden no estar fácilmente disponibles las herramientas especializadas necesarias para los procedimientos de desmontaje e inspección y piezas de repuesto. Puede ser más práctico y económico para el mecánico casero comprar una culata de repuesto en lugar de tomarse el tiempo para desarmar, inspeccionar y reacondicionar el original.*

1   El desarmado de las culatas de cilindros requiere desmontar las válvulas de admisión

9.5e Vista frontal de los motores V6 3.3L y 3.8L (de 1996 a 2000)

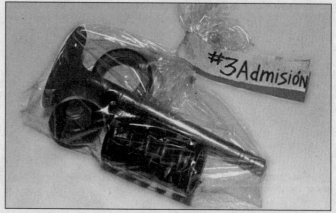

10.2 Puede usar una bolsa de plástico pequeña con una etiqueta para guardar los componentes del tren de válvulas de modo que permanezcan juntos y pueda reinstalarlos en la ubicación original.

10.3 Use un compresor de resorte de válvula para comprimir el resorte; luego, quite los sujetadores del vástago de la válvula.

10.4a Retire la válvula de la culata de cilindro (se muestra un motor de cuatro cilindros). . .

y de escape y los componentes relacionados. Si todavía están en su lugar, retire las tapas de cojinetes, árboles de levas, seguidores de leva (balancines) y ajustadores de válvula. Etiquete las piezas o almacénelas por separado para poder reinstalarlas en sus ubicaciones originales.

2   Antes de quitar las válvulas, etiquételas y almacénelas junto con sus componentes relacionados para poder mantenerlas separadas y reinstalarlas en las mismas guías de válvula de las que las sacó (vea la ilustración).

3   Comprima los resortes de la primera válvula con un compresor de resortes y quite los sujetadores (vea la ilustración). Libere cuidadosamente el compresor del resorte de válvula y quite el retenedor y el resorte.

4   Tire de la válvula para desmontarla de la culata, quite el sello del vástago de válvula con unas pinzas y retire el asiento del resorte de la guía (vea las ilustraciones). **Nota:** *En los motores de cuatro cilindros el sello del vástago de la válvula y el asiento de resorte son un conjunto. Si la válvula se traba en la guía (es decir, no sale), vuelva a empujarla hacia la culata y desbarbe el área alrededor de la ranura del sujetador y la punta del vástago con una lima fina o una piedra de amolar (vea la ilustración).*

5   Repita este procedimiento en el resto de las válvulas. Recuerde mantener juntas todas las

piezas de cada válvula a fin de poder volver a instalarlas en sus posiciones originales.

6   Una vez que haya desmontado las válvulas y sus componentes relacionados y los haya almacenado en forma organizada, debe limpiar profundamente la culata. Si está realizando un reacondicionamiento completo del motor, finalice los procedimientos de desarmado antes de comenzar con el proceso de limpieza e inspección de las culatas de cilindros.

11   Culatas de cilindros - limpieza e inspección

1   Una limpieza exhaustiva de las culatas de cilindros y los componentes relacionados del tren de válvulas, seguida de una inspección detallada, le permitirá determinar qué tanto trabajo de servicio a las válvulas se debe realizar durante el reacondicionamiento del motor. **Nota:** *Si el motor se recalentó demasiado, es probable que la culata de cilindros esté deformada.*

Limpieza

2   Raspe todo rastro de material de junta y sellador viejos de las superficies de sellado de la junta de la culata, del múltiple de admisión y

del múltiple de escape. Tenga mucho cuidado de no deformar la culata de cilindros. En las tiendas de autopartes se pueden conseguir solventes especiales que ablandan las juntas y facilitan mucho el desmontaje.

3   Quite de los conductos del líquido refrigerante toda acumulación de sarro.

4   Pase un cepillo de alambre rígido a través de los diversos orificios a fin de eliminar los depósitos y la corrosión.

5   Pase un roscador del tamaño apropiado por cada uno de los orificios roscados para quitar la corrosión y el sellador de roscas. Si cuenta con aire comprimido, úselo para limpiar de los orificios los desechos. **Advertencia:** *Use protección para los ojos al utilizar aire comprimido.*

6   Limpie las roscas de los pernos de los balancines con un cepillo de alambre.

7   Limpie las culatas de cilindros con solvente y séquelas cuidadosamente. El aire comprimido acelerará el proceso de secado y asegurará que todos los orificios y zonas embutidas estén limpios. **Nota:** *existen químicos para descarbonizar que podrían ser muy útiles al limpiar las culatas de cilindros y los componentes del tren de válvulas. Dichos químicos son muy cáusticos y deben usarse con cuidado. Asegúrese de seguir las instrucciones del envase.*

8   Limpie los balancines, ejes y varillas de empuje (solo en motores V6 3.3L y 3.8L) con solvente y séquelas bien (no mezclarlos). El aire comprimido acelera el proceso de secado y se puede usar para limpiar los conductos de aceite.

9   Limpie todos los resortes de válvulas, los asientos de resortes, los sujetadores y los retenedores con solvente y séquelos cuidadosamente. Trabaje con los componentes de una válvula a la vez para evitar confundir las piezas.

10   Raspe los depósitos abundantes que se pueda haber formado sobre las válvulas, y después utilice un cepillo eléctrico de alambre para eliminar los depósitos en las culatas y los vástagos de válvula. Asegúrese de que las válvulas no se mezclen.

Inspección

Consulte las ilustraciones 11.12, 11.14, 11.15, 11.16, 11.17 y 11.18.

Nota: *Asegúrese de realizar todos los procedimientos de inspección siguientes antes de decidir que se requieren trabajos de taller de mecanizado. Haga una lista de los puntos a los que debe prestar atención.*

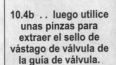

10.4b . . luego utilice unas pinzas para extraer el sello de vástago de válvula de la guía de válvula.

10.4c Si la válvula no pasa por la guía, desbarbe el borde del extremo del vástago y el área que rodea la parte superior de la ranura del sujetador con una lima o una piedra de amolar.

11.12 Revise la superficie de la junta de la culata de cilindros para detectar alabeo intentando deslizar un calibre de espesor entre la regla (vea el alabeo máximo permitido en las Especificaciones de este Capítulo y use un calibre de ese espesor).

11.14 Puede usarse un indicador de esfera para determinar el juego libre entre el vástago y la guía (mueva el vástago según indican las flechas).

11.15 Inspeccione cuidadosamente las áreas indicadas para comprobar si hay desgaste o daños en la válvula.

Culata de cilindro

11   Inspeccione cuidadosamente la culata en busca de grietas, señales de fugas de líquido refrigerante y otros daños. Si encuentran grietas, consulte a un taller de mecanizado automotriz a fin de obtener información acerca de su reparación. Si no es posible repararla, deberá obtener una nueva culata de cilindros.

12   Use una regla metálica y calibrador de lámina para inspeccionar las superficies de contacto de la junta de la culata en busca de deformaciones (vea la ilustración). Si la deformación excede el límite indicado en las Especificaciones en este Capítulo, se puede mecanizar en un taller especializado. **Nota:** *Si se rectifican las culatas de un motor V6, también se deberán maquinar las bridas del múltiple de admisión.*

13   Examine los asientos de las válvulas de todas las cámaras de combustión. Si están picados, agrietados o quemados, la culata requiere un servicio de reparación del tren de válvulas que excede el alcance de los mecánicos amateur.

14   Inspeccione la holgura entre los vástagos y sus guías. Para ello mida el movimiento lateral del vástago con un indicador de cuadrante sujeto a la culata (vea la ilustración). La válvula debe estar en su guía, y aproximadamente 1/16 pulg. fuera del asiento. El movimiento total del vástago indicado por la aguja del medidor se debe dividir entre dos para obtener la holgura real. Si todavía

tiene dudas acerca del estado de las guías de las válvulas, deberá hacerlas inspeccionar en un taller de mecanizado automotriz (el costo debería ser mínimo).

Válvulas

15   Inspeccione cuidadosamente las caras de todas las válvulas en busca de desgaste desparejo, deformaciones, grietas, picaduras y zonas quemadas. Inspeccione los vástagos de válvula en busca de señales de roce y agarrotamiento, y en busca de grietas en el cuello. Gire la válvula e inspecciónela en busca de señales obvias de que está doblada. Busque picaduras y desgaste excesivo en el extremo del vástago. Cualquiera de dichas condiciones (vea la ilustración) indica que es necesario realizar servicios de reparación del tren de válvulas en un taller de mecanizado automotriz.

16   Mida el grosor del margen en todas las válvulas (vea la ilustración). Las válvulas con un margen más estrecho que el indicado en las Especificaciones de este Capítulo deberán ser reemplazadas por unas nuevas.

Componentes de las válvulas

17   Inspeccione todos los resortes de válvula en busca de desgaste (en los extremos) y picaduras. Mida la longitud libre y compárela con las Especificaciones de este Capítulo (vea la ilustración). Se deberá reemplazar todos los resortes cuya longitud sea menor a la indicada. Se debe inspeccionar la tensión de los resortes

con un accesorio especial antes de determinar si se los puede usar en un motor reconstruido (lleve los resortes a un taller de mecanizado automotriz para que realicen esta inspección).

18   En los motores V6 3.0L de cuatro cilindros, pare cada resorte en una superficie plana y verifique la simetría (vea la ilustración). Si los resortes están deformados o han cedido, reemplácelos. **Nota:** *Los resortes en los motores V6 3.3L y 3.8L no tienen lados planos. Los resortes que parezcan dañados deben ser examinados por un taller calificado.*

19   Revise que no haya desgaste ni rajaduras visibles en los retenedores y sujetadores de los resortes. Las piezas de estado dudoso se deben reemplazar, ya que se pueden producir daños importantes si fallan durante la operación del motor.

Componentes de los balancines (motores V6 3.3L y 3.8L solamente)

20   Inspeccione las caras de los balancines (las zonas que entran en contacto con el extremo de la varilla de empuje y con el vástago de la válvula) en busca de picaduras, desgaste, agarrotamiento, hendiduras y superficies ásperas. Revise las áreas de contacto del eje de giro del balancín. Controle que cada perno y balancín no estén agrietados.

21   Inspeccione los extremos de las varillas de empuje en busca de señales de roce y desgaste excesivo. Gire cada varilla de empuje en una superficie nivelada para determinar si está doblada.

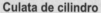

11.16 Medir el margen de cada válvula antes y después del mecanizado (si es necesario) para comprobar si su reutilización es aceptable.

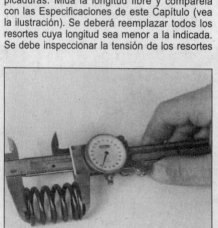

11.17 Mida la longitud libre de todos los resortes de válvula con un calibrador de cuadrante o de vernier

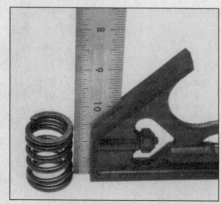

11.18 Revise cada resorte de válvula para asegurarse de que sea simétrico.

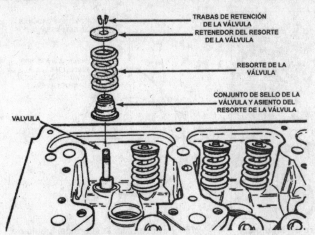

TRABAS DE RETENCIÓN DE LA VÁLVULA
RETENEDOR DEL RESORTE DE LA VÁLVULA
RESORTE DE LA VÁLVULA
CONJUNTO DE SELLO DE LA VÁLVULA Y ASIENTO DEL RESORTE DE LA VÁLVULA
VALVULA

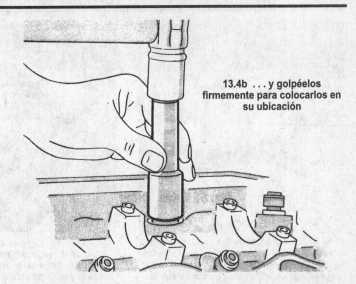

13.4b . . . y golpéelos firmemente para colocarlos en su ubicación

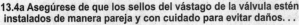

13.4a Asegúrese de que los sellos del vástago de la válvula estén instalados de manera pareja y con cuidado para evitar daños. . .

22   Revise los pernos de montaje de los balancines en las culatas de cilindro en busca de roscas dañadas y compruebe que estén instalados de forma segura.

23   Se debe reemplazar las piezas dañadas o con desgaste excesivo.

Todos los componentes

24   Si la inspección indica que, en general, los componentes del tren de válvulas se encuentran en mal estado y que presentan un desgaste que supera los límites especificados, lo que generalmente es el caso en los motores que necesiten ser reacondicionados, vuelva a armar el tren de válvulas en las culatas de cilindros y consulte la Sección 12 a fin de conocer las recomendaciones acerca del servicio al tren de válvulas.

12   Válvulas - servicio

1   Debido a las características de gran complejidad de los trabajos de reparación, y de las herramientas y los equipos especiales que se necesitan, el servicio a las válvulas y a sus asientos y guías debe ser realizado por profesionales.

2   El mecánico doméstico puede quitar y desarmar las culatas, realizar la limpieza e inspección iniciales, volver a armarlas y llevarlas a un taller de maquinado automotriz para que realicen el verdadero trabajo de servicio de válvulas. La inspección le permitirá ver en qué condición se encuentran los componentes de las culatas y del tren de válvulas, y saber qué trabajos y piezas nuevas se necesitan.

3   En el taller de maquinado automotriz se desmontarán los resortes y válvulas, se reacondicionarán o reemplazarán las válvulas y sus asientos, se reacondicionarán las guías de válvulas, se revisarán y reemplazarán los resortes de válvula, retenedores de resorte y pinzas (si es necesario), se reemplazarán los asientos de válvulas, se volverán a armar los componentes de válvula, y se asegurará que la altura de los resortes sea la correcta. Se revestirá la superficie de la junta de la culata del cilindro si está deformada.

4   Después de que se ha realizado un servicio de mantenimiento profesional al tren de válvulas, la culata estará como nueva. Cuando le devuelvan las culatas, asegúrese de limpiarlas nuevamente antes de instalarlas en el motor, a fin de eliminar las partículas de metal y de arenilla abrasiva que pudieran haber quedado después de las operaciones de reparación del tren de válvulas o de las operaciones de maquinado de las culatas. Si cuenta con aire comprimido, úselo para limpiar todos los orificios y pasajes de aceite.

13   Culatas de cilindros - desarmado

Consulte las ilustraciones 13.4a, 13.4b, 13.6a, 13.6b y 13.6c

1   Asegúrese de que la culata esté limpia antes de comenzar el rearmado, incluso si ha sido enviado a un taller de reparación de automóviles para el mantenimiento de la válvula.

2   Si envió las culatas a un taller de reparaciones, las válvulas y los componentes relacionados ya estarán en su lugar. Comience el proceso de reinstalación en el paso 8.

3   Instale los asientos de resorte o los rotadores de válvulas (si están equipados) antes de los asientos de válvulas.

4   Instale sellos nuevos en cada guía de válvulas. Utilice un martillo y un cubo profundo o una herramienta para instalación de sellos para golpear suavemente cada sello para instalarlos en su lugar hasta que estén completamente asentados en la guía (vea las ilustraciones). No tuerza ni levante los sellos durante la instalación; de lo contrario, no se sellarán en forma correcta sobre los vástagos de la válvula.

5   Comience por un extremo de la culata y lubrique e instale la primera válvula. Aplique grasa a base de molibdeno o aceite de motor limpio al vástago de la válvula.

6   Coloque los resortes de las válvulas (y laminillas, si las utiliza) sobre las válvulas. Comprima los resortes con un compresor de resortes de válvula e instale cuidadosamente los sujetadores en la ranura. Suelte lentamente el compresor y asegúrese de que los sujetadores estén correctamente asentados. Aplique una pequeña cantidad de grasa a cada sujetador para mantenerlos en su lugar (vea la ilustración).

13.6a Instale el resorte sobre la guía de la válvula y el asiento (se muestra un motor V6 3.0L). . .

13.6b . . y coloque el retenedor sobre el resorte.

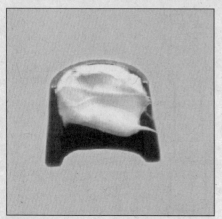

13 6c Aplique una pequeña cantidad de grasa a cada sujetador antes de la instalación como se muestra; los mantendrá en su lugar sobre el vástago de la válvula cuando se suelte el resorte.

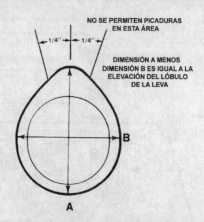

14.3 Cuando revise la altura del lóbulo del árbol de levas, el émbolo del indicador de cuadrante debe estar ubicado directamente sobre la varilla de empuje y en línea con ella.

14.9 Para verificar la altura del lóbulo del árbol de levas, mida los diámetros mayores (A) y menores (B) de cada lóbulo con un micrómetro o calibrador vernier. Para obtener la altura del lóbulo, reste cada diámetro menor del diámetro mayor.

7   Repita este procedimiento en el resto de las válvulas. Asegúrese de colocar los componentes en sus ubicaciones originales; no los mezcle.

8   Con una regla graduada en incrementos de 1/32 in o con un vernier de esfera, mida la altura de los resortes de válvula ya instalados. Si se efectuó servicio en la culata, la altura instalada debería ser la correcta (pero no presuponga que lo es). La medida se toma desde la parte superior de cada asiento de resorte hasta la parte inferior del retenedor. Si la altura es mayor que el valor indicado en las Especificaciones de este Capítulo, se pueden agregar laminillas debajo de los resortes para corregirla. **Precaución:** *Bajo ninguna circunstancia use laminillas en los resortes donde la altura instalada sea menor que la especificada.*

9   Aplique grasa a base de molibdeno a las caras de los balancines y el eje; luego instale el conjunto de balancines en la culata de cilindro.

10   Si está trabajando en un motor de árbol de levas en culata, consulte el Capítulo 2A o 2B e instale los árboles de levas, ajustadores de válvula hidráulicos y conjuntos de balancines en la culata.

14   Árbol de levas y cojinetes (motores V6 3.3L y 3.8L solamente) - extracción e inspección

Nota: *Este procedimiento es válido solo para los motores V6 3.3L y 3.8L. Dado que no hay espacio suficiente para desmontar el árbol de levas con el motor en el vehículo, para poder llevar a cabo este procedimiento el motor debe estar fuera del vehículo y ubicado sobre un soporte.*

Inspección de la elevación de los lóbulos del árbol de levas

Con la culata de cilindro instalado

Consulte la ilustración 14.3

1   La elevación del lóbulo se debe comprobar antes de desmontar el árbol de levas para determinar el grado de desgaste del lóbulo de la leva. Consulte el Capítulo 2C y desmonte las cubiertas de las válvulas.

2   Ubique el pistón número 1 en su TDC (vea la Sección 3).

3   Comience con las válvulas del cilindro número uno y coloque un indicador de cuadrante en el motor. Coloque el émbolo contra la superficie superior del primer balancín, directamente arriba y alineado con la varilla de empuje (Vea la ilustración).

4   Coloque el indicador de esfera en cero. Gire el cigüeñal muy lentamente en la dirección de rotación normal (en sentido horario) hasta que la aguja indicadora se detenga y comience a moverse en la dirección contraria. El punto en el cual se detiene indica la elevación máxima del lóbulo.

5   Tome nota de ese valor para tenerlo como referencia en el futuro, y vuelva a colocar el pistón en el TDC de la carrera de compresión.

6   Mueva el indicador de cuadrante al otro balancín del cilindro número uno y repita la revisión. Asegúrese de tomar nota de las mediciones de cada válvula.

7   Repita la inspección en todas las válvulas restantes. Cada pistón debe estar en el TDC de la carrera de compresión para este procedimiento. Pase de un cilindro a otro siguiendo la secuencia del orden de ignición.

8   Después de culminar las mediciones, compare los resultados con las especificaciones en este Capítulo. Si la elevación del lóbulo del árbol de levas es menor a la especificada, los lóbulos de las levas están desgastados y se necesitará un árbol de levas nuevo.

Con culata de cilindro desmontada

Consulte la ilustración 14.9

9   Si se ha desmontado la cabeza del cilindro, se puede utilizar un método alternativo de medición lóbulo. Retire el árbol de levas como se describe en los pasos 11 a 14 abajo. Use un micrómetro para medir el lóbulo en su punto más alto. A continuación, mida la circunferencia base perpendicular (90 grados) al lóbulo (vea la ilustración). Haga esto para cada lóbulo y registre los resultados.

10   Reste la medición de la circunferencia base de la altura del lóbulo. La diferencia es la altura del lóbulo. Consulte el paso 8 más arriba.

Desmontaje

Consulte la ilustración 14.12

11   Retire la cadena de sincronización y las ruedas dentadas (vea el Capítulo 2C, Sección 8), los levantadores y varillas de empuje (vea el Capítulo 2C, Sección 10).

12   Desmonte del bloque del motor los pernos y la placa de empuje del árbol de levas (vea la ilustración).

13   Use un perno largo en el orificio del perno de la rueda dentada del árbol de levas como una herramienta para desmontar el árbol de levas del bloque.

14   Desmonte el árbol de levas tirando de él cuidadosamente. Apoye la leva en el bloque para que los lóbulos no mellen ni deformen los cojinetes a medida desmonta la leva.

Inspección

Consulte la ilustración 14.16.

15   Después de que el árbol de levas se ha desmontado, limpiado con solvente y secado, inspeccione los ejes de cojinete en busca de desgaste disparejo, picaduras y señales de agarrotamiento. Si los ejes de cojinete están dañados, es probable que los insertos del cojinete en el bloque estén dañados. Deberá reemplazar el árbol de levas y los cojinetes.

16   Mida los ejes de cojinete con un micrómetro (vea la ilustración) para determinar si están excesivamente gastados u ovalados. Consulte las Especificaciones de este Capítulo para obtener el diámetro correcto.

17   Inspeccione los lóbulos del árbol de levas en busca de decoloración por calor, hendiduras, pérdida de material, picaduras y desgaste disparejo. Si los lóbulos y engranajes están en buen estado y si las mediciones de las alturas están dentro del rango especificado, puede volver a utilizar la leva.

18   Inspeccione los cojinetes de leva en busca de desgaste y daños. Inspeccione en busca de agarrotamiento, picaduras y zonas descoloridas.

19   El diámetro interior de cada cojinete se puede determinar con un calibrador de orificios pequeños y micrómetro exterior o un micrómetro interior. Reste los valores de los diámetros de los ejes de cojinete del árbol de levas de los diámetros internos del cojinete correspondiente para determinar la holgura de aceite del cojinete. Si es excesiva, se requerirán nuevos cojinetes independientemente de la condición de los originales. Verifique las Especificaciones del presente Capítulo.

20   El reemplazo de los cojinetes del árbol de

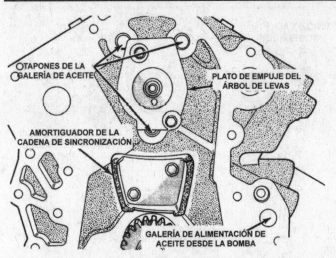

14.12 Desmonte la placa de empuje del frente del motor

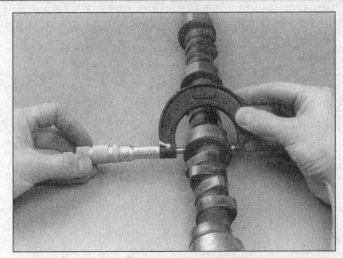

14.16 Revise el diámetro de cada muñón de rodamiento del árbol de levas para identificar si tiene desgaste excesivo o está ovalado.

levas requiere herramientas y conocimientos especiales, que exceden el alcance de los mecánicos domésticos. Lleve el bloque a un taller de mecanizado automotriz a fin de asegurarse de que el trabajo se realizará adecuadamente.

15   Pistones y bielas - desmontaje

Consulte las ilustraciones 15.1, 15.3, 15.4 y 15.6

Nota: *Antes de desmontar los conjuntos de biela o pistón, extraiga las culatas de cilindro, la bandeja de aceite y la bomba de aceite. Para ello, consulte las secciones correspondientes en los Capítulos 2A, 2B y 2C.*

1   Con la uña, palpe para ver si se formaron rebordes en el límite superior del recorrido de los pistones (aproximadamente 1/4 de pulgada por debajo de la parte superior de los cilindros). Si los depósitos de carbón o el desgaste del cilindro produjeron rebordes, debe eliminarlos con una herramienta especial (vea la ilustración). Siga las instrucciones del fabricante incluidas con la herramienta. Si no se eliminan los rebordes antes de intentar extraer los conjuntos de pistón o biela podrían producirse rupturas de los pistones.

2   Después de que haya eliminado los rebordes de los cilindros, coloque el motor boca abajo de forma tal que el cigüeñal quede hacia arriba.

3   Antes de quitar las bielas, revise el juego axial con un calibrador de láminas. Deslice las láminas entre la primera biela y la alzada del cigüeñal hasta que no haya más juego (vea la ilustración). El valor del juego axial es igual al grosor de las láminas que se puedan introducir. Si el juego axial excede el límite indicado en las Especificaciones de este Capítulo, necesitará bielas nuevas. Si instala bielas o un cigüeñal nuevos, el juego axial puede encontrarse por debajo del mínimo indicado en las Especificaciones de este Capítulo (si es así, deberá maquinar las bielas para restaurarlas; de ser necesario, consulte a un taller de maquinado automotriz). Repita el procedimiento para las bielas restantes.

4   Inspeccione las bielas y las tapas de cojinetes en busca de marcas de identificación. Si no tienen marcas claras, use un punzón centrado pequeño para realizar la cantidad correcta de indentaciones en cada biela y tapa (1, 2, 3, etc., según el tipo de motor y el cilindro al que estén

15.1 Se requiere de un escariador de cilindros para eliminar el reborde de la parte superior de todos los cilindros. Haga esto antes de quitar los pistones

15.3 Verifique el espacio lateral de la biela con un calibrador de láminas, tal como se muestra

asociadas) (vea la ilustración).

5   Afloje todas las tuercas de las tapas de cojinetes de las bielas 1/2 vuelta por vez, hasta que las pueda quitar con la mano. Quite la tapa y el inserto del rodamiento de la biela número uno. No deje caer el inserto del

cojinete fuera de la tapa.

6   Coloque una porción de manguera de plástico o hule sobre cada perno de la tapa del cojinete de biela a fin de proteger el eje de cojinetes del cigüeñal y las paredes del cilindro al extraer el pistón (vea la ilustración).

15.4 Si no están identificadas las bielas y las tapas, utilice un punzón o sellos de impresión numerados para marcar las tapas a las barras por número de cilindros (se muestra la biela n.° 4)

15.6 Para evitar daños en los ejes de cojinetes y paredes de cilindro del cigüeñal, deslice una porción de manguera de hule o plástico sobre los pernos de la biela antes de extraer los pistones

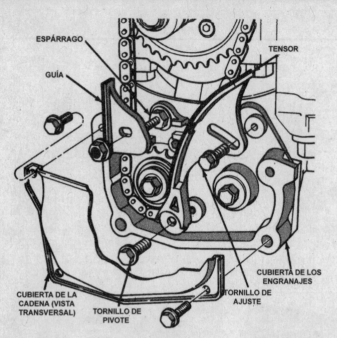

16.2 Guía, tensor y cubierta de la cadena del eje balanceador

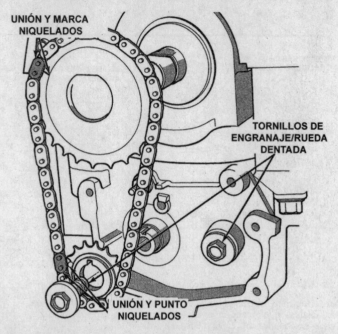

16.4 Desmonte la rueda dentada de la cadena del eje balanceador, la cadena y los pernos del cigüeñal

7   Retire el inserto de cojinete y extraiga el conjunto de pistón y biela a través de la parte superior del motor. Utilice el mango de madera o de plástico de un martillo para hacer presión sobre la superficie superior del cojinete de biela. Si siente resistencia, vuelva a comprobar para asegurarse de que se han eliminado todos los rebordes.

8   Repita el procedimiento en los cilindros restantes.

9   Una vez que estén fuera los pistones y sus bielas, vuelva a colocar las tapas de cojinete y sus insertos en sus bielas respectivas, y apriete las tuercas de las tapas con la mano. Mantenga los viejos insertos del cojinete en su lugar hasta el rearmado para prevenir que las superficies de los cojinetes de biela se mellen o rayen accidentalmente.

10   No separe los pistones de sus bielas (vea la Sección 21).

16   Eje balanceador (solo para motores de cuatro cilindros) - desmontaje, inspección e instalación

Precaución: *Si se ha desmontado la correa de sincronización, no gire el cigüeñal a menos que primero se hayan extraído los árboles de levas (vea el Capítulo 2A); las válvulas se pueden dañar.*

Nota: *Este procedimiento presupone que el motor ha sido desmontado del vehículo y que también se han extraído la placa de transmisión, correa sincronización, bandeja de aceite y bomba de aceite (vea el Capítulo 2A).*

Desmontaje

Consulte las ilustraciones 16.2, 16.4, 16.5 y 16.6.

1   Los ejes balanceadores están instalados en un soporte acoplado a la tapa del cojinete principal o plato de transmisión en la parte inferior del bloque del motor. Los ejes están conectados mediante dos engranajes que los giran en direcciones opuestas. Estos engranajes son accionados por una cadena desde el cigüeñal y están diseñados para girar a una relación de 2:1 con el cigüeñal (una vuelta del cigüeñal equivale a dos vueltas de los ejes balanceadores), que contrarresta las masas de movimiento alternativo dentro del motor.

2   Desmonte la cubierta de la cadena, la guía y el tensor del motor (vea la ilustración).

3   Evite que el cigüeñal gire y retire los pernos del eje balanceador. **Nota:** *Un bloque de madera colocado firmemente entre el bloque motor y el contrapeso del cigüeñal impedirá la rotación del cigüeñal.*

4   Retire la rueda dentada de la cadena del eje balanceador, la cadena y la rueda dentada del cigüeñal (vea la ilustración). Utilice dos barras de palanca para empujar la rueda dentada

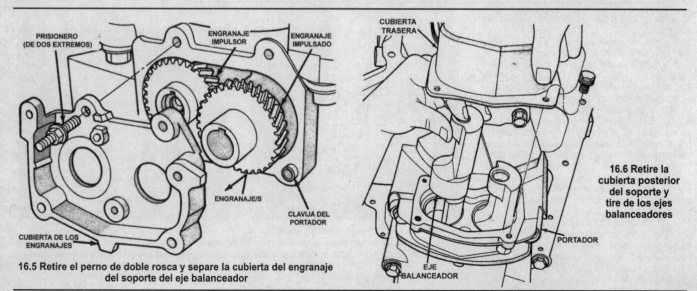

16.5 Retire el perno de doble rosca y separe la cubierta del engranaje del soporte del eje balanceador

16.6 Retire la cubierta posterior del soporte y tire de los ejes balanceadores

16.12 Después de la instalación de engranajes, los chaveteros del eje balanceador deben estar paralelos y mirando al cigüeñal, y los puntos de alineación de engranajes deben estar juntos como se muestra

hacia adelante y hacia atrás hasta que se salga del cigüeñal. **Nota:** *En este momento es posible extraer de la tapa del cojinete principal o placa de transmisión el conjunto de soporte, si no es necesario desmontar el eje balanceador.*

5   Retire el espárrago especial (de doble rosca) de la cubierta del engranaje. A continuación, retire la cubierta del engranaje y los engranajes del eje balanceador (vea la ilustración).

6   Retire la cubierta posterior del soporte y extraiga los ejes balanceadores (vea la ilustración).

7   Retire los pernos que sujetan el soporte a la tapa del cojinete principal o placa de transmisión, y separe el soporte del motor.

Limpieza e inspección

8   Limpie todos los componentes con solvente y séquelos cuidadosamente. Inspeccione todos los componentes en busca de daños y desgaste. Preste mucha atención a la cadena, rueda dentada, dientes de engranaje y superficies de apoyo de los soportes y ejes balanceadores.

Remplace las piezas defectuosas según sea necesario.

Instalación

Consulte las ilustraciones 16.12 y 16.15.

9   Instale el soporte del eje balanceador en la tapa del cojinete principal o placa de transmisión y apriete los pernos al torque indicado en las Especificaciones de este Capítulo.

10   Lubrique los ejes balanceadores con aceite para motor limpio e instálelos en el soporte.

11   Instale la cubierta trasera y ajuste los pernos al torque indicado en las Especificaciones de este Capítulo.

12   Gire los ejes balanceadores hasta que los dos chaveteros estén paralelos y miren hacia el cigüeñal. Instale el engranaje de transmisión del buje corto en el eje accionado por rueda dentada y el engranaje de buje largo en el eje accionado por engranaje. Después de la instalación, las marcas de sincronización (puntos) deben estar juntas y los chaveteros posicionados como se muestra (vea la ilustración) .

13   Instale la cubierta de engranaje y apriete el espárrago de doble rosca al torque indicado en las Especificaciones de este Capítulo.

14   Instale la rueda dentada en el cigüeñal con la marca de sincronización hacia afuera. Tenga cuidado de no torcer la rueda dentada durante la instalación.

15   Coloque el cigüeñal de manera que la marca de sincronización en la rueda dentada esté alineada con la línea de separación en el lado izquierdo de la tapa del cojinete principal número uno (vea la ilustración).

16   Coloque la cadena en la rueda dentada del cigüeñal de modo que el eslabón niquelado de la cadena se encuentra en la marca de sincronización en la rueda dentada del cigüeñal (vea la ilustración 16.15).

17   Instale la rueda dentada de eje balanceador en la cadena de manera que la marca de sincronización en la rueda dentada (punto amarillo) se acople con el eslabón niquelado

de la cadena (8 eslabones desde el eslabón niquelado superior) (vea la ilustración 16.15).

18   Deslice la rueda dentada del eje balanceador en el eje balanceador. Si es difícil instalar la rueda dentada, puede ser necesario aflojar la cubierta posterior y empujar un poco el eje balanceador fuera del soporte para facilitar la instalación de la rueda dentada. **Nota:** *La marca de distribución en la rueda dentada del eje balanceador y el eslabón niquelado deben alinearse con la muesca en el lado de la cubierta de engranajes (vea la ilustración 16.15).*

19   Coloque los pernos del eje balanceador. Evite que el cigüeñal gire y apriete los pernos del eje balanceador al torque indicado en las Especificaciones de este Capítulo. **Nota:** *Un bloque de madera colocado firmemente entre el bloque motor y el contrapeso del cigüeñal impedirá la rotación del cigüeñal.*

Tensor de cadena

Consulte la ilustración 16.20

20   Instale el tensor de cadena sin apretar. Coloque una cuña de 0.039 x 2.75 pulgadas (se puede utilizar un calibrador de láminas cortado al tamaño adecuado) entre el tensor y la cadena (vea la ilustración). Empuje el tensor contra la cadena. Aplicar presión (aproximadamente 5.5 a 6.5 lb) directamente detrás de la ranura de ajuste para eliminar la holgura.

21   Haciendo presión, apriete el perno del tensor superior primero y luego el perno de pivote inferior. Apriete los pernos al torque indicado en Especificaciones de este Capítulo. Retire la cuña.

22   Coloque la guía de la cadena en el espárrago de doble rosca asegurándose de que la lengüeta de la guía encaja en la ranura de la cubierta del engranaje. Apriete la tuerca al torque indicado en las Especificaciones de este Capítulo.

23   Instale la cubierta de la cadena y apriete los pernos firmemente.

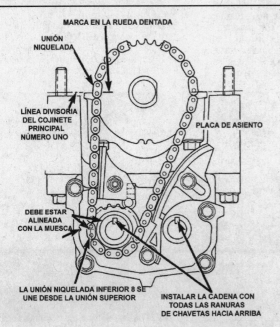

16.15 La marca de distribución en la rueda dentada del cigüeñal, los eslabones niquelados, la muesca y el punto amarillo en la rueda dentada del eje balanceador deben estar alineados para una sincronización correcta

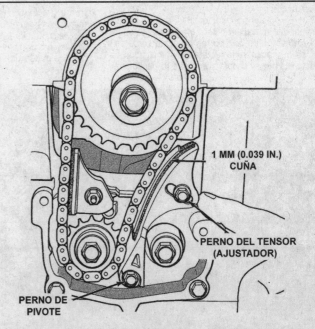

16.20 Con la cuña en su lugar, aplique aproximadamente 5.5 a 6.5 libras de presión al tensor de la cadena y apriete el perno torque indicado en las Especificaciones de este Capítulo

17.1 Inspección del juego axial del cigüeñal con un indicador de cuadrante

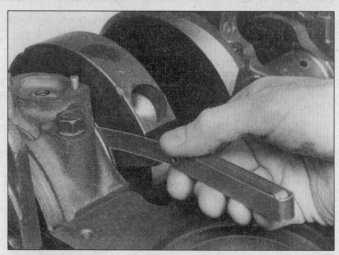

17.3 Revisión del juego longitudinal del cigüeñal con un juego de galgas.

17   Cigüeñal - desmontaje

Consulte las ilustraciones 17.1, 17.3, 17.4a y 17.4b

Nota: *el cigüeñal sólo se puede desmontar estando el motor fuera del vehículo. Retire la placa de transmisión, el amortiguador de vibración/balanceador del cigüeñal, la cadena o correa de sincronización, bandeja de aceite, bomba de aceite, los ejes de contrapeso (si están equipados), y los conjuntos de biela/pistón. Para ello, consulte las secciones correspondientes de los Capítulos 2A, 2B y 2C. Se debe aflojar los pernos del alojamiento del sello de aceite principal trasero y se debe separar este sello del bloque antes de desmontar el cigüeñal.*

1   Compruebe el juego axial antes de quitar el cigüeñal. Monte un indicador de cuadrante con el vástago alineado con el cigüeñal y en contacto con una de las alzadas del cigüeñal (vea la ilustración).

2   Empuje el cigüeñal totalmente hacia atrás y coloque el indicador en cero. Haga palanca sobre el cigüeñal para llevarlo tan adelante como sea posible, y observe la lectura en el indicador. La distancia que se desplaza es el juego longitudinal.

Si es mayor que el juego axial indicado en las Especificaciones de este Capítulo, revise las superficies de empuje del cigüeñal en busca de desgaste. Si no hay señales de desgaste, el juego axial debería poder corregirse con nuevos cojinetes principales.

3   Si no dispone de un indicador de esfera, puede usar calibradores de lámina. Haga palanca o empuje suavemente el cigüeñal totalmente hasta la parte delantera del motor. Inserte las láminas entre el cigüeñal y la superficie del cojinete principal de empuje para medir la separación (vea la ilustración). La separación es el juego longitudinal. **Nota:** *El cojinete de empuje principal se encuentra en la tapa del cojinete principal número dos en los motores V6 3.3L y 3.8L y en la tapa del cojinete principal número tres en los motores V6 3.0L y de cuatro cilindros.*

4   Inspeccione las tapas de los cojinetes principales para ver si están marcadas. Deben estar numeradas consecutivamente desde el frente del motor hacia atrás. Si no lo están, márquelas troqueles numerados o con un punzón (vea la ilustración). Afloje los pernos de la tapa de rodamiento principal 1/4 de vuelta por vez, hasta que los pueda quitar con la mano. Revise si se utilizan pernos de espárrago y asegúrese de que

estén nuevamente en sus posiciones originales al momento de reinstalar el cigüeñal.

5   Golpee suavemente las tapas con un martillo de superficie blanda y luego sepárelas del bloque del motor. Si es necesario, use los pernos como palanca para quitar las tapas. Evite que los insertos de cojinete se desprendan junto con las tapas y se caigan.

6   Eleve cuidadosamente el cigüeñal para extraerlo del motor. Podría ser una buena idea contar con un ayudante, ya que el cigüeñal es bastante pesado. Deje los insertos de cojinete en el bloque del motor y las tapas de cojinete principal, y coloque las tapas en sus respectivos lugares en el bloque del motor. Ajuste los pernos a mano.

18   Bloque del motor - limpieza

Consulte las ilustraciones 18.4a, 18.4b, 18.8 y 18.10

1   Quite las tapas del cojinete principal y separe los insertos del cojinete de las tapas y del bloque del motor. Etiquete los cojinetes para indicar de qué cilindro los quitó y si corresponden a la tapa o al bloque, y apártelos a un lado.

17.4a Los números de la tapa del cojinete principal (flechas) se ven fácilmente en los motores V6 de 3.0L

17.4b Use un punzón centrado o matrices de estampado numeradas para marcar las tapas del cojinete principal a fin de asegurarse que vuelvan a instalarse en sus ubicaciones originales en el bloque (haga las marcas del punzón cerca de una de las cabezas del perno).

18.4a Use un martillo y un punzón grande para golpear a un lado de los tapones para hacerlos entrar en los orificios de fabricación . .

18.4b . . y luego tire de los tapones con una pinza

2   Use un raspador de juntas para eliminar todo residuo de material de junta del bloque del motor. Sea cuidadoso a fin de evitar melladuras y hendiduras en las superficies de sellado con junta.

3   Quite todas las tapas y los tapones roscados de la galería de aceite del bloque. Los tapones generalmente están muy ajustados; quizá tenga que quitarlos con un taladro y volver a perforar los orificios. Use tapones nuevos al rearmar el motor.

4   Retire los tapones del bloque (ver ilustraciones) **Precaución:** *Quizás sea difícil o imposible recuperar los tapones (también conocidos como tapones de congelación o tapones suaves) si ingresan completamente a los pasajes del refrigerante del bloque. Realice esta tarea con mucho cuidado.*

5   Si el motor está muy sucio, debe llevarlo a un taller de maquinado automotriz para que lo limpien con vapor o en tanque caliente.

6   Después de que le devuelvan el bloque, limpie una vez más todos los orificios y los conductos de aceite. Puede conseguir cepillos diseñados específicamente para este propósito en la mayoría de las tiendas de autopartes. Enjuague los conductos con agua caliente hasta que el agua salga limpia, seque cuidadosamente el bloque y pase un paño con aceite anti herrumbre de baja viscosidad sobre todas las superficies mecanizadas. Si tiene acceso a aire comprimido, úselo para acelerar el proceso de secado y para limpiar todos los orificios y las galerías de aceite. **Advertencia:** *Use protección para los ojos al utilizar aire comprimido.*

7   Si el bloque no está excesivamente sucio o lleno de lodos, puede limpiarlo adecuadamente con agua jabonosa caliente y un cepillo de cerdas duras. Tómese el tiempo necesario y haga un buen trabajo. Independientemente del método de limpieza, asegúrese de limpiar a fondo todos los orificios y galerías de aceite. Seque completamente el bloque y cubra todas las superficies maquinadas con aceite ligero.

8   Los orificios roscados en el bloque deben estar limpios a fin de asegurar lecturas precisas del par de apriete durante el rearmado. Pase un machuelo del tamaño correcto por todos los orificios para eliminar herrumbre, corrosión, lodos y residuos de compuesto sellador de roscas, y para reparar las roscas que pudieran estar dañadas (vea la ilustración). De ser posible, utilice aire comprimido para eliminar de los orificios los desechos que produce esta operación. Limpie las roscas de los pernos de las culatas y los pernos de las tapas de los cojinetes de bancada.

9   Vuelva a instalar las tapas del cojinete de bancada y ajuste los pernos con la mano.

10   Después de cubrir las superficies de sellado de los nuevos tapones con sellador Permatex n.º 2, instálelos en el bloque del motor (vea la ilustración). Asegúrese de introducirlos bien alineados y de que asienten correctamente; de lo contrario se pueden producir fugas. Están disponibles herramientas especiales para esta tarea, pero un dado grande, de diámetro externo que quepa ajustadamente en el tapón, una extensión de mando de 1/2" y un martillo servirán con la misma eficacia.

11   Aplique un sellador que no se endurezca (como Permatex n.º 2 o sellador de tuberías de teflón) a los nuevos tapones de la galería de aceite y enrósquelos en los orificios del bloque. Asegúrese de que queden firmemente ajustados.

12   Si no se va a rearmar el motor de inmediato, cúbralo con una bolsa grande plástica de basura para mantenerlo limpio.

18.8 Todos los orificios de pernos en el bloque, en particular los de la tapa de los cojinetes de bancada y los de los pernos de culata, se deben limpiar y restaurar con un machuelo (asegúrese de quitar los desechos de los orificios al finalizar)

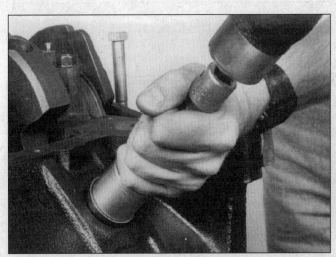

18.10 Se puede usar un dado grande con un prolongador para guiar los nuevos tapones hacia los huecos.

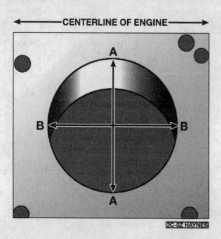

19.4a Mida el diámetro de cada cilindro en ángulo recto respecto de la línea central del motor (A) y paralelo a la línea central del motor (B) - el ovalado es la diferencia entre (A) y (B), y el ahusamiento es la diferencia entre (A) y (B) en la parte superior del cilindro y (A) y (B) en la base del cilindro.

19.4b La capacidad de "percibir" cuando el medidor telescópico está en el punto correcto se desarrollará con el tiempo, así que trabaje lentamente y repita el procedimiento hasta que considere que la medición del diámetro es exacta

19 Bloque del motor - inspección

Vea las ilustraciones 19.4a, 19.4b, 19.4c y 19.13

1 Limpiar el bloque antes de inspeccionarlo (vea la Sección 18).

2 Inspeccione el bloque en busca de grietas, herrumbre y corrosión. Busque roscas dañadas. También es conveniente que un taller de maquinado automotriz que tenga el equipo especial para este tipo de trabajo inspeccione el bloque en busca de grietas ocultas. Si se encuentran defectos, haga reparar o reemplazar el bloque.

3 Inspeccione las paredes de los cilindros en busca de señales de rayaduras y hendiduras.

4 Mida el diámetro de cada cilindro en la parte superior (justo debajo del área de la estría), en el centro y en la parte inferior del cilindro, paralelo al eje del cigüeñal (vea las ilustraciones).

5 Mida el diámetro de cada cilindro en las mismas tres ubicaciones perpendiculares al eje del cigüeñal. Compare los resultados con las especificaciones de este Capítulo.

6 Si no cuenta con las herramientas de medición de precisión necesarias, se pueden calcular los espacios del pistón al cilindro con un juego de calibre de espesores. El juego de calibres viene en longitudes de 12 pulgadas y varios grosores, y por lo general se consigue en tiendas de autopartes.

7 Para revisar el espacio libre, seleccione un calibre de espesores y deslícelo hacia el cilindro junto con el pistón coincidente. El pistón debe estar ubicado tal como se ubicaría normalmente. El calibre de espesores debe estar entre el pistón y el cilindro en una de las superficies de empuje (a 90 grados del pasador del pistón).

8 El pistón debe deslizarse a través del cilindro (con la galga de espesores en su lugar) con presión moderada.

9 Si pasa de largo o se desliza fácilmente, el espacio libre es excesivo y se necesitará un nuevo pistón. Si el pistón se traba en el extremo inferior del cilindro y está flojo cerca de la parte superior, el cilindro está ahusado. Si se detectan sectores estrechos a medida que se gira el pistón o la galga de espesores en el cilindro, el cilindro está ovalado.

10 Repita el procedimiento para los cilindros restantes.

11 Si las paredes de los cilindros tienen mucho daño por roce o hendiduras, o si los cilindros están ovalados o ahusados más allá de los límites indicados en las especificaciones en este Capítulo, solicite a un taller de maquinado automotriz que rectifique y bruña el bloque del motor. Si se rectifica el bloque se requerirán pistones y anillos de mayor tamaño.

12 No tendrá que rectificar los cilindros si se encuentran en condiciones razonablemente buenas, si no presentan desgaste más allá de los límites especificados y las holguras entre los pistones y los cilindros se pueden mantener en forma apropiada. Solo será necesario es bruñirlos (vea la Sección 20).

13 Con una regla de precisión y un calibre de espesores, revise la cubierta del bloque (la superficie que entra en contacto con la culata del cilindro) en busca de deformación (ver la ilustración). Si está deforma más allá del límite especificado en las especificaciones de este Capítulo, puede rectificarse en un taller de maquinado automotriz.

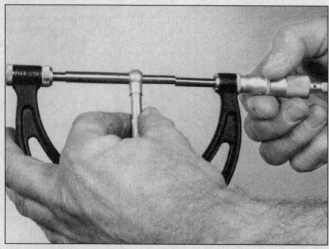

19.4c El medidor se mide luego con un micrómetro para determinar el tamaño del diámetro.

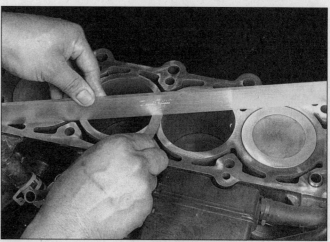

19.13 Compruebe que no haya deformación en la superficie de junta de la cabeza del bloque de cilindros colocando una regla de precisión en toda la superficie y tratar de meter un calibre de espesores entre el bloque y la regla

20.2a Si usted nunca ha bruñido cilindros anteriormente, una herramienta del tipo flexible le permitirá lograr mejores resultados

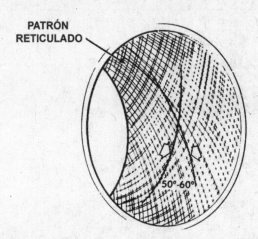

PATRÓN RETICULADO

50°-60°

20.2b La herramienta para bruñir cilindros debe dejar un patrón suave y cuadriculado, y las líneas deben cruzarse a un ángulo aproximado de 60 grados

20 Bruñido de cilindros

Consulte las ilustraciones 20.2a y 20.2b

1   Antes de rearmar el motor, se debe bruñir los cilindros a fin de que asienten correctamente los anillos nuevos del pistón y que proporcionen el mejor sello posible en la cámara de combustión. **Nota:** *Si no tiene las herramientas necesarias o no desea realizar usted mismo el bruñido, podrá hacerlo en la mayoría de los talleres de maquinado automotriz por un precio razonable.*

2   Existen dos tipos comunes de herramientas de bruñido de cilindros: las flexibles y las más tradicionales, de piedras accionadas por resorte. Ambos métodos harán el trabajo, pero al mecánico con poca experiencia probablemente le resulte más fácil utilizar una herramienta flexible. También necesitará un poco de aceite de bruñir (también puede usar de queroseno), trapos y un taladro eléctrico. Proceda de la siguiente forma:

a) *Fije la herramienta de bruñir al taladro, comprima las piedras e inserte la herramienta en el primer cilindro (vea la ilustración). Asegúrese de usar gafas de seguridad o una máscara protectora.*

b) *Lubrique el cilindro con abundante aceite de bruñido, encienda el taladro y desplace la herramienta en forma ascendente y descendente en el cilindro a una velocidad que produzca un fino patrón reticulado en las paredes del cilindro. Las líneas de la retícula se deben cruzar a un ángulo de 60 grados aproximadamente (vea la ilustración). Asegúrese de usar abundante lubricante y no retire más material del que sea absolutamente necesario para obtener el acabado deseado.* **Nota:** *los fabricantes de anillos de pistones podrían especificar ángulos del patrón de retícula menores que el tradicional de 60 grados; lea y cumpla todas las instrucciones que se incluyen con los anillos nuevos.*

c) *No extraiga del cilindro la herramienta mientras esté en uso. Apague el taladro y continúe moviendo la herramienta de bruñir hacia arriba y hacia abajo en el cilindro hasta que el motor se detenga por completo; después presione las piedras y extraiga del cilindro la herramienta. Si usa una herramienta de bruñir tipo "cepillo de botella", detenga el taladro y luego gire con la mano el portabrocas en la dirección normal de rotación a la vez que extrae la herramienta del cilindro.*

d) *Limpie con un trapo el aceite del cilindro y repita el procedimiento en los demás cilindros.*

3   Después de completar el trabajo de bruñido, bisele los bordes superiores de los cilindros con una lima pequeña para que no se enganchen los anillos al instalar los pistones. Tenga mucho cuidado de no mellar las paredes del cilindro con el extremo de la lima.

4   Se debe lavar nuevamente todo el bloque del motor con agua jabonosa caliente a fin de eliminar todo rastro de la arenilla abrasiva que se produce durante la operación de bruñido. **Nota:** *Las cavidades se consideran limpias cuando al pasar por ellos una tela blanca sin pelusas, humedecida con aceite de motor limpio, no recoge ningún residuo del bruñido, que aparece como un área gris en la tela.* Asegúrese de pasar un cepillo por todos los orificios y galerías de aceite y de enjuagarlos con un chorro de agua.

5   Después de lavar el bloque, séquelo y aplique una capa de aceite antiherrumbre de baja viscosidad a todas las superficies mecanizadas. Envuelva el bloque con una bolsa plástica de basura a fin de mantenerlo limpio, y apártelo a un lado hasta el rearmado.

21 Pistones y bielas - inspección

Vea las ilustraciones 21.2, 21.4a, 21.4b, 21.10 y 21.11.

1   Antes de poder realizar la inspección, se debe limpiar los conjuntos de pistón y biela y retirar de los pistones los anillos existentes. **Nota:** *Siempre use anillos nuevos de pistón al rearmar el motor.*

2   Usando una herramienta de instalación de anillos de pistón, extraiga con cuidado los anillos de los pistones (vea la ilustración). Evite causar melladuras y hendiduras a los pistones durante el proceso.

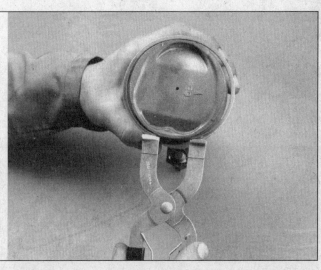

21.2 Con una herramienta de desmontaje de anillos de pistón (como se muestra) extraiga los anillos de los pistones

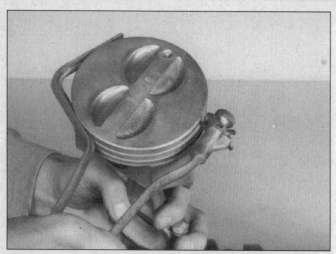

21.4a Las ranuras de los pistones se pueden limpiar con una herramienta especial, como se muestra aquí . .

21.4b . . o un trozo de anillo partido

3   Con un raspador, retire los depósitos de carbón de la parte superior del pistón. Una vez que haya raspado la mayoría de los depósitos, puede utilizar un cepillo de cerdas de alambre o un trozo de tela de esmeril de grado fino para seguir quitando los residuos con la mano. No utilice un cepillo de cerdas de alambre montado en un taladro para eliminar los depósitos de los pistones. El material del pistón es blando y los cepillos de alambre pueden desgastarlos.

4   Utilice una herramienta especial de limpieza de ranuras de anillos de pistón para eliminar de las ranuras de los anillos los depósitos de carbón. Si no dispone de la herramienta, puede utilizar un trozo partido de un anillo viejo. Tenga mucho cuidado y elimine solo los depósitos de carbón, no quite metal ni melle o raye los lados de las ranuras del anillo (vea las ilustraciones).

5   Una vez que haya quitado los depósitos, limpie con solvente los conjuntos de pistón y biela y séquelos con aire comprimido (si está disponible). **Advertencia:** *Use protección para los ojos. Asegúrese de que los orificios de retorno de aceite en los lados traseros de las ranuras de los anillos estén despejados.*

6   Si los pistones y las paredes del cilindro no están dañados ni presentan un desgaste excesivo, y si tampoco se rectificó el bloque

del motor, no será necesario utilizar pistones nuevos. El desgaste normal de los pistones se muestra como desgaste parejo y vertical en las superficies de empuje del pistón y una ligera holgura del anillo superior en su ranura. Siempre se deben usar anillos de pistón nuevos al rearmar un motor.

7   Inspeccione cada pistón en busca de grietas en la falda, en los refuerzos del pasador y en las superficies exteriores adyacentes a las ranuras de los pistones.

8   Inspeccione en busca de hendiduras y de rayaduras en las superficies de empuje de la falda, en los orificios en la corona del pistón y en las zonas quemadas en el borde de la corona. Si la falda está arañada o rayada, es posible que el motor se haya recalentado. Se deben inspeccionar cuidadosamente los sistemas de enfriamiento y lubricación. Un orificio en la corona del pistón es indicio de que se produjo una combustión anormal (encendido prematuro). Las zonas quemadas en el borde de la corona del pistón indican de pistoneo (detonación). Si cualquiera de los problemas mencionados está presente, se deben corregir las causas, de lo contrario los daños se producirán nuevamente. Las causas podrían incluir ingreso irregular de aire en la admisión, mezcla incorrecta de

combustible y aire, sincronización incorrecta de la ignición y fallas en el sistema de la EGR (recirculación de gases de escape).

9   Si el pistón presenta corrosión en forma de pequeñas picaduras, es señal de que hay ingreso de líquido refrigerante a la cámara de combustión, al cigüeñal o a ambos. Como antes, se debe corregir la causa o el problema podría seguir presente en el motor reconstruido.

10   Coloque sucesivamente anillos nuevos en todas las ranuras del pistón y mida la holgura lateral (entre el anillo y la ranura) de los anillos, con el uso de láminas de un calibrador (vea la ilustración). Inspeccione la holgura en tres o cuatro posiciones en la periferia de todas las ranuras. Asegúrese de utilizar los anillos correctos en cada ranura, dado que son diferentes. Si la holgura lateral es mayor que el valor indicado en las especificaciones en este Capítulo, deberá usar pistones nuevos.

11   Inspeccione la holgura entre el pistón y el cilindro; para ello mida el diámetro del cilindro (vea la Sección 19) y el del pistón. Asegúrese de que los pistones y los cilindros estén correctamente emparejados. Mida el pistón a lo largo de la falda, en un ángulo de 90 grados con el pasador de pistón (vea la ilustración). Para ser exactos, la medida debe ser tomada en un punto

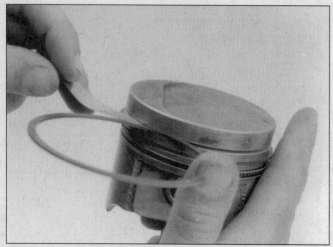

21.10 Inspeccione la holgura lateral del anillo con un calibre de espesores en varios puntos alrededor de la ranura

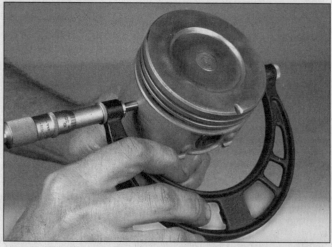

21.11 Medir el diámetro del pistón de 90 grados desde el pasador de pistón

22.1 Los orificios para aceite deben estar biselados para que los bordes filosos no deformen ni rayen los cojinetes nuevos.

22.2 Use un cepillo de alambre o de cerdas de plástico rígidas para limpiar los pasajes de aceite en el cigüeñal.

específico, dependiendo del tipo de motor.

a) *Los motores de cuatro cilindros se miden 0.563 pulgadas por encima de la parte inferior del pistón.*

b) *Los pistones del motor 3.0L V6 se miden 0.080 pulgadas por encima de la parte inferior de la falda del pistón.*

c) *Los pistones del motor 3.3L V6 se miden 1.65 pulgadas por debajo de la parte superior del pistón.*

d) *Los pistones del motor 3.8L V6 se miden 1.42 pulgadas por debajo de la parte superior del pistón.*

12   Para calcular la holgura, reste el diámetro del pistón del diámetro de la cavidad. Si la holgura es mayor que lo especificado en este Capítulo, tendrá que rectificar el bloque e instalar pistones y anillos nuevos.

13   Mida la holgura entre el pistón y la biela; para ello tuerza el pistón y la biela en direcciones opuestas. Todo juego libre detectable indica desgaste excesivo, que se debe corregir. Se deben llevar los conjuntos de pistón y biela a un taller de maquinado automotriz para que se les dé el tamaño correcto a los pistones y a las bielas, y se instalen pasadores de pistón nuevos.

14   Si por cualquier motivo se necesita desmontar de las bielas los pistones, los debe

llevar a un taller de maquinado automotriz. Dado que los talleres de maquinado automotriz cuentan con equipos especiales para ese propósito, haga que determinen si las bielas están dobladas o torcidas. **Nota:** *A menos que se instalen pistones y bielas nuevos, no desarme los pistones y las bielas.*

15   Inspeccione las bielas en busca de grietas y otros daños. Retire temporalmente las tapas de los cojinetes de biela, extraiga los insertos viejos de cojinete, limpie con un trapo las superficies de asiento de los insertos en la biela y en la tapa, e inspecciónelas en busca de melladuras, hendiduras y rayas. Después de inspeccionar las bielas, vuelva a instalar los insertos viejos, coloque en su lugar las tapas y apriete las tuercas con la mano. **Nota:** *Si reconstruye el motor debido al golpeteo de las bielas, asegúrese de instalar bielas nuevas.*

22   Cigüeñal - inspección

Consulte las ilustraciones 22.1, 22.2, 22.4, 22.6 y 22.8

1   Quite todas las rebabas de los orificios de aceite del cigüeñal con una piedra de amolar, una lima o un raspador (vea la ilustración).

2   Limpie el cigüeñal con solvente y séquelo con aire comprimido (si está disponible). **Advertencia:** *Use protección para los ojos al utilizar aire comprimido. Asegúrese de limpiar los orificios de aceite con un cepillo de cerdas rígidas (vea la ilustración) y de enjuagarlos con solvente.*

3   Inspeccione los muñones de los cojinetes de bancada y de biela en busca de desgaste disparejo, hendiduras, picaduras y grietas.

4   Frote una moneda sobre cada muñón varias veces (vea la ilustración). Si el muñón toma el cobre de la moneda, significa que es muy áspero y debe restaurarse.

5   Inspeccione el resto del cigüeñal en busca de grietas y otros daños. Se debe realizar una detección magnética de defectos en busca de grietas ocultas; un taller de maquinado automotriz puede encargarse de este procedimiento.

6   Con un micrómetro, mida el diámetro de los muñones de los cojinetes de bancada y de biela, y compare los resultados con las especificaciones en este Capítulo (vea la ilustración). Para determinar si el muñón está ovalado, mida el diámetro en diversos puntos alrededor de la circunferencia de cada muñón. Para determinar si el muñón está ahusado, mida el diámetro en ambos extremos del muñón, cerca de las alzadas del cigüeñal.

22.4 Frotar una moneda a lo largo de cada muñón revelará su estado: si el cigüeñal toma el cobre de la moneda, los muñones deben restaurarse.

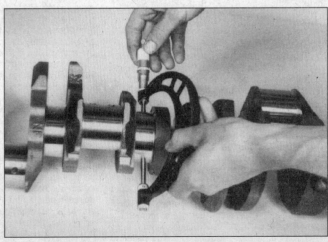

22.6 Mida el diámetro de todos los muñones del cigüeñal en distintos puntos a fin de detectar ahusamiento y ovalamiento

22.8 Si los sellos formaron canales en los muñones del cigüeñal o si las superficies de contacto de los muñones con los sellos están melladas o rayadas, habrá fugas en los sellos nuevos

7   Si los muñones del cigüeñal están dañados, ahusados, ovalados o desgastados más allá de los límites establecidos en las especificaciones de este Capítulo, haga que un taller de maquinado automotriz restaure el cigüeñal. Si reacondiciona el cigüeñal, asegúrese de que se utilicen insertos de cojinete del tamaño correcto.

8   Inspeccione los muñones de los sellos de aceite en ambos extremos del cigüeñal, en busca de desgaste y daños. Si se formó un canal en uno o en ambos muñones, o si los muñones están mellado o rayados (vea la ilustración), es posible que haya fugas al instalar los sellos nuevos cuando se rearme el motor. En algunos casos, un taller de maquinado automotriz podría reparar los muñones presionando sobre un manguito delgado. Si no es factible repararlos, deberá instalar un cigüeñal nuevo o diferente.

9   Consulte la Sección 23 y examine los insertos de los cojinetes de bancada y de biela.

23   Cojinetes de bancada y de biela - inspección

Consulte la ilustración 23.1.

1   Los cojinetes de bancada y de biela deben ser reemplazadas por nuevos durante el reacondicionamiento del motor. Los cojinetes viejos deben conservarse. Pueden revelar información valiosa sobre el estado del motor (vea la ilustración).

2   Las fallas de los cojinetes se producen por falta de lubricación, la presencia de suciedad y de otras partículas extrañas, sobrecargas del motor y corrosión. Cualquiera sea el motivo de la falla del cojinete, se debe corregir antes de rearmar el motor a fin de evitar que suceda nuevamente.

3   Para examinar los cojinetes, retírelos del bloque del motor, las tapas de los cojinetes de bancada, las bielas y las tapas de las bielas. Colóquelos en una superficie limpia y en la misma posición que su ubicación en el motor. Esto le permitirá interrelacionar los problemas de los cojinetes con sus correspondientes muñones del cigüeñal.

4   La suciedad y otras partículas extrañas ingresan al motor de diversas formas. Podrían haber quedado en el motor durante el armado o podrían haber pasado a través de los filtros o del sistema de la PCV (ventilación positiva del cárter). Podrían haber llegado al aceite del motor y de allí a los cojinetes. A menudo se encuentran virutas de metal creadas en las operaciones de maquinado y

FALLA POR FATIGA   ORIFICIOS O CAVIDADES

ASENTAMIENTO INCORRECTO   ZONAS BRILLANTES (PULIDAS)

RAYADURAS
SUCIEDAD INCRUSTADA EN EL MATERIAL DEL COJINETE
RAYADURA POR SUCIEDAD

REVESTIMIENTO DESTRUIDO
FALTA DE ACEITE

REVESTIMIENTO DESTRUIDO EN TODA LA SUPERFICIE
DESGASTE EXCESIVO

APOYO SOBRE EL RADIO
MUÑÓN AHUSADO

23.1 Patrones de desgaste típicos del rodamiento y las causas probables

por el desgaste normal del motor. Algunas veces quedan partículas abrasivas en los componentes del motor después del reacondicionamiento, sobre todo cuando no se limpian a fondo las piezas. Cualquiera sea su origen, estos objetos extraños a menudo acaban incrustados en el material blando de los cojinetes. Las partículas grandes no se incrustarán en los cojinetes sino que causan rayaduras y hendiduras en los cojinetes y los muñones. La mejor prevención contra esta fuente de fallas de los cojinetes es limpiar a fondo todas las piezas y mantener todo perfectamente limpio durante el armado del motor. También se recomiendan cambios frecuentes a intervalos regulares del aceite del motor y el filtro.

5   La deficiente lubricación (o su pérdida total) tiene diversas causas interrelacionadas. El calor excesivo (que reduce la viscosidad del aceite), las sobrecargas (que expulsan el aceite fuera de los cojinetes) y las fugas y la expulsión del aceite (por holguras excesivas en los cojinetes, desgaste en la bomba de aceite o altas velocidades del motor) contribuyen todos a las fallas de lubricación. Los conductos de aceite bloqueados, que generalmente son el resultado de la mala alineación de los orificios de aceite en la cubierta del cojinete, restringirán el paso de aceite a los cojinetes y causarán su destrucción. Cuando la causa de una falla de cojinete es la falta de lubricación, el revestimiento del cojinete desaparece o se extrude por el refuerzo de acero del cojinete. También las temperaturas podrían aumentar hasta un punto en que el respaldo de acero se torne azul por sobrecalentamiento.

6   Los hábitos de conducción pueden tener un efecto claro sobre la duración de los cojinetes. El funcionamiento con máxima aceleración y baja velocidad (funcionamiento forzado del motor) impone cargas muy altas sobre el cojinete,

que tiende a eliminar la capa de aceite. Dichas cargas provocan que los cojinetes se flexionen, lo que produce grietas finas en la superficie de los cojinetes (falla por fatiga). Con el tiempo, el material del cojinete se aflojará por pedazos y se desprenderá del refuerzo de acero. Los trayectos cortos fomentan la corrosión en los cojinetes, debido a que no se alcanzan las temperaturas suficientes en el motor para eliminar el agua que se condensa y los gases corrosivos. Esos productos de la combustión se acumulan en el aceite del motor, formando ácidos y lodos. Cuando el aceite es llevado a los cojinetes del motor, el ácido ataca y corroe el material de los cojinetes.

7   La instalación incorrecta de los cojinetes durante el armado del motor también provocará fallas de los cojinetes. Los cojinetes demasiado ajustados dejan poco espacio para el aceite, lo que provocará una falta de aceite. La suciedad y las partículas extrañas atrapadas detrás de los insertos de cojinete pueden producir puntos elevados en la superficie de los cojinetes, que provocarán en fallas.

24   Reacondicionamiento de motores - secuencia de rearmado

1   Antes de comenzar a armar nuevamente el motor, asegúrese de tener a mano todas las piezas, las juntas y los sellos necesarios nuevos, además de los siguientes equipos y herramientas:

Herramientas de mano comunes
Llave de torsión (1/2 pulgada)
Herramienta de instalación de anillos de pistón
Compresor de anillos de pistón

25.3 Al medir la separación entre los extremos de los anillos de pistón, el anillo debe estar alineado perpendicularmente a las paredes del cilindro (esto se logra llevando el anillo hacia abajo con la parte superior de un pistón, como se muestra)

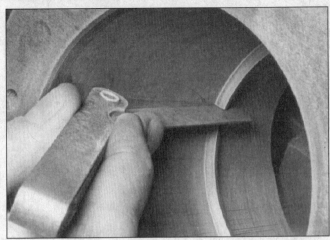

25.4 Con el anillo correctamente colocado en el cilindro, mida la separación entre los extremos con un calibrador de láminas.

Herramienta de instalación de amortiguador de vibración
Short lengths of rubber or plastic hose to fit over connecting rod bolts
Plastigage
Calibrador de láminas
Lima de dientes finos
Aceite nuevo de motor
Aceite de ensamblaje de motores o grasa, que contengan molibdeno
Compuesto sellador de juntas
Compuesto de trabado de roscas

2   Para ahorrar tiempo y evitar problemas, el rearmado del motor se debe llevar a cabo en el siguiente orden general:

Motor de cuatro cilindros

Anillos de pistón instalados en los pistones
Cigüeñal y cojinetes de bancada
Conjuntos de pistón y biela
Sello de aceite principal trasero
Portador del eje balanceador
Caja frontal y conjunto de la bomba de aceite
Bandeja de aceite
Conjunto de culatas de cilindros
Bomba de agua
Ruedas dentadas y cadenas de sincronización
Cubierta(s) de la correa de sincronización
Cubierta(s) de los balancines
Múltiples de admisión y de escape
Plato de transmisión

Motor 3.0L V6

Cigüeñal y cojinetes de bancada
Alojamiento del sello de aceite principal trasero
Conjuntos de pistón y biela
Bomba de aceite
Colector de aceite
Cubierta de la cadena de la sincronización
Ruedas dentadas y cadenas de sincronización
Culata de cilindros y árbol de levas
Múltiples de admisión y de escape
Tapas de válvulas
Plato de transmisión

Motores 3.3L y 3.8L V6

Cigüeñal y cojinetes de bancada
Alojamiento del sello de aceite principal trasero
Conjuntos de pistón y biela
Bomba de aceite
Árbol de levas
Ruedas dentadas y cadena de sincronización
Cubierta de la cadena de la sincronización
Bandeja de aceite
Culatas de cilindros
Botadores
Balancines y varillas de empuje
Múltiples de admisión y de escape
Tapas de válvulas
Plato de transmisión

25   Anillos de pistón - instalación

Vea las ilustraciones 25.3, 25.4, 25.5, 25.9a, 25.9b, 25.11 y 25.12

1   Antes de instalar los nuevos anillos de pistón, debe inspeccionar la separación de los extremos de los anillos. Se presupone que el espacio lateral del anillo del pistón ya se inspeccionó y se confirmó que es correcto (vea la Sección 21).

2   Disponga los conjuntos de pistón y biela y los nuevos juegos de anillos en forma tal que los anillos estén emparejados con los correspondientes pistón y cilindro, en los que se midió la separación de los extremos de los anillos y el armado del motor.

3   Inserte en el primer cilindro el anillo superior de compresión (anillo número uno) y desplácelo con la parte superior del pistón hasta alinearlo perpendicularmente a las paredes del cilindro (vea la ilustración). El anillo se debe llevar hasta la parte inferior del cilindro, en el límite inferior del trayecto del anillo. **Nota:** *En los motores 3.3L y 3.8L V6, la medida se debe tomar al menos 0.500 pulgadas de la parte inferior del orificio del cilindro.*

4   Para medir el espacio final, deslice un juego de galgas entre los extremos del anillo hasta que encuentre un calibre igual al ancho del espacio (vea la ilustración). Los calibres de espesores se deben deslizar entre los extremos apenas con una pequeña resistencia. Compare la medición con las especificaciones en este Capítulo. Si la separación es mayor o menor de lo especificado, inspeccione nuevamente a fin de asegurarse de que está usando los anillos correctos antes de proceder.

5   Si el espacio es muy pequeño, debe agrandarse; de lo contrario, los extremos del anillo pueden entrar en contacto entre sí cuando el motor esté en funcionamiento, lo que puede provocar daños graves al motor. Si lima los extremos del anillo cuidadosamente con una lima fina, puede aumentar el espacio final. Coloque la lima en una prensa con mordazas blandas, deslice el anillo sobre la lima con los extremos en contacto con la superficie de la lima y mueva suavemente el anillo para eliminar el material de los extremos. Al realizar esta operación, lime solamente desde el exterior hacia adentro (vea la ilustración).

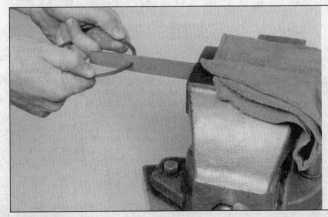

25.5 Si el espacio final es muy pequeño, sujete una lima en una prensa y lime los extremos de los anillos (solo de afuera hacia adentro) para agrandar levemente el espacio.

25.9a Instalación del separador o expansor en la ranura del anillo de control de aceite

25.9b NO use una herramienta de instalación de anillos de pistón cuando instale los rieles laterales del anillo de aceite.

6   Un espacio grande en el extremo no es crítico a menos que sea mayor que 0.040 pulgadas. Vuelva a asegurarse de que tiene los anillos correctos para su motor.

7   Repita el procedimiento para cada anillo que instalará en el primer cilindro, y para todos los anillos de los cilindros restantes. Recuerde mantener juntos los anillos, los pistones y los cilindros que están emparejados.

8   Una vez que haya medido y corregido las separaciones de los extremos de los anillos, puede instalar los anillos en los pistones.

9   Generalmente se instala primero el anillo de control del aceite (el de más abajo en el pistón). Está compuesto por tres componentes separados. Inserte el expansor elástico en la ranura (vea la ilustración). Si usa una lengüeta antirrotación, asegúrese de que esté insertada en el orificio perforado en la ranura del anillo. A continuación instale el riel del lado inferior. No utilice la herramienta de instalación de anillos de pistón para los rieles laterales de los anillos de aceite, ya que los podría dañar. En cambio, inserte un extremo del anillo de aceite en el espacio entre el expansor elástico y la parte inferior de la ranura del anillo. Sostenga

firmemente el extremo del anillo y arrastre el anillo con un dedo por el borde de la ranura para introducirlo (vea la ilustración). Instale el riel superior de la misma forma.

10   Después de instalar los tres componentes del anillo de aceite, asegúrese de que los rieles laterales superior e inferior puedan girar suavemente en la ranura del anillo.

11   Después se instala el anillo número dos (intermedio). Generalmente tiene estampada una marca que indica qué lado debe estar orientado hacia la parte superior del pistón (vea la ilustración). **Nota:** *siempre siga las instrucciones impresas en el embalaje del anillo; diferentes fabricantes podrían requerir diferentes procedimientos. No confunda los anillos superior e intermedio ya que tienen diferentes secciones transversales.*

12   Utilice una herramienta de instalación de anillos de pistón y asegúrese de que la marca de identificación esté orientada hacia la parte superior del pistón (vea la ilustración). Deslice el anillo en la ranura central del pistón. No expanda el anillo más allá de lo necesario para deslizarlo en la ranura.

13   Instale el anillo número uno (superior) de

la misma forma. Asegúrese de que la marca del anillo esté orientada hacia arriba. Tenga cuidado de no confundir los anillos número uno y número dos.

14   Repita el procedimiento para los pistones y anillos restantes.

---

26   Cigüeñal - instalación e inspección de la holgura (aceite) de los cojinetes de bancada

---

Vea las ilustraciones 26.3a, 26.3b, 26.3c, 26.5, 26.11, 26.13a, 26.13b y 26.15

1   La instalación del cigüeñal es el primer paso del rearmado del motor. En este punto se presupone que ya se limpiaron, inspeccionaron, repararon o reacondicionaron el bloque del motor y el cigüeñal.

2   Coloque el motor con su parte inferior hacia arriba.

3   Quite los pernos de las tapas de los cojinetes de bancada y retire las tapas. Colóquelos en el orden adecuado a fin de asegurar una instalación correcta.

4   Si siguen en su lugar, retire del bloque y de las tapas de los cojinetes de bancada los insertos de cojinete. Limpie los asientos de los insertos de cojinete en el bloque y en las tapas, con una tela limpia y sin pelusas Deben mantenerse inmaculadamente limpios.

Holgura (aceite) de los cojinetes de bancada

Nota: *No toque las superficies de los nuevos insertos del cojinete con los dedos. La grasitud y la acidez de la piel pueden dejar marcas en los cojinetes.*

5   Limpie las superficies traseras de los insertos de los cojinetes de bancada y coloque uno en cada asiento de los cojinetes de bancada en el bloque (vea la ilustración). Si uno de los insertos de cojinete de cada juego tiene una ranura grande, asegúrese de que el inserto con la ranura se instale en el bloque. Coloque el otro inserto de cojinete del juego en la tapa del cojinete de bancada correspondiente. Asegúrese de que las pestañas de los insertos encajen en las cavidades del bloque y de la tapa. **Precaución:** *Los orificios de aceite del bloque deben estar alineados con los orificios de aceite del inserto del cojinete. No martille el inserto para asentarlo en su lugar y evite causar melladuras y hendiduras en las superficies de los insertos. No se debe usar lubricación en este paso.*

6   En los motores 3.3L y 3.8L V6, el cojinete de empuje con brida se debe instalar en la segunda tapa y asiento (contando desde el frente del motor). En los motores 3.0L V6 de cuatro cilindros, el cojinete de empuje se debe instalar en la tercer (centro) tapa y asiento. Tenga en cuenta que el motor 3.0L V6 utiliza arandelas de empuje separadas.

7   Limpie las superficies de los insertos de cojinete de bancada en el bloque y los muñones de los cojinetes de bancada del cigüeñal, con una tela limpia y sin pelusas.

8   Limpie los orificios de aceite del cigüeñal, ya que toda suciedad en esta zona sólo puede ir hacia los cojinetes nuevos.

9   Una vez que el cigüeñal está limpio, colóquelo cuidadosamente en posición sobre los cojinetes de bancada.

10   Antes de que se pueda instalar el cigüeñal de forma permanente, se debe comprobar la holgura (aceite) de los cojinetes de bancada.

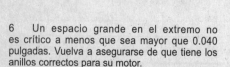

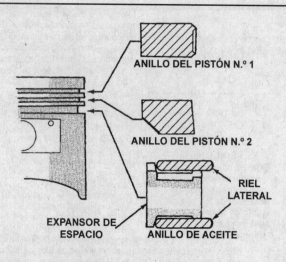

ANILLO DEL PISTÓN N.º 1

ANILLO DEL PISTÓN N.º 2

RIEL LATERAL

EXPANSOR DE ESPACIO

ANILLO DE ACEITE

25.11 Ubicaciones de los anillos de pistón

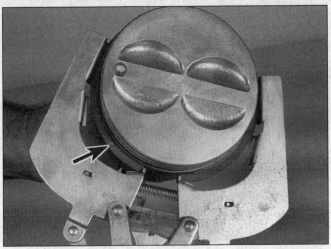

25.12 Instalación de los anillos de compresión con un expansor de anillos: la marca en el anillo debe mirar hacia arriba

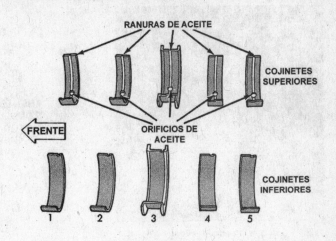

26.3a Cojinetes principales del cuatro cilindros - el No. 3 es el cojinete de empuje

26.3b Sobre el motor 3.0L V6, se utilizan arandelas de empuje independientes situadas en el cojinete número tres. Utilice grasa pesada para conjunto de motor para mantenerlas en su lugar durante el montaje

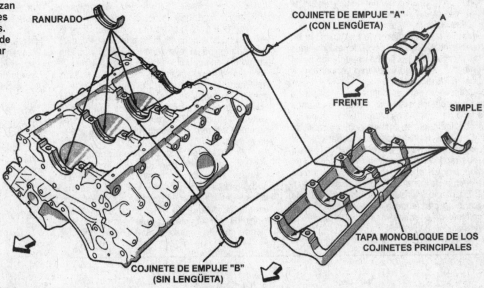

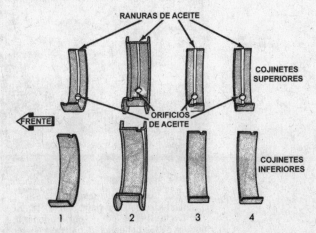

26.3c El cojinete de empuje se encuentra en el muñón número 2 en los motores 3.3L y 3.8L V6

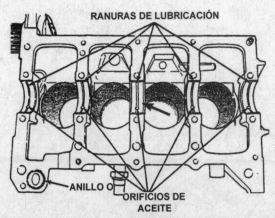

26.5 En los motores de cuatro cilindros, instalar los cojinetes superiores (con ranuras y orificios) en el bloque del motor. Asegúrese de alinear los orificios de aceite e instalar el cojinete de empuje en la posición central (flecha)

26.11 Coloque tiras de Plastigage (flecha) sobre los muñones de los cojinetes de bancada, paralelas a la línea central del cigüeñal

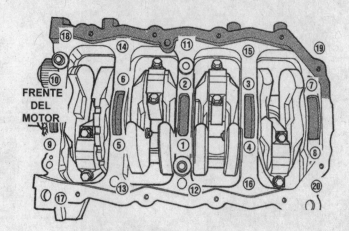

26.13a Motor de cuatro cilindros: tapa del cojinete de bancada / secuencia de ajuste del perno del conjunto de la placa de asiento

11   Corte varios trozos de Plastigage del tamaño apropiado (deben ser ligeramente más cortos que el ancho de los cojinetes de bancada) y coloque un trozo.en cada muñón de cojinete de bancada del cigüeñal, paralelo al eje del muñón (vea la ilustración).

12   Limpie las superficies de los cojinetes en las tapas e instálelas en sus posiciones originales (no las mezcle) con las flechas apuntando hacia el frente del motor. No modifique la posición de las tiras de Plastigage.

13   Comience con el cojinete de bancada central y hacia los extremos. Ajuste los pernos de la tapa del cojinete de bancada en tres pasos al torque indicado en las especificaciones de este Capítulo. Evite girar el cigüeñal durante esta operación. **Nota:** *En el motor de cuatro cilindros tapa/placa de asiento y el motor 3.0L V6 monobloque, asegúrese de aplicar el torque en la secuencia correcta (vea las ilustraciones).* **Nota:** *En los motores de cuatro cilindros, sólo es necesario aplicar torque a los pernos de la tapa del cojinete de bancada más grande para esta comprobación.*

14   Quite los pernos y retire cuidadosamente las tapas de los cojinetes de bancada. Manténgalas en orden. No perturbe la posición de las tiras de Plastigage y evite que gire el cigüeñal. Si se le dificulta quitar alguna de las tapas de cojinete de bancada, golpéela levemente de lado a lado con un martillo de superficie blanda para aflojarla.

15   Compare el ancho de las tiras aplastadas de Plastigage en todos los muñones con la escala provista en la envoltura de las tiras, para conocer la holgura de los cojinetes de bancada (vea la ilustración). Controle las especificaciones de este Capítulo para asegurarse de que sea la correcta.

16   Si la holgura no corresponde a lo especificado, podría ser que los insertos de cojinete sean de un tamaño incorrecto (lo que significa que necesitará otros). Antes de establecer que necesita insertos diferentes, asegúrese de que no haya suciedad ni aceite entre los insertos del cojinete y las tapas o el bloque cuando realizó la medición de holgura.

Si el Plastigage es visiblemente más ancho en un extremo que en otro, es posible que el muñón esté ahusado (vea la Sección 22).

17   Raspe cuidadosamente todo rastro del material Plastigage de los muñones de los cojinetes de bancada y si es el caso, de las superficies de los insertos. Use una uña o el borde de una tarjeta de crédito; no melle ni raye las superficies de los cojinetes.

Instalación final del cigüeñal

18   Extraiga cuidadosamente hacia arriba el cigüeñal del motor. Limpie las superficies del rodamiento en el bloque y luego aplique una capa fina y uniforme de grasa a base de molibdeno o lubricante del conjunto de motor a cada una de las superficies del rodamiento. Asegúrese de recubrir las superficies de empuje y la superficie del muñón del cojinete de empuje.

19   Asegúrese de que los muñones del cigüeñal estén limpios y luego vuelva a colocar el cigüeñal en su lugar en el bloque.

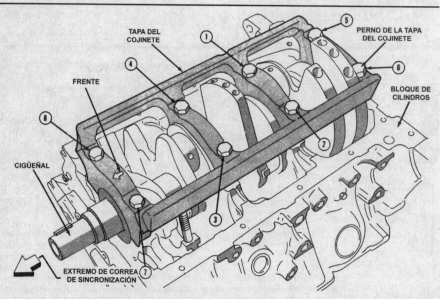

26.13b Secuencia de ajuste del monobloque en el motor 3.0L V6.

26.15 Compare el ancho de las tiras aplastadas de Plastigage con la escala provista en el envoltorio para conocer la holgura de los cojinetes de bancada (siempre haga la medición en el punto más ancho del Plastigage); asegúrese de utilizar la escala correcta (el envoltorio incluye escalas estándar y métricas)

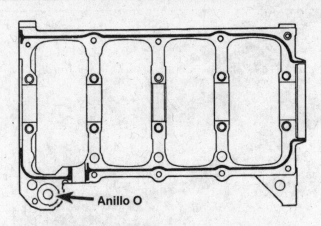

26.20 En los motores de cuatro cilindros, dosificar una cantidad de 0.0059- a 0,0078 pulgadas del sellador anaeróbico especificado para el bloque del motor, como se muestra

27.1 Cubra los lóbulos y muñones con lubricante para árbol de levas

Motores de cuatro cilindros

Consulte la ilustración 26.20

20 · Limpie las superficies de contacto del bloque de la placa de asiento con el bloque de cilindros. Deben estar libres de residuos de aceite. Aplique una cantidad de 0.059- 0.078 pulgadas de Mopar Torque Cure Gasket Maker (o equivalente) en el bloque de cilindros, como se muestra (vea la ilustración). **Precaución:** *Debe utilizar el sellador anaeróbico correcto en la placa de asiento para evitar causar daño al motor.*

21   Instale el conjunto de la tapa del cojinete debancada/placa de asiento en el bloque del motor y ajuste los pernos en las etapas que figuran en las Especificaciones siguiendo la secuencia recomendada (vea la ilustración 26.13a).

Motores V6

22   Coloque las tapas o monobloques en sus posiciones originales, con las flechas hacia la parte delantera del motor.
Instale los pernos.

24   Ajuste todos los pernos, excepto los pernos de la tapa del cojinete de empuje, al torque

indicado en las especificaciones en este Capítulo (avance desde el centro hacia afuera y llegue hasta el valor final de torque en tres pasos).

25   Ajuste los pernos de la tapa del cojinete de empuje a un torque de entre 10 y 12 lb-pie.

26   Golpee los extremos del cigüeñal hacia adelante y atrás con una regleta o martillo de latón para alinear las superficies de empuje del cigüeñal y del cojinete de bancada.

27   Vuelva a ajustar los pernos de la tapa del cojinete principal al torque que se indica en las especificaciones de este Capítulo, comenzando desde el centro hacia los extremos.

Todos los motores

28   Gire manualmente el cigüeñal varias veces en busca de señales evidentes de atoramiento.

29   El paso final es controlar el juego longitudinal del cigüeñal con un calibre de espesores o un indicador de esfera (vea la Sección 17). El juego longitudinal debe ser correcto si las superficies de empuje del cigüeñal no están desgastadas ni dañadas y se instalaron los rodamientos nuevos.

30   Instale el sello de aceite principal trasero (vea la Sección 28).

27   Árbol de levas (motores 3.3L y 3.8L V6 solamente) - instalación

Consulte la ilustración 27.1

Nota: Este procedimiento se aplica sólo a los motores 3.3L y 3.8L V6.

1   Lubrique los muñones de los cojinetes y los lóbulos del árbol de levas con grasa que tenga molibdeno o con lubricante de ensamblaje de motores (vea la ilustración).

2   Inserte el árbol de levas en el motor. Mantenga apoyadas las levas cerca del bloque y esté atento a evitar daños en los cojinetes, como raspaduras y melladuras.

3   Instale el plato de empuje y los pernos. Ajuste los pernos al torque indicado en las especificaciones de este Capítulo.

4   Vea el Capítulo 2C para conocer el procedimiento de instalación de la cadena de sincronización.

28   Sello de aceite principal trasero - instalación

Consulte las ilustraciones 28.1, 28.2 y 28.3.

Nota: *Primero se debe instalar el cigüeñal y atornillar las tapas del cojinete de bancada antes de atornillar al bloque el nuevo sello y el conjunto del alojamiento.*

1   Retire el sello viejo del alojamiento con un martillo y un punzón. Sáquelo por la parte trasera (vea la ilustración). Controle cuánto retrocede el sello en la cavidad del alojamiento antes de extraerlo; el sello nuevo retrocederá la misma distancia. Tenga cuidado de no rayar o dañar la cavidad del alojamiento ya que eso podría causar fugas de aceite.

2   Limpie el alojamiento, aplique una capa fina de aceite de motor en el borde externo del sello nuevo. Se debe colocar el sello en la cavidad del alojamiento apretándolo de manera pareja. No es recomendable que usar un martillo para esta tarea. Si no tiene una prensa, coloque el alojamiento y el sello entre dos trozos de madera blanda y use las mordazas de una prensa grande para presionar el sello hasta que encaje en su lugar. Si usted no tiene una prensa lo suficientemente grande, apoye el alojamiento

28.1 Para retirar el sello trasero principal de aceite viejo del alojamiento, apoye el alojamiento en un par de bloques de madera y saque el sello con un punzón o destornillador y un martillo - asegúrese de no dañar la cavidad del sello

28.2 Para instalar el nuevo sello en el alojamiento, simplemente colóquelo en un banco de trabajo limpio y plano, apoye un bloque de madera sobre el sello y golpéelo cuidadosamente con un martillo para colocarlo en su lugar

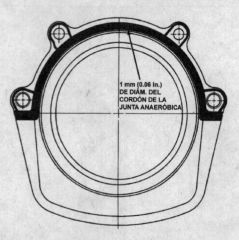

28.3 Aplicar sellador anaeróbico sobre la parte superior del retenedor

1 mm (0.06 in.)
DE DIÁM. DEL
CORDÓN DE LA
JUNTA ANAERÓBICA

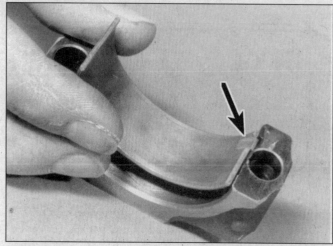

29.4 La lengüeta del cojinete (flecha) debe encajar en la ranura de la tapa de modo que el cojinete encaje correctamente

sobre un banco de trabajo y utilice un bloque de madera y un martillo para colocar el sello en su lugar (vea la ilustración). La madera debe que ser lo suficientemente gruesa como para distribuir la fuerza de manera pareja alrededor de toda la circunferencia del sello. Trabaje lentamente y asegúrese de que el sello entre en la cavidad de manera pareja.

3   Aplicar sellador anaeróbico a la porción superior del retenedor (vea la ilustración) antes de instalar el alojamiento. Lubrique los labios del sello con aceite de motor limpio o grasa multiuso antes de deslizar el sello/alojamiento sobre el cigüeñal y de ajustar los pernos al bloque.

4   Ajuste los pernos del alojamiento de a poco hasta que estén todos ajustados.

29   Pistones y bielas - instalación e inspección de la holgura (aceite) de los cojinetes de biela

1   Antes de instalar los conjuntos de pistón y biela, las paredes de los cilindros deben estar inmaculadamente limpias, el borde superior de cada cilindro debe estar biselado y el cigüeñal

debe estar en su lugar.

2   Quite la tapa del extremo de la biela número uno (controle las marcas que realizó durante el desmontaje). Quite los insertos originales de cojinete y limpie las superficies de la biela y la tapa con una tela limpia y sin pelusas. Deben mantenerse inmaculadamente limpios.

Inspección de la holgura (aceite) de los cojinetes de biela

Vea las ilustraciones 29.4, 29.5, 29.9a, 29.9b, 29.11, 29.13, 29.14 y 29.17.

Nota: *No toque las superficies de los nuevos insertos del cojinete con los dedos. La grasitud y la acidez de la piel pueden dejar marcas en los cojinetes.*

3   Limpie la parte trasera del nuevo inserto del cojinete superior, luego colóquela en su lugar en la biela. Asegúrese de que la lengüeta del cojinete encaja en la cavidad de la biela. No use un martillo para colocar el inserto de cojinete en su lugar y tenga mucho cuidado para evitar hacer melladuras y hendiduras a la superficie del cojinete. No lubrique el cojinete en este punto.

4   Limpie la parte trasera del otro inserto

de cojinete e instálelo en la tapa de la biela. Asegúrese de que la lengüeta del cojinete encaja en la cavidad de la biela (vea la ilustración). No aplique lubricante. Es de crucial importancia que las superficies de contacto del cojinete y la biela estén perfectamente limpias y libres de aceite al armarlas.

5   Disponga las separaciones de los anillos de los pistones a 120 grados repartidas a intervalos alrededor del pistón (vea la ilustración).

6   Deslice un trozo de manguera de plástico o caucho sobre cada perno de la tapa de la biela.

7   Lubrique el pistón y los anillos con aceite limpio de motor y coloque el compresor de anillos de pistón en el pistón. Deje que la falda del pistón sobresalga aproximadamente 1/4 de pulgada para guiar el pistón al interior del cilindro. Se debe comprimir los anillos hasta que estén a ras con el pistón.

8   Gire el cigüeñal hasta que el muñón de la biela número uno se encuentre en su BDC (punto muerto inferior), y aplique una capa de aceite de motor a las paredes del cilindro.

9   Con la marca o la muesca en la parte superior del pistón (vea la ilustración) mirando hacia la parte delantera del motor, inserte suavemente el conjunto de pistón y biela en la cavidad del cilindro número uno y apoye el borde inferior del compresor del anillo en el bloque del motor. Si está trabajando en un motor de cuatro cilindros, asegúrese de que el orificio de aceite en el extremo inferior de la biela está orientado hacia la parte delantera (correa de sincronización) del motor.

10   Golpee ligeramente el borde superior del compresor de anillos a fin de asegurarse de que esté en contacto sólido con el bloque en toda su circunferencia.

11   Golpee ligeramente la parte superior del pistón con el extremo de un mango de madera o de plástico de un martillo (vea la ilustración) mientras guía el extremo de la biela hasta su lugar en el muñón del cigüeñal. Es posible que los anillos del pistón tiendan a salirse del compresor de anillos justo antes de ingresar al cilindro, así que mantenga un poco de presión hacia abajo sobre el compresor de anillos. Trabaje despacio; si encuentra resistencia a medida que el pistón ingresa en el cilindro, deténgase de inmediato. Descubra qué sucede y arréglelo antes de proceder. Por ningún motivo fuerce la entrada del pistón en el cilindro, ya que podría romper un anillo y/o el pistón.

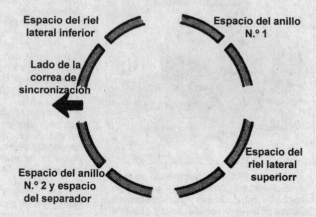

29.5 Coloque los espacios de los anillos como se muestran a continuación antes de instalar los conjuntos de pistón y biela en el motor

Espacio del riel lateral inferior

Espacio del anillo N.º 1

Lado de la correa de sincronización

Espacio del riel lateral superiorr

Espacio del anillo N.º 2 y espacio del separador

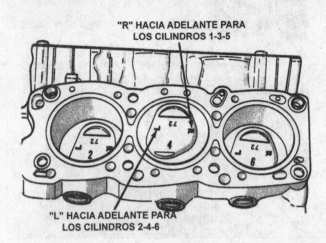

"R" HACIA ADELANTE PARA
LOS CILINDROS 1-3-5

"L" HACIA ADELANTE PARA
LOS CILINDROS 2-4-6

29.9a Orientación del pistón después de la instalación (motor 3.0L V6)

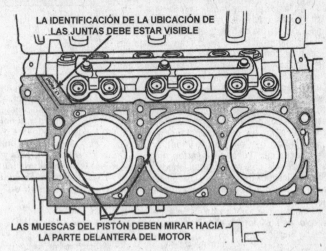

LA IDENTIFICACIÓN DE LA UBICACIÓN DE
LAS JUNTAS DEBE ESTAR VISIBLE

LAS MUESCAS DEL PISTÓN DEBEN MIRAR HACIA
LA PARTE DELANTERA DEL MOTOR

29.9b Orientación del pistón después de la instalación (motores 3.3L y 3.8L V6, modelos de 1996 a 2000)

29.11 Guíe suavemente el pistón dentro de la cavidad del cilindro utilizando el extremo del mango de madera o de plástico de un martillo

29.13 Coloque las tiras de Plastigage sobre todos los muñones de los cojinetes de biela, paralelas a la línea central del cigüeñal.

12   Una vez que haya instalado el conjunto de pistón y biela, se debe comprobar la correcta holgura (aceite) del cojinete de biela antes de unir permanentemente con pernos la tapa de la biela.

13   Corte un trozo de Plastigage del tamaño apropiado, ligeramente más corto que el ancho del cojinete de la biela, y colóquelo sobre el muñón de la biela número uno, paralelo al eje del muñón (vea la ilustración).

14   Limpie la superficie del inserto de cojinete de biela, quite las mangueras protectoras de los pernos de la biela y coloque en posición la tapa de la biela. Asegúrese de que la marca de contacto de la tapa esté del mismo lado que la marca en la biela (vea la ilustración).

15   Instale y ajuste las tuercas al torque indicado en las especificaciones de este Capítulo. Llegue al torque final en tres pasos.

Nota: *Use un dado de paredes delgadas para evitar lecturas de torque erróneas, que se pueden producir si el dado se encaja entre la tapa de la biela y la tuerca. Si el dado tiende a encajarse entre la tuerca y la tapa, levántelo ligeramente hasta que no haga contacto con la tapa. No gire el cigüeñal en ningún momento durante esta operación.*

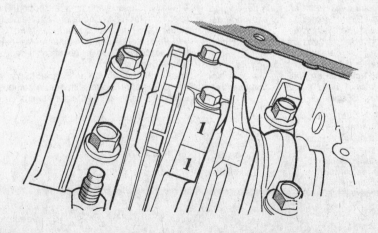

29.14 Instale la tapa de la biela, asegurándose de que los números de identificación de la tapa y la varilla coinciden

16   Quite las tuercas y retire la tapa de la biela, con mucho cuidado para evitar perturbar la posición de la tira de Plastigage.

17   Compare el ancho de la tira aplastada de Plastigage con la escala provista en la envoltura de las tiras, a fin de conocer la holgura del cojinete (vea la ilustración). Compárelo con las especificaciones de este Capítulo para asegurarse de que la holgura sea la correcta.

18   Si las holguras no corresponden a lo especificado, podría ser que los insertos de cojinete sean de un tamaño incorrecto (lo que significa que necesitará otros). Antes de establecer que necesita insertos diferentes, asegúrese de que no haya suciedad ni aceite entre los insertos del cojinete y las tapas o la biela cuando realizó la medición de holgura. Vuelva a medir el diámetro del muñón. Si la tira aplastada de Plastigage es más ancha en un extremo que el otro, es posible que el muñón esté ahusado (vea la Sección 22).

29.17 Mida el ancho de las tiras aplastadas de Plastigage para determinar la holgura de los cojinetes de biela (asegúrese de utilizar la escala correcta ya que el envoltorio incluye escalas estándar y métricas)

Instalación final de las bielas

19   Raspe cuidadosamente todo rastro de material Plastigage del muñón de la biela y/o de la superficie del inserto. Tenga cuidado para evitar dañar el cojinete; utilice la uña o el borde de una tarjeta de crédito.

20   Asegúrese de que las superficies del cojinete estén perfectamente limpias y luego aplique una capa uniforme de grasa a base de molibdeno o lubricante del conjunto de motor a ambas. Presione el pistón en el cilindro hasta que esté visible la superficie del inserto de cojinete en la biela; asegúrese de primero colocar mangueras protectoras sobre los pernos.

21   Deslice la biela nuevamente en su lugar en el muñón. Quite las mangueras protectoras de los pernos de la tapa de la biela, instale la tapa de la biela y ajuste las tuercas al torque indicado en las especificaciones de este Capítulo. Llegue al torque final en tres pasos.

22   Repita todo el procedimiento para los conjuntos restantes de pistón y biela.

23   Los puntos importantes que debe recordar son los siguientes:

a)   *Mantenga perfectamente limpios los respaldos de los insertos de cojinete y los asientos de las bielas y de las tapas al ensamblarlos.*

b)   *Asegúrese de instalar el conjunto correcto de pistón y biela en cada cilindro.*

c)   *La flecha o marca en el pistón debe mirar hacia el frente (extremo de la cadena de sincronización) del motor.*

d)   *Lubrique las paredes de los cilindros con aceite limpio de motor.*

e)   *Lubrique las superficies de los insertos cuando coloque en posición las tapas de las bielas después de haber comprobado la holgura del cojinete.*

24   Después de haber instalado todos los conjuntos de pistón y biela, gire el cigüeñal unas vueltas a mano para controlar que no haya señales evidentes de atoramiento.

25   Revise el juego longitudinal de la biela (vea la Sección 15).

26   Compare con las especificaciones los juegos longitudinales medidos para asegurarse de que sean correctos. Si eran correctos antes del desarmado y se instalaron el cigüeñal y las bielas existentes, deberían seguir siendo correctos. Si se instalaron bielas o un cigüeñal nuevos, el juego longitudinal podría ser inadecuado. Si es así, se deberá desmontar las bielas y llevarlas a un taller de maquinado automotriz para que les den el tamaño correcto.

30   Arranque y asentamiento inicial después del reacondicionamiento

Advertencia: *Tenga a mano un extintor de incendios Clase B cuando arranque el motor por primera vez.*

1   Vuelva a controlar los niveles de aceite para motor y el refrigerante.

2   Con las bujías fuera del motor y el sistema de ignición desactivado (vea la Sección 4) haga girar el motor hasta que la presión de aceite se muestre en el medidor o se apague la luz.

3   Instale las bujías, conecte los cable y restablezca las funciones del sistema de ignición (vea la Sección 4).

4   Arranque el motor Podría tomar unos momentos para que el sistema de combustible acumule presión, pero el motor debería arrancar sin demasiadas dificultades. **Nota:** Si se producen detonaciones a través del cuerpo del acelerador, vuelva a inspeccionar la sincronización de las válvulas y de la ignición.

5   Después de que el motor haya arrancado, se debe permitir que se caliente hasta la temperatura de normal de operación. Mientras el motor se calienta, haga una inspección exhaustiva en busca de fugas de combustible, aceite y líquido refrigerante.

6   Apague el motor y vuelva a inspeccionar los niveles de aceite y de líquido refrigerante.

7   Lleve el vehículo a una zona con poco tránsito. Acelere al máximo para alcanzar las 30 a 50 mph, luego deje que el vehículo desacelere a 30 mph con el acelerador cerrado. Repita este procedimiento de 10 a 12 veces. Esto aplicará carga sobre los anillos de los pistones y hará que asienten correctamente contra las paredes de los cilindros. Vuelva a inspeccionar en busca de fugas de aceite y de líquido refrigerante.

8   Conduzca el vehículo suavemente durante las primeras 500 millas (800 km) (sin altas velocidades sostenidas) e inspeccione constantemente el nivel del aceite. No es inusual que un motor consuma aceite durante el período de asentamiento inicial.

9   Cuando haya recorrido entre 500 y 600 millas (800 y 1000 km), cambie el aceite y el filtro.

10   Durante los siguientes centenares de kilómetros conduzca el vehículo normalmente. No lo conduzca delicadamente ni tampoco lo trate mal.

11   Después de 2000 millas (3200 km), vuelva a cambiar el aceite y el filtro y ya podrá considerar que el motor está asentado. .

Capítulo 3
Sistemas de enfriamiento, calefacción y aire acondicionado

Contenido

Especificaciones

Generales

Indicación de presión del tapón del radiador	10 a 18 psi
Valor nominal del termostato (temperatura de apertura)	192 ºF
Capacidad del sistema de enfriamiento	Vea el Capítulo 1
Capacidad de refrigerante	
Sin aire acondicionado trasero	34 onzas
Con aire acondicionado trasero	48 onzas

Especificaciones de torque — Ft-lb (a menos que se indique lo contrario)

Tuerca del soporte de montaje superior del radiador	105 in-lb
Pernos del alojamiento del termostato	
Cuatro cilindros y V6 de 3.3L/3.8L	21
V6 de 3.0L	105 in-lb
Abrazaderas de la manguera del enfriador de aceite del transeje	18 in-lb
Pernos del tubo de entrada de la bomba de agua	
Cuatro cilindros	21
V6 de 3.0L	94 in-lb
Pernos de la polea de la bomba de agua (V6 3.3L/3.8L)	21
Pernos de montaje de la bomba de agua	
Cuatro cilindros y V6 de 3.3L/3.8L	105 in-lb
V6 de 3.0L	20

1 Información general

Sistema de enfriamiento del motor

Todos los vehículos cubiertos en este manual emplean un sistema de enfriamiento de motor presurizado con circulación de refrigerante controlada por termostato. Una bomba de agua tipo impulsora, ubicada en la parte delantera del motor, hace fluir el líquido refrigerante a través del motor. La bomba se monta en la caja de la cadena de sincronización en el motor V6 de 3.3L/3.8L, y directamente en el bloque del motor

en los motores de cuatro cilindros y V6 de 3.0L. El refrigerante fluye alrededor de las cámaras de combustión y en dirección a la parte trasera del motor. Los conductos de líquido refrigerante premoldeados dirigen el líquido refrigerante cerca de los puertos de admisión, los puertos de escape y las zonas de las bujías.

En un alojamiento cerca de la parte delantera del motor hay un termostato tipo pastilla de cera. Durante el calentamiento del motor, el termostato cerrado evita que el líquido refrigerante circule por el radiador. A medida que el motor llega a su temperatura normal de operación, el termostato se abre y permite que el refrigerante caliente pase por el radiador, donde

se enfría antes de regresar al motor.

El sistema de enfriamiento está sellado por una tapa a presión, que eleva el punto de ebullición del refrigerante y aumenta la eficiencia de enfriamiento del sistema. Si la presión del sistema supera el valor de alivio de la tapa, el exceso de presión obliga a una válvula (del tipo cargada por resorte y que se encuentra en el interior de la tapa) a separarse de su asiento, lo que permite que el refrigerante escape a través del tubo de desbordamiento a un depósito de líquido refrigerante. Cuando el sistema se enfría, el líquido refrigerante es succionado automáticamente de dicho depósito de vuelta al radiador.

2.4 Se puede utilizar un hidrómetro de bajo costo para probar el nivel de protección que brinda el anticogelante en el líquido refrigerante

El depósito de refrigerante sirve como el punto en que el refrigerante fresco se agrega al sistema de enfriamiento para mantener el nivel de fluido adecuado y como depósito temporal para el refrigerante sobrecalentado. Los sistemas de enfriamiento de este tipo de diseño son conocidos como "sistemas cerrados", porque el líquido refrigerante que escapa a través de la tapa de presión se almacena y se reutiliza. La ubicación del tanque en comparación con el radiador hace que sea el punto más alto en el sistema y el mejor lugar para mantener el aire fuera del sistema.

Hay un enfriador de aceite de la transmisión automática montado en el tanque izquierdo del radiador en los modelos de motores de cuatro cilindros para enfriar el fluido de la transmisión. Si el modelo está equipado con un paquete de remolque, hay un enfriador de aceite de la transmisión auxiliar ubicado en el tanque derecho del radiador.

Sistema de calefacción

El sistema de calefacción se compone de ventiladores sopladores y un radiador del calefactor situado en la caja del calefactor, con mangueras que conectan el radiador del calefactor al sistema de refrigeración del motor. El líquido refrigerante del motor caliente circula a través del radiador del calefactor. Cuando se activa el modo de calefacción en el cabezal de control del calefactor/aire acondicionado en el tablero, se abre una compuerta pivotante para exponer el alojamiento del calefactor al compartimiento de pasajeros. Un interruptor del ventilador eléctrico situado en el cabezal de control activa el motor del soplador, para forzar el aire a través del radiador y calentarlo. Algunos modelos están equipados con un sistema auxiliar de /aire acondicionado montado en el panel lateral trasero derecho. Un accesorio opcional en todos los modelos es un calefactor del bloque del motor que es operado por la corriente común de la casa a través de un cable de alimentación ubicado detrás de la rejilla del radiador.

Sistema de aire acondicionado

El sistema de aire acondicionado consta de un condensador que se encuentra delante del radiador, un evaporador que se encuentra al lado del radiador del calefactor, un compresor que se encuentra sobre el motor, un receptor/secador que contiene una válvula de alivio de alta presión y las tuberías que interconectan todos los componentes anteriores. Algunos modelos están

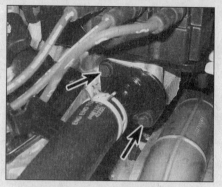

3.10 Retire los pernos de montaje de la tapa del alojamiento del termostato (flechas) (se muestra un modelo posterior)

equipados con un sistema auxiliar de calefacción/aire acondicionado montado en. el panel lateral trasero derecho.

Un ventilador soplador fuerza el aire caliente del compartimiento de pasajeros a través del radiador del evaporador, transfiriendo el calor del aire al refrigerante (una especie de "radiador en reversa"). El refrigerante líquido hierve y se transforma en vapor a baja presión, arrastrando el calor cuando sale del evaporador.

2   Anticongelante - información general

Consulte la ilustración 2.4.

Advertencia: *no permita que el compuesto anticongelante entre en contacto con su piel o con las superficies pintadas del vehículo. Enjuague inmediatamente los derrames con abundante agua. El anticongelante/líquido refrigerante es altamente tóxico si se ingiere. Nunca deje anticongelante/líquido refrigerante en ningún lugar estando abierto el envase, ni permita que haya charcos de anticongelante/líquido refrigerante en el suelo ya que a los niños y a las mascotas les atrae su olor dulce y podrían beberlo. El anticongelante también es inflamable, por eso, no lo almacene ni lo utilice cerca de llamas abiertas. Consulte con las autoridades locales acerca de la manera de desechar anticongelante usado. Muchas comunidades disponen de centros de recolección que se ocuparán de que el anticongelante/líquido refrigerante se deseche en forma segura. Nunca deseche anticongelante usado en el suelo ni en desagües.*
Nota: *En las tiendas de autopartes locales se consigue refrigerante no tóxico. Si bien este refrigerante no es tóxico cuando está limpio, aun así es necesario desecharlo de manera adecuada.*

Se debe llenar el sistema de enfriamiento con una solución anticongelante a base de agua/etilenglicol, que evitará el congelamiento hasta 20 °F (-29 °C), o aun menos si el clima local lo requiere. También brinda protección contra la corrosión y aumenta el punto de ebullición del líquido refrigerante.

El sistema de enfriamiento debe ser vaciado, enjuagado y rellenado en los intervalos especificados (vea el Capítulo 1). Es probable que las soluciones anticongelantes viejas o contaminadas produzcan daños y promuevan la formación de óxido y sarro en el sistema. Use agua destilada con el refrigerante.

Antes de agregar anticongelante, revise todas las conexiones de las mangueras ya que el anticongelante tiende a fugarse por aberturas

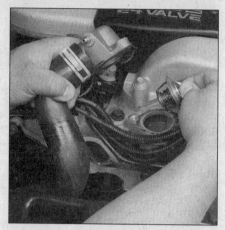

3.11 Retire el termostato, observando la dirección de la instalación (resorte hacia abajo) (se muestra un modelo anterior)

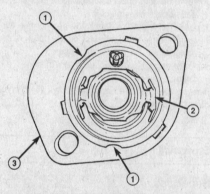

3.13a Posición del termostato en la cubierta del alojamiento

1	Muesca de localización	3 Cubierta del alojamiento del termostato
2	Termostato	

diminutas. Normalmente, los motores no consumen refrigerante; de modo que, si baja el nivel, encuentre la causa y corríjala.

La mezcla exacta de anticongelante y agua que debe usar depende de las condiciones relativas del clima. La mezcla debe contener al menos 50% de anticongelante, pero nunca más de 70% de anticongelante. El fabricante recomienda una mezcla de 50/50 de etilenglicol y agua destilada. Consulte la tabla de relaciones de mezcla en el envase del anticongelante antes de agregar refrigerante. Hay hidrómetros disponibles en la mayoría de las tiendas de autopartes para probar el líquido refrigerante (vea la ilustración). Utilice un anticongelante que cumpla con las especificaciones del fabricante del vehículo.

3   Termostato - inspección y reemplazo

Advertencia: *no quite la tapa del radiador, drene el refrigerante ni reemplace el termostato hasta que el motor se haya enfriado por completo.*

Inspección

1   Antes de presuponer que un problema del sistema de enfriamiento se debe al termostato, inspeccione el nivel de refrigerante, la tensión

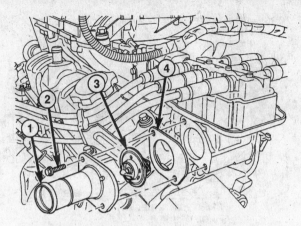

3.13b Detalles de la instalación del termostato (motores V6 de 3.3/3.8L 2001 y posteriores)

1	Conector de salida de refrigerante	3	Termostato
2	Perno	4	Junta

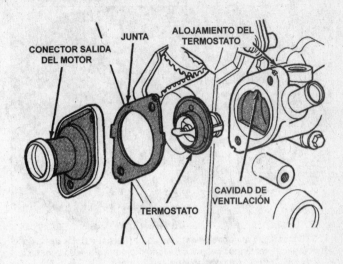

3.13c Detalles de la instalación del termostato - motor de cuatro cilindros

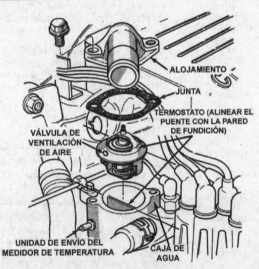

3.13d Detalles de la Instalación del termostato - motor V6 de 3.0L

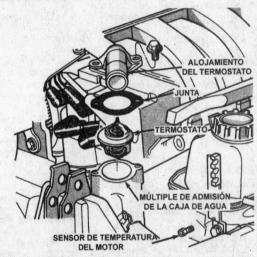

3.13e Detalles de la instalación del termostato - Motor V6 de 3.3L/3.8L (1996 a 2000)

de la banda (vea el Capítulo 1) y compruebe el correcto funcionamiento del medidor de temperatura.

2   Si parece que el motor tardara mucho en calentarse (con base en el comportamiento del medidor de temperatura o el comportamiento del medidor de temperatura), es probable que el termostato se haya trabado en posición de abierto. Reemplace el termostato.

3   Si el motor funciona a temperatura excesiva, utilice las manos para inspeccionar la temperatura de la manguera superior del radiador. Si la manguera no está caliente pero el motor sí, es probable que el termostato se haya trabado en posición de cerrado, lo que evita que el líquido refrigerante pase a través del radiador. Reemplace el termostato. **Precaución:** no conduzca el vehículo sin el termostato. La computadora podría quedar en circuito abierto, y las emisiones y la economía de combustible se verán afectadas.

4   Si la manguera superior del radiador está caliente, significa que el termostato está abierto y el refrigerante pasa a través del radiador. Consulte la sección Solución de problema en la primera parte de este manual para ver cómo realizar el diagnóstico del sistema de enfriamiento.

Reemplazo

Consulte las ilustraciones 3.10, 3.11, 3.13a, 3.13b y 3.13c

5   Desconecte el cable del terminal negativo de la batería.

6   Drene el sistema de enfriamiento (vea el Capítulo 1). Si el líquido refrigerante es relativamente nuevo o está en buenas condiciones, guárdelo y vuélvalo a usar.

7   Siga la manguera superior del radiador al motor para encontrar la cubierta del alojamiento del termostato.

8   Afloje la abrazadera de la manguera y después desconecte de la conexión la manguera. Si está atorada, tómela cerca de su extremo con unos alicates ajustables y gírela para separar la unión; y después desmóntela. Si la manguera está vieja o deteriorada, córtela y reemplácela.

9   Si la superficie externa de la conexión grande que se une a la manguera está deteriorada (corroída, picada, etc.), se podría dañar más al desmonta la manguera. Si lo está, se deberá reemplazar la cubierta del alojamiento del termostato.

10   Retire los pernos y quite la cubierta del alojamiento (vea la ilustración). Si la cubierta está atascada, golpéela suavemente con un martillo de superficie blanda para aflojarla. Prepárese para que se derrame un poco de refrigerante cuando rompa el sello de la junta.

11   Observe cómo está instalada; luego, retire el termostato (vea la ilustración).

12   Con un raspador de juntas, quite del alojamiento y la cubierta todos los restos de material y sellador de la junta vieja.

13   En los motores V6 de 3.8L de 2011 y posteriores, instale el termostato en la cubierta del alojamiento alineando las dos muescas en el termostato con la cubierta (vea la ilustración). Coloque la junta nueva sobre el termostato y la cubierta, alineando los orificios para los pernos e instale el conjunto en el múltiple de admisión (vea la ilustración). En todos los demás modelos, instale el termostato en el alojamiento, o el múltiple de admisión, con el extremo del resorte primero (vea las ilustraciones). Sumerja una nueva junta en agua y collóquela sobre el termostato, alineando los orificios para los pernos.

4.1 Desconecte el conector del ventilador (flecha) y tratar de hacer funcionar el ventilador con un cable puente con voltaje de la batería fusionado y un cable a tierra

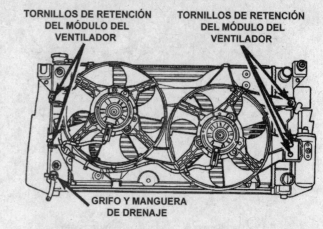

4.11 Ubicación de los tornillos de retención del módulo de ventilador

14   Instale la cubierta y los pernos. Ajuste los sujetadores al torque indicado en las Especificaciones de este capítulo.

15   Vuelva a fijar la manguera a la conexión y apriete firmemente la abrazadera.

16   Rellene el sistema de enfriamiento (capítulo 1).

17   Arranque el motor y deje que alcance su temperatura normal de operación, y después inspeccione en busca de fugas y para comprobar el correcto funcionamiento del termostato (como se describe en los pasos 2 al 4). Vea el Capítulo 1 para consultar el procedimiento de purgado de aire del sistema de enfriamiento.

---

4   Ventiladores y circuito de enfriamiento del motor - revisión y reemplazo

Advertencia: *a fin de evitar posibles lesiones o daños, NO haga funcionar el motor si el ventilador del motor está dañado. No intente reparar las aspas del ventilador ni elconjunto de la cubierta - reemplace como un conjunto.*

Nota: *Asegúrese siempre de comprobar si hay fusibles quemados antes de intentar diagnosticar un problema en el circuito eléctrico.*

Inspección

Consulte la ilustración 4.1.

1   Si el motor se sobrecalienta y el ventilador de refrigeración no funciona, desenchufe el conector eléctrico en el motor y utilice cables de puente fusionados para conectar el motor del ventilador directamente a la batería (vea la ilustración). Si el motor del ventilador sigue sin funcionar, reemplace el motor. Pruebe cada motor por separado.

2   Si los motores están bien, pero el ventilador de refrigeración no se enciende cuando el motor se calienta, la falla puede estar en los sensores de temperatura del refrigerante, los relés del ventilador, el módulo de control del tren motriz (PCM) o el cableado que conecta los componentes.

3   Revise cuidadosamente todos los cables y las conexiones (los diagramas de cableado se incluyen al final del Capítulo 12). Si no se encuentran problemas obvios, el departamento de servicio o taller de reparación de un distribuidor debe realizar más pruebas de diagnóstico con el equipo de diagnóstico adecuado.

Reemplazo

Consulte las ilustraciones 4.11 y 4.15.

4   Desconecte el cable del terminal negativo de la batería y luego, los conectores eléctricos del módulo de ventilador si no lo ha hecho aún.

5   Levante el vehículo y apóyelo firmemente sobre torretas de seguridad.

6   Retire la manguera de salida del radiador de su clip de retención y retire el clip de la cubierta.

7   Retire las líneas inferiores del enfriador de la transmisión de sus clips en la cubierta.

8   Baje el vehículo y quite el resonador de entrada de aire del cuerpo del acelerador y del conjunto del filtro de aire.

9   Retire el tornillo de fijación del depósito de refrigerante del travesaño superior.

10   Retire la parrilla superior al panel de valencia del travesaño y desconecte del travesaño los montajes superior del radiador. Quite el travesaño.

11   Retire el conjunto del filtro de aire y retire los pernos de retención del módulo del ventilador (vea la ilustración).

12   En los vehículos equipados con enfriadores de transmisión, quite las líneas del enfriador de los clips de retención del módulo.

13   Desconecte y conecte la línea de transmisión de la conexión en el lado inferior izquierdo del radiador.

4.15 También hay dos clips de retención en la parte superior del radiador

14   Levante el vehículo, apóyelo firmemente sobre torretas de seguridad y quite el módulo de ventilador y los pernos de montaje del radiador situados en la parte inferior izquierda. Desconecte el filtro/secador del aire acondicionado y colóquelo a un lado.

15   Baje el vehículo y retire los clips de sujeción que fijan el módulo de ventilador al radiador (vea la ilustración) y a continuación, levante con cuidado el módulo de ventilador del compartimiento del motor.

16   El procedimiento de instalación se realiza a la inversa del de desmontaje.

---

5   Enfriador de aceite del radiador/transmisión - desmontaje e instalación

Advertencia: *espere a que el motor esté completamente frío antes de iniciar este procedimiento. No quite el tapón del bloque de cilindros ni la válvula de drenaje del radiador con el sistema caliente y bajo presión, ya que pueden producirse graves quemaduras a causa del líquido refrigerante.*

Radiador

Desmontaje

Vea las ilustraciones 5.3, 5.5, 5.7, 5.9, 5.10 y 5.11

1   Desconecte el cable del terminal negativo de la batería.

2   Drene el sistema de enfriamiento (vea el Capítulo 1). Si el líquido refrigerante es relativamente nuevo y está en buenas condiciones, guárdelo y vuélvalo a usar.

3   Retire el resonador de admisión de aire y desconecte la manguera del depósito de refrigerante de la conexión (vea la ilustración).

4   Desconecte los ventiladores del conector situado en el lado izquierdo del módulo del ventilador y quite el tornillo de retención del depósito de refrigerante del travesaño del panel.

5   Desconecte los tornillos de montaje superiores del radiador del travesaño (vea la ilustración) y desconecte el cable del calefactor del motor, si está equipado.

6   Retire travesaño superior del panel de cierre

del radiador y retire el conjunto del filtro de aire.

7   Desconecte las líneas de enfriador de aceite de la transmisión (vea la ilustración) en el radiador y tápelas.

8   Afloje las abrazaderas de la manguera y después desconecte las mangueras de refrigerante superior e inferior del radiador. Si están atoradas, tome cada manguera cerca del extremo con pinzas ajustables y gírelas para separar el sello y después desmontarlas. Esté atento a evitar deformar las conexiones del radiador. Si las mangueras están viejas o deterioradas, córtelas y reemplácelas. Retire el clip inferior del módulo del ventilador.

9   Quite los sujetadores del condensador del aire acondicionado (vea la ilustración) y separe el condensador del radiador. Asegúrese de que el condensador se apoye en su posición.

10   Extraiga el soporte de montaje del filtro/secador del aire acondicionado, dos pernos al módulo del ventilador y las dos tuercas al filtro/secador (vea la ilustración).

11   Levante con cuidado el radiador (vea la ilustración). Se debe tener cuidado de no dañar las aletas de refrigeración del radiador ni los tubos de agua. No derrame refrigerante en el vehículo ni raye la pintura.

12   Inspeccione el radiador en busca de fugas y daños. Si necesita reparación, llévelo a un taller de radiadores o al departamento de

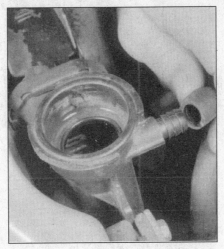

5.3 Desconecte de la conexión la manguera del depósito de refrigerante

servicio de un distribuidor ya que se requieren técnicas especiales.

13   Quite los insectos y la suciedad del radiador con aire comprimido y un cepillo suave (no doble las aletas de refrigeración).

5.5 Quite los tornillos del soporte de montaje superior del radiador soporte (flecha)

Instalación

14   Inspeccione los montajes del radiador en busca de deterioro, y a fin de asegurarse de que no haya suciedad ni grava en ellos cuando se instale el radiador.

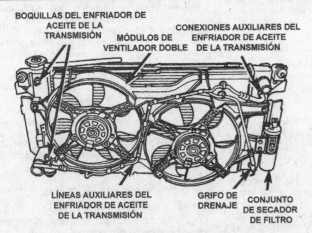

5.7 Conexiones del enfriador de aceite de la transmisión, incluida la conexión del enfriador auxiliar del paquete de remolque auxiliar

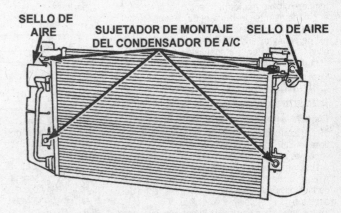

5.9 Ubicación de los cuatro sujetadores de montaje de condensador a radiador del aire acondicionado (flechas)

5.10 Retire los dos sujetadores (flechas) que fijan el filtro/secador del aire acondicionado

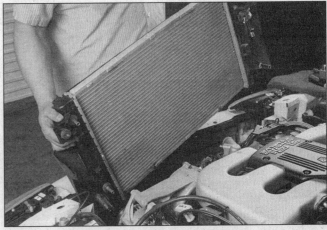

5.11 Extraiga con cuidado el radiador del compartimento del motor

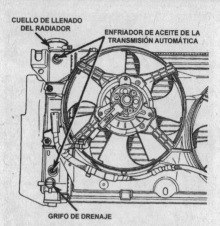

5.18 Ubicación del enfriador de aceite de la transmisión automática

15 El procedimiento de instalación se realiza en forma inversa al de desmontaje. Asegúrese de que los sellos de aire estén en posición y asiente el radiador en los aisladores de montaje inferiores antes de la fijación de los soportes superiores.
16 Después de la instalación, rellene el sistema de enfriamiento con la mezcla adecuada de anticongelante y agua (vea el Capítulo 1).
17 Arranque el motor e inspeccione en busca de fugas. Espere a que el motor alcance su temperatura normal de operación, indicada por el calentamiento de la manguera superior del radiador. Vuelva a inspeccionar el nivel del líquido refrigerante y rellene de ser necesario. Revise el nivel de líquido de la transmisión automática y agregue líquido según sea necesario.

Enfriadores de aceite de transmisión automática

Consulte la ilustración 5.18
18 El enfriador de aceite es un aceite interno para el tipo de refrigerante y está montado en el depósito izquierdo del radiador (vea la ilustración). En los modelos con el paquete de remolque, hay un segundo enfriador de aceite de transmisión ubicado en el tanque derecho del radiador.
19 Se recomienda usar solamente mangueras de enfriador de aceite de transmisión aprobadas si la sustitución es necesaria. Estas mangueras

de aceite de caucho están moldeadas para ajustarse al espacio disponible. Las mangueras rectas se enroscarán al doblarse y restringirán o detendrán el flujo de aceite de la transmisión a través del enfriador. Si el flujo a través del enfriador se restringe o detiene, el aceite no se enfriará correctamente, lo que puede hacer que se queme (pasando el aceite de color rojo a color marrón). Esto puede hacer que la transmisión falle prematuramente.

6 Depósito del líquido refrigerante - desmontaje e instalación

Consulte la ilustración 6.3
1 Este sistema funciona con la tapa de presión del radiador para mantener el refrigerante libre de aire atrapado y proporciona un método útil para comprobar el nivel de refrigerante y tener algo de líquido refrigerante de reserva. Todos los vehículos tienen este sistema con varias formas y variantes.
2 Desmonte las mangueras en el depósito y tápelas para evitar fugas.
3 Quite los pernos de retención del depósito y eleve el radiador del compartimiento del motor (vea la ilustración).
4 El procedimiento de instalación se realiza a la inversa del de desmontaje. Mientras el tanque está fuera del vehículo, se debe limpiar con agua jabonosa y un cepillo para eliminar todos los depósitos del interior.

7 Bomba de agua - revisión

1 Una falla en la bomba de agua puede causar graves daños al motor debido al sobrecalentamiento.
2 Existen tres maneras de comprobar la correcta operación de la bomba de agua sin desmontarla del motor. Si la bomba está defectuosa, debe reemplazarla por una unidad nueva o reconstruida.
3 Las bombas de agua están provistas de orificios de descarga. Si se produce una falla en el sello de la bomba, el refrigerante se fugará por el orificio. En la mayoría de los casos necesitará una linterna para encontrar el orificio de descarga de la bomba e inspeccionar desde abajo en busca de fugas. **Nota:** *Es normal que haya*

algunas pequeñas manchas negras alrededor del orificio de descarga. Si la mancha es marrón oscuro o es evidente la presencia de refrigerante, reemplace la bomba.
4 Si los rodamientos del eje de la bomba de agua fallan, podrían producir un sonido ululante en la parte delantera del motor mientras está en marcha. Con el motor apagado, el desgaste del eje de la polea de la bomba de agua se puede detectar meciendo la polea de arriba hacia abajo. No confunda el deslizamiento de la banda, que causa un chirrido, con el sonido de rodamientos dañados de la bomba de agua.
5 Un control rápido del funcionamiento de la bomba de agua es encender la calefacción. Si la bomba está fallando, no va a poder hacer circular de manera eficiente el agua caliente hasta el radiador del calentador como antes.

8 Bomba de agua - reemplazo

Advertencia: *Espere a que el motor esté completamente frío antes de comenzar este procedimiento.*

Todos los motores
1 Desconecte el cable del terminal negativo de la batería.
2 Drene el sistema de enfriamiento (vea el Capítulo 1). Si el líquido refrigerante es relativamente nuevo o está en buenas condiciones, guárdelo y vuélvalo a usar.
3 Retire el protector contra salpicaduras debajo del guardabarros delantero derecho para facilitar el acceso a los pernos de la bomba de agua.
4 Afloje las abrazaderas y desconecte de la bomba de agua las mangueras. Si están atoradas, tome cada manguera cerca del extremo con pinzas ajustables, gírelas para separar el sello y después desmontarlas. Si las mangueras están deterioradas, córtelas y reemplácelas.
5 Si va a instalar una nueva bomba, compare la nueva bomba con la vieja para asegurarse de que sean idénticas.

Motor de cuatro cilindros
Consulte las ilustraciones 8.11 y 8.12
6 Levante el vehículo y apóyelo firmemente sobre torretas de seguridad.
7 Quite las bandas accesorias (vea el Capítulo 1).

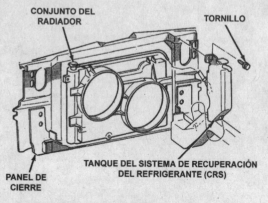

6.3 Detalles de instalación típica del depósito de recuperación de refrigerante

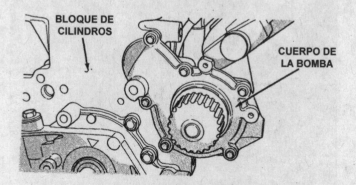

8.11 Ubicación de la bomba de agua - motor de cuatro cilindros

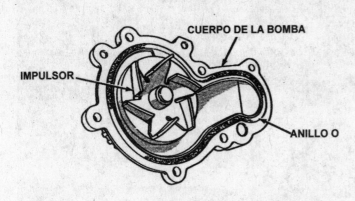

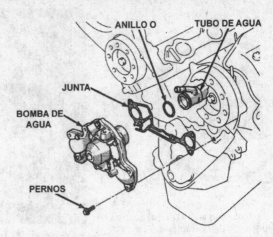

8.12 Asiente el anillo O en el cuerpo de la bomba de agua - motor de cuatro cilindros

8.16 Detalles de la instalación de la bomba de agua - motor V6 de 3.0L

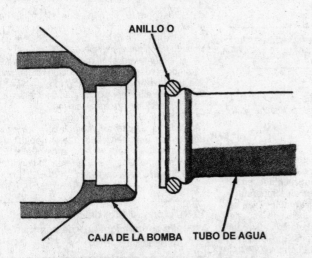

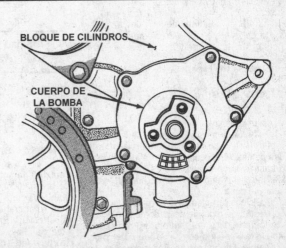

8.18 Instale un anillo O nuevo en el tubo de agua

8.24 Ubicación de la bomba de agua - motores V6 de 3.3L/3.8L (1996 a 2000)

8   Apoye el motor desde la parte de abajo y retire el soporte derecho del motor; a continuación, extraiga el soporte de montaje derecho del motor (vea el Capítulo 2).

9   Retire la banda de sincronización y la polea loca de la banda de sincronización (véase el Capítulo 2). **Precaución:** *No gire el cigüeñal ni los árboles de levas mientras la banda esté desconectada; de lo contrario, el árbol de levas se verá afectado.*

10   Sujete los árboles de levas con abrazaderas o de otra manera para evitar la rotación con la banda quitada y mientras se quitan los pernos de la rueda dentada del árbol de levas. Retire las dos ruedas dentadas del árbol de levas. **Nota:** *Si la sujeción no es suficiente, hay herramientas especiales disponibles en el distribuidor o en tiendas de autopartes para la sujeción de los árboles de levas mientras se quitan las ruedas dentadas del árbol de levas.*

11   Retire la cubierta de la banda de sincronización trasera y quite los pernos que sujetan la bomba de agua al motor (vea la ilustración).

12   Instale la nueva bomba con un nuevo anillo O (vea la ilustración) humedeciéndola con agua para facilitar la instalación en la ranura. **Precaución:** *Asegúrese de que el anillo O*

esté asentado correctamente en la ranura de la bomba de agua antes de apretar los pernos. Una anillo O colocado incorrectamente puede causar daños al anillo y una fuga de refrigerante. Aplique una capa delgada de sellador RTV en la brida de fuera del anillo O e instale la bomba, apretando los pernos al torque que se indica en las Especificaciones de este Capítulo.

13   Continúe con el paso 30.

Motor 3.0L V6

Consulte las ilustraciones 8.16 y 8.18

14   El motor V6 de 3.0L utiliza tuberías de metal más allá de la manguera inferior del radiador de para dirigir el refrigerante a la bomba de agua, que se encuentra en la V de las bancadas de cilindros.

15   Siga los procedimientos (vea el Capítulo 2) de extracción de la banda de sincronización para tener acceso a la bomba de agua.

16   Quite los pernos de montaje de la bomba de aceite y separe la bomba del motor (vea la ilustración).

17   Limpie la superficie de todas las juntas y juntas tóricas en el tubo de entrada de la bomba y la tubería de agua.

18   Instale un nuevo anillo O en la tubería de entrada de agua (vea la ilustración)

humedeciendo el anillo O con agua para facilitar el montaje. **Precaución:** *Mantenga el anillo O libre de aceite o grasa.*

19   Instale la nueva junta en la bomba de agua e instale la abertura de entrada de la bomba sobre la tubería de agua, presione la tubería de agua en alojamiento de la bomba.

20   Instale los pernos de montaje de la bomba de agua y apriételos al torque indicado en las Especificaciones de este Capítulo.

21   Continúe con el paso 39.

Motores V6 de 3.3L y 3.8L (modelos 1996 a 2000)

Consulte las ilustraciones 8.24 y 8.27

22   Quite la banda (vea el Capítulo 1).

23   Afloje los pernos de la polea de la bomba de agua y quite la polea.

24   Quite los pernos y desmonte del motor la bomba de agua de la cubierta delantera (vea la ilustración).

25   Limpie las roscas de los pernos y los orificios roscados en la cubierta delantera a fin de quitar toda la corrosión y el sellador.

26   Retire y deseche el antiguo anillo O y limpie las superficies de contacto. Tenga cuidado de no raspar ni rayar las superficies de contacto.

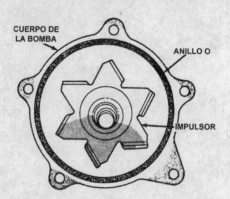

8.27 Asiente un nuevo anillo O en el cuerpo de la bomba de agua - motores V6 de 3.3L/3.8L

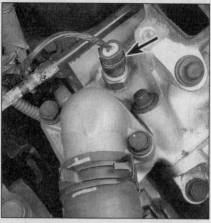

9.1 El sensor de temperatura del refrigerante (flecha) se encuentra en la parte delantera del motor, al lado del termostato

10.3a Quite los tornillos que fijan la cubierta del motor del soplador

27   Instale un nuevo anillo O en la ranura (vea la ilustración).
28   Instale el conjunto de la bomba en la cubierta delantera y ajuste los pernos al torque indicado en las Especificaciones de este Capítulo.
29   Continúe con el paso 39.

Motores V6 de 3.3/3.8L (modelos 2001 y posteriores)

30   Quite la banda.
31   Quite los pernos de la polea de la bomba de agua. Gire la polea hasta que las aberturas de las poleas se alineen con los rayos del cubo de transmisión de la bomba de agua. Mueva la polea hacia el interior entre el alojamiento de la bomba y el cubo.
32   Posicione la polea para permitir el acceso a los pernos de montaje de la bomba de agua. Quite los pernos y desconecte de la cubierta delantera la polea y la bomba de agua del motor.
32   Limpie las roscas de los pernos y los orificios roscados en la cubierta delantera a fin de quitar toda la corrosión y el sellador.
33   Retire y deseche el sello viejo y limpie las superficies de contacto. Asegúrese de no raspar ni rayar las superficies de contacto.
34   Instale un sello de caucho nuevo en la ranura.
35   Coloque la polea de la bomba de agua sin apretar entre el alojamiento de la bomba y el cubo de transmisión. *Nota: La polea de la bomba de agua debe colocarse libremente entre el alojamiento de la bomba y el cubo de transmisión antes de instalar la bomba de agua.*
36   Instale la bomba de agua y la polea en la cubierta delantera y ajuste los pernos al torque indicado en las Especificaciones de este Capítulo.
37   Instale la polea en el cubo de transmisión y apriete los pernos al torque indicado en las Especificaciones de este capítulo.
38   Continúe con el paso 39.

Todos los motores

39   El resto de la instalación se realiza en forma inversa al desmontaje.
40   Consulte el Capítulo 2 para ver los procedimientos para volver a instalar la banda de sincronización, el tensor de la banda y bandas accesorias según sea necesario.
41   Vuelva a llenar el sistema de enfriamiento y haga funcionar el motor para detectar fugas. Baje el vehículo, si se lo había levantado, y conecte la batería.

9   Unidad emisora de temperatura del refrigerante - revisión y reemplazo

Consulte la ilustración 9.1
Advertencia: *Espere a que el motor esté completamente frío antes de comenzar este procedimiento.*

Inspección

1   El sistema indicador de la temperatura del refrigerante está compuesto por una luz o un medidor de temperatura montado en el tablero y una unidad emisora de temperatura del refrigerante montada en el motor (vea la ilustración). En los modelos incluidos en este manual, hay un solo sensor de temperatura del refrigerante, que funciona como un indicador tanto al módulo de control del tren motriz (PCM) como al panel de instrumentos.
2   Si se produce una indicación de recalentamiento, revise el nivel de refrigerante en el sistema y asegúrese de que el cableado entre la luz o el indicador y la unidad emisora esté asegurado, y que todos los fusibles estén en perfectas condiciones.
3   Cuando el interruptor de encendido se enciende y el motor de arranque gira, la luz indicadora (si existe) debe estar encendida (indicación de motor sobrecalentado).
4   Si la luz no se enciende, es posible que la bombilla esté quemada, el interruptor de ignición tenga fallas o el circuito esté abierto.
5   Apenas se arranque el motor, la luz debería apagarse y permanecer en ese estado a menos que el motor se recaliente. Si la luz no se apaga puede deberse a un cable conectado a tierra entre la luz y la unidad de envío, una unidad de envío defectuosa o un interruptor de ignición con fallas. Consulte el Capítulo 6, Sección 5 para ver una comprobación de diagnóstico del sensor de temperatura del refrigerante. Revise el refrigerante para asegurarse de que sea del tipo adecuado. **Nota:** *Es posible que el agua tenga un punto de ebullición demasiado bajo para activar la unidad de envío.*

Reemplazo

Advertencia: Espere a que el motor esté completamente frío antes de comenzar este procedimiento.

6   Desconecte el conector eléctrico del sensor.
7   Envuelva las roscas del sensor nuevo con cinta de teflón para prevenir fugas.
8   Desenrosque el sensor. Esté preparado para que se derrame algo de líquido refrigerante (lea la **Advertencia** en la Sección 2).
9   Instale el sensor y apriételo firmemente.
10   Conecte el conector eléctrico.
11   Revise el nivel de refrigerante una vez instalada la unidad de reemplazo y agregue refrigerante si es necesario (vea el Capítulo 1). revisión de la operación correcta de el medidor y de el sistema. Observe el sistema en busca de fugas después de la operación.

10   Motor soplador del calefactor/del aire acondicionado - desmontaje e instalación

Modelos 1996 a 2000

Vea las ilustraciones 10.3a, 10.3b, 10.4, 10.5 y 10.5b
Advertencia: *Estos modelos tienen bolsas de aire. Desconecte siempre el cable negativo de la batería y espere dos minutos antes de trabajar cerca de los sensores de impacto, la columna de dirección o el panel de instrumentos para evitar la posibilidad de que se produzca un despliegue accidental de la bolsa de aire, lo que puede producir lesiones personales (vea el Capítulo 12).*

1   Desconecte el cable del terminal negativo de la batería.
2   Quite la guantera (vea el Capítulo 11).
3   Retire los cuatro tornillos de cabeza hexagonal que sujetan la cubierta del motor del soplador (vea la ilustración) y luego retire los tornillos de montaje para el motor del soplador (vea la ilustración).
4   Mientras sujeta el conjunto del soplador, déjelo caer y descansar en el piso (vea la ilustración).
5   Desconecte el conector del cableado del soplador (vea la ilustración), retire la arandela y el mazo de cables a través del alojamiento del ventilador (vea la ilustración). Retire el motor del soplador del vehículo.
6   El ventilador (conjunto de la rueda) se equilibra con el motor del soplador y está disponible solo como un conjunto. Si el ventilador

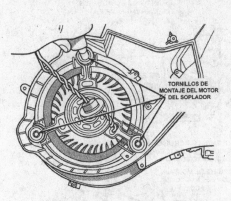

10.3b Quite los tornillos de montaje del motor del soplador

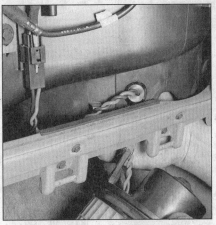

10.4 Después de quitar los tornillos de montaje, baje el motor del soplador . . .

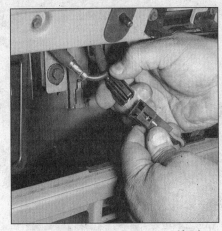

10.5a . . . desconecte el conector eléctrico del motor del soplador. . .

10.5b. . . y tire del mazo de cables y la arandela (flecha) del alojamiento del soplador

10.10 Baje el conjunto de admisión de aire

1   Baje el alojamiento de la admisión de aire
2   Actuador de la puerta de aire de recirculación
3   Conector del cable flexible del motor del soplador
4   Arandelas de goma
5   Resistor del motor del soplador/ módulo de alimentación
6   Baje el alojamiento del evaporador
7   Alojamiento de aire de admisión de aire superior
8   Puerta de aire de recirculación

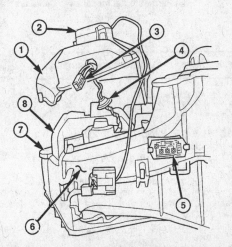

está dañado, se deben reemplazar tanto el motor del ventilador como el ventilador.
7   El procedimiento de instalación se realiza a la inversa del de desmontaje.

Modelos 2001 y posteriores

Consulte las ilustraciones 10.10 y 10.14.
Advertencia: *Estos modelos tienen bolsas de aire. Desconecte siempre el cable negativo de la batería y espere dos minutos antes de trabajar cerca de los sensores de impacto, la columna de dirección o el panel de instrumentos para evitar la posibilidad del despliegue accidental de la bolsa de aire, que podría causar lesiones personales (vea el Capítulo 12).*
8   Desconecte el cable del terminal negativo de la batería.
9   Elimine parcialmente el panel de instrumentos para obtener acceso a la unidad de calefacción y aire acondicionado (vea el Capítulo 11).
10   Desconecte el conector del mazo de cables flexibles del motor del soplador de la toma del resistor del motor del soplador o del módulo de alimentación (vea la ilustración).
11   Retire los dos tornillos que fijan el actuador de la puerta de recirculación y desconecte el mazo de cables de sus clips en el alojamiento de la admisión inferior.
12   Retire los dos tornillos que sujetan el alojamiento del aire al alojamiento del aire de admisión inferior.
13   Retire los tres tornillos que sujetan el

alojamiento de la admisión de aire inferior a la mitad inferior del alojamiento del evaporador.
14   Empuje la arandela de goma en los cables flexibles del motor del soplador a través del agujero en el alojamiento del aire de admisión inferior (vea la ilustración).
15   Retire el alojamiento del aire de admisión inferior del alojamiento del evaporador y el alojamiento del aire de admisión superior.
16   Empuje con cuidado los cables flexibles del motor del ventilador y el conector del mazo a través del agujero de la arandela en el alojamiento del aire de admisión inferior.
17   Mueva con cuidado la puerta de aire de

recirculación si es necesario para tener acceso; a continuación, retire los tres tornillos que sujetan el motor del soplador al alojamiento del ventilador en la mitad inferior del alojamiento del evaporador.
18   Doble poco a poco la puerta de aire de recirculación lo suficiente como para quitar el motor del soplador y la rueda del ventilador del alojamiento del ventilador en la mitad inferior del alojamiento del evaporador. Retire el motor y la rueda del ventilador.
19   El procedimiento de instalación se realiza a la inversa del de desmontaje.

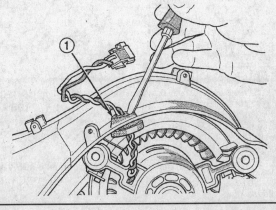

10.14 Con un destornillador empuje los cables de la arandela de goma a través del orificio en el alojamiento de aire de admisión inferior

11.2a Retire el pasador de seguridad, la tuerca y el perno de presión para separar el acoplador del eje de la columna de dirección del eje intermedio del mecanismo de la dirección

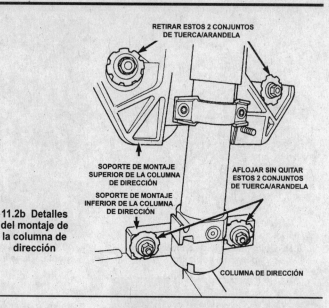

RETIRAR ESTOS 2 CONJUNTOS DE TUERCA/ARANDELA

SOPORTE DE MONTAJE SUPERIOR DE LA COLUMNA DE DIRECCIÓN

SOPORTE DE MONTAJE INFERIOR DE LA COLUMNA DE DIRECCIÓN

AFLOJAR SIN QUITAR ESTOS 2 CONJUNTOS DE TUERCA/ARANDELA

11.2b Detalles del montaje de la columna de dirección

COLUMNA DE DIRECCIÓN

11 Radiador del calefactor - reemplazo

Consulte las ilustraciones 11.2a, 11.2b, 11.3, 11.4, 11.5, 11.7, 11.8a y 11.8b

Modelos de 1996 hasta 2000

Advertencia: *Estos modelos tienen bolsas de aire. Desconecte siempre el cable negativo de la batería y espere dos minutos antes de trabajar cerca de los sensores de impacto, la columna de dirección o el tablero de instrumentos para evitar la posibilidad del despliegue accidental de la bolsa de aire, que podría causar lesiones personales (vea el Capítulo 12).*

1   Drene el sistema de enfriamiento (vea el Capítulo 1). Si el líquido refrigerante es relativamente nuevo o está en buenas condiciones, guárdelo y vuélvalo a usar.

2   Desmonte la cubierta de la columna de dirección y el refuerzo bloqueador de rodillas (vea el Capítulo 11). Coloque el volante en la posición bloqueada y quite la llave. Retire la columna de dirección de la siguiente manera

(vea las ilustraciones): **Precaución:** No permita que el eje de la columna de dirección gire una vez retirado el mecanismo de la dirección, ya que podría producirse un daño en el conector eléctrico rotativo de las bolsas de aire.

a) *Retire el módulo de las bolsas de aire y el volante (vea el Capítulo 10).*

b) *Desconecte el mazo de cables de la unidad emisora.*

c) *Retire el pasador de seguridad, la tuerca y el perno de presión del acoplador del eje de la columna de dirección.*

d) *Desconecte el acoplador de eje de la columna de dirección del eje del mecanismo de la dirección.*

e) *Afloje, pero no quite, las dos tuercas del soporte de montaje inferior de la columna de dirección.*

f) *Retire los dos conjuntos de tuerca/arandela del soporte montaje superior de la columna de dirección.*

g) *Retire con cuidado la columna de dirección del vehículo.*

3   Desenchufe el conector eléctrico del módulo ABS y quite el módulo y el soporte (vea

la ilustración).

4   Desconecte el conector del mazo del panel de instrumentos a la carrocería y coloque el conector del mazo y el soporte a un lado (vea la ilustración).

5   Retire la funda de aislamiento inferior de la columna en la base del árbol de dirección (vea la ilustración).

6   Pellizque las mangueras del calefactor bajo el cofre con pinzas de bloqueo.

7   Retire la tapa del radiador del calentador y coloque algunas toallas debajo de los tubos del radiador del calentador. Retire el tornillo que sujeta los tubos del radiador del calefactor a la base del calefactor y tire de los tubos de la base del calefactor (vea la ilustración).

8   Presione los clips de retención del radiador del calentador con un destornillador de punta plana (vea la ilustración). Tire hacia arriba del pedal del acelerador y deslice el radiador del calefactor más allá del pedal (ver la ilustración). Pise el pedal del freno y retire el radiador del calefactor del alojamiento.

9   El procedimiento de instalación se realiza a la inversa del de desmontaje. Instale tornillos

SOPORTE DEL MÓDULO DE ABS

CONECTOR DE ABS

11.3 Desconecte el conector eléctrico del módulo ABS y retire el módulo y soporte

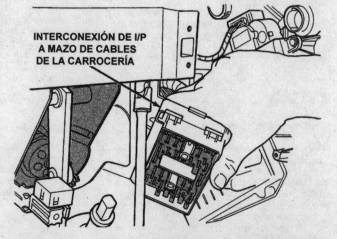

INTERCONEXIÓN DE I/P A MAZO DE CABLES DE LA CARROCERÍA

11.4 Desconecte el conector del panel de instrumentos al mazo del cuerpo

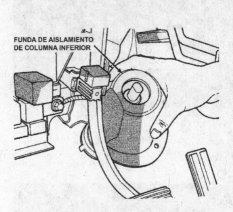

11.5 Retire la funda de aislamiento de la columna de dirección inferior

11.7 Separe los tubos del radiador del calefactor y la placa de retención del radiador del calefactor

11.8a Quite los clips de retención del radiador del calefactor (flecha) . . .

11.8b. . . y extraiga de su alojamiento el radiador del calefactor

para retener el radiador del calefactor en alojamiento y reemplace los anillos O de entrada del tubo del radiador del calefactor. Apriete firmemente la placa de retención del tubo del radiador del calefactor. Apriete las tuercas del soporte de montaje de la columna de la dirección a 105 in-lb.

Modelos 2001 y posteriores

Consulte las ilustraciones 11.15 y 11.16.

Advertencia: *Estos modelos cuentan con bolsas de aire. Siempre desconecte el cable negativo de la batería, luego el cable positivo de la batería y espere dos minutos antes de trabajar cerca de los sensores de impacto, de la columna de dirección o del tablero de instrumentos para evitar la posibilidad del despliegue accidental de la bolsa de aire, que podría causar lesiones personales (vea el Capítulo 12).*

10   Desconecte el cable del terminal negativo de la batería.

11   Drene el sistema de enfriamiento (vea el Capítulo 1). Si el líquido refrigerante es relativamente nuevo o está en buenas condiciones, guárdelo y vuélvalo a usar.

12   Quite los sujetadores de la funda del silenciador en la base del eje de dirección inferior y empuje el silenciador a un lado.

13   Quite el interruptor de la lámpara del freno y déjelo a un lado.

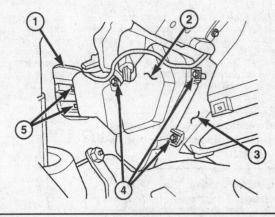

11.15 Conjunto de la protección del radiador del calefactor

1   Alojamiento del calefactor/ aire acondicionado
2   Protección del radiador del calefactor
3   Alojamiento de la distribución
4   Tornillos
5   Lengüetas de localización

14   Retire el pasador y desconecte la varilla de empuje del reforzador del freno hidráulico del brazo del pedal de freno.

15   Retire los tres tornillos que sujetan la protección del radiador del calefactor al lado izquierdo del alojamiento de la distribución de calefacción/aire acondicionado (vea la ilustración). Tire de la protección del radiador del calefactor hacia atrás, desacople las dos lengüetas de localización y quite la protección del radiador del calefactor.

16   Coloque algunas toallas debajo de los tubos del radiador del calentador. Quite el tornillo que fija la placa de sellado de los tubo del radiador del calefactor al suministro del radiador del calefactor

y los puertos de retorno (vea la ilustración).

17   Empuje ambos tubos del radiador del calefactor hacia el panel de instrumentos y desacople los accesorios de la alimentación del radiador del calefactor y los puertos de retorno. Tape las aberturas.

18   Quite los dos tornillos que fijan la placa de montaje del radiador del calefactor al alojamiento de la distribución (vea la ilustración).

19   Tire hacia arriba del pedal del acelerador y empuje hacia abajo el pedal del freno para dejar espacio; luego, tire del radiador del calefactor para retirarlo del alojamiento de la distribución.

20   El procedimiento de instalación se realiza a la inversa del de desmontaje. Cada tubo

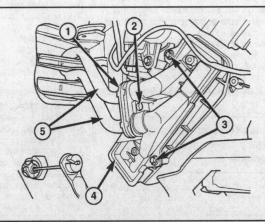

11.16 Conjunto del radiador del calefactor y tubos

1   Placa de sellado
2   Tornillo
3   Tornillos
4   Radiador del calefactor
5   Tubos del radiador del calefactor

12.3a Retire el módulo de control del calefactor/aire acondicionado y el bisel como un conjunto (1996 a 2000)

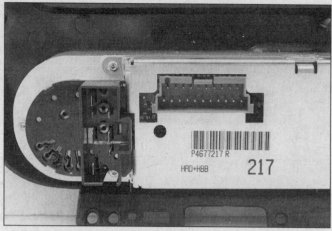

12.3b Desconecte los conectores eléctricos de la parte posterior del módulo de control del calefactor/aire acondicionado

calefactor tiene una ranura que se debe hacer coincidir con una lengüeta de localización dentro de cada uno de los puertos del radiador del calentador. Ajuste la porción de los tubos de manera que la placa de sellado se ajuste al ras contra el suministro del radiador del calentador y los puertos de retorno.

12   Conjunto de control del calefactor/ aire acondicionado - desmontaje e instalación

Consulte las ilustraciones 12.3a y 12.3b.
Advertencia: *Estos modelos tienen bolsas de aire. Desconecte siempre el cable negativo de la batería y espere dos minutos antes de trabajar cerca de los sensores de impacto, la columna de dirección o el panel de instrumentos para evitar la posibilidad de que se produzca un despliegue accidental de la bolsa de aire, lo que puede producir lesiones personales (vea el Capítulo 12).*
1   Desconecte el cable del terminal negativo de la batería.
2   Retire el módulo de control de la radio y el calefactor/aire acondicionado y el conjunto del bisel del panel de instrumentos (vea el Capítulo 11).
3   Desconecte los conectores eléctricos de la parte posterior del módulo de control del calefactor/aire acondicionado y del interruptor del soplador trasero (ver las ilustraciones). En los modelos 2001 y posteriores equipados con el sistema de control automático de temperatura opcional, desconecte el conector del mazo del puente del sensor infrarrojo.
4   El procedimiento de instalación se realiza a la inversa del desmontaje. Si se remplaza el módulo de control del calefactor/aire acondicionado, se deberán realizar pruebas de calibración/diagnóstico (vea la Sección 13).

13   Sistema de aire acondicionado y calefacción - inspección y mantenimiento

Advertencia: *el sistema de aire acondicionado está a alta presión. No afloje ninguna de las conexiones de las mangueras ni quite ningún*

componente hasta después que el sistema haya sido descargado por el departamento de servicio de un distribuidor o una estación de servicio. Use siempre protección para los ojos cuando desconecte las conexiones del sistema de aire acondicionado.
1   Las siguientes inspecciones de mantenimiento deben realizarse periódicamente a fin de asegurar que el aire acondicionado continúe funcionando con la máxima eficiencia.

a) *Inspeccione la banda del compresor. Si está desgastada o deteriorada, reemplácela (vea el Capítulo 1 1).*
b) *Revise la tensión de la banda y, si es necesario, ajústela (vea el Capítulo 1 1).*
c) *Revise las mangueras del sistema. Busque grietas, burbujas, zonas endurecidas y deterioro. Inspeccione las mangueras y todas las conexiones en busca de burbujas y filtración de aceite de refrigeración. Si hay señales de desgaste, daños o fugas, reemplace la(s) manguera(s).*
d) *Inspeccione las aletas del condensador en busca de hojas, insectos y otros desechos. Para limpiar el condensador, utilice un "peine de aletas" o aire comprimido.*
e) *Asegúrese de que el sistema tenga la carga de refrigerante correcta.*
f) *Controle el tubo de drenaje del alojamiento del evaporador para ver si está bloqueado.*

2   Es una buena idea hacer funcionar el sistema durante 10 minutos al menos una vez al mes, especialmente durante el invierno. Si no lo utiliza durante un período largo, los sellos se podrían endurecer y fallar debido a eso.
3   Debido a las características de gran complejidad de los sistemas de aire acondicionado y de las herramientas y los equipos especiales que se necesitan para darles servicio, en este manual no se incluye información detallada acerca de los diagnósticos de falla ni las reparaciones (consulte el Manual de reparación de calefacción y aire acondicionado automotrices de Haynes). Sin embargo, en este capítulo se suministran procedimientos sencillos de inspección y de reemplazo de componentes.
4   La causa más común del mal enfriamiento es, simplemente, una carga baja de refrigerante en el sistema. Si ocurre una caída importante en la salida de aire fresco, la siguiente revisión rápida le ayudará a determinar si el nivel del refrigerante es bajo.

Revisión de la carga de refrigerante

5   Caliente el motor hasta su temperatura normal de operación.
6   Coloque el selector de temperatura del aire acondicionado en la posición de enfriamiento máximo, y el selector de velocidad del soplador en la velocidad máxima (HI o punto más alto). Abra las puertas del vehículo (para asegurarse de que el sistema de aire acondicionado no se apague apenas se enfríe el compartimento de pasajeros).
7   Con el compresor acoplado: el embrague hará un clic audible y el centro del embrague girará. Si la línea de descarga del compresor está tibia y el tubo de entrada del compresor está frío, el sistema se cargó correctamente.
8   Coloque un termómetro en la ventilación del tablero más cerca del evaporador y agregue refrigerante al sistema hasta que la temperatura sea de alrededor de 40 a 45 grados F. Si la temperatura ambiente (externa) es muy alta, por ejemplo, 110 grados F, la temperatura del aire del conducto puede llegar hasta los 60 grados F, pero normalmente el aire acondicionado está entre 30 y 40 grados F más frío que el aire del ambiente. **Nota:** *La humedad del aire ambiente también afecta a la capacidad de enfriamiento del sistema. Una humedad ambiental mayor disminuye la eficacia del sistema de aire acondicionado.*

Adición de compuesto refrigerante

Consulte la ilustración 13.12
11   Adquiera un kit de recarga de compuesto refrigerante para automóviles en una tienda de autopartes. Un kit de carga incluye una lata de refrigerante de 14 onzas, una válvula de paso y una sección corta de manguera que puede conectarse entre la válvula de paso y la válvula de servicio en el lado bajo del sistema. Dado que una sola lata de compuesto·podría no ser suficiente para recargar el sistema hasta el nivel correcto, es una buena idea comprar un par de latas adicionales. Asegúrese de que una de las latas contenga tintura refrigerante roja. si el sistema tiene el indicador para que se derrame el refrigerante y permitir pinpoint el punto de fuga. **Precautión:** *Los modelos que cubre este manual usan refrigerante ecológico R-134a. Este refrigerante (y el aceite refrigerante apropiado) no*

13.12 Hay latas de refrigerante R-134A están disponibles en tiendas de autopartes que se pueden agregar a su sistema con un kit de recarga simple

14.5 Retire las tuercas (flechas), desconecte y tapone las líneas de refrigerante en el compresor

son compatibles con el refrigerante R-12 y nunca deben mezclarse ya que esto puede producir daños en los componentes. Use solo refrigerante R-134a en los modelos que cubre este manual.
Advertencia: *Nunca agregue más de dos latas de compuesto refrigerante al sistema.*
10   Enganche el kit de carga siguiendo las instrucciones del fabricante. **Advertencia:** *¡NO conecte la manguera del kit de recarga al lado alto del sistema!* Las conexiones en el kit de carga están diseñadas para ajustarse solo en el lado bajo del sistema.
11   Lleve hacia atrás la manija de la válvula en el kit de carga y atornille el kit a la lata de compuesto refrigerante, asegurándose primero de que la junta tórica o el sello de goma en el interior de la parte roscada de la válvula esté en su lugar.
Advertencia: Use gafas protectoras cuando manipule latas de refrigerante presurizado.
14   Retire la tapa guardapolvo de la conexión de carga del lado bajo y conecte la conexión de acople rápido en la manguera del kit (vea la ilustración).
13   Caliente el motor y encienda el aire acondicionado. Mantenga la manguera del kit de carga alejada del ventilador y otras piezas móviles. **Nota:** *El proceso de carga requiere que el compresor esté funcionando. Su compresor puede apagarse si la presión es baja debido a una carga baja. Si el embrague se desactiva, puede desconectar el interruptor de ciclos de baja presión y conectar un cable puente. este mantenga el interruptor.*

14   Gire la manija de la válvula del kit hasta que el vástago perfore la lata, y después abra la válvula para dejar salir el refrigerante. Debe poder oír el flujo de gas. Agregue refrigerante al lado bajo de el sistema hasta la superficie del receptor-secador y el tubo de entrada del evaporador tengan aproximadamente la misma temperatura. Espere un tiempo para que el sistema se estabilice entre cada adición.
15   Si tiene un termómetro preciso, puede colocarlo en el centro del conducto del aire acondicionado dentro del vehículo, y mantener un registro de la temperatura del aire "acondicionado". Un sistema cargado que funciona correctamente debe generar aire a 40 grados F. Si la temperatura del aire ambiente (exterior) es muy alta, alrededor de 110 grados F, la temperatura del aire del ducto puede llegar hasta 60 grados F, pero por lo general, el aire acondicionado es de 30 a 50 grados F más frío que el aire ambiente.
16   Cuando la lata esté vacía, gire la manija de la válvula a la posición de cerrada y libere del puerto del lado bajo la conexión. Coloque nuevamente la tapa guardapolvo.
17   Retire el kit de carga de la lata y consérvelo para uso futuro con válvula perforada en la posición vertical, a fin de evitar perforar la lata accidentalmente en el próximo uso.

Diagnóstico y pruebas

18   El módulo de control del calefactor/ aire acondicionado **(vea la ilustración**

12.3a) puede solucionar los problemas del sistema durante el servicio en el distribuidor o el taller de reparaciones. Si se detecta un problema, se muestra un código de error mediante el parpadeo de las luces de los botones del tablero. El código de error no se puede borrar hasta que se repare la condición y se realicen pruebas diagnósticas. Si se remplaza el módulo de control del calefactor/ aire acondicionado, se deberán realizar pruebas de calibración/diagnóstico. Debido al procedimiento de secuenciación detallada y la complejidad de los códigos de la pantalla, estos diagnóstico y pruebas deben ser realizados por un distribuidor o un taller de reparaciones calificado.

14   Compresor del aire acondicionado - desmontaje e instalación

Consulte las ilustraciones 14.5 y 14.6.
Advertencia: *el sistema de aire acondicionado está a alta presión. NO desarme ninguna parte del sistema (mangueras, compresor, conexiones de líneas, etc.) hasta que el departamento de servicio de un distribuidor o una estación de servicio de aire acondicionado hayan evacuado el sistema y recuperado el refrigerante.*
Nota: *Se debe reemplazar el filtro/secador (vea de la Sección 15) cuando se reemplaza el compresor.*
1   Haga descargar el sistema (ver la **Advertencia** de arriba).
2   Desconecte el cable del terminal negativo de la batería.
3   Vacíe el refrigerante del motor y quite la manguera superior del radiador.
4   Quite la banda (vea el Capítulo 1).
5   En los modelos V6 de 3.3/3.8L de 2001 y posteriores, desacople el retenedor de la bobina del embrague del compresor del mazo de cables del motor y retírela del soporte en la parte superior del compresor. En todos los demás modelos, desconecte el conector eléctrico del embrague del compresor. En todos los modelos, quite las líneas de refrigerante del compresor (vea la ilustración). Tapone las conexiones abiertas a fin de evitar la entrada de suciedad y humedad.
6   Desatornille el compresor del soporte de montaje y elévelo fuera del vehículo (vea la ilustración).

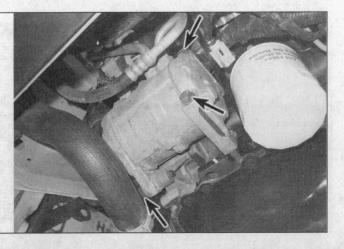

14.6 Retire los pernos (flechas) y el compresor de su soporte de montaje

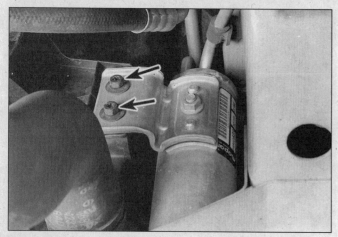

15.4 Retire los dos pernos (flechas) que fijan el soporte del filtro/secador.

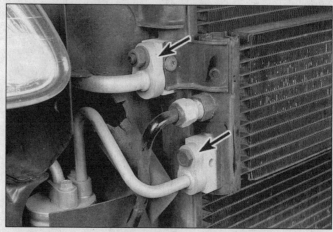

16.6 Quite los pernos y desacople las líneas de refrigerante del condensador (flechas).

7   Si se instala un compresor nuevo, coloque el aceite usado del compresor viejo en un contenedor graduado y agregue esa cantidad de aceite refrigerante nuevo al compresor nuevo. Siga también todas las instrucciones que se proporcionen con el compresor nuevo.

8   Es posible que tenga que transferir el embrague del compresor original al nuevo.

9   El procedimiento de instalación se realiza a la inversa del desmontaje. Reemplace los anillo O por otros nuevos específicamente fabricados para usar con el refrigerante R-134a y lubríquelos con un aceite refrigerante compatible con R-134a.

10   Haga que el taller que descargó el sistema también evacue y recargue el sistema, y que después inspeccione en busca de fugas.

15   Filtro/secador del aire acondicionado - desmontaje e instalación

Consulte la ilustración 15.4

Advertencia: *el sistema de aire acondicionado está a alta presión. NO desarme ninguna parte del sistema (manguera, compresor, conexiones de líneas, etc.) hasta que el departamento de servicio de un distribuidor o una estación de servicio hayan evacuado el sistema y recuperado el refrigerante.*

Precaución: *Las unidades de filtro/secador/ receptor de reemplazo son tan eficaces en la absorción de humedad que pueden saturar rápidamente al exponerse a la atmósfera. Al instalar una unidad nueva, tenga todas las herramientas y los suministros listos para rearmar rápidamente a fin de evitar que tener el sistema abierto más de lo necesario.*

1   El filtro/secador actúa como un depósito para el refrigerante del sistema. Está situado en el lado derecho del compartimento del motor, junto al radiador y el condensador.

2   Haga descargar el sistema (vea la **Advertencia** al comienzo de esta Sección).

3   Desconecte el cable del terminal negativo de la batería.

4   Retire los dos pernos que sujetan el soporte del filtro/secador al soporte del módulo del ventilador del radiador (vea la ilustración).

5   Desconecte del filtro/secador las líneas de refrigerante.

6   Tapone las conexiones abiertas a fin de

evitar la entrada de suciedad y humedad.

7   Retire el travesaño superior del radiador y luego tire hacia arriba en el radiador y deslice el filtro/secador de la ubicación de montaje.

8   El procedimiento de instalación se realiza a la inversa del desmontaje, pero antes de la instalación reemplace los dos anillos O de las líneas de refrigerante.

9   Vuelva a llevar el vehículo al taller que lo descargó. Haga evacuar, recargar y examinar el sistema para detectar fugas.

16   Condensador del aire acondicionado - desmontaje e instalación

Consulte las ilustraciones 16.5 y 16.6

Advertencia: *el sistema de aire acondicionado está a alta presión. NO desarme ninguna parte del sistema (mangueras, compresor, conexiones de líneas, etc.) hasta que el departamento de servicio de un distribuidor o una estación de servicio hayan evacuado el sistema y recuperado el refrigerante.*

Nota: *Se debe usar un esfuerzo especial para mantener todos los componentes del sistema libres de humedad. La humedad en el aceite es muy difícil de eliminar y causará un problema de confiabilidad con el compresor. El receptor-secador debe ser reemplazado cada vez que se reemplace el condensador (vea la Sección 15).*

1   Haga descargar el sistema (vea la **Advertencia** de arriba).

2   Desconecte el cable del terminal negativo de la batería.

3   Consulte el capítulo 11 y desmonte la cubierta del paragolpes delantero y el conjunto de la parrilla.

5   Retire el travesaño superior del radiador.

5   En los modelos 2001 y posteriores, haga lo siguiente:

a) *Retire los cinco tornillos pequeños que sujetan las inserciones de la parrilla del tablero frontal la protección del radiador.*

b) *Retire la protección de la mirilla del radiador del travesaño panel de cierre del radiador.*

c) *Retire los dos tornillos que sujetan la unidad del pestillo del cofre a la parte delantera del travesaño del panel de cierre del radiador y coloque el pestillo sobre la parte superior del travesaño. Marque la ubicación del pestillo.*

6   Retire las líneas de refrigerante del condensador (vea la ilustración). Tapone las conexiones abiertas a fin de evitar la entrada de suciedad y humedad.

7   Retire los pernos de montaje del condensador (vea la ilustración).

8   Tirando con cuidado hacia arriba, quite el condensador del vehículo.

9   Inspeccione las almohadillas del aislante de goma (del travesaño inferior) sobre las que se apoya el radiador. Reemplácelas si están resecas o agrietadas.

16.7. Quite los pernos de montaje del condensador (flechas)

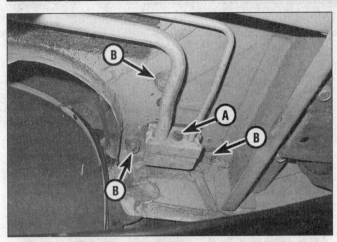

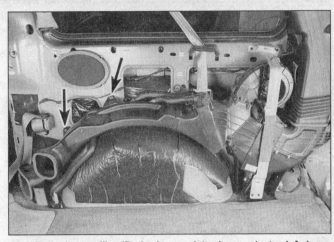

18.2 Ubicación de las líneas de refrigerante del aire acondicionado trasero (A) y los pernos de montaje de la unidad traseras (B)

18.5 Retire los tornillos (flechas) que sujetan los conductos inferiores

10   Si va a volver a instalar el condensador existente, guárdelo con las conexiones de las líneas en la parte superior a fin de evitar que se drene el aceite. Si va a instalar un condensador nuevo, vierta una onza de aceite refrigerante compatible con R-134a dentro de él antes de instalarlo.

11   Antes de la instalación, vuelva a colocar todas los anillos O y las juntas, y aplique aceite refrigerante aprobado en todas las superficies de sellado. Vuelva a instalar los componentes en el orden inverso al del desmontaje. Asegúrese de que las almohadillas de goma estén en su lugar debajo del condensador.

12   Haga que el taller que descargó el sistema también evacue y recargue el sistema, y que después inspeccione en busca de fugas.

17   Sistema auxiliar (trasero) de calefacción/aire acondicionado - información general

La unidad auxiliar trasera de calefacción/aire acondicionado está ubicaca en el panel lateral trasero derecho. El control del calefactor/aire acondicionado trasero funciona conjuntamente con el control del calefactor/aire acondicionado delantero. Hay interruptor de cuatro posiciones

y dos velocidades (anulación) del soplador en el panel de control del calefactor/aire acondicionado delantero. Se puede operar el sistema puede desde el interruptor del soplador delantero en el tablero, independientemente de la configuración de los controles traseros.

El aire es aspirado a la admisión de aire, luego entra al alojamiento del soplador y es empujado a través del radiador del calefactor o el evaporador del aire acondicionado. La dirección del aire, hacia el suelo o hacia arriba, queda determinada por la posición de la palanca de control de temperatura del conductor en el panel de control del calefactor/aire acondicionado delantero.

18   Componentes auxiliares (traseros) de calefacción y aire acondicionado - extracción e instalación

Advertencia: *el sistema de aire acondicionado está a alta presión. NO desarme ninguna parte del sistema (mangueras, compresor, conexiones de líneas, etc.) hasta que el departamento de servicio de un distribuidor o una estación de servicio hayan evacuado el sistema y recuperado el refrigerante. El sistema de enfriamiento del motor también debe estar libre de toda presión.*

Unidad de calefactor/aire acondicionado

Consulte las ilustraciones 18.2, 18.5, 18.6a, 18.6b, 18.8a y 18.8b

Advertencia: *Espere a que el motor esté completamente frío antes de comenzar este procedimiento.*

Nota: *Se debe usar un esfuerzo especial para mantener todos los componentes del sistema libres de humedad. La humedad en el aceite es muy difícil de eliminar y causará un problema de confiabilidad con el compresor.*

1   Haga descargar el sistema (vea la Advertencia al comienzo de esta Sección). Levante el vehículo y apóyelo firmemente sobre torretas de seguridad.

2   Retire las líneas de refrigerante en la brida de la bandeja inferior y luego, retire las tres tuercas de montaje al piso de la unidad de aire acondicionado (vea la ilustración).

3   Baje el vehículo.

4   Quite el panel de vestidura lateral derecho y el adorno del poste D (vea el Capítulo 11).

5   Quite los tornillos que fijan el conducto de la distribución de aire al alojamiento de la rueda trasera (vea la ilustración).

6   Pellizque de las mangueras del calefactor en al radiador de calefactor trasero con pinzas de sujeción (vea la ilustración); a continuación, retire las mangueras del calefactor en el radiador del calefactor (vea la ilustración).

18.6a Pellizque de las mangueras del calefactor con pinzas de bloqueo

18.6b Libere las abrazaderas de la manguera del calefactor (flechas) y desconecte con cuidado las mangueras del radiador del calentador

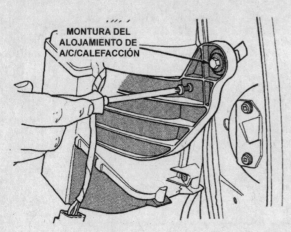

18.8a Retire el tornillo para liberar la vestidura del conducto superior

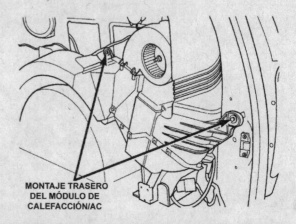

18.8b Retire los tornillos de montaje que sujetan el módulo de aire acondicionado

7   Retire el soporte de montaje del panel de vestidura lateral y desconecte el conector del cableado del motor del soplador.

8   Retire el tornillo del adorno del conducto superior trasero y los dos pernos de montaje que fijan unidad al vehículo (vea las ilustraciones).

9   Tire sobre el conducto de aire acondicionado superior, mientras inclina la unidad hacia afuera. Levante la unidad de aire acondicionado a una altura suficiente como para que separe del piso y retírela del vehículo.

10   El procedimiento de instalación se realiza a la inversa del de desmontaje, instalando anillos O nuevos en las líneas de refrigerante. Rellene el sistema de enfriamiento. Haga evacuar, recargar y examinar el sistema para detectar fugas. **Nota:** *Si el radiador del calentador se vació y no se llenó previamente, es necesario realizar un ciclo térmico del vehículo DOS VECES. El radiador del calentador está ubicado más alto que la tapa de llenado del radiador, y no se llenará hasta el nivel por la gravedad. Para realizar el ciclo térmico del vehículo, debe ser operado hasta que se abra el termostato, luego apagarlo y esperar que se enfríe. Con el fin de verificar que la unidad auxiliar se llene completamente, se puede usar el siguiente procedimiento:*

a) El vehículo debe estar a temperatura ambiente.

b) Se debe llevar el motor a la temperatura de funcionamiento.

c) La unidad frontal está apagada y los deslizadores de temperatura están en posición CALOR completo.

d) El motor está a marcha mínima con el motor trasero en ALTO.

e) La temperatura del aire de descarga, medida en el doble registro situado en la base del poste C debe estar entre 135 grados y 145 grados F.

Radiador del calefactor trasero

Consulte la ilustración 18.13

11   Retire el panel de vestidura lateral derecho (vea el Capítulo 11).

12   Aísle y desconecte las líneas del radiador del calefactor (vea la ilustración 18.6a).

13   Retire los tornillos de retención del radiador del calefactor y tire con cuidado del radiador del calefactor y los tubos hacia arriba y fuera de la unidad (vea la ilustración).

14   El procedimiento de instalación se realiza a la inversa del de desmontaje. Llene previamente el radiador del calefactor y realice prueba de fugas y de rendimiento general. **Nota:** *Si el radiador del calentador se vació y no se llenó previamente, es necesario realizar un ciclo térmico del vehículo DOS VECES. El radiador del calentador está ubicado más alto que la tapa de llenado del radiador, y no se llenará hasta el nivel por la gravedad. Para realizar el ciclo térmico del vehículo, debe ser operado hasta que*

se abra el termostato, luego apagarlo y esperar que se enfríe. Con el fin de verificar que la unidad auxiliar se llene por completo, se puede usar el procedimiento del Paso 10.

Motor del soplador trasero

Consulte la ilustración 18.16

15   Retire el panel de vestidura lateral derecho (vea el Capítulo 11).

16   Quite los tornillos que sujetan el alojamiento del motor del soplador a la unidad del calefactor/aire acondicionado (un tornillo se encuentra en la cubierta del evaporador) (vea la ilustración).

17   Gire el motor fuera del alojamiento y desconecte el conector del cableado.

18   El procedimiento de instalación se realiza a la inversa del de desmontaje.

Condensador auxiliar del calefactor/aire acondicionado trasero

19   Si el vehículo está equipado con un motor V6 de 3.3L o 3.8L con calefactor/aire acondicionado trasero, estará equipado con un condensador auxiliar montado sobre el condensador primario adelante del radiador. Ambos condensadores deben ser extraídos como un conjunto y luego separarlos. Vea la Sección 16 para ver las instrucciones de extracción e instalación del condensador.

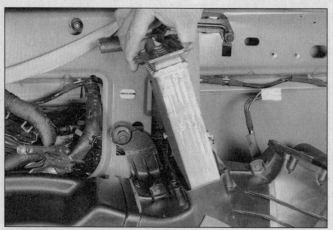

18.13 Tire con cuidado del radiador del calefactor para extraerlo

18.16 Retire los tornillos de montaje del motor del soplador (no todos los tornillos están visibles)

Capítulo 4
Sistemas de combustible y de escape

Contenido

Especificaciones

Generales

Presión del combustible	49 psi
Resistencia del inyector de combustible	12 ohmios a 68 grados F

Especificaciones de torque — Ft-lb (a menos que se indique lo contrario)

Pernos del pleno de admisión de aire	
V6 de 3.0L	130 in-lb
Motores V6 de 3.3L y 3.8L	105 in-lb
Pernos del cuerpo del acelerador	19
Pernos de montaje de el riel de combustible	
Cuatro cilindros	16
V6 de 3.0L	115 in-lb
Motores V6 de 3.3L y 3.8L	95 in-lb

---

1   Información general

Los vehículos cubiertos en este manual están equipados con el sistema Multi-Port Fuel Injection (MPI). Este sistema utiliza impulsos sincronizados para inyectar el combustible de manera secuencial directamente en los puertos de admisión de cada cilindro. Los inyectores están controlados por el PCM (módulo de control del tren de potencia). El PCM controla varios parámetros del motor y suministra la cantidad exacta de combustible, en la secuencia correcta, a los puertos de admisión.

Todos los modelos están equipados con una bomba de combustible eléctrica, montada en el tanque de combustible. Es necesario quitar el tanque de combustible para acceder a la bomba de combustible. La unidad de envío de nivel de combustible es un componente integral de la bomba de combustible y se debe quitar del tanque de combustible de la misma manera.

El sistema de escape está conformado por múltiples de escape, un convertidor catalítico, un tubo de escape y un silenciador. Cada uno de estos componentes se puede reemplazar. Para obtener más información sobre el convertidor catalítico, consulte el Capítulo 6.

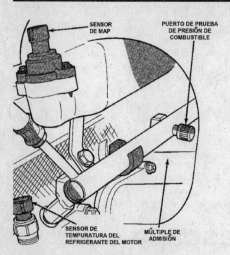

2.2a Ubicación del puerto de prueba de presión de combustible en el motor de cuatro cilindros

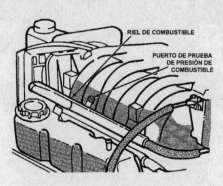

2.2b Ubicación del puerto de prueba de presión de combustible en los motores V6 de 3.3L y 3.8L

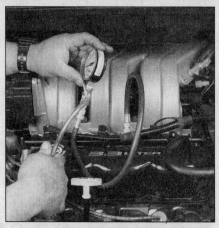

3.5 Instale un medidor de presión de combustible en el puerto de prueba del surtidor de combustible - verifique la presión del combustible con el motor en marcha mínima

2 Procedimiento de alivio de la presión del combustible

Advertencia: *la gasolina es extremadamente inflamable; por lo tanto tome precauciones adicionales al trabajar en toda sección del sistema de combustible. No fume ni permita llamas expuestas o bombillas descubiertas cerca del área de trabajo y no trabaje en un garaje donde haya algún tipo de aparato a gas (tal como un termotanque o secador de ropa) con un piloto encendido. Como la gasolina es carcinogénica, lleve puestos guantes de látex cuando exista la posibilidad de entrar en contacto con el combustible. Si se derrama combustible sobre la piel, lávelo inmediatamente con agua y jabón. Limpie de inmediato todo derrame y no guarde trapos humedecidos de combustible en lugares en los que puedan tomar fuego. El sistema de combustible está bajo presión constante; por lo tanto, si tiene que desconectar alguna línea de combustible primero debe aliviar la presión del combustible en el sistema. Cuando realice todo trabajo en el sistema de combustible, lleve puestas gafas de seguridad y tenga a mano un extintor de incendios Clase B.*

Todos, excepto el motor V6 de 3.0L
Consulte las ilustraciones 2.2a y 2.2b

1   Desconecte el cable del terminal negativo de la batería. desenrosque el tapón de el combustible. para liberar la presión en el tanque de combustible.
2   Con cuidado, coloque varios paños de taller alrededor del puerto de prueba de presión del combustible y el surtidor de combustible. Quite la tapa del puerto de prueba de presión del combustible ubicado en el surtidor de combustible (vea las ilustraciones).
    Use uno de los dos métodos siguientes:
a) Conecte un medidor de presión de combustible a la válvula Schrader del surtidor de combustible (vea la Sección 3). coloque la manguera de purga en un contenedor aprobado de combustible. Abra la válvula en el medidor para aliviar la presión y luego, desconecte el cable del terminal negativo de la batería.
b) Con la punta de un destornillador, presione el Schrader válvula y deje que el combustible drene en los paños de taller. Tenga cuidado de recolectar todo el combustible

que pudiera salpicar hacia arriba usando otro paño de taller.
4   A menos que se siga este procedimiento antes del servicio de las líneas de combustible o las conexiones, podrían producirse salpicaduras de combustible (y posibles lesiones).
5   Instale la tapa en el puerto de prueba de presión del combustible.

Motor 3.0L V6
6   Retire el relé de la bomba de combustible del centro de distribución de potencia (PDC). Observe la parte inferior de la cubierta del PDC para ver la ubicación del relé.
7   Arranque el motor y déjelo funcionar hasta que se detenga.
8   Intente volver a arrancar el motor hasta que ya deje de funcionar.
9   Gire la llave de encendido a la posición OFF (apagado).
10   Desconecte el cable del terminal negativo de la batería.
11   Reemplace el relé de la bomba de combustible en el centro de distribución de potencia (PDC).
12   Con una herramienta de diagnóstico DRB, se debe eliminar (borrar) todo DTC (código de problema) que pueda haberse almacenado en la memoria del PCM debido a la extracción del relé de la bomba de combustible. Al terminar el trabajo, es posible que deba recurrir al distribuidor o un taller reparación para este paso.

3 Bomba de combustible/presión del combustible - inspección

Advertencia: *la gasolina es extremadamente inflamable; por lo tanto tome precauciones adicionales al trabajar en toda sección del sistema de combustible. No fume ni permita llamas expuestas o bombillas descubiertas cerca del área de trabajo y no trabaje en un garaje donde haya algún tipo de aparato a gas (tal como un termotanque o secador de ropa) con un piloto encendido. Como la gasolina es carcinogénica, lleve puestos guantes de látex cuando exista la posibilidad de entrar en contacto con el combustible. Si se derrama combustible sobre la piel, lávelo inmediatamente con agua y jabón. Limpie de inmediato todo derrame y no guarde trapos humedecidos de combustible en lugares en los que puedan tomar fuego. el sistema de combustible está bajo presión, que, si se desconectó la línea de combustible, la presión de el combustible en el sistema se debe liberar*

de la sección (dos para más información. Cuando realice todo trabajo en el sistema de combustible, lleve puestas gafas de seguridad y tenga a mano un extintor de incendios Clase B.

Revisión preliminar
Nota: *En los modelos, la bomba de combustible está ubicada dentro del tanque de combustible (vea la Sección 5).*
1   Si sospecha que el suministro de combustible es insuficiente, inspeccione primero todas las líneas de combustible para asegurarse de que el problema no sea simplemente una fuga en una línea.
2   Aplique el freno de estacionamiento y pídale a un ayudante que gire la llave de encendido a la posición ON (encendido) mientras escucha la bomba de combustible (dentro del tanque de combustible). debe que un zumbido, ruido y duraciones de unos segundos. Encienda el motor. zumbido de el sistema debe ser una de las zonas para que el motor en marcha. Si no hay ruido, el fusible de la bomba de combustible, la bomba de combustible, el relé de la bomba de combustible, el relé ASD o los circuitos relacionados son defectuosos (continúe con el Paso 16).

Revisión de la presión
Consulte la ilustración 3.5
Nota: *Se necesitan un indicador de combustible especial (capaz de leer alta presión) y los accesorios y adaptadores adecuados para probar correctamente la bomba de combustible en todos los modelos.*
3   Alivie la presión del combustible (sección 2).
4   En todos los modelos, excepto el V6 de 3.0L, conecte un medidor de presión de combustible en el puerto de prueba de presión de combustible se encuentra en el surtidor de combustible (vea las ilustraciones 2.2a y 2.2b). En los modelos V6 de 3.0L, desconecte la conexión de la línea de acople rápido de combustible en el surtidor de combustible (vea la Sección 4) e instale el medidor de combustible en la línea de combustible utilizando el conector en T y los adaptadores adecuados.
5   Arranque el motor y revise la presión en el medidor (vea la ilustración), comparando su lectura con la presión que se muestra en las Especificaciones de este Capítulo. Con el motor en marcha mínima, mida la presión del combustible. Debe ser lo especificado.
6   Si la presión del combustible no se encuentra dentro de lo especificado, revise

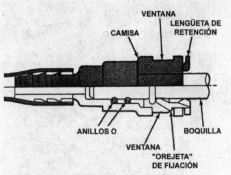

4.11a Vista transversal de un conexión de línea de combustible de acople rápido de dos lengüetas

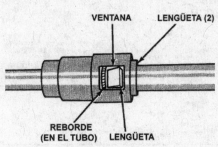

4.11b Lengüeta de plástico tipo conexión de acople rápido con cuerpo estilo ventana

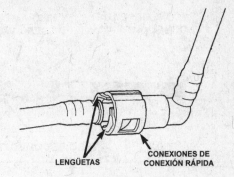

4.11c Conexión plástica de acople rápido tipo dos lengüetas

lo siguiente:

a) Si la presión es más alta que la especificada, revise si hay alguna manguera o tubería de retorno de combustible pellizcada u obstruida. Si la línea de retorno no está obstruida, vea a continuación el regulador de presión de combustible.

b) Si la presión es inferior a la especificada:

1) Inspeccione el filtro de combustible y asegurarse de que no esté obstruido (vea el Capítulo 1).

2) Busque una manguera de combustible pellizcada u obstruida entre el tanque y el conducto de combustible.

3) Revise si el regulador de presión tiene alguna falla (vea a continuación).

4) Busque fugas en la línea de combustible.

7   Si no hay problemas con ninguno de los componentes mencionados anteriormente, inspeccione la bomba de combustible (vea a continuación).

Revisión de componentes

Regulador de presión de combustible

8   El regulador de presión de combustible es un dispositivo regulador mecánico situado en el tanque de combustible como parte del módulo de la bomba de combustible. El regulador de presión no es controlado por el PCM ni el motor de vacío. Inspeccione como se describe anteriormente en la Revisión de la presión. Compare su medición con los valores que se indican en las especificaciones en este capítulo.

9   Si la presión del combustible no es correcta, la bomba o el regulador de combustible pueden ser defectuosos o hay una torcedura u otra restricción en la línea de combustible. Revise la línea de retorno de combustible y sople por ella a fin de comprobar que no esté obstruida. Reemplace el regulador de combustible quitando el módulo de la bomba de combustible del tanque de combustible (vea la Sección 5).

Bomba de combustible

10   Si sospecha que hay algún problema con la bomba de combustible, verifique que la bomba realmente funcione. con un asistente que gire el interruptor de voltaje en un brief que debe de zumbido a el ruido de la bomba se enciende y presuriza el sistema. pídale a el asistente de arranque de el motor. el tiempo que debe el zumbido de el ruido está de la bomba (pero es más difíciles que con el motor en marcha.

11   Si la bomba no se enciende (no hace ningún sonido), continúe con el siguiente paso.

12   Quite el revestimiento del baúl y acceda

al módulo de la bomba de combustible en la parte superior del tanque (vea la Sección 5). Desconecte el conector eléctrico de la bomba de combustible.

13   Trabajando en el lado del mazo del conector eléctrico de la bomba de combustible, verifique el voltaje de la batería que va a la bomba de combustible con la llave de encendido en la posición ON (encendido) (el motor no debe estar en funcionamiento). Debe haber voltaje de la batería. Verifique también si hay continuidad a tierra en el circuito de tierra de la bomba de combustible. Si hay voltaje, la conexión a tierra está bien y la bomba de combustible no funciona cuando se la conecta, reemplace la bomba de combustible (vea la Sección 5). Si no hay voltaje, revise los relés principales (vea a continuación).

Bomba de combustible y relés de ASD

Nota: *el sistema de cierre (asd relé) y el bomba de combustible relé tiene dos prueba para garantizar el bomba de combustible operación. Los procedimientos de prueba del relé de ASD y del de la bomba de combustible son idénticos (vea el Capítulo 6).*

---

4   Líneas y conexiones de combustible - reemplazo

Advertencia: *la gasolina es extremadamente inflamable; por lo tanto tome precauciones adicionales al trabajar en toda sección del sistema de combustible. No fume ni permita llamas expuestas o bombillas descubiertas cerca del área de trabajo y no trabaje en un garaje donde haya algún tipo de aparato a gas (tal como un termotanque o secador de ropa) con un piloto encendido. Como la gasolina es carcinogénica, lleve puestos guantes de látex cuando exista la posibilidad de entrar en contacto con el combustible. Si se derrama combustible sobre la piel, lávelo inmediatamente con agua y jabón. Limpie de inmediato todo derrame y no guarde trapos humedecidos de combustible en lugares en los que puedan tomar fuego. el sistema de combustible está bajo presión, que, si se desconectó la línea de combustible, la presión de el combustible en el sistema se debe liberar de la sección (dos para más información). Cuando realice todo trabajo en el sistema de combustible, lleve puestas gafas de seguridad y tenga a mano un extintor de incendios Clase B.*

1   Alivie siempre la presión del combustible antes de realizar el servicio de las líneas o las conexiones de combustible (vea la Sección 2).

2   Las líneas de suministro, retorno y vapor

de combustible se extienden desde el tanque de combustible hasta el compartimiento del motor. Las líneas están aseguradas a la carrocería con conjuntos de clip y tornillos. Estas líneas deben inspeccionarse ocasionalmente para verificar que no estén enroscadas ni presenten fugas y abolladuras.

3   Si durante el desarmado encuentra suciedad en el sistema o el filtro de combustible, la línea debe desconectarse y limpiarse. revise el filtro de la unidad de el indicador (vea la sección 6). y se deteriore.

4   En caso de daño en las líneas de combustible (metálicas o flexibles), es necesario reemplazar las líneas dañadas con piezas de reemplazo de fábrica. Otras pueden fallar a causa de las presiones altas de este sistema.

Tubos de acero

5   Si se requiere reemplazar una línea de combustible o de emisiones, utilice tubos o mangueras que cumplan con las especificaciones de los fabricantes o sus equivalentes.

6   No utilice tubos de cobre o de aluminio para reemplazar tubos de acero. Estos materiales no resisten la vibración normal del vehículo.

7   Dado que las líneas de combustible utilizadas en vehículos con inyección de combustible se encuentran bajo presiones muy altas, requieren una consideración especial.

8   Algunas líneas de combustible tienen conexiones roscadas con anillos O. Cada vez que se aflojan las conexiones para realizar el servicio de componentes o reemplazarlos:

a) Utilice una llave de apoyo mientras afloja y ajusta las conexiones.

b) Revise todos los anillos O en busca de cortes, grietas y deterioro. Reemplace los que estén endurecidos, desgastados o dañados.

c) Si se reemplazan las líneas, use siempre piezas originales o piezas que cumplan con las normas del equipo original especificadas en esta Sección.

Manguera flexible

Consulte las ilustraciones 4.11a, 4.11b, 4.11c, 4.11d y 4.11e

Advertencia: *Use solo mangueras de reemplazo de los equipos originales o su equivalente. Otras pueden fallar a causa de las presiones altas de este sistema.*

9   Alivie la presión del combustible.

10   Quite todos los sujetadores que fijan las líneas a la carrocería del vehículo.

11   Hay diversos métodos que dependen del tipo de conexión de acople rápido en la línea de combustible (vea las ilustraciones).

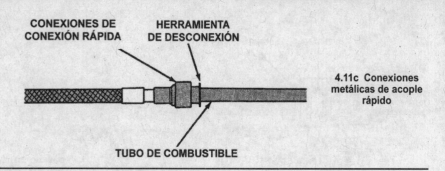

CONEXIONES DE
CONEXIÓN RÁPIDA

HERRAMIENTA
DE DESCONEXIÓN

4.11c Conexiónes
metálicas de acople
rápido

TUBO DE COMBUSTIBLE

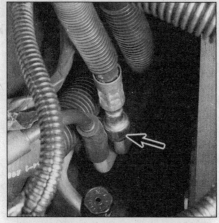

4.11e Desconecte la línea de alimentación
de combustible del compartimiento del
motor, empujándola sobre el clip de plástico
(flecha), utilizando una llave de boca. Abra
suavemente la conexión

cuidadosamente remueva la línea de combustible de el bastidor. **Precaución:** *el hilo de el tipo de servicio no están separados. no intente de los tipos de combustible de el momento en el clip o la línea está dañada. Reemplace la línea de combustible completa como un conjunto.*

12   El procedimiento de instalación se realiza a la inversa del de desmontaje. asegúrese de usar un anillo nuevo o en las conexiones de rosca (si tiene).

13   No tienda la manguera de combustible a menos de cuatro pulgadas de cualquier parte del sistema de escape ni a menos de diez pulgadas del convertidor catalítico. Nunca debe permitirse que las líneas de metal y las mangueras de caucho rocen el bastidor. Debe mantenerse un espacio mínimo de 1/4 de pulgada alrededor de una línea o manguera para evitar el contacto con el bastidor.

5   Bomba de combustible, regulador de presión de combustible y filtro de entrada - extracción e instalación

Advertencia: *la gasolina es extremadamente inflamable; por lo tanto tome precauciones adicionales al trabajar en toda sección del sistema de combustible. No fume ni permita llamas expuestas o bombillas descubiertas cerca del área de trabajo y no trabaje en un garaje donde haya algún tipo de aparato a gas (tal como un termotanque o secador de ropa) con un piloto encendido. Como la gasolina es carcinogénica, lleve puestos guantes de látex cuando exista la posibilidad de entrar en contacto con el combustible. Si se derrama combustible sobre la piel, lávelo inmediatamente con agua y jabón. Limpie de inmediato todo derrame y no guarde trapos humedecidos de combustible en lugares en los que puedan tomar fuego. el sistema de combustible está bajo presión, que, si se desconectó la línea de combustible, la presión de el combustible en el sistema se debe liberar de la sección (dos para más información. Cuando realice todo trabajo en el sistema de combustible, lleve puestas gafas de seguridad y tenga a mano un extintor de incendios Clase B.*

Desmontaje
Consulte las ilustraciones 5.5, 5.6, 5.7 y 5.9.

1   Alivie la presión del sistema de combustible (sección 2).

2   Desconecte el cable del terminal negativo de la batería.

3   Quite los pernos del tanque de combustible y baje el tanque ligeramente (vea la Sección 7).

4   Limpie el área alrededor del módulo de la bomba del tanque de combustible para mantener la suciedad y otros materiales fuera del tanque.

5   Desconecte el conector eléctrico del módulo de la bomba de combustible (vea la ilustración).

6   Desconecte las líneas de combustible de los conectores de la entrada del módulo de la bomba y del tubo de retorno (vea la ilustración).

7   Usando una llave de banda (o una herramienta fabricada), gire la tuerca de seguridad de plástico en sentido antihorario para liberar el módulo de la bomba (vea la ilustración).

8   Retire cuidadosamente el módulo de la bomba de combustible y el anillo O del tanque Deseche el anillo O viejo.

5.5 Retire el pasador de bloqueo de plástico
y desconecte el conector eléctrico del
módulo de la bomba de combustible

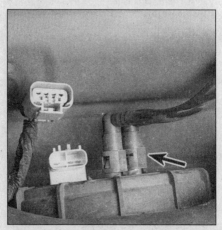

5.6 Desconecte las líneas de combustible
del tanque presionando las lengüetas de
retención de conexión rápida

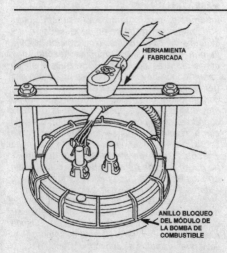

HERRAMIENTA
FABRICADA

ANILLO BLOQUEO
DEL MÓDULO DE
LA BOMBA DE
COMBUSTIBLE

5.7 Retire el anillo de seguridad del módulo
de la bomba de combustible con una llave de
correa o una herramienta similar a la que
se muestra

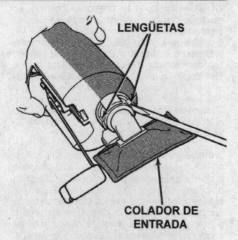

LENGÜETAS

COLADOR DE
ENTRADA

5.9 Haga palanca en las lengüetas de
bloqueo hacia arriba para liberar el filtro de
entrada del módulo de la bomba
de combustible

9   El filtro de entrada de la bomba de combustible se retira mediante el uso de un destornillador fino para destrabar las lengüetas de bloqueo en el depósito de la bomba de combustible y retirar el filtro (vea la ilustración).
10   Retire el anillo O del filtro del cuerpo del depósito de la bomba de combustible.

Instalación

Consulte las ilustraciones 5.13a, 5.13b, 5.13c y 5.13d

11   Si es necesario, limpie el tanque de combustible.
12   Al instalar el filtro de entrada, lubrique el anillo O del filtro con aceite de motor limpio. Inserte el anillo O del filtro en la salida del filtro de forma tal que se asiente de manera uniforme en el escalón dentro de la salida. Empuje el filtro sobre la entrada del cuerpo de depósito de la bomba de combustible, hasta que las lengüetas de bloqueo se acoplen de manera segura.
13   Retire el regulador de presión de combustible del módulo de la bomba de combustible mediante distribuyendo las lengüetas en el retenedor del regulador de presión, quitando el retenedor y haciendo palanca en el regulador de presión para retirarlo (vea las ilustraciones). Reemplace los anillos O del regulador de presión.
14   La instalación del módulo de la bomba de combustible se realiza en forma inversa al desmontaje.

6   Unidad emisora del nivel del combustible - inspección y reemplazo

Advertencia: *la gasolina es extremadamente inflamable; por lo tanto tome precauciones adicionales al trabajar en toda sección del sistema de combustible. No fume ni permita llamas expuestas o bombillas descubiertas cerca del área de trabajo y no trabaje en un garaje donde haya algún tipo de aparato a gas (tal como un termotanque o secador de ropa) con un piloto encendido. Como la gasolina es carcinogénica, lleve puestos guantes de látex cuando exista la posibilidad de entrar en contacto con el combustible. Si se derrama combustible sobre la piel, lávelo inmediatamente con agua y jabón. Limpie de inmediato todo derrame y no guarde trapos humedecidos de combustible en lugares en los que puedan tomar fuego. el sistema de combustible está bajo presión, que, si se desconectó la línea de combustible, la presión de el combustible en el sistema se debe liberar*

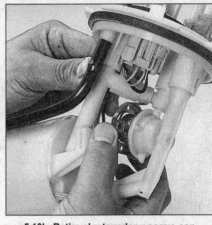
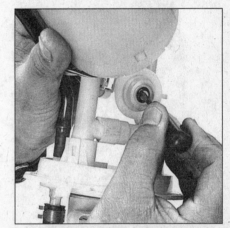

5.13a Distribuya las lengüetas en el retenedor del regulador de presión del módulo de la bomba de combustible lejos de las pestañas

5.13b Retire el retenedor y saque con cuidado el regulador de presión del módulo de la bomba de combustible

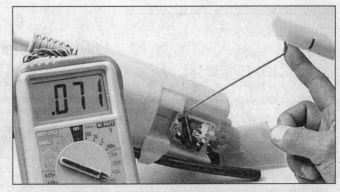

5.13c Retire los anillos O del regulador de presión

5.13d Aplique aceite de motor limpio a los anillos O e instálelos en el módulo de la bomba de combustible, asegurándose de que están bien colocados

de la sección (dos para más información. Cuando realice todo trabajo en el sistema de combustible, lleve puestas gafas de seguridad y tenga a mano un extintor de incendios Clase B.

Inspección

Consulte las ilustraciones 6.2, 6.3 y 6.4

1   Siga los pasos 1 a 8 de la Sección 5 para quitar el módulo de la bomba de combustible del tanque de combustible para permitir que se puedan realizar las pruebas de la unidad emisora de nivel de combustible.
2   Coloque las sondas de un ohmiómetro en los terminales del conector eléctrico unidad emisora de nivel de combustible y verifique la resistencia (vea la ilustración).
3   Levantando con cuidado el brazo del flotador del tanque de combustible, revise la resistencia de la unidad emisora para simular un tanque de combustible lleno (ves la ilustración).

6.2 Conecte las conexiones del ohmiómetro para comprobar la resistencia de la unidad emisora de nivel de combustible entre estos dos terminales (flechas)

6.3 Controle la resistencia con el flotador de la unidad emisora de nivel de combustible elevado para simular un tanque de combustible lleno - debe ser baja

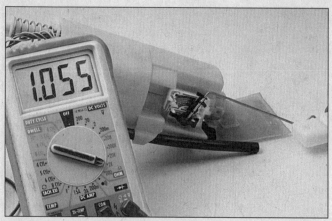

6.4 Controle la resistencia con el flotador de la unidad emisora de nivel de combustible bajado para simular un tanque de combustible vacío - debe ser alta

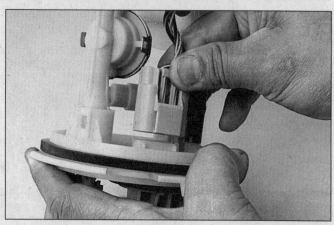

6.6 Desconecte el conector eléctrico interno del módulo de la bomba de combustible.

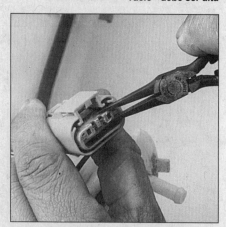

6.7 Con pinzas de punta fina, retire cuidadosamente la cuña de bloqueo azul

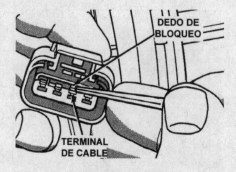

6.8 Levante el terminal de bloqueo del terminal del cable

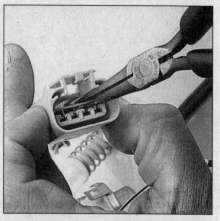

6.9a Con el terminal del cable suelto, empuje con cuidado el terminal de fuera del conector

La resistencia (ohmios) de la unidad emisora debe ser baja (aproximadamente 8 ohmios).
4   A continuación, libere con cuidado el brazo del flotador del tanque de combustible para simular un tanque de combustible vacío y revise nuevamente la resistencia de la unidad emisora (vea la ilustración). La resistencia debe ser alta (aproximadamente 100 ohmios).
5   Si las lecturas son incorrectas o hay muy poco cambio en la resistencia a medida que flotador pasa de lleno a vacío, reemplace el sensor de la unidad emisora de nivel de combustible.

Reemplazo

Consulte las ilustraciones 6.6, 6.7, 6.8, 6.9a, 6.9b, 6.9c, 6.10, 6.11 y 6.13
6   Presione la lengüeta de retención y quite el conector eléctrico de la bomba de combustible/ unidad emisora de la parte inferior del conector eléctrico del módulo de la bomba de combustible (vea la ilustración).
7   Retire la cuña de bloqueo azul en el conector eléctrico del sensor (vea la ilustración).
8   Levante el dedo de bloqueo del terminal

con una pequeña sonda, y empuje el terminal del conector (vea la ilustración).
9   Empuje los terminales de señal de unidad emisora y de tierra fuera del conector (vea las ilustraciones).
10   Inserte un destornillador entre el módulo de la bomba de combustible y la parte superior del alojamiento de la unidad emisora (vea la ilustración). Empuje la unidad emisora hacia

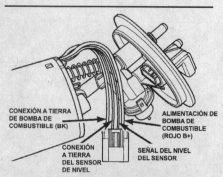

6.9b Identificación del cableado del conector del sensor de nivel de la unidad emisora de combustible

CONEXIÓN A TIERRA DE BOMBA DE COMBUSTIBLE (BK)

ALIMENTACIÓN DE BOMBA DE COMBUSTIBLE (ROJO B+)

CONEXIÓN A TIERRA DEL SENSOR DE NIVEL

SEÑAL DEL NIVEL DEL SENSOR

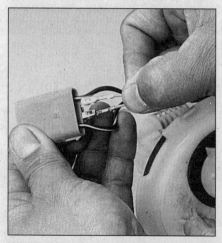

6.9c Tire de los cables de la unidad emisora fuera del conector

6.10 Inserte un destornillador entre el módulo de la bomba de combustible y la parte superior del sensor de nivel de combustible y empuje el sensor ligeramente hacia abajo

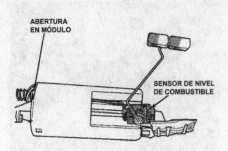

6.11 Deslice los cables de la unidad emisora a través de la abertura del módulo de la bomba de combustible y luego deslice la unidad emisora fuera del canal

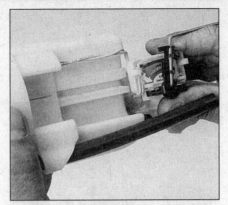

6.13 Para volver a instalar el sensor de nivel de la unidad emisora, pase los cables por las ranuras de guía, a continuación, deslice la unidad emisora hasta el canal hasta que encaje bien en su lugar

7.7 Sujete el tanque de combustible y quite los dos pernos de la correa del tanque

abajo ligeramente para separarla del módulo.
11 Deslice los cables del sensor de nivel de combustible a través del conjunto del módulo de la bomba de combustible (vea la ilustración). A continuación, deslice la unidad emisorafuera del módulo.
12 Eleve la unidad emisora de nivel de combustible fuera del conjunto.
13 El procedimiento de instalación se realiza a la inversa del de desmontaje. Pase los cables por las ranuras guía y deslice el sensor de nivel de combustible por el canal hasta que encaje en su lugar (vea la ilustración). Asegúrese de que la lengüeta en la parte inferior del sensor quede fija en su lugar.

7 Tanque de combustible - desmontaje e instalación

Consulte la ilustración 7.7
Advertencia: *la gasolina es extremadamente inflamable; por lo tanto tome precauciones adicionales al trabajar en toda sección del sistema de combustible. No fume ni permita llamas expuestas o bombillas descubiertas cerca del área de trabajo y no trabaje en un garaje donde haya algún tipo de aparato a gas (tal como un termotanque o secador de ropa) con un piloto encendido. Como la gasolina es carcinogénica, lleve puestos guantes de látex cuando exista la posibilidad de entrar en contacto*

con el combustible. Si se derrama combustible sobre la piel, lávelo inmediatamente con agua y jabón. Limpie de inmediato todo derrame y no guarde trapos humedecidos de combustible en lugares en los que puedan tomar fuego. el sistema de combustible está bajo presión, que, si se desconectó la línea de combustible, la presión de el combustible en el sistema se debe liberar de la sección (dos para más información. Cuando realice todo trabajo en el sistema de combustible, lleve puestas gafas de seguridad y tenga a mano un extintor de incendios Clase B.
Nota: *El siguiente procedimiento es más fácil si el tanque de combustible está vacío. un tanque con el conector para este propósito. si el tanque no tiene el tapón, el combustible puede siphoned de el depósito con la desviación juego disponible en la tienda más una pieza. nunca encienda la desviación de el funcionamiento con la boca.*
1 Quite el tapón de llenado del tanque de combustible para aliviar la presión del tanque de combustible.
2 Alivie la presión del sistema de combustible (sección 2).
3 Desconecte el cable del terminal negativo de la batería.
4 Inserte la manguera de sifón de combustible en la boca de llenado de combustible y empuje hacia abajo en el tanque de combustible, utilizando un kit de sifón (disponible en la mayoría de las tiendas de autopartes). Quite el

combustible hasta que el tanque de combustible está seco, pasándolo a un recipiente de gasolina aprobado y debidamente etiquetado.
5 Trabajando en una superficie planta y nivelada, eleve el vehículo y apóyelo de manera segura sobre torretas de seguridad.
6 Con un gato de transmisión o equivalente, coloque un trozo de madera entre la cabeza del gato y el tanque de combustible para proteger el tanque, apoye el tanque de combustible.
7 Retire los pernos de las correas del tanque de combustible (vea la ilustración) y baje el depósito ligeramente.
8 Desconecte las líneas de combustible, las mangueras y los conectores eléctricos (vea la Sección 5) y retire el tanque del vehículo.
9 Si es necesario, desmonte del tanque de bombustible el conjunto de la bomba de combustible (vea la Sección 5).
10 La instalación del tanque de combustible se realiza en forma inversa al desmontaje.

8 Limpieza y reparación del tanque de combustible - información general

1 Los tanques de combustible instalados en los vehículo cubiertos en este manual están hechos de plástico y no se pueden reparar.
2 Si el tanque de combustible se desmonta del vehículo, no se debe colocar en zonas en las que haya chispas o llamas abiertas que pudieran encender los vapores que emanan del tanque. Tenga cuidado especial si realiza esta operación en el interior de un garaje en el que haya instalado un artefacto de gas natural, puesto que la llama del piloto puede producir una explosión.

9 Conjunto del filtro de aire - desmontaje e instalación

Modelos 1996 a 2000
Consulte las ilustraciones 9.2, 9.4 y 9.5
1 Desconecte el cable del terminal negativo de la batería.
2 Retire el resonador de aire (vea la ilustración).
3 Afloje las 3 abrazaderas que mantienen unidas la mitades del alojamiento del filtro de aire.
4 Retire la mitad izquierda del alojamiento del filtro de aire (vea la ilustración).

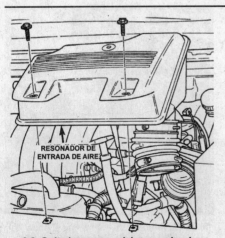

9.2 Quite los pernos del resonador de entrada de aire y levante la unidad

9.4 Levante el lado izquierdo del alojamiento del filtro de aire

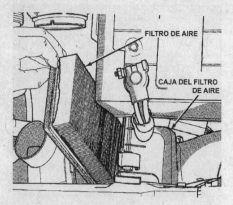

9.5　Saque el elemento del filtro de aire

9.9　Suelte los dos clips (flechas) y levante la la cubierta del filtro de aire

9.10　Levante y extraiga el filtro de aire de la caja de aire

5　Eleve el elemento del filtro de aire para retirarlo (vea la ilustración). Limpie toda suciedad u otro material extraño del alojamiento del filtro de aire.

6　Extraiga la parte inferior del alojamiento del filtro de aire del vehículo.

7　El procedimiento de instalación se realiza a la inversa del de desmontaje.

Modelos 2001 y posteriores

Consulte las ilustraciones 9.9 y 9.10.

8　Desconecte el cable del terminal negativo de la batería.

9　Suelte los dos clips que sujetan las mitades del alojamiento del filtro de aire en conjunto (vea la ilustración).

10　Levante la tapa y retire elemento del filtro de aire (vea la ilustración).

11　Levante la cubierta, tire hacia el motor, desacople las lengüetas y retire la cubierta.

12　Desconecte el sensor de temperatura del aire de entrada.

13　Desconecte la manguera entrada de la caja de aire.

14　Desmonte el perno que fija la caja de aire del filtro de aire al travesaño superior del radiador.

15　Tire de la caja de aire del filtro de aire hacia arriba y fuera del único pasador de posicionamiento y retire la caja de aire.

16　El procedimiento de instalación se realiza a la inversa del de desmontaje.

10　Cable del acelerador - reemplazo

Consulte las ilustraciones 10.2a, 10.2b, 10.2c, 10.4a, 10.4b, 10.4c, 10.7a y 10.7b

1　Desconecte el cable del terminal negativo de la batería.

2　Trabajando en el interior del compartimento del motor, mantenga la palanca del acelerador en el cuerpo del acelerador en la posición de apertura completa. Retire el cable del acelerador de la leva del cuerpo del acelerador (vea la ilustración).

3　Desde el interior del vehículo, mantenga el pedal y retire el retenedor del cable y el cable del acelerador del pedal.

4　Retire el clip del retenedor (vea las ilustraciones) del cable del acelerador.

5　Retire la arandela en la abertura del cable del acelerador de la pared de fuego.

6　Desde el compartimento del motor, vuelva a pasar el cable por la pared de fuego.

7　Retire el cable del acelerador del soporte del acelerador comprimiendo cuidadosamente ambas lengüetas de retención y tirando del cable del acelerador del soporte (vea las ilustraciones).

8　El procedimiento de instalación se realiza a la inversa del de desmontaje.

11　Sistema de inyección de combustible - información general

El sistema de inyección de combustible multipuerto (MPI) se compone de tres subsistemas: admisión de aire, control electrónico y suministro de combustible. el sistema utiliza una módulo control del tren motriz (PCM) junto con los sensores (sensor de temperatura del refrigerante (ECT), sensor de posición del acelerador (TPS), sensor de presión absoluta del múltiple (MAP), sensor de oxígeno, etc.) para determinar la relación correcta de aire/combustible bajo todas las condiciones de funcionamiento.

El sistema de inyección de combustible y el sistema de control de emisiones y del motor están vinculados electrónicamente para funcionar juntos para la eficiencia de funcionamiento y el control del tren motriz. Para obtener más información, consulte el Capítulo 6.

Sistema de admisión de aire

El sistema de entrada de aire consta de el filtro de aire los ductos de admisión de aire, el cuerpo de el sistema de marcha de el aire de admisión de distribución y el múltiple de admisión.

Un sensor de posición de el acelerador se conecta a el eje de control de cambios de el acelerador abierto.

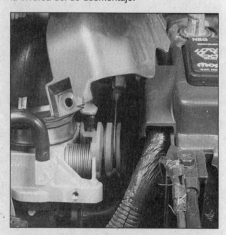

10.2a　En los modelos de cuatro cilindros, quite la cubierta del cable del acelerador. . .

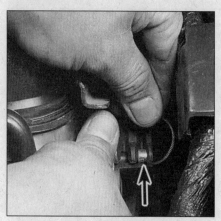

10.2b　. . . y con el pedal del acelerador presionado, desconecte el cable del acelerador de la ranura en la leva del cuerpo del acelerador

10.2c　En motores V6, mantenga el pedal del acelerador apretado y desconecte el cable del acelerador de la leva del cuerpo del acelerador

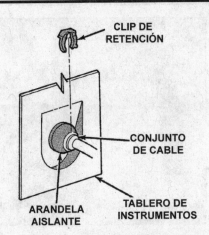

10.4a Retire el clip retenedor del cable del acelerador en el área de la arandela de la pared de fuego

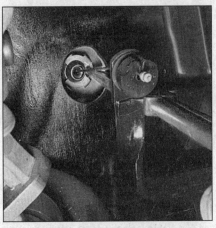

10.4b Tire del cable del acelerador para crear holgura en el cable

10.4c Retire la arandela, arrastrando el cable a través de la ranura

Cuando el motor está vacío, el aire y de combustible de el control de el aire el sistema de control, que consta de módulo control tren motriz (pcm) y aire (iac) de la válvula. El PCM controla la válvula IAC, que se abre y cierra según las condiciones de funcionamiento del motor (sistema de aire acondicionado, dirección hidráulica, funcionamiento en frío y en caliente, etc.). esta válvula regula la altura de el borde de el flujo de aire y a el múltiple de admisión, lo que aumenta o disminuye velocidad de marcha mínima el motor. El PCM recibe información de los sensores (apertura del acelerador, velocidad del vehículo, temperatura del refrigerante del motor, presión y temperatura del aire, aire acondicionado, modo de dirección hidráulica, etc.) y ajusta la marcha mínima según las exigencias del motor y del conductor.

Control electrónico de el motor y el sistema

El sistema de control electrónico de el motor y se indica en los detalles en el capítulo 6.

Sistema de suministro de combustible

El sistema de suministro de combustible

está conformado por estos componentes: La bomba de combustible, el regulador de presión, los inyectores de combustible, el surtidor de combustible, el relé de cierre automático (ASD) y el relé de la bomba de combustible (relés principales).

El bomba de combustible un alineado, de el tipo. combustible se muestran mediante un filtro a la bomba de flujo de la máquina por el borde de la válvula unidireccional, pasa a el filtro y se aplica a el inyect. la válvula de seguridad se abre por la acumulación excesiva de presión a el momento de el bloqueo en el extremo de descarga y de que el flujo de el combustible de el lado de presión baja. presión de el regulador de presión de el combustible está mantiene a el inyect.

Los inyectores son de tipo clavija accionados por solenoide y carrera constante, y constan de un solenoide, un émbolo, una válvula de aguja y un alojamiento. Cuando se aplica corriente a la bobina del solenoide, la válvula de aguja se levanta y el combustible a presión llena el alojamiento del inyector y sale por la boquilla. La cantidad de inyección se determina según el tiempo que la válvula permanece abierta (es decir, el tiempo durante el que se suministra corriente a las bobinas del solenoide).

Porque determinar abierto y cerrado de que hace que determinar la relación ? es una

mezcla de tiempo debe muy exacta. para lograr el máximo posible interruptor de la corriente aumenta veces cuando se aplica el voltaje de la bobina debe ser lo más corto posible.

El relé de apagado automático (ASD) y el relé de la bomba de combustible relé se encuentran en el centro de distribución de potencia que se está en el lado izquierdo del compartimiento de el motor. El relé de ASD conecta el voltaje de la batería a los inyectores de combustible y la bobina de ignición mientras que el relé de la bomba de combustible conecta el voltaje de la batería solamente a la bomba de combustible. Si el PCM percibe que NO hay señal de los sensores del árbol de levas o del cigüeñal mientras la llave de encendido se gira a las posiciones RUN (funcionamiento) o START (arranque), el PCM desactivará ambos relés.

12 Sistema de inyección de combustible - inspección

Consulte las ilustraciones 12.7, 12.8a y 12.8b
Nota: *siga el procedimiento según suponer que la presión de el combustible es correcta (vea la sección 3).*
1 Inspeccione todos los conectores del mazo de cables que estén relacionados con el sistema. Revise que las conexiones a tierra de los cables en el múltiple de admisión estén ajustadas. Los conectores flojos y las conexiones a tierra defectuosas pueden producir muchos problemas que aparentan ser causados por fallas más graves.
2 Compruebe que la batería esté completamente cargada, ya que la unidad de control y los sensores dependen de una alimentación precisa de voltaje de para dosificar correctamente el combustible.
3 Inspeccione el elemento del filtro de aire. Un filtro sucio o parcialmente taponado afectará en gran medida el rendimiento y la economía de combustible (capítulo 1).
4 Si encuentra un fusible quemado, reemplácelo y vea si se vuelve a quemar. si tiene, busque un alambre de tierra el arnés de el bomba de combustible.
5 Revise el conducto de admisión de aire al múltiple de admisión en busca de fugas que darán como resultado una mezcla demasiado delgada. también revise el estado de la manguera de vacío con el múltiple de admisión.

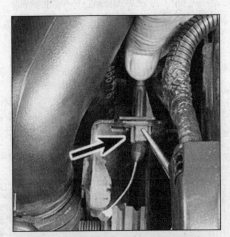

10.7a Utilice pinzas de punta fina para presionar las lengüetas, desconecte el retenedor del cable y libere el cable del acelerador del soporte

10.7b Retenedor de cable de acelerador típico (flecha)

12.7 Utilice un estetoscopio para verificar si los inyectores funcionan correctamente (deben hacer un sonido de clic constante que aumenta o disminuye a medida que varía la velocidad del motor)

12.8a Retire los conectores eléctricos del inyector de combustible (flechas) para la prueba del inyector (se muestra un modelo posterior, los primeros modelos son similares)

12.8b Instale la lámpara de prueba (disponible en la mayoría de las tiendas de autopartes) en cada conector eléctrico del inyector y confirme que parpadea cuando el motor arranca o funciona

6   Quite el conducto de admisión de aire del cuerpo del acelerador y revise que no haya suciedad, carbón o acumulación de otros tipos de residuos. Si está sucio, consulte la Sección 13 para ver el procedimiento de limpieza.

7   Con el motor en marcha, coloque un estetoscopio de mecánico sobre todos los inyectores, uno a la vez. Se debería escuchar un sonido de clics, que indica que el inyector está funcionando (vea la ilustración). Si no tiene un estetoscopio, puede colocar la punta de un destornillador largo contra el inyector y escuchar con una oreja apoyada en el mango.

8   Desconecte el conector eléctrico del inyector de cada inyecto y con un ohmiómetro, mida la resistencia en los terminales (vea la ilustración). Compare sus mediciones con la resistencia del inyector de combustible indicada en las Especificaciones de este Capítulo. Reemplace cualquier inyector con resistencia anormalmente alta o baja. instale el interruptor luz de prueba (noid de luz en el conector eléctrico de uno en una vez (vea la ilustración). Haga girar motor. Confirme que la luz parpadee de manera pareja en cada conector. se prueba de tensión a el interruptor. Si la luz no parpadea, compruebe el mazo de cables (vea el Capítulo 12). si el cableado no esté dañado o corto de el cable entre pcm y el interruptor de un circuito abierto o roturas en el alambre o conexión incorrecta.

9   El resto de las revisiones del sistema se pueden encontrar en las secciones siguientes.

---

13   Cuerpo del acelerador - revisión, desmontaje e instalación

Inspección

Consulte la ilustración 13.6.

1   En el cuerpo del acelerador, busque la manguera de aspiración y sepárela del cuerpo del acelerador. Conecte un medidor de vacío a este puerto en el cuerpo del acelerador.

2   Arranque el motor y deje que se caliente a su temperatura normal de funcionamiento (espere hasta después de que el ventilador de enfriamiento se encienda). compruebe el medidor indica sin vacío.

3   Abra el acelerador levemente de marcha mínima y compruebe que el indicador indiquq vacío. si el medidor indica sin vacío, revise el puerto que se encuentra de si. Limpie con limpiador de carburadores en aerosol si es necesario.

4   Detenga el motor y verifique que el cable del acelerador y y la válvula del acelerador funciones de manera uniforme, sin atascarse ni pegarse.

5   Si el cable del acelerador o la válvula del

acelerador se atascan o pegan, revise si hay acumulación de lodo en el cable o el eje del acelerador.

6   Si la acumulación de lodo es evidente, intente limpiar con un limpiador de carburadores en aerosol (el motor debe estar apagado) o un solvente similar (vea la ilustración). Asegúrese de que el interior del cuerpo del acelerador esté limpio (vea el Paso 7).

7   Con el motor apagado, mantenga el acelerador completamente abierto y revise la parte posterior de la placa del acelerador. si limpie un remedio de el problema, reemplace el regulador de el acelerador.

Desmontaje e instalación

Consulte la ilustración 13.11.

Advertencia: *espere a que el motor esté completamente frío antes de iniciar este procedimiento.*

8   Desconecte el cable del terminal negativo de la batería.

9   Desmonte el resonador de entrada de aire. Desconecte los cables de control del acelerador y de velocidad crucero (si tiene) de la palanca del acelerador (vea el Capítulo 10).

10   Desconecte el sensor de posición del acelerador y los conectores eléctricos del motor de control de aire a marcha mínima del cuerpo del acelerador. Etiquete todas las mangueras de vacío del cuerpo del acelerador y desacóplelas.

11   Retire los pernos/tuercas de montaje del cuerpo del acelerador. Retire el cuerpo del acelerador y la junta (vea la ilustración). eliminar un rastro de el sello de el cuerpo de el acelerador y múltiple de admisión.

12   El procedimiento de instalación se realiza a la inversa del de desmontaje. Asegúrese de utilizar una nueva junta. Ajuste el cable del acelerador (vea la Sección 10).

---

14   Surtidor e inyectores de combustible - revisión, desmontaje e instalación

---

Advertencia: *la gasolina es extremadamente inflamable; por lo tanto tome precauciones adicionales al trabajar en toda sección del sistema de combustible. No fume ni permita llamas expuestas o bombillas descubiertas*

13.6 Limpie el orificio del cuerpo del acelerador y la placa del acelerador con un limpiador de tipo aerosol

13.11 Quite los pernos del cuerpo del acelerador (flechas) y el soporte del cable del acelerador - separe el cuerpo del acelerador del múltiple de admisión

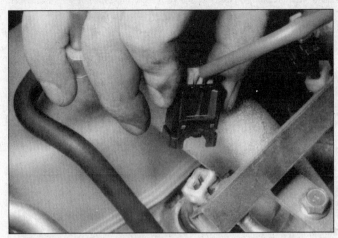

14.10 Libere los bloqueos de seguridad y desconecte el conector del inyector de combustible

14.11 Retire los pernos de montaje (flechas) del surtidor de combustible - asegúrese de cubrir primero los puertos del múltiple de admisión

14.13 Levante con cuidado el conjunto del surtidor de combustible con los inyectores de combustible conectados desde el múltiple de admisión - durante la extracción, sacuda el surtidor de combustible para aflojar los inyectores

14.14a Libere el clip de retención y separa el inyector de combustible del surtidor de combustible

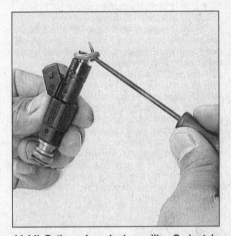

14.14b Retire y deseche los anillos O - instale siempre anillos O nuevos cuando se quitan los inyectores de combustible

cerca del área de trabajo y no trabaje en un garaje donde haya algún tipo de aparato a gas (tal como un termotanque o secador de ropa) con un piloto encendido. Como la gasolina es carcinogénica, lleve puestos guantes de látex cuando exista la posibilidad de entrar en contacto con el combustible. Si se derrama combustible sobre la piel, lávelo inmediatamente con agua y jabón. Limpie de inmediato todo derrame y no guarde trapos humedecidos de combustible en lugares en los que puedan tomar fuego. el sistema de combustible está bajo presión, que, si se desconectó la línea de combustible, la presión de el combustible en el sistema se debe liberar de la sección (dos para más información. Cuando realice todo trabajo en el sistema de combustible, lleve puestas gafas de seguridad y tenga a mano un extintor de incendios Clase B.

Inspección

1 Conecte un tacómetro motor, siguiendo las instrucciones del fabricante de la herramienta. encienda el motor y caliente a la temperatura de funcionamiento normal.
2 Con el motor en marcha mínima, desconecte cada inyector de combustible de a uno a la vez, observe el cambio a velocidad de

marcha mínima y vuelva a conectar el inyector. Si la caída de velocidad de marcha mínima es aproximadamente la misma para cada cilindro, los inyectores funcionan correctamente.
3 Si desconectar un inyector en particular no cambia la velocidad de marcha mínima, apague el motor y revise la resistencia y el sistema eléctrico del inyector, como se describe en la Sección 12.

Desmontaje

Consulte las ilustraciones 14.10, 14.11, 14.13, 14.14a, 14.14b y 14.15

4 Alivie la presión del combustible (sección 2).
5 Desconecte el borne negativo de la batería el cable.
6 En los modelos de cuatro cilindros, quite el múltiple de admisión (vea el Capítulo 8).
7 En los modelos 2001 y posteriores, quite el múltiple de admisión superior (vea el Capítulo 16). En todos los modelos V6 restantes, quite el pleno de admisión de aire (vea la Sección 16).
8 Cubra los puertos abiertos en la culata de cilindro o el múltiple de admisión mientras trabajaba en el motor.
9 Desconecte la conexión de acople rápido de la línea de combustible (vea la Sección 4) (envuelva un paño de taller alrededor de la línea de la manguera/tubo para recoger cualquier

derrame de gasolina).
10 Etiquete cada conector eléctrico del inyector de combustible con el número de cilindro correspondiente y desconecte el conector (vea la ilustración).
11 Retire los pernos de fijación del surtidor de combustible (vea la ilustración). En los motores V6 de 3.3/3.8 de 1996 a 2000, expanda el soporte retenedor para dejar espacio para el surtidor de combustible después.
12 Según sea necesario, desconecte el sensor de posición del árbol de levas y el sensor del refrigerante del motor.
13 Retire el surtidor de combustible y los inyectores de combustible como un conjunto, teniendo cuidado de no dañar los anillos O del inyector (vea la ilustración).
14 Retire el interruptor del surtidor de combustible y deseche los anillo O (vea las ilustraciones). **Nota:** Ya sea que desee reemplazar un inyector o un anillo O con fugas, es una buena idea extraer todos los inyectores del conducto de combustible y reemplazar todos los anillos O.

Instalación

Consulte la ilustración 14.15

15 Lubrique los anillos O nuevos con aceite para motor limpio y deslícelos sobre los

14.15 Cubra los anillos O nuevos con aceite de motor limpio e inserte cada inyector en el surtidor de combustible - asegúrese de que esté completamente asentado

15.1a Ubicación del sensor de posición del acelerador (TPS) (flecha superior) y de la válvula de control de aire a marcha mínima (IAC) (flecha inferior) - motores V6 1996 a 2000

15.1a Ubicación del sensor de posición del acelerador (flecha superior) y del control de aire a marcha mínima (IAC) (flecha inferior) - motores V6 2001 y posteriores

inyectores (vea la ilustración).

16   Inserte cada inyector en su correspondiente orificio en el surtidor de combustible.

17   Instale el conjunto de inyector y surtidor de combustible. Apriete las tuercas de montaje del surtidor de combustible al torque indicado en las Especificaciones de Capítulo.

18   El resto de la instalación se realiza en forma inversa al desmontaje.

19   Una vez que se completó la instalación del conjunto de inyector/surtidor de combustible, coloque el interruptor de ignición en la posición ON (encendida), pero no arranque (esto activa la bomba de combustible por alrededor de dos segundos, lo que acumula presión de combustible en las líneas de combustible y el surtidor de combustible). repita este de dos o three times, revise las líneas de combustible, y el inyect de fugas de combustible.

15   Válvula de control del aire de marcha mínima (IAC) - revisión y reemplazo

Vea las ilustraciones 15.1a, 15.1b, 15.1c, 15.4 y 15.6

1   La velocidad de marcha mínima es controlada por la válvula IAC ubicada en el cuerpo del acelerador (vea las ilustraciones). La válvula IAC controla la velocidad de marcha mínima al cambiar la cantidad de aire que se desviará de la placa del acelerador y fluirá al múltiple de admisión. La válvula IAC tiene una válvula de clavija que sobresale en el paso de derivación de aire y regula el flujo de aire, controlado por el PCM. La válvula IAC se abre y se cierra dependiendo de las condiciones de funcionamiento del motor (TPS, posición del cigüeñal, posición del árbol de levas, temperatura del refrigerante del motor, sistema de aire acondicionado, dirección hidráulica, funcionamiento en frío y tibio, etc.). La liberación repentina del pedal del acelerador por el conductor puede hacer que el motor se pare, por lo que el sistema IAC también está diseñado para retardar la desaceleración del motor mediante el aumento de flujo de aire de derivación cuando el acelerador se cierra rápidamente después de conducir a gran velocidad.

Inspección

2   La válvula IAC puede acumular depósitos que afectan su funcionamiento. La velocidad de

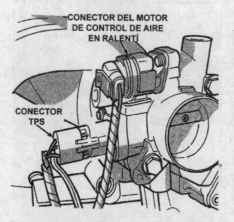

15.1c Ubicación del sensor de posición del acelerador (TPS) y de la válvula de control de aire a marcha mínima (IAC) - motores de cuatro cilindros

marcha mínima y los circuitos IAC establecerán un DTC (código de problema) en el PCM si ocurre algún problema.

3   Desconecte el conector eléctrico de la válvula IAC y escuche atentamente si hay cambios en la marcha mínima. Conecte el conector eléctrico de válvula IAC, encienda el aire acondicionado y escuche si hay cambios en las rpm en marcha mínima. Cuando el motor está frío, la válvula IAC debería variar la marcha mínima mientras el motor comienza el calentamiento y también cuando se enciende el compresor de aire acondicionado. Si no hay signos evidentes de que la válvula IAC está funcionando, haga que un departamento de servicio del distribuidor u otro taller de reparaciones calificado realicen un diagnóstico de la válvula IAC y el circuito eléctrico.

4   Existe un método alternativo para probar la válvula IAC. Podrá adquirir una herramienta de DIAGNÓSTICO en algunas tiendas de autopartes y empresas de herramientas especiales, que puede conectarse al conector de diagnóstico para supervisar la computadora y los sensores. Instale la herramienta de DIAGNÓSTICO, cambie al modo de posición IAC y observe los pasos (posición de bobinado de la válvula) (vea la ilustración). La herramienta de DIAGNÓSTICO debería indicar pasos según el rango de rpm.

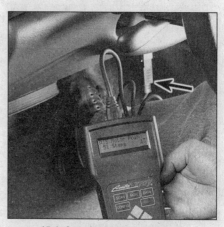

15.4 Conecte la herramienta de DIAGNÓSTICO en el conector de prueba de diagnóstico (flecha) debajo del tablero del conductor y cambie al modo IAC para probar con precisión la válvula IAC

Deje el motor funcionando en marcha mínima durante unos minutos y mientras observa la lectura del conteo, encaje el acelerador para lograr rpm altas (debajo de 3500 rpm). Repita varias veces el procedimiento y observe los pasos de la herramienta de DIAGNÓSTICO cuando el motor regrese a la marcha mínima. Las lecturas deberían estar entre 5 y 10 pasos cada vez. Si las lecturas varían mucho, reemplace la válvula IAC. **Nota:** *Cuando el conector eléctrico de la válvula IAC se desconecta para la prueba, el PCM debe "volver a aprender" su modo de marcha mínima. En otras palabras, se requiere una cierta cantidad de tiempo para que la válvula de marcha mínima restablezca la marcha mínima correcta. Asegúrese de que la marcha mínima sea suave antes de conectar la herramienta de DIAGNÓSTICO.*

Reemplazo

8   Desconecte el conector eléctrico de la válvula IAC.

6   Quite los dos tornillos de montaje de la válvula IAC y retírela del cuerpo del acelerador (vea la ilustración). Asegúrese de retirar el anillo O con la válvula IAC.

7   Antes de instalar la válvula IAC, compruebe que la clavija no se extienda más de 1 pulgada.

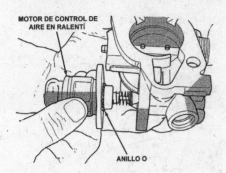

15.6 Quite los tornillos y extraiga la válvula IAC del cuerpo del acelerador

Si la clavija se extiende más de 1 pulgada, debe retraerse utilizando la herramienta de diagnóstico DRB Prueba de apertura/cierre del motor de control de aire a marcha mínima. Lleve el vehículo a un distribuidor o a un taller de reparación para el reajuste de la clavija. Asegúrese de instalar un anillo O nuevo.

16 Retiro e instalación del pleno de admisión de aire o del múltiple de admisión superior (modelos V6)

Motor 3.0L V6

Consulte las ilustraciones 16.11a, 16.11b y 16.12.

1   Alivie la presión del sistema de combustible (sección 2).
2   Desconecte el cable del terminal negativo de la batería.
3   Drene el sistema de enfriamiento (vea el capítulo 3).
4   Desmonte el resonador de entrada de aire.
5   Desconecte el cable del acelerador y el cable de control de velocidad crucero de la palanca y el soporte del acelerador (vea el Capítulo 10).
6   Desconecte los conectores de cableado de IAC y TPS del cuerpo del acelerador.
7   Retire el mazo de la manguera de vacío

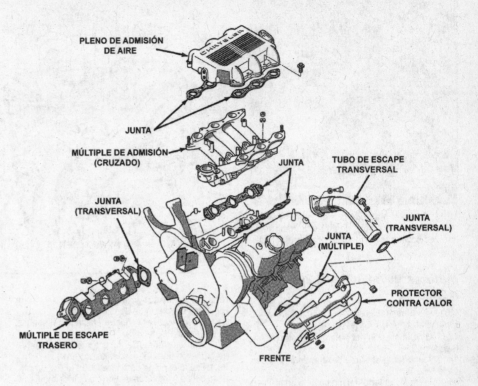

16.11a Componentes del sistema de admisión y escape de los motores V6 de 3.0L

del cuerpo del acelerador. Retire el cuerpo del acelerador (vea la Sección 13). **Nota:** Si va a reemplazar el pleno de admisión de aire, retire el cuerpo del acelerador. Si simplemente está quitando el pleno de admisión de aire para dar servicio al múltiple de admisión inferior, culatas, etc., no es necesario quitar el cuerpo del acelerador del pleno de admisión de aire.
8   Retire el PCV, las mangueras de vacío de refuerzo de frenos y las conexiones de vacío restantes del pleno de admisión de aire.
9   Retire el conector eléctrico del sensor de temperatura del refrigerante del motor, ubicado cerca del alojamiento del termostato de la manguera del distribuidor y el radiador en la parte superior del motor.

10   Quite la bobina de ignición del pleno de admisión de aire (vea el Capítulo 5).
11   Retire los sujetadores del pleno de admisión de aire (vea las ilustraciones) y retire el pleno de admisión de aire del motor. Cubra el múltiple de admisión mientras trabaja en el compartimiento del motor.
12   El procedimiento de instalación se realiza a la inversa del de desmontaje. Limpie cuidadosamente las superficies de la junta. Utilice juntas nuevas en el pleno de admisión de aire; instale las juntas con el lado del cordón de sellador hacia arriba. Apriete los pernos/tuercas del pleno de admisión de aire siguiendo la secuencia recomendada (vea la ilustración) al torque indicado en las Especificaciones de este capítulo.

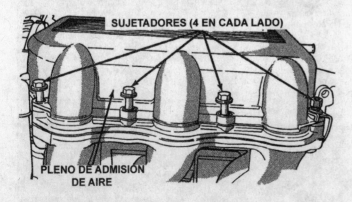

16.11b Retire los pernos/tuercas del pleno de admisión de aire - motor V6 de 3.0L

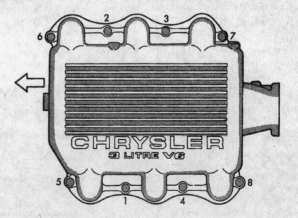

16.12. Secuencia de ajuste del pleno de admisión de aire - motor V6 de 3.0L

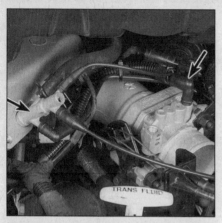

16.18 Retire el mazo de la manguera de vacío del pleno de admisión de aire y la manguera de vacío del cuerpo del acelerador (flechas)

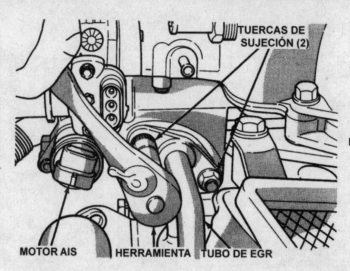

16.22 Desconecte la brida del EGR del pleno de admisión de aire

MOTOR AIS   HERRAMIENTA   TUBO DE EGR

Motores V6 de 3.3L y 3.8L (1996 a 2000)

Consulte las ilustraciones 16.18, 16.22, 16.26, 16.27 y 16.28

13   Alivie la presión del sistema de combustible (sección 2).
14   Desconecte el cable del terminal negativo de la batería.
15   Retire la cubierta del múltiple de admisión y el resonador de entrada de aire.
16   Desconecte el cable del acelerador y el cable de control de velocidad crucero de la palanca y el soporte del acelerador (vea el Capítulo 10).
17   Desconecte los conectores de cableado de IAC y TPS del cuerpo del acelerador.
18   Retire el mazo de la manguera de vacío del cuerpo del acelerador y el múltiple de admisión (vea la ilustración).
19   Quite el cuerpo del acelerador (vea la Sección 13). **Nota:** *Si va a reemplazar el pleno de admisión de aire, retire el cuerpo del acelerador. Si solo retira el pleno de admisión de aire para reparar el múltiple de admisión inferior, culatas, etc., no es necesario quitar el cuerpo del acelerador del pleno de admisión de aire.*
20   Retire el PCV, las mangueras de vacío de

refuerzo de frenos y las conexiones de vacío restantes del pleno de admisión de aire.
21   Desconecte el conector eléctrico del sensor MAP (vea el Capítulo 6).
22   Retire la brida del tubo de EGR del pleno de admisión de aire (vea la ilustración).
23   Retire el pleno de admisión de aire al tirante de la culata y la banda de tierra eléctrico montada en el motor.
24   Desconecte la conexión de acople rápido de la manguera de entrada de combustible (vea la ilustración 4.11d). Envuelva un paño de taller alrededor de la conexión para absorber el combustible derramado.
25   Desmonte el conjunto de la bobina del sistema de encendido directo (DIS) (vea el Capítulo 5).
26   Extraiga el soporte del alternador al perno del múltiple de admisión. Afloje los pernos superiores del alternador y mueva el soporte hacia arriba de manera que el pleno del múltiple de admisión pueda liberar los birlos de montaje (vea la ilustración).
27   Retire los pernos/tuercas del pleno de admisión de aire (vea la ilustración) y retire el plano de admisión de aire del múltiple de admisión inferior, girando el pleno sobre la

cubierta de la válvula trasera. Cubra los puertos en el múltiple de admisión inferior mientras trabaja en el compartimento del motor.
28   El procedimiento de instalación se realiza a la inversa del de desmontaje. Utilice nuevas juntas y limpie cuidadosamente la superficie de las juntas. Apriete los pernos/tuercas del pleno de admisión de aire en varios pasos, en la secuencia recomendada (vea las ilustraciones) al torque indicado en elas Especificaciones de este Capítulo.

Motores V6 de 3.3L y 3.8L (2001 y posteriores)

Vea las ilustraciones 16.36, 16.37a, 16.37b, 16.42 y 16.43

29   Alivie la presión del combustible (sección 2).
30   Desconecte del borne negativo de la batería el cable.
21   Desconecte el conector eléctrico del sensor de entrada de aire.
32   Retire el resonador de entrada de aire al conjunto de la manguera del cuerpo del acelerador.

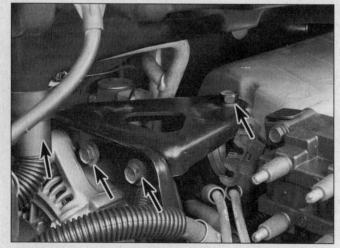

16.26. Quite los pernos de montaje del soporte del alternador (flechas).

16.27 Retire los pernos/tuercas del pleno de admisión de aire (flechas)

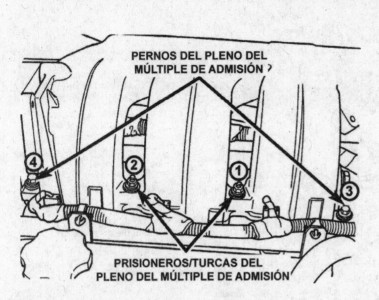

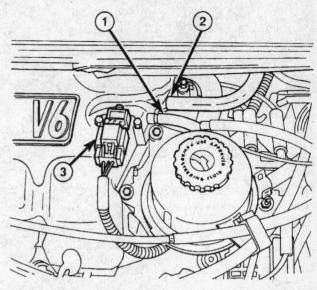

16.28. Secuencia de ajuste del pleno de admisión de aire - motores V6 de 3.3L y 3.8L

16.36 Ubicación del sensor MAP y las mangueras de vacío LDP del refuerzo del freno

1   LDP y manguera de vacío del control de velocidad
2   Manguera de vacío del refuerzo del freno
3   Sensor MAP

33   Desconecte el cable del acelerador y el cable de control de velocidad crucero del soporte de la palanca del acelerador (vea el Capítulo 10).

34   Desconecte el clip del soporte de la manguera de aire del soporte del cable del acelerador.

35   Desconecte los conectores de cableado de ASI y TPS del cuerpo del acelerador.

36   Desconecte el conector eléctrico del sensor MAP (vea la ilustración).

37   Desconecte las mangueras de vacío del transductor de EGR de la parte inferior del múltiple de admisión superior (vea la ilustración).

En los motores V6 de 3.3L, retire la conexión EGR de la parte superior del múltiple de admisión superior (vea la ilustración). Desmonte el conjunto del tubo de EGR.

38   Desconecte las mangueras de vacío de vapor del cuerpo del acelerador.

39   Desconecte la manguera de PCV de la cubierta de la válvula y el múltiple de admisión superior. Retire la manguera.

40   Desconecte las mangueras del refuerzo del freno y la bomba detectora de fugas (LDP) del múltiple de admisión (véase la ilustración 4.36).

41   Quite los tornillos que sujetan el depósito de la dirección hidráulica. Afloje, sin retirar, la única tuerca. Levante el depósito y desacople el montaje inferior del birlo. Coloque el depósito de un lado; no desconecte la manguera.

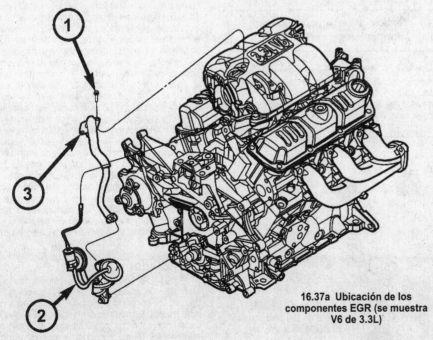

16.37a Ubicación de los componentes EGR (se muestra V6 de 3.3L)

1   Perno
2   Conjunto de la válvula EGR
3   Tubo de EGR

16.37b Quite los pernos de montaje (flechas) que sujetan la conexión EGR

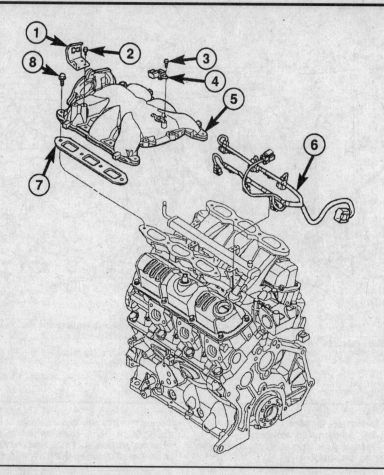

16.42 Componentes del múltiple de admisión superior (se muestra V6 de 3.8L)

1   *Soporte del cable del acelerador*
2   *Perno*
3   *Tornillo*
4   *Sensor MAP*
5   *Múltiple de admisión superior*
6   Mazo de cables del inyector de combustible
7   *Juntas (seis para 3.3L o dos para 3.8L)*
8   *Perno*

42   Quite los tornillos del múltiple de admisión superior (vea la ilustración) y retire el múltiple de admisión superior del múltiple de admisión inferior. Cubra los puertos en el múltiple de admisión inferior mientras trabaja en el compartimento del motor.

43   El procedimiento de instalación se realiza a la inversa del de desmontaje. Las juntas en buenas condiciones pueden ser reutilizadas, pero se recomienda usar juntas nuevas. Limpie cuidadosamente las juntas y las cavidades de la instalación. No raspe ni utilice removedores de juntas químicos en el conjunto del múltiple compuesto. Apriete los pernos del múltiple de admisión superior siguiendo la secuencia recomendada (vea la ilustración) al torque indicado en las Especificaciones de este Capítulo.

17   Servicio al sistema de escape - información general

Consulte las ilustraciones 17.1a, 17.1b y 17.1c

Advertencia: *la inspección y la reparación de los componentes del sistema de escape se deben realizar únicamente después de que haya transcurrido el tiempo suficiente después de haber conducido el vehículo para que se enfríen completamente los componentes del sistema. Además, al trabajar debajo del vehículo asegúrese de que esté firmemente apoyado sobre torres de elevación.*

1   El sistema de escape consta del múltiple de escape, el convertidor catalítico, el silenciador, el tubo de escape y todos tubos de conexión, soportes, soportes colgantes y abrazadera. El sistema de escape se conecta al cuerpo con soporte de montaje y colgantes (vea la ilustración). Si alguna de las piezas está mal instalada, se transmitirán vibraciones y ruidos excesivos a la carrocería. Se necesitan protectores contra el calor para proteger el vehículo y el piso de altas temperaturas, y se encuentran en la tabla de pie para el convertidor catalítico y en la parte inferior de la carrocería para el silenciador. Se suelda una junta flexible al convertidor catalítico (vea la ilustración) para asegurar el convertidor catalítico al múltiple del motor; esta junta se mueve a medida que lo hace el motor, evitando una ruptura que podría producirse por el movimiento de balanceo del arreglo del motor transversal montado en la parte delantera.

Silenciador y tubos

2   Realice inspecciones periódicas del sistema de escape a fin de preservar su operación en condiciones de seguridad y de bajo ruido. Inspeccione en busca de piezas dañadas o dobladas, costuras abiertas, agujeros, conexiones flojas, corrosión excesiva y otros defectos que pudieran hacer que ingresen gases de escape al vehículo. Cuando inspeccione el sistema de escape, revise también el convertidor

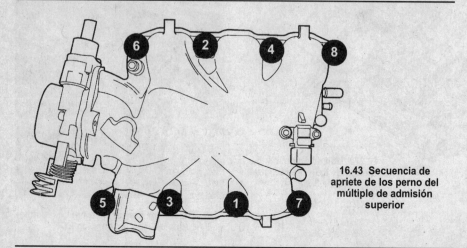

16.43 Secuencia de apriete de los perno del múltiple de admisión superior

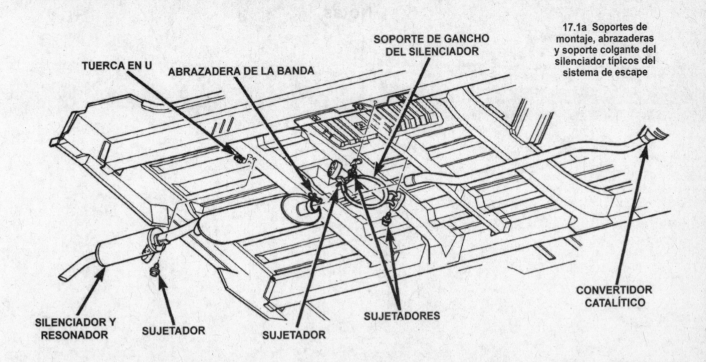

TUERCA EN U   ABRAZADERA DE LA BANDA

SOPORTE DE GANCHO
DEL SILENCIADOR

**17.1a Soportes de
montaje, abrazaderas
y soporte colgante del
silenciador típicos del
sistema de escape**

SILENCIADOR Y
RESONADOR   SUJETADOR

SUJETADOR

SUJETADORES

CONVERTIDOR
CATALÍTICO

catalítico (vea a continuación). Los componentes deteriorados del sistema de escape se deben reemplazar con piezas nuevas, no reparar.

3   Si dos o más componentes del sistema de escape están agarrotados entre ellos por corrosión o herrumbre extrema, es probable que sea necesario utilizar un equipo de corte de un taller de reparación de escapes para desmontarlos. La mejor manera de hacer lo anterior es llevar el vehículo a un taller de reparación de silenciadores para que desmonten los componentes afectados con un soplete de corte. Sin embargo, si desea hacerlo usted mismo a fin de ahorrar dinero (y no cuenta con un

soplete de corte), tan sólo corte los componentes viejos con una segueta. Si usted cuenta con un compresor de aire, también puede utilizar cinceles neumáticos de corte. Si decide realizar el trabajo en su casa, asegúrese de llevar puestas gafas protectoras y guantes de trabajo, a fin de proteger los ojos contra partículas metálicas y para proteger las manos.

4   A continuación se indican algunas directrices sencillas que se deben cumplir al realizar reparaciones del sistema de escape:

a) *Cuando desmonte componentes del sistema de escape, trabaje desde atrás hacia delante.*

b) *Aplique aceite penetrante a los sujetadores de los componentes del sistema de escape a fin de facilitar su extracción.*

c) *Utilice juntas, soportes colgantes y abrazaderas nuevas cuando instale componentes del sistema de escape.*

d) *Aplique compuesto antiagarrotamiento a las roscas de todos los sujetadores del sistema de escape durante el rearmado.*

e) *Asegúrese de dejar suficiente espacio entre las piezas recientemente instaladas y todos los puntos de la parte inferior de la carrocería, a fin de evitar el recalentamiento del piso y evitar posibles daños a las alfombras y al aislamiento interior. Preste especial atención al convertidor catalítico y al protector térmico.*

Convertidor catalítico

Advertencia: *El convertidor se calienta mucho durante el funcionamiento. Asegúrese de que se haya enfriado antes de tocarlo.*

Nota: *el capítulo 6 para más información de el convertidor catalítico.*

5   Inspeccione periódicamente el protector contra calor en busca de grietas, abolladuras y sujetadores flojos o faltantes.

6   Retire el protector contra el calor e inspeccione el convertidor en busca de grietas u otro tipo de daños.

7   Si el convertidor debe reemplazarse, quite las tuercas de montaje de las bridas en los extremos, separe los montajes de goma y el convertidor del sistema de escape (debe poder empujar los tubos de escape en cada extremo de manera de hacer espacio para llegar a los birlos del convertidor.

8   El procedimiento de instalación se realiza a la inversa del de desmontaje. Asegúrese de utilizar juntas nuevas y de que el protector contra el calor esté en su lugar.

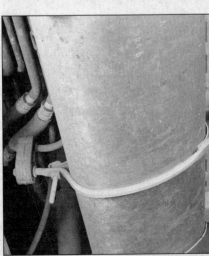

17.1b Inspeccione el soporte colgante del silenciador en busca de daños o goma deteriorada

17.1c El convertidor catalítico está conectado al tubo de escape con una junta flexible - cuando trabaje alrededor del sistema de escape, tenga cuidado de no doblar ni mellar la junta flexible

Notas

Capítulo 5
Sistemas eléctricos del motor

Contenido

Especificaciones

Sistema de ignición
Bobina de ignición
Motor de cuatro cilindros
Resistencia principal
1996 a 1998 .... 0.45 a 0.65 ohmios a 70 a 80 grados F
1999
Weastec (torres de acero) .... 0.45 a 0.65 ohmios a 70 a 80 grados F
Diamond (torres de latón) .... 0.53 a 0.65 ohmios a 70 ao 80 grados F
Resistencia secundaria
1996 a 1998 .... 7,000 a 15,800 ohmios a 70 a 80 grados F)
1999
Weastec (torres de acero) .... 11,500 a 13.500 ohmios a 70 a 80 grados F)
Diamond (torres de latón) .... 10,900 a 14,700 ohmios a 70 a 80 grados F
Motores V6 de 3.3L y 3.8L V6 (1996 a 2000) (2001 y posteriores: no disponible)
Resistencia principal .... 0.45 a 0.65 ohmios a 70 a 80 grados F
Resistencia secundaria .... 7,000 a 15,800 ohmios a 70 a 80 grados F)
Motor V6 de 3.0L .... No disponible
Resistencia del cable de la bujía (máxima)
Motor de cuatro cilindros
N.º 1 y 4 .... 4.2 K ohmios
N.º 2 y 3 .... 3.2 K ohmios
Motor V6 de 3.0L
N.º 1 .... 14.0 K ohmios
N.º 2 .... 10.4 K ohmios
N.º 3 .... 14.9 K ohmios
N.º 4 .... 11.5 K ohmios
N.º 5 .... 17.5 K ohmios
N.º 6 .... 10.3 K ohmios
Cable de la bobina .... 11.1 K ohmios
Motores V6 de 3.3L y 3.8L (1996 a 2000)
N.º 1 .... 18.5 K ohmios
N.º 2 .... 15.5 K ohmios
N.º 3 .... 20.4 K ohmios
N.º 4 .... 21.2 K ohmios
N.º 5 .... 27.7 K ohmios
N.º 6 .... 26.7 K ohmios

Sistema de ignición (continuación)

Motores V6 de 3.3/3.8L (2001 y posteriores)

N.º 1	22.5 K ohmios
N.º 2	22.8 K ohmios
N.º 3	19.3 K ohmios
N.º 4	19.3 K ohmios
N.º 5	13.6 K ohmios
N.º 6	16.4 K ohmios

1   Información general

Los sistemas eléctricos del motor incluyen todos los componentes de la ignición, la carga y el arranque. Debido a sus funciones relacionadas con el motor, estos componentes se analizan por separado de los dispositivos eléctricos del chasis, como las luces, los instrumentos, etc. (vea el Capítulo 12).

Tenga en cuenta siempre las siguientes precauciones cuando trabaje en los sistemas eléctricos:

a) *Sea extremadamente cuidadoso al realizar el mantenimiento de los componentes eléctricos del motor. Se dañan fácilmente si se los inspecciona, conecta o manipula de manera inadecuada.*

b) *Nunca deje el interruptor de ignición en posición de encendido durante períodos prolongados con el motor apagado.*

c) *No desconecte los cables de la batería con el motor en marcha.*

d) *Mantenga la polaridad correcta cuando conecte el cable de una batería desde otro vehículo durante el arranque con cables pasacorriente.*

e) *Desconecte siempre primero el cable negativo y conéctelo último, a fin de evitar que la herramienta utilizada para aflojar las abrazaderas de los cables pueda provocar un cortocircuito en la batería.*

También es una buena idea revisar la información relacionada con la seguridad con respecto a los sistemas eléctricos del motor, ubicada en la sección ¡Seguridad primero! casi al principio de este manual antes de comenzar cualquier operación de este Capítulo.

2   Batería - arranque de emergencia con cables pasacorriente

Vea el procedimiento *Arranque (con cables pasacorriente) de la batería de refuerzo* en las primeras hojas de este manual.

3   Cables de la batería - inspección y reemplazo

1   Inspeccione periódicamente los cables de la batería en toda su longitud en busca de daños, aislamiento agrietado o quemado y señales de corrosión. Si las conexiones de los cables de la batería no están en buen estado, se pueden originar problemas al arrancar el motor y la reducción del desempeño del motor.

2   Inspeccione las conexiones de los cables a los terminales en busca de grietas, deshilachamiento de los conductores y corrosión. La presencia de depósitos blancos y esponjosos debajo del material aislante en la conexión del terminal del cable es un signo de que el cable está corroído y que debería ser reemplazado. Inspeccione las abrazaderas de los cables en busca de deformaciones, pernos de montaje faltantes y corrosión.

3   Al quitar los cables, desconecte siempre primero el cable negativo y conéctelo último, o la herramienta utilizada para aflojar las abrazaderas del cable puede provocar un cortocircuito en la batería. Desconecte el cable negativo de la batería en primer lugar, incluso si solamente se va a reemplazar el cable positivo.

4   Desconecte los cables viejos de la batería, luego siga a cada uno de ellos hasta su extremo opuesto y desconéctelos del solenoide de arranque y los terminales a tierra. Observe el recorrido de cada cable para asegurar la instalación correcta.

5   Si reemplaza uno o ambos cables viejos, llévelos consigo cuando compre cables nuevos. Es de vital importancia que reemplace los cables con piezas idénticas. Los cables tienen características que los hacen fáciles de identificar: los cables positivos generalmente son de color rojo y de mayor sección transversal; los cables de tierra por lo general son de color negro y de menor sección transversal.

6   Limpie las roscas de la conexión al solenoide o a tierra con un cepillo de alambre para eliminar el óxido y la corrosión. Aplique una fina capa de inhibidor de corrosión para terminales de batería o vaselina en las roscas para evitar la corrosión en el futuro.

7   Fije el cable a la conexión al solenoide o a tierra y apriete el perno/tuerca de manera segura.

8   Antes de conectar un cable nuevo a la batería, asegúrese de que llegue al borne de esta sin tener que estirarlo.

9   Conecte primero el cable positivo y después el negativo.

4   Batería - desmontaje e instalación

Consulte las ilustraciones 4.2, 4.4 y 4.6

1   Verifique que el interruptor de ignición y todos los accesorios estén OFF (apagados).

2   Desconecte de los bornes de la batería los dos cables (vea la ilustración). **Precaución:** *Desconecte siempre el cable negativo primero y conéctelo de último, a fin de evitar que la herramienta utilizada para aflojar las abrazaderas de los cables pueda provocar un cortocircuito en la batería.*

3   Quite el protector contra el calor de la batería.

4   Retire la abrazadera de retención de la batería (vea la ilustración).

5   Extraiga la batería. Tenga cuidado: es pesada. **Nota:** *La mayoría de las tiendas de autopartes tienen correas y herramientas para manipular baterías a un precio razonable. Facilitan el trabajo de sacar y transportar la batería.*

6   Retire los tornillos de la bandeja de soporte y la bandeja de soporte, si es necesario, e inspeccione en busca de corrosión (vea la ilustración). **Nota:** *Quite el tornillo de fijación del servo de control de velocidad de la bandeja de la batería y desconecte las líneas de vacío.*

7   Si hay corrosión debajo de la bandeja, utilice bicarbonato de sodio para limpiar y prevenir más oxidación.

8   Si reemplaza la batería, asegúrese de obtener una idéntica, de las mismas dimensiones, amperaje, amperaje de arranque en frío, etc.

9   El procedimiento de instalación se realiza a la inversa del de desmontaje.

5   Sistema de ignición - información general

El sistema de ignición está regulado por el módulo de control del tren motriz (PCM) que suministra voltaje de la batería a la/s bobina/s de ignición a través del relé de parada automática (ASD). El PCM también controla el circuito de conexión a tierra para la bobina de ignición y la sincronización de ignición.

Durante el período de arranque, el PCM avanza la sincronización de ignición en una cantidad fija. Durante el funcionamiento del motor, la cantidad de avance de la chispa proporcionado por el PCM se determina por la siguiente entrada:

a) *Vacío del múltiple*

b) *Presión barométrica*

c) *Temperatura del refrigerante del motor*

d) *RPM del motor*

e) *Temperatura del aire de admisión (motor de cuatro cilindros solamente)*

f) *Posición del acelerador*

El PCM también regula el sistema de inyección de combustible. **Nota:** *Todos los motores utilizan un sistema fijo de sincronización de ignición. La sincronización de la ignición no se puede ajustar. El PCM determina todo avance de la chispa.*

Los motores de cuatro cilindros, V6 de 3.3L y V6 de 3.8L están equipados con un sistema de encendido sin distribuidor (DIS). Todo el sistema de ignición consta del interruptor de ignición, la batería, los grupos de bobinas, los circuitos de cableado primario (voltaje bajo) y secundario (voltaje alto), los cables y las bujías de ignición, el sensor de posición del árbol de levas, el sensor de posición del cigüeñal y el módulo de control del tren motriz (PCM). Los sensores del cigüeñal y del árbol de levas son dispositivos de sincronización de efecto Hall. Consulte en el capítulo 6 los procedimientos de prueba y reemplazo del sensor del cigüeñal y el sensor del árbol de levas.

El sensor del cigüeñal y el sensor del árbol de levas generan impulsos de entrada al PCM. El PCM determina la posición del cigüeñal a

4.2 Desconecte los cables (flechas) de los terminales de la batería (primero negativo, positivo)

3.5a Quite la tuerca (flecha) y quite la abrazadera de retención de la bandeja de la batería

partir de estos dos sensores y luego calcula la secuencia del inyector y la sincronización de la ignición.

El sistema de ignición computarizado proporciona control completo de la sincronización de ignición al determinar la sincronización óptima utilizando una microcomputadora en respuesta a la velocidad del motor, la temperatura del refrigerante, la posición del acelerador y la presión de vacío en el múltiple de admisión. Estos parámetros se transmiten al PCM a través del sensor de posición del árbol de levas, el sensor de posición del cigüeñal, el sensor de posición del acelerador (TPS), el sensor de temperatura del refrigerante y el sensor de presión absoluta del múltiple (MAP). El PCM modifica la sincronización de ignición durante el calentamiento, la marcha mínima y las condiciones de funcionamiento en caliente.

El motor V6 de 3.0L utiliza un distribuidor convencional, el recolector del distribuidor, el sensor del árbol de levas, el sensor del cigüeñal y la bobina de ignición.

Consulte al departamento de piezas del distribuidor o una tienda de autopartes por cualquier duda sobre la disponibilidad de las piezas y los conjuntos de ignición. La prueba del sensor de posición del árbol de levas y el sensor de posición del cigüeñal para el motor V10 se cubre en el Capítulo 6.

6 Sistema de ignición - inspección

Consulte las ilustraciones 6.3 y 6.14

Advertencia: *Debido al muy alto voltaje generado por el sistema de ignición (40,000 voltios en el sistema de ignición directa), se debe tener mucho cuidado al realizar un trabajo que incluya los componentes de ignición. Esto incluye la bobina, el sensor de posición del árbol de levas y los cables de las bujías, así como también los elementos relacionados conectados al sistema, como las conexiones de las bujías, el tacómetro y los equipos de prueba.*

1 Con el interruptor de ignición en la posición ON (encendido), una luz incandescente de "Batería" en el panel de instrumentos o una luz de "Presión de aceite" es una revisión básica del suministro de la batería al sistema de ignición y el PCM.

2 Revise todas las conexiones del cableado de ignición para ver si están ajustadas, cortadas,

si hay corrosión u otros signos de una conexión incorrecta.

3 Si el motor gira pero no arranca, desconecte los cables de las bujías (uno a la vez) y conéctelos a un probador de ignición calibrado (disponible en la mayoría de tiendas de autopartes o empresas de herramientas especiales) para verificar el voltaje secundario adecuado (25.000 voltios) en cada bujía (vea la ilustración). Asegúrese de utilizar un probador de ignición calibrado para sistemas de encendido electrónico. Una conexión defectuosa o deficiente en ese tapón podría también provocar una falla de encendido. Revise también los depósitos de carbono dentro de la funda de la bujía.

4 Si no hay un probador disponible, utilice una herramienta aislada y mantenga el extremo del cable de la bujía a alrededor de 1/4-pulgada de una conexión a tierra comprobada. **Precaución:** *Los cables de las bujías pueden dañarse si esta prueba se lleva a cabo con una separación de más de un cuarto de pulgada entre el cable a tierra y el motor.*

5 Haga girar el motor y observe el final del cable del probador o de la bujía para ver si se producen chispas azules brillantes bien definidas. Si usted no usa un medidor calibrado, solicite a un ayudante que haga girar el motor. **Advertencia:** *Manténgase alejado de bandas y otros componentes móviles del motor que pudieran lastimarlo.*

6 Si se producen chispas, llega suficiente voltaje está al enchufe para encenderlo (repita el control en los cables de las bujías restantes para verificar los cables y bobinas) (motores de cuatro cilindros, V6 de 3.3L y 3.8L) o los cables, la tapa

4.6 Quite los pernos (flechas) de retención de la bandeja de soporte de la batería

del distribuidor y el rotor (motor V6 de 3.0L) están bien. Sin embargo, los tapones pueden estar mojadas de aceite; en tal caso, quítelas y revíselas (vea el Capítulo 1).

7 Si no hay NINGUNA chispa o hay chispas INTERMITENTES en un sistema tipo DIS, revise el grupo de bobinas (vea la Sección 7). En un sistema convencional, si no se producen chispas o hay chispas intermitentes, retire la tapa del distribuidor y revise la tapa y el rotor (vea el Capítulo 1). Si hay humedad, seque la tapa y el rotor, y vuelva a instalar la tapa.

6.3 Para usar un probador calibrado de ignición, simplemente desconecte el cable de la bujía, conéctelo al probador, sujete el probador a una conexión a tierra conveniente y arranque el motor; si hay suficiente energía como para encender la bujía, podrá ver chispas entre el extremo del electrodo y el cuerpo del probador.

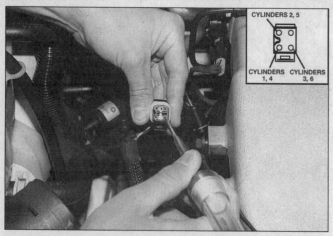

6.14 Toque la sonda de una luz de prueba LED a cada circuito del accionador de la bobina y observe que la luz de prueba parpadea mientras se hace girar el motor

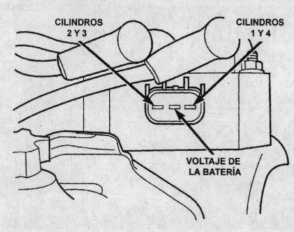

7.7a Verifique la resistencia primaria de cada bobina entre el terminal central y cada terminal exterior - motor de cuatro cilindros

8   Si todavía no hay chispa puede que deba realizar el ciclo de encendido y apagado la llave de encendido varias veces para hacer esta comprobación porque el equipo apaga la alimentación de ignición si detecta que el motor no gira. Consulte el diagrama de cableado de la ignición al final del capítulo 12 para ver información adicional sobre el mazo de cables.

9   Utilice un ohmiómetro para medir la resistencia entre los terminales de la bobina (vea la Sección 7). Si se encuentra un circuito abierto (verificado por una lectura infinita), reemplace la bobina.

10   Utilice un ohmiómetro para verificar la resistencia de los cables de las bujías (vea la resistencia de los cable de las bujías en las Especificaciones de este Capítulo).

11   Revise el funcionamiento del relé de cierre automático (ASD) (vea el Capítulo 4).

12   Revise el funcionamiento del sensor de posición del cigüeñal (vea el Capítulo 6).

13   Revise el funcionamiento del sensor de posición del árbol de levas (vea el Capítulo 6).

14   Si todas las revisiones son correctas, revise los circuitos del accionador de la bobina desde la (sistema DIS). Utilizando una luz de prueba (una luz de prueba de tipo LED funciona mejor para esta comprobación) conectada al terminal positivo de la batería, desconecte el conector eléctrico del grupo de bobinas y sondee los terminales de los conectores de color azul oscuro/marrón, gris/rojo y rojo/amarillo, mientras un asistente hace girar el motor (vea la ilustración). **Precaución:** *No toque el terminal del cable verde oscuro/naranja con la luz de prueba conectada al terminal positivo de la batería; si lo hace, se podría dañar el PCM.* Si los circuitos están funcionando correctamente, la luz parpadeará rápidamente a medida que el PCM

conecta el circuito a tierra. Si no hay parpadeo desde la luz de prueba, lo más probable es que la computadora sea defectuosa. Solicite al departamento de servicio de un distribuidor que haga un diagnóstico del PCM.

15   Las revisiones adicionales deben ser realizadas por el departamento de servicio de un distribuidor u otro taller de reparaciones automotrices.

7   Bobinas de ignición - inspección y reemplazo

Inspección

1   Desconecte el cable del terminal negativo de la batería.

Motor 3.0L V6

Nota: *Aunque los valores de resistencia primaria y secundaria de la bobina no están disponibles por parte del fabricante, los valores de resistencia indicados son de carácter general y deben ayudar a determinar si la bobina de ignición es defectuosa.*

2   Desconecte el conector eléctrico y el cable de las bobinas (cable de alta tensión) de la bobina de ignición.

3   Con un ohmiómetro, mida la resistencia primaria entre los dos terminales. La resistencia primera por lo general es de menos de 1 ohmio.

4   Mida la resistencia secundaria entre el terminal positivo primario (terminal correspondiente al cable verde oscuro/naranja) y el terminal de alta tensión. La resistencia debe ser considerablemente más alta (aproximadamente

10 a 15 K-ohmios). Vuelva a colocar la bobina si alguno de los circuitos está abierto o la resistencia es anormalmente alta.

Motores de cuatro cilindros, V6 de 3.3L y 3.8L

Consulte las ilustraciones 7.7a, 7.7b, 7.7c, 7.8a y 7.8b

Nota: *En el motor de cuatro cilindros, la bobina uno enciende los cilindros 1 y 4 y la bobina dos los cilindros 2 y 3. En los motores V6 de 3.3L y 3.8L, la bobina uno enciende los cilindros 1 y 4, la bobina dos los cilindros 2 y 5, y la bobina tres los cilindros 3 y 6. Cada torre de bobinas está etiquetada con el número del cilindro correspondiente.*

5   Etiquete claramente los cables de las bujías y luego desconéctelos del grupo de bobinas.

6   Desconecte del grupo de bobinas el conector eléctrico.

7   Mida la resistencia en el lado primario de cada bobina con un ohmiómetro digital (vea las ilustraciones). En la bobina, conecte un ohmiómetro entre el pasador B+ y el pasador que corresponda al cilindro en particular. Compare sus lecturas con los valores de resistencia que se detallan en las Especificaciones de este Capítulo. Reemplace la bobina si la resistencia no cumple

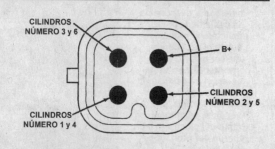

7.7b Revise la resistencia primaria de cada bobina entre el terminal B+ y cada uno de los otros terminales - motores V6 de 3.3L y 3.8L V6 (1996 a 1998)

7.7c Revise la resistencia primaria de cada bobina entre el terminal de salida del relé B+ y cada uno de los otros terminales - motores de 3.3L y 3.8L (1999)

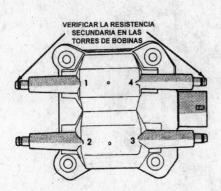

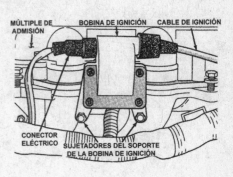

7.8a Revise la resistencia secundaria entre las torres de bobinas apareadas (1-4 y 2-3) - motor de cuatro cilindros

7.8b Revise la resistencia secundaria entre las torres de bobinas apareadas (3-6, 1-4 y 5-2) - motores V6 de 3.3L y 3.8L V6 (hasta 1998)

7.9 La bobina de ignición está ubicada en la parte posterior del múltiple de admisión

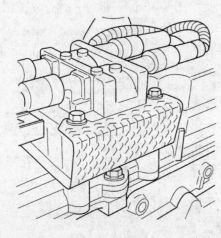

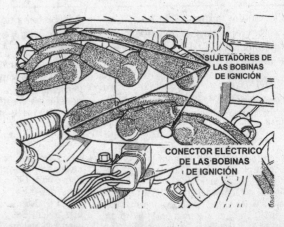

7.16a Quite los pernos del soporte de montaje del grupo de bobina de ignición

7.16b Desconecte el conector eléctrico y retire los pernos de montaje del grupo de bobinas (motores V6 de 3.3L y 3.8L 1996 a 2000)

con las especificaciones.

8   Mida la resistencia secundaria de la bobina entre las torres de alta tensión apareadas de cada grupo de cilindros (vea las ilustraciones). Compare sus lecturas con los valores de resistencia que se detallan en las Especificaciones de este Capítulo. Reemplace la bobina si la resistencia no cumple con las especificaciones.

Reemplazo

Motor 3.0L V6

Consulte la ilustración 7.9

9   La bobina de ignición se encuentra en la parte trasera del múltiple de admisión (vea la ilustración).

10   Retire el conjunto de filtro de aire.

11   Desconecte el cable de ignición de la bobina. Desconecte el conector del mazo de cables de la bobina.

12   Quite los tornillos de montaje de la bobina.

Motores de cuatro cilindros, V6 de 3.3L y 3.8L

Consulte las ilustraciones 7.16a, 7.16b y 7.16c

13   En los motores V6 de 3.3L y 3.8L 2001 y posteriores, realice lo siguiente:

a) *Retire el cable de control del acelerador y de velocidad crucero del clip del cable.*

b) *Retire los pernos que sujetan el depósito de la dirección hidráulica. Afloje, sin retirar, la única tuerca. Levante el depósito y desacople el montaje inferior del birlo. Coloque el depósito de un lado; no desconecte la manguera.*

14   Etiquete claramente los cables de las bujías y luego desconéctelos del grupo de bobinas.

15   Desconecte del grupo de bobinas los conectores eléctricos primarios.

16   Quite los pernos y las tuercas de montaje del grupo de bobinas (vea la ilustración) y eleve el grupo de bobinas del compartimento del motor.

17   La instalación de estos componentes se realiza a la inversa del desmontaje.

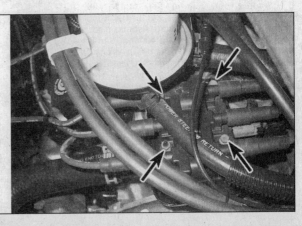

7.16c Retire los pernos y tuercas que sujetan el grupo de bobinas de ignición

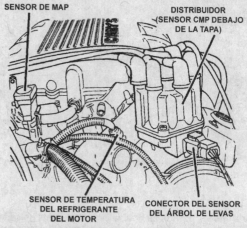

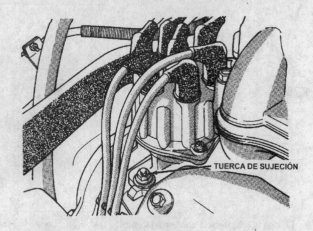

8.2 Desconecte el conector eléctrico del distribuidor

8.5 Quite la tuerca de sujeción del distribuidor

8   Distribuidor (motor V6 de 3.0L solamente) - extracción, inspección e instalación

Desmontaje

Consulte las ilustraciones 8.2 y 8.5

1   Desconecte el cable del terminal negativo de la batería.
2   Desconecte el conector eléctrico del distribuidor (vea la ilustración).
3   Afloje los tornillos y levante la tapa del distribuidor. Coloque la tapa, con los cables de las bujías conectados, a un lado.
4   Gire el cigüeñal del motor hasta que el rotor del distribuidor apunte al pleno del múltiple de admisión. Trace una marca en el pleno en línea con el rotor. La línea de referencia indica dónde colocar el rotor al volver a instalar el distribuidor.
5   Retire la tuerca de sujeción del distribuidor (vea la ilustración).
6   Levante cuidadosamente el distribuidor del motor. **Nota:** *NO gire el cigüeñal mientras el distribuidor está fuera del motor; de lo contrario, las marcas de alineación serán inútiles.*

Instalación

7   Coloque el distribuidor en el motor. Asegúrese de que el anillo O se asiente correctamente en el distribuidor. Si el anillo O está agrietado o mellado, reemplácelo por uno nuevo.
8   Acople con cuidado el mando del distribuidor con el engranaje sobre el árbol de levas. Cuando el distribuidor está instalado correctamente, el rotor estará alineado con la marca de referencia en el pleno de admisión de aire. **Nota:** *Si giró el motor mientras se retiraba el distribuidor, coloque el pistón número uno en el TDC (vea el Capítulo 2D) e instale el distribuidor con el rotor apuntando al terminal número uno del cable de la bujía dentro de la tapa del distribuidor (tenga en cuenta que cuando el rotor apunta al terminal del cable número uno de la bujía dentro de la tapa, NO está apuntando a la torre del cable número uno de la bujía fuera de la tapa).*
9   La instalación de las piezas restantes se realiza en orden inverso al del desmontaje.

9   Sistema de carga - información general y precauciones

Consulte la ilustración 9.1

El sistema de carga incluye el alternador, una luz indicadora de carga, la batería, el sensor de temperatura de la batería, los circuitos del regulador electrónico de voltaje (EVR) dentro del módulo de control del tren motriz (PCM), el relé de apagado automático (ASD), un voltímetro, un cable fusible y el cableado entre todos los componentes (vea la ilustración). El sistema de carga suministra energía eléctrica para mantener la batería en su capacidad de carga completa.

El sistema de control del alternador dentro del PCM varía el voltaje generado en el alternador según las condiciones de conducción. Dependiendo de la carga eléctrica, la velocidad del vehículo, la temperatura del refrigerante del motor, los accesorios (sistema de aire acondicionado, radio, control de velocidad crucero, etc.) y la temperatura del aire de admisión, el sistema ajustará la cantidad de voltaje generado, lo cual creará una carga menor en el motor.

El objetivo del EVR es limitar el voltaje del alternador a un valor predeterminado. Eso evita subidas bruscas del voltaje, sobrecargas de circuitos, etc. cuando el alternador funciona a su nivel máximo de voltaje. El regulador de voltaje está contenido dentro del PCM y, en caso de falla, debe reemplazarse el PCM como una sola unidad.

Los motores de gasolina están equipados con un alternador Nippondenso de 75 ó 120 amperios. El alternador debe reemplazarse como una sola unidad en caso de falla.

El sistema de carga normalmente no requiere mantenimiento periódico. Sin embargo, la correa de transmisión, la batería, los mazos de cables y las conexiones deben revisarse en los intervalos descritos en el Capítulo 1.

La luz de advertencia del panel de instrumentos debe encenderse cuando se gira la llave de ignición a ON (encendida), pero debería apagarse de inmediato cuando el motor arranca. Si se mantiene encendida, hay una falla en el sistema de carga (vea la Sección 11). Algunos vehículos también cuentan con un voltímetro. Si el voltímetro indica voltaje

anormalmente alto o bajo, verifique el sistema de carga.

Sea muy cuidadoso al hacer conexiones de circuitos eléctricos en los vehículos equipados con un alternador, y tenga en cuenta lo siguiente:

a) *Al reconectar los conductores que van de la batería al alternador, asegúrese de tener en cuenta la polaridad.*
b) *Antes de utilizar equipos de soldadura de arco para reparar alguna parte del vehículo, desconecte del alternador y de los bornes de la batería los conductores.*
c) *Nunca encienda el motor estando conectado un recargador de baterías.*
d) *Desconecte siempre ambos cables de la batería antes de usar un cargador de batería.*
e) *El alternador es impulsado por una banda del motor que puede causar lesiones graves si las manos, el cabello o la ropa se enredan en ella con el motor en funcionamiento.*
f) *Ya que el alternador está conectado directamente a la batería, podría formar un arco o provocar un incendio si se lo sobrecarga o se provoca un cortocircuito.*
g) *Envuelva el alternador con una bolsa de plástico y asegúrelo con bandas elásticas antes de limpiar el motor con vapor.*

10   Sistema de carga - inspección

Consulte la ilustración 10.3

Nota: *Estos vehículos están equipados con un sistema de diagnóstico a bordo (OBD) que es útil para detectar problemas en el sistema de carga. Consulte el Capítulo 6 para obtener información sobre los procedimientos de extracción de los códigos de problemas.*

1   Si se produce una falla en el circuito de carga, no presuponga inmediatamente que el origen del problema es el alternador. Primero, revise los siguientes elementos:

a) *Los cables de la batería en los puntos de conexión a la batería. Asegúrese de que las conexiones estén limpias y bien apretadas.*

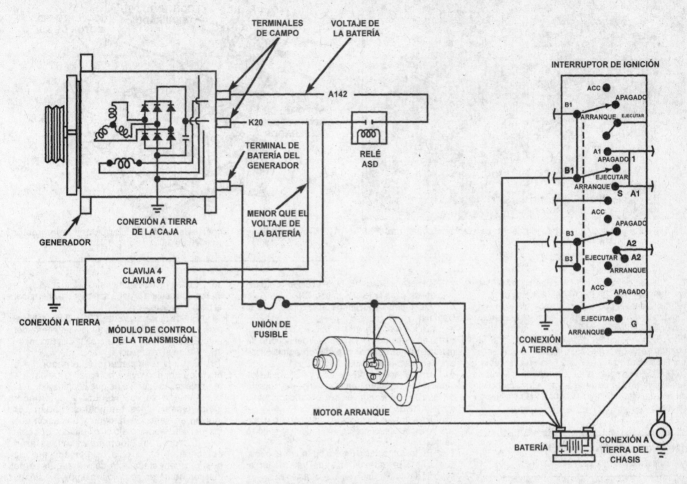

9.1 Diagrama esquemático de sistema de carga típico

b) El peso específico del electrolito de la batería. Si es bajo, recargue la batería.

c) Inspeccione el cableado y las conexiones externas del alternador.

d) Inspeccione las condiciones y la tensión de la banda (vea el Capítulo 1).

e) Compruebe la correcta firmeza de los pernos de sujeción del alternador.

f) Ponga el motor en marcha e inspeccione el alternador en busca de ruidos extraños.

2   Con un voltímetro, mida el voltaje de la batería con el motor apagado. Debería ser de aproximadamente 12 voltios.

3   Arranque el motor y mida nuevamente el voltaje de la batería. Ahora debería ser de 13 a 15 voltios aproximadamente (vea la ilustración).

4   Si la lectura dl voltaje indicada es menor o mayor que el voltaje de carga especificado, haga revisar el PCM en el departamento de servicio de un distribuidor. El regulador de voltaje en estos modelos se encuentra dentro del PCM y no se lo puede ajustar, quitar ni alterar de ninguna manera.

5   Debido a que es necesario un equipo especial para probar o reparar el alternador, se recomienda que, si tiene sospechas de fallas, lleve el vehículo a un distribuidor o un taller que cuente con el equipo adecuado. Debido a esto, el mecánico doméstico debe

limitar el mantenimiento a la revisión de las conexiones, y a la inspección y el reemplazo del alternador.

6   Algunos modelos están equipados con un amperímetro en el panel de instrumentos que indica la carga o la descarga (corriente que entra o sale de la batería). Con el equipo electrónico ENCENDIDO y el motor en marcha mínima, la aguja del medidor puede mostrar una condición de descarga. En velocidad normal o en marcha mínima rápida, la aguja

debe estar en el lado de carga del medidor, con el estado de carga de la batería determinando la distancia (cuanto más bajo sea el estado de la batería, más oscilará la aguja hacia el lado de carga).

7   Algunos modelos cuentan con un voltímetro en el panel de instrumentos que indica el voltaje de la batería con la llave de ignición en la posición de encendido y el motor apagado, y la salida del alternador cuando el motor está en funcionamiento.

10.3 Para revisar el sistema de carga, conecte los cables del voltímetro a los terminales de la batería (motor APAGADO) y anote el voltaje; arranque el motor - la tensión debe aumentar

11.4 Retire el perno que sujeta el soporte de montaje del alternador al pleno de admisión de aire del motor

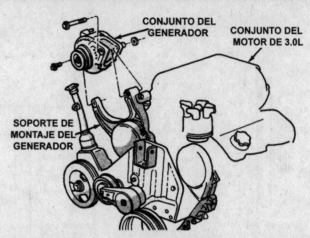

11.7 Retire el perno del soporte de pivote del alternador inferior (motor V6 de 3.0L)

8   La luz de carga del panel de instrumentos se ilumina con la tecla en la posición ON (encendida) y cuando el motor no está en funcionamiento, y debería apagarse cuando el motor está en funcionamiento.

9   Si el indicador no muestra una carga cuando se debe o la luz del alternador (si tiene) continúa encendida, hay una falla en el sistema. Antes de reemplazar el alternador, se debe revisar el estado de la batería, la tensión de la correa del alternador y las conexiones eléctricas de los cables.

11   Alternador - desmontaje e instalación

Desmontaje (todos los motores de cuatro cilindros y V6 de 1996 a 2000)

Consulte las ilustraciones 11.4, 11.7 y 11.14

1   Desconecte el cable del terminal negativo de la batería.

2   En los modelos, V6, quite el alojamiento del limpiaparabrisas (vea el Capítulo 12).
3   Quite la/s bandas/s de accesorios (vea el Capítulo 1).
4   En los modelos V6 de 3.3L y 3.8L, retire el perno que sujeta la parte superior del soporte de montaje del alternador al pleno de admisión de aire del motor (vea la ilustración).
5   En los modelos V6 de 3.8L y 3.3L, quite los pernos que sujetan la parte exterior del soporte de montaje del alternador a la placa de montaje del alternador.
6   En todos los modelos V6, retire el perno que sujeta la parte superior del alternador al soporte de montaje.
7   En los modelos V6 de 3.0L, retire el perno que sujeta la parte inferior del alternador al soporte pivote inferior (vea la ilustración).
8   En los modelos V6 de 3.8L y 3.3L, retire el soporte de montaje del alternador del vehículo.
9   En los modelos de V6 de 3.3L y 3.8L, gire el alternador hacia la parte trasera del vehículo.
10   Desconecte el conector push-in del cable de campo de la parte trasera del alternador.
11   Retire la tuerca que sujeta el terminal del cable B+ al alternador.
12   Retire el cable&terminal del alternador.

13   En los modelos de cuatro cilindros, quite la tuerca que ssujeta la parte superior del alternador al perno T ajustable.
14   En los modelos V6 de 3.3L y 3.8L, retire el perno que sujeta la parte inferior del alternador en el soporte pivote inferior (vea la ilustración).
15   Retire el alternador.
16   Si va a reemplazar el alternador, lleve el viejo cuando vaya a comprar la unidad de reemplazo. Asegúrese de que la unidad nueva/reconstruida se vea idéntica al alternador viejo. Observe los terminales: deben ser iguales en cantidad, tamaño y ubicación que los del alternador viejo. Por último, observe los números de identificación: estarán estampados en la caja o impresos en una pestaña conectada a la caja. Asegúrese de que los números sean los mismos en ambos alternadores.
17   Muchos alternadores nuevos/reconstruidos no tienen instalada una polea, así que es posible que tenga que quitar la polea de la unidad vieja e instalarla en la nueva/reconstruida. Cuando compre un alternador, averigüe la política de la tienda con respecto a las poleas; algunas tiendas prestarán este servicio sin cargo.

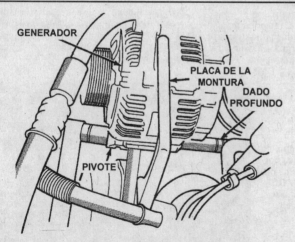

11.14 Retire el perno del soporte de pivote del alternador inferior (motores V6 de 3.3L y 3.8L)

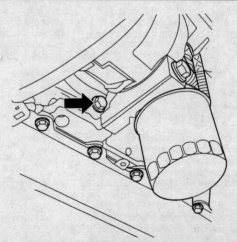

11.23 Quite el perno de montaje inferior que fija el tubo de la varilla medidora de aceite.

11.25a. Quite los dos pernos de montaje inferiores (flechas)...

11.25b. ...luego, el perno superior

Desmontaje (motores V6 2001 y posteriores)

Consulte las ilustraciones 11.23, 11.25a y 11.25b.

Nota: *El alternador está equipado con una polea impulsada tipo desacoplador. Esta polea está diseñado para reducir la tensión de la banda y que se le puede hacer servicio.*

18   Desconecte el cable del terminal negativo de la batería.
19   Desconecte el conector push-in del cable de campo de la parte trasera del alternador.
20   Retire la tuerca que sujeta al terminal del cable B+ al alternador. Separe el terminal B+ del alternador.
21   Quite la banda de accesorios (vea el Capítulo 1).
22   Levante el vehículo y apóyelo firmemente sobre torretas de seguridad.
23   Quite el perno de montaje inferior del tubo de la varilla medidora de aceite (vea la ilustración).
24   Quite el mazo de cables del tubo de la varilla medidora de aceite.
25   Quite los tres pernos que fijan el alternador al motor (vea las ilustraciones).
26   Baje el vehículo al suelo.
27   Quite el tubo de la varilla medidora del motor.
28   Retire el alternador.

Instalación (todos los modelos)

29   El procedimiento de instalación se realiza a la inversa del de desmontaje.
30   Cuando el alternador esté instalado, ajuste la tensión de la banda (vea el Capítulo 1).
31   Revise el voltaje de carga de para verificar que el funcionamiento del sea correcto (vea la Sección 10).

12   Regulador de voltaje - información general

El regulador electrónico de voltaje (EVR) no es un componente independiente. En realidad, es un circuito regulador de voltaje ubicado en el módulo de control del tren motriz (PCM). No se realiza servicio en el EVR por separado. Si es necesario el reemplazo, el PCM debe ser reemplazado como una unidad.

La cantidad de CC producida por el alternador es controlada por los circuitos del EVR contenidos dentro del PCM. Los circuitos están conectados en serie con el segundo terminal de campo del rotor del alternador y su conexión a tierra.

El voltaje se regulada mediante ciclos de la trayectoria de tierra para controlar la intensidad del campo magnético del rotor. Los circuitos del EVR monitorean el voltaje de línea del sistema y la temperatura de la batería (el voltaje será mayor a temperaturas más frías y se reduce a temperaturas más cálidas). A continuación, compensa y regula el alternador según sea necesario.

13   Sistema de arranque - información y precauciones generales

El sistema de arranque consta de la batería, el motor de arranque, el solenoide de arranque, el relé de arranque, el módulo de control del tren motriz (PCM), el interruptor de arranque en neutral y reversa, y los cables que los conectan.

El motor de arranque en todos los modelos es un diseño de tren de engranajes Nippondenso convencional. El motor de arranque es un conjunto integral con el solenoide y la unidad se vende estrictamente como un conjunto completo. Verifique con el departamento de piezas de su distribuidor local antes del desarmado.

El conjunto de solenoide/motor de arranque está instalado en la parte inferior del motor, cerca de la campana de embrague de la transmisión.

Cuando la llave de ignición se gira a la posición START (arranque), el solenoide de arranque es accionado a través del circuito de control de arranque, que incluye un relé de arranque ubicado en el centro de distribución de potencia. El solenoide de arranque luego conecta la batería al arranque. La batería suministra energía eléctrica al motor de arranque, que realiza el trabajo real de arrancar el motor.

Tenga en cuenta siempre las siguientes precauciones cuando trabaje en el sistema de arranque:

a)   *El giro excesivo del motor de arranque puede recalentarlo y causar daños serios. Nunca haga funcionar el motor de*

arranque durante más de 15 segundos seguidos sin hacer una pausa para permitir que se enfríe durante dos minutos como mínimo.
b)   *Como el arranque está conectado directamente a la batería, podría formar un arco o provocar un incendio si se lo sobrecarga o se provoca un cortocircuito.*
c)   *Desconecte siempre el cable del terminal negativo de la batería antes de trabajar en el sistema de arranque.*

14   Motor de arranque - revisión en el vehículo

Consulte la ilustración 14.6

Precaución: *Antes de realizar cualquier prueba de arranque, se deben desactivar los sistemas de arranque y de combustible.*
Nota: *antes de diagnosticar problemas en el motor de arranque, asegúrese de que la batería esté completamente cargada.*

1   Si el motor de arranque no gira cuando se lleva el interruptor del encendido a la posición de arranque, asegúrese de que la palanca de cambios esté en Neutral o Park.
2   Asegúrese de que la batería esté cargada y que todos los cables de la batería y los terminales del solenoide de arranque estén firmes y limpios.
3   Si el motor de arranque gira pero el motor no arranca, el embrague de sobremarcha en el motor de arranque patina y el motor de arranque debe reemplazarse. Además, el engranaje del anillo del volante del motor o el plato de transmisión puede estar gastado.
4   Si, cuando se acciona el interruptor, el motor de arranque no funciona pero el solenoide hace clic, el problema está en la batería, los contactos del solenoide principal o el mismo motor de arranque (o el motor está atascado).
5   Si el émbolo del solenoide no se escucha cuando se acciona el interruptor, la batería tiene una falla, la conexión del fusible está quemada (el circuito está abierto) o el mismo solenoide tiene una falla.
6   Para revisar el solenoide, localice y retire el relé de arranque del PDC. Conecte un interruptor de arranque remoto entre la batería y el terminal 87 del conector del relé de arranque

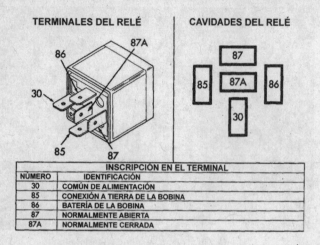

TERMINALES DEL RELÉ

CAVIDADES DEL RELÉ

NÚMERO	INSCRIPCIÓN EN EL TERMINAL
	IDENTIFICACIÓN
30	COMÚN DE ALIMENTACIÓN
85	CONEXIÓN A TIERRA DE LA BOBINA
86	BATERÍA DE LA BOBINA
87	NORMALMENTE ABIERTA
87A	NORMALMENTE CERRADA

14.6 Conecte un interruptor de arranque remoto entre la batería y el terminal 87 del conector del relé de arranque.

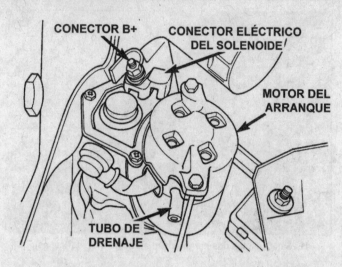

CONECTOR B+

CONECTOR ELÉCTRICO DEL SOLENOIDE

MOTOR DEL ARRANQUE

TUBO DE DRENAJE

15.4   Retire la tuerca que sujeta el cable B+ al terminal de arranque

(vea la ilustración). Si funciona el motor de arranque cuando se activa el interruptor remoto, el solenoide está en buen estado y el problema está en el interruptor de ignición, el interruptor de arranque en neutral, el relé de arranque o el cableado.

7   Para inspeccionar el relé de arranque, desconecte el relé del PDC. El relé de arranque sin energía debería tener continuidad entre los terminales 87A y 30, y no debería haber continuidad entre los terminales 87 y 30. Si esto funciona, vaya al paso 8. Si no, reemplace el relé defectuoso.

8   La resistencia entre los terminales 85 y 86 debe ser de 70 a 80 ohmios. Si todo es correcto, vaya al paso 9. Si no, reemplace el relé defectuoso.

9   Conecte un cable positivo de la batería al terminal 86 y un cable de tierra al terminal 85 para energizar el relé. El relé debe hacer clic. También verifique la continuidad entre los terminales 30 y 87, y la falta de continuidad entre los terminales 87A y 30 con el relé energizado. Si está bien, el interruptor de ignición, el circuito del relé o el cableado son defectuosos. Si no, reemplace el relé defectuoso.

10   Si el motor de arranque todavía no funciona, retire el conjunto de arranque/solenoide

para probarlo y repararlo. **Nota:** *El conjunto de arranque/solenoide se debe reemplazar como una unidad completa.*

11   Si el motor de arranque arranca el motor a una velocidad anormalmente baja, primero asegúrese de que la batería esté cargada y de que todas las conexiones de terminales estén limpias y ajustadas. Si el motor se atasca parcialmente o tiene aceite de la viscosidad incorrecta, arrancará lentamente.

12   Haga funcionar el motor hasta que alcance la temperatura de funcionamiento normal, luego retire el relé de la bomba de combustible desde el centro de distribución de potencia para evitar que el motor arranque.

13   Conecte un extremo positivo del voltímetro al borne positivo de la batería y conecte el extremo negativo al borne negativo.

14   Arranque el motor y efectúe las lecturas del voltímetro tan pronto como se indique una cifra estable. No permita que el motor de arranque gire durante más de 15 segundos a la vez. Cuando el motor de arranque gira a una velocidad de giro normal, es normal que la lectura sea igual o superior a nueve voltios. Si la lectura es de nueve voltios o más pero la velocidad de arranque es baja, el motor, los contactos del solenoide o las conexiones

del circuito están defectuosos. Si la lectura es inferior a nueve voltios y la velocidad de arranque es baja, el motor de arranque probablemente esté dañado.

15   Motor de arranque - desmontaje e instalación

Consulte la ilustración 15.4.

1   Desconecte el cable del terminal negativo de la batería.

2   Eleve el vehículo y sosténgalo de manera segura sobre torres de elevación.

3   Desconecte el conector del cable del solenoide del terminal.

4   Retire la tuerca que sujeta el cable B+ al terminal (vea la ilustración).

5   Desconecte los cables del solenoide y B+ de los terminales de arranque.

6   Retire los pernos que sujetan el motor de arranque para a la campana del embrague de la transmisión.

7   Retire el arranque.

8   El procedimiento de instalación se realiza a la inversa del de desmontaje.

Capítulo 6
Sistemas de control del motor y de emisiones

Contenido

Especificaciones

Especificaciones de torque
Ft-lb (a menos que se indique lo contrario)

Perno de retención del sensor del cigüeñal	105 in-lb
Perno de retención del sensor del árbol de levas	105 in-lb
Tuercas de montaje del tubo de EGR	16
Pernos de la válvula de EGR	16
Sensor de golpeteos	84 in-lb

Especificaciones para marcha mínima

Motor de cuatro cilindros	550 a 875 rpm
Motor 3.0L V6	610 a 910 rpm
Motores V6 de 3.3L y 3.8L	575 a 875 rpm

1   Información general

Vea las ilustraciones 1.3a, 1.3b, 1.3c, 1.7a y 1.7b.

Para evitar la contaminación de la atmósfera debido a la combustión incompleta y la evaporación de gases, y para mantener una buena maniobrabilidad y economía del combustible, se incorporaron sistemas de control de emisiones. Los sistemas principales son:

Sistema de ventilación positiva del cárter (PCV)
Sistema de control de emisiones por evaporación (EVAP)
Sistema de recirculación de gases de escape (EGR)
Sistema del sensor de oxígeno (O2)
Convertidor catalítico (catalizador de tres vías - TWC)
Módulo de control del tren motriz (PCM) y sensores de información

Las secciones de este capítulo incluyen descripciones generales, procedimientos de revisión dentro del alcance de la mecánica doméstica y procedimientos de reemplazo de componentes (siempre que sea posible) para cada uno de los sistemas enumerados anteriormente.

Antes de suponer que el sistema de control de emisiones tiene una falla, revise los sistemas de combustible e ignición cuidadosamente. El diagnóstico de algunos dispositivos de control de emisiones requiere herramientas, equipos y capacitación especiales. Si la revisión y el mantenimiento se vuelven una tarea demasiado difícil, o si el procedimiento está más allá de

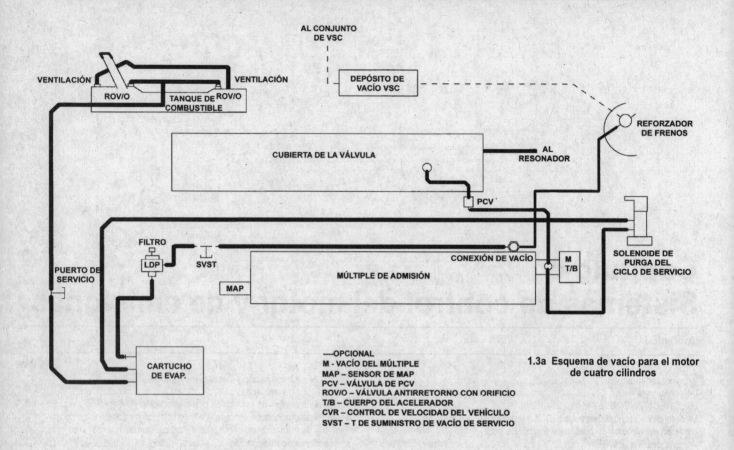

1.3a Esquema de vacío para el motor de cuatro cilindros

----OPCIONAL
M - VACÍO DEL MÚLTIPLE
MAP – SENSOR DE MAP
PCV – VÁLVULA DE PCV
ROV/O – VÁLVULA ANTIRRETORNO CON ORIFICIO
T/B – CUERPO DEL ACELERADOR
CVR – CONTROL DE VELOCIDAD DEL VEHÍCULO
SVST – T DE SUMINISTRO DE VACÍO DE SERVICIO

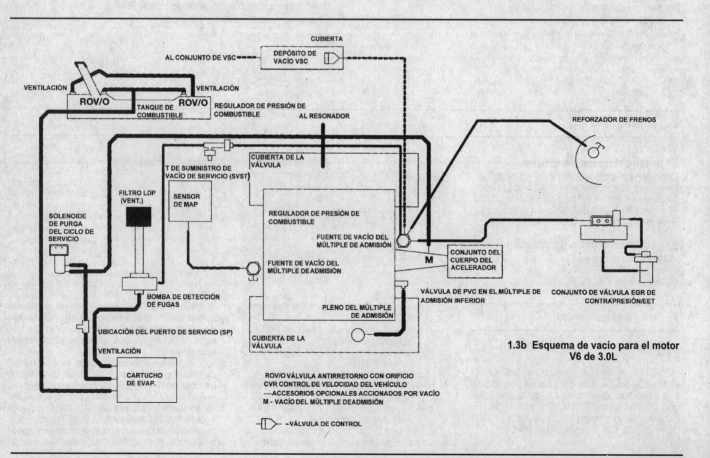

1.3b Esquema de vacío para el motor V6 de 3.0L

ROV/O VÁLVULA ANTIRRETORNO CON ORIFICIO
CVR CONTROL DE VELOCIDAD DEL VEHÍCULO
----ACCESORIOS OPCIONALES ACCIONADOS POR VACÍO
M - VACÍO DEL MÚLTIPLE DEADMISIÓN

–VÁLVULA DE CONTROL

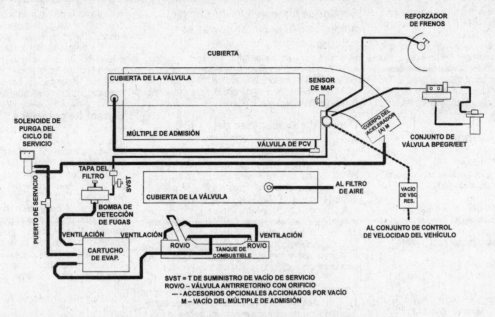

1.3c Esquema de vacío para motores V6 de 3.3L y 3.8L típicos

sus capacidades, consulte al departamento de servicio de un distribuidor. Recuerde que la causa más frecuente de los problemas de emisiones es simplemente un cable o una manguera de vacío flojos o dañados. Por eso, revise siempre primero las conexiones eléctricas y de las mangueras (vea las ilustraciones).

Sin embargo, esto no significa que mantener o reparar los sistemas de control de emisiones sea particularmente complicado. Hay muchas revisiones que pueden realizarse de manera rápida y sencilla, y usted puede llevar a cabo la mayor parte del mantenimiento regular en su hogar con herramientas de mano y de afinación comunes. **Nota:** *Debido a la garantía federal extendida que cubre los componentes del sistema de control de emisiones, consulte con el distribuidor sobre la cobertura de la garantía antes de trabajar con cualquier sistema relacionado con emisiones. Una vez vencida la garantía, quizás desee llevar a cabo algunas de las revisiones o algunos de los procedimientos*

de reemplazo de componentes indicados en este capítulo para ahorrar dinero.

Preste mucha atención a las precauciones especiales descritas en este capítulo. Tenga en cuenta que la ilustración de los diferentes sistemas puede no coincidir exactamente con el sistema instalado en su vehículo, debido a cambios realizados por el fabricante durante la producción o de un año a otro.

La etiqueta Información de control de emisiones del vehículo (VECI) se encuentra en el compartimiento de el motor (vea las ilustraciones). Esta etiqueta contiene especificaciones de emisiones e información de ajustes importantes en el ajuste de velocidad de marcha lenta, la sincronización de ignición, la ubicación de los dispositivos de control de emisiones en su vehículo, el recorrido de la línea de vacío, etc. Al realizar mantenimiento del motor o de los sistemas de emisión, se debe revisar siempre la etiqueta VECI en su vehículo en particular para obtener información actualizada.

2   Sistema de inyección electrónica de combustible multipuerto (MPI) y sensores de información

1   Los motores están equipados con inyectores de combustible que funcionan eléctricamente. En cada puerto de admisión hay un inyector de combustible. El sistema enciende cada inyector en secuencia, sincronizado con la apertura de cada válvula de admisión. El sistema de inyección electrónica de combustible multipuerto (MPI) proporciona la relación entre aire y combustible adecuada para todas las condiciones de manejo.

2   El cerebro de todos los sistemas MPI es el módulo de control del tren motriz (ECM). El PCM está ubicado en la esquina delantera del compartimiento del motor.

3   EL PCM recibe entradas de voltaje variable desde una variedad de sensores, interruptores y relés. Todas las entradas se transforman en señales digitales que son leídas por el PCM, que constantemente afina dichas variables como sincronización de ignición, avance de la bujía, ángulo de apertura de la bobina de ignición, ancho del impulso del inyector de combustible y velocidad de marcha mínima para minimizar las emisiones de escape y mejorar la maniobrabilidad. También controla el funcionamiento del ventilador de enfriamiento del radiador, el índice de carga del alternador, y ciertos componentes relacionados con las emisiones, como los solenoides de EGR y el solenoide de purga para el recipiente EVAP. El PCM incluso actualiza y revisa su propia programación en respuesta a los cambios en las condiciones de funcionamiento.

4   El PCM también monitorea constantemente muchos de sus propios circuitos de entrada y salida. Si se encuentra una falla en el sistema MPI, la información se almacena en la memoria del PCM. Este proceso de diagnóstico siempre comienza con la lectura de los códigos de falla almacenados para identificar la ubicación general de un problema, seguido de una inspección visual de los componentes del sistema para asegurarse de que todo esté correctamente

1.7a En los modelos 1999 a 2000, la etiqueta de Información de control de emisiones del vehículo (VECI) se encuentra debajo del cofre sobre la torre del tirante de la suspensión. . .

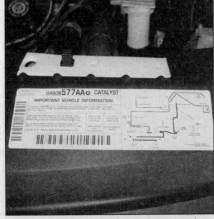

1.7b . . . o en el travesaño del radiador en los modelos 2001 y posteriores

conectado. La causa más común de un problema en cualquier sistema de MPI es un conector eléctrico suelto o corroído, o una línea de vacío suelta. Si no se encuentran problemas obvios, proceda a revisar los sensores pertinentes como se describe en la Sección 5. Para saber cómo producir esta información y mostrarla en la luz CHECK ENGINE (también denominada luz MIL o luz indicadora de falla) en el tablero, consulte la Sección 4.

Sensores de información

5   Varios componentes proporcionan información básica al PCM; incluyen:
  Relé del embrague del aire acondicionado
  Relé de cierre automático (ASD)
  Interruptor de freno
  Sensor de posición del árbol de levas
  Sensor de temperatura del aire de admisión (IAT)
  Sensor de temperatura del refrigerante del motor
  Sensor de posición del cigüeñal
  Sensor de presión de múltiple absoluta (MAP)
  Sensor de oxígeno calentado (O2)
  Sensor de posición del acelerador (TPS)
  Sensor de golpeteos
  Sensor de velocidad del vehículo (VSS)

Relé del embrague del aire acondicionado

6   El relé del embrague del aire acondicionado está controlado por el PCM. El embrague del compresor del aire acondicionado funciona al encender y apagar el circuito a tierra para el relé del embrague del aire acondicionado. Cuando el PCM recibe una solicitud del aire acondicionado (sistema de control de temperatura), este ajusta la posición del motor de control del aire en marcha mínima. El relé de control del embrague del aire acondicionado se encuentra en el centro de distribución de potencia, cerca de la batería. Para las revisiones del embrague y la bobina del embrague, consulte el Capítulo 3.

Relé de cierre automático (ASD)

7   Si no hay señal de ignición (distribuidor) ni señal del sensor de referencia del cigüeñal o del árbol de levas cuando se gira la llave de encendido a la posición RUN (marcha), el relé de cierre automático interrumpe el suministro de potencia a la bomba de combustible eléctrica, los inyectores de combustible, la bobina de ignición y el sensor de oxígeno caliente. El relé disyuntor se encuentra en el centro de distribución de potencia, junto a la batería. Para conocer las ubicaciones y procedimientos de prueba del relé ASD y del relé de la bomba de combustible, consulte el Capítulo 4.

Sensor de posición del árbol de levas

8   El sensor de posición del árbol de levas proporciona la identificación del cilindro al PCM para sincronizar el sistema de combustible con el sistema de ignición. La señal de sincronización se genera desde un anillo impulsor giratorio ubicado en la rueda dentada del árbol de levas. El sensor genera impulsos cuando los grupos de muescas en la rueda dentada del árbol de levas pasan debajo de este. Cuando el metal se alinea con el sensor, los impulsos de voltaje bajan (aproximadamente 0.3 voltios) y cuando la muesca se alinea con el sensor, el voltaje aumenta repentinamente a aproximadamente 5.0 voltios. Estos impulsos de voltaje son procesados por el PCM, que a su vez, determina la sincronización de ignición.

Sensor de temperatura del aire de admisión (IAT) - motor de cuatro cilindros

9   El sensor de temperatura del aire, montado en el múltiple de admisión, mide la temperatura del aire que ingresa y envía esta información al PCM. El PCM utiliza estos datos para modificar la mezcla de aire y combustible.

Sensor de temperatura del refrigerante del motor (ECT)

10   El sensor de temperatura del refrigerante, que se enrosca en el múltiple de admisión, cerca de la caja del termostato, monitorea la temperatura del refrigerante y envía esta información al PCM. El PCM utiliza estos datos, junto con la información del sensor de temperatura del aire, para determinar la mezcla de aire y combustible y la velocidad de marcha mínima correctas mientras el motor se calienta. El sensor también se utiliza para encender el ventilador del radiador.

Sensor de posición del cigüeñal

11   El sensor de posición del cigüeñal está montado en la campana del embrague de la transmisión. Este sensor envía información al PCM sobre la posición del cigüeñal del motor. El sensor "lee" las ranuras de la plato impulso del convertidor de torque.

Sensor de presión de múltiple absoluta (MAP)

12   El sensor MAP se encuentra en el pleno del múltiple de admisión. Monitorea el vacío del múltiple de admisión. El sensor MAP transmite estos datos, junto con los datos en la presión barométrica, en forma de salida de voltaje variable al PCM. Cuando se los combina con los datos de otros sensores, esta información ayuda al PCM a determinar la relación correcta de la mezcla de combustible y aire.

Interruptores varios

13   Diversos interruptores (como el interruptor del embrague del aire acondicionado, el interruptor de control de velocidad y el interruptor de la luz de freno) proporcionan información al PCM, que ajusta el funcionamiento del motor según los estados de interruptor presentes en estas entradas. El estado de estas entradas de interruptor (alto/bajo) se determina utilizando la herramienta de DIAGNÓSTICO DRB II en el distribuidor.

Sensor de oxígeno calentado

14   Los sensores, montados en el múltiple de escape y abajo del convetidor catalítico, producen una señal de voltaje cuando se exponen al oxígeno presente en los gases de escape. El sensor se calienta eléctricamente en el interior para conmutar más rápido cuando el motor está en funcionamiento. Cuando hay oxígeno adicional presente (mezcla diluida), el sensor produce una señal de voltaje bajo; cuando hay poco oxígeno presente (mezcla rica), produce una señal de mayor voltaje. Al monitorear el contenido de oxígeno y convertirlo en voltaje eléctrico, el sensor opera como un interruptor de mezcla rica-diluida. La señal de voltaje al PCM altera el ancho del impulso de los inyectores.

Sensor de posición del acelerador (TPS)

15   El TPS, ubicado en el cuerpo del acelerador, monitora el ángulo de la placa del acelerador. El voltaje producido aumenta o disminuye según el ángulo de apertura de la placa del acelerador. Esta información, cuando se transmite al PCM, junto con los datos de diferentes sensores, permite que el PCM ajuste la relación aire y combustible según las condiciones de funcionamiento, como aceleración, desaceleración, marcha mínima y acelerador totalmente abierto.

Sensor de golpeteos

Nota: *El sensor de golpeteos se usa solo en el motor V6 de 3.0L.*
16   El sensor de golpeteos está montado en el lado del bloque del motor y detecta un golpe en cualquier cilindro durante el proceso de combustión. La señal eléctrica generada se envía al PCM. El PCM, a su vez, retarda la sincronización de ignición por una cierta cantidad para reducir la detonación no controlada. El sensor de detonación consiste en un pequeño cristal que vibra con la vibración del motor. Si la detonación del motor excede el límite normal, la vibración provoca un aumento en la señal de voltaje desde el sensor de golpeteos.

Sensor de distancia (velocidad) del vehículo

17   El sensor de distancia (velocidad) del vehículo, que se encuentra en el alojamiento de la transmisión, detecta el movimiento del vehículo. El sensor genera impulsos para cada revolución del eje propulsor y los transmite como señales de voltaje al PCM. El PCM compara estas señales con la señal del acelerador del sensor de posición del acelerador, por lo tanto, puede distinguir entre una condición de desaceleración del acelerador cerrado y una condición de marcha mínima normal (vehículo detenido). En condiciones de desaceleración, el PCM controla la válvula de control de aire a marcha mínima (IAC) para mantener el valor MAP deseado. En condiciones de marcha mínima, el PCM ajusta la válvula IAC para mantener la velocidad del motor deseada.

---

3   Módulo de control del tren motriz (PCM) - desmontaje e instalación

Modelos 1996 a 2000

Consulte las ilustraciones 3.3 y 3.5

Nota: *Evite daños de electricidad estática al PCM. Para ello, conéctese a tierra a través de la carrocería del vehículo antes de tocar el PCM y utilice una almohadilla antiestática especial para guardar el PCM una vez desmontado.*
1   Desconecte el cable del terminal negativo de la batería.
2   Retire la batería del compartimiento del motor (vea el Capítulo 5).
3   Retire los tornillos de sujeción del centro de distribución de potencia (PDC) al soporte y coloque el PDC a un lado para acceder al PCM (vea la ilustración).
4   Desconecte el conector eléctrico del PCM.
5   Retire los tornillos que sujetan la PCM a la carrocería y retire el PCM (vea la ilustración).
6   El procedimiento de instalación se realiza a la inversa del desmontaje.

Modelos 2001 y posteriores

Vea las ilustraciones 3.11a y 3.11b.

Nota: *Evite daños de electricidad estática al PCM. Para ello, conéctese a tierra a través de la carrocería del vehículo antes de tocar el PCM y*

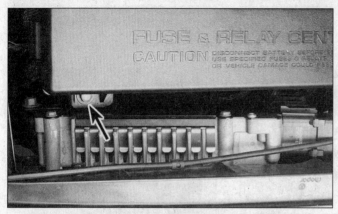

3.3 El módulo de control del tren motriz (PCM) (flecha) se encuentra debajo del cofre en la salpicadera del lado del conductor, adyacente al centro de distribución de potencia (PDC) - quite los tornillos que sujetan el PDC (flecha) y coloque el PDC a un lado (modelos 1996 a 2000)

3.5 Retire los tornillos de montaje (flechas) del módulo de control del tren motriz (PCM) (modelos 1996 a 2000).

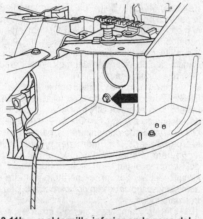

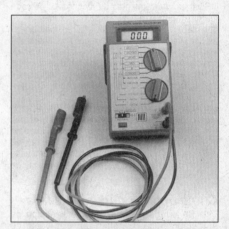

3.11a Retire los dos tornillos de montaje superiores ...

3.11b ... y el tornillo inferior en la zona del faro y quite el PCM

4.4 Los multímetros digitales pueden utilizarse para probar todo tipo de circuitos; su alta impedancia los hace mucho más precisos que los medidores analógicos en lo que respecta a la medición de voltaje en circuitos de computadora o sensores de bajo voltaje.

utilice una almohadilla antiestática especial para guardar el PCM una vez desmontado.

7   Desconecte el cable del terminal negativo de la batería.

8   Desmonte el protector contra el calor de la batería (vea el Capítulo 5).

9   Desconecte los dos conectores eléctricos del PCM.

10   Desmonte el alojamiento del faro izquierdo (vea el Capítulo 12).

11   Retire los dos tornillos superiores y el tornillo inferior que retienen el PCM (vea las ilustraciones) y retire el PCM.

12   El procedimiento de instalación se realiza a la inversa del de desmontaje.

4   Sistema de diagnóstico a bordo (OBD) y códigos de falla

Descripción general

1   El diagnóstico a bordo II (OBD-II) es un sistema de autodiagnóstico de segunda generación especificado por las regulaciones de la CARB y la EPA. Este sistema incorpora una serie de monitores de diagnóstico que detectan

e identifican fallas en los sistemas de emisiones y que almacenan información en la memoria del PCM. Este sistema actualizado también prueba los sensores y los accionadores de salida, diagnostica ciclos de conducción, congela datos y borra códigos. Para acceder a esta computadora de diagnóstico eficaz, debe utilizarse una herramienta de DIAGNÓSTICO OBD-II y el conector de enlace de datos (DLC) de 16 clavijas que se encuentra debajo del área del tablero del conductor. Todas las combinaciones de motores y trenes de potencia que se describen en este manual cuentan con el sistema OBD-II. Este sistema está compuesto por una computadora de a bordo, conocida como PCM, y sensores de información que monitorean diferentes funciones del motor y envían datos al PCM. Con base en los datos y la información programados en la memoria del PCM, el PCM genera señales de salida para controlar diferentes funciones del motor a través de relés de control, solenoides y otros accionadores de salida.

2   El PCM es el cerebro del sistema. Recibe datos de varios sensores y de otros componentes electrónicos (interruptores, relés, etc.). Basado en la información que recibe, el PCM genera señales de salida para controlar diferentes relevadores, solenoides y otros accionadores. El PCM está calibrado específicamente para optimizar las

emisiones, la economía del combustible y la manejabilidad del vehículo.

3   Debido a una garantía federal extendida y a cualquier daño inducido en el PCM inducido por el propietario, los sensores y/o los dispositivos de control puede anular la garantía. Se recomienda que llevar el vehículo al departamento de servicio de un distribuidor si el PCM o un componente del sistema fallan mientras el vehículo está en garantía.

Información sobre la herramienta de diagnóstico

Consulte las ilustraciones 4.4, 4.5 y 4.7.

4   Se necesita un multímetro digital para revisar los componentes de inyección de combustible y de emisiones (vea la ilustración). Es preferible utilizar un medidor voltios-ohmios digital en lugar del antiguo multímetro analógico por varias razones. El multímetro analógico no puede mostrar la medición de voltios-ohmios o de amperios en incrementos de centésimas y milésimas. Cuando se trabaja con circuitos electrónicos que suelen tener voltajes muy bajos, lo más importante es obtener una lectura precisa. El circuito de alta impedancia es otra

buena razón para utilizar un multímetro digital. El multímetro digital tiene un conjunto de circuitos internos de alta resistencia (10 millones de ohmios). Como durante la prueba se conecta un voltímetro en paralelo al circuito, es fundamental que ninguno de los voltajes que se están midiendo recorra el trayecto paralelo establecido por el medidor. Este dilema no se presenta cuando se miden voltajes altos (circuitos de 9 a 12 voltios); sin embargo, al medir un circuito de voltaje bajo, como el voltaje de señal del sensor de oxígeno, una fracción de voltio puede ser una cantidad significativa a la hora de diagnosticar un problema. La obtención de códigos de diagnóstico de falla es una excepción para la que es necesario el uso de voltímetros analógicos.

5   Las herramientas de diagnóstico portátiles son las herramientas más versátiles y eficaces que existen para analizar los sistemas de control del motor utilizados en los vehículos de modelos más recientes (vea la ilustración). Los primeros modelos de herramientas de análisis identifican códigos y algunos diagnósticos de varios sistemas OBD I. Las herramientas de diagnóstico de cada marca deben examinarse cuidadosamente, ya que deben coincidir con el año, la marca y el modelo del vehículo en el que se está trabajando. Por lo general, existen cartuchos intercambiables para poder tener acceso al fabricante en cuestión (Ford, GM, Chrysler, etc.). Algunos fabricantes se especifican por continente (Asia, Europa, EE. UU., etc.).

6   Con la creación del sistema OBD-II (sistema federal de control de emisiones), debe utilizarse una herramienta de diagnóstico especialmente diseñada a este efecto. Las herramientas de diagnóstico OBD-II para el mecánico doméstico pueden estar disponibles a través de tiendas de autopartes locales.

Cómo obtener códigos de falla

7   Se puede acceder a la información de autodiagnóstico contenida en el módulo de control del tren motriz (PCM) ya sea mediante la llave de encendido o mediante el uso de una herramienta especial llamada caja de lecturas de diagnóstico (DRB II). Esta herramienta se conecta al conector de diagnóstico (conector de enlace de datos) (vea la ilustración) y lee los códigos y parámetros en la pantalla digital. La herramienta es costosa y la mayoría de los mecánicos domésticos prefieren utilizar el método alternativo de la llave de encendido. La desventaja del método de la llave de encendido es que no tiene acceso a todos los códigos disponibles para su visualización. La mayoría de los problemas se pueden resolver o diagnosticar con bastante facilidad y si la información no se puede obtener inmediatamente, se puede hacer analizar el sistema de autodiagnóstico por el departamento de servicio de un distribuidor u otro taller de reparaciones especializado. El PCM monitorea los circuitos en los sistemas de inyección de combustible, ignición, emisión y del motor.

8   Para obtener el código utilizando el método de la llave de encendido, primero aplique el freno de estacionamiento y ponga la palanca de cambios en Park (estacionamiento). Aumente la velocidad del motor a aproximadamente 2,500 rpm y lentamente deje que la velocidad baje a marcha mínima. También encienda brevemente y luego apague el sistema de aire acondicionado. A continuación, con el pie en el freno, seleccione cada posición en la transmisión (Reverse, Drive, Low, etc. -

4.5 Los escáneres como el Actron Scantool y el AutoXray son poderosos medios de diagnóstico - programados con información de diagnóstico integral, pueden leer la mayor parte de la información almacenada en el PCM

Reversa, Marcha, Baja), para finalmente llevar la palanca de cambios de nuevo a Park y apagar el motor. Esto permitirá que el PCM obtenga los códigos de error que podrían estar vinculados a cualquiera de los sensores controlados por la transmisión, la velocidad del motor o el sistema de aire acondicionado.

9   Para mostrar los códigos en la luz CHECK ENGINE del o la indicadora de fallas (MIL) en el tablero, con el motor SIN funcionar, gire la llave de encendido a ON, OFF, ON, OFF y finalmente ON. Los códigos comenzarán a parpadear. La luz parpadeará el número del primer dígito, luego hará una pausa y parpadeará el número del segundo dígito. Por ejemplo: El código 23, circuito del sensor de temperatura del aire de admisión, se indicaría con dos parpadeos, pausa, tres parpadeos.

10   Deben cumplirse ciertos criterios para almacenar un DTC en la memoria del PCM. Los criterios podrían ser una gama específica de rpm del motor, la temperatura del motor o el voltaje de entrada al controlador del motor. Es posible que un DTC para un circuito monitoreado en particular no pueda introducirse en la memoria del PCM a pesar de una falla de funcionamiento. Esto puede suceder debido a que no se cumplió uno de los criterios de DTC. Por ejemplo, el motor debe funcionar a una velocidad de 750 a 2000 rpm con el fin de supervisar el circuito del sensor MAP correctamente. Si la velocidad del motor se eleva por encima de 2,400 rpm, el circuito de salida del sensor MAP hace un cortocircuito a tierra y no permitirá que se introduzca un DTC en la memoria. Por otra parte, puede ocurrir todo lo contrario: Se introduce un DTC en la memoria que sugiere una falla dentro de otro componente que no es monitoreado por el PCM. Por ejemplo, un problema de presión de combustible no se puede registrar una falla directamente, pero causará un problema de mezcla de combustible rica o diluida. En consecuencia, esto provocará una falla en el sensor de oxígeno que dará como resultado un código almacenado en el PCM para el sensor de oxígeno. O tirar de un cable de la bujía para realizar una prueba de chispa puede establecer el DTC de falla de encendido. Tenga presente la interrelación de los sensores y los circuitos, y la relación general de los sistemas de control de emisiones y de inyección de combustible. Si se repara un problema en un componente de un sistema que sea de emisiones o en el sistema

4.7 El conector de enlace de datos de diagnóstico se encuentra debajo del tablero

o el problema deja de ser un problema, el PCM cancelará el DTC después de 40 ciclos de calentamiento.

Cómo borrar los códigos

11   Para borrar los códigos de la memoria del PCM, instale la herramienta de diagnóstico para OBD-II, desplácese por el menú hasta la función "CLEARING CODES" (borrar códigos) y siga el método sugerido para esa herramienta de diagnóstico en particular. Si es necesario, solicite al departamento de servicio de un distribuidor o a otro taller calificado de reparaciones que borre los códigos. **Precaución:** *No desconecte la batería del vehículo para borrar los códigos. Este procedimiento borrará los parámetros de funcionamiento almacenados de la memoria y ocasionará que el motor funcione de manera irregular durante un tiempo mientras el PCM vuelve a aprender la información.*

Identificación de códigos de falla

Consulte la ilustración 4.12

Nota: *En los modelos incluidos en este manual, la luz CHECK ENGINE o luz MIL, ubicada en el panel de instrumentos, parpadea durante tres segundos como una prueba de bombillas cuando se arranca el motor. La luz se enciende y permanece encendida cuando hay un problema en el sistema de emisiones.*

Nota: *Estos modelos están equipados con el sistema OBD-II. Se puede acceder a los códigos del motor mediante la llave de encendido, pero será necesario usar una herramienta de DIAGNÓSTICO especial (DRB-II) de fábrica para interpretar la información de diagnóstico. Los códigos indicados en el texto están diseñados por y los establece como obligatorios la EPA para todos los vehículos OBD-II producidos por los fabricantes de automóviles, y algunos de los enumerados son códigos de problemas específicos del fabricante. Para obtener más información, consulte al departamento de servicio de un distribuidor. En el siguiente texto, se presenta información general sobre los sensores y accionadores del sistema de todos los modelos. Para obtener ayuda básica sobre diagnósticos, vea la sección Diagnóstico de fallas ubicada al comienzo de este manual. Debido a que el sistema OBD-II requiere una herramienta de análisis especial para acceder a los códigos de falla, solicite el diagnóstico del vehículo al departamento de servicio de un distribuidor o a otro taller de reparaciones de*

CÓDIGO MIL	CÓDIGO DE HERRAMIENTA DE ANÁLISIS GENÉRICO	PANTALLA DE LA HERRAMIENTA DE ANÁLISIS DRB	DESCRIPCIÓN DEL CÓDIGO DE DIAGNÓSTICO DE FALLA
12*		Desconexión de la batería	La entrada directa de la batería al PCM se desconectó dentro de los últimos 50 ciclos de encendido de la llave de ignición.
55*			Finalización de la pantalla del código de la falla en la luz CHECK ENGINE (revisar motor).
54**	P0340	Sin señal de leva en el PCM	No se detectó ninguna señal del árbol de levas durante el arranque del motor.
53**	P0601	Error del controlador interno	Se ha detectado una condición de falla interna en el PCM.
47***		Voltaje del sistema de carga demasiado bajo	Entrada del sensor de voltaje de la batería por debajo del objetivo de carga durante el funcionamiento del motor. Además, no se detectó ningún cambio significativo en el voltaje de la batería durante la prueba activa del circuito de salida del generador.
46***		Voltaje del sistema de carga demasiado alto	Entrada del sensor de voltaje de la batería por encima del voltaje de carga objetivo durante el funcionamiento del motor.
42*		Circuito de control del relé de cierre automático	Se detectó una condición de circuito abierto o de cortocircuito en el circuito del relé de cierre automático.
41***		El campo del alternador no conmuta correctamente	Se detectó una condición de circuito abierto o de cortocircuito en el circuito de control del campo del alternador.
37**	P0743	Circuitos del solenoide del embrague del convertidor de torque/relé de la transmisión	Se detectó una condición de circuito abierto o de cortocircuito en el circuito de control del solenoide de desbloqueo de piezas del convertidor de torque (transmisiones derechas automáticas de 3 velocidades solamente).
35**	P1491	Circuito del relé del control del ventilador del radiador	Se detectó un circuito abierto o un cortocircuito en el circuito de control del relé del ventilador de baja velocidad del radiador.
34*		Circuitos del solenoide de control de velocidad	Se detectó un circuito abierto o un cortocircuito en el circuito de solenoide de ventilación o vacío de control de velocidad.
33*		Circuito del relé del embrague de A/C	Se detectó un circuito abierto o un cortocircuito en el circuito del relé del embrague del A/C.
32**	P0403	Circuito del solenoide de EGR	Se detectó una condición de circuito abierto o de cortocircuito en el circuito del solenoide del transductor de EGR.
31**	P0443	Circuito del solenoide de purga de EVAP.	Se detectó un circuito abierto o un cortocircuito en el circuito del solenoide de purga del ciclo de servicio
27**	P0203 o	Circuito de control del inyector N.º 3	El impulsor de salida del inyector N.º 3 no responde correctamente a la señal de control.
	P0202	Circuito de control del inyector N.º 2	El impulsor de salida del inyector N.º 2 no responde correctamente a la señal de control.

4.12 Descripciones de los códigos de diagnóstico de falla (DTC)

automóviles calificado en caso de no disponer de una herramienta de DIAGNÓSTICO adecuada.
Nota: Antes de la salida de los códigos de falla, inspeccione TODOS los conectores eléctricos y las mangueras. Asegúrese de que todas las conexiones eléctricas estén firmes, limpias y libres de corrosión; asegúrese de que todas las mangueras estén conectadas correctamente, bien ajustadas y en buenas condiciones (sin grietas ni rasgaduras).

Nota: * indica que la MIL (luz indicadora de falla/lámpara CHECK ENGINE) no se encenderá si se registró un código de diagnóstico de falla (DTC). Realice un ciclo de encendido y apagado de la llave de encendido como se describe para observar el código indicado por la MIL.
** indica que la MIL se iluminará si el DTC se registró - esto sería un problema relacionado con las emisiones.
*** indica que la lámpara del generador

está iluminado.
12 La lista adjunta proporciona los DTC que se pueden encontrar al momento de diagnosticar los sistemas (vea la ilustración). También se incluyen los procedimientos simplificados de solución de problemas. Si el problema persiste después de haber realizado estas revisiones, el departamento de servicio de un distribuidor u otro taller de reparaciones calificado deberán realizar procedimientos de servicio más detallados.

CÓDIGO MIL	CÓDIGO DE HERRAMIENTA DE ANÁLISIS GENÉRICO	PANTALLA DE LA HERRAMIENTA DE ANÁLISIS DRB	DESCRIPCIÓN DEL CÓDIGO DE DIAGNÓSTICO DE FALLA
	O P0201	Circuito de control del inyector N.º 1	El impulsor de salida del inyector N.º 1 no responde correctamente a la señal de control.
25**	P0505	Circuitos del motor de control de aire en ralentí	Se detectó una condición de cortocircuito o circuito abierto en uno o más circuitos del motor de control de aire en ralentí.
24**	P0122 o P0123	Bajo voltaje del sensor de posición del acelerador Alto voltaje del sensor de posición del acelerador	Salida del sensor de posición del acelerador por debajo del voltaje mínimo aceptable. Salida del sensor de posición del acelerador por encima del voltaje máximo aceptable.
22**	P0117 o P0118	Voltaje del sensor ECT demasiado bajo Voltaje del sensor ECT demasiado alto	Entrada del sensor de temperatura del refrigerante del motor por debajo del voltaje mínimo aceptable. Entrada del sensor de temperatura del refrigerante del motor por encima del voltaje máximo aceptable.
21**	P0134	El O2S de flujo ascendente (o casi) trasero derecho se mantiene en el centro	No se detectó ninguna condición rica ni pobre desde el sensor de oxígeno.
17*		El motor está frío durante demasiado tiempo	El motor no alcanza la temperatura de funcionamiento dentro de límites aceptables.
15**	P0500	No hay señal del sensor de velocidad del vehículo	No se detectó ninguna señal del sensor de velocidad del vehículo en condiciones de carga en la carretera.
14**	P0107 o P0108	Voltaje del sensor de MAP demasiado bajo Voltaje del sensor de MAP demasiado alto	Entrada del sensor de MAP por debajo del voltaje mínimo aceptable. Entrada del sensor de MAP por encima del voltaje máximo aceptable.
13**	P1297	Sin cambios en MAP entre el arranque y el funcionamiento	No se reconoce ninguna diferencia entre la lectura de MAP del motor y la lectura de presión barométrica (atmosférica) desde el arranque.
11*		Sin señal de referencia del arranque en PCM	No se detecta señal de referencia del arranque durante el arranque del motor.
43**	P0353 o P0352 o P0351	Circuito primario de la bobina de ignición N.º 3 Circuito primario de la bobina de ignición N.º 2 Circuito primario de la bobina de ignición N.º 1	No se alcanza el pico de corriente en el circuito primario con el tiempo de espera . No se alcanza el pico de corriente en el circuito primario con el tiempo de espera máximo. No se alcanza el pico de corriente en el circuito primario con el tiempo de espera máximo.
42*		No hay voltaje en el circuito de salida del relé ASD en PCM	Se detectó una condición de circuito abierto en el circuito de salida del relé de ASD.
32**	P0401	Falla del sistema EGR	No se detectó el cambio requerido en la relación aire/combustible durante la prueba de diagnóstico.

Descripciones de los códigos de diagnóstico de falla (DTC) (continuación)

CÓDIGO MIL	CÓDIGO DE HERRAMIENTA DE ANÁLISIS GENÉRICO	PANTALLA DE LA HERRAMIENTA DE ANÁLISIS DRB	DESCRIPCIÓN DEL CÓDIGO DE DIAGNÓSTICO DE FALLA
62*	P1697	Falla del PCM: no se almacenaron las millas SRI	Intento sin éxito de actualizar el millaje de EMR en la EEPROM del PCM.
63**	P1696	PCM el EEPROM de escribi	Intentar un registro EEPROM incorrecta del pcm.
23**	P0112 o P0113	Sensor de temperatura de aire de admisión Voltaje del sensor de temperatura de aire de admisión	Sensor de temperatura de aire de admisión al voltaje máximo. Sensor de temperatura de aire de admisión al voltaje mínimo aceptable.
61**	P0106	Presión barométrica fuera de rango	El sensor MAP tiene una lectura barométrica por debajo de un valor aceptable.
27**	P0204	Circuito de control del inyector N.º 4	El impulsor de salida del inyector N.º 4 no responde correctamente a la señal de control.
21**	P0132	El O2S de flujo ascendente (o casi) trasero derecho tiene un cortocircuito a voltaje	El voltaje de entrada del sensor de oxígeno se mantiene por encima del rango de funcionamiento normal.
53**	P0600	Falla del PCM SPI de comunicación	Se detectó una condición de falla interna del PCM
27**	P0205 o P0206	Circuito de control del inyector N.º 5 Circuito de control del inyector N.º 6	El impulsor de salida del inyector N.º 5 no responde correctamente a la señal de control. El impulsor de salida del inyector N.º 6 no responde correctamente a la señal de control.
77**		SPD CTRL PWR RLY o S/C 12v Driver CKT	Falla detectada con alimentación de energía a los solenoides del servo de control de velocidad.
33	o	Valor demasiado alto de voltios del sensor de presión del A/C Valor demasiado bajo de voltios del sensor de presión del A/C	El voltaje de entrada del sensor está por encima de 4.9 voltios. El voltaje de entrada del sensor está por encima de 0.098 voltios.
66	P1698 o P1695	No hay mensajes CCD desde el TCM No hay mensajes CCD desde el módulo de control de la carrocería	No se recibieron mensajes desde el módulo de control de la transmisión. No se recibieron mensajes desde el módulo de control de la carrocería.
42*		Bomba de combustible circuito de control del relé	Se detectó una condición de circuito abierto o de cortocircuito en el circuito de control del relé de la bomba de combustible
21**	P0133 o P0135	Respuesta lenta del O2S de flujo ascendente del banco derecho. Falla del calefactor del O2S de flujo ascendente (o casi) trasero derecho	Respuesta lenta del sensor de oxígeno al uso del interruptor de alimentación. Falla del circuito del elemento de calefacción del sensor de oxígeno de flujo ascendente.

Descripciones de los códigos de diagnóstico de falla (DTC) (continuación)

CÓDIGO MIL	CÓDIGO DE HERRAMIENTA DE ANÁLISIS GENÉRICO	PANTALLA DE LA HERRAMIENTA DE ANÁLISIS DRB	DESCRIPCIÓN DEL CÓDIGO DE DIAGNÓSTICO DE FALLA
	P0141	Falla del calefactor del O2S de flujo descendente (o casi) trasero derecho	Falla del circuito del elemento de calefacción del sensor de oxígeno
43**	P0300 o P0301 o P0302 o P0303 o P0304	Falla de encendido en múltiples cilindros / Falla de encendido del cilindro N.º 1 / Falla de encendido en el cilindro N.º 2 / Falla de encendido en el cilindro N.º 3 / Falla de encendido en el cilindro N.º 4	Se detectó una falla de encendido en múltiples cilindros / Se detectó una falla de encendido en el cilindro N.º 1 / Se detectó una falla de encendido en el cilindro N.º 2 / Se detectó una falla de encendido en el cilindro N.º 3 / Se detectó una falla de encendido en el cilindro N.º 4
72**	P0420	Falla de eficiencia del catalizador (o casi) trasero derecho	Eficiencia del catalizador por debajo del nivel requerido
31*	P0441	Falla de monitoreo de flujo de purga de evaporación	Flujo de vapor excesivo o insuficiente detectado durante el funcionamiento del sistema de emisión de evaporación
37**	P1899	Interruptor P/N atascado en Park (estacionamiento) o Gear (marcha)	Se detectó un estado de entrada incorrecta para el interruptor Park/Neutral, solo transm. autom.
52**	P0172	Sistema de combustible trasero derecho (o casi) rico	Una mezcla rica de aire y combustible indicada por un factor de corrección delgado anormal.
51**	P0171	Sistema de combustible trasero derecho (o casi) delgado	Una mezcla delgada de aire y combustible por un factor de corrección rico anormal
21**	P0138	El O2S de flujo descendente (o casi) trasero derecho tiene un cortocircuito a voltaje.	El voltaje de entrada del sensor de oxígeno se mantiene por encima del rango de funcionamiento normal.
17**	P0125	Temperatura de circuito cerrado no alcanzada	El motor no alcanza los 20 °F dentro de los 5 minutos con una señal de velocidad del vehículo.
21**	P0140	El O2S de flujo descendente (o casi) trasero derecho se mantiene en el centro	No se detectó ninguna condición rica ni pobre desde el sensor de oxígeno de flujo descendente.
24**	P0121	El voltaje de TPS no coincide con MAP	La señal de TPS no se correlaciona con el sensor MAP.
45**	P0700	DTC de controlador EATX presente	Se estableció una entrada de la transmisión automática DTC en el controlador de la transmisión.
25**	P1294	Ralentí ideal no alcanzado	El ralentí actual no coincide con el ralentí adecuado.
71**	P1496	Salida de alimentación de 5 voltios demasiado baja	La salida de 5 voltios del regulador no cumple con el requisito mínimo.
37*	P0740	Torq Conv Clu, no hay caída de rpm en bloqueo	La relación entre la velocidad del motor y la velocidad del vehículo indica que no hay acoplamiento del embrague del convertidor de torque (solo transm. auto).

Descripciones de los códigos de diagnóstico de falla (DTC) (continuación)

CÓDIGO MIL	CÓDIGO DE HERRAMIENTA DE ANÁLISIS GENÉRICO	PANTALLA DE LA HERRAMIENTA DE ANÁLISIS DRB	DESCRIPCIÓN DEL CÓDIGO DE DIAGNÓSTICO DE FALLA
42*	o	Valor demasiado bajo de voltios de la unidad de envío de nivel de combustible	Circuito abierto entre PCM y la unidad de envío de nivel de combustible
		Valor demasiado alto de voltios de la unidad de envío de nivel de combustible	Cortocircuito al voltaje entre el PCM y la unidad de envío de nivel de combustible.
	o	El nivel de combustible no cambia por milla	No se detecta ningún movimiento del emisor de nivel de combustible.
65**	P0703	Interruptor de frenos atascado, presionado o liberado	No se detectó ninguna liberación del interruptor de frenos después de demasiadas aceleraciones.
44**	P1493	Voltios del sensor de temp. de la bat/ambiente demasiado bajos	El voltaje de entrada del sensor de temperatura de la batería está por debajo del rango aceptable.
	o P1492	Valor demasiado alto de voltios de sensor de temperatura ambiente/de la batería	El voltaje de entrada del sensor de temperatura de la batería está por encima del rango aceptable.
21**	P0131 o	El O2S de flujo ascendente (o casi) trasero derecho tiene un cortocircuito a tierra	Voltaje demasiado bajo del sensor de O2, probado después del arranque en frío.
	P0137 o	El O2S de flujo descendente (o casi) trasero derecho tiene un cortocircuito a tierra	Voltaje demasiado bajo del sensor de O2, probado después del arranque en frío.
11**	P1391	Pérdida intermitente de CMP o CKP	Pérdida intermitente del sensor de posición del cigüeñal o del árbol de levas.
31**	P0442 o	Fuga menor detectada en el monitor de fugas de evaporación	El monitor de detección de fugas detectó una fuga pequeña.
	P0455	Fuga importante detectada en el monitor de fugas de evaporación	Falla del monitor de detección de fugas para presurizar el sistema de evaporación, lo que indica una fuga importante.
43**	P0305 o	Falla de encendido del cilindro N.º 5	Se detectó una falla de encendido en el cilindro N.º 5
	P0306	Falla de encendido del cilindro N.º 6	Se detectó una falla de encendido en el cilindro N.º 6
31**	P1495 o	Circuito del solenoide de la bomba de detección de fugas	Falla del circuito del solenoide de la bomba de detección de fugas (abierto o en cortocircuito).
	P1494	Falla del interruptor de la bomba de detección de fugas o mecánicas.	El interruptor de la bomba de detección de fugas no responde a la entrada.
11**	P1398	Numerado adaptativo de falla de encendido en el límite	Las ventanas objetivo del sensor CKP tienen demasiada variación
31**	P1486	Se halló una manguera presionada en el monitor de fugas de evaporación	Taponamiento o aplastamiento detectados entre el solenoide de purga y el tanque de combustible.
64**	P1290	Presión del sistema de GNC demasiada alta	Lectura del sensor de presión del gas natural comprimido por encima del voltaje aceptable.
21	P0153	O2 de flujo ascendente lento en monitoreo de catalizador	Respuesta del sensor de oxígeno más lenta que la frecuencia de conmutación mínima requerida durante el monitoreo del catalizador.

Descripciones de los códigos de diagnóstico de falla (DTC) (continuación)

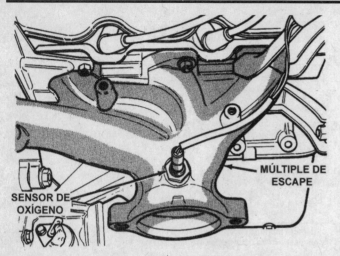

5.1a El sensor de oxígeno anterior se enrosca en el múltiple de escape

5.1b El sensor de oxígeno posterior se encuentra en el convertidor catalítico en el tubo de escape, directamente detrás del convertidor catalítico

5   Sensores de Información - descripción general, revisión y reemplazo

Nota: *Estos modelos están equipados con el sistema OBD-II. Se puede acceder a los códigos del motor mediante la llave de encendido como se describe en la Sección 4, pero será necesario el uso de una herramienta de DIAGNÓSTICO especial (DRB-II) de fábrica para interpretar la información de diagnóstico. Haga que el departamento de servicio de un distribuidor realice el diagnóstico si después de los procedimientos de revisión del sensor surge un problema.*

Sensor de oxígeno

Descripción general

Consulte las ilustraciones 5.1a, 5.1b, 5.12a y 5.12b.

1   Los sensores de oxígeno, uno arriba ubicado en el múltiple de escape y uno abajo en el convertidor catalítico, monitorean el contenido de oxígeno de la corriente de gases de escape (vea las ilustraciones). El contenido de oxígeno en los gases de escape reacciona con el sensor de oxígeno y produce una salida de voltaje que varía de 0.1 voltios (oxígeno alto, mezcla diluida) a 0.9 voltios (oxígeno bajo, mezcla rica). El PCM monitorea esta salida de voltaje variable de manera constante para determinar la relación entre el oxígeno y el combustible en la mezcla. El PCM altera la relación de aire y combustible de la mezcla mediante el control de la duración del impulso (tiempo de apertura) de los inyectores de combustible. Una relación de mezcla de 14.7 partes de aire por 1 parte de combustible constituye la relación ideal para minimizar las emisiones de escape y, de ese modo, permitir que el convertidor catalítico funcione con la máxima eficacia. El PCM y el sensor de oxígeno intentan mantener esta relación de 14.7 a 1 en todo momento.

2   El sensor de oxígeno no genera voltaje cuando está por debajo de la temperatura de funcionamiento normal de 600 °F aproximadamente. Durante este período inicial antes de calentarse, el PCM funciona en modo

de CIRCUITO ABIERTO.

3   Si el motor alcanza la temperatura de funcionamiento normal, el PCM establecerá un DTC si detecta cualquier problema con el circuito del sensor de oxígeno.

4   Cuando hay un problema con el sensor de oxígeno o su circuito, el PCM funciona en modo de circuito abierto, es decir, controla el suministro de combustible de acuerdo con un valor predeterminado programado en lugar de hacerlo con la información que recibe del sensor de oxígeno.

5   El funcionamiento adecuado del sensor de oxígeno depende de cuatro condiciones:

a)   *Eléctrica: los voltajes bajos generados por el sensor dependen de la limpieza y del buen estado de las conexiones, que deben revisarse cuando se sospecha o se indica que hay una falla en el sensor.*

b)   *Suministro de aire exterior: el sensor está diseñado para permitir la circulación de aire en la parte interna del sensor. Si desmonta e instala o reemplaza el sensor, asegúrese de que los conductos de aire no estén restringidos.*

c)   *Temperatura de funcionamiento adecuada: el PCM no reaccionará ante la señal del sensor hasta que este último alcance los 600 °F aproximadamente. Es necesario tener en cuenta este factor al evaluar el rendimiento del sensor.*

d)   *Combustible sin plomo: el uso de combustible sin plomo es fundamental para el correcto funcionamiento del sensor. Asegúrese de que el combustible que utiliza sea de este tipo.*

6   Además de observar las condiciones mencionadas anteriormente, es necesario ser particularmente cuidadoso al realizar el mantenimiento del sensor.

a)   *El sensor de oxígeno tiene un conector eléctrico y un cable flexible conectados permanentemente que no deben separarse del sensor. La extracción del cable flexible o del conector eléctrico, o los daños a esos elementos, puede afectar severamente el funcionamiento del sensor.*

b)   *El conector eléctrico y el extremo de ventilación del sensor no deben estar en contacto con grasa, suciedad u otros contaminantes.*

c)   *No utilice solventes de limpieza de ningún tipo en el sensor de oxígeno.*

d)   *No manipule el sensor bruscamente ni lo deje caer.*

e)   *La funda de silicona debe instalarse en la posición correcta para evitar que se derrita y para permitir que el sensor funcione correctamente.*

Revisión

Nota: *Se necesita una herramienta de DIAGNÓSTICO OBD II para verificar los parámetros de trabajo del sensor de oxígeno, pero se puede revisar el elemento de calefacción como se describe a continuación.*

7   Localice el conector eléctrico del sensor de oxígeno y desconecte el sensor de oxígeno. Los cables blancos en el conector son los circuitos de alimentación y de tierra del calentador. **Nota:** *Consulte los diagramas de cableado al final del Capítulo 12 para ver las designaciones de color de los cables del conector eléctrico del sensor de oxígeno.*

8   Conecte un ohmiómetro a los terminales de los cables blancos en el conector del sensor. La resistencia debe ser de 4 a 7 ohmios.

9   Reemplace el sensor de oxígeno calentado si la resistencia no es correcta.

Reemplazo

Nota: *Es posible que el sensor de oxígeno no sea fácil de aflojar cuando el motor está frío, debido a que está instalado en el múltiple o el tubo de escape, los que se contraen cuando están fríos. Para no correr el riesgo de dañar el sensor (si supone que lo utilizará nuevamente en otro múltiple o tubo), arranque el motor y póngalo en marcha durante un minuto o dos; luego, apáguelo. Tenga cuidado de no quemarse durante el siguiente procedimiento.*

10   Desconecte el cable del terminal negativo de la batería.

11   Levante el vehículo y apóyelo firmemente sobre torretas de seguridad.

12   Desconecte cuidadosamente el conector eléctrico del sensor y desenrosque el sensor del sistema de escape (vea las ilustraciones).

13   Se debe utilizar compuesto antiadherente en las roscas del sensor para facilitar su desmontaje en el futuro. Las roscas de los sensores nuevos ya están cubiertas con este compuesto, pero si

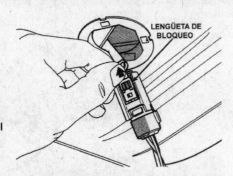

5.12a Levante la lengüeta de fijación para desconectar el sensor de oxígeno del conector eléctrico

5.12b Utilice una llave de cubo o un cubro ranurado especial para quitar el sensor de oxígeno

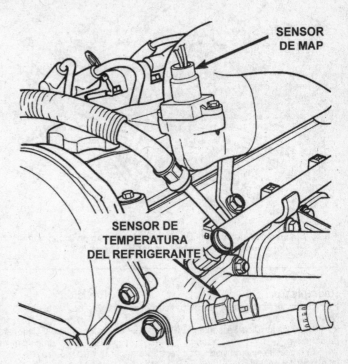

5.17a Ubicación del sensor MAP - motor de cuatro cilindros

desmonta un sensor antiguo y lo reinstala, vuelva a cubrir las roscas.

14   Instale el sensor y apriételo firmemente.

15   Reconecte el conector eléctrico del cable flexible al mazo de cables principal del motor.

16   Baje el vehículo, realice una prueba de conducción y compruebe que no se establezcan códigos de problemas.

Sensor de presión de múltiple absoluta (MAP)

Descripción general

Consulte las ilustraciones 5.17a y 5.17b.

17   El sensor de presión absoluta del múltiple (MAP) monitorea los cambios de presión del múltiple de admisión que se ocasionan a partir de cambios en la carga y la velocidad del motor, y convierte la información en una salida de voltaje.

El sensor MAP se encuentra en el lado del pleno del múltiple de admisión (vea las ilustraciones). El PCM utiliza el sensor MAP para controlar el suministro de combustible y la sincronización de ignición. El PCM recibirá información como una señal de tensión que variará de 4 a 5 voltios con el interruptor de ingición ENCENDIDO y el sin funcionar, y luego bajará a entre 1.5 y 2.1 voltios en marcha mínima (acelerador cerrado, alto vacío).

18   Una falla en el circuito del sensor MAP debe establecer un DTC.

Revisión

Consulte la ilustración 5.20.

19   Revise si el conector eléctrico en el sensor está bien ajustado. Revise los terminales en el conector y los cables que se dirigen a este para ver si están flojos o rotos. Repare según sea necesario.

20   Desconecte el conector del sensor MAP y conecte un voltímetro a los terminales 1 y 2 del conector del mazo (vea la ilustración). Gire el llave de encendido a la posición ON (encendido) (con el motor sin funcionar); debe haber aproximadamente de 4 a 5 voltios. Con un ohmiómetro, revise la continuidad a tierra en el terminal 1. Si la tensión de alimentación no está disponible o el circuito de tierra está abierto, revise el mazo de cables del sensor al PCM.

21   Conecte el conector eléctrico del sensor MAP y con las sondas adecuadas (como clavijas rectas), revise los terminales 2 y 3. Conecte un voltímetro a las sondas. Gire la llave de encendido a la posición On (encendido); voltaje debe ser de aproximadamente 4 a 5 voltios. Ahora, arranque el motor; el voltaje debe descender a 1.5 a 2.0 voltios. Si el sensor MAP no funciona como se describe, reemplace el sensor.

5.17b Ubicación del sensor MAP (flecha) - motores V6 (se muestran los modelos 2001 y modelos)

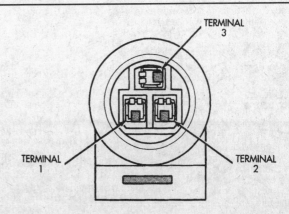

5.20 Identificación de los terminales del conector del sensor MAP

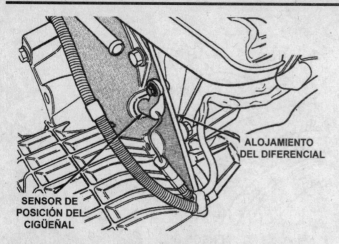

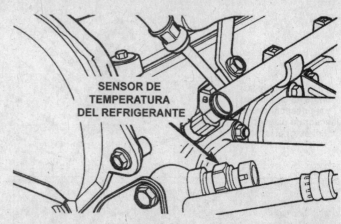

5.25 El sensor de posición del cigüeñal está situado en la campana del embrague del transeje (motor V6 1996 a 2000)

5.31a Sensor de temperatura del refrigerante del motor (ECT) - motor de cuatro cilindros

Reemplazo

22 Desconecte el conector eléctrico del sensor MAP.

23 Quite los tornillos y el sensor MAP del pleno de admisión.

24 El procedimiento de instalación se realiza a la inversa del de desmontaje.

Sensor de posición del cigüeñal

Descripción general

Consulte la ilustración 5.25

25 En estos modelos, el sensor de posición del cigüeñal determina la sincronización de inyección de combustible y de ignición en cada cilindro. También detecta las RPM del motor.

26 El sensor de posición del cigüeñal es un dispositivo de efecto Hall que está montado en la parte trasera del motor, cerca de la banda de accesorios en motores de cuatro cilindros, o en la campana del embrague en los motores V6 1996 a 2000, o cerca de la parte trasera del alojamiento de la transmisión en los motores V6 2001 y posteriores. El voltaje de salida del varía de 0.3 (metal debajo del sensor) a 5.0 voltios (ranuras debajo del sensor). El motor no funcionará si el PCM no recibe una salida del sensor de posición del cigüeñal.

Revisión

27 Se requiere una herramienta de DIAGNÓSTICO OBD II para revisar el sensor de posición del cigüeñal; haga revisar el sistema por el departamento de servicio de un distribuidor u otro centro de reparación debidamente equipado.

Reemplazo

28 Desconecte el conector del mazo de cables del sensor del cigüeñal.

29 Quite los pernos de montaje del sensor del cigüeñal. Use solo pernos originales para montar el sensor, ya que están maquinados para separar correctamente el sensor del volante.

30 El procedimiento de instalación se realiza a la inversa del de desmontaje. Apriete los pernos al torque indicado en las Especificaciones de este capítulo.

Sensor de temperatura del refrigerante del motor (ECT)

Descripción general

Consulte y las ilustraciones 5.31a, 5.31b y 5.31c

31 El sensor de temperatura del refrigerante del motor es un termistor (un resistor variable que cambia la resistencia según los cambios

de temperatura). El cambio de los valores de resistencia afectará directamente la señal de voltaje del sensor de temperatura. El sensor ECT (vea las ilustraciones) proporciona un voltaje de entrada al PCM, que varía con la temperatura del refrigerante. La ETC también se utiliza para que el PCM controle el encendido/apagado del ventilador de enfriamiento. Una falla en el circuito del sensor del refrigerante debe establecer un DTC, indicando una falla en el circuito de temperatura del refrigerante, por lo que la solución apropiada sería reparar un cable o reemplazar el sensor. El sensor también se puede revisar con un ohmiómetro, midiendo su resistencia en frío, y luego calentando el motor para tomar una nueva medición.

Revisión

Consulte la ilustración 5.32.

32 Para revisar el sensor, verifique los valores de las resistencia del sensor de temperatura del refrigerante con un ohmiómetro conectado a los terminales A y B del conector del sensor (vea la ilustración). Con el motor frío (aproximadamente 70 grados F), la resistencia debe ser de aproximadamente 7,000 a 13,000 ohmios. Luego, encienda y caliente el motor hasta que alcance la temperatura de funcionamiento (alrededor de 200 grados F). La resistencia debe

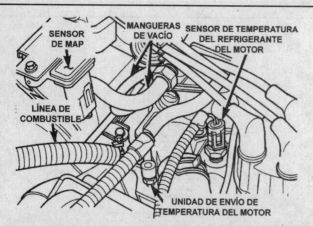

5.31b Sensor de temperatura del refrigerante del motor (ECT) - motor V6 de 3.0L

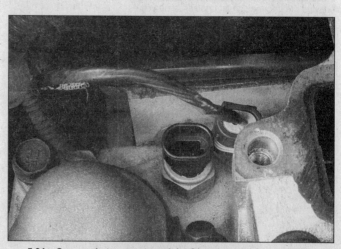

5.31c Sensor de temperatura del refrigerante del motor (ECT) - motores V6 de 3.3L y 3.8L (típicos)

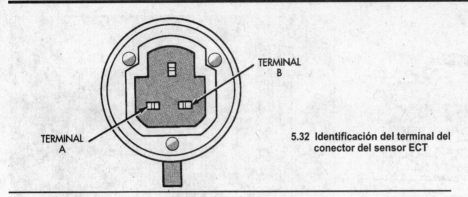

5.32 Identificación del terminal del conector del sensor ECT

de 700 a 1,000 ohmios.

33 Si no hay un cambio definido en la temperatura, quite el sensor de temperatura del refrigerante y verifique la resistencia en una bandeja de agua caliente para simular las condiciones de funcionamiento. Si las pruebas del sensor son correctas, revise el mazo de cables del sensor al PCM.

Reemplazo

Advertencia: *espere a que el motor esté completamente frío antes de iniciar este procedimiento.*

34 Para quitar el sensor, suelte la lengüeta de fijación, desconecte el conector eléctrico y luego desatornille cuidadosamente el sensor.

Precaución: *Manipule cuidadosamente el sensor del refrigerante. Los daños a este sensor afectarán el funcionamiento de todo el sistema de inyección de combustible.*

35 Antes de instalar el sensor nuevo, envuelva las roscas con cinta selladora de teflón para evitar fugas y la corrosión de las roscas.

36 El procedimiento de instalación se realiza a la inversa del de desmontaje.

Sensor de posición del acelerador (TPS)

Descripción general

37 El sensor de posición del acelerador (TPS) se encuentra en el extremo del eje del acelerador, sobre el cuerpo del acelerador (vea el Capítulo 4). El PCM determina la entrega de combustible sobre la base del ángulo de la válvula del acelerador (demanda del conductor). Un TPS dañado o flojo puede generar descargas intermitentes de combustible del inyector y una marcha mínima inestable, debido a que el PCM detecta que el acelerador está en movimiento.

Revisión

38 El Sensor de posición del acelerador (TPS) está ubicado sobre el cuerpo del acelerador.

39 Desconecte el conector eléctrico del TPS y con un voltímetro digital, verifique el voltaje de referencia de 5 voltios y los circuitos a tierra desde el PCM conectado la sonda positiva voltímetro al terminal del cable violeta/blanco del conector y la sonda negativa terminal del cable negro/azul. Con el interruptor de ignición ON, debe haber aproximadamente 5 voltios. Si no es así, revise el cableado desde el sensor al PCM.

40 A continuación, vuelva a conectar el conector al sensor y revise el voltaje de salida del sensor comprobando el terminal central del conector del TPS (cable naranja/azul oscuro) y el cable del terminal de tierra (negro/azul claro) con un voltímetro (use sondas adecuadas, como las de clavijas rectas, para comprobar el conector y conectar el medidor a las sondas). Lleve el interruptor de ignición a la posición ON (encendido). Con el acelerador cerrado, el voltaje debe ser de aproximadamente 0.38 voltios a 1.2 voltios. Con el acelerador totalmente abierto, el voltaje debe ser de aproximadamente 3.1 voltios a 4.4 voltios. El voltaje de salida debe aumentar gradualmente a medida que el acelerador se mueve lentamente de cerrado a totalmente abierto.

41 Si las lecturas de voltaje del sensor TPS son incorrectas, reemplace el sensor TPS.

42 Un problema en cualquiera de los circuitos TPS establecerá un DTC. Una vez que se establece un DTC, el PCM utilizará un valor predeterminado artificial para la posición del acelerador y regresará algo de rendimiento del vehículo. Finalice la prueba del TPS y los circuitos relacionados; se recomienda el uso de la herramienta de diagnóstico DRB II del distribuidor.

Reemplazo

Consulte las ilustraciones 5.44 y 5.45.

43 Desconecte el conector eléctrico del TPS.

44 Quite los tornillos de montaje del TPS y quite el TPS del cuerpo del acelerador (vea la ilustración).

45 Al instalar el sensor de posición del acelerador, asegúrese de alinear las lengüetas de localización del dado en el TPS con el eje del acelerador en el cuerpo del acelerador (vea la ilustración).

46 El procedimiento de instalación se realiza a la inversa del de desmontaje. Asegúrese de que la válvula del acelerador esté completamente cerrada una vez que se instala el TPS. Si no es así, gire el TPS para permitir el cierre completo (marcha mínima) antes de ajustar los tornillos de montaje.

47 Si la condición en marcha mínima no es satisfactoria, apague el motor y retire y limpie el cuerpo del acelerador con un limpiador en aerosol, limpie el interior del orificio del cuerpo del acelerador y ambos lados y los bordes de la placa del acelerador hasta que quede libre de depósitos (vea el Capítulo 4).

Sensor de temperatura del aire de admisión (solo motor de cuatro cilindros)

Información general

48 El sensor de temperatura del aire de admisión (IAT) está ubicado en el múltiple de admisión. Este sensor opera como un dispositivo coeficiente de temperatura negativo (NTC), lo que significa que a medida que la temperatura del sensor DISMINUYE, los valores de la resistencia AUMENTARÁN. A medida que la temperatura del sensor AUMENTE, los valores de resistencia DISMINUIRÁN. En la mayoría de los casos, la solución para un problema con la IAT es reparar un cable o reemplazar el sensor.

Revisión

49 Para revisar el sensor, con el interruptor de ignición en OFF (apagado), desconecte el conector eléctrico del sensor de temperatura del aire, que

5.44 Retire los tornillos de montaje del sensor de posición del acelerador (TPS) (flechas) y separe el TPS del cuerpo del acelerador

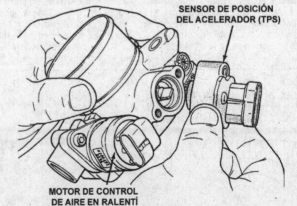

5.45 Cuando instale el sensor de posición del acelerador (TPS), alinee las lengüetas de ubicación del dado en el TPS con el eje del acelerador.

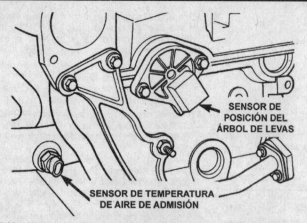

5.60a Ubicación del sensor de posición del árbol de levas - motor de cuatro cilindros

5.60 Ubicación del sensor de posición del árbol de levas (flecha) - motores V6 de 3.3L y 3.8L

se encuentra en el múltiple de admisión. Con un ohmiómetro, mida la resistencia entre los dos terminales en el sensor cuando esté totalmente frío, y luego arranque el motor y caliéntelo hasta que alcance la temperatura de funcionamiento. La resistencia debe ser mayor cuando el motor está frío y menor cuando el motor está caliente.
50   Si los resultados de la prueba de la resistencia del sensor son incorrectos, reemplace el sensor de temperatura del aire.
51   Si el sensor está en buen estado pero todavía hay un problema, haga revisar el vehículo en el departamento de servicio de un distribuidor u otro taller de reparaciones calificado, ya que el PCM puede estar funcionando mal.

Reemplazo
52   Desconecte el conector eléctrico del sensor de temperatura del aire de admisión.
53   Desenrosque el sensor del múltiple de admisión y quite el sensor de temperatura del aire.
54   El procedimiento de instalación se realiza a la inversa del de desmontaje.

Sensor de velocidad del vehículo
Nota: *Los motores V6 de 3.3L y 3.8L con el transeje 41TE NO están equipados con un sensor de velocidad del vehículo.*

Descripción general
55   El sensor de velocidad del vehículo (VSS) se encuentra en el lado de la transmisión (vea el Capítulo 7). Este sensor produce una señal de voltaje al PCM. Esta señal, en combinación con el sensor TPS, es utilizada por el PCM para ajustar el motor del control de aire en marcha mínima para el control de combustible y para control de cambios de la transmisión.

Revisión
56   Se requiere una herramienta de DIAGNÓSTICO OBD para revisar el VSS; se debe hacer revisar el sistema en el departamento de servicio de un concesionario u otro centro de reparación debidamente equipado.

Reemplazo
57   Para reemplazar el VSS, desconecte el conector eléctrico del VSS.
58   Quite el perno de retención y levante el VSS de la transmisión.
59   El procedimiento de instalación se realiza a la inversa del de desmontaje.

Sensor de posición del árbol de levas
Descripción general
Vea las ilustraciones 5.60a y 5.60b.
Nota: *La descripción general y los procedimientos de reemplazo que se dan a continuación no se aplican al motor V6 de 3.0 litros, que tiene el sensor de posición del árbol de levas ubicado en el distribuidor.*
60   El sensor de posición del árbol de levas (vea las ilustraciones) proporciona la identificación del cilindro al PCM para sincronizar el sistema de combustible con los sistemas de ignición y de chispas.
61   La señal se genera desde un anillo impulsor giratorio situado en la rueda dentada del árbol de levas, generando impulsos como grupos de muescas en la rueda dentada del árbol de levas qeu pasan por debajo del sensor. Cuando el metal se alinea con el sensor, el voltaje de impulsos es bajo (menos de 0.5 voltios). Cuando la muesca se alinea con el sensor, el voltaje aumenta a

aproximadamente 5.0 voltios. Estos impulsos son procesados por el PCM para determinar la sincronización de ignición.

Revisión
62   Se requiere una herramienta de DIAGNÓSTICO OBD II para revisar el sensor de posición del árbol de levas; haga revisar el sistema por el departamento de servicio de un distribuidor u otro centro de reparación debidamente equipado.

Reemplazo
Consulte la ilustración 5.66.
Nota: *El sensor de posición del árbol de levas del motor V6 de 3.0L, ubicado en el distribuidor, requiere la extracción y el reemplazo del distribuidor (vea el Capítulo 5).*
63   Desconecte el terminal negativo de la batería.
64   Desconecte el conector eléctrico del sensor de posición del árbol de levas.
65   Retire el perno del sensor de posición del árbol de levas y levante el sensor de la cubierta de sincronización.
66   El procedimiento de instalación se realiza a la inversa del de desmontaje. Asegúrese de instalar el separador de papel (vea la ilustración) en el sensor del árbol de levas y ajuste el perno del sensor del árbol de levas al torque indicado en las Especificaciones de este Capítulo. El separador de papel establece un espacio adecuado y absorberá en el aceite del motor después de hacer funcionar el motor.

Relés de apagado automático (ASD) y de la bomba de combustible
Descripción general
67   El relé ASD proporciona voltaje de la batería a los inyectores de combustible, la bobina de ignición electrónica y los elementos de calefacción en los sensores de oxígeno. Los relés ASD y de la bomba de combustible se encuentran en el centro de distribución de potencia (PDC) en el compartimiento del motor, al lado de la batería (vea el Capítulo 12) y se funden en el PDC. El PDC suministra voltaje al lado del solenoide y al lado del contacto de los relés. El PCM controla el relé ASD activando y desactivando la trayectoria de tierra. La trayectoria de tierra se apaga cuando se apaga el interruptor de ignición. Cuando el interruptor de ignición está en la posición ON (encendido) o CRANK (girar), el PCM determina si está

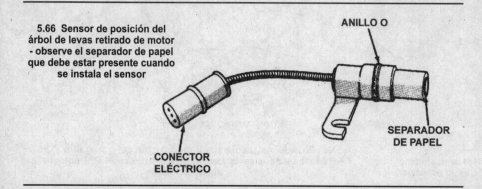

5.66 Sensor de posición del árbol de levas retirado de motor - observe el separador de papel que debe estar presente cuando se instala el sensor

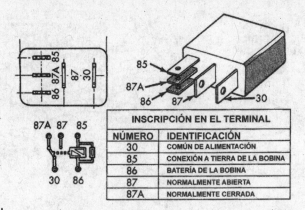

INSCRIPCIÓN EN EL TERMINAL	
NÚMERO	IDENTIFICACIÓN
30	COMÚN DE ALIMENTACIÓN
85	CONEXIÓN A TIERRA DE LA BOBINA
86	BATERÍA DE LA BOBINA
87	NORMALMENTE ABIERTA
87A	NORMALMENTE CERRADA

5.68 Identificación del terminal de los relés de apagado automático (ASD) y de la bomba de combustible (modelos 1996 a 1998)

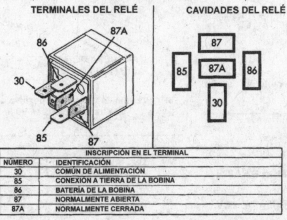

TERMINALES DEL RELÉ   CAVIDADES DEL RELÉ

INSCRIPCIÓN EN EL TERMINAL	
NÚMERO	IDENTIFICACIÓN
30	COMÚN DE ALIMENTACIÓN
85	CONEXIÓN A TIERRA DE LA BOBINA
86	BATERÍA DE LA BOBINA
87	NORMALMENTE ABIERTA
87A	NORMALMENTE CERRADA

detectando las señales del sensor de posición del cigüeñal y del sensor de posición del árbol de levas; si no detecta ninguna, se desactiva el relé ASD, interrumpiendo el voltaje a los inyectores de combustible de la bobina de ignición electrónica y los elementos de calefacción en los sensores de oxígeno. En cuanto al relé de la bomba de combustible, el PCM desactivará el relé si no detecta la rotación del motor.

Revisión

Consulte la ilustración 5.68.

68   Para revisar los relés ASD o de la bomba de combustible, quite el relé que se revisará (vea la ilustración). Utilice un ohmímetro para verificar la resistencia entre los terminales 85 y 86. La resistencia debe ser de 70 a 80 ohmios.
69   Verifique la continuidad entre los terminales 30 y 87A. El medidor debe indicar continuidad.
70   Verifique la continuidad entre los terminales 30 y 87. El medidor no debe indicar continuidad.
71   Conecte un cable puente al terminal 85 y una toma de tierra conocida del chasis, luego conecte otro puente desde el terminal 86 a una fuente de 12 voltios (como el terminal positivo de la batería del vehículo). Esto acciona el relé. Vuelva a verificar con el ohmímetro entre los terminales 30 y 87; ahora el medidor debe indicar continuidad. Desconecte el cable puente.
72   Reemplace el relé si no pasó las revisiones de continuidad o resistencia.

Sensor de golpeteos

Descripción general

Consulte la ilustración 5.73

Nota: *El sensor de golpeteos se usa solo en los motores V6 de 3.0L y 3.3L.*

73   El sensor de golpeteos (vea la ilustración) se monta en el lado del bloque del motor. Si el sensor de golpeteos detecta un golpe en el cilindro durante el proceso de combustión, envía una señal eléctrica al PCM. El PCM, a su vez, retarda la sincronización de ignición por una cierta cantidad para reducir la detonación no controlada. El sensor de golpeteos consiste en un pequeño cristal que oscila con la vibración del motor, y como la intensidad de la vibración de los golpeteos del motor aumenta, la señal de voltaje desde el sensor de golpeteos al PCM también aumenta.

Revisión

74   Conecte un voltímetro digital a los terminales del sensor de golpeteos y coloque el voltímetro en CA. Con el motor en funcionamiento, verifique que la salida sea de aproximadamente 20 mV a alrededor de 700 RPM y luego, de aproximadamente 600 mV (0.6 voltios) a 5,000 RPM.
75   En caso de falla del sensor de golpeteos, haga revisar el sistema por el departamento de servicio de un distribuidor.

Reemplazo

76   Desconecte el/los conector/es eléctrico/s y desatornille el/los sensor/es de golpeteos del bloque del motor.
77   El procedimiento de instalación se realiza a la inversa del de desmontaje.

Interruptor de posición Park (estacionamiento) y Neutral

78   Consulte el Capítulo 7 para ver todas las revisiones y los procedimientos de reemplazo del sensor de posición Park/Neutral.

6   Sistema de ventilación positiva del cárter (PCV)

Consulte las ilustraciones 6.1a, 6.1b, 6.1c y 6.3

1   El sistema de ventilación positiva del cárter (PCV) (vea las ilustraciones) reduce las emisiones de hidrocarburos mediante la recolección de los

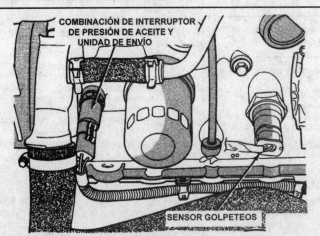

5.73 Ubicación típica de sensor de golpeteos - se muestran motores V6 de 3.3L y 3.8L

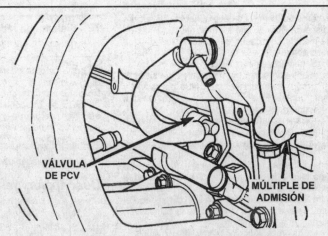

6.1a Válvula de ventilación positiva del cárter (PCV) - motor de cuatro cilindros

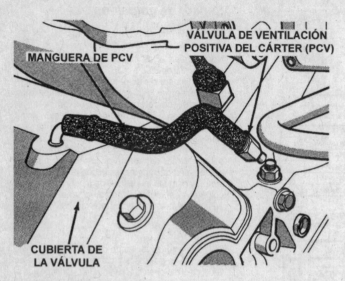

6.1b Válvula de ventilación positiva del cárter (PCV) - motor V6 de 3.0L

6.1c Válvula de ventilación positiva del cárter (PCV) y manguera de aire fresco - motores V6 de 3.3L y 3.8L (típicos)

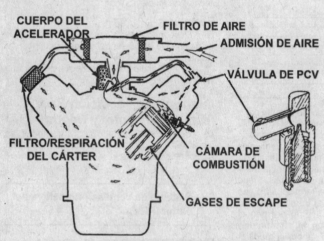

6.3 Flujo del sistema PCV típico para la quema de gases desviados del cárter

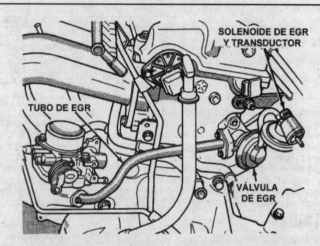

7.2a Válvula EGR montada en el motor de 2.4L (modelos 1996 a 2000)

vapores del cárter. Lo hace al hacer circular aire fresco del filtro de aire a través del cárter, donde se mezcla con gases desviados y luego sigue el recorrido a través de una válvula PCV hasta llegar al múltiple de admisión.

2   Los componentes principales del sistema PCV son la válvula PCV, un filtro de desvío y mangueras de vacío que conectan estos dos componentes al motor.

3   Para mantener la calidad de la marcha mínima, la válvula PCV restringe el flujo cuando el vacío del múltiple de admisión es alto. Si surgen condiciones de funcionamiento anormales (como problemas del anillo del pistón), el sistema está diseñado para permitir que las cantidades excesivas de gases desviados fluyan nuevamente a través del tubo de ventilación del cárter hacia el filtro de aire para consumirse en la combustión normal (vea la ilustración).

4   Los procedimientos de revisión y reemplazo de la válvula de PCV se describen en el Capítulo 1.

7   Sistema de recirculación de los gases de escape (EGR)

Nota: *El motor de cuatro cilindros no está equipado con un sistema EGR.*
Nota: *Si el solenoide de control de la válvula de EGR se desconecta o se daña, la señal eléctrica se pierde y la válvula de EGR se abre todo el tiempo durante las condiciones de calentamiento y conducción. Los síntomas serán mal rendimiento, marcha mínima irregular y problemas de manejabilidad.*

Descripción general

Consulte las ilustraciones 7.2a, 7.2b, 7.2c, 7.2d, 7, 7.2e, 7.6, 7.18a y 7.18b

1   El sistema de EGR reduce los óxidos de nitrógeno al hacer recircular los gases de escape a través de la válvula de EGR y el múltiple de admisión hasta las cámaras de combustión. Este sistema ayuda a reducir los óxidos de nitrógeno en el escape del motor y ayuda a prevenir el golpeteo de la chispa.

2   El sistema de EGR consta de la válvula de EGR, el transductor de contrapresión de EGR y la válvula de solenoide de control de EGR, el módulo de control del tren motriz (PCM) y varios sensores (vea las ilustraciones). La memoria del PCM se programa para lograr la altura ideal de la válvula de EGR para cada condición de funcionamiento. El PCM opera el solenoide de control de EGR y la contrapresión del sistema de escape controla el transductor EGR. El vacío del motor se transporta al transductor cuando el PCM desactiva el solenoide. Cuando la contrapresión del sistema de escape es alta, cierra completamente una válvula de purga en el transductor; cuando el PCM desactiva el solenoide y la contrapresión cierra la válvula de purga del transductor, el vacío se transporta al transductor para operar la válvula de EGR.

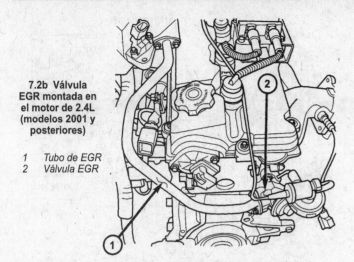

7.2b Válvula EGR montada en el motor de 2.4L (modelos 2001 y posteriores)

1   Tubo de EGR
2   Válvula EGR

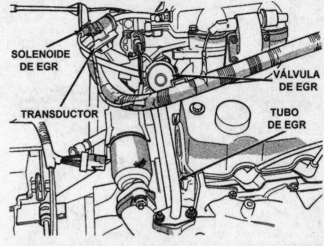

7.2c Ubicación de los componentes de la recirculación de gases de escape (EGR) - motor V6 de 3.0L

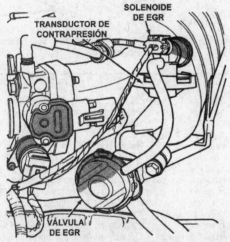

7.2d Válvula EGR montada en el motor 3.3/3.8L (modelos 2000 y anteriores)

7.2e Válvula EGR (flecha inferior) y la conexión del tubo (flecha superior) en modelos 2001 y posteriores

La variación de la fuerza del vacío aplicada a la válvula EGR cambia la cantidad de EGR suministrada a la admisión del motor, que es recirculación de gases de escape. No hay EGR en marcha mínima y opera en todas las temperaturas del refrigerante por encima de 60 grados F.

Revisión

Consulte la ilustración 7.6.

3   Arranque el motor y caliente a la temperatura de funcionamiento normal.
4   Revise el estado de todas las mangueras y tubos del sistema de EGR en busca de fugas, rajaduras, dobleces o endurecimiento de las mangueras de goma. Asegúrese de que todas las mangueras estén intactas antes de proceder a la revisión de la EGR.
5   Revise el esquema de vacío debajo del cofre para ver el recorrido correcto de las mangueras del sistema de EGR. Cambie el recorrido de las mangueras si es necesario.
6   Desconecte la manguera de vacío del diafragma de la válvula de EGR (manguera de vacío superior) y acople una bomba de vacío portátil a la válvula (vea la ilustración).

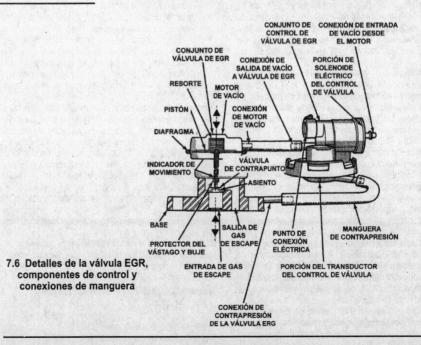

7.6 Detalles de la válvula EGR, componentes de control y conexiones de manguera

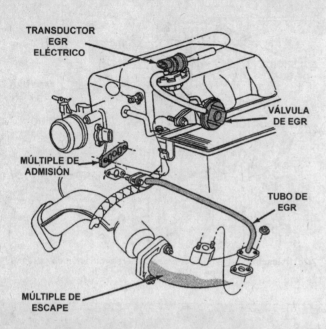

7.18a Detalles de instalación del tubo de EGR - motor V6 de 3.0L

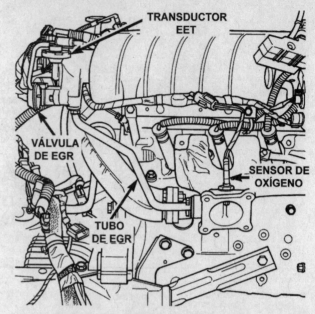

7.18b Ubicación del tubo EGR - motores V6 de 3.3L y 3.8L modelos 1996 a 2000

7   Arranque el motor y aplique un vacío de 5 in-Hg a la válvula de EGR. Con el motor a velocidad de marcha mínima, la velocidad de marcha mínima debería reducirse considerablemente o incluso detenerse cuando se aplique vacío. Esto indica que el sistema EGR está funcionando correctamente.

8   Si la velocidad del motor no cambia, esto indica una posible falla en la válvula de EGR, un tubo o pasajes de EGR bloqueados o tapados en los múltiples de admisión y escape que pueden bloquearse con carbón.

9   Aplique vacío a la válvula de EGR y observe si el vástago en la válvula de EGR se mueve. Si la válvula se abre y cierra correctamente y el motor no se ahoga, revise los pasajes.

10   Instale un medidor de vacío en la línea de vacío del transductor de EGR (vea la ilustración 7.6), aplique 15 in-Hg y observe la lectura del indicador de la bomba. Si la lectura cae, el diafragma de la válvula EGR es defectuoso.

11   Con la válvula EGR funcionando correctamente o reemplazada si se la halló defectuosa antes, desconecte la manguera de goma pequeña en la conexión de contrapresión en la base de la válvula EGR (vea la ilustración 7.6). Retire el alojamiento del filtro de aire del motor (vea el Capítulo 4).

12   Con aire comprimido y una boquilla de aire con punta de caucho, aplique aproximadamente 50 psi de aire regulado a la conexión metálica de contrapresión en la base de la válvula de EGR.

13   Abra a mano el acelerador a completamente abierto. No se debe escuchar aire proveniente del múltiple de admisión. Si se escucha aire, la válvula de asiento cónico en la base de la válvula de EGR tiene fugas. Reemplace la válvula de EGR. **Nota:** *Si la válvula de EGR se encuentra seriamente tapada con depósitos de carbón, no intente rasparlos. Reemplace la unidad.*

14   Compruebe que el diafragma de la válvula EGR no tenga fugas conectando una bomba de vacío de mano la conexión de contrapresión en

la parte inferior de la válvula de EGR (véase la ilustración 7.6). Aplique 10 in-Hg de vacío; si el vacío se fugas, reemplace la válvula EGR.

15   Verifique que el vacío del motor fluya desde la entrada hasta el lado de la salida de la válvula del transductor de contrapresión. En primer lugar, quite la manguera de vacío del motor y conecte un medidor de vacío a esta manguera. Arranque el motor y llévelo a la temperatura de funcionamiento y a aproximadamente 1500 rpm. Verifique que el vacío del motor sea uniforme; si no hay vacío presente, repare la línea de vacío. Vuelva a conectar la manguera a la válvula de solenoide.

16   A continuación, desconecte la manguera de salida del solenoide de contrapresión que se conecta con el diafragma de EGR. Conecte un medidor de vacío a la conexión de salida en el solenoide de contrapresión (vea la ilustración 7.6). Desconecte el conector eléctrico del solenoide de contrapresión. Arranque y caliente el motor hasta su temperatura funcionamiento. Mantenga a 2,000 rpm y compruebe si hay un vacío total en el múltiple del motor. Puede ser necesario crear contrapresión en el sistema de escape para esta prueba; para ello, use guantes de cuero grueso y cubra parcialmente el tubo de escape mientras observa el medidor de vacío. No cubra el tubo de escape durante más de uno o dos segundos. Debe observarse vacío total del motor (múltiple). **Nota:** *A marcha mínima, es normal que la lectura del medidor de vacío leyendo para sea errática.* Vuelva a colocar el conjunto del transductor de contrapresión si ni se mide vacío total del múltiple en la conexión de salida de la válvula solenoide de contrapresión (la conexión que conecta al diafragma de la EGR) y si hubo vacío presente en la conexión de entrada de vacío (la conexión que se conecta al vacío del motor).

Reemplazo de componentes
Válvula EGR

Vea las ilustraciones 7.18a y 7.18b.

17   Desconecte el conector eléctrico del

solenoide de contrapresión de EGR.

18   Retire los pernos de montaje del tubo de EGR (vea las ilustraciones) y separe el tubo del motor.

19   Retire las tuercas que sujetan la válvula EGR y desconecte la válvula EGR. Levante la válvula EGR y la válvula de solenoide de contrapresión como una sola unidad.

20   Limpie las superficies de contacto de la válvula de EGR y el adaptador.

21   Instale la válvula de EGR con una junta nueva. Ajuste las tuercas de manera segura.

22   Conecte el conector eléctrico al solenoide de contrapresión de EGR.

Solenoide de control de EET

23   Desconecte el conector eléctrico al solenoide de contrapresión de EGR.

24   Desconecte las mangueras de vacío del solenoide de contrapresión a la válvula EGR.

25   Levante el solenoide de contrapresión del compartimento del motor.

26   El procedimiento de instalación se realiza a la inversa del de desmontaje.

---

8   Sistema de control de emisiones por evaporación (EVAP)

Descripción general

Consulte las ilustraciones 8.5a a 8.5e y 8.6.

1   El sistema de control de emisiones por evaporación de combustible absorbe los vapores de combustible y, cuando el motor está en funcionamiento, los libera en la admisión del motor, donde se mezclan con la combinación de aire y combustible que ingresa.

2   El sistema de evaporación emplea un recipiente que contiene carbón activado para absorber los vapores de combustible. Cuando el combustible se evapora en el tanque de combustible, los vapores pasan a través de las mangueras o tubos de ventilación al

8.5a Ubicación del recipiente EVAP debajo de la carrocería del vehículo (modelos 1996 a 2000)

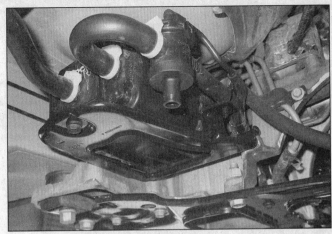

8.5b Ubicación típica del recipiente EVAP . . .

recipiente de evaporación.

3   El tapón de llenado de combustible está equipado con una válvula de alivio como dispositivo de seguridad. La válvula libera vapores de combustible a la atmósfera si el sistema de control por evaporación falla.

4   Otra válvula de corte de combustible (válvula antirretorno del tanque de combustible) montada en el tanque de combustible, regula el flujo de vapor de combustible desde el tanque de combustible hasta el recipiente de carbón, basándose en la presión o vacío generado por cambios de temperatura.

5   El vapor del combustible fluye por mangueras de ventilación al depósito de carbón debajo el compartimiento de pasajeros (vea las ilustraciones). El carbón activado en el recipiente absorbe y almacena estos vapores. El recipiente retiene temporalmente los vapores, y durante el funcionamiento del motor, el PCM porta el vacío del múltiple de admisión para extraer los vapores en el cuerpo del acelerador de admisión para quemar los vapores como combustible. El sistema controla el flujo de vapor con un solenoide de purga que se regula la velocidad del flujo de vapor al motor. Cuando el motor está en marcha y calentado a una temperatura predeterminada, un solenoide de purga de EVAP de ciclo de trabajo o solenoide de purga proporcional (vea la ilustración) permite que el vacío del múltiple

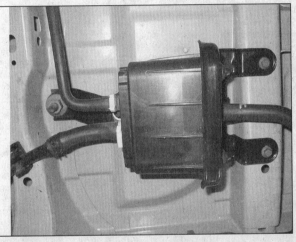

8.5c. . . y el recipiente EVAP trasero debajo del asiento del conductor (modelos 2001 y posteriores)

de admisión abra una válvula de diafragma de control de purga en el recipiente de carbón. Los vapores de combustible del recipiente luego son transportados por el vacío del múltiple de admisión a través de la válvula de diafragma de control de purga. El PCM no energiza el solenoide en condiciones de funcionamiento en frío ni de demora en arranque en caliente (NO HAY VAPORES DE PURGA). Una vez

que el motor se calentó a las temperaturas de funcionamiento adecuadas, el PCM purga los vapores hacia el cuerpo del acelerador según las condiciones de funcionamiento del motor. El PCM activa el ciclo del solenoide de control de purga (encendido y apagado) alrededor de 5 a 10 veces por segundo. La valocidad de flujo se controla por medio del ancho de impulso o del lapso en que el solenoide está energizado.

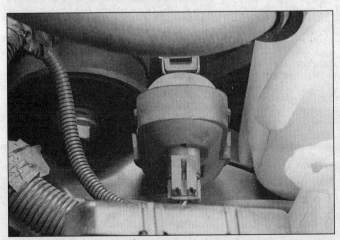

8.5d La válvula de control de purga de ciclo de trabajo del recipiente - ubicada en el compartimiento del motor

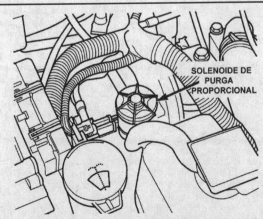

SOLENOIDE DE PURGA PROPORCIONAL

8.5e La válvula de solenoide de control de purga proporcional - ubicada en el compartimiento del motor

6   Una bomba de detección de fugas, que se encuentra debajo del bloque del motor cerca del mecanismo de dirección (vea la ilustración), automáticamente detecta las fugas del sistema EVAP. Cuando se arranca el motor y está frío, la bomba presuriza el sistema de EVAP temporalmente y si hay una fuga, la bomba fluirá a un caudal determinado por el tamaño de la fuga, que el monitor de la bomba PCM compara con el límite de detección requerido. Si hay una fuga, el PCM establecerá un código de falla DTC.

Revisión

Nota: *El sistema de control de la evaporación, como todos los sistemas de control de emisiones, está protegido por una garantía federal extendida. Es probable que el sistema EVAP no presente fallas durante la vida útil del vehículo; no obstante, si las presentara, por lo general estarán relacionadas con las mangueras o el recipiente de carbón.*

7   Siempre revise las mangueras en primer lugar. La causa más probable de fallas del sistema EVAP es una manguera desconectada, dañada o faltante. Vea el diagrama de recorrido de la manguera de vacío (fijado al soporte del radiador) para determinar si el recorrido y las conexiones de las mangueras son correctos. Repare las mangueras dañadas o vuelva a colocar las mangueras faltantes, según sea necesario.

8   Desconecte la manguera de vacío de la válvula de diafragma de control de purga (ubicada en el múltiple de admisión) y conecte un medidor de vacío a la manguera (vea la ilustración). Encienda el motor y déjelo funcionar a marcha mínima. NO debe haber vacío con el motor frío. Si hay vacío, haga probar la válvula de transferencia del tanque de combustible por distribuidor o un taller de reparaciones.

9   Caliente el motor hasta su temperatura normal de operación. Debe haber vacío con el motor caliente.

10   Se requerirá una herramienta de DIAGNÓSTICO OBD II para realizar el diagnóstico completo del sistema EVAP; haga revisar el sistema en el departamento de servicio de un concesionario u otro centro de reparación debidamente equipado.

Reemplazo de componentes

Solenoide de purga EVAP

11   Desconecte las mangueras de vacío y los conectores eléctricos desde el solenoide de purga y quite el solenoide de purga y su funda de goma del soporte.

12   Instale el nuevo solenoide de purga con la palabra TOP hacia arriba. El solenoide no funcionará correctamente si no está instalado correctamente. Vuelva a conectar los conectores eléctricos, las mangueras de vacío y la funda de goma.

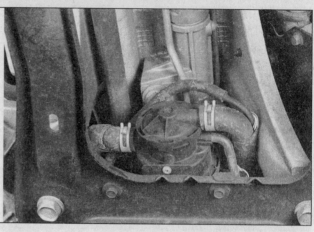

8.6 La bomba de detección de fugas del sistema EVAP se encuentra debajo del bloque del motor

Válvula de transferencia del tanque de combustible

13   Hay dos válvulas de transferencia en el tanque de combustible. En estos vehículos, no se puede realizar servicio a las válvulas de transferencia. El tanque de combustible debe ser extraído y reemplazado por un nuevo tanque en el caso de que las válvulas de transferencia requieran mantenimiento. Quite y reemplace el tanque de combustible (vea el Capítulo 4).

9   Convertidor catalítico

Nota: *Debido a la garantía federal extendida que cubre los componentes relacionados con emisiones como el convertidor catalítico, consulte con el departamento de servicio de un distribuidor antes de cambiar el convertidor por su cuenta.*

Descripción general

1   El convertidor catalítico (vea el Capítulo 4) es un dispositivo de control de emisiones agregado al sistema de escape para reducir las sustancias contaminantes de la corriente de gases de escape. El catalizador de tres vías disminuye los niveles de óxidos de nitrógeno (NOx), así como de hidrocarburos (HC) y monóxido de carbono (CO).

Revisión

2   Los equipos de prueba para convertidores catalíticos son costosos y muy sofisticados. Si cree que el convertidor de su vehículo presenta una falla, lleve el vehículo a un distribuidor o a un taller autorizado de inspección de emisiones para su diagnóstico y reparación.

3   Cada vez que se levante el vehículo para realizar el mantenimiento de los componentes de la carrocería inferior, revise el convertidor para verificar que no haya fugas, corrosión, abolladuras u otros daños. Revise los pernos de la brida y las soldaduras que fijan los extremos delantero y

trasero del convertidor al sistema de escape. Si descubre daños, debe reemplazar el convertidor.

4   Aunque los convertidores catalíticos no fallan con frecuencia, pueden llegar a taparse. La manera más sencilla de revisar si el convertidor está obstruido es utilizar un vacuómetro para diagnosticar el efecto que produce un escape bloqueado en el vacío de admisión.

a) *Coloque el acelerador en posición abierta hasta que la velocidad del motor alcance aproximadamente 2000 rpm.*

b) *Suelte el acelerador rápidamente.*

c) *Si no hay obstrucciones, el indicador cae rápidamente a no más de 2 in-Hg o más con respecto a su lectura normal.*

d) *Si el indicador no muestra 5 in-Hg o más por encima de su lectura normal, o parece que se sostiene momentáneamente alrededor de la lectura más alta antes de regresar, el sistema de escape o el convertidor se tapan (o un tubo de escape se dobla o abolla, o el núcleo dentro del silenciador cambia).*

5   El sistema de sensor de oxígeno de doble supervisa la eficiencia del convertidor catalítico al monitorear continuamente la capacidad de almacenamiento de oxígeno del catalizador y luego calcular su eficiencia. La sonda de oxígeno anterior detecta la cantidad de oxígeno en el gas de escape antes del catalizador, mientras que la sonda de oxígeno posterior se ve afectada a medida que la reacción química del convertidor catalítico cambia como el contenido de oxígeno de una condición rica o diluida del motor. Se monitorea el sistema de manera que cuando la eficiencia del catalizador se deteriora y las emisiones de escape aumentan al límite, la MIL (luz CHECK ENGINE) se iluminará. Lleve el vehículo al distribuidor o a un taller de reparaciones para su reparación o el reemplazo del convertidor catalítico.

Reemplazo

6   Consulte la instrucciones de desmontaje e instalación del sistema de escape en el Capítulo 4.

Capítulo 7
Transeje automático

Contenido

Especificaciones

Tipo de líquido y capacidad	Vea el Capítulo 1
Ajuste de la banda (transeje 31TH de 3 velocidades)	
Rebase (retrocedió de 72 in-lbs)	2-1/4 vueltas
Reversa baja (retrocedido de 41 in-lbs)	3-1/2 vueltas

Especificaciones de torque

Ft-lb (a menos que se indique lo contrario)

Pernos conversores de plato de transmisión a torque	
31TH de 3 velocidades	50
41TE de 4 velocidades	55
Pernos que fijan el plato de transmisión al cigüeñal	
31TH de 3 velocidades	55
41TE de 4 velocidades	70
Interruptor de arranque en neutral	24
Perno de la caja del cable del acelerador al transeje (31TH)	105 in-lb
Perno de la caja del cable manual al transeje (31TH)	21
Tornillo de la palanca de control manual (31TH)	105 inch-lb
Tornillo de fijación giratorio de ajuste del cable del acelerador (31TH)	100 in-lb
Perno de fijación del transeje al motor (31TH)	70
Sensor de velocidad de salida (41TE)	20
Conjunto de solenoide a la caja (41TE)	105 inch-lb
Tornillo de ajuste del cable de cambios de velocidad	70 inch-lb
Tuerca de seguridad del tornillo de ajuste de la banda de rebase	35
Tuerca de seguridad del tornillo de ajuste de la banda de reversa baja	10

1   Información general

Todos los vehículos incluidos en este manual vienen equipados con un transeje automático de 3 velocidades o de 4 velocidades. El transeje compacto del sistema de tracción delantera consta de un convertidor de torque acoplado al cigüeñal mediante un plato impulsor, una transmisión automática y un diferencial en una unidad.

El transeje automático 31TH de 3 velocidades incluye el convertidor de torque, el área del transeje y el diferencial en un alojamiento de aluminio. El colector del diferencial es común con el colector del transeje y no es posible el llenado del diferencial por separado; solo se usa líquido de transmisión automática (vea el Capítulo 1). El convertidor de torque está conectado al cigüeñal mediante un plato impulsor flexible. El convertidor de torque se enfría mediante la circulación de líquido de transeje a través de un enfriador remoto ubicado en el tanque del lado de radiador y/o un intercambiador de calor de aceite a aire. El fluido del transeje se filtra mediante un filtro interno en el cuerpo de la válvula. El transeje es convencional en cuanto a que utiliza embragues hidráulicos para cambiar un tren de engranajes planetario. Un embrague del convertidor de torque es estándar, activado en el engranaje impulsor por un solenoide eléctrico accionado por el módulo de control del tren motriz (PCM)

El 41TE de 4 velocidades es una transeje automático controlado, totalmente adaptativo, es similar al mencionado arriba en la construcción, excepto por los controles, las bandas y la cantidad y los tipos de embragues y acumuladores. Los controles adaptativos del 41TE se basan en la información del sensor de retroalimentación en tiempo real de varios sensores y señales del PCM y el módulo de control de la transmisión (TCM). El TCM se encuentra debajo del cofre en el lado del pasajero del compartimiento del motor. Tres interruptores de presión indican la aplicación del solenoide, dos sensores de velocidad leen la velocidad de entrada (convertidor de torque) y la velocidad de salida (patín de estacionamiento). También hay un interruptor de posición manual en la palanca de cambios y se pueden leer la velocidad del motor, la posición del acelerador, la temperatura y otras condiciones desde los sensores del motor y desde el PCM. El 41TE se identifica mediante un código de identificación en la caja del transeje cerca del conjunto de solenoide, que controla los embragues de cambio. Los controles adaptativos leen y almacenan ("aprenden") información electrónicamente para que la liberación y el acople del embrague sean más precisos y suaves a medida que cambia la velocidad de conducción, compensando los cambios en el torque del motor o de la transmisión (por debajo de 16 millas por hora), y los vuelve a aprender a media que la unidad se desgasta. El diagnóstico a bordo (OBD II) es una característica del transeje 41TE y sse pueden leer las fallas o los problemas como se describe en el Capítulo 6 (código de diagnóstico de falla 45).

Debido a la complejidad de los transejes automáticos y a la necesidad de equipos y conocimientos especializados para realizar la mayoría de los trabajos de servicio, este Capítulo contiene únicamente los procedimientos generales de diagnóstico, de reemplazo de sellos, de ajustes y de desmontaje e instalación.

Si el transeje requiere un trabajo importante o se detecta un código de falla para el transeje (vea el Capítulo 6), se debe derivar al departamento de servicio de un distribuidor o a un taller de reparación de transmisiones automáticas.

2   Diagnóstico - generalidades

Nota: *Las fallas en los transejes automáticos pueden deberse a cinco condiciones generales: Fallas por bajo rendimiento del motor, por ajustes inadecuados, hidráulicas, mecánicas o electrónicas. El diagnóstico de estos problemas siempre debe comenzar con una revisión de los elementos fácilmente reparables: nivel y estado del líquido (vea el Capítulo 1), ajuste del varillaje de cambios y ajuste del cable del acelerador (vea las Secciones 5 y 6). Luego, realice una prueba en carretera para determinar si el problema se ha corregido o si es necesario otro diagnóstico. Si el problema continúa después de finalizadas las pruebas y correcciones preliminares, realice un diagnóstico adicional en el departamento de servicio de un concesionario o en un taller de reparación de transmisiones. Consulte la sección Solución de problemas en al principio de este manual para el diagnóstico de problemas del transeje o el Capítulo 6 si se leer un código de falla de la MIL (luz indicadora de fallas) MIL en el tablero.*

Revisiones preliminares

1   Conduzca el vehículo para calentar el transeje hasta la temperatura de funcionamiento normal. Para los vehículos con transeje 41TE de 4 velocidades, consulte a un distribuidor o taller de reparación de transmisiones si se enciende una luz MIL y se detecta un código de falla 45 (vea el Capítulo 6).
2   Revise el nivel de fluido como se describe en el Capítulo 1:

a) *Si el nivel está inusualmente bajo, agregue suficiente cantidad para llevar el nivel hasta la zona designada por la varilla de medir, luego revise para ver si hay fugas externas.*

b) *Si el nivel está anormalmente alto, drene el exceso, luego revise el fluido drenado para ver si está contaminado con refrigerante. La presencia de refrigerante del motor en el fluido de la transmisión automática indica que se ha producido una falla en las paredes internas del radiador que separan el refrigerante del fluido de la transmisión (vea el Capítulo 3).*

c) *Si el fluido está espumando, drénelo y vuelva a llenar el transeje, luego revise para ver si hay refrigerante en el fluido o nivel de fluido alto.*

3   Revise la velocidad de marcha mínima del motor. **Nota:** *Si el motor está fallando, no continúe con las revisiones preliminares hasta que haya sido reparado y funcione normalmente.*
4   Revise si el cable de la válvula del acelerador en los transejes 31TH de 3 velocidades tiene libertad de movimiento. Ajústela si es necesario (vea la Sección 6). **Nota:** *El cable de la válvula del acelerador puede funcionar correctamente cuando el motor esté apagado y frío, pero puede tener fallas en el funcionamiento una vez que el motor esté caliente. Revíselo cuando esté frío y en temperatura de funcionamiento normal del motor.*
5   Inspeccione el varillaje de cambios (vea la Sección 5). Asegúrese de que esté ajustado correctamente y funcione suavemente.

Diagnóstico de fuga de fluido

6   La mayoría de las fugas de fluido son fáciles de encontrar visualmente. La reparación suele consistir en el reemplazo de un sello o una junta. Si una fuga es difícil de encontrar, el siguiente procedimiento puede ser útil.
7   Identifique el fluido. Asegúrese de que sea líquido de transmisión y no aceite de motor o aceite de freno (el líquido para transmisión automática es de color rojo oscuro).
8   Trate de precisar el origen de la fuga. Conduzca el vehículo varios kilómetros, luego estaciónelo sobre un trozo grande de cartón. Después de un minuto o dos, debe poder encontrar la fuga y determinar el origen del fluido que gotea sobre el cartón.
9   Realice una inspección visual cuidadosa del componente sospechoso y de las áreas que lo rodean. Preste especial atención a las superficies de contacto de las juntas. Un espejo suele ser útil para encontrar fugas en áreas difíciles de ver a simple vista.
10   Si aun así no puede encontrar la fuga, limpie el área sospechosa minuciosamente con un desengrasante o solvente, luego séquela.
11   Conduzca el vehículo varios kilómetros a temperatura de funcionamiento normal y distintas velocidades. Después, inspeccione visualmente el componente sospechoso una vez más.
12   Una vez ubicada la fuga, se debe determinar la causa antes de poder repararla correctamente. Si se reemplaza una junta pero la lengüeta del sellado está doblada, la junta nueva no detendrá la fuga. Se debe enderezar la lengüeta doblada.
13   Antes de intentar reparar una fuga, revise para cerciorarse de que se corrigieron las siguientes condiciones. De lo contrario, pueden causar una fuga nueva. **Nota:** *Algunas de las siguientes condiciones no se pueden arreglar sin herramientas y experiencia altamente especializadas. Estos problemas deben derivarse a un taller de transmisiones o al departamento de servicio de un distribuidor.*

Fugas de las juntas

14   Revise el cárter periódicamente. Asegúrese de que los pernos estén colocados (y que no falte ninguno) y apretados, que la junta esté en buen estado y que el cárter esté plano (las abolladuras en el cárter pueden indicar que el cuerpo de la válvula dentro de él está dañado).
15   Si la junta del cárter tiene fugas, el nivel o la presión del fluido pueden estar demasiado alta, la ventilación puede estar obstruida, los pernos del cárter pueden estar demasiado apretados, la brida del sellado del cárter puede estar doblada, la superficie de sellado del alojamiento del transeje puede estar dañada, la junta puede estar dañada o el cuerpo fundido del transeje puede estar agrietado o poroso. Si se utiliza sellador en lugar de una junta, puede ser un sellador incorrecto.

Fugas de los sellos

16   Si un sello del transeje tiene fugas, el nivel o la presión del fluido puede ser demasiado alta, la ventilación puede estar obstruida (estos modelos se ventilan mediante la varilla de medición hueca), el alojamiento del sello puede estar dañado, el sello mismo puede estar dañado o instalado en forma incorrecta, la superficie del eje que sobresale a través del sello puede estar dañada o un rodamiento flojo puede estar ocasionando movimiento excesivo del eje. Compruebe si hay una fuga en el sello de la bomba de aceite quitando la placa de inspección del convertidor de torque y buscando rastros de líquido o un charco de líquido en el alojamiento del convertidor de par.

17   Asegúrese de que el sello del tubo de la varilla medidora esté en buen estado y que el tubo esté asentado correctamente. Revise periódicamente el área que rodea al engrane o al sensor del velocímetro para detectar fugas. Si la presencia de líquido de la transmisión es evidente, revise el anillo O para ver si está dañado. También inspeccione los sellos de aceite del eje de engranajes laterales en busca de fugas.

Fugas de la caja

18   Si la que parece tener fugas es la caja, el cuerpo fundido está poroso y tendrá que ser reparado o reemplazado.

19   Asegúrese de que las conexiones de la manguera del enfriador de aceite estén apretadas y en buen estado.

Sale fluido de la abertura de llenado

20   Si esto sucede, el transeje está lleno en exceso, hay refrigerante en el fluido, la caja está porosa, la varilla medidora es incorrecta, la ventilación está obstruida o los orificios de retrodrenado están tapados.

3   Sello de aceite - reemplazo

Consulte las ilustraciones 3.3, 3.4, 3.8 y 3.9

1   **Nota:** *Si su vehículo estuvo mucho tiempo (seis meses o más) sin usar, el sello de la bomba de aceite del transeje puede tener alguna fuga. Deberá/n reemplazarse el/los sello/s con fuga ya que el fabricante no recomienda el uso de cualquier aditivo o sellador líquidos.*

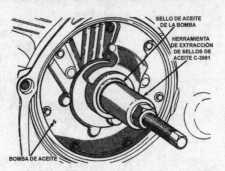

3.3 Desmontaje del sello de la bomba de aceite del alojamiento del transeje con la herramienta C-3981-B

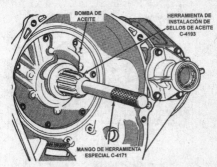

3.4 Instalación del sello de la bomba de aceite del transeje con las herramientas C-4171 y C-4193

Sello de la bomba de aceite

Nota: *El sello (delantero) de la bomba de aceite del transeje se puede reemplazar sin quitar la bomba de aceite.*

2   Para volver a colocar el sello de la bomba de aceite del transeje, deberán retirarse el transeje y el convertidor de par. Consulte la Sección 8 para ver el procedimiento de desmontaje del transeje.

3   Si está disponible, utilice la herramienta de extracción de sellos de fábrica (número C-3981-B). Atornille el extractor de sellos en el sello y luego, apriete el tornillo para extraer el sello (vea la ilustración). Si la herramienta de fábrica no está disponible, utilice una herramienta de extracción de sellos tipo gancho (disponible de proveedores de herramientas automotrices). Si no se dispone de una herramienta tipo gancho, intente usar un destornillador u otra herramienta de palanca para levantar el sello, moviendo alrededor del sello. Tenga cuidado de no rayas el eje de entrada ni el orificio del sello.

4   Si está disponible, utilice las herramientas de fábrica (números C-4193 [el instalador] y C-4171 [la manija]) para instalar el nuevo sello. Coloque el sello en la abertura (el lado del borde hacia adentro), luego empuje el sello hasta que toque fondo en el orificio del sello (vea la ilustración). Si las herramientas de la fábrica no están disponibles, utilice un pequeño bloque de madera y un martillo para golpear suave y cuidadosamente el sello en su lugar, todo alrededor de la junta hasta que toque fondo en el orificio de la junta.

Sello del alojamiento de extensión (transeje derecho)

Nota: *El reemplazo del sello de aceite del transeje izquierdo requiere quitar el retenedor del cojinete del diferencial (se necesita una herramienta especial) y presionar la nueva junta en el retenedor con una prensa de ariete. Este procedimiento está más allá del alcance del mecánico doméstico.*

5   El sello del alojamiento de extensión está situado en el alojamiento de extensión, que está atornillado al lado derecho del transeje.

6   Levante el vehículo y apóyelo firmemente sobre torretas de seguridad.

7   Retire el transeje derecho (vea el Capítulo 8).

8   Utilice un destornillador u otra herramienta de extracción para hacer palanca en el sello y sacarlo del alojamiento de extensión (vea la ilustración).

9   Cubra el borde y el diámetro exterior del sello nuevo con líquido de transmisión. Coloque el sello nuevo sobre la abertura (el lado del borde hacia adentro). Utilice un cubo del mismo tamaño que el diámetro exterior del sello o un bloque de madera y golpee suave y cuidadosamente el cubo o la madera con un martillo, empujando el sello a su lugar. Si está disponible, debe utilizar la herramienta de fábrica (números L-4520 y manija C-4171). Con estas herramientas, coloque el nuevo sello en el alojamiento de extensión (vea la ilustración).

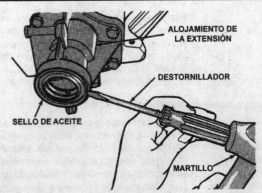

3.8 Desmontaje del sello del alojamiento de extensión con un destornillador

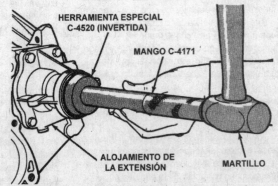

3.9 Instalación del sello del alojamiento de extensión con las herramientas L-4520 y C-4171

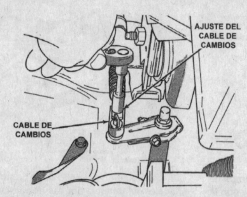

5.3 Ajuste el varillaje de cambios - transejes automáticos de 3 velocidades y 4 velocidades

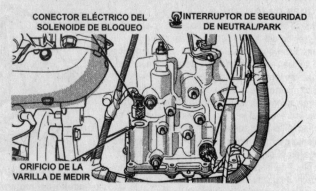

7.1a Ubicación del interruptor de la luz de arranque en neutral/ reversa - transeje automático de 3 velocidades

4   Montaje del transeje - revisión y reemplazo

Este procedimiento se cubre en *Montajes del motor - procedimientos de revisión reemplazo* en el Capítulo 2.

5   Cable de cambios - revisión y ajuste

Revisión

1   Compruebe el funcionamiento del transeje en cada posición de la palanca de cambios (trate de arrancar el motor en cada posición - el motor de arranque debe funcionar solo en las posiciones Park y Neutral). Además, coloque la palanca de cambios en la posición Park y retire la llave de encendido para confirmar que la palanca de cambios está en la posición Park (P) bloqueada. Si la operación no es como se describe, intente ajustar el cable de cambio, tal como se describe a continuación. Si la operación todavía no es correcta, revise el interruptor de arranque en neutral (vea la Sección 7).

Ajuste

Consulte la ilustración 5.3

2   Con el vehículo nivelado, aplique el freno de estacionamiento. Coloque la palanca de cambios en posición Park y retire la llave de encendido.
3   Trabajando en el compartimiento del motor, afloje el tornillo de ajuste del cable en la palanca de funcionamiento del transeje (vea la ilustración).
4   Tire de la palanca de cambios hasta llegar al tope (posición Park) con la mano.
5   Libere el freno de estacionamiento y luego, balancee el vehículo para asegurarse de que esté bloqueado en Park. Vuelva a aplicar el freno de estacionamiento.
6   Ajuste el tornillo de ajuste del cable al torque indicado en las Especificaciones de este Capítulo.
7   Revise la palanca de cambios, trate de arrancar el motor en todas las posiciones de cambio y verifique que el indicador de cambios muestre las marchas correctas. Si la pantalla no se lee correctamente, reajuste el cable de cambios de velocidad. El motor debe arrancar sólo cuando la palanca está en la posición Park o Neutral.

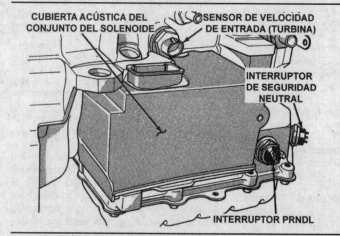

7.1b Ubicación del interruptor de la luz de arranque en neutral/ reversa - transeje automático de 4 velocidades

6   Cable del acelerador del transeje (transeje 31TH de 3 velocidades) - revisión y ajuste

Nota: *El transeje 41TE de 4 velocidades no tiene cable del acelerador transeje.*

Revisión

1   El ajuste del cable de presión del acelerador del transeje es importante para el correcto funcionamiento del transeje. Si el ajuste es largo, el transeje cambiará temprano. Si el ajuste es demasiado corto, el transeje cambiará tarde.
2   El cable del acelerador del transeje controla una válvula en el transeje que controla la calidad y la velocidad de los cambios. Si realizar cambios es duro o errático, se debe ajustar el cable del acelerador.

Ajuste

3   El ajuste debe realizarse con el motor a temperatura normal de funcionamiento y la velocidad de marcha mínima correcta del motor.
4   Afloje el tornillo de fijación giratorio del cable del acelerador del transeje.
5   Para asegurar el ajuste apropiado, la pieza giratoria debe tener libertad para deslizarse hacia atrás y hacia adelante en el extremo plano de la varilla del acelerador. Si es necesario, retire y limpie la ranura y las superficies deslizantes.
6   Sujete la palanca del cable del acelerador del transeje firmemente hacia el motor, contra su tope interno hasta el límite de su recorrido. Ajuste el tornillo de fijación giratorio al torque indicado en las Especificaciones de este Capítulo.
7   El ajuste está terminado y se eliminó automáticamente el juego libre del varillaje por el resorte de precarga.
8   Lubrique las piezas deslizantes si es necesario.

7   Interruptor de la luz de arranque en neutral/reversa - revisión y reemplazo

Consulte las ilustraciones 7.1a, 7.1b y 7.7.
Nota: *En los vehículos equipados con el transeje 41Te de 4 velocidades no hay ningún interruptor instalado. En cambio, se usa un sensor de rango del transeje (TRS). El TRS requiere un equipo de servicio de fábrica para su servicio. Recomendamos asistencia profesional para este componente.*

Revisión

1   El interruptor de la luz de arranque en neutral/reversa se encuentra en el borde delantero inferior del transeje (vea las ilustraciones). El interruptor controla las luces de reversa y el arranque del motor en Park y Neutral. El terminal central del interruptor conecta a tierra el circuito del solenoide de arranque cuando el transeje está en la posición Park o Neutral, lo que permite que el motor arranque.

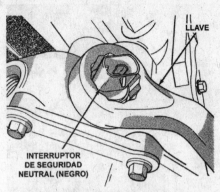

7.7 Desmontaje del interruptor de la luz de arranque en neutral/reversa - transeje automático de 4 velocidades

8.2 Conexiones de la línea de enfriador de transmisión en el transeje - típicas

8.4 Extracción del cable de cambios del transeje de la palanca manual de la válvula del transeje

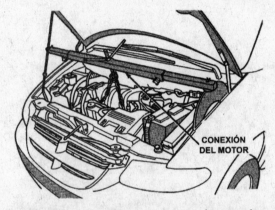

8.5 El peso del motor debe sportarse con el accesorio especial mientras se quita el transeje - un método de apoyo alternativo es usar un gato de piso para soportar el motor

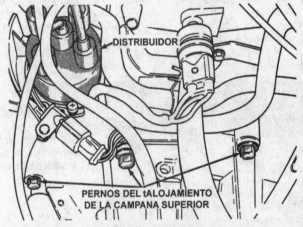

8.6 Ubicaciones de los pernos de la campana del embrague superior

2   Antes de revisar el interruptor de la luz de arranque en neutral/reversa, asegúrese de que el varillaje de cambios de velocidad esté correctamente ajustado (vea la Sección 5).

3   Desconecte el conector del interruptor y usar un ohmiómetro para revisar la continuidad entre el terminal central y la caja. Debe existir continuidad solo cuando el transeje está en Park o Neutral.

4   Revise la continuidad entre los dos terminales externos. Debe existir continuidad solo cuando la transmisión está en Reverse. No debe haber continuidad entre ningún terminal externo y la caja.

5   Si el interruptor de neutral falla alguna de estas pruebas, reemplácelo por uno nuevo.

Reemplazo

6   Coloque una bandeja de drenaje debajo del interruptor de neutral para recolectar el fluido liberado cuando se retira el interruptor de neutral. Si no lo aún, desenchufe el conector eléctrico del interruptor de neutral.

7   Desatornille el interruptor de seguridad de arranque en neutral desde el transeje, con una llave de extremo cuadrado para evitar daños en el alojamiento del interruptor (vea la ilustración)

8   Mueva la palanca de cambios de Park a Neutral mientras verifica que los dedos operati-

vos del interruptor de neutral están centrados en la apertura.

9   Instale el interruptor de neutral nuevo con un sello nuevo y apriételo al torque indicado en las Especificaciones de este Capítulo. Repita las revisiones en el nuevo interruptor de neutral y enchufe el conector eléctrico.

10   Revise el nivel de líquido y agregue según sea necesario (vea el Capítulo 1).

8   Transeje automático - desmontaje e instalación

Consulte las ilustraciones 8.2, 8.4, 8.5, 8.6, 8.7, 8.10, 8.13, 8.16, 8.17a, 8.17b y 8.18

Advertencia: *espere a que el motor esté completamente frío antes de iniciar este procedimiento.*

Desmontaje

Nota: *El desmontaje del transeje no requiere la extracción del motor. El transeje y el convertidor de torque deben retirarse como un conjunto; de lo contrario, el plato impulsor de la junta del convertidor de torque, el buje de la bomba o el sello contra suciedad pueden dañarse. El plato impulsor no soportará el peso del transeje, así*

que asegúrese de apoyar el transeje durante la extracción.

1   Desconecte el cable del terminal negativo de la batería. Si está trabajando con un modelo con un motor V6 de 3.0L, drene el refrigerante del motor.

2   Retire las líneas de refrigerante de aceite (vea la ilustración). Tape las líneas para evitar la entrada de suciedad o material extraño. Si está equipado con el motor V6 de 3.0L, quite la extensión de retorno de refrigerante de arriba de la campana del embrague.

3   Quite el filtro de aire y las mangueras/conducto del filtro de aire. En el modelo 41TE de 4 velocidades, retire el perno de montaje del tubo del calefactor del transeje.

4   Retire el cable de cambios del transeje (vea la ilustración). Aparte los cables. Quite la varilla medidora del transeje y el tubo de la varilla medidora. En el modelo 31TH de 3 velocidades, desconecte el cable del acelerador del transeje.

5   Apoye el motor desde arriba con el accesorio especial (vea la ilustración), o desde abajo con un gato (coloque un bloque de madera entre el gato y el colector de aceite del motor para evitar daños).

6   Quite los pernos de la campana del embrague superior (vea la ilustración).

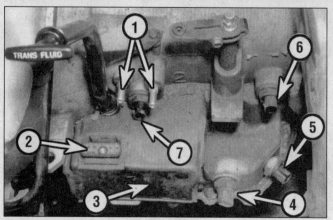

8.7 Lado izquierdo del transeje - transeje modelo 41TE de 4 velocidades

1	Líneas de enfriador del transeje	5	Interruptor de la luz de arranque en neutral/reversa
2	Conector eléctrico	6	Sensor de velocidad de salida
3	Cubierta del conjunto de solenoide	7	Sensor de velocidad de la turbina de entrada
4	Interruptor PRNDL		

8.10 Aislante y soporte de montaje delanteros del motor

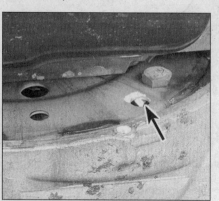

8.13 Asegúrese de marcar el convertidor de torque y el plato impulsor para poder reinstalarlos en la misma posición

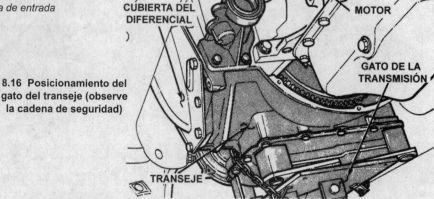

8.16 Posicionamiento del gato del transeje (observe la cadena de seguridad)

CUBIERTA DEL DIFERENCIAL

MOTOR

GATO DE LA TRANSMISIÓN

TRANSEJE

7   Desconecte todos los conectores eléctricos (vea la ilustración) (vea la Sección 7).

8   Levante el vehículo y apóyelo firmemente sobre torretas de seguridad. **Nota:** *Si el motor está apoyado desde abajo como se describe en el Paso 5 anterior, y no se usa el accesorio de soporte de montaje superior que se muestra en la ilustración 8.5, asegúrese de que el motor siempre esté apoyado al levantar el vehículo.*

9   Drene el líquido del transeje (vea el Capítulo1).

10   En el modelo 31TH de 3 velocidades, retire el soporte de montaje trasero del motor, el protector de montaje trasero del motor, el perno pasante de montaje izquierdo del motor y el montaje izquierdo del motor (vea el Capítulo 2). En el modelo 41TE de 4 velocidades, retire el aislante y el soporte de montaje delantero del motor (vea la ilustración), el perno de montaje trasero del motor de la parte superior y el tornillo del protector del montaje trasero del motor (vea el Capítulo 2).

11   Retire los pernos que fijan la junta flexible de escape al múltiple de escape.

12   Retire la cubierta del convertidor de torque.

13   Marque el convertidor de torque y el plato impulsor para poder reinstalarlos en la misma posición (vea la ilustración). Gire el motor en sentido horario girando el cigüeñal con una llave grande en el perno de la polea del cigüeñal y retire los pernos del convertidor de torque al plato impulsor.

14   Retire el motor de arranque (vea el Capítulo 5). **Nota:** *No permita que el motor de arranque cuelgue del cable de la batería.*

15   Quite los neumáticos, quite las tuercas del cubo de la rueda delantera y retire ambos transejes (vea el Capítulo 8).

16   Sostenga el transeje con un gato, preferentemente un gato hecho especialmente para este propósito. Las cadenas de seguridad ayudarán a estabilizar el transeje sobre el gato (vea la ilustración).

17   Quite los pernos inferiores de la campana del embrague que fijan el transeje al motor. En

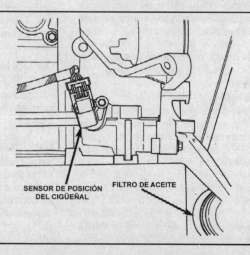

8.17a Ubicación del sensor de posición del cigüeñal del motor de cuatro cilindros - retire el sensor antes de la extracción del transeje

SENSOR DE POSICIÓN DEL CIGÜEÑAL

FILTRO DE ACEITE

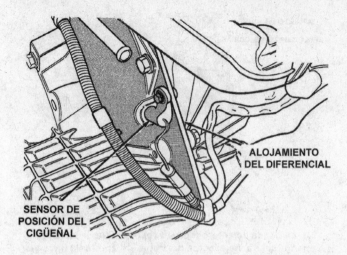

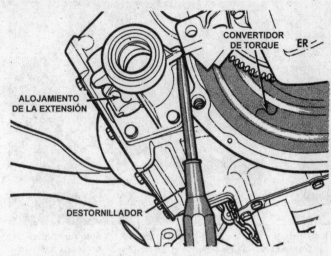

8.17b Ubicación del sensor de posición del cigüeñal del motor V6 - retire el sensor antes de la extracción del transeje

8.18 Utilice un destornillador grande para hacer palanca para retirar el transeje del motor

el modelo 41TE de 4 velocidades, quite el sensor de posición del cigüeñal de la campana del embrague antes retirar la transmisión (vea las ilustraciones).

18   Mueva el transeje hacia atrás para desacoplarlo de los pasadores guía del bloque del motor. Puede que tenga que utilizar un barra o un destornillador grande para hacer palanca en el transeje y retirarlo del motor (vea la ilustración). En el modelo 31TH de 3 velocidades, desacople el cubo de convertidor de torque del extremo del cigüeñal y coloque una pequeña abrazadera en C en el borde de la campana del embrague para mantener el convertidor de torque en su lugar durante la extracción del transeje. **Nota:** *Fije el convertidor de torque al transeje con alambre de dos orificios para pernos a 180 grados de separación para que no se caiga durante la extracción.*

19   Baje el transeje del vehículo. Quite el convertidor de torque del transeje.

Instalación

20   Antes de la instalación, asegúrese de alinear las partes planas del piloto del engranaje interior de la bomba de transmisión con las partes planas del cubo del impulsor del convertidor de torque; esto asegurará que el cubo de convertidor de torque se acople en forma segura a la bomba de transmisión.

21   Con el transeje asegurado al gato y el convertidor de torque fijado al transeje, levante a su posición.

22   Gire el convertidor de torque para alinearlo con los orificios del plato impulsor. Alinee las marcas que hizo en el convertidor de torque y el plato impulsor.

23   Mueva con cuidado el transeje hacia adelante hasta que los pasadores guía y el convertidor de torque se acoplen.

24   Instale los pernos del alojamiento del transeje al motor. Ajústelos con firmeza.

25   Instale los pernos del convertidor de torque al plato impulsor. Apriete el perno al torque indicado en Especificaciones de este Capítulo.

26   Instale los montajes y el soporte del motor.

Apriete los pernos y las tuercas de montaje del motor al torque indicado en las Especificaciones del Capítulo 2.

27   Quite el gato que sostiene al transeje.

28   Instale el motor de arranque (vea el Capítulo 5).

29   Conecte los cables de cambios del transeje y del acelerador.

30   Conecte todos los conectores eléctricos.

31   Instale la cubierta del convertidor de torque.

32   Instale los ejes propulsores (vea el Capítulo 8).

33   Conecte el conector flexible del escape.

34   Baje el vehículo. Revise el torque de las tuercas de las rueda (vea el Capítulo 1).

35   Ajuste el cable de cambios (vea la Sección 5).

36   Llene el transeje con líquido de transmisión (vea el Capítulo 1), haga funcionar el motor y revise si hay fugas.

Asentamiento del convertidor de torque - modelo 41TE de 4 velocidades

Consulte las ilustraciones 8.39 y 8.40

Nota: *En el modelo 41TE de 4 velocidades, si se reemplazó el convertidor de torque por una*

unidad nueva, realice el procedimiento de asentamiento del embrague del convertidor de torque que se indica a continuación para programa y establecer correctamente el módulo de control de transmisión (TCM). Si no se realiza este paso, se pueden producir temblores del transeje mientras se conduce.

37   El código de falla actual (DTC) tendrá que ser restablecido al inicio del asentamiento por un distribuidor o un taller de servicio de transmisiones con una herramienta de diagnóstico DRB y el cartucho de la herramienta de diagnóstico para leer o restablecer el estado.

38   Si se instala un nuevo TCM en el vehículo, no se necesita ninguna modificación del DTC de asentamiento. Sin embargo, si se instala un nuevo TCM, se requerirá que el distribuidor o el taller de reparación de transmisiones restablezca el Factor del piñón para el correcto funcionamiento del velocímetro.

39   En los modelos 1996 a 2000, para quitar el TCM, desconecte el cable del terminal negativo de la batería, retire el conector del TCM quitando los pernos del conector (vea la ilustración, flecha inferior) y aflojando los tornillos de montaje del TCM (vea la ilustración, flecha superior). La instalación se realiza en forma inversa al desmontaje.

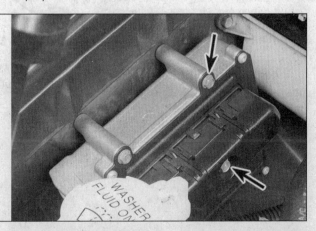

8.39 Módulo de control de la transmisión (TCM) situado debajo del cofre en el guardabarros delantero derecho - quite el perno del conector eléctrico (flecha inferior) y los tornillos de montaje del TCM (flecha superior) (modelos 1996 a 2000)

8.40 En los modelos 2001 y posteriores, el módulo de control de la transmisión (TCM) se encuentra detrás del protector interior contra salpicaduras de la rueda delantera izquierda - desconecte el cable eléctrico y quite los tres tornillos

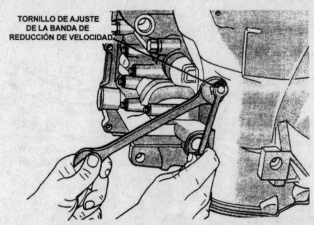

9.1 La banda delantero (de rebase) está situada en la parte superior del transeje, cerca del frente - al apretar la tuerca de seguridad, mantenga el tornillo de ajuste para que no pueda moverse, y luego apriete la tuerca

40   En los modelos 2001 y posteriores, para extraer el TCM, desconecte el cable del terminal negativo de la batería, quite la rueda delantera izquierda y tire hacia atrás el protector interior contra salpicaduras. Desconecte el conector y quite los tres tornillos de montaje del TCM; luego, retire el TCM (vea la ilustración). La instalación se realiza en forma inversa al desmontaje.

Aprendizaje rápido del transeje - transeje modelo 41TE de 4 velocidades

41   El procedimiento de aprendizaje rápido vuelve a calibrar el sistema electrónico del transeje para proporcionar el mejor funcionamiento del transeje. El aprendizaje rápido debe ser realizado por el distribuidor o el taller de reparación de transmisiones utilizando la herramienta de diagnóstico DRB y se requerirá el cartucho de herramienta de diagnóstico para si se llevan a cabo los siguientes procedimientos:

a) *Reemplazo del transeje*
b) *Reemplazo del TCM*
c) *Reemplazo del solenoide*
d) *Reemplazo de la placa y/o el sello del embrague*
e) *Reemplazo o reparación del cuerpo de la válvula*

9   Ajuste automático de la banda del transeje (transejes 31TH de 3 velocidades 31)

Banda de rebase (delantera)

Consulte la ilustración 9.1

1   Para ajustar la banda de rebase, afloje la tuerca de seguridad aproximadamente 5 vueltas (vea la ilustración).
2   Con la tuerca de seguridad floja, el tornillo de ajuste debe girar libremente en la caja.
3   Apriete el tornillo de ajuste a 72 in-lib y luego, aflójelo exactamente 2-1/4 vueltas.
4   Sostenga el tornillo de ajuste para que no gire y mientras aprieta la tuerca de seguridad a 35 ft-lb.

Banda de reversa baja (trasera)

Consulte la ilustración 9.6

5   Quite la bandeja de aceite del transeje (vea el Capítulo 1).
6   Para ajustar la banda de baja de reversa baja, afloje la tuerca de seguridad de aproximadamente 5 vueltas (vea la ilustración).
7   Con la tuerca de seguridad floja, el tornillo de ajuste debe girar libremente en la palanca.
8   Apriete el tornillo de ajuste a 41 in-lib y luego, aflójelo exactamente 3-1/2 vueltas.
9   Sostenga el tornillo de ajuste para que no gire y mientras aprieta la tuerca de seguridad a 10 ft-lb.

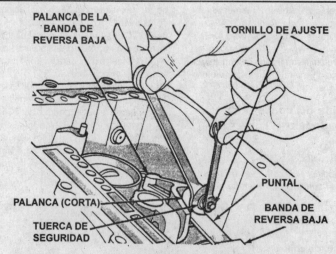

9.6 La banda trasera (reversa baja) se encuentra debajo de la bandeja de fluido del transeje, junto al cuerpo de la válvula

Capítulo 8   Ejes impulsores

Contenido

Especificaciones

Especificaciones de torque

	Ft-lb
Tuerca del cubo del eje impulsor	180
Tuercas de orejeta de la rueda	Vea el Capítulo 1

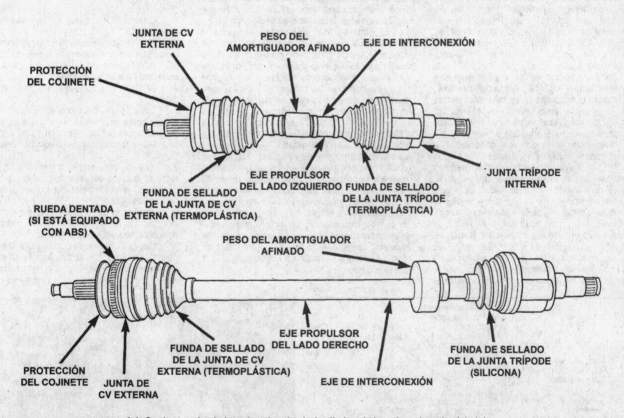

1.1 Conjuntos de eje impulsor izquierdo (arriba) y eje impulsor derecho (abajo)

1   Ejes impulsores - información general e inspección

Consulte la ilustración 1.1

1   La potencia se transmite desde el transeje a las ruedas a través de un par de ejes impulsores (vea la ilustración). El extremo interno de cada eje impulsor está estriado en su engranaje lateral diferencias correspondiente dentro del transeje; el extremo exterior de cada eje impulsor tiene una semiflecha que está unida por estrías al conjunto de cojinete y cubo delantero y está asegurado en su lugar por una combinación de tuerca grande y chaveta.

2   Los extremos interiores de los ejes impulsores están equipados con juntas de velocidad constante (CV) deslizantes tipo trípode que pueden realizar movimientos angulares y axiales. Cada conjunto de junta de CV interna tipo trípode consta de un cojinete tipo trípode y una caja en la cual la junta puede deslizarse libremente hacia adentro y hacia afuera a medida

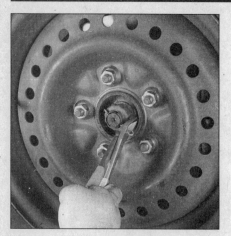

2.2a Quite la chaveta. . .

2.2b . . . la tuerca de seguridad y la arandela de resorte

2.3 Afloje la tuerca del cubo delantero antes de levantar el vehículo y retirar la rueda

que el eje impulsor se mueva hacia arriba y hacia abajo con la rueda. En los vehículos equipados con un sistema de frenos antibloqueo (ABS), las juntas de CV exteriores están equipadas con una rueda fónica que se utiliza para determinar la velocidad del vehículo para el correcto funcionamiento del ABS.

3   Los extremos exteriores de los ejes impulsores están equipadas con juntas de velocidad constante (CV) tipo Rzeppa, lo que permite altos movimientos de maniobras de dirección. Cada junta de CV externa tiene cojinetes de bolas que corren entre una carrera interna y una jaula externa.

4   Debe inspeccionar periódicamente las fundas en busca de daños y fugas de lubricante. Las fundas de las juntas que estén rotas deben reemplazarse de inmediato o se dañarán las juntas. Si alguna de las fundas de un eje impulsor está dañada, debe desmontar el eje impulsor para reemplazar la funda (vea la Sección 2). **Nota:** *Algunas tiendas de autopartes tiene fundas de reemplazo tipo divididas, que se pueden instalar sin quitar el eje impulsor del vehículo. Esto es conveniente, pero se recomienda que retirar el eje impulsor y desmontar y limpiar la junta para asegurar que la junta esté libre de contaminantes, como humedad y suciedad, lo que acelerará el desgaste de la junta.* **Nota:** *Las las fundas de las juntas trípode internas en los vehículos incluidos en este manual se construyen a partir de diferentes materiales: La funda interna izquierda está hecha de un material de silicona*

para aplicaciones de alta temperatura; la funda interna derecha está hecha de termoplástico Hytrel. Asegúrese de obtener una funda hecha del material correcto para la funda de junta que reemplaza.

5   Si una funda está dañada, la junta de CV puede desarmarse y limpiarse (vea la Sección 22), pero si alguna de las piezas está dañada, debe reemplazarse todo el conjunto de eje impulsor como una unidad (vea la Sección 3).

6   El síntoma más comun de desgaste o daño de las juntas de CV, además de fugas de lubricante, es un chasquido metálico, un ruido cuando se acelera después de circular por inercia y vibración a altas velocidades. Para revisar si hay desgaste en las juntas de CV y los ejes impulsores, tome cada eje (uno por vez) y rótelo en ambas direcciones mientras sostiene las cajas de las juntas de CV, si percibe juego libre es un indicio de que hay estrías desgastadas o juntas de CV en mal estado. También, revise los semiejes en busca de rajaduras, abolladuras o deformaciones. Los ejes impulsores están equipados con pesas amortiguadoras de goma calibradas. La pesa amortiguadora en el lado derecho (si está equipada) es un amortiguador estilo abrazadera simple. La pesa amortiguadora en el lado izquierdo es un solo amortiguador estilo abrazadera doble. Al sustituir un eje impulsor, asegúrese de que el eje impulsor de reemplazo tenga la misma pesa amortiguadora que el original.

2   Eje impulsor - extracción e instalación

Desmontaje

Vea las ilustraciones 2.2a, 2.2b, 2.3, 2.7, 2.9, 2.10 y 2.11.

1   Desconecte el cable del terminal negativa de la batería.

2   Retire la chaveta, la tuerca y la arandela de resorte de la semiflecha (vea la ilustraciones).

3   Afloje (pero no quite) la tuerca del cubo delantero (vea la ilustración).

4   Afloje, pero no quite, las tuercas de la rueda.

5   Levante el vehículo y apóyelo de manera segura sobre torretas de seguridad y luego, quite las tuercas de la rueda delantera y la rueda.

6   Quite la mordaza y el disco del freno (vea el Capítulo 9).

7   Si está equipado con frenos antibloqueo, retire el soporte del recorrido de los cables del sensor de velocidad del mango de la dirección (vea la ilustración).

8   Separe el extremo de la barra de unión y el espárrago de la junta de bola del mango de la dirección (vea el Capítulo 10).

9   Retire la tuerca del cubo y tire del mango de la dirección nudillo hacia afuera y en dirección contraria a la junta de CV externa del eje impulsor (vea la ilustración). Golpee el extremo

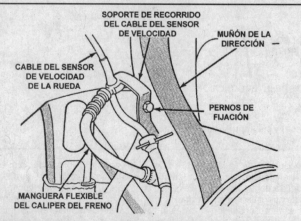

2.7 Retire el soporte del recorrido de los cables del sensor de velocidad de la rueda

2.9 Tire del mango de la dirección alejándolo de la junta de CV externa

2.10 Con barra grande para hacer palanca, retire la junta de CV del trípode interno para desacoplar el anillo de resorte de los engranajes diferenciales dentro del transeje

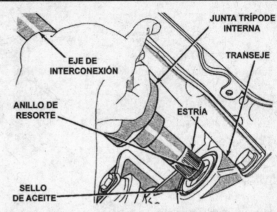

2.11 Al retirar la junta de CV del trípode interno del transeje, tenga cuidado de no dañar el sello de aceite con las estrías

de la semiflecha con un martillo de cara blanda para separar las ranuras del conjunto de cubo y cojinete, si es necesario.

10   Apoye el extremo externo del eje impulsor e inserte una barra de palanca entre la junta de CV interna tipo trípode y la caja del transeje (vea la ilustración). Haga palanca para desacoplar la junta de CV interior tipo trípode del transeje. Asegúrese de tener una bandeja de drenaje debajo del transeje, ya que caerá un poco de aceite.

11   Retire con cuidado la junta de CV interna tipo trípode del transeje (vea la ilustración). No deje que la ranura o el anillo de retención se arrastren por el borde de sellado de la junta de aceite del eje impulsor al transeje. **Precaución:** Una vez instalado, el eje impulsor actúa como un perno que fija el conjunto de cubo/cojinete delantero. Si el vehículo tiene que ser apoyado o trasladado con el eje impulsor extraído, se deben fijar un perno y una tuerca de tamaño adecuado a través del cubo delantero. Apriete el pernos y la tuerca al torque indicado en las Especificaciones de este Capítulo.

Instalación

11   La instalación se realiza en forma inversa al procedimiento de desmontaje, con los siguientes pasos adicionales:

a) *Limpie bien las estrías y la protección del cojinete en la junta de CV externa. Esto es muy importante, ya que la protección del cojinete protege los cojinetes de la rueda contra el agua y la contaminación. También limpie el área de los cojinetes de la rueda del mango de la dirección.*

b) *Limpie bien las estrías y la superficie de sellado del sello de aceite en el interior de la junta de CV tipo trípode. Aplique un cordón uniforme de grasa multiuso alrededor de la superficie de sellado del sello de aceite de la junta de CV tipo trípode.*

c) *Al instalar el eje impulsor, empújelo hacia el interior para asentar el anillo de retención en la semiflecha de la junta de CV tipo trípode de la ranura en los engranajes diferenciales dentro del transeje. Tire hacia afuera para asegurarse de que esté sentado.*

d) *Ajuste la tuerca del cubo/transeje al torque indicado en las Especificaciones de este Capítulo.*

e) *Instale la rueda y las tuercas de orejeta, baje el vehículo y ajuste las tuercas de orejeta al torque indicado en las Especificaciones del Capítulo 1.*

f) *No deben volver a utilizarse el perno y la*

turca de sujeción del espárrago del mango de la dirección a la junta de bola. Siempre deben usarse un perno y una tuerca de sujeción nuevos.

---

3   Reemplazo de la funda del eje impulsor e inspección de la junta de CV

Nota: *Si deben reemplazar las juntas de CV o las fundas, explore todas las opciones antes de comenzar el trabajo. Se pueden conseguir ejes impulsores de recambio completamente reconstruidos, lo cual ahorra tiempo y trabajo. Sea cual fuere la decisión que tome, verifique el costo y la disponibilidad de piezas antes de desarmar el vehículo.*

Nota: *En los modelos 1997 y posteriores, no se puede quitar la junta de CV externa del semieje. Se debe hacer el servicio de estos ejes impulsores como una unidad completa si fallan la junta de CV o la funda.*

Nota: *Las fundas de las juntas de CV internas tipo trípode están construidos a partir de diferentes materiales: La funda izquierda es de silicona para aplicaciones de alta temperatura; la funda derecha es de termoplástico Hytrel. Asegúrese de obtener una funda del material correcto para la funda de junta de CV tipo trípode que reemplaza.*

1   Quite el eje impulsor (vea la Sección 2).

2   Monte el eje impulsor en una prensa de banco con mordazas revestidas en madera

para evitar daños en el semieje. Revise las juntas de CV en busca de juego libre excesivo en la dirección radial, lo que indica piezas desgastadas. Revise el funcionamiento correcto en todas las variantes de movimientos de cada junta de CV. Si la funda está rasgada, el procedimiento recomendado es desmontar la junta, limpiar los componentes e inspeccionar si hay daño debido a pérdida de lubricación y la posible contaminación por agentes externos. Si la junta de CV está en buenas condiciones, lubríquela con grasa para juntas CV e instalar una nueva funda.

Junta de CV interna

Desmontaje

Consulte las ilustraciones 3.4, 3.5 y 3.7.

3   Corte las abrazaderas de la funda con un cortador de cuchilla lateral, retírelas y deséchelas.

4   Con un destornillador, haga palanca con cuidado en el borde de la funda de CV, tire de ella para retirarla del alojamiento de la junta de CV y deslícela por el semieje, exponiendo exponiendo el conjunto de la cruceta trípode. Para separar el conjunto de semieje y cruceta del alojamiento de la junta de CV interna, simplemente tire de ellos hacia afuera (vea la ilustración). **Nota:** *Al retirar el conjunto de la cruceta, mantenga los rodillos en su lugar en el muñón de la cruceta para evitar la caída de los rodillos y los cojinetes de aguja.*

5   Retire el anillo de retención del conjunto de la cruceta con un par de pinzas para anillos de retención (vea la ilustración).

3.4 Separe el alojamiento del trípode y el conjunto de la cruceta

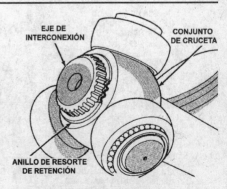

3.5 Retire el anillo de retención del conjunto de la cruceta

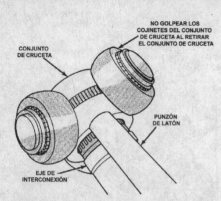

3.7 Utilice un martillo y un punzón de latón para quitar el conjunto de la cruceta del semieje

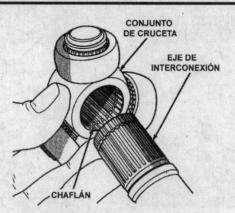

3.10 Instale el conjunto de la cruceta en el semieje con el extremo biselado hacia el eje

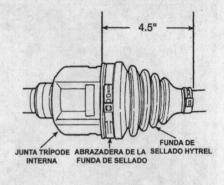

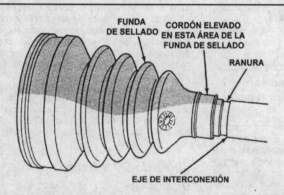

3.11 Asegúrese de que el cordón elevado dentro de la funda quede colocado en la ranura en el semieje

3.12a Dimensiones interiores de la funda de la junta de CV para la funda Hytrel (arriba) y la funda de silicio (abajo)

6   Marque el trípode al semieje para asegurar que se vuelvan a montar correctamente.

7   Utilice un martillo y un punzón de latón para guiar el conjunto de la cruceta fuera del semieje (vea la ilustración).

8   Deslice la funa fuera del eje.

Inspección

9   Limpie bien todos los componentes con solvente hasta eliminar por completo la grasa de la junta de CV vieja. Inspeccione la superficie de los cojinetes de los trípodes internos y los alojamientos en busca de grietas, picaduras, rayones y otros signos de desgaste. Si alguna parte de la junta de CV interna está desgastada, debe reemplazar el todo el conjunto del eje impulsor (junta de CV interna, semieje y junta de CV externa). Los únicos componentes que se pueden comprar por separado son las fundas y las abrazaderas de las fundas.

Reensamble

Consulte las ilustraciones 3.10, 3.11, 3.12a, 3.12b, 3.13a, 3.13b, 3.13c y 3.13d

10   Envuelva las estrías en el extremo inteno del semieje con cinta aislante para proteger las fundas contra los bordes afilados de las estrías. Deslice las abrazaderas y la funda sobre el semieje. Retire la cinta y coloque la cruceta trípode en el semieje con el bisel hacia el eje (vea la ilustración). Coloque la cruceta en el eje con un punzón de latón hasta que se asiente e instalar el anillo de retención (vea la ilustración 3.5). Aplique grasa al conjunto del trípode y al

interior del alojamiento. Inserte el trípode en el alojamiento y recoja el resto de la grasa alrededor del trípode. Asegúrese de usar todo el tubo de grasa para juntas de CV (incluido con el kit de la funda) en el conjunto de cojinetes. **Precaución:** *No utilice ningún otro tipo de grasa.*

11   Deslice la funda en el alojamiento del trípode, asegurándose de que el reborde levantado dentro del extremo pequeño final de la funda se asiente en la ranura del semieje (vea la ilustración).

12   Deslice el semieje dentro o fuera de la junta de CV interna de modo que se muestren las dimensiones de la bota y la junta (vea la ilustración). Una vez que esta dimensión se establece, iguale la presión en el interior de la funda mediante la inserción de la punta plana, roma y pequeña de un destornillador entre la funda y el alojamiento de junta de CV (vea la ilustración). A continuación, retire la punta del destornillador.

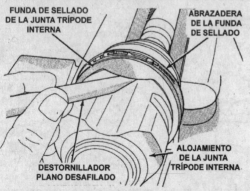

3.12b Iguale la presión del aire dentro de la funda

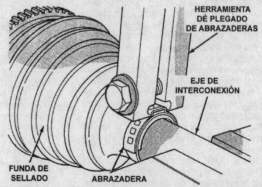

3.13a Coloque la herramienta de plegado sobre el puente de la abrazadera de la funda . . .

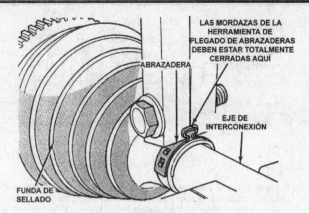

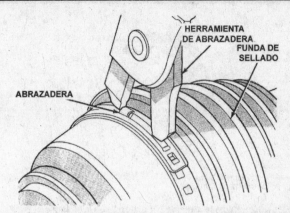

3.13b . . . a continuación, apriete la tuerca de la herramienta de plegado hasta que se cierren las mordazas

3.13c Para la abrazadera de la funda tipo retención de bajo perfil, coloque las puntas de la herramienta de sujeción en los orificios de la abrazadera. . .

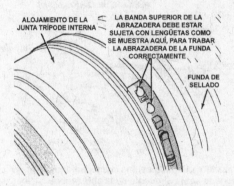

3.13d . . . y apriete la herramienta hasta que la banda superior se trabe detrás de las lengüetas de la banda inferior

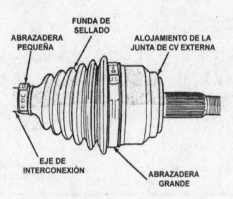

3.15. Retire la abrazadera de la funda

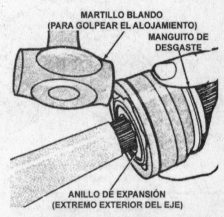

3.17 Golpee el borde del alojamiento de la junta de CV con un martillo de cara blanda para desalojar la junta de CV del eje

13   Se usan dos tipos de abrazaderas en la junta de CV interna. Si utiliza una abrazadera tipo plegable, fije las nuevas abrazaderas de la funda en la funda con una herramienta de plegado especial (disponible en tiendas de autopartes). Coloque la herramienta de plegado sobre el puente de cada nueva abrazadera de funda y luego, apriete la tuerca de la herramienta de plegado hasta que las mordazas se cierren (vea las ilustraciones). Si utiliza una abrazadera tipo retención de bajo perfil, fije la funda de sellado sobre el semieje con la herramienta especial para abrazaderas (disponible en tiendas de autopartes). Coloque las puntas de la herramienta de bloqueo de abrazaderas en los orificios de la abrazadera y apriete la herramienta hasta que la banda superior de la abrazadera se trabe detrás de las dos lengüetas de la banda inferior de la abrazadera (vea las ilustraciones).

14   El eje impulsor ya está listo para su instalación (consulte la sección 2).

Junta de CV externa (solo modelos 1996)

Nota: *No se puede realizar servicio en las juntas de CV y las fundas en modelos 1997 y posteriores y se deben reemplazar como una unidad.*

Desmontaje

Consulte las ilustraciones 3.15 y 3.17.

15   Corte las abrazaderas de la funda con un cortador de cuchilla lateral, retírelas y deséchelas (vea la ilustración).

16   Deslice la bota en dirección contraria a la junta de CV externa y limpie la junta de CV y las piezas interconectadas.

17   Golpee el borde del alojamiento de la junta de CV con un martillo de cara blanda para desalojar el alojamiento de la junta de CV externa del semieje (vea la ilustración).

18   Deslice la junta de CV externa y la funda de sellado del semieje.

Inspección

Consulte la ilustración 3.19.

19   Limpie bien todos los componentes con solvente hasta eliminar por completo la grasa de la junta de CV vieja. Inspeccione la superficie de los cojinetes de los trípodes internos y los alojamientos en busca de grietas, picaduras, rayones y otros signos de desgaste (vea la ilustración). Si alguna parte de la junta de CV externa está desgastada, debe reemplazar el todo el conjunto del eje impulsor (junta de CV interna, semieje y junta de CV externa). Los únicos componentes que se pueden comprar por separado son las fundas y las abrazaderas de las fundas.

Reensamble

Consulte las ilustraciones 3.21, 3.22, 3.26, 3.27a, 3.27b, 3.28a y 3.28b

20   Deslice una abrazadera nueva de la funda de sellado y la funda de sellado en el semieje

3.19 Después de haber limpiado y secado por completo la junta de CV, gire el alojamiento de la junta externa en todo su rango de movimiento e inspeccione las superficies del cojinete para detectar desgaste o daño. Si alguna de las bolas, la pista o la jaula se ven dañadas, reemplace el conjunto del semieje

(vea la ilustración 3.11). **Nota:** *La funda de sellado debe estar colocada en el eje de manera que el cordón elevado en el interior de la funda esté en la ranura en el eje.*

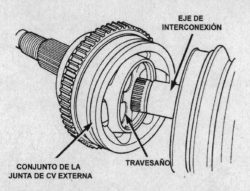

3.21 Inicie la junta de CV externa sobre el semieje

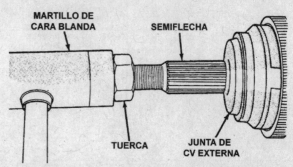

3.22 Enrosque una tuerca en la semiflecha para proteger las roscas del eje y conducir la junta de CV en el semieje con un martillo de cara blanda

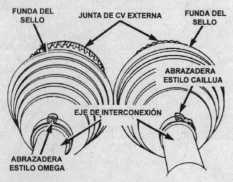

3.26 Abrazadera estilo Omega (izquierda) y abrazadera estilo Caillua (derecha)

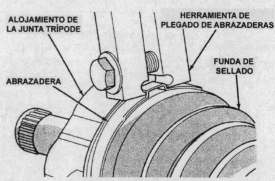

3.27a Para la abrazadera de funda estilo Omega, coloque la herramienta de plegado sobre el puente de la abrazadera. . .

21   Alinee las estrías en el semieje con las estrías en el conjunto de junta de CV externa e inicie la junta de CV externa sobre el semieje (vea la ilustración).

22   Enrosque una tuerca sobre la semiflecha y utilice un martillo de cara blanda para golpear la tuerca (se instala la tuerca para proteger las roscas) (vea la ilustración).

23   Empuje la junta de CV en el semieje hasta que la junta de Cv quede asentada en el semieje. **Nota:** *La junta de CV externa no está completamente instalada hasta que el pequeño anillo de retención en el extremo del eje se traba en la ranura en la cruz de la junta de CV externa.*

24   Coloque la mitad de la grasa incluida en el kit de la funda de sellado en el alojamiento del conjunto de la junta de CV externa. Coloque la grasa restante en la funda de sellado. **Nota:** *Los requisitos y las cantidades de lubricante son diferentes entre la junta interna y la externa.* **Precaución:** *No utilice ningún otro tipo de grasa.*

25   Instale la junta de CV externa y la funda de sellado en el semieje.

26   Se usan dos tipos diferentes de abrazaderas para sujetar la funda de sellado de la junta de CV al semieje. Determine qué tipo de abrazadera está presente, y realice los pasos apropiados como se describe a continuación (vea la ilustración).

27   Si el eje impulsor utiliza una abrazadera de funda estilo Omega, fije la funda de sellado sobre el semieje con la herramienta de plegado especial (disponible en tiendas de autopartes). Coloque la herramienta de plegado sobre el puente de la abrazadera. Apriete la tuerca de la herramienta de plegado hasta que las mordazas de la herramienta se cierren por completo (vea las ilustraciones).

28   Si el eje impulsor utiliza una abrazadera de funda estilo Caillua, fije la funda de sellado sobre el semieje con la herramienta de plegado especial (disponible en tiendas de autopartes). Coloque la herramienta de plegado en la abrazadera de la funda con las lengüetas de la abrazadera de sellado entre las mordazas de la herramienta. Apriete las mordazas de la herramienta especial hasta que las lengüetas de fijación de la abrazadera queden trabadas (vea las ilustraciones).

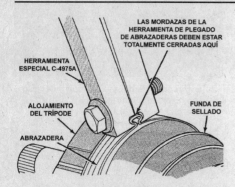

3.27b . . . a continuación, apriete la tuerca en la herramienta de plegado hasta que se cierren las mordazas

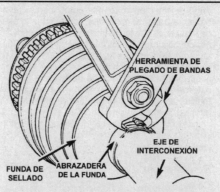

3.28a Para la abrazadera de funda estilo Caillua, coloque la herramienta de plegado sobre la abrazadera. . .

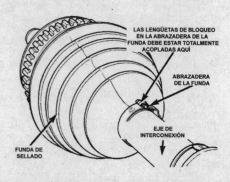

3.28b . . . y apriete las mordazas hasta que las lengüetas de bloqueo se traben

Capítulo 9   Frenos

Contenido

Especificaciones

Generales
Tipo de aceite de freno	DOT 3

Frenos de disco
Espesor mínimo de las pastillas de freno (respaldo de metal más forro)	5/16 pulgadas
Límite de desviación lateral del disco	0.005 pulgada
Grosor mínimo del disco	Indicado por fundición en el disco
Variación de espesor	0.0005 pulgadas

Frenos de tambor
Grosor mínimo del forro de freno	1/8 pulgadas
Diámetro máximo del tambor	Indicado por fundición en el tambor

Especificaciones de torque

Ft-lb (a menos que se indique lo contrario)

Nota: *Una libra-pie de torque equivale a 12 libras-pulgada de torque. Los valores de torque menores que aproximadamente 15 ft-lb se expresan en libras-pulgada porque la mayoría de las llaves de torque en libras-pie no son exactas en estos valores pequeños.*

Tuercas de montaje del reforzador de freno	21
Perno bajo a mordaza de la manguera del freno	35
Pernos del soporte de la mordaza (2001 y posteriores)	125
Pernos del pasador guía del caliper	
1996 a 1998	30
1999 y 2000	16
2001 y posteriores	26
Tuercas de montaje del cilindro maestro al refuerzo del freno	19
Pernos montaje del mecanismo del freno de estacionamiento	21
Tuercas de montaje del cilindro de la rueda al plato de apoyo	75 in-lb
Perno del sensor de velocidad de la rueda	60 in-lb
Tuercas de orejeta de la rueda	Vea el Capítulo 1

1   Información general

Generales

Todos los modelos que aparecen en este manual están equipados con sistema de frenos accionados hidráulicamente. Los sistemas de frenos delanteros son de disco, mientras que los frenos traseros son de disco o de tambor.

Ambos tipos de frenos son autoajustables. Los frenos de disco compensan automáticamente el desgaste de las pastillas, mientras que los frenos de tambor incorporan un mecanismo de ajuste que se activa cuando se aplican los frenos.

El sistema hidráulico está dividido en diagonal: los frenos traseros derechos y los delanteros izquierdos están en un circuito, mientras que los delanteros derechos y los traseros izquierdos están en el otro. Si falla un circuito, el otro continuará funcionando, y si se pierde una cantidad importante de aceite del freno, se ilumina un indicador de advertencia en el tablero. Esto indicará que se produjo una falla.

Antes de desconectar cualquier conector eléctrico de un vehículo equipado con un sistema de frenos antibloqueo (ABS), asegúrese de que el encendido esté en la posición OFF y que la batería haya sido desconectada en el terminal negativo. Si se va a realizar alguna reparación de soldadura en un vehículo equipado con un sistema ABS, desconecte el conector eléctrico CAB o ICU (vea la Sección 2) o para evitar daños electrónicos.

Calibradores

Todos los frenos de disco utilizados por los vehículos incluidos en este manual están equipadas con una mordaza flotante de doble pasador, un diseño de un solo pistón que flota sobre dos pasadores de guía de acero. Cuando se pisa el pedal del freno, la presión hidráulica de empuje sobre el pistón se transmite a la pastilla de freno interior y contra la superficie interior del disco de freno. A medida que aumenta la fuerza contra el disco desde la almohadilla interna, el conjunto de la mordaza se mueve hacia adentro, deslizándose sobre los pasadores guía y tirando de la almohadilla externa contra el disco, proporcionando una fuerza de apriete sobre el disco.

Cilindro maestro

El cilindro maestro se ubica en el compartimiento del motor del lado del conductor cerca de la pared de fuego y se puede identificar mediante el depósito grande de líquido en la parte superior. El cilindro maestro tiene dos circuitos separados para alojar el sistema de división diagonal.

Refuerzo del freno hidráulico

El reforzador del freno de potencia usa el tubo de vacío del motor para brindar asistencia a los frenos. Se monta en el panel cortafuegos del compartimiento del motor, directamente detrás del cilindro principal.

Sistema de frenos de estacionamiento

El freno de estacionamiento acciona los frenos traseros mediante dos cables. En los modelos con frenos de tambor, los cables del freno de estacionamiento tiran de una palanca fijada al conjunto de zapata del freno, lo que provoca que las zapatas se expandan contra el tambor. En los modelos con frenos de disco traseros, los cables tiran de actuadores que expanden las zapatas del freno de estacionamiento, que son como pequeñas zapatas de freno de tambor en la parte central del disco de freno trasero.

Precauciones

Existen algunas advertencias y precauciones generales que se relacionan con el sistema de frenos hidráulicos:

a) *Use solamente fluido de frenos que cumpla con las especificaciones DOT 3.*

b) *Las pastillas y los forros del freno pueden contener fibras de asbesto que, si se inhalan, son peligrosas para la salud. Cada vez que trabaje en componentes del sistema de frenos, NO lo disperse con aire comprimido NI lo inhale. NO use gasolina ni solventes a base de petróleo para limpiar los componentes. Debe usarse un limpiador de sistema de frenos para eliminar el polvo y enviarlo a una bandeja de drenaje. Después de limpiar con un trapo los componentes del freno, deseche los trapos contaminados y el limpiador en un recipiente etiquetado y tapado. No permita que el polvo fino se esparza por el aire.*

c) *La seguridad debe ser primordial cuando se realiza cualquier servicio de los componentes del freno. No use piezas*

o sujetadores que no estén en perfectas condiciones, y asegúrese de cumplir todas las especificaciones de torque y espacios. Si tiene dudas sobre algún procedimiento, busque asesoramiento profesional. Una vez que finalice el trabajo en el sistema de frenos, pruebe los frenos cuidadosamente en un área controlada antes de conducir en sitios con tránsito.

d) *Si sospecha que el sistema de frenos tiene un problema, no conduzca el vehículo hasta corregirlo.*

2   Sistema de frenos antibloqueo (ABS) - información general

Descripción

1   El sistema de frenos antibloqueo (ABS) evita el bloqueo de la rueda en condiciones de frenado brusco en virtualmente cualquier superficie de carretera. Al evitar que las ruedas se bloqueen, se mantiene la maniobrabilidad del vehículo, se preserva la estabilidad direccional y se permite una desaceleración óptima en todas las superficies. ¿Cómo funciona el ABS? Básicamente, mediante el monitoreo de la velocidad de rotación de las ruedas y el control de la presión de línea de freno a las mordazas o cilindros de rueda en cada rueda durante el frenado extremo.

Componentes

Controlador de frenos antibloqueo (CAB)

Consulte la ilustración 2.2

2   El CAB consiste en un par de microprocesadores que monitorean la velocidad de las ruedas y controlan las funciones de control de antibloqueo y tracción. El CAB recibe dos señales idénticas y procesa la información independientemente entre sí. Los resultados se comparan para garantizar que concuerden. Si no lo hacen, el CAB desactiva las funciones de control de ABS y tracción, y enciende las luces de advertencia. El CAB está montado en la parte inferior de la HCU (vea la ilustración).

HCU (unidad de control hidráulico)

3   La unidad de control hidráulico (HCU) está montada cerca del bloque de la suspensión delantera (vea la ilustración 2.2). La HCU contiene el conjunto de bloque de válvulas, los acumuladores de fluido, el conjunto de bomba/motor y la caja de relés.

Unidad de control integrado (UCI) - Solo modelos 1998 y posteriores

4   En los modelos 1998 y posteriores, se introdujo un nuevo sistema de frenos ABS que funciona muy parecido al sistema ABS anterior, excepto que combina la HCU y el CAB en una unidad. La ICU está situada en la misma ubicación que la HCU en los modelos anteriores (vea más arriba).

Conjunto de bloque de válvulas

5   El conjunto de bloque de válvulas tiene ocho válvulas/solenoides: cuatro válvulas de entrada y cuatro válvulas de salida. Las válvulas de entrada son accionadas por resorte en la posición abierta y las válvulas de salida son accionadas por resorte en la posición cerrada. Durante el funcionamiento del ABS, estas

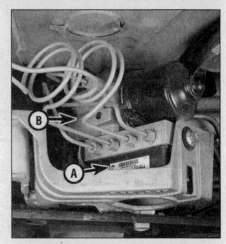

2.2 El controlador de frenos antibloqueo (A) es el cerebro del sistema ABS; está montado en la parte inferior de la unidad de control hidráulico (B)

válvulas se alternan para mantener la relación de deslizamiento correcta para cada canal. Si se bloquea una rueda, la válvula de entrada se cierra para evitar un aumento adicional de la presión. Al mismo tiempo, se abre la válvula de salida para soltar la presión de regreso a los acumuladores hasta que la rueda deje de deslizar. Una vez que la rueda ya no desliza, la válvula de salida se cierra y la válvula de entrada se abre para permitir presión en la mordaza de la rueda o el cilindro de la rueda.

Conjunto de bomba/motor

6   El conjunto de bomba/motor consiste en un motor eléctrico y una bomba de doble pistón. La bomba proporciona líquido de frenos a alta presión para la unidad de control hidráulico cuando se activa el sistema ABS.

Acumuladores de fluido

7   Los dos acumuladores de fluido situados dentro de la HCU son para los circuitos hidráulicos primario y secundario, respectivamente. Los acumuladores almacenan temporalmente líquido de frenos que se bloquea durante el funcionamiento del ABS. Este fluido es redirigido a la bomba.

Válvulas dosificadoras

8   Consulte la Sección 9.

Sensor de velocidad de la rueda (WSS)

Consulte las ilustraciones 2.9a y 2.5b

9   Hay un sensor de velocidad montado en cada rueda (vea las ilustraciones). Los sensores de velocidad envían señales de voltaje variable a la HCU. Estas salidas analógicas de tensión son proporcionales a la velocidad de rotación de cada rueda.

Diagnóstico y reparación

10   El sistema de ABS tiene funciones de autodiagnóstico. Cada vez que se gira la llave de encendido se a ON (encendido), el sistema realiza una autoprueba. Si encuentra un problema, se encienden y se mantienen encendidas las luces de advertencia de control del ABS y la tracción. S no hay problemas con el sistema, las luces se apagan luego de uno o dos segundos.

2.9a Ubicación del sensor de velocidad de rueda delantera (flecha)

2.9b Ubicación del sensor de velocidad de rueda trasera (flecha)

11   Si las luces de advertencia de control del ABS y la tracción se encienden y permanecen encendidas durante el funcionamiento del vehículo, hay un problema en el sistema de ABS. Ahora dos cosas pueden suceder: El controlador almacena un código de diagnóstico de falla (que se puede mostrar con una herramienta de análisis DRB II en un concesionario) y el sistema de ABS se apaga. Una vez que el sistema de ABS se desactiva, permanecerá desactivado hasta que se corrija el problema y el código de falla se borre. Sin embargo, el sistema de frenos regular continuará funcionando de manera normal.

12   Aunque se necesita un DRB II (un probador electrónico especial) para diagnosticar de manera apropiada el sistema, puede realizar unas revisiones preliminares antes de llevar el vehículo al concesionario para servicio:

a) *Asegúrese de que las mordazas y los forros de los frenos estén en buenas condiciones.*

b) *Revise el conector eléctrico en el CAB, la HCU o la UCI, según corresponda.*

c) *Revise los fusibles.*

d) *Siga el mazo de cables hacia los sensores de velocidad de las ruedas y el interruptor de la luz de freno, y asegúrese de que todas las conexiones estén limpias y firmes y que los cables no estén dañados.*

Si las anteriores revisiones preliminares no rectifican el problema, el departamento de servicios del concesionario debe realizar un diagnóstico del vehículo.

3   Pastillas de freno de disco - reemplazo

Consulte las ilustraciones 3.2, 3.3, 3.4a a 3.4z

Advertencia: *Las pastillas del freno de disco deben reemplazarse en ambas ruedas delanteras o traseras al mismo tiempo. Nunca reemplace las pastillas de una sola rueda. Además, el polvo generado por el sistema de frenos puede contener asbesto, lo que es perjudicial para la salud. Nunca lo sople con aire comprimido ni lo inhale. Debe utilizar una mascarilla con filtro aprobada para trabajar en los frenos. Nunca, bajo ninguna circunstancia, utilice solventes a base de petróleo para limpiar las piezas del freno. ¡Utilice solamente un limpiador para sistemas de frenos!*

Nota: *En los modelos 2001 y posteriores, hay dos conjuntos de mordazas de freno diferentes que se utilizan en los distintos modelos. Los modelos equipados la combinación de frenos de disco delanteros y de tambor traseros están equipados con una mordaza fabricada por TRW. Los modelos equipados la combinación de frenos de disco delanteros y traseros están equipados con una mordaza fabricada por Continental Teves. Estos son dos conjuntos de mordazas completamente diferentes y ninguna de las piezas son intercambiables.*

1   Afloje las tuercas de orejeta de la rueda delantera o trasera 1/4 de vuelta, levante el vehículo y apóyelo de manera segura sobre torretas de seguridad. Aplique el freno de estacionamiento. Quite las ruedas.

2   Con una jeringa o equivalente, extraiga aproximadamente dos tercios del líquido del depósito del cilindro principal y deséchelo. Coloque un colector para drenaje debajo del conjunto de frenos y limpie la mordaza y el área circundante con el limpiador para el sistema de frenos (vea la ilustración).

3   Empuje el pistón de nuevo en su orificio usando una abrazadera en C (vea la ilustración). A medida que el pistón se hunde en la base del orificio de la mordaza, se eleva el aceite en el cilindro maestro a medida que se desplaza el líquido de frenos. Asegúrese de que no rebase. Si es necesario, extraiga más fluido.

3.2 Rocíe el disco y las pastillas del freno y con limpiador de frenos para quitar el polvo del freno; NO sople el polvo del freno con aire comprimido - recoja el fluido contaminado en un recipiente adecuado y deséchelo correctamente

3.3 Utilice una abrazadera en C para presionar el pistón de la mordaza en su orificio

Modelos 2000 y anteriores

3.4a Para quitar la mordaza del freno, retire los dos pernos del pasador guía (flechas)

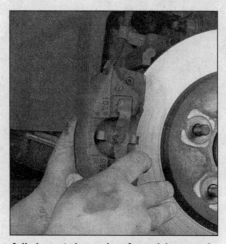

3.4b Levante la mordaza fuera del mango de la dirección

3.4c Quite las pastillas de la mordaza

3.4d Con un trozo de cable, cuelgue lla mordaza del resorte (no permita que cuelgue de la manguera de freno).

3.4e Retire los bujes del pasador guía y fundas de los bujes. Inspeccione en busca de daños y reemplace si es necesario

4   Para sustituir las pastillas de los freno delanteros en modelos 1996 a 2000, siga las ilustraciones 3.4 bis a 3.4j . Para sustituir las pastillas de los freno delanteros en los modelos 2001 y posteriores, comience con la ilustración 3.4k. En los modelos con frenos de disco traseros, para reemplazar las pastillas de los frenos traseros en los modelos 2001 y posteriores, siga las ilustraciones 3.4k a 3.4x.

5   En los modelos con frenos de disco traseros, continúe con los siguientes pasos:

   a) *Con un trozo de cable, cuelgue lla mordaza del resorte (no permita que cuelgue de la manguera de freno).*

   b) *Empuje la pastilla de freno exterior hacia el pistón y desacople los dos salientes de metal en la pastilla; luego, deslice la pastilla de freno fuera de la mordaza.*

   c) *Tire de la pastilla de freno interior fuera de la mordaza.*

   d) *Retire los bujes del pasador guía y fundas de los bujes. Inspeccione en busca de daños y reemplace si es necesario.*

   e) *Lubrique los bujes del pasador guía con grasa multiuso antes de instalarlos.*

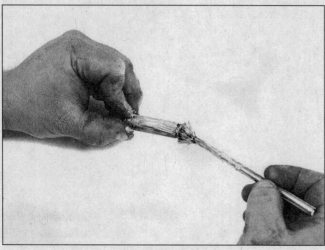

3.4f Lubrique los bujes del pasador guía con grasa multiuso antes de instalarlos.

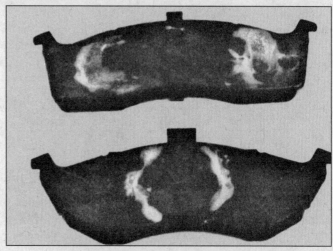

3.4g Aplique un compuesto antirrechinante a la parte posterior de las pastillas donde hacen contacto con la mordaza y el pistón.

3.4h Instale la pastilla de freno interior - asegúrese de que el resorte de retención esté completamente asentado en el orificio del pistón

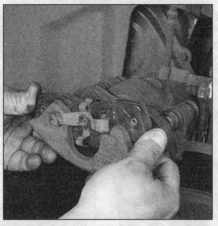

3.4i Instale la pastilla de freno exterior - asegúrese de que el resorte de retención esté correctamente acoplado al cuerpo de la mordaza

3.4j Instale el conjunto de mordaza/pastilla de freno sobre el mango de la dirección, instale los pernos del pasador guía y apriételos al torque indicado en las especificaciones de este capítulo.

Modelos 2001 y posteriores

3.4k Utilice un destornillador y quite el resorte antitraqueteo

3.4l En la mordaza Teves, para quitar la mordaza del freno, retire los pernos del pasador guía

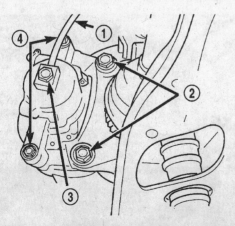

3.4m En la mordaza TRW, para quitar la mordaza del freno, retire los pernos del pasador guía

1	Línea de fluido	3	Conexión de la línea de fluido
2	Pernos del soporte de la mordaza	4	Pernos del pasador guía

3.4n Levante la mordaza fuera del mango de la dirección

3.4o En la mordaza Teves, retire la pastilla externa del freno del soporte de la mordaza

3.4p En la mordaza Teves, retire la pastilla interna del freno del soporte de la mordaza En la mordaza TRW, retire las pastillas interna y externa del soporte de la mordaza

3.4q Con un trozo de cable, cuelgue lla mordaza del resorte (no permita que cuelgue de la manguera de freno).

3.4r Retire los bujes del pasador guía y fundas de los bujes. Inspeccione en busca de daños y reemplace si es necesario

3.4s Lubrique los bujes del pasador guía con grasa multiuso antes de instalarlos.

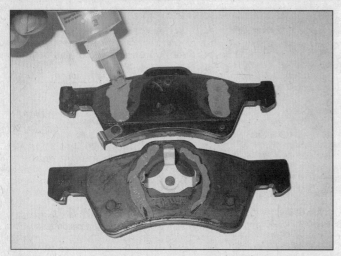

3.4t Aplique un compuesto antirrechinante a la parte posterior de las pastillas donde hacen contacto con la mordaza y el pistón.

3.4u En la mordaza Teves, instale la pastilla de freno interior - asegúrese de que el resorte de retención esté completamente asentado en el orificio del pistón

3.4v En la mordaza Teves, instale la pastilla externa del freno del soporte en la mordaza En la mordaza TRW, instale ambas pastillas de freno en el soporte de la mordaza y en los clips antitraqueteo

3.4w Instale el conjunto de mordaza/pastilla de freno sobre el mango de la dirección, instale los pernos del pasador guía y apriételos al torque indicado en las especificaciones de este capítulo.

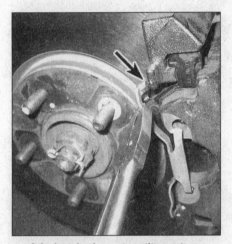

3.4x Instale el resorte antitraqueteo y enganche el extremo sobre la lengüeta del soporte de la mordaza.

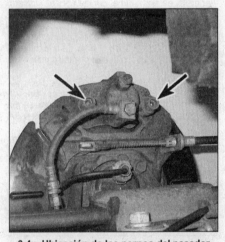

3.4y Ubicación de los pernos del pasador guía de la mordaza trasera

3.4z Para quitar la mordaza del freno trasero, primero gire la mordaza hacia arriba desde el soporte de la mordaza, a continuación, tire de la parte trasera de la mordaza y el resorte antitraqueteo de la zapata del freno externo de debajo del estribo trasero en el soporte de la mordaza (flecha). Levante la mordaza trasera del soporte de la mordaza

f) Aplique un compuesto antirrechinante a la parte posterior de las pastillas donde hacen contacto con la mordaza y el pistón.

g) Instale la pastilla de freno interior - asegúrese de que el resorte de retención esté completamente asentado en el orificio del pistón.

h) Quite la pastilla de freno exterior del soporte de montaje de la mordaza. Asegúrese de que se asiente directamente contra los dedos exteriores de la mordaza.

i) Instale el conjunto de mordaza/pastilla de freno sobre el soporte de la mordaza, instale los pernos del pasador guía y apriételos al torque indicado en las especificaciones de este capítulo.

j) Instale el resorte antitraqueteo y enganche el extremo sobre la lengüeta del soporte de la mordaza.

6   Mientras se quitan las pastillas, inspeccione si mordaza tiene fugas de líquido de frenos o rupturas en la funda antipolvo del pistón. Reemplace la mordaza si es necesario (vea la Sección 4). También inspeccione el disco del freno cuidadosamente (vea la Sección 5). Si necesario maquinar, siga la información en esa sección para extraer el disco. Inspeccione las mangueras de freno en busca de daños y reemplace si es necesario (vea la Sección 10).

7   Antes de instalar los pernos de montaje de la mordaza, límpielos y revise que no haya corrosión ni daños. Si presentan corrosión o daños importantes, reemplácelos. Asegúrese de ajustar los pernos de montaje de la mordaza al torque que se indica en las Especificaciones de este Capítulo.

8   Repita el procedimiento para la rueda opuesta. Luego, coloque las ruedas, las tuercas y baje el vehículo. Apriete las tuercas de las ruedas al torque indicado en Especificaciones del Capítulo 1. Agregue líquido de frenos adecuado en el depósito hasta que esté lleno (vea el Capítulo 1 si es necesario).

9   Presione el freno varias veces para que las pastillas se asienten contra el disco, luego revise nuevamente el nivel de líquido de frenos en el depósito. Llénelo según sea necesario.

10   Pruebe cuidadosamente el funcionamiento de los frenos antes reanudar el funcionamiento normal. Trate de no realizar un uso intensivo de los frenos hasta haberlos probado suavemente varias veces para que se asienten las pastillas.

Mordaza de freno de disco: desmontaje e instalación

Consulte la ilustración 4.2

Advertencia: *El polvo generado por el sistema de frenos puede contener asbesto, lo que es perjudicial para la salud. Nunca lo sople con aire comprimido ni lo inhale. Debe utilizar una mascarilla con filtro aprobada para trabajar en los frenos. Nunca, bajo ninguna circunstancia, utilice solventes a base de petróleo para limpiar las piezas del freno. Sólo utilice el limpiador del sistema de frenos.*

Nota: *Si se indica la sustitución (por lo general a causa de fugas de líquido, un pistón atascado o tornillo de purga roto), reemplace las mordazas por piezas nuevas reconstruidas en fábrica que están disponibles para intercambio. Reemplace siempre las mordazas de a pares; nunca reemplace una sola.*

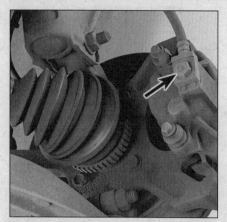

4.2 La manguera del freno está conectado a la mordaza con un perno banjo (asegúrese de sustituir las arandelas de sellado después de la instalación)

5.2 Es obvio que se descuidaron las pastillas de freno en este vehículo, ya que se desgastaron hasta los remaches y luego cortaron ranuras profundas en el disco, que ahora debe ser reemplazado

5.3 Utilice un indicador de esfera para revisar la desviación del disco. Si la lectura excede el límite de desviación que se especifica, se tendrá que maquinar o reemplazar el disco.

Desmontaje

1   Afloje las tuercas de orejeta de la rueda delantera o trasera 1/4 de vuelta, levante el vehículo y apóyelo de manera segura sobre torretas de seguridad. Quite las ruedas.
2   Desatornille el perno banjo de la mordaza y desconecte la manguera (vea la ilustración). **Nota:** *Si solo retira la mordaza para acceder a otros componentes, no desconecte la manguera.* Descarte las arandelas de sellado en cada lado de la conexión y utilice nuevas durante la instalación. Tape la manguera para evitar pérdida de líquido y contaminación.
3   Consulte los primeros pasos en la Sección 3 (la extracción de la mordaza es la primera parte del procedimiento de reemplazo de pastillas de freno). Limpie el conjunto de la mordaza con limpiador para sistemas de frenos. **Advertencia:** *NO utilice, bajo ninguna circunstancia, solventes a base de gasolina o petróleo para limpiar piezas de los frenos.* Asegúrese de revisar también las pastillas y reemplácelas si es necesario (vea la Sección 3).

Instalación

4   Instale las pastillas y la mordaza del freno (vea la Sección 3). Apriete los pernos del pasador guía de la mordaza al torque indicado en las Especificaciones de este Capítulo.
5   Conecte la manguera del freno a la mordaza utilizando arandelas de sellado nuevas.

Apriete el perno banjo al par de apriete indicado en Especificaciones de este capítulo.
6   Presione con firmeza el pedal del freno varias veces para que las pastillas hagan contacto con el disco. Compruebe el nivel de líquido en el depósito del cilindro maestro y añada más si es necesario.
7   Purgue los frenos (vea la Sección 11).
8   Instale las ruedas y las tuercas. Baje el vehículo y ajuste las tuercas de orejeta según el torque indicado en las Especificaciones del Capítulo 1.
9   Compruebe cuidadosamente si hay fugas de fluido y pruebe el funcionamiento de los frenos antes de reanudar el funcionamiento normal.

---

5   Disco de freno - inspección, desmontaje e instalación

Nota: *En los modelos 2001 y posteriores, hay dos conjuntos de mordazas de freno diferentes y discos de freno que se utilizan en los distintos modelos. Los modelos equipados la combinación de frenos de disco delanteros y de tambor traseros están equipados con una mordaza fabricada por TRW. Los modelos equipados la combinación de frenos de disco delanteros y traseros están equipados con una mordaza fabricada por Continental Teves. Se trata de dos conjuntos*

de mordaza y disco completamente diferentes y ninguna de las piezas son intercambiables. Si se intercambian los discos de freno, pueden producirse problemas de ruido y desgaste.

Inspección

Consulte las ilustraciones 5.2, 5.3, 5.4a y 5.4b

1   Afloje las tuercas de la rueda 1/4 de vuelta, levante el vehículo y apóyelo firmemente sobre torretas de seguridad. Aplique el freno de estacionamiento si trabaja en los frenos delanteros. Quite las ruedas. Vuelva a instalar las tuercas de orejeta para mantener firmemente el disco contra el cubo. **Nota:** *Pueden requerirse arandelas.*
2   Retire la mordaza del freno (vea la Sección 4), pero no desconecte la manguera del freno. Inspeccione visualmente la superficie del disco en busca de marcas u otros daños (vea la ilustración). Los rasguños leves y las ranuras superficiales son normales después del uso y no afectarán el funcionamiento del freno. La presencia de ranuras profundas, de más de 0.015 pulg. de profundidad, requiere el retiro y la rectificación den un taller mecánico automotriz o el remplazo si son demasiado profundas. Asegúrese de revisar ambos lados del disco.
3   Para revisar la variación del disco, coloque un indicador de carátula a 1/2 pulgada del borde exterior del disco (vea la ilustración). Gire el disco hasta encontrar el punto más bajo en el disco. Ajuste el indicador de carátula en cero y gire el disco nuevamente. La lectura del indicador no debe exceder el límite de desviación que se enumera en la sección de Especificaciones de este Capítulo. Compruebe la variación en ambos lados del disco. Si la variación supera la especificación, el disco debe ser rectificado por un taller de mecánica automotriz o reemplazado. **Nota:** *Los profesionales recomiendan rectificar los discos de freno independientemente de la lectura del indicador de esfera (a fin de crear una superficie plana y lisa que eliminará las vibraciones del pedal del freno y otros síntomas indeseables relacionados con discos en estado cuestionable). Si elige no rectificar los discos; al menos, púlalos con lija o tela esmeril.*
4   No debe maquinarse el disco a un espesor menor que el mínimo especificado. El espesor mínimo (o de descarte) está indicado por fundición en el disco (vea la ilustración). El espesor del disco debe revisarse con un micrómetro (vea la ilustración).

5.4a El espesor mínimo está indicado por fundición en la parte interior del disco.

5.4b Utilice un micrómetro para medir el espesor del disco en varios puntos.

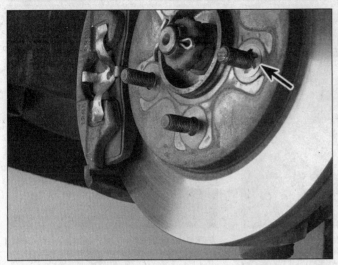

5.7 Retire y deseche los clips de retención del disco, si están presentes (no es necesario volver a instalarlos)

6.3 Antes de desmontar el conjunto de zaptas del freno, rocíelo con limpiador de frenos para quitar el polvo del freno; NO sople el polvo del freno con aire comprimido - recoja el fluido contaminado en un recipiente adecuado y deséchelo correctamente

Desmontaje

Consulte la ilustración 5.7

5   Afloje las tuercas de la rueda 1/4 de vuelta, levante el vehículo y apóyelo firmemente sobre torretas de seguridad. Quite la rueda. **Nota:** *Si retira un freno de disco trasero, libere el freno de estacionamiento.*

6   Quite la mordaza, pero no desconecte la manguera del freno (vea la Sección 4).

7   Retire de los clips de retención, si están presentes, de los espárragos de la rueda (vea la ilustración).

8   Quite el disco del cubo.

Instalación

9   La instalación se realiza en secuencia inversa al desmontaje. Asegúrese de ajustar los pernos de montaje de la mordaza según el torque que se indica en las Especificaciones de este Capítulo.

6   Zapatas del freno de tambor: reemplazo

Consulte las ilustraciones 6.3, 6.4a a 6.4x y 6.5

Advertencia: *Las zapatas del freno de tambor deben reemplazarse en ambas ruedas al mismo tiempo. Nunca reemplace las zapatas de una sola rueda. Además, el polvo generado por el sistema de frenos puede contener asbesto, lo que es perjudicial para la salud. Nunca lo sople con aire comprimido ni lo inhale. Debe utilizar una mascarilla con filtro aprobada para trabajar en los frenos. Nunca, bajo ninguna circunstancia, utilice solventes a base de petróleo para limpiar las piezas del freno. ¡Utilice solamente un limpiador para sistemas de frenos!*

Precaución: *cada vez que se reemplazan las zapatas del freno, deben reemplazarse también los resortes de retención. Debido al ciclo continuo de calentamiento/enfriamiento al que están sujetos los resortes, con el tiempo pierden tensión y es posible que permitan que las zapatas se arrastren en los tambores y se desgasten mucho más rápido de lo normal.*

1   Afloje las tuercas de la rueda 1/4 de vuelta, levante la parte trasera del vehículo y apóyelo firmemente sobre torretas de seguridad. Bloquee

6.4a Retire el resorte de retención y el pasador de la zapata del freno principal presionando el retenedor y girándolo 90 grados - la herramienta que se muestra aquí se encuentra disponible en la mayoría de tiendas de autopartes y simplifica en gran medida esta tarea

las ruedas delanteras para evitar que el vehículo se desplace. Libere el freno de estacionamiento. Quite la rueda. **Nota:** *Para evitar mezclar partes, trabaje en un conjunto de frenos a la vez.*

2   Quite el tambor del freno. Si el tambor no sale, cree cierta holgura en los cables de freno de estacionamiento tirando de la sección expuesta del cable hacia abajo y atrás posterior, hasta el punto donde pasa a través de los soportes de la carrocería. Sujete un par de pinzas de bloqueo en la parte trasera del soporte de más atrás.

3   Lave el conjunto del freno con un limpiador para sistemas de frenos (vea la ilustración).

4   Siga las ilustraciones 6.4a a 6.4x para realizar la inspección y el reemplazo de las zapatas del freno de estacionamiento. Asegúrese de seguir el orden y de leer la leyenda de cada ilustración.

5   Antes de volver a instalar el tambor, examínelo con cuidado para detectar grietas, marcas, rayas profundas o zonas endurecidas que se verán como áreas pequeñas descoloridas. Si no puede quitar los puntos duros con tela de esmeril fina o si existe alguna de las otras condiciones descritas anteriormente, debe llevar

6.5c Desconecte el resorte de retorno superior de la zapatas del freno

el tambor a un taller de maquinado automotriz para rectificarlo. **Nota:** *Los profesionales recomiendan rectificar los tambores después de realizar un trabajo en los frenos. El rectificado eliminará la posibilidad de que el tambor tenga*

6.4c Desconecte el resorte de la palanca de ajuste de la zapata del freno

6.4d   Retire el resorte de retorno superior (A), el clip de tensión (B) y el ajustador automático (C)

6.4e   Retire la palanca de ajuste y el resorte

6.4f   Desconecte los dos resortes de retorno de la zapata del freno prinicipal y quite la zapata

6.4g   Retire el tirante de accionamiento del freno de estacionamiento

6.4h   Retire el resorte de retención y el pasador de la zapata del freno trasero

6.4i   Retire la zapata del freno trasero y la palanca de accionamiento del freno de estacionamiento

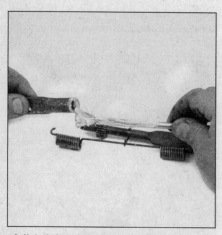

6.4j   Lubrique las roscas de los tornillos de ajuste automático

6.4k   Lubrique las superficies de contacto del plato de apoyo con grasa para alta temperatura

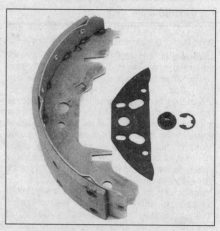

6.4l   Retire el accionador del freno de estacionamiento de la zapata vieja del freno principal e instálelo en la zapato principal nueva. Asegúrese de que el clip de retención esté correctamente asentado

6.4m Conecte la palanca de accionamiento del freno de estacionamiento al cable del freno de estacionamiento

6.4n Instale la zapata del freno trasero

6.4o Instale el pasador de retención y el resorte

6.4p Instale el tirante de accionamiento del freno de estacionamiento

6.4q Instale el ajustador automático, el clip de tensión y el resorte de retorno superior

6.4r Instale la zapata del freno principal

6.4s Instale el pasador de retención y el resorte

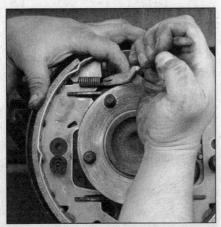

6.4t Conecte el resorte de retorno superior a la zapata del freno principal

6.4u Coloque la palanca de ajuste automático

6.4v Conecte el resorte de accionamiento

6.4w Conecte el resorte de retorno inferior

6.4x Conecte la parte inferior del resorte de retorno inferior

forma ovalada. *Si los tambores están tan desgastados que no pueden rectificarse sin superar el diámetro máximo permitido, (que se encuentra estampado en el tambor), (vea la ilustración), tendrá que colocar tambores nuevos. Si decide no rectificar los tambores, al menos quite el vidriado de la superficie haciendo movimientos en círculo con una tela de esmeril o una lija.*

6   Instale el tambor de freno, montar la rueda e instalar las tuercas de orejeta.

7   Repita el procedimiento para la rueda opuesta, a continuación, retire las pinzas de sujeción del cable del freno de estacionamiento (si fue necesario aflojar los cables).

8   Para establecer el ajuste inicial de las zapatas del freno, desconecte el cable del freno de estacionamiento del igualador (esto le dará acceso a la rueda estrella del tornillo de ajuste). Retire el enchufe del plato de apoyo del freno, directamente debajo de la línea de freno.

9   Verifique que el freno de estacionamiento esté totalmente liberado. Inserte un destornillador o una herramienta de ajuste de freno en el orificio y gire la rueda estrella hasta que las zapatas del freno se arrastren sobre el tambor a medida que gira la rueda trasera. Ahora, inserte otro destornillador fino o una percha enderezada en el orificio y empuje la palanca de ajuste alejándola de la rueda estrella. Mientras se mantiene la palanca en esta posición, retraiga la rueda estrella hasta que las zapatas no se arrastren sobre el tambor mientras gira la rueda trasera.

6.5 El diámetro máximo permitido se indica por fundición en el tambor

10   Repita este procedimiento para el freno opuesto; a continuación, instale los tapones en los platos de apoyo y vuelva a conectar los cables del freno de estacionamiento.

11   Baje el vehículo y apriete las tuercas al par de aprieta indicado en Especificaciones del Capítulo 1.

12   Presione a fondo el pedal del freno de estacionamiento y suéltelo. Esto ajustará los cables del freno de estacionamiento automáticamente.

13   Pruebe cuidadosamente el funcionamiento del freno antes de reanudar el funcionamiento normal.

7   Cilindro de la rueda - desmontaje e instalación

Nota: *Si se indica un reemplazo (habitualmente debido a fugas de aceite o adherencia) analice todas las opciones antes de comenzar con el trabajo. Pueden conseguirse nuevos cilindros de rueda, lo que facilita este trabajo. Nunca reemplace un solo cilindro de la rueda. Siempre reemplace ambos al mismo tiempo.*

Desmontaje

Consulte la ilustración 7.2

1   Quite las zapatas del freno trasero (vea la Sección 6).

2   Con una llave para tuercas abocinadas, desconecte la conexión de la línea de freno desde la parte trasera del cilindro de la rueda (vea la ilustración). No tire de la línea de fuera del cilindro, ya que esto podría doblar la línea y dificultaría enroscar la conexión en el cilindro de la rueda.

7.2 Desconecte el conector de la línea de frenos (flecha) del cilindro de la rueda

3   Retire los dos pernos que fijan el cilindro de la rueda al plato de apoyo y retire el cilindro de rueda. Tape la línea para evitar la pérdida excesiva de líquidos y la contaminación.

Instalación

4   Aplique una capa de sellador RTV a la zona de montaje del cilindro de la rueda en el plato de apoyo del freno. La instalación se realiza en forma inversa al desmontaje. Apriete los pernos de montaje del cilindro de la rueda al torque indicado en las Especificaciones de este capítulo. Ajuste la conexión de la línea de manera segura.

5   Instale la mordaza y las pastillas de freno (vea la Sección 6).

6   Purgue los frenos (vea la Sección 11). Pruebe cuidadosamente el funcionamiento de los frenos antes de reanudar el funcionamiento normal.

8   Cilindro maestro: desmontaje, instalación y reemplazo del sello de vacío

Advertencia: *Si su vehículo está equipado con un sistema de frenos antibloqueo (ABS), el vehículo debe ser remolcado al departamento de servicio de un distribuidor u otro taller equipado de reparaciones con una herramienta de diagnóstico DRB II para hacer purgar correctamente el sistema hidráulico después del reemplazo del cilindro maestro.*

Nota: *No se puede realizar servicio en el cilindro maestro empleado en estos vehículos; debe ser sustituido como una unidad. Sin embargo, puede reemplazar el depósito de líquido y/o las arandelas de sellado del depósito.*

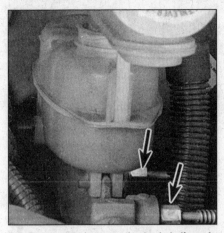

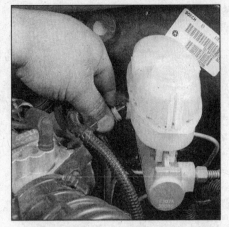

8.5 Desconecte las conexiones de la línea de frenos con una llave para tuerca abocinada

8.6 Desconecte el conector eléctrico del sensor de nivel de líquido de freno

8.8 Para separar el cilindro maestro del refuerzo del freno hidráulico, quite las tuercas de fijación (flechas), luego tire del conjunto del cilindro maestro directamente de los espárragos de montaje

Desmontaje

Consulte las ilustraciones 8.5, 8.6 y 8.8.

1   **Precaución:** *El vacío en el refuerzo del freno hidráulico debe ser bombeado antes de retirar el cilindro maestro, de lo contrario podría succionarse materia extraña dentro del refuerzo. Con el interruptor de encendido en la posición OFF, bombee el pedal del freno hasta lograr un pedal firme.*

2   Si está instalado, desconecte el conector eléctrico de control de velocidad crucero y retire el servo de control de velocidad crucero de su montaje en la bandeja de la batería y apártelo.

3   Con de una jeringa o equivalente, haga sifón para retirar el líquido de frenos del depósito del cilindro maestro y deséchelo correctamente. **Precaución:** *El fluido de frenos dañará la pintura. Cubra todas las superficies pintadas y evite derramar el aceite durante este procedimiento.*

4   Coloque trapos debajo de la conexión de la línea de frenos y tenga preparadas tapas o bolsas de plástico para cubrir los extremos de las líneas una vez que las desconecte.

5   Desatornille las tuercas del tubo en los extremos de las líneas de freno donde ingresan al cilindro maestro. **Nota:** *Los vehículos sin ABS tienen cuatro líneas hidráulicas conectadas al cilindro maestro.* Para evitar que los lados planos de estas tuercas se redondeen, debe usar una llave para tuerca abocinada, que se envuelve alrededor de la tuerca (vea la ilustración). Separe levemente las líneas de freno del cilindro maestro y tape los extremos para evitar fugas y contaminación. También tape las aberturas en el cilindro maestro para evitar el derrame de fluido.

6   Desconecte el conector eléctrico del sensor de nivel de líquido de freno (vea la ilustración).

7   En los modelos equipados con ABS, limpie el área donde el cilindro maestro se une al refuerzo de vacío usando limpiador de sistemas de frenos.

8   Retire las dos tuercas de montaje del cilindro maestro (vea la ilustración) y los soportes que puedan estar instalados. Deslice el cilindro maestro fuera de los espárragos y retírelo del vehículo.

9   En los modelos equipados con ABS, reemplace el sello de vacío delantero ubicado en el refuerzo de vacío (ver a continuación).

Instalación

Nota: *Lea todo este procedimiento antes de comenzar esta operación.*

10   Instale el cilindro maestro en el refuerzo del freno hidráulico, asegurándose de acoplar la varilla de funcionamiento. Instale todos los soportes necesarios y apriete con firmeza las tuercas de montaje.

11   Antes de la instalación de las líneas de freno en el cilindro maestro, hay que purgarlo. Como deberá aplicar presión en el pistón del cilindro maestro y, al mismo tiempo, controlar el flujo de las salidas de la líneas de freno, requerirá la ayuda de un asistente.

12   Llene el depósito con el líquido de frenos que se recomienda (vea el Capítulo 1).

13   Coloque trapos o periódicos debajo del cilindro maestro para recolectar el líquido que se expulsa.

14   Haga que su asistente presione LENTAMENTE el pedal del freno para expulsar el aire del cilindro maestro. Use un trapo para recoger el líquido de frenos que se escapa. Una bolsa de plástico transparente colocada sobre el cilindro maestro le ayudará a guiar el líquido expulsado para recolectarlo y evitar que se escurra zonas no deseadas.

15   Para evitar que entre aire en el cilindro maestro, coloque un dedo firmemente en los puertos antes de soltar el pedal del freno. Espere varios segundos cada vez para que el líquido de frenos vaya del depósito al orificio. Luego, solicita a su asistente que presione nuevamente el pedal del freno y quite sus dedos a medida que se expulsa el líquido de frenos.

16   Repita el procedimiento hasta que solo se expulse líquido de frenos de los puertos. Asegúrese de mantener el depósito del cilindro maestro lleno de líquido de frenos para evitar la entrada de aire en el sistema.

17   Afloje las tuercas de montaje del cilindro maestro y conecte las líneas de freno al cilindro maestro. Debido a que el cilindro maestro todavía está un poco flojo, puede moverlo lentamente para que las conexiones se puedan enroscar con facilidad.

18   Ajuste cuatro tuercas de montaje del cilindro maestro al torque indicado en las Especificaciones de este Capítulo. Ahora repita el procedimiento de purga aflojando cada línea de freno, de a una a la vez, hasta que el líquido que emerge de las conexiones no contenga aire (así se purgará el aire que pueda haber entrado

cuando se conectaron las líneas). Comience con el puerto más cercano al refuerzo del freno.

19   Si está equipado, instale el servo de control de velocidad crucero en la torre del amortiguador y enchufe el conector eléctrico.

20   Llene el depósito del depósito del cilindro con el líquido recomendado (vea el Capítulo 1) y luego, purgue todo el sistema hidráulico de frenos (vea la Sección 11).

Reemplazo del sello de vacío

Consulte la ilustración 8.21

Precaución: *El cilindro maestro se utiliza para crear un sello para mantener el vacío en el refuerzo de vacío. El sello de vacío en el cilindro maestro debe ser reemplazado cada vez que se retira el cilindro maestro del refuerzo de vacío.*

21   Con una herramienta no metálica, como un palillo o un lápiz, haga palanca para retirar el sello de vacío del cilindro maestro (vea la ilustración).

22   Instale con cuidado un nuevo sello en el cilindro maestro, asegurándose de que esté completamente asentado contra de la brida de montaje.

SELLO DE VACÍO

CONJUNTO DEL CILINDRO MAESTRO

8.21 El sello de vacío en el cilindro maestro debe ser reemplazado cada vez que se retira el cilindro maestro

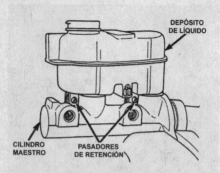

8.25 El depósito de líquido de frenos está fijado al cilindro maestro por pasadores de retención

9.5 Las válvulas dosificadoras están situadas en la parte inferior del del bastidor trasero izquierdo

10.3 Conexión de la manguera del freno delantero a la línea de freno metálica

Reemplazo depósito del líquido

Consulte la ilustración 8.25

23   Con de una jeringa o equivalente, haga sifón para retirar el líquido de frenos del depósito del cilindro maestro y deséchelo correctamente.

24   Desconecte el conector eléctrico del sensor de nivel de líquido de frenos del depósito (vea la ilustración 8.6).

25   Retire los pasadores de retención el depósito del líquido con un martillo y un punzón (vea la ilustración).

26   Para retirar el depósito, con cuidado, muévalo hacia atrás y hacia adelante mientras tira suavemente hacia arriba.

27   Después de retirar el depósito, retire las arandelas del cilindro maestro. **Nota:** *Se deben instalar arandelas nuevas cada vez que el depósito se separa del cilindro maestro.*

28   Retire el sensor de nivel de líquido de frenos del depósito, si es necesario.

29   La instalación se realiza en secuencia inversa al desmontaje. Cubra las nuevas arandelas con líquido de frenos limpio antes de la instalación.

9   Válvulas dosificadoras - revisión y reemplazo

Descripción

1   Todos los modelos tienen dos válvulas dosificadoras que equilibran el frenado de adelante hacia atrás mediante el control del aumento de la presión hidráulica del sistema trasero por encima de un nivel predeterminado. Bajo una ligera presión del pedal, la válvula permite presión hidráulica total en los frenos delanteros y traseros. Pero por encima de una cierta presión, conocida como punto de división, la válvula dosificadora reduce la cantidad de aumento de presión a los frenos traseros de acuerdo con una relación predeterminada. Esto disminuye la probabilidad de que la rueda trasera de se bloquee y patine.

Inspección

2   Si alguna rueda trasera patina prematuramente al frenar con fuerza, podría indicar una válvula dosificadora defectuosa. Si ocurre esto, haga que diagnostiquen el sistema en el departamento de servicio de un distribuidor o en otro taller de reparaciones calificado. Se requieren un par de medidores de presión y accesorios especiales para realizar

un diagnóstico adecuado de las válvulas dosificadoras. Aunque el diagnóstico está más allá del alcance del mecánico doméstico, puede ahorrar dinero al reemplazar las válvulas usted mismo.

Reemplazo

Consulte la ilustración 9.5.

3   Levante la parte trasera del vehículo y apóyela firmemente sobre torretas de seguridad.

4   Bloquee las ruedas delanteras para evitar que el vehículo se desplace.

5   Afloje las líneas de freno de la válvula dosificadora con una llave brote para tuercas abocinadas para evitar el redondeo de las esquinas de las conexiones (vea la ilustración). Coloque un tapón en los extremos de las líneas para evitar la pérdida de aceite del freno y la entrada de suciedad.

6   Quite los pernos de montaje (vea la ilustración 9.5) y desconecte la válvula y el soporte.

7   La instalación se realiza en secuencia inversa al desmontaje.

8   Purgue los frenos (vea la Sección 11). Pruebe cuidadosamente el funcionamiento de los frenos antes de reanudar el funcionamiento normal.

10   Líneas y mangueras de frenos - inspección y reemplazo

Inspección de la manguera del freno

1   Cada vez que el vehículo se elevada y apoyada firmemente sobre torretas de seguridad, se deben inspeccionar las mangueras de goma que conectan las líneas de frenos de acero con los conjuntos de freno delanteros y traseros para detectar grietas, rozamiento de la cubierta exterior, fugas, ampollas y otros daños. Estas son piezas importantes y vulnerables del sistema de frenos, por lo que debe realizarse una inspección minuciosa. Necesitará luz y un espejo para realizar una revisión completa. Si una manguera muestra alguna de las condiciones que se mencionaron antes, reemplácela inmediatamente.

Reemplazo de la manguera flexible

Consulte la ilustración 10.3

2   Limpie toda la suciedad y la grasa de las

conexiones de la manguera.

3   Con una llave para tuercas abocinadas, desconecte la línea de freno metálica de la conexión de la manguera (vea la ilustración). Asegúrese de no doblar el soporte del bastidor ni la línea. Si se corroe la conexión roscada, rocíela con un aceite penetrante y déjela en remojo durante unos 10 minutos; luego, intente nuevamente. Si intenta aflojar una tuerca del tubo de freno atascada, retorcerá la línea metálica, que luego tendrá que ser reemplazada.

4   Retire la manguera del freno del soporte (algunas están fijados a un soporte con un clip de sujeción, otras tienen un soporte/conexión integral). Separe la manguera del freno del soporte o el soporte del vehículo, según corresponda.

5   Coloque un tapón en la línea metálica de inmediato para evitar fugas excesivas y contaminación.

6   En la manguera del freno delantero, desenrosque el perno bajo de la mordaza y retire la manguera, descartando las arandelas de sellado a ambos lados de la conexión.

7   Instale la nueva manguera del freno en la mordaza. **Nota:** *Al sustituir las mangueras de los frenos delanteros, utilice siempre nuevas arandelas de sellado.* Apriete el perno banjo y la tuerca al torque indicado en Especificaciones de este Capítulo.

8   Inserte el otro extremo de la manguera nueva a través del soporte o conecte el accesorio/soporte sin apretar al vehículo según corresponda, asegurándose de que la manguera no esté retorcida ni doblada. A continuación, conecte la línea metálica a la manguera (o a la conexión de la manguera), apriete la abrazadera de la manguera (si corresponde) y apriete la conexión del freno en forma segura.

9   Revise cuidadosamente que la suspensión o los componentes de la dirección no hagan contacto con la manguera. Solicite a un asistente que empuje hacia abajo en el vehículo mientras observa si la manguera interfiere con el funcionamiento de la suspensión. Si reemplaza una manguera delantera, solicite a su asistente que gire el volante de tope a tope para asegurarse de que la manguera no interfiera con el mecanismo de la dirección o el mango de la dirección.

10   Luego de la instalación, revise el nivel de fluido del cilindro maestro y agregue fluido según sea necesario. Purgue los frenos (vea la Sección 11). Pruebe cuidadosamente el funcionamiento de los frenos antes de reanudar el funcionamiento normal.

Reemplazo de la línea de frenos metálica

11   Al reemplazar las líneas de frenos, asegúrese de utilizar las piezas correctas. No utilice tubos de cobre para ningún componente del sistema de frenos. Compre líneas de freno de acero en un departamento de piezas de un concesionario o una tienda de autopartes.

12   En los departamentos de piezas de un concesionario o una tienda de autopartes, puede encontrar líneas de frenos prefabricadas, con los extremos del tubo ya abocinados y las conexiones instaladas. En algunos casos, estas líneas también se doblan para lograr la forma adecuada. Si es necesario doblar una línea, utilizar una herramienta dobladora de tubos para evitar retorcer la línea.

13   Al instalar la nueva línea, asegúrese de que esté bien asentada en los soportes y que tenga mucho espacio entre los componentes móviles o calientes. Asegúrese de apretar las conexiones en forma segura.

14   Luego de la instalación, revise el nivel de fluido del cilindro maestro y agregue fluido según sea necesario. Purgue los frenos (vea la Sección 11). Pruebe cuidadosamente el funcionamiento de los frenos antes de reanudar el funcionamiento normal.

---

11   Sistema de frenos - purga

Consulte la ilustración 11.9

Advertencia: *Utilice protección para los ojos cuando purgue el sistema de frenos. Si el fluido entra en contacto con los ojos, lávelos inmediatamente con agua y busque atención médica.*

Nota: *Es necesario purgar el sistema de frenos para eliminar el aire que queda atrapado en el sistema al abrirlo durante el desmontaje y la instalación de una manguera, una línea, un caliper, un cilindro de rueda o un cilindro principal.*

1   Si se desconectó la línea de frenos de una sola rueda, solo debe purgar la mordaza o el cilindro de esa rueda.

2   En los sistemas de freno convencionales (no ABS), si entró aire en el sistema debido al bajo nivel de líquido o al reemplazo del cilindro maestro, se deben purgar los cuatro frenos. **Advertencia:** *Si esto ocurrió en un modelo con un sistema de frenos antibloqueo (ABS), o se desconectaron las líneas a la unidad de control hidráulico o a la unidad de control integrado (modelos 1998), el vehículo debe ser remolcado al departamento de servicio de un distribuidor u otro taller de reparaciones equipado con una herramienta de diagnóstico DRB II para purgar el sistema correctamente.*

3   Si se desconectó la línea de frenos en una conexión ubicada entre el cilindro maestro y cualquiera de los frenos, debe purgarse aquella parte del sistema a la que alimenta la línea desconectada.

4   Quite el vacío residual del reforzador hidráulico del freno aplicando el freno varias veces con el motor apagado.

5   Levante el vehículo y apóyelo firmemente sobre torretas de seguridad. **Nota:** *No es necesario retirar las ruegas para este proceso.*

6   Quite la tapa del depósito del cilindro maestro y llene el depósito con fluido de frenos. Vuelva a colocar la tapa. **Nota:** *Revise el nivel del fluido varias veces durante la operación de purga y agregue fluido según sea necesario para evitar que el nivel de fluido baje al punto de* permitir que ingresen burbujas de aire al cilindro maestro.

Trabaje con un asistente, y tenga a mano un suministro de líquido de frenos nuevo, un recipiente limpio parcialmente lleno con líquido de frenos limpio, un tramo de tubo de plástico o vinilo transparente para colocar sobre el tornillo de purga y una llave de extremo cuadrado para abrir y cerrar la válvula de purga.

8   Comenzando con la rueda trasera izquierda, quite la tapa antipolvo del tornillo de purga. Afloje un poco el tornillo de purga, ajústelo hasta el punto en que haga tope pero que pueda aflojarse rápida y fácilmente. Utilice la llave de extremo cuadrado de fin de evitar el redondeo de las esquinas de tornillo de purga.

9   Con la llave colocada en el tornillo de purga, conecte un extremo de la tubería sobre la conexión del tornillo de purga y sumerja el otro extremo en un recipiente transparente con aproximadamente 1 pulgada de líquido de frenos nuevo (vea la ilustración).

10   Solicite a su asistente que presione el pedal del freno lentamente hacia el piso, luego mantenga el pedal presionado con firmeza.

11   Mientras se mantiene presionado el pedal, abra el tornillo de purga lo suficiente como para permitir que una parte del líquido salga de la válvula. Observe si salen burbujas de aire por el extremo del tubo que se encuentra sumergido. Cuando se detenga el flujo de líquido después de algunos segundos, ajuste el tornillo y solicite a su asistente que suelte el pedal lentamente.

12   Repita los Pasos 10 y 11 hasta que no salga más aire del tubo, luego ajuste el tornillo de purga con firmeza y continúe con la rueda delantera derecha, luego la rueda trasera derecha y, a continuación, la rueda delantera izquierda, en ese orden, y realice el mismo procedimiento. Asegúrese de revisar con frecuencia el fluido del depósito del cilindro maestro.

13   NUNCA utilice fluido de frenos viejo. El líquido para frenos absorbe la humedad de la atmósfera. Cuando hay humedad presente en el sistema hidráulico, puede bajar el punto de ebullición del fluido, lo que puede hacer que los frenos no funcionen.

14   Después de purgar el sistema, llene el depósito de líquido de frenos y vuelva a instalar las tapas antipolvo del tornillo de purga.

15   Revise el funcionamiento de los frenos. El pedal debe sentirse sólido cuando lo presiona, no esponjoso. Si es necesario, repita el proceso de purga. Compruebe si hay fugas. **Advertencia:** *No utilice el vehículo si el pedal se siente bajo o esponjoso, si la luz del ABS en el tablero no se apaga, o si tiene dudas acerca de la eficacia del sistema de frenos.*

---

12   Refuerzo del freno hidráulico - revisión, desmontaje e instalación

Revisión del funcionamiento

1   Presione el pedal y encienda el motor. Si el pedal baja levemente, el funcionamiento es normal.

2   Presione el pedal del freno varias veces con el motor en funcionamiento y asegúrese de que no cambie la distancia de reserva del pedal.

Revisión de hermeticidad

3   Encienda el motor y apáguelo después de uno o dos minutos. Presione el pedal del freno

11.9 Al purgar los frenos, se conecta una manguera al tornillo de purga en la mordaza o en el cilindro de la rueda y después se sumerge en fluido de frenos limpio - se verán burbujas de aire que salen del tubo (se debe expulsar todo el aire antes de continuar con la siguiente rueda)

varias veces lentamente. Si el pedal baja mucho la primera vez pero sube gradualmente después de la segunda o tercera vez que lo presiona, significa que el reforzador está hermético.

4   Presione el pedal del freno mientras el motor está en funcionamiento. Luego, detenga el motor mientras el pedal está presionado. Si no nota cambios en el trayecto de la reserva del pedal después de sostener el pedal durante 30 segundos, significa que el reforzador está hermético.

Desmontaje

Consulte las ilustraciones 12.17 y 12.18

5   La unidad del refuerzo del freno hidráulico no requiere un mantenimiento especial, más allá de la inspección periódica de la manguera de vacío y de la caja; nunca debe desmontarse el refuerzo. Si se produce un problema, debe reemplazarse por uno nuevo.

6   Retire todo el vacío del refuerzo bombeando el pedal varias veces con el motor apagado, hasta se sienta resistencia al presionar el pedal.

7   Retire el resonador de entrada de aire y los conductos relacionados entre el cuerpo del acelerador y el filtro de aire (vea el Capítulo 4).

8   Retire la protección térmica de la batería y la batería. Si está equipado, retire el conector eléctrico del servo de control de velocidad crucero. Desconecte la unidad de la bandeja de la batería y apártela.

9   Retire las dos tuercas que sujetan la bandeja de la batería y retire la bandeja de la batería.

10   En los modelos con motores de cuatro cilindros de 2.4L y V6 de 3.0L, retire el conector eléctrico del sensor de nivel de líquido de frenos en el depósito del cilindro maestro.

11   En los modelos con motores V6 de 3.3L y 3.8L, separe los conectores del mazo de cables del transductor EGR, el sensor de posición del acelerador y el motor AIS en el cuerpo del acelerador. Retire el cuerpo del acelerador y el soporte del cable del acelerador del múltiple de admisión como una unidad.

12   Limpie la zona donde el cilindro maestro se conecta a la refuerzo del freno hidráulico.

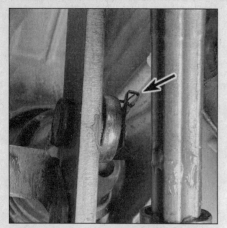

12.17 Clip de retención del pedal del freno hidráulico a la varilla de empuje del refuerzo (NO reutilizar)

12.18 Tuercas de montaje del refuerzo del freno hidráulico

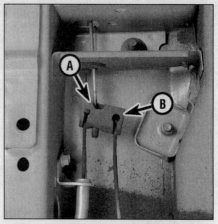

13.5 Desconecte el cable del freno (a) del del igualador del freno (b)

13   Retire el clip que se sujeta la manguera de drenaje del módulo del limpiaparabrisas al tubo del freno en el cilindro maestro y retire la manguera de drenaje del módulo del limpiaparabrisas.

14   Quite las tuercas que sujetan el cilindro maestro al refuerzo de vacío (vea la ilustración 8.8) y coloque el cilindro maestro con cuidado a un lado. **Nota:** *No es necesario retirar los tubos de freno del cilindro maestro al retirar el cilindro maestro del rfuerzo de vacío, pero tenga cuidado de no retorcer las líneas de frenos.* Coloque la bomba de freno en la parte superior del montaje izquierdo del motor.

15   En los motores V6 de 3.3L y 3.8L, retire la válvula EGR y el transductor de vacío como una unidad (vea el Capítulo 6).

16   Desconecte la manguera de vacío del múltiple de la válvula de retención del refuerzo de vacío. **Advertencia:** *No retire la válvula de retención del refuerzo.*

17   Cuando trabaje dentro del vehículo debajo del tablero, desconecte la varilla de empuje del freno de la parte superior del pedal del freno quitando el clip de retención (vea la ilustración). Por razones de seguridad, deseche el clip de retención de la varilla de empuje y compre un nuevo clip para el rearmado.

18   Retire las tuercas que sujetan el refuerzo del freno a la pared de fuego (vea la ilustración).

19   Trabajando de nuevo en el compartimiento del motor, retire con cuidado la unidad del refuerzo del freno hidráulico de la pared de fuego y fuera del compartimiento del motor.

Instalación

20   Para instalar el refuerzo, colóquelo en posición en en la pared de fuego y apriete las tuercas de retención al torque indicado en Especificaciones de este Capítulo. Conecte el pedal del freno. **Advertencia:** *Use un nuevo clip de retención. NO vuelva a utilizar el clip viejo.*

21   El resto de la instalación se realiza en secuencia inversa al desmontaje. Asegúrese de instalar un nuevo sello de vacío en el cilindro maestro (vea la ilustración 8.21).

22   Pruebe cuidadosamente el funcionamiento de los frenos antes de volver a utilizar normalmente el vehículo.

13   Conjunto del pedal del freno de estacionamiento - desmontaje, instalación y ajuste

Desmontaje

Consulte la ilustración 13.5

1   Desconecte el cable del terminal negativo de la batería. Retire la placa del travesaño de la puerta izquierda y el panel para pies lateral izquierdo (vea el Capítulo 11).

2   Quite la cubierta y el refuerzo de la columna de dirección del panel de instrumentos inferior (vea el Capítulo 11).

3   Levante el vehículo y apóyelo firmemente sobre torretas de seguridad.

4   Desconecte el igualador del cable del freno de estacionamiento tomando el cable del freno de estacionamiento expuesto y tirando de él hacia atrás. Mientras sostiene el cable, instale un par de pinzas de bloqueo en el cable, justo por detrás del segundo soporte estabilizador del cuerpo.

5   Desconecte el cable del freno del igualador del cable del freno (vea la ilustración).

6   Suelte las pinzas de bloqueo del cable del freno.

7   Retire los tres pernos que sujetan el bloque de empalmes de cableado al panel de instrumentos y coloque el bloque de empalmes a un lado.

8   Retire el perno inferior, el perno delantero, luego el perno superior del conjunto del pedal del freno de estacionamiento. **Nota:** *Empuje el pedal de freno hacia abajo cinco clics para llegar al perno de montaje inferior.*

9   Desconecte el conector eléctrico del interruptor ubicado en el mecanismo del pedal.

10   Tire hacia abajo del cable del freno de estacionamiento superior mientras gira el mecanismo del pedal desde detrás del tablero de empalmes.

11   Una vez que el mecanismo del pedal está separado del panel de instrumentos, desenganche el extremo del cable del freno de estacionamiento del mecanismo del pedal.

12   Retire el interruptor de tierra para que la luz de advertencia de freno del mecanismo del pedal.

13   Separe la cubierta del cable del mecanismo de freno de estacionamiento.

Instalación

14   La instalación se realiza en secuencia inversa al desmontaje. Apriete los pernos de montaje del pedal al torque indicado en Especificaciones de este Capítulo.

Ajuste

15   Realice un ciclo del pedal del freno de estacionamiento. Esto asentará los cables de freno y permitirá que el ajustador automático asiente correctamente los cables.

14   Cables del freno de estacionamiento - reemplazo

Cable delantero

Desmontaje

Consulte la ilustración 14.3

1   Levante el vehículo y apóyelo firmemente sobre torretas de seguridad.

2   Desconecte el igualador del cable del freno de estacionamiento (consulte el Paso 4 en la Sección 13).

3   Retire el retenedor del alojamiento del cable del freno del soporte del estabilizador del cuerpo deslizando un llave de extremo cuadrado de 1/2 pulgada sobre el extremo del retenedor del cable para comprimir los dedos del retenedor (vea la ilustración).

4   Baje el vehículo.

5   Retire el molde del travesaño de la puerta delantera izquierda y el panel para pies izquierdo (vea el Capítulo 11).

6   Levante la alfombrilla para acceder al cable del freno de estacionamiento y la bandeja del piso.

7   Tire de la junta y el cable del freno de estacionamiento para retirarlos de la bandeja del piso.

8   Desconecte el cable y el retenedor del cable del conjunto de pedal.

9   Retire el cable del vehículo a través del orificio en el panel del piso.

Instalación

10   La instalación se realiza en secuencia inversa al desmontaje. **Nota:** *Asegúrese de que los collarines de espuma estén colocados*

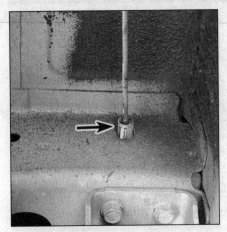

14.3 Al deslizar una llave de extremo cuadrado de 1/2 pulgada sobre el retenedor del cable del freno de estacionamiento, se comprimirán las lengüetas del clip de retención para poder quitar el cable del soporte

correctamente en el cable para evitar que el cable se golpee contra los paneles del piso. Baje el vehículo y aplique el freno de estacionamiento una vez. Esto ajustará automáticamente los cables del freno.

Cable intermedio

Desmontaje

Nota: *Los procedimientos de extracción e instalación para los cables intermedios izquierdo y derecho son idénticos.*

11 Levante el vehículo y apóyelo firmemente sobre torretas de seguridad.
12 Desconecte el igualador del cable del freno de estacionamiento (consulte el Paso 4 en la Sección 13).
13 Desconecte el cable del freno de estacionamiento intermedio del cable del freno de estacionamiento trasero.
14 Retire el cable de las guías de cable en los rieles del bastidor.

Instalación

15 La instalación del cable de freno de estacionamiento intermedia se realiza en orden inverso al del desmontaje. **Nota:** *Asegúrese de que los collarines de espuma en el cable de freno de estacionamiento estén colocados correctamente para evitar que se golpee contra los paneles del piso. Baje el vehículo y aplique el freno de estacionamiento una vez. Esto ajustará automáticamente los cables del freno.*

Cables del sector trasero

Desmontaje

Consulte la ilustración 14.25

Nota: *Los procedimientos de extracción e instalación tanto para los cables traseros izquierdo y derecho son idénticos.*

16 Afloje las tuercas de la rueda trasera.
17 Levante el vehículo y colóquelo de manera segura sobre torretas de seguridad.
18 Quite la rueda trasera.
19 Quite el tambor del freno trasero.
20 Desconecte el igualador del cable del freno de estacionamiento (consulte el Paso 4 en la Sección 13).
21 Desconecte el cable del freno trasero del cable del freno intermedio.
22 Retire el cable de freno trasero del soporte

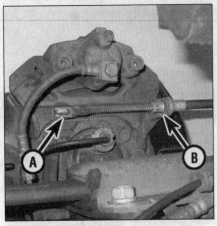

14.25 En los modelos con frenos de disco, desconecte el cable del freno de estacionamiento del accionador (A), a continuación, utilice una llave de extremo cuadrado o una abrazadera de manguera para comprimir las lengüetas de bloqueo en el retenedor (B)

de cuerpo deslizando una llave de extremo cuadrado de 1/2 pulgada sobre el extremo del retenedor del cable para comprimir los dedos del retenedor (vea la ilustración 14.3).
23 Quite las zapatas del freno (vea la Sección 6).
24 Desconecte el cable del freno de estacionamiento de la palanca del accionador del freno de estacionamiento (vea la Sección 12).
25 En los modelos con frenos de tambor, desconecte el cable del freno de estacionamiento del plato de apoyo del freno. En los modelos con frenos de disco, desconecte el cable del freno de estacionamiento del accionador (vea la ilustración). Utilice una llave de extremo cuadrado y comprimir las lengüetas de fijación en el retenedor y quite el cable del freno de estacionamiento.

Instalación

26 Inserte la parte posterior del cable a través del orificio en el plato de apoyo del freno. Asegúrese de que la cubierta del cable pase por el orificio lo suficiente como para permitir que las lengüetas de retención se expandan, bloqueando del cable en el plato de apoyo.
27 Conecte el extremo del cable a la palanca del freno de estacionamiento en la zapata posterior del freno y vuelva a montar el conjunto

del freno trasero (vea la Sección 6).
28 Conecte el cable del freno trasero para el cable del freno intermedio. Asegúrese de que el cable intermedio esté conectado al cable delantero, y el cable delantero esté configurado correctamente.
29 Instale la rueda y las tuercas de orejeta; luego, baje el vehículo. Apriete las tuercas de las ruedas al torque indicado en Especificaciones del Capítulo 1.
30 Bombee el pedal de freno de una vez para ajustar automáticamente los cables del freno de estacionamiento.

15 Zapatas del freno de estacionamiento (modelos con frenos de disco traseros) - reemplazo

Consulte las ilustraciones de 15.5a a 15.5s

Advertencia: *Las zapatas del freno de estacionamiento deben reemplazarse en ambas ruedas al mismo tiempo. Nunca reemplace las zapatas de una sola rueda. Además, el polvo que se genera por el sistema de frenos es perjudicial para la salud. Nunca lo sopletee con aire comprimido ni lo inhale. Debe utilizar una mascarilla con filtro aprobada para trabajar en los frenos. Nunca, bajo ninguna circunstancia, utilice solventes a base de petróleo para limpiar las piezas del freno. ¡Utilice solamente un limpiador para sistemas de frenos!*

1 Afloje las tuercas de orejeta de las ruedas traseras, levante la parte trasera del vehículo y apóyelo de manera segura sobre torretas de seguridad. Bloquee las ruedas delanteras y libere las ruedas traseras. Libere el freno de estacionamiento.
2 Quite las mordazas traseras (vea la Sección 4). Apoyar los conjuntos de mordaza con una percha o alambre pesado y no desconecte la línea de frenos de la mordaza.
3 Quite los discos traseros (vea la Sección 5). Quite los conjuntos de cubo y cojinete traseros (vea el Capítulo 10).
4 Limpie el conjunto de freno de estacionamiento con un limpiador para sistemas de frenos.
5 Siga la secuencia de fotos adjunta para reemplazar las zapatas del freno de estacionamiento (vea las ilustraciones). Asegúrese de seguir el orden y de leer la leyenda de cada ilustración.

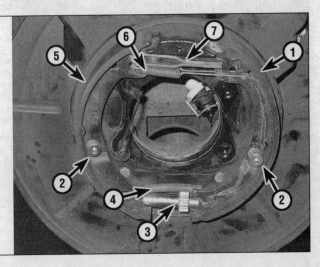

15.5a Detalles del freno de estacionamiento (lado derecho)

1 Zapata principal
2 Resorte de retención y pasador
3 Conjunto de tornillo ajustador
4 Resorte de retorno superior
5 Zapata trasera
6 Resorte de retorno superior
7 Palanca del accionador del freno de estacionamiento

15.5b Utilice un amarre (o equivalente) para sostener el plato de apoyo del freno en su lugar

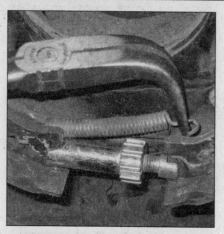

15.5c Quite el resorte de retorno inferior

15.5d Retire el resorte de retención y el pasador de la zapata principal

15.5e Tire de la zapata principal hacia atrás y retire el conjunto de tornillo de ajuste (tenga en cuenta cómo está instalado para reinstalarlo la misma manera)

15.5f Desenganche el resorte de retorno superior exterior . .

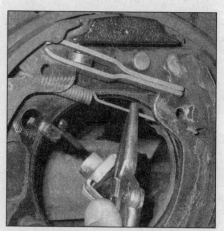

15.5g . . . luego desenganche el resorte de retorno superior interior y quite la zapata principal

15.5h Retire el resorte de retención y el pasador de la zapata trasera . .

15.5i . . . y quite la zapato trasera

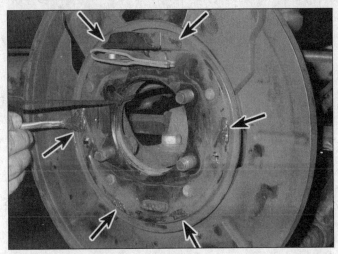

15.5j Limpie el plato de apoyo, luego aplique una película delgada de grasa para alta temperatura en las áreas de contacto de la zapata en el plato de apoyo

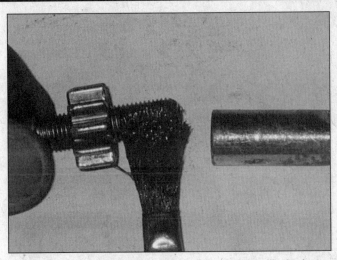

15.5k Limpie y lubrique las roscas del conjunto de tornillo de ajuste

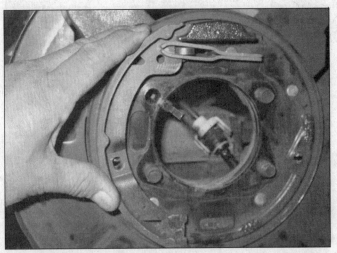

15.5l Monte la zapata en el plato de apoyo, asegurándose de que la muesca en la zapata se acople con la palanca del actuador. . .

15.5m . . . y asegure la zapata con el resorte de retención y el pasador

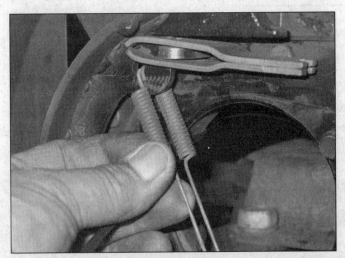

15.5n Conecte los resortes de retorno superiores a la parte superior de la zapata trasera. . .

15.5o . . . y a la parte superior de la zapata trasera

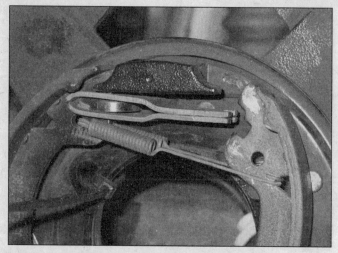

15.5p **Coloque la zapata principal en posición. . .**

15.5q **. . . y asegure la zapata con el resorte de retención y el pasador**

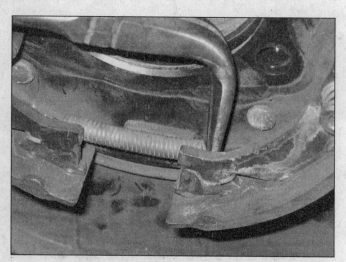

15.5r **Instale el resorte de retorno inferior**

15.5s **Separe las zapatas e instale el conjunto de tornillo de ajuste**

6   Inspeccione la superficie del tambor dentro del disco en busca de marcas, ranuras profundas, zonas duras (que se ven como pequeñas áreas decoloradas) y rajaduras. Si el tambor/disco presenta desgaste, marcas o está ovalado, un taller de mecánica automotriz puede rectificarlo o reemplazarlo.

7   Instale los conjuntos de rodamiento y cubo (vea el Capítulo 10).

8   Instale el disco/tambor sobre las zapatas. Con un destornillador, gire la rueda estrella en el ajustador de las zapatas del freno de estacionamiento hasta que las zapatas se arrastren ligeramente a medida que gira el disco; luego, retraiga el ajustador hasta que las zapatas no se arrastren. **Nota:** *El acceso a la rueda estrella es a través de un puerto tapado en el plato de apoyo del freno. Retire el tapón de goma cerca de la parte inferior y la parte trasera del plato de apoyo.*

9   Instale la mordaza (vea la Sección 4).

10   Repita esta secuencia en las zapatas del freno de estacionamiento para la otra rueda trasera.

16   Interruptor de la luz de freno - revisión, reemplazo y ajuste

1   El interruptor de la luz de freno está montado en la parte superior del pedal del freno y está conectado a un sujetador. Cuando se aplica el pedal del freno, el brazo del pedal se aleja del interruptor y un émbolo cargado por resorte cierra el circuito a las luces de freno.

2   Los modelos equipados con control de velocidad crucero utilizan un interruptor de la luz de freno de doble propósito que también desactiva el sistema de control de velocidad crucero cuando se pisa el pedal del freno.

Inspección

3   Revise el fusible de la luz de freno (vea el Capítulo 12). Si el fusible está quemado, cámbielo. Si se vuelve a quemar, busque un corto circuito en el circuito de la luz de freno.

4   Si el fusible está bien, utilice una luz de prueba o un voltímetro para verificar que no haya voltaje en el interruptor. Si no hay voltaje en el interruptor, busque un circuito abierto o un cortocircuito en el cable de alimentación al interruptor. Repare lo necesario.

5   Si las luces de freno todavía no se encienden cuando se aplica el pedal del freno, desenchufe el conector eléctrico del interruptor de la luz de freno y, con un ohmiómetro, verifique haya continuidad entre los terminales del interruptor cuando se aplica el pedal del freno, es decir, cuando el interruptor está cerrado. Si no se detecta continuidad, reemplace el interruptor.

6   Si hay continuidad entre los terminales del interruptor cuando se aplica el freno (cierra el circuito), pero las luces de freno no se encienden cuando se aplica el pedal de freno, verifique si hay alimentación a la bombilla de la luz de freno cuando se presiona el pedal. Si hay voltaje, reemplace las bombillas (no es muy probable que todas ellas fallen simultáneamente, pero es posible que puedan haberse quemado). Si no hay voltaje, revise el cableado entre el interruptor y las luces de freno en busca de un circuito abierto y repare según sea necesario.

16.7 El interruptor de la luz de freno (flecha) se encuentra debajo del tablero y montado en un soporte cerca del brazo del pedal del freno

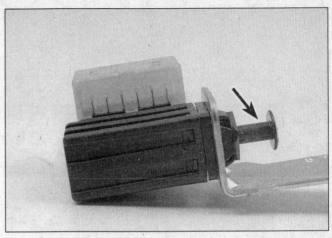

16.9 Tire del émbolo del interruptor de luz de freno (flecha) hacia afuera hasta que esté completamente extendido

Reemplazo y ajuste

Consulte las ilustraciones 16.7 y 16.9

7   Presione y mantenga presionado el pedal del freno, luego gire el interruptor de la luz de freno de unos 30 grados en sentido antihorario y retírelo del soporte de montaje (vea la ilustración).

8   Desenchufe el conector eléctrico del interruptor y quite el interruptor del vehículo.

9   Sujete el émbolo del interruptor y tire de él hacia afuera hasta que se haya ajustado a su posición completamente extendida (vea la ilustración).

10   Pise el pedal del freno hasta donde llegue; luego, instale el interruptor en el soporte alineando la llave índice en el interruptor con la ranura en la parte superior del orificio cuadrado del soporte de montaje. Cuando el interruptor esté completamente instalado en el soporte, gire el interruptor en sentido horario alrededor de 30 grados para bloquear el interruptor en el soporte.

11   Tire hacia atrás del pedal del freno hasta que el pedal deje de moverse. El émbolo del interruptor se ajustará hacia atrás a la posición correcta. **Precaución:** *No use fuerza excesiva al tirar hacia atrás el pedal del freno para ajustar el interruptor. Si utiliza demasiada fuerza, dañará el interruptor o la traba.*

12   Conecte el conector eléctrico al interruptor.

Notas

Capítulo 10
Sistemas de suspensión y dirección

Contenido

Especificaciones

Especificaciones de torque

Ft-lb (a menos que se indique lo contrario)

Suspensión delantera

Tuerca de perno de presión del espárrago de la rótula al mango de la dirección	
1999 a 2000	123
2001 y posteriores	80
Pernos del plato del bloque	
Pernos M14	
1999 a 2000	123
2001 y posteriores	120
Pernos M12	80
Perno del pivote del brazo de control	135
Pernos de retención de los bujes del brazo de control	50
Pernos de la base de la suspensión delantera a la carrocería	120
Pernos de cubo y cojinete al mango de la dirección	45
Tuerca de la conexión de la barra estabilizadora a la barra estabilizadora	65
Pernos del buje/retenedor de la barra estabilizadora	50
Tuerca de conexión de la barra estabilizadora a tirante	65
Tuerca del mando de la dirección al espárrago de la rótula	100
Tuercas de montaje superiores del tirante	21
Tuerca del eje del tirante	75
Tuercas del tirante al mango de la dirección	
Paso 1	65
Paso 2	Apriete 90 grados adicionales
Tuerca del eje impulsor/cubo	180
Pernos del tope de la rueda	70

Especificaciones de torque

Ft-lb (a menos que se indique lo contrario)

Suspensión trasera

Pernos de montaje de cubo y cojinete a eje..	95
Tope de la suspensión al riel del bastidor..	25
Pernos de la base trasera del resorte de hojas..	45
Pernos de la base (colgante) delantera del resorte de hojas.........................	45
Perno pasante delantero del resorte de hojas...	115
Pernos de la placa del eje del resorte de hojas..	80
Tuercas del columpio	45
Pernos de los amortiguadores..	75
Barra estabilizadora a brazo de la conexión	45
Pernos del buje de la barra estabilizadora al soporte del eje.........................	45
Brazo de la conexión de la barra estabilizadora al soporte del riel del bastidor..	45
Tuerca de la semiflecha	180
Pernos de la barra transversal	70
Pernos de la base de la barra transversal	45

Sistema de dirección

Tornillos de retención del módulo de bolsas de aire.......................................	100 in-lb
Perno de presión del acoplador intermedio...	21
Pernos de montaje de la bomba de la dirección hidráulica..............................	40
Pernos de montaje del mecanismo de la dirección a la base	
1996	100
De 1997 en adelante	135
Tuerca del volante de dirección..	45
Tuerca del extremo de la barra de acoplamiento al muñón de dirección........	40
Tuercas de orejeta de la rueda...	Vea el Capítulo 1

1.1a Componentes de la suspensión delantera y la dirección

1	Mecanismo de la dirección	4	Junta de CV interna	7	Mordazas de freno
2	Barra estabilizadora	5	Placa del bloque	8	Rótula
3	Junta de CV externa	6	Extremos de la barra de unión		

1   Información general

Consulte las ilustraciones 1.1a, 1.1b, 1.2a y 1.2b

La suspensión delantera (vea las ilustraciones) en estos vehículos es por tirantes Mac-Pherson independientes. El extremo superior de cada conjunto de tirante/resorte helicoidal se une mediante pernos a la torre del tirante a través de una base con aislamiento de goma. El extremo inferior de cada tirante se une mediante pernos al extremo superior del mango de la dirección. El extremo inferior del mango de la dirección se une a una rótula montada en el extremo exterior del brazo de control. La base de la suspensión delantera mantiene al brazo de control longitudinalmente. Una barra estabilizadora, que está unida al bastidor y conectada a los conjuntos de tirante/resorte helicoidal, reduce el movimiento de la carrocería al doblar.

La suspensión trasera (vea la ilustración) en estos vehículos se compone de resortes de hora y un alojamiento del eje del tubo montado en bujes de aislamiento en los soportes de montaje del eje. Los resortes de hoja son un diseño de una hoja. El movimiento del eje de lado a lado es controlado por la barra transversal trasera unida a la parte superior del alojamiento del eje y el bastidor. La barra estabilizadora trasera, unida al tubo del eje trasero, y los rieles del bastidor trasero, a través de bujes con aislamiento de goma, brindan aun más estabilidad. Amortiguadores normales controlan el rebote del vehículo, pero hay amortiguadores autonivelantes disponibles como opción.

1.1b Primer plano de la suspensión delantera y los componentes relacionados

1   Mordazas de freno
2   Disco de freno
3   Junta de CV externa
4   Rótula
5   Extremo inferior del conjunto del tirante
6   Brazo de control inferior
7   Placa del bloque de la suspensión delantera
8   Unión de la barra estabilizadora

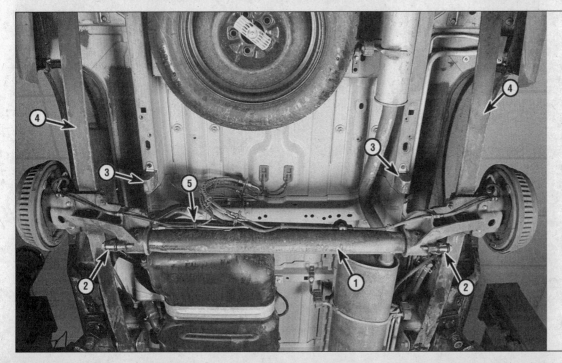

1.2a Componentes de la suspensión trasera (modelos 1996 a 2000)

1   Conjunto del eje
2   Amortiguador
3   Tope de la suspensión
4   Resortes de hojas
5   Barra transversal

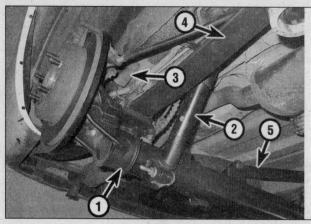

1.2b Componentes de la suspensión trasera (modelos 2001 y posteriores)

1   Conjunto del eje
2   Amortiguador
3   Tope de la suspensión
4   Resorte de hojas
5   Barra transversal

es necesario inspeccionarlo y, si es necesario, reemplazarlo por nuevos equivalentes en calidad y diseño a los originales. Deben respetarse las especificaciones de torque durante el montaje. No caliente ni enderece ningún componente de la suspensión o la dirección. Reemplace las piezas dañadas o dobladas por otras nuevas.

2   Barra estabilizadora y bujes (delanteros) - desmontaje, inspección e instalación

Desmontaje

Consulte las ilustraciones 2.3, 2.4 y 2.5.

1   Afloje las tuercas de orejeta de la rueda delantera, levante la parte delantera del vehículo y apóyela de manera segura en torretas de seguridad. Aplique el freno de estacionamiento y bloquee las ruedas traseras para que el vehículo no se mueva de las torretas. Desmonte las ruedas delanteras.

2   En los modelos 2001 y posteriores, desmonte el enfriador de aceite de la dirección hidráulica del plato del bloque (Sección 23).

3   Retire los diez tornillos (vea la ilustración) que fijan el plato del bloque a la parte inferior del bloque de la suspensión delantera. Retire del bloque el plato del bloque.

4   Retire las tuercas que sujetan las uniones de la barra estabilizadora a los extremos de la barra estabilizadora (vea la ilustración). Retire las uniones de los extremos de la barra estabilizadora.

5   Retire los retenedores de los bujes de la barra estabilizadora bujes del bloque de la suspensión delantera (vea la ilustración).

6   Retire la barra estabilizadora y los bujes como un conjunto del bloque de la suspensión delantera.

El sistema de dirección hidráulica consiste en un engranaje de dirección de cremallera y piñón, una bomba de dirección hidráulica, la manguera de presión y la línea de retorno. El engranaje de la dirección impulsa las barras de acoplamiento que se unen al los mangos de la dirección.

Puede encontrar sujetadores que parecen que es imposible que se aflojen al trabajar en componentes de los sistemas de suspensión y de dirección. Los sujetadores, ubicados en la parte inferior del vehículo, están expuestos a la acción del agua, la grasa de los caminos, el barro, etc., por lo que pueden oxidarse o "congelarse". Para desmontar estos sujetadores sin dañarlos (ni dañar otros componentes), sumérjalos en aceite penetrante. Use un cepillo de alambre para limpiar las roscas expuestas, a fin de facilitar la extracción de tuercas o pernos y evitar que se dañen las roscas. Un golpe seco con un martillo y un punzón puede romper la unión entre las roscas de una tuerca y un perno, pero debe tenerse

cuidado de evitar que el punzón se deslice del sujetador y arruine las roscas. Los sujetadores de la calefacción con un soplete pueden ser de ayuda, pero no se recomienda usarlos debido al peligro de incendio. Las llaves de cubo y los tubos de extensión largos, o prolongadores, incrementan el apalancamiento, pero nunca los utilice en una rueda dentada, ya que el mecanismo dentado podría dañarse. Apretar la tuerca o el tornillo primero a veces ayuda a aflojarlos. Los sujetadores que requieren medidas drásticas para ser estraídos deben ser reemplazados.

La mayoría de los procedimientos de este capítulo implican levantar el vehículo y trabajando debajo él. Se necesitará un par de torretas de seguridad. Un gato hidráulico de piso es el tipo de gato preferido para levantar vehículos y puede utilizarse para apoyar ciertos componentes para algunas reparaciones. **Advertencia:** *Nunca dependa de un gato para sostener el vehículo mientras trabaja en él. Cuando se aflojan o retiran los sujetadores de la suspensión o la dirección,*

2.2 Retire los pernos que fijan la placa del bloque al bloque de la suspensión delantera.

2.3 Retire las tuercas que sujetan las uniones de la barra estabilizadora a la barra estabilizadora

2.5 Ubicación de los bujes de la barra estabilizadora (flechas) en el bloque de la suspensión delantera

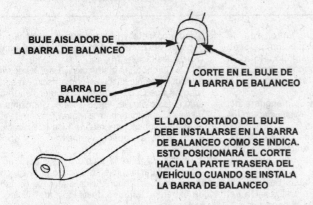

BUJE AISLADOR DE LA BARRA DE BALANCEO

CORTE EN EL BUJE DE LA BARRA DE BALANCEO

BARRA DE BALANCEO

EL LADO CORTADO DEL BUJE DEBE INSTALARSE EN LA BARRA DE BALANCEO COMO SE INDICA. ESTO POSICIONARÁ EL CORTE HACIA LA PARTE TRASERA DEL VEHÍCULO CUANDO SE INSTALA LA BARRA DE BALANCEO

2.7 Al instalar los bujes de la barra estabilizadora, asegúrese de que la ranura en cada buje mire hacia delante y la esquina cuadrada es hacia el piso

3.3 Retire el soporte de la manguera del freno (1) y el soporte del recorrido de los cables del sensor de velocidad (2) del soporte del tirante

Inspección

Consulte la ilustración 2.7.

7   Inspeccione los bujes en busca de grietas y rasgaduras. Si alguno de los bujes está roto, dañado, deformado o desgastado, reemplace ambos. **Nota:** *Los bujes deben instalarse en el estabilizador con las ranuras del buje hacia la parte posterior del vehículo y la esquina cuadrada hacia el suelo (vea la ilustración).* Limpie la barra estabilizadora donde se encuentran los bujes. Lubrique el interior y el exterior de los nuevos bujes con aceite vegetal (de cocina) para simplificar el rearmado. **Precaución:** *No utilice lubricantes a base de petróleo o minerales ni líquido de frenos; deteriorarán los bujes.*

Instalación

8   Alinee los bujes de la barra estabilizadora con las depresiones en el bloque e instalar los retenedores de los bujes de la barra estabilizadora en el travesaño, alineando el retenedor con los cortes en los bujes. **Advertencia:** *No apriete aún los bujes de la barra estabilizadora.*

9   Centre la barra estabilizadora en el bloque. Instale las uniones y las tuercas de la barra estabilizadora y apriete las tuercas al torque indicado en las Especificaciones de este Capítulo.

10   Instale los pernos de retenedor del buje de la barra estabilizadora al torque que se indica en las Especificaciones de este capítulo.

11   Instale el plato del bloque apoyo de la suspensión delantera. Apriete los pernos del plato del bloque al torque indicado en las Especificaciones de este Capítulo.

12   En los modelos 2001 y posteriores, instale el enfriador de aceite de la dirección hidráulica en el plato del bloque (Sección 23).

13   Instale las ruedas y ajuste bien las tuercas de orejeta de las ruedas. Quite los soportes de gato y baje el vehículo. Apriete las tuercas de las ruedas al torque que se indica en las Especificaciones del Capítulo 1.

3   Tirantes - desmontaje, inspección e instalación

Desmontaje

Consulte las ilustraciones 3.3, 3.4 y 3.6.

1   Afloje las tuercas de orejeta de las ruedas delanteras, levante el vehículo y apóyelo de manera segura sobre torretas de seguridad. Quite la rueda.

2   Marque los conjuntos de tirante izquierdo y derecho, si se demontan ambos. **Nota:** *Si el conjunto de tirante está unido al mango de la dirección mediante un perno de leva en el orificio ranurado inferior, marque la relación del perno de leva al tirante para preservar el ajuste de la alineación de la rueda en el rearmado.*

3   Extraiga el soporte de la manguera del freno y el soporte del cable del sensor de velocidad del soporte del tirante (vea la ilustración).

4   Desconecte la unción de la barra estabilizadora del conjunto de tirante (vea la ilustración). **Nota:** *Sostenga el espárrago de la unción para evitar que gire.*

5   Retire los pernos del conjunto del tirante al mango de la dirección. **Precaución:** *Los pernos del mango de la dirección al cojunto del tirante son dentadas y no deben girar durante la*

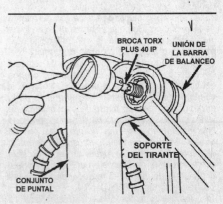

BROCA TORX PLUS 40 IP

UNIÓN DE LA BARRA DE BALANCEO

SOPORTE DEL TIRANTE

CONJUNTO DE PUNTAL

3.4 Desconecte la unión de la barra estabilizadora del conjunto del tirante

3.6 Retire las tuercas de montaje superiores del conjunto del tirante

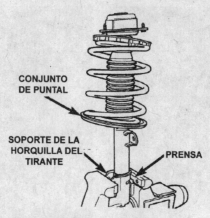

4.2a Monte el conjunto del tirante en una prensa de banco, sujetando la prensa al soporte del tirante

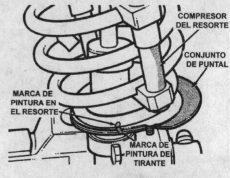

4.2b Para asegurar el rearmado correcto, use pintura para marcar la relación del extremo superior del resorte helicoidal en el conjunto de asiento/cojinete y la base superior del tirante superior (no se muestra), y el extremo inferior del resorte al tirante

extracción. Retire las tuercas mientras mantiene los pernos fijos en los mangos de la dirección.

6   Retire las tres tuercas que sujetan la base superior del conjunto del tirante a la torre del tirante (vea la ilustración). **Advertencia:** *No afloje ni quite la tuerca central del eje del tirante.*

7   Baje el conjunto de tirante de la torre del tirante.

Inspección

8   Revise el cuerpo del tirante en busca de fugas, abolladuras, grietas y otros daños que requieran reparación o el reemplazo.

9   Revise el resorte helicoidal en busca de astillas o grietas en el revestimiento del resorte (esto puede causar corrosión y falla prematura del resorte). Inspeccione el asiento del resorte en busca de cortes, endurecimiento y deterioro.

10   Si es necesario, desmonte el tirante (vea la Sección 4).

Instalación

11   Empuje el conjunto del tirante en la torre del tirante e inserte los tres espárragos de montaje superiores en los orificios en la torre del amortiguador. Cuando los tres pernos sobresalgan de la torre del amortiguador, instale las tuercas de manera que el tirante no pueda retraerse. Esto se hace más fácilmente con la ayuda de un asistente; el tirante es pesado e incómodo.

12   Apriete las tuercas al torque indicado en las Especificaciones de este Capítulo.

13   Alinee el conjunto de tirante con del mango de la dirección. Coloque el brazo del mango de la dirección en el soporte del conjunto del tirante. Alinee los orificios de montaje del soporte del conjunto del tirante con los orificios de montaje del mango de la dirección. Instale los pernos del tirante al mango de la dirección. **Nota:** *Si el conjunto del tirante está unido al mango de la dirección mediante un perno de leva, el perno de leva debe estar instalado en el orificio ranurado inferior del soporte del tirante. Los pernos deben instalarse con las tuercas mirando hacia el frente del vehículo.* Alinee el perno de leva con las marcas realizadas en el Paso 2. Apriete el conjunto del tirante al torque indicado en las Especificaciones de este Capítulo.

14   Instale la unión de la barra estabilizadora en el soporte del conjunto del tirante. Instale la tuerca de la unión de la barra estabilizadora al soporte del tirante.

15   Apriete la tuerca de unión de la barra estabilizadora al torque indicado en Especificaciones de este Capítulo. **Nota:** *Al apretar la tuerca en el espárrago de la unión de la barra estabilizadora unir, no permita que el perno gire.*

16   Instale los soportes de la manguera del freno y del cable del sensor de velocidad en los soportes de montaje del tirante.

17   Instale la rueda y las tuercas de orejeta, baje el vehículo y ajuste las tuercas de orejeta al torque indicado en las Especificaciones del Capítulo 1.

18   Conduzca el vehículo hasta un taller de alineación para hacer revisar la alineación del extremo delantero y ajustarla si es necesario.

4   Tirante/resorte helicoidal - desmontaje, inspección y rearmado

1   Si los tirantes o los resortes helicoidales muestran signos de desgaste (fuga de líquido, pérdida de la capacidad de amortiguación, están astillados, estirados o agrietados), es posible que deban ser reemplazados. No se puede realizar servicio en los conjuntos de tirante/amortiguador y es necesario reemplazarlos si se desarrolla un problema. Es posible conseguir conjuntos de tirante, completos con resortes, para intercambio, lo que le ahorrará tiempo y trabajo. Sea cual fuere la decisión que tome, verifique el costo y la disponibilidad de las piezas antes de desarmar el vehículo. **Advertencia:** *El desmontaje de un tirante es potencialmente peligroso, y se debe prestar la máxima atención al trabajo para evitar lesiones graves. Utilice solo un compresor de resorte de alta calidad y siga las instrucciones del fabricante provistas con la herramienta. Después de retirar el resorte helicoidal del conjunto del tirante, colóquelo en una zona aislada y segura.*

Desmontaje

Vea las ilustraciones 4.2a, 4.2b, 4.4, 4.5, 4.6 y 4.8

2   Extraiga el conjunto de tirante y resorte siguiendo los procedimientos de la Sección 3. Monte el conjunto del tirante en una prensa de banco (vea la ilustración). No ajuste demasiado la prensa. Para asegurar el rearmado correcto, use pintura para marcar la relación del extremo superior del resorte helicoidal en el conjunto de

asiento/cojinete y la base superior del tirante superior, y el extremo inferior del resorte al tirante (vea la ilustración).

3   Siguiendo las instrucciones del fabricante de la herramienta, instale el compresor de resorte (que se puede comprar en cualquier tienda de autopartes o alquilar) en el resorte. Comprima el resorte lo suficiente para aliviar la presión desde el asiento superior del resorte (vea la ilustración 4.2b). Esto se puede verificar moviendo el resorte.

4   Afloje y retire la tuerca del eje del tirante (vea la ilustración) mientras sostiene el eje con una llave o un cubo. Utilice una llave de tubo de extremo cuadrado desviado para aflojar la tuerca.

5   Quite la base superior del tirante (vea la ilustración).

6   Retire el asiento/cojinete, la protección contra el polvo y el tope de la suspensión (vea la ilustración).

7   Levante con cuidado el resorte comprimido del tirante y colóquelo en un lugar seguro. **Advertencia:** *¡Nunca coloque la cabeza o el cuerpo cerca del extremo de un resorte comprimido!*

8   Retire el aislante del resorte inferior del tirante (vea la ilustración).

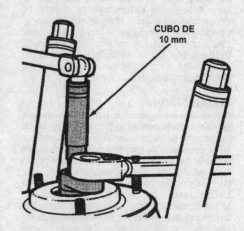

4.4 Quite la tuerca del eje del tirante

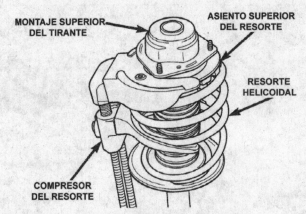

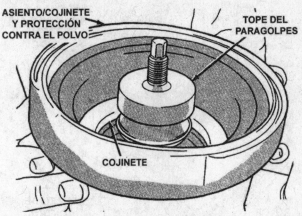

4.5 Quite la base superior del tirante

4.6 Retire el asiento/cojinete, la protección contra el polvo y el tope de la suspensión

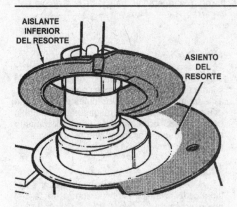

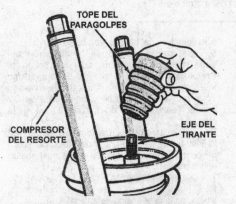

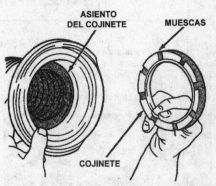

4.8 Retire el aislante del resorte inferior del tirante

4.11 Extienda la varilla del amortiguador e instale el tope de la suspensión

4.13 Instale el cojinete tirante en asiento del cojinete con las muescas hacia abajo (modelos 1996 a 2000)

Inspección

9   Inspeccione todas las piezas desmontadas en busca de signos de desgaste o falla, y reemplace todas las piezas rotas, dañadas o desgastadas. Reemplace el tirante si hay una fuga de fluido. Revise el tirante en busca de pérdida de carga de gas. Empuje el eje del tirante en el cuerpo y libérelo. Si el eje del tirante no se extiende completamente, debe ser reemplazado.

Rearmado

Consulte las ilustraciones 4.11, 4.13 y 4.14

10   Instale el aislante del resorte inferior.
11   Extienda completamente el eje del tirante e instale el tope de la suspensión (vea la ilustración).
12   Coloque el resorte helicoidal en el aislante inferior. El extremo marcado del resorte debe estar alineado con la marca en el tirante.
13   En los modelos 1996 a 2000, instale el cojinete del tirante en el asiento del cojinete con las muescas del cojinete hacia abajo (vea la ilustración). En los modelos 2001 y posteriores, instale el cojinete giratorio en el asiento del resorte con el lado de menor diámetro hacia el asiento del cojinete. Asegúrese de que el cojinete giratorio quede plano sobre el asiento del cojinete.
14   Baje el conjunto de asiento/cojinete y la protección contra el polvo sobre el conjunto de tirante/resorte helicoidal. Alinee la marca de pintura en el conjunto de asiento/cojinete con la marca en el extremo superior del resorte helicoidal (vea la ilustración).

15   Instale la base del tirante superior. Asegúrese de que la marca de pintura en la base del tirante superior esté alineada con la marca en el resorte.
16   Utilizando la misma técnica que en el Paso 4, apriete la tuerca del eje del amortiguador del tirante al torque indicado en las Especificaciones de este Capítulo. Utilice una llave de extremo cuadrado desviado para para apretar la tuerca mientras sujeta el eje con una llave o un cubo.
17   Afloje el compresor del resorte. Afloje cada tuerca de vuelta a la vez, alternando entre las dos tuercas, hasta que se libere toda la tensión del resorte helicoidal.
18   Instale el tirante en el vehículo (vea la Sección 3).
19   Repita este procedimiento para el otro tirante.
20   Conduzca el vehículo hasta un taller de alineación para hacer revisar la alineación del extremo delantero y ajustarla si es necesario.

5   Brazo de control - desmontaje, inspección e instalación

Desmontaje

Consulte las ilustraciones 5.2, 5.3, 5.6, 5.7 y 5.8

1   Afloje las tuercas de orejeta de la rueda, levante la parte delantera del vehículo y apóyela de manera segura en torretas de seguridad. Quite la rueda.

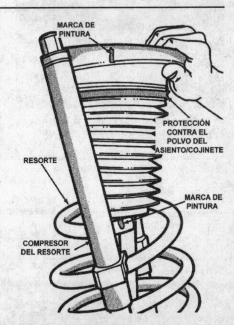

4.14 Baje el conjunto de asiento/cojinete y la protección contra el polvo sobre el conjunto de tirante/resorte helicoidal; asegúrese de alinear la marca de pintura que hizo en el conjunto de asiento/cojinete con la marca en el extremo superior del resorte.

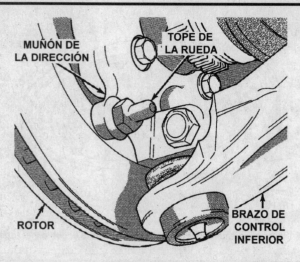

5.2 Retire el tope de la rueda del mango de la dirección

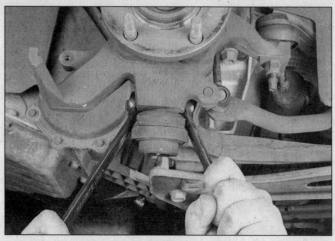

5.3 Retire la tuerca y el perno que sujetan el mango de la dirección al espárrago de la rótula

2   Retire el tope de la rueda del mango de la dirección (vea la ilustración).

3   Retire la tuerca y el perno que sujetan el mango de la dirección al espárrago de la rótula (vea la ilustración).

4   Desmonte el plato del bloque de la suspensión delantera del bloque (vea la Sección 2).

5   Separe el mango de la dirección del espárrago de la rótula con un palanca. **Precaución:** *Al tirar del mango de la dirección alejándolo del vehículo después de liberarlo de la rótula, se puede separar la junta de CV interna.* Tenga cuidado de no cortar el sello de la rótula.

6   Afloje, pero no quite, el tornillo giratorio (vea la ilustración) fijando el buje delantero del brazo de control inferior al bloque de la suspensión delantera.

7   Retire el retenedor (vea la ilustración) que fija el buje trasero del brazo de control inferior al bloque de la suspensión delantera.

8   Si está quitando el brazo de control izquierdo, apoye el lado izquierdo del bloque con un gato de piso. Baje el bloque de la suspensión delantera aflojando, sin quitar totalmente, los pernos del bloque de la suspensión del lado izquierdo al riel del bastidor (vea la ilustración). **Nota:** Se debe bajar el bloque de la suspensión delantera para que el perno giratorio libere la transmisión cuando se retira el brazo de control inferior izquierdo. Baje la esquina delantera izquierda del bloque de la suspensión hasta que el perno giratorio libere el extremo de la transmisión.

9   Retire el perno giratorio y baje el brazo de control.

Inspección

10   Asegúrese de que el brazo de control esté derecho. Si está doblado, reemplácelo. No intente enderezar un brazo de control doblado.

11   Inspeccione todos los bujes en busca de grietas, deformaciones y rasgaduras. Si un buje está rasgado o desgastado, lleve el conjunto a un taller de mecánica automotriz para su reemplazo.

Instalación

12   Coloque el brazo de control inferior en el bloque de la suspensión delantera. Instale el perno giratorio.

13   Instale el perno giratorio en el bloque de la suspensión delantera y baje el brazo de control. **Nota:** *No ajuste el perno giratorio todavía.*

14   Instale el retenedor que fija el buje trasero del brazo de control inferior al bloque de la suspensión. **Nota:** *Asegúrese de que la nervadura elevada en el buje trasero esté colocada en la ranura del retenedor. No apriete los pernos completamente en este momento.*

15   Inserte el espárrago de la rótula del brazo de control inferior dentro del mango de la dirección. Instale el perno y la tuerca que sujetan el mango de la dirección al espárrago de la rótula. Apriete el perno/tuerca de sujeción al torque indicado en las Especificaciones de este Capítulo.

5.6 Afloje el perno giratorio y la tuerca que sujetan el brazo de control al bloque

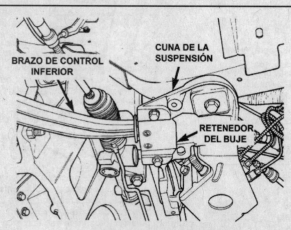

5.7 Retire el retenedor del buje trasero

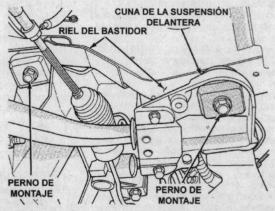

5.8 Afloje, sin quitar, los pernos del bloque de la suspensión del lado izquierdo para permitir que baje el bloque

6.3 Utilice una palanca entre el brazo de control y el mango de la dirección para mover el mango de arriba a abajo y de lado a lado

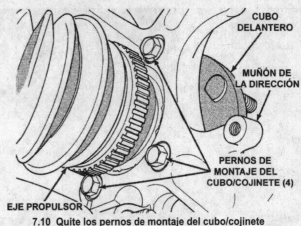

7.10 Quite los pernos de montaje del cubo/cojinete

16   Instale el tope de la rueda y apriételo al torque indicado en las Especificaciones de este Capítulo.

17   Coloque un gato de piso debajo del brazo de control inferior, tan cerca de las rótulas como sea posible. Levante el brazo de control para simular la altura de viaje normal.

18   Apriete el perno giratorio del brazo de control y los pernos del retenedor del brazo de control al torque indicado en las Especificaciones de este Capítulo.

19   Instale la rueda y las tuercas de orejeta, baje el vehículo y ajuste las tuercas de orejeta al torque indicado en las Especificaciones del Capítulo 1.

20   Haga revisar la alineación de las ruedas delanteras y, si es necesario, ajustarlas después de realizar este trabajo.

6   Rótulas - revisión y reemplazo

Consulte la ilustración 6.3

1   Busque debajo del vehículo y trate de girar la grasera de la rótula con los dedos. Si puede mover la grasera, la rótula está gastada.

2   Levante el vehículo y apóyelo firmemente sobre torretas de seguridad. Asegúrese de que las llantas no toquen el suelo.

3   Sujete la llanta en las partes superior e inferior y trate de moverla hacia adentro y afuera. Las rótulas en estos vehículos no están diseñadas para tener juego libre. Si se detecta algún movimiento, se debe reemplazar la rótula.

4   Coloque una barra o un destornillador grande entre el brazo de control y la parte inferior del mango de la dirección y trater de hacer palanca en el mando de arriba a abajo y de lado a lado (vea la ilustración). Si se detecta algún movimiento, se debe reemplazar la rótula.

5   No se puede realizar servicio a las rótulas de estos vehículos. Retire el brazo de control (vea la Sección 5) y llévelo al departamento de servicio de un distribuidor o a un taller de mecánica automotriz para hacer retirar la rótula vieja e instalar una nueva. **Nota:** *El sello rótula debe ser examinado y reemplazado (si es necesario) al mismo tiempo.*

6   Eleve el vehículo, quite las torretas de seguridad y baje el vehículo.

7   Conjunto de cubo y cojinete (delantero) - desmontaje e instalación

Advertencia: *El polvo del sistema de frenos puede contener asbesto, que es perjudicial para su salud. Nunca lo sople con aire comprimido ni lo inhale. Nunca utilice solventes a base de petróleo para limpiar las piezas del freno. Sólo utilice el limpiador del sistema de frenos.*

Desmontaje

Consulte las ilustraciones 7.10 y 7.11

Nota: *El reemplazo del conjunto de cubo/cojinete delantero se suele hacer sin quitar el mango de la dirección del vehículo. Si el cubo/cojinete está congelado en el mango de la dirección y no se puede quitar, deberá ser presionado fuera del mango de la dirección. Si este es el caso, retire el mango de la dirección del vehículo (vea la Sección 8) y llévelo un taller de mecánica automotriz para hacer extraer el conjunto de cubo y cojinete viejo.*

1   Quite la chaveta y la tuerca del eje impulsor.

2   Quite la arandela ondulada de resorte del extremo del eje impulsor.

3   Afloje (sin quitar) la tuerca del eje impulsor/cubo.

4   Afloje las tuercas de la rueda, levante el vehículo y apóyelo firmemente sobre torretas de seguridad.

5   Afloje las tuercas de orejeta y la rueda delantera.

6   Desmonte la mordaza del freno (vea el Capítulo 9).

7   Sujete la mordaza con un gancho de alambre. No permita que el conjunto de la mordaza cuelgue de una manguera hidráulica.

8   Extraiga el disco de freno del conjunto de cubo/cojinete delantero.

9   Retire del extremo del eje impulsor, la tuerca y la arandela del cubo.

10   Retire los cuatro pernos de montaje del conjunto de cubo y arandela de la parte posterior del mango de la dirección (vea la ilustración).

11   Retire el conjunto de cubo y cojinete del mango de la dirección (vea la ilustración). **Nota:** *Si las estrías eje impulsor se pegan al cubo, retire el eje proulsor con un extractor de dos mandíbulas.*

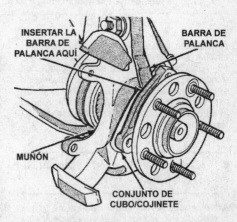

7.11 Si el conjunto de cubo y cojinete se atascó en el mango de la dirección, utilice una palanca para retirarlo con suavidad

Instalación

12   Asegúrese de que la superficie de montaje en el interior del mango de la dirección y en las estrías del eje impulsor esté lisa y libre de rebabas y mellas antes de instalar el conjunto de cubo y cojinete.

13   Lubrique las ranuras del eje impulsor con grasa multiuso. Instale el conjunto de cubo/cojinete sobre el eje impulsor y dentro del mango de la dirección hasta que se asiente sobre el mango de la dirección.

14   Instale los pernos del conjunto de cubo/cojinete al mango de la dirección. Apriete los tornillos por igual en un patrón cruzado hasta que el conjunto de cubo/cojinete quede asentado firmemente contra el mango de la dirección. Apriete los pernos al torque indicado en las Especificaciones en este Capítulo.

15   Instale la arandela y la tuerca del conjunto de eje impulsor/cubo. Todavía no apriete la tuerca.

16   Instale el disco del freno en el conjunto de cubo y cojinete.

17   Instale la mordaza del freno sobre el disco del freno, instale los pernos de montaje y ajústelos al torque indicado en las Especificaciones de este Capítulo.

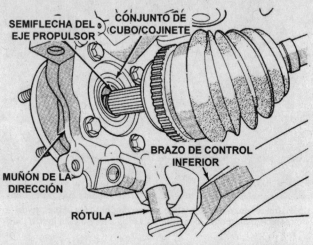

8.6 Para quitar el sensor de velocidad del mango de la dirección, retire el perno de retención de sensor (flecha) y luego, extraiga el sensor

8.10 Separe el el conjunto del mango de la dirección del conjunto de junta de CV externa/eje impulsor

18   Instale la rueda y las tuercas, retire las torretas de seguridad y baje el vehículo.

19   Solicite a un ayudante que aplique los frenos y apriete la tuerca del eje impulsor/cubo al torque indicado en las Especificaciones de este Capítulo. Apriete las tuercas de las ruedas al torque indicado en Especificaciones del Capítulo 1.

8   Mango de la dirección - desmontaje e instalación

Advertencia: *El polvo del sistema de frenos puede contener asbesto, que es perjudicial para su salud. Nunca lo sople con aire comprimido ni lo inhale. Nunca utilice solventes a base de petróleo para limpiar las piezas del freno. Sólo utilice el limpiador del sistema de frenos.*
Nota: *El mango de la dirección no es un componente reparable. Debe ser reemplazado si está doblado, roto o dañada de alguna manera.*

Desmontaje

Consulte las ilustraciones 8.6, 8.10 y 8.11

1   Afloje las tuercas de la rueda, levante el vehículo y apóyelo de manera segura sobre torretas de seguridad.

2   Quite las tuercas de orejeta y la rueda.

3   Retire la mordaza del freno y sujételo con un trozo de alambre. Retire el disco del freno del conjunto de cubo y cojinete (vea el Capítulo 9).

4   Quite la tuerca del eje impulsor/cubo.

5   Desacople los extremos de la barra de unión del mango de la dirección (vea la Sección 18).

6   Quite el sensor de velocidad de las ruedas delanteras (vea la ilustración) del mango de la dirección.

7   Retire el tope de la rueda (vea la ilustración 5.2) del mango de la dirección.

8   Retire la tuerca y el perno de sujeción del mango de la dirección al espárrago de la rótula (vea la ilustración 5.3)

9   Utilice una barra para separar el mango de la dirección del espárrago de la rótula.
Precaución: *No corte el sello de la rótula al separar el espárrago rótula de la rótula del mango de la dirección.*

10   Tire del conjunto del mango de la dirección

8.11 Quite las tuercas y los pernos del mango de la dirección soporte del tirante (flechas)

para separarlo de la junta de CV externa (vea la ilustración). **Precaución:** *No separe la junta de CV interna durante esta operación. No permita que el eje impulsor cuelgue de la junta de CV interna. Si las estrías eje impulsor se pegan al cubo, retire el eje proulsor con un extractor de dos mandíbulas.*

11   Retire los dos pernos del mango de la dirección al soporte del tirante (vea la ilustración). **Precaución:** *Los pernos del mango de la dirección al cojunto del tirante son dentados y no deben girarse durante la extracción.* **Nota:** *Si el conjunto de tirante está unido al mango de la dirección mediante un perno de leva en el orificio ranurado inferior, marque la relación del perno de leva al tirante para preservar el ajuste de la alineación de la rueda en el rearmado.*

12   Retire el mango de la dirección del tirante.

Instalación

13   La instalación se realiza en secuencia inversa al desmontaje. Asegúrese de ajustar todos los sujetadores de suspensión hasta el torque indicado en las Especificaciones de este Capítulo. **Nota:** *Si el conjunto del tirante está*

unido al mango de la dirección mediante un perno de leva, el perno de leva debe estar instalado en el orificio ranurado inferior del soporte del tirante. Los pernos deben instalarse con las tuercas mirando hacia el frente del vehículo. Alinee el perno de leva con las marcas realizadas en el Paso 11.

14   Instale la rueda, baje el vehículo y apriete las tuercas de orejeta según el torque indicado en las Especificaciones del Capítulo 1.

15   Conduzca el vehículo hasta un taller de alineación para hacer revisar la alineación del extremo delantero y ajustarla si es necesario.

9   Barra estabilizadora (trasera) - desmontaje, inspección e instalación

Desmontaje

1   Levante el vehículo y apóyelo firmemente sobre torretas de seguridad. Bloquee las llantas delanteras para evitar que el vehículo se desplace.

2   Quite los dos pernos de la barra estabilizadora al brazo de unión en cada lado del vehículo.

3   Quite los pernos del soporte de la barra estabilizadora.

4   Retire la barra estabilizadora del vehículo.

5   Si es necesario sustituir los brazos de unión, retire el perno del brazo de unión al soporte; a continuación, retire el brazo de unión del soporte del riel del bastidor.

Inspección

6   Inspeccione para ver si hay abrazaderas y bujes rotos o deformados. Remplace piezas según sea necesario.

Instalación

7   Conecte los brazos de unión a los soportes del riel del bastidor. No los apriete todavía.

8   Coloque el buje de la barra estabilizadora en la barra estabilizadora con la ranura hacia arriba.

9   Coloque la barra en el eje trasero e instale los soportes y los pernos. No los apriete todavía.

10   Instale los pernos del brazo de unión en la

10.2 Retire la tuerca y el perno de la barra transversal inferior

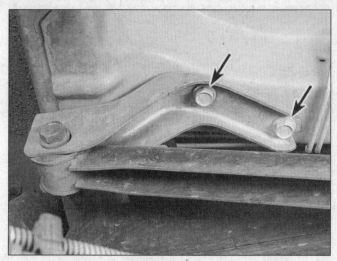

10.4 Para quitar la base de la barra transversal, retire estos pernos (flechas)

barra estabilizadora. No los apriete todavía.

11   Baje el vehículo de manera que el peso se apoye sobre las llantas. Ajuste todos los pernos al torque indicado en las Especificaciones de este Capítulo.

10   Barra transversal y base - desmontaje e instalación

Desmontaje

Consulte las ilustraciones 10.2 y 10.4

1   Levante el vehículo y apóyelo firmemente sobre torretas de seguridad. Bloquee las ruedas delanteras para evitar que el vehículo se desplace.
2   Quite el perno y la tuerca inferiores de la barra transversal en el eje (vea la ilustración).
3   Quite el perno y la tuerca superiores de la barra transversal. Retire la barra transversal.
4   Para quitar la base, retire los pernos que sujetan la base al cuerpo (vea la ilustración).

Instalación

5   Instale la base de la barra transversal, si se

retiró. Apriete los pernos al torque indicado en las Especificaciones en este Capítulo.
5   Retire la barra transversal.
7   Instale los pernos de la barra transversal con la cabeza de los pernos mirando hacia la parte trasera. Todavía no apriete los pernos.
8   Baje el vehículo al piso, con todo el peso apoyado en las ruedas. Ajuste los pernos de la barra transversal al torque indicado en las Especificaciones de este Capítulo.

11   Resorte de hojas - desmontaje e instalación

Desmontaje

Consulte las ilustraciones 11.2 y 11.7

1   Levante el vehículo y apóyelo firmemente sobre torretas de seguridad. Bloquee las llantas delanteras para evitar que el vehículo se desplace.

Montaje trasero

2   Retire las tuercas del soporte del columpio (vea la ilustración).
3   Coloque un gato de piso debajo del eje y

elévelo hasta que el peso no quede en el resorte de hojas.
4   Retire el perno de montaje inferior del amortiguador.
5   Quite los pernos de montaje de la base del resorte trasero (vea la ilustración 11.2).
6   Baje el gato de piso y la parte trasera del resorte de hojas. Retire el columpio del buje del resorte de hojas.

Montaje delantero

7   Afloje el perno giratorio delantero del resorte de hojas (vea la ilustración).
8   Coloque un gato de piso debajo del eje y elévelo hasta que el peso no quede en el resorte de hojas.
9   Retire el perno de montaje inferior del amortiguador.
10   Extraiga el perno giratorio delantero del resorte de hojas.
11   Baje el resorte de hojas, quite los pernos de la base delantera a la carrocería y quite la base.

Instalación

12   La instalación se realiza en secuencia inversa al desmontaje. Ajuste los pernos de la base delantera a la carrocería al torque indicado en las Especificaciones de este Capítulo.

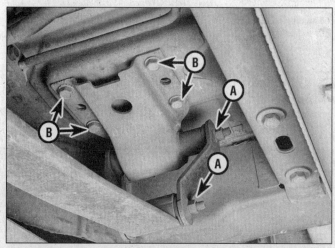

11.2 Retire las tuercas del columpio del resorte de hojas (A) y los pernos de montaje (B)

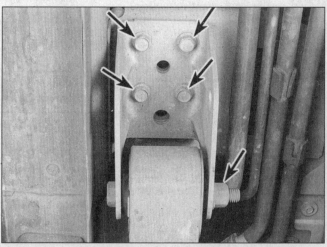

11.7 Perno giratorio delantero del resorte de hojas (flecha inferior) y pernos de montaje delanteros de base a carrocería (flechas superiores)

12.5 Quite los pernos (flechas) de la placa del eje

13.3 Quite el perno inferior del amortiguador

13   No apriete las tuercas del columpio del resorte trasero y el perno giratorio delantero hasta haber bajado el vehículo y que todo el peso del vehículo se apoye sobre las ruedas traseras.

14   Apriete los pernos y las tuercas al torque indicado en Especificaciones de este Capítulo.

12   Resorte de hojas - desmontaje e instalación

Desmontaje

Consulte la ilustración 12.5

1   Levante el vehículo y apóyelo firmemente sobre torretas de seguridad.

2   Sostenga el eje con un gato de piso.

3   Quite el perno inferior del amortiguador (vea la ilustración 13.3).

4   Levante el conjunto del eje lo suficiente como para aliviar el peso sobre los resortes traseros.

5   Afloje y retire los tornillos de la placa del eje sobre los resortes de hojas (vea la ilustración).

6   Baje el conjunto del eje trasero, dejando que los resortes cuelguen libremente.

7   Afloje y retire los cuatro pernos del gancho del resorte delantero (vea la ilustración 11.7).

8   Afloje y retire las tuercas y la placa del columpio del resorte trasero; retire el resorte del columpio (vea la ilustración 11.2).

9   Retire el resorte de hojas del vehículo.

10   Afloje y retire el perno giratorio de la base del resorte delantero.

Instalación

11   Monte la base del resorte delantero en la parte delantera del ojal del resorte e instale el perno giratorio y la tuerca. No apriete la tuerca.

12   Levante la parte delantera del resorte e instale los cuatro pernos del gancho. Apriete los pernos al torque indicado en las Especificaciones en este Capítulo.

13   Instale la parte trasera del resorte sobre el columpio del resorte trasero. Instale la placa del columpio, pero no apriete las tuercas todavía.

14   Coloque el aislante del resorte de hojas inferior.

15   Levante el conjunto del eje a su posición con el eje centrado bajo el borne de ubicación del resorte.

16   Coloque los pernos de la placa del eje y apriételos al torque indicado en las

Especificaciones en este Capítulo.

17   Instale los pernos del amortiguador. No los apriete todavía.

18   Baje el vehículo al piso con todo el peso del vehículo sobre las ruedas. Apriete todos los componentes a los valores de torque indicados en las Especificaciones de este Capítulo.

13   Amortiguadores (traseros) - desmontaje e instalación

Desmontaje

Consulte las ilustraciones 13.3 y 13.4

1   Levante el vehículo y apóyelo firmemente sobre torretas de seguridad. Bloquee las ruedas delanteras para evitar que el vehículo se desplace.

2   Sostenga el eje con un gato de piso. Eleve el motor lo suficiente como para soportar el peso del eje.

3   Quite el perno del amortiguador inferior (vea la ilustración).

4   Quite el perno de montaje superior (vea la ilustración).

Instalación

5   Instale el perno superior del amortiguador apretándolo a mano.

6   Gire el amortiguador a su posición y apriete el perno inferior del amortiguador a mano.

7   Baje el vehículo al psio y apriete los pernos al torque indicado en las Especificaciones en este Capítulo.

14   Conjunto del eje (trasero) - desmontaje e instalación

Desmontaje

1   Afloje las tuercas de orejeta de las ruedas traseras, levante el vehículo y apóyelo firmemente sobre torretas de seguridad. Bloquee las ruedas delanteras para evitar que el vehículo se desplace.

2   Retire las ruedas traseras, los tambores de los frenos, los cables del freno de estacionamiento, los sensores del ABS y las líneas de los frenos traseros (vea el Capítulo 9). Tape las líneas de freno abiertas para evitar la pérdida de líquido de frenos.

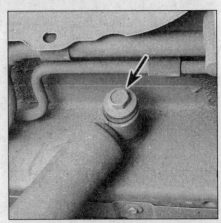

13.4 Retire el perno superior del amortiguador

3   Sostenga el eje con un gato de piso.

4   Quite los pernos inferiores del amortiguador (vea la Sección 2).

5   Quite el perno y la tuerca de la barras transversal al eje.

6   Retire los pernos de la placa del eje (vea la ilustración 12.5).

7   Baje el conjunto del eje.

Instalación

8   Coloque el aislador del resorte de hojas inferior en la posición correcta.

9   Levante el conjunto del eje y alinee la plataforma de montaje en el borne de ubicación del resorte de hojas.

10   Instale la placa del eje y los pernos. Apriete los pernos al torque indicado en Especificaciones en este Capítulo.

11   Coloque el perno y la tuerca de la barra transversal. No los apriete todavía.

12   Instale los pernos inferiores del amortiguador.

13   Instale las ruedas traseras, los tambores, los cables del freno de estacionamiento, los sensores del ABS y las líneas de los frenos traseros.

14   Baje el vehículo y apriete el perno y la tuerca de la barra transversal, y los pernos de los amortiguadores a los valores de torque que figuran en las Especificaciones de este Capítulo.

15   Purgue los frenos traseros antes de poner el vehículo en servicio.

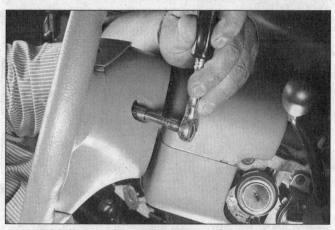

17.4 Retire los tres pernos de que sujetan el módulo de la bolsa de aire al volante

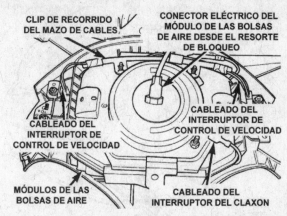

17.5 Retire los conectores de mazo de cables del cable de la bolsa de aire, el interruptor de la bocina y los interruptores de control de velocidad

15   Conjunto de cubo y cojinete (trasero) - desmontaje e instalación

El procedimiento de desmontaje e instalación para el conjunto de cubo y cojinete trasero es similar al procedimiento para conjunto de cubo y cojinete delantero (vea la Sección 7), con las siguientes excepciones:

a) *Consulte el Capítulo 9 y retire el tambor de freno.*

b) *Retire el sensor de velocidad de las ruedas traseras (vea el Capítulo 9).*

c) *Retire los cuatro pernos que sujetan el conjunto de cubo y cojinete al eje trasero. Si el conjunto de cubo/cojinete se adhiere al eje, retírelo con un martillo deslizante.*

d) *Apriete los pernos de montaje del cubo/cojinete al torque indicado en las Especificaciones en este Capítulo.*

16   Sistema de dirección - información general

Todos los modelos que aparecen en este manual están equipados con dirección de cremallera y piñón asistida hidráulicamente. El sistema hidráulico consiste en una bomba impulsada por una banda y las líneas y las mangueras asociadas. El nivel del líquido en el depósito de la bomba de la dirección hidráulica debe revisarse periódicamente (vea el Capítulo 1).

El volante hace funcionar el eje de la dirección, el cual acciona el mecanismo de la dirección mediante una columna de dirección corta y una junta universal (que Chrysler denomina acoplador intermedio). El desgaste de la junta universal, el mecanismo de la dirección y los extremos de las barras de unión, y la falta de apriete en los pernos de retención pueden aflojar la dirección.

17   Volante de la dirección - desmontaje e instalación

Advertencia: *Estos modelos tienen bolsas de aire. Desconecte siempre el cable negativo de la batería y espere dos minutos antes de trabajar cerca de los sensores de impacto, la columna de dirección o el panel de instrumentos para evitar que se produzca un despliegue accidental de la bolsa de aire, lo que puede producir lesiones personales (vea el Capítulo 12).*

Desmontaje

Consulte las ilustraciones 17.4, 17.5, 17.6 y 17.8.

1   Asegúrese de que las ruedas delanteras del vehículo estén en posición recta hacia adelante.

2   Desconecte el cable negativo de la batería.

3   Gire la llave a la posición bloqueada y quite la llave. Gire el volante media vuelta hacia la izquierda hasta que se acople el bloqueo la columna de dirección.

4   Retire los tres pernos (uno en cada rayo del volante) que sujetan el módulo de la bolsa de aire al volante (vea la ilustración). Retire el módulo de la bolsa de aire del volante y desconecte el conector eléctrico. **Advertencia:** *Al manipular una bolsa de aire, transporte siempre el módulo de la bolsa de aire con el lado de la vestidura en dirección opuesta a su cuerpo y coloque el módulo en un lugar seguro, con el lado de la vestidura hacia arriba.*

5   Retire los conectores de mazo de cables del cable del interruptor de la bocina y los interruptores de control de velocidad (vea la ilustración). Retire el clip del recorrido del mazo de cables de los pernos del módulo de la bolsa de aire.

6   Retire la tuerca de retención del volante del eje de la columna de dirección (ver la ilustración).

7   Retire del volante el amortiguador del volante.

8   Retire el volante del eje de la columna de dirección mediante un extractor de ruedas (vea la ilustración). **Precaución:** *No martille en el volante ni en el eje de la columna de dirección al retirar el volante del eje de la columna de dirección. Al instalar los pernos*

17.6 Retire la tuerca de retención del volante y el amortiguador

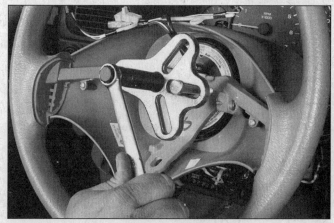

17.8 Utilice un extractor de volante para quitarlo del eje de la dirección

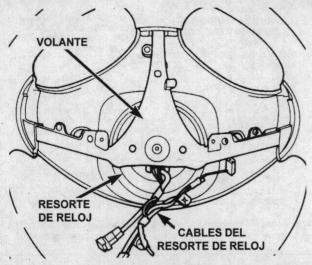

17.9 Todos los conectores del cableado del resorte de reloj deben tener el recorrido que se muestra

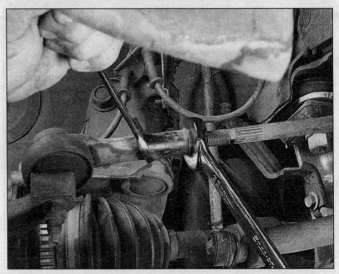

18.2 Quite la contratuerca del extremo de la barra de unión. . .

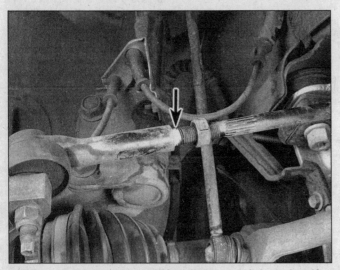

18.2b . . . luego marque la posición del extremo de la barra de unión

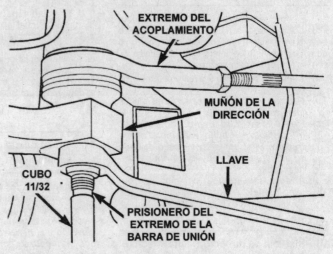

18.3 Quite la tuerca de la barra de unión al mango de la dirección

del extractor de volante en el volante, no enrosque el perno en el volante más de media pulgada. Si se insertan más de media una pulgada, harán contacto y dañarán el resorte de reloj.

Instalación

Consulte la ilustración 17.9

9   Instale el volante con las estrías maestras en el volante alineado con el eje de la dirección y las piezas planas del volante con formaciones en el resorte de reloj. Asegúrese de que el recorrido del cableado sea correcto (vea la ilustración).
10   Instale el amortiguador del volante en el volante.
11   Instale la tuerca del volante y ajústela según el torque indicado en las Especificaciones de este Capítulo.
12   Conecte los conductores del cableado del resorte de reloj en la bolsa de aire bolsa de aire, el cable del interruptor de la bocina

y el interruptor del control de velocidad. Conecte el clip de recorrido del cable a los espárragos en el módulo de la bolsa de aire.
13   Instale el módulo de la bolsa de aire en el volante.
14   Instale los tres pernos que fijan el módulo de la bolsa de aire al volantes y apriételos al torque indicado en las Especificaciones de este Capítulo.
15   Conecte el cable al terminal negativo de la batería.
16   Gire la llave de encendido y verifique que el sistema de bolsa de aire funcione correctamente observando la luz de advertencia de la bolsa de aire en el grupo de instrumentos (vea el Capítulo 12).
Advertencia: *Si el sistema de bolsa de aire no funciona, NO conduzca el vehículo; haga reparar el sistema de bolsa de aire en el departamento de servicio de un distribuidor u otro taller de reparaciones calificado.*

18   Extremos de la barra de unión - desmontaje e instalación

Desmontaje

Consulte las ilustraciones 18.2a, 18.2b, 18.3 y 18.4

1   Afloje las tuercas de orejeta de la rueda, levante la parte delantera del vehículo y apóyela de manera segura en torretas de seguridad. Bloquee las ruedas traseras, aplique el freno de estacionamiento y retire la rueda delantera.
2   Afloje la contratuerca del extremo de la barra de unión y luego marque la posición del extremo de la barra de unión (vea las ilustraciones).
3   Retire la tuerca que sujeta la barra de unión al mango de la dirección (vea la ilustración). La tuerca se retira desde el extremo de la barra de unión sosteniendo el espárrago del extremo de la barra de unión con un cubo mientras se retira la tuerca con una llave.
4   Retire espárrago del extremo de la barra de unión del brazo del mango de la dirección,

18.4 Separe los extremos de la barra de unión del mango de la dirección con un separador de rótulas

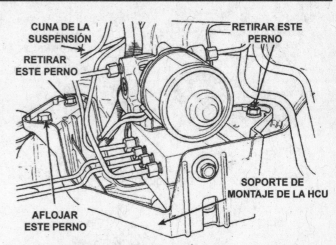

19.6 Afloje/quite los pernos de la HCU a la suspensión

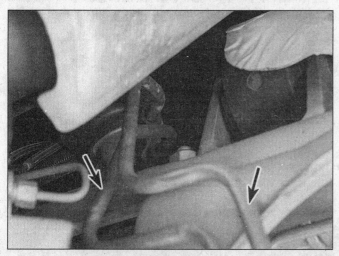

19.9 Quite la presión del líquido de dirección hidráulica y las líneas de retorno

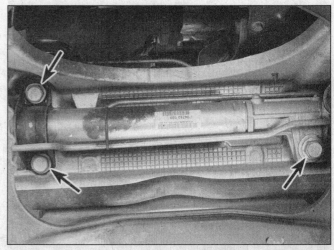

19.10 Retire el las tuercas y los pernos de montaje del mecanismo de la dirección al bloque de la suspensión delantera

con una herramienta separadora de rótulas o un extractor de dos mordazas (vea la ilustración).
5   Desatornille el extremo de la barra de unión.

Instalación

6   Instale el extremo de la barra de unión en la barra de unión, enroscándolo en la marca hecha durante el desmontaje. Todavía no apriete la tuerca.
7   Conecte el extremo de la barra de unión al mango de la dirección. Instale y apriete los pernos y las tuercas nuevos al torque indicado en las Especificaciones de este Capítulo.
8   Apriete la contratuerca de la barra de unión hasta que quede segura.
9   Instale la rueda y las tuercas de orejeta. Baje el vehículo al piso y ajuste las tuercas de orejeta al torque indicado en las Especificaciones del Capítulo 1.
10   Haga revisar la alineación del extremo delantero y, si es necesario, hágalo ajustar en un taller con los equipos adecuados.

19   Mecanismo de la dirección - desmontaje e instalación

Advertencia: *Coloque la columna de dirección*

en la posición de bloqueo para evitar que el resorte de reloj extienda en exceso cuando se desconecte la columna de dirección del acoplador intermedio. Si el resorte de reloj está dañado, la bolsa de aire no se desplegará en caso de colisión. Desactive el sistema de bolsa de aire antes de comenzar este procedimiento (vea el Capítulo 12).
Nota: *El mecanismo de la dirección hidráulica no debe ser reparado ni ajustado. Si se produce una falla o una fuga de aceite, se debe reemplazar todo el conjunto del mecanismo de la dirección.*

Desmontaje

Vea las ilustraciones 19.6, 19.9, 19.10 y 19.11.

1   Gire la llave de encendido a la posición de bloqueo y gire el volante hacia la izquierda hasta que quede bloqueado. Retire la llave.
2   Mientras el vehículo todavía está en el suelo, desconecte el acoplador del eje de la columna de dirección del acoplador intermedio del mecanismo de la dirección. Retire la chaveta, la tuerca y el perno de presión.
3   Afloje la orejeta de las ruedas, levante el vehículo, apóyelo firmemente sobre torretas de seguridad y retire las ruedas.
4   Levante la envoltura aislante en la manguera de retorno de la dirección hidráulica

para exponer la abrazadera de la manguera. Retire la abrazadera de la manguera y desconecte la manguera. Drene el líquido de la dirección hidráulica del sistema a través de la manguera.
5   Desacople ambos extremos de la barra de unión de los mangos de la dirección (vea la Sección 18).
6   Retire los dos tornillos y afloje el tercero (vea la ilustración) que fija la unidad de control hidráulico (HCU) de los frenos antibloqueo al bloque de la suspensión delantera. Luego, gire la HCU hacia atrás para permitir el acceso a la tuerca y el perno de la placa del bloque y justo delante de la HCU.
7   Retire las tuercas y los pernos (vea la ilustración 2.2) que fijan la placa del bloque a la parte inferior del bloque de la suspensión delantera. Luego, retire del bloque la placa del bloque.
8   Retire el soporte que fija las líneas de fluido de la dirección hidráulica al bloque de la suspensión delantera.
9   Desconecte la presión del líquido de la dirección hidráulica y las líneas de retorno (vea la ilustración) desde el mecanismo de la dirección hidráulica.
10   Retire los tres tornillos y tuercas (vea la ilustración) que fijan el mecanismo de la dirección al bloque de la suspensión delantera.

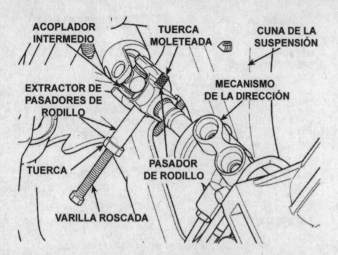

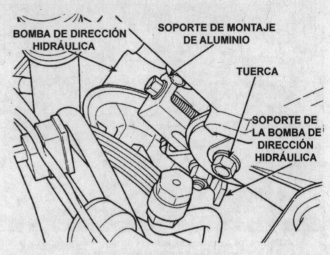

19.11 Instale una herramienta para extraer/instalar pasadores de rodillo a través pasador de rodillo del acoplador intermedio y retire el pasador de rodillo

20.3 Afloje la tuerca del soporte de la bomba de la dirección hidráulica

11   Baje el mecanismo de la dirección del bloque de la suspensión lo suficiente como para permitir el acceso al pasador de rodillo del acoplador intermedio. Instale una herramienta de extracción/instalación de pasadores de rodillo (o con configuración equivalente) (vea la ilustración). Tire del pasador de rodillo fuera del acoplador intermedio.

12   Separe el acoplador intermedio del eje del mecanismo de la dirección.

13   Retire el conjunto del mecanismo de la dirección del bloque de la suspensión.

Instalación

14   Instale el mecanismo de la dirección en el bloque de la suspensión delantera. Deje espacio para instalar el acoplador intermedio.

15   Conecte el acoplador intermedio al eje del mecanismo de la dirección e instale los pasadores de rodillo, utilizando la herramienta descrita en el Paso 11.

16   Inserte los pernos y las tuercas de montaje y apriételos al torque indicado en las Especificaciones en este Capítulo.

17   Conecte las líneas de fluido de las dirección hidráulica al mecanismo de la dirección. Ajuste las conexiones firmemente.

18   Desacople los extremos de la barra de unión de los mangos de la dirección (vea la Sección 18).

19   Instale la placa del bloque en el bloque de la suspensión delantera y apriete los pernos de la placa del bloque al torque indicado en las Especificaciones de este Capítulo.

20   Instale el soporte que fija los tubos de fluido de la dirección hidráulica al bloque de la suspensión delantera.

21   Conecte la manguera de retorno a la porción de tubo de metal de la línea de retorno de líquido de la dirección hidráulica, asegurándolo con una abrazadera de la manguera. **Precaución:** *Asegúrese de que los manguitos del protector contra el calor cubran toda la manguera y la parte de la conexión de las mangueras de presión u de retorno de la dirección hidráulica.*

22   Instale las ruedas y las tuercas de orejeta, y baje el vehículo a un nivel cómodo para trabajar. Las llantas deben ser estar apenas elevadas del piso.

23   Utilice el acoplador intermedio para girar las ruedas delanteras del vehículo a la izquierda

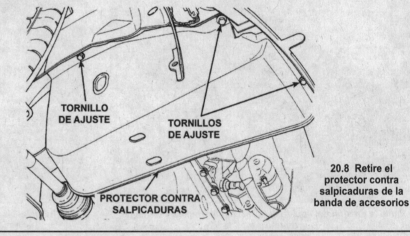

20.8 Retire el protector contra salpicaduras de la banda de accesorios

hasta que el eje del acoplador intermedia quede alineado con el acoplador de la columna de dirección. Conecte el acoplador de eje de la columna de dirección al acoplador intermedio del mecanismo de la dirección. Instale el perno de presión del acoplador de la columna de dirección al eje intermedio, y ajústelo al torque indicado en las Especificaciones de este Capítulo.

24   Llene el depósito de líquido de la dirección hidráulica con el líquido recomendado (vea el Capítulo 1), purgue el sistema de dirección hidráulica (vea la Sección 22) y vuelva a revisar el nivel del líquido. Revise para ver si hay fugas.

25   Baje el vehículo al piso y ajuste las tuercas de orejeta al torque indicado en las Especificaciones del Capítulo 1. Haga revisar y ajustar la alineación del extremo delantero, si es necesario, en un taller con los equipos adecuados.

20   Bomba de la dirección hidráulica - desmontaje e instalación

Advertencia: *espere a que el motor esté completamente frío antes de iniciar este procedimiento.*
Nota: *Retire la tapa del depósito de la dirección hidráulica y haciendo sifón, extraiga tanto*

líquido de la dirección hidráulica como sea posible del depósito antes de comenzar este procedimiento.

Desmontaje

Consulte las ilustraciones 20.3, 20.8, 20.9, 20.10, 20.12, 20.13 y 20.16

1   Desconecte el cable negativo de la batería.

2   Quite la banda de accesorios (vea el Capítulo 1).

3   En los modelos de cuatro cilindros, afloje, sin retirar, la tuerca que fija el soporte delantero de la bomba de la dirección hidráulica al soporte de montaje (vea la ilustración).

4   Levante el vehículo y apóyelo firmemente sobre torretas de seguridad.

5   Desconecte el mazo de cables del sensor de oxígeno del mazo de cables del vehículo. El acceso a la conexión es a través de la arandela de mazo de cables en la bandeja del piso del vehículo.

6   En todos los modelos, excepto los de 3.0L, retire el convertidor catalítico del múltiple de escape. Retire los ganchos/aislantes del sistema de escape de los soportes en el sistema de escape.

7   Mueva el sistema de escape hacia la parte trasera y el lado izquierdo del vehículo tanto como sea posible.

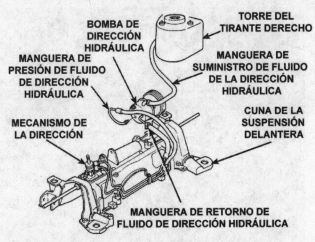

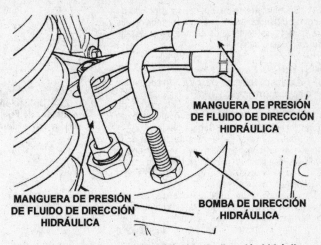

20.9 Retire la manguera de suministro de líquido de la dirección hidráulica del depósito de líquido remoto

20.10 Quite la línea de presión del líquido de dirección hidráulica.

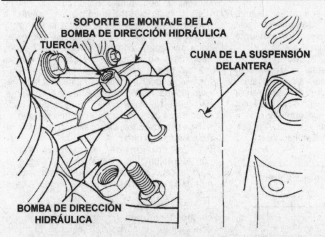

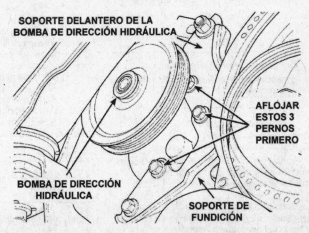

20.12 Retire la tuerca que fija bomba de la dirección hidráulica al soporte de montaje

20.13 Retire los pernos que fijan bomba de la dirección hidráulica al soporte de montaje delantero

8 Retire el protector contra salpicaduras de la banda de accesorios (vea la ilustración).

9 Desconecte la manguera de suministro de la dirección hidráulica procedente del depósito de líquido, desde accesorio de la bomba de la dirección hidráulica (vea la ilustración). Tape la manguera para evitar la pérdida excesiva de fluido.

10 Retire la línea de presión del fluido de la dirección hidráulica (vea la ilustración) de la bomba de la dirección hidráulica. Tape la línea.

11 Retire la manguera de retorno del líquido de la dirección hidráulica (vea la ilustración 20.10) de la bomba de la dirección hidráulica. Tape la manguera.

12 En todos los modelos, excepto los de 3.0L, retire la tuerca que fija la parte posterior de la bomba de la dirección hidráulica al soporte de montaje (vea la ilustración).

13 En todos los modelos, excepto los de 3.0L, afloje los tres pernos que fijan la bomba de la dirección hidráulica al soporte de montaje delantero (vea la ilustración).

14 En todos los modelos, excepto en los de 3.0L, retire la bomba de la dirección hidráulica y el soporte delantero como un conjunto.

15 En todos los modelos, excepto en los de 3.0L, quite los tres tornillos del Paso 14 y separe

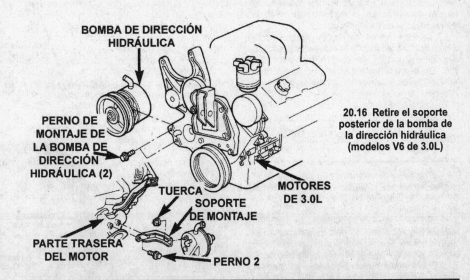

20.16 Retire el soporte posterior de la bomba de la dirección hidráulica (modelos V6 de 3.0L)

la bomba de las dirección hidráulica del soporte delantero.

16 En los modelos de 3.0L, retire el soporte de apoyo en la parte trasera de la bomba de la

dirección hidráulica que une la bomba a la parte trasera del motor (vea la ilustración).

17 En los modelos de 3.0L, retire la bomba de la dirección hidráulica del soporte de montaje.

18   En los modelos de 3.0L, retire la bomba de la dirección hidráulica del vehículo tirando de ella a través del área del túnel de escape en la bandeja del piso del vehículo.

Instalación

19   La instalación se realiza en secuencia inversa al desmontaje.

20   Apriete toda la tornillería de montaje de la dirección hidráulica al torque indicado en Especificaciones de este Capítulo.

21   Antes de conectar la línea de presión de la bomba de la dirección hidráulica, inspeccione el anillo O en la línea de presión en busca de daños.

22   Ajuste la conexión de la línea de presión a la bomba de manera segura.

23   Asegúrese de que el recorrido de las mangueras sea correcto y que todas las abrazaderas de las mangueras estén bien apretadas.

24   Llene el depósito de líquido de la dirección hidráulica con el líquido recomendado (vea el Capítulo 1).

25   Conecte el cable negativo de la batería a la batería.

26   Purgue el sistema hidráulico (vea la Sección 22). Pare el motor, revise el nivel de líquido e inspeccionar el sistema en busca de fugas.

---

21   Enfriador del líquido de la dirección hidráulica - desmontaje e instalación

Consulte la ilustración 21.4

El enfriador del fluido de la dirección hidráulica está diseñado para mantener la temperatura del líquido de la dirección hidráulica dentro un nivel específico de temperatura para mantener el máximo rendimiento del sistema de dirección hidráulica.

1   Utilice una jeringa de taller y elimine la mayor cantidad posible del líquido de dirección hidráulica del depósito de líquido.

2   Levante el vehículo y apóyelo firmemente sobre torretas de seguridad.

3   Coloque una bandeja de recolección debajo del enfriador del líquido. Retire las abrazaderas de las mangueras y desconecte ambas mangueras del enfriador del líquido.

4   Quite los dos pernos de montaje y extraiga el enfriador del fluido (vea la ilustración).

5   La instalación se realiza en secuencia inversa al desmontaje. Purgue el sistema hidráulico (vea la Sección 22). Arranque el motor y revise el sistema para detectar fugas.

---

22   Sistema de dirección hidráulica - purga

1   El sistema de dirección hidráulica se debe purgar después de cualquier operación en la que las líneas de fluido de las dirección hidráulica se hayan desconecto.

2   Revise el nivel del líquido de la dirección hidráulica con las ruedas delanteras apuntando hacia adelante. Si es bajo, añada líquido hasta que llegue a la marca Cold (frío) en la varilla medidora.

3   Encienda el motor y póngalo en marcha mínima rápida. Vuelva a revisar el nivel de aceite y agregue más si es necesario, hasta alcanzar la marca Cold (frío) en la varilla de medir.

4   Gire la ruedas de lado a lado para purgar el sistema, sin llegar a los topes. Este procedimiento extraerá el aire del sistema. Al realizar este

21.4 Ubicación del enfriador de líquido de la dirección hidráulica

procedimiento, mantenga el depósito de fluido lleno.

5   Cuando ya se extrajo el aire del sistema, gire las ruedas de manera que apunten hacia adelante y deje el vehículo en marcha durante varios minutos antes de apagar el motor.

6   Pruebe el vehículo en carretera para asegurarse de que el sistema de la dirección está funcionando normalmente y sin hacer ruido.

7   Vuelva a revisar el nivel de líquido para asegurarse de que alcanza la marca Hot (caliente) en la varilla medidora, cuando el motor está a temperatura de funcionamiento normal. Agregue aceite si es necesario (vea el Capítulo 1).

---

23   Ruedas y llantas - información general

Consulte la ilustración 23.1.

1   Los vehículos incluidos en este manual están equipados con llantas radiales con banda de fibra de vidrio o de acero de tamaño métrico (vea la ilustración). El uso de otro tamaño o tipo de neumáticos puede alterar la marcha y el manejo del vehículo. No mezcle diferentes tipos de llantas, como radiales o con bandas sesgadas, en el mismo vehículo ya que el manejo puede verse seriamente afectado. El manejo se podría ver seriamente afectado. Se recomienda reemplazar las llantas en pares, pero si se reemplaza un solo neumático, debe asegurarse de que tenga el mismo tamaño, la misma estructura y el mismo diseño de banda de rodadura que el otro.

2   La presión de las llantas afecta considerablemente el manejo y el desgaste, y se la debe revisarse al menos una vez por mes o antes de realizar viajes largos (vea el Capítulo 1).

3   El balanceo de las ruedas y las llantas es importante para el manejo, el frenado y el desempeño generales del vehículo. El hecho de que las ruedas no estén balanceadas puede

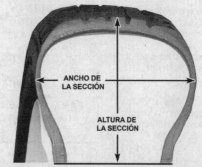

23.1 Código de tamaño métrico de llantas

afectar desfavorablemente las características de manejo y marcha, así como la vida útil de la llanta. Cada vez que se instala una llanta en una rueda, deben balancearse ambas.

4   Los patrones de desgaste pueden decir mucho sobre el estado general de la dirección y la suspensión de un vehículo (vea el Capítulo 1).

5   La llanta de repuesto está diseñada solo para uso de emergencia. Se debe reparado y reinstalar la llanta original en la primera oportunidad, o adquirir una llanta nueva. No exceda las 50 MPH.

6   Las ruedas deben reemplazarse si están dobladas o abolladas, si presentan fugas de aire, si los orificios de los pernos están alargados, si están muy oxidadas, si no están en simetría vertical, o si las tuercas de seguridad no permanecen ajustadas. No se recomienda efectuar reparaciones que utilicen soldadura o martillado en las ruedas.

24   Alineación de las ruedas - información general

Consulte la ilustración 24.1.

La alineación de las ruegas hace referencia a los ajustes que se efectúan en las ruedas delanteras para que tengan la relación angular correcta con la suspensión y el suelo. La falta de alineación de las ruedas afecta el control del vehículo y aumenta el desgaste de las llantas. Los ángulos de alineación medidos normalmente son cámber, caster y convergencia (vea la ilustración). Solo la convergencia es ajustable en estos vehículos. Los otros ángulos solo se deben medir para revisar si hay piezas de las suspensión dobladas o desgastadas. **Precaución:** *No intente modificar los componentes de la suspensión o de la dirección para cumplir con las especificaciones de alineación vehículo calentándolos o doblándolos.*

Lograr la alineación adecuada de las ruedas es un proceso muy riguroso que requiere utilizar máquinas costosas y complejas para realizar el trabajo correctamente. Un técnico con el equipo adecuado debe realizar estas tareas. De todos modos, en este espacio se le brindará una idea básica sobre el procedimiento de alineación de las ruedas, para que pueda comprender mejor el proceso y tratar inteligentemente con el taller que realice la tarea. **Nota:** *La alineación de las ruedas traseras no es ajustable.*

La convergencia es el giro de las ruedas

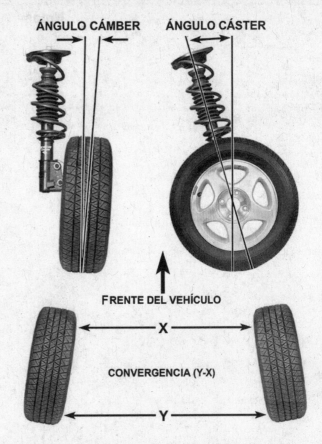

ÁNGULO CÁMBER   **ÁNGULO CÁSTER**

FRENTE DEL VEHÍCULO

X

CONVERGENCIA (Y-X)

Y

24.1 Detalles de alineamiento del extremo delantero

delanteras. El objetivo de la convergencia es asegurar el movimiento paralelo de las ruedas delanteras. En un vehículo con convergencia cero, la distancia entre los bordes delanteros de las ruedas será igual a la distancia entre los bordes traseros de las ruedas. La convergencia normalmente es solo una fracción de pulgada y es controlada por la posición final de la barra de unión en la barra de unión. Una convergencia incorrecta hará que los neumáticos se froten contra la carretera y se desgasten de manera incorrecta.

El cámber es la inclinación vertical de las ruedas vistas desde un extremo del vehículo. . Cuando la parte superior de las ruedas se inclina hacia fuera, se dice que el cámber es positivo (+). Cuando la parte superior de las ruedas se inclina hacia adentro, el cámber es negativo (-). La inclinación se mide en grados desde la vertical y se llama el ángulo de cámber, que afecta a la cantidad de dibujo de la llanta que hace contacto con la carretera. El ángulo de cámber también compensa los cambios de geometría de la suspensión cuando el vehículo recorre una curva o se desplaza sobre una superficie ondulada.

Notas

Capítulo 11   Carrocería

Contenido

1   Información general

Estos modelos tienen una disposición unitaria que utiliza una bandeja del piso con los rieles laterales delanteros y traseros del bastidor que soportan los componentes de la carrocería, los sistemas de suspensión delantero y trasero y otros componentes mecánicos. Algunos componentes son especialmente vulnerables a sufrir daños, y se pueden desatornillar y reparar o reemplazar. Entre estas piezas, se encuentran los moldeos de la carrocería, las defensas, las salpicaderas delanteras, las puertas, el cofre, la compuerta levadiza y todos los cristales. En este capítulo, sólo se incluyen las prácticas generales de mantenimiento de la carrocería y los procedimientos de reparación de los paneles de la carrocería dentro del alcance de quien hace sus propias reparaciones.

2   Carrocería - mantenimiento

1   El estado de la carrocería del vehículo es muy importante porque el valor de reventa depende mucho de eso. Es mucho más difícil reparar una carrocería descuidada o dañada que reparar los componentes mecánicos. Las áreas ocultas de la carrocería, como los alojamientos de las ruedas, el bastidor y el compartimiento del motor, son igual de importantes; si bien no requieren atención tan frecuentemente como el resto de la carrocería.
2   Una vez al año o cada 12,000 millas, es recomendable hacer limpiar con vapor la parte inferior de la carrocería. Con esto, se eliminarán todos los rastros de suciedad y aceite, para que luego se pueda inspeccionar cuidadosamente el área en busca de óxido, líneas de freno dañadas, cables eléctricos deshilachados, cables dañados u otros problemas. Los componentes de la suspensión delantera deben engrasarse después de realizar este trabajo.
3   Al mismo tiempo, limpie el motor y su compartimiento con un limpiador de vapor o con un desengrasante soluble en agua.
4   Se debe prestar mucha atención a los alojamientos de las ruedas ya que el revestimiento de la parte inferior se puede pelar y las piedras y la suciedad que levantan las llantas pueden hacer que la pintura se pique y se descascare, lo que provoca la formación de óxido. Si encuentra óxido, limpie la pintura hasta dejar el metal expuesto y aplique pintura antióxido.
5   La carrocería debe lavarse aproximadamente una vez por semana. Humedezca completamente el vehículo para aflojar la suciedad y luego lávelo con una esponja suave y agua jabonosa abundante. Si el exceso de suciedad no se lava cuidadosamente puede desgastar la pintura.

6   Las manchas de alquitrán o de asfalto que se hayan adherido de la carretera se deben quitar con un paño empapado en solvente.

7   Una vez cada seis meses, encere la carrocería y los adornos cromados. Si se utiliza un limpiador para cromado para eliminar el óxido de cualquiera de las piezas plateadas del vehículo, recuerde que el limpiador también quita una parte del cromado; por eso le recomendamos que utilice este tipo de limpiadores con moderación.

3   Vestidura de vinilo - mantenimiento

No limpie la vestidura de vinilo con detergentes, jabones cáusticos o limpiadores a base de petróleo. El agua jabonosa, junto con un cepillo suave para limpiar la suciedad incrustada, la limpiará perfectamente. Lave el vinilo con la misma frecuencia que lava el resto del vehículo. Después de la limpieza, la aplicación de un protector para vinilo y caucho de buena calidad lo ayudará a evitar la oxidación y las rajaduras. El protector también se puede aplicar a las gomas selladoras, las líneas de vacío y las mangueras de goma (que a menudo fallan como resultado de la degradación química) y a las llantas.

4   Tapicería y alfombras - mantenimiento

1   Cada tres meses, saque las alfombras y limpie el interior del vehículo (hágalo con mayor frecuencia si es necesario). Use una escoba dura para cepillar las alfombras y aflojar la suciedad y el polvo; luego, aspire la tapicería y las alfombras minuciosamente, sobre todo en las costuras y en los rincones.

2   La suciedad y las manchas pueden quitarse de las alfombras con limpiador para alfombras de automóviles o limpiadores domésticos básicos disponibles en aerosol. Siga las instrucciones y aspire nuevamente; luego use un cepillo duro para separar las fibras de la alfombra.

3   La mayoría de los interiores tiene tapicería de tela o vinilo. Ambos pueden limpiarse y mantenerse con una variedad de champús o limpiadores específicos para esos materiales, disponibles en las tiendas de autopartes. Siga las instrucciones de uso del producto y siempre pruebe los limpiadores de tapicería en un área que no se vea (borde inferior del cojín de un asiento trasero) para asegurarse de que no decolore o manche el material.

4   Después de limpiarla, la tapicería de vinilo debe tratarse con un protector. **Nota:** *asegúrese de que el contenedor protectant indica el producto se puede usar para asentar, un producto que hace un asiento con deslizamiento.* **Precaución:** *No use protector en volantes recubiertos con vinilo.*

5   La tapicería de piel requiere un cuidado especial. Debe limpiarse regularmente con limpiador o jabón para cuero. Nunca utilice alcohol, gasolina, quita esmalte o solvente para limpiar la tapicería de piel.

6   Después de la limpieza, trate regularmente la tapicería de piel con un acondicionador para ese material. Aplíquelo en un paño suave de algodón y frote las superficies con él. Nunca utilice cera para automóviles en la tapicería de piel.

7   En las partes del interior del vehículo que están expuestas a la luz solar directa, cubra los cojines de los asientos de cuero con una manta si piensa dejar el vehículo a la intemperie durante un tiempo considerable.

5   Reparación de la carrocería - daños menores

Vea la secuencia de fotos

Reparación de rayaduras

1   Si la rayadura es superficial y no penetra en el metal de la carrocería, la reparación es muy sencilla. Frote suavemente el área rayada con un compuesto para frotar de buena calidad para eliminar la pintura suelta y la cera acumulada. Enjuague el área con agua limpia.

2   Aplique pintura para retoques en la rayadura con un pincel pequeño. Continúe aplicando capas finas de pintura hasta que la superficie de la pintura en la rayadura esté nivelada con la pintura de alrededor. Deje que la pintura nueva se endurezca durante al menos dos semanas y luego frótela con un compuesto para frotar de buena calidad para esfuminarla con la pintura de alrededor. Finalmente, aplique una capa de cera en el área de la rayadura.

3   Si la rayadura penetró la pintura, dejó al descubierto el metal de la carrocería y éste se oxidó, se debe aplicar una técnica de reparación diferente. Elimine todo el óxido flojo del fondo de la rayadura con una navaja plegable; luego, aplique pintura antioxidante para evitar la formación de óxido en el futuro. Con un aplicador de hule o de nailon, cubra el área rayada con un rellenador de tipo esmaltado. Si es necesario, se puede mezclar el rellenador con solvente para formar una pasta muy delgada, ideal para rellenar rayaduras finas. Antes de que se endurezca el rellenador esmaltado en la rayadura, envuelva la punta de un dedo con un pedazo de tela de algodón suave. Humedezca el tela con solvente y luego pásela rápidamente por la superficie de la rayadura. Esto asegurará que la superficie del rellenador quede levemente ahuecada. Ahora, se puede pintar sobre la rayadura como se describe anteriormente en esta sección.

Reparación de abolladuras

4   Cuando se reparan abolladuras, la primera tarea es jalar la abolladura hacia fuera hasta que el área afectada tenga una forma tan parecida a la original como sea posible. No tiene sentido intentar restaurar completamente la forma original, ya que el metal del área dañada estará estirado por el impacto y esto impedirá que recupere su contorno original. Es mucho mejor llevar el nivel de la abolladura hasta un punto que esté alrededor de 1/8 pulgadas por debajo del nivel del metal que rodea la zona. En aquellos casos en los que la abolladura es muy leve, no vale la pena intentar desabollarla.

5   Si se puede tener acceso a la parte posterior de la abolladura, se la puede golpear suavemente con un martillo de superficie blanda desde la parte trasera. Cuando realice esta acción, sostenga un bloque de madera firmemente presionado contra el lado opuesto del metal para absorber los golpes del martillo y evitar que el metal se estire.

6   Si la abolladura se produjo en una sección donde la carrocería tiene doble capa o existe algún otro factor que impide el acceso desde la parte trasera, se debe utilizar una técnica diferente. Haga varios orificios pequeños con un taladro en el metal del área dañada, especialmente en las secciones donde la abolladura es más profunda. Coloque tornillos autorroscantes largos en los orificios solamente hasta que éstos logren un buen agarre con el metal. Ahora, la abolladura se puede quitar tirando de las cabezas sobresalientes de los tornillos con pinzas de presión.

7   La siguiente etapa de la reparación es quitar la pintura del área dañada y de aproximadamente una pulgada del metal que la rodea. Puede hacerlo fácilmente con un taladro con un cepillo de alambre o un disco de lijado, si bien hacerlo a mano, con papel de lija, es igual de efectivo. Para completar la preparación para el rellenado, marque la superficie del metal desnudo con un destornillador o con la espiga de una lima, o haga orificios pequeños en el área afectada con un taladro. Esto proporcionará un buen agarre para el material de relleno. Para completar la reparación, vea la subsección sobre rellenado y pintura.

Reparación de picaduras o hendiduras

8   Elimine toda la pintura del área afectada y de aproximadamente una pulgada del metal que la rodea con un disco de lijado o un cepillo de alambre montado en un taladro. Si no tiene estos elementos, puede realizar el trabajo con la misma eficacia con algunas hojas de papel de lija.

9   Una vez que haya quitado la pintura, podrá determinar la gravedad de la corrosión y decidir entre reemplazar todo el panel, si es posible, o reparar el área afectada. Los paneles de carrocería nuevos no son tan costosos como se cree y, a menudo, es más rápido instalar un panel nuevo que reparar grandes áreas oxidadas.

10   Desmonte todas las piezas de adorno del área afectada, excepto aquellas que sirvan como guía para recuperar la forma original de la carrocería dañada, como los cascos de los faros delanteros, etcétera. Utilice tijeras para metal o una segueta para quitar todas las partes de metal que estén flojas o severamente afectadas por el óxido. Martille los bordes del orificio en la parte interna a fin de crear una pequeña depresión para el material de relleno.

11   Limpie con cepillo de alambre el área afectada para eliminar el polvo de óxido de la superficie del metal. Si se puede tener acceso a la parte posterior del área oxidada, aplique pintura inhibidora de óxido.

12   Antes de aplicar el rellenador, tape el orificio de alguna manera. Para hacerlo, puede colocar una lámina de metal y asegurarla con remaches o tornillos, o puede rellenar el orificio con malla de alambre.

13   Una vez que se haya bloqueado el orificio, se puede rellenar y pintar el área afectada. Vea la subsección siguiente sobre rellenado y pintado.

Rellenado y pintado

14   Existen muchos tipos de rellenadores para carrocería, pero, en general, los juegos de reparación de carrocería que incluyen pasta de rellenado y un tubo de endurecedor para resina son los mejores para este tipo de trabajos de reparación. Será necesario utilizar un aplicador ancho y flexible de plástico o nailon para dar un acabado suave y contorneado a la superficie del material de relleno. Mezcle una pequeña cantidad de relleno sobre un trozo de madera o cartón limpios (utilice el endurecedor moderadamente). Siga las instrucciones del fabricante detalladas en el empaque, de lo contrario, el rellenador no se fraguará correctamente.

15   Con el aplicador, coloque la pasta de relleno en el área preparada. Pase el aplicador a lo largo de la superficie del rellenador para lograr el contorno deseado y nivelar la superficie del rellenador. Apenas logre un contorno parecido al original, deje de trabajar sobre la pasta. Si continúa haciéndolo, la pasta comenzará a adherirse al aplicador. Continúe agregando

capas finas de pasta a intervalos de 20 minutos, hasta que el nivel del rellenador esté apenas por encima del metal que lo rodea.

16   Una vez que se haya endurecido el rellenador, se puede quitar el exceso con una lima para carrocería. Desde este punto en adelante, se utilizarán lijas con granos cada vez más finos, comenzando con un papel de lija de grano 180 y terminando con lija de agua o seca de grano 600. Envuelva siempre la lija alrededor de un bloque plano de hule o de madera, de lo contrario la superficie del rellenador no quedará totalmente plana. Durante el lijado de la superficie del rellenador, se debe enjuagar periódicamente con agua el papel de lija de agua o seca. Esto asegurará que se logre un acabado muy suave en la etapa final.

17   En este punto, el área reparada debe estar rodeada por un anillo de metal expuesto, el que a su vez debe estar rodeado por el borde finamente esfuminado de la pintura en buenas condiciones. Enjuague el área reparada con agua limpia hasta que desaparezca todo el polvo producido por la operación de lijado.

18   Rocíe una capa fina de primario sobre toda el área. Esto revelará cualquier imperfección que pueda haber quedado en la superficie del rellenador. Repare las imperfecciones con pasta de relleno nueva o con rellenador esmaltado y vuelva a alisar la superficie con papel de lija. Repita esta operación de rociado y reparación hasta asegurarse de que la superficie del rellenador y el borde esfuminado de la pintura queden perfectos. Enjuague el área con agua limpia y déjela secar completamente.

19   El área reparada ahora está lista para la pintura. El rociado de pintura se debe realizar en una atmósfera cálida, seca y sin corrientes de aire ni polvo. Se pueden crear estas condiciones si se tiene acceso a un área de trabajo amplia bajo techo; sin embargo, si se ve obligado a realizar el trabajo al aire libre, deberá elegir el día con mucho cuidado. Si trabaja en interiores, puede rociar con agua el piso del área de trabajo para ayudar a que se deposite el polvo que se encuentra suspendido en el aire. Si el área de la reparación se limita a un solo panel de la carrocería, enmascare los paneles de alrededor. Esto ayudará a minimizar los efectos que puede producir una pequeña variación en el color de la pintura. Las piezas de adorno, como las tiras cromadas, las manijas de las puertas, etc. también deben enmascararse o desmontarse. Para las operaciones de enmascarado, utilice cinta de enmascarar y varias capas de hojas de periódico.

20   Antes de rociar la pintura, agite bien la lata y luego rocíe sobre un área de prueba hasta dominar la técnica de rociado. Cubra toda el área de la reparación con una capa gruesa de primario. El espesor debe alcanzarse mediante la aplicación de varias capas finas de primario en lugar de una sola capa gruesa. Con papel de lija de grano 600 seco o de agua, frote la superficie del primario hasta que quede muy suave. Cuando lo haga, debe enjuagar el área de trabajo meticulosamente con agua y también debe enjuagar el papel de lija de forma periódica. Deje que el primario se seque antes de aplicar más capas.

21   Pulverice la capa superior de pintura; aquí también logre el espesor mediante varias capas finas de pintura. Comience a pulverizar en el centro del área reparada y luego, con movimientos circulares, pulverice hacia afuera hasta cubrir toda el área de reparación y aproximadamente dos pulgadas de la pintura original que la rodea. Quite todo el material de enmascarado de 10 a 15 minutos después de

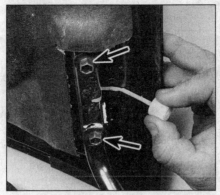

9.2 Marque la ubicación de la placa de bisagra y la cabeza del perno, y afloje los pernos (flechas) para el ajuste o el desmontaje de la traba

haber rociado la capa de pintura final. Deje que la pintura nueva se endurezca durante al menos dos semanas y luego frótela con un compuesto para frotar de buena calidad para unir los bordes de la pintura nueva con la pintura existente. Finalmente, aplique una capa de cera.

6   Reparación de la carrocería - daños mayores

1   Los daños graves deben ser reparados en un taller de chapa y pintura específicamente equipado para realizar reparaciones unitarias. Estos talleres tienen el equipo especializado necesario para realizar el trabajo adecuadamente.

2   Si el daño es muy grande, se debe revisar que la carrocería tenga el alineamiento correcto; de lo contrario, las características de manejo del vehículo pueden verse severamente afectadas y otros componentes se pueden desgastar a un paso acelerado.

3   Debido al hecho de que todos los componentes principales de la carrocería (cofre, salpicaderas, etc.) son unidades separadas y reemplazables, cualquier componente dañado seriamente se debe reemplazar en lugar de repararse. A veces, los componentes se pueden encontrar en un desarmadero especializado en componentes usados de vehículos donde, con frecuencia, los precios son considerablemente más bajos que los costos de las piezas nuevas.

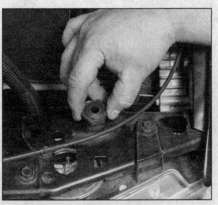

9.9 Ajuste la altura del cofre atornillando o desatornillando las defensas del cofre

7   Bisagras y cerraduras - mantenimiento

Una vez cada 3000 millas, o cada tres meses, se deben agregar algunas gotas de aceite liviano o de lubricante para cerraduras en las bisagras y los conjuntos de seguro de las puertas, del capó y de la cajuela o maletero. Las trabas de pestillo de las puertas también se deben lubricar con una capa fina de grasa para reducir el desgaste y asegurar el movimiento libre de las piezas. Lubrique las cerraduras de la puerta y de la cajuela o maletero con lubricante de grafito en aerosol.

8   Parabrisas y cristal - reemplazo

El reemplazo del parabrisas y del cristal fijo requiere del uso de adhesivos y materiales de calafateo especiales de secado rápido, así como de algunas herramientas y técnicas especializadas. Estas operaciones deben dejarse en manos del departamento de servicio de un concesionario o de un taller especializado en vidriería.

9   Cofre - desmontaje, instalación y ajuste

Nota: *El cofre es pesado y bastante difícil de desmontar e instalar. Este procedimiento requiere al menos de dos personas.*

Desmontaje e instalación

Consulte la ilustración 9.2.

1   Utilice mantas o almohadillas para cubrir el área de la coraza de la carrocería y los guardabarros correspondiente al panel del parabrisas. Esto protegerá la carrocería y la pintura cuando se levanta el capó.

2   Trace marcas de alineamiento alrededor de la cabeza de los pernos y la ubicación de las uniones de las bisagras para garantizar el alineamiento adecuado durante la instalación (también se puede utilizar para esto un rotulador permanente o un poco de pintura (vea la ilustración).

3   Retire los pernos superiores que sujetan el cofre a la bisagra y afloje los pernos inferiores hasta que se puedan sacar con la mano.

4   Solicite a un asistente en el lado opuesto del vehículo que soporte el peso del cofre. Quite los tornillos inferiores que sujetan el cofre a la bisagra y levante el capó.

5   La instalación se realiza en forma inversa al desmontaje.

Ajuste

Consulte las ilustraciones 9.9 y 9.10

6   El ajuste del cofre hacia atrás y hacia delante y de lado a lado se hace moviendo el cofre en relación con la placa de la bisagra después de aflojar los pernos.

7   Trace una línea alrededor de la placa de la bisagra para poder evaluar la cantidad de movimiento.

8   Afloje los pernos o las tuercas y mueva el cofre hasta que quede correctamente alineado. Muévalo muy de a poco cada vez. Ajuste las tuercas o pernos de la bisagra y baje cuidadosamente el capó para revisar el alineamiento.

9   Ajuste las defensas del cofre en el soporte del radiador de manera que el cofre quede al ras con las salpicaderas (vea la ilustración).

Estas fotos ilustran un método de reparación de pequeñas abolladura. Son con la intención de suplementar la reparación de la Carrocería - daños pequeños en este Capítulo y no se deben usar como las únicas instrucciones para la reparación de la carrocería en estos camiones

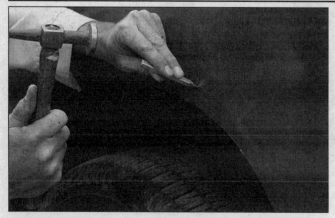

Si usted no tiene acceso a la parte trasera del panel de la carrocería para remover la abolladura, hálelo con un martillo deslizante de extraer abolladuras. En las porciones más profundas de la abolladura o ha lo largo de la línea de la arruga, taladre o haga agujero(s) por lo menos cada una pulgada . . .

. . . entonces atornille el martillo deslizante adentro del agujero y opérelo. Péquele suavemente con un martillo cerca del borde de la abolladura para ayudar a que el metal regrese a su forma original. Cuando haya terminado, el área de la abolladura debe de estar cerca de su forma original y alrededor de 1/8-pulgada debajo de la superficie del metal del alrededor

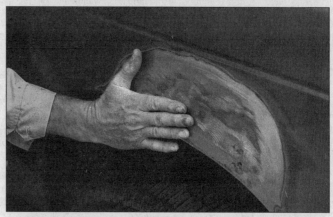

Usando papel de lija grueso, remueva completamente la pintura hasta que llegue al metal. Lijando a mano trabaja bien, pero la lijadora que se muestra aquí hace el trabajo más rápido. Use papel de lija más fino (alrededor de un espesor de 320) para mezclar la pintura por lo menos alrededor de una pulgada en el área de la abolladura

Cuando la pintura se haya removido, palpar probablemente ayudará más que mirar para notar si el metal está recto. Martille hacia abajo las partes altas o eleve las partes bajas según sea necesario. Limpie el área reparada con removedor de cerca y silicona

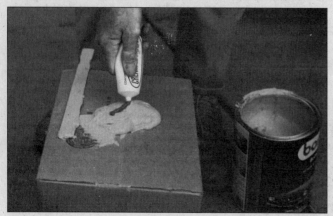

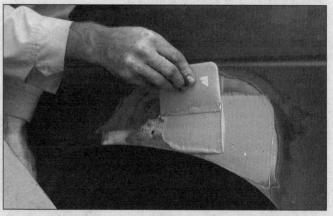

Siga las instrucciones de la etiqueta, mezcle un poco de llenador de plástico y endurecedor. La porción del llenador al endurecedor es critico, y , si usted lo mezcla incorrectamente, no se curará apropiadamente o se curará muy rápido (usted no tendrá tiempo de llenarlo y lijarlo a su molde)

Trabajando rápido para que el llenador no se endurezca, use un aplicador de plástico para empujar el llenador de la carrocería firmemente adentro del metal, asegurando que se pegue completamente. Trabaje el llenador hasta que esté igual que la forma original y un poquito encima del metal del alrededor

Permita que el llenador se endurezca hasta que usted pueda abollarlo con las uñas de su dedo. Use una lija de carrocería o una herramienta Surform (la que se muestra aquí) para ásperamente darle molde al llenador

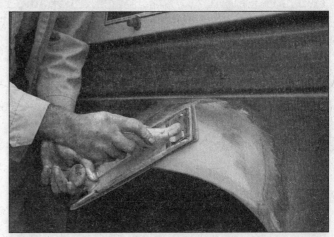

Use papel de lija grueso y una tabla de lijar o bloque para trabajar el llenador hacia abajo hasta que esté lizo y parejo. Baya bajando el espesor del papel de lija - siempre usando una tabla o bloque - terminando con un espesor de 360 o 400

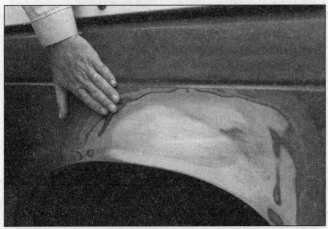

Usted podrá detectar cualquier reborde en la transición desde el llenador al metal o desde el metal a la pintura vieja. Tan pronto la reparación esté plana y uniforme, remueva el polvo y empapele los paneles adyacentes o pedazos de molduras

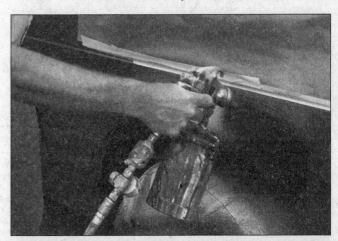

Aplique varias capas de sellador al área. No atomice el sellador muy grueso, porque se corre y esté seguro de que cada capa está seca antes de que aplique la próxima. Una pistola para atomizar de tipo profesional se usa en esta fotografía, atomizadores en lata de aerosol están disponibles en los almacenes de auto parte

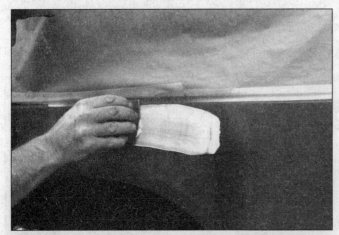

El sellador ayudará a revelar imperfecciones o rayones. Llene estos con compuesto especial para este tipo de rayones. Siga las instrucciones de la etiqueta y líjelo con papel de lija 360 o 400 hasta que esté suave. Repita aplicando el llenador especial, lijando y atomizando con el sellador hasta que el sellador revele una superficie perfectamente suave

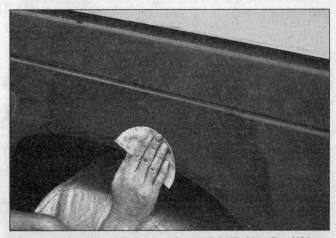

Termine de lijar el sellador con un papel de lija bien fino (400 o 600 de espesor) para remover la sobre atomización del sellador. Limpie el área con agua y permítala que se seque. Use un paño que tenga la capacidad de adherir para remover cualquier polvo, después aplique la capa final. No atente de limpiar o aplicarle cera al área reparada hasta que la pintura se haya secado completamente (por lo menos dos semanas)

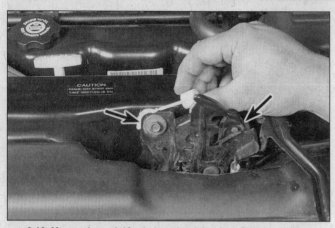

9.10 Marque la posición de la traba del cofre, afloje los pernos (flechas) y mueva la traba para ajustar el cofre en la posición cerrada

10.1 Detalles del conjunto de la traba de la puerta

10   Marque la traba del cofre como guía para el ajuste (o la extracción y el reemplazo). El conjunto de la traba del cofre también se puede ajustar hacia arriba y hacia abajo y de lado a lado después de aflojar los pernos (vea la ilustración).

11   El conjunto de traba del cofre y las bisagras se deben lubricar periódicamente con grasa blanca a base de litio para evitar la adherencia y el desgaste de estos componentes.

10   Traba del cofre y cable - desmontaje e instalación

Advertencia: *Estos modelos tienen bolsas de aire. Desconecte siempre el cable negativo de la batería y espere dos minutos antes de trabajar cerca de los sensores de impacto, la columna de dirección o el tablero de instrumentos para evitar la posibilidad del despliegue accidental de la bolsa de aire, que podría causar lesiones personales (vea el Capítulo 12).*

Traba
Consulte la ilustración 10.1

1   Retire los pernos que sujetan la traba del cofre al travesaño del panel de cierre del radiador y retire el conjunto de la traba (vea la ilustración).

2   En relación con el Paso 4, desconecte el cable de apertura del cofre, luego retire la traba del travesaño.

3   La instalación se realiza en forma inversa al desmontaje.

Cable
Consulte las ilustraciones 10.4 y 10.7

4   Suelte el extremo del cable, luego deslice el extremo de la caja del cable lateralmente en la ranura del ojo de la cerradura de la traba del cofre mientras aprieta la púa en la caja del cable cerrada (vea la ilustración).

5   Retire el cable de la traba.

6   En el compartimiento de pasajeros, retire la cubierta de la columna de dirección y el refuerzo bloqueador de rodillas (vea la Sección 26).

7   Quite los pernos y retire el conjunto de cable y manija de liberación del cofre (vea la ilustración).

8   Debajo del tablero, quite el aislante del cable de goma del orificio en el panel de instrumentos.

9   Conecte un trozo de cable o una cuerda al extremo del cable del compartimiento del motor, luego acople el cable y empújelo por la pared fuego al compartimiento de pasajeros.

10   Conecte el cable o la cuerda al cable nuevo y empújelo por la pared de fuego al compartimiento del motor.

11   La instalación es la inversa de los Pasos 1 a 8 anteriores.

11   Parrilla - desmontaje e instalación

Advertencia: *Estos modelos tienen bolsas de aire. Desconecte siempre el cable negativo de la batería y espere dos minutos antes de trabajar cerca de los sensores de impacto, la columna de dirección o el tablero de instrumentos para evitar la posibilidad del despliegue accidental de la bolsa de aire, que podría causar lesiones personales (vea el Capítulo 12).*

Nota: *La cubierta de la defensa de color de la carrocería tiene grandes aberturas que parecen una parrilla, pero este procedimiento se aplica a la sección de la parrilla de plástico negro unida a la cubierta de la defensa.*

1   En relación con la Sección 13, retire la cubierta de la defensa delantera.

2   Quite los clips que fijan la parrilla a la cubierta de la defensa delantera.

3   Utilizando una broca de 1/4 pulgadas, perfore los remaches que sujetan la parte inferior de la parrilla a la cubierta de la defensa.

4   Levante con cuidado la rejilla de la cubierta de la defensa.

5   La instalación se realiza en forma inversa al desmontaje.

12   Salpicadera delantera - desmontaje e instalación

Consulte las ilustraciones 12.4 y 12.5

Advertencia: *Estos modelos tienen bolsas de aire. Desconecte siempre el cable negativo de la batería y espere dos minutos antes de trabajar cerca de los sensores de impacto, la columna de dirección o el tablero de instrumentos para evitar la posibilidad del despliegue accidental de la bolsa de aire, que podría causar lesiones personales (vea el Capítulo 12).*

1   Quite la defensa (vea la Sección 13).

2   Afloje las tuercas de orejeta de las ruedas delanteras, levante el vehículo, apóyelo en soportes de gato y quite la rueda delantera.

3   Quite la protección contra salpicaduras (vea la Sección 29).

4   Retire la moldura del espejo lateral (vea la Sección 28) y retire el perno de la defensa detrás del espejo (vea la ilustración).

5   Retire los pernos en los bordes delanteros y traseros de la defensa y, trabajando en el

10.4 Desconecte el extremo del cable de la palanca de la traba

10.7 Pernos de montaje de la manija de liberación del cofre (flechas)

12.4 Retire la moldura de espejo para acceder al perno de la defensa (flecha) empotrado detrás del espejo

compartimiento del motor, quite los pernos superiores. También hay una tuerca en la parte inferior trasera de la defensa (vea la ilustración). Desacople el guardabarros.

6   La instalación se realiza en forma inversa al desmontaje.

7   Apriete todas las tuercas, pernos y tornillos con firmeza.

13   Defensas - desmontaje e instalación

Advertencia: *Estos modelos tienen bolsas de aire. Desconecte siempre el cable negativo de la batería y luego el cable positivo, y espere dos minutos antes de trabajar cerca de los sensores de impacto, la columna de dirección o el tablero de instrumentos para evitar la posibilidad de que se produzca un despliegue accidental de la bolsa de aire, lo que puede producir lesiones personales (vea el Capítulo 12).*

Cubierta delantera del motor

Consulte las ilustraciones 13.1 y 13.2

1   Libere la traba del cofre y abra el cofre. Retire los pernos que sujetan la parrilla al panel de sujeción del radiador (vea la ilustración).

2   Retire los pernos que sujetan la cubierta de la defnsa al panel de montaje del faro en cada lado de la parrilla (vea la ilustración).

3   Levante el vehículo y apóyelo firmemente sobre torretas de seguridad.

4   Retire las ruedas delanteras.

5   Retire los sujetadores de la protección contra salpicaduras del alojamiento de la rueda delantera según sea necesario para obtener acceso a los pernos que sujetan la cubierta

frontal a la defensa (vea la Sección 29).

6   Retire los pernos que sujetan la parte inferior de la cubierta/contención de aire al panel de cierre del radiador.

7   Desconecte la luz de niebla/estacionamiento y el conector eléctrico de la luz de giro, si es necesario.

8   Retire la cubierta de la defensa del vehículo.

9   La instalación se realiza en forma inversa al desmontaje.

Barra de refuerzo de la defensa delantera

Consulte la ilustración 13.12

10   Quite la cubierta de la defensa delantera, como se indica arriba.

11   Apoye la barra de refuerzo de la defensa delantera sobre un dispositivo de elevación adecuado. Haga una marca en la barra de refuerzo para indicar la parte superior.

12   Retire las tuercas que fijan la barra de refuerzo de la defensa delantera al riel del bastidor (vea la ilustración).

13   Retire la barra de refuerzo de la defensa delantera del vehículo.

14   La instalación se realiza en forma inversa al desmontaje.

12.5 Quite los pernos de fijación inferiores de la defensa

13.1 Retire los tornillos (flechas) que sujetan la parrilla al panel de soporte del radiador

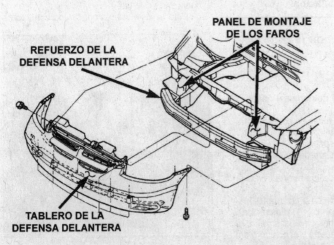

13.2 Detalles de un conjunto típico de cubierta de defensa delantera

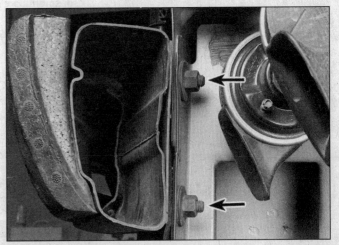

13.12 Pernos de montaje de la barra de refuerzo de la defensa delantera (flechas)

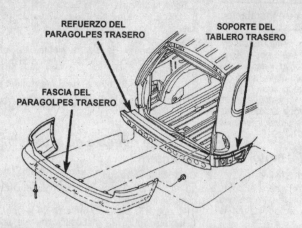

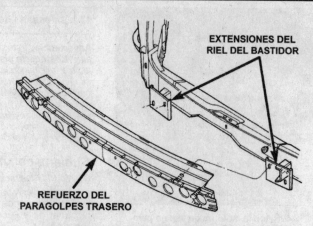

13.17 Detalles de un conjunto típico de cubierta de defensa trasera

13.24 Detalles de un conjunto típico de barra de refuerzo de defensa trasera

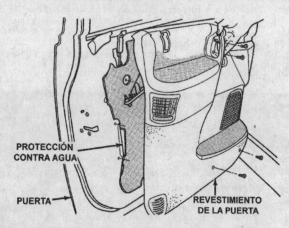

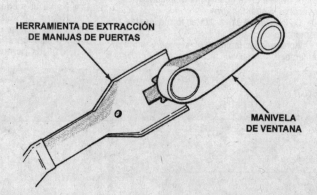

14.3 Detalles de un conjunto típico de panel de vestidura de puerta delantera

14.4a Utilice una herramienta de extracción de manijas de puertas (o similar) para separar el clip de retención detrás de la manivela de la ventana

Cubierta de la defensa trasera

Consulte la ilustración 13.17

15   Suelte la traba de la compuerta levadiza y abrir la compuerta levadiza.
16   Levante el vehículo y apóyelo firmemente sobre torretas de seguridad.
17   Quite los tornillos que fijan la cubierta de la defensa trasera a los soportes de la cubierta trasera (vea la ilustración).
18   Suelte los ganchos a los lados de la cubierta de la defensa de las lengüetas de los soportes de la cubierta trasera.
19   Retire la cubierta de la defensa trasera del vehículo.
20   La instalación se realiza en forma inversa al desmontaje.

Barra de refuerzo de la defensa trasera

Consulte la ilustración 13.24

21   Quite la cubierta de la defensa trasera, como se indica arriba.
22   Apoye la barra de refuerzo de la defensa trasera sobre un dispositivo de elevación adecuado.
23   Marque la posición de las tuercas de las extensiones de los rieles del bastidor para facilitar la instalación.
24   Retire las tuercas que sujetan la barra de refuerzo de la defensa trasera a las extensiones del riel del bastidor (vea la ilustración).

25   Retire la barra de refuerzo de la defensa trasera del vehículo.
26   La instalación se realiza en forma inversa al desmontaje.

---

14   Paneles de vestidura de la puerta - desmontaje e instalación

Panel de vestidura de la puerta delantera

Vea las ilustraciones 14.3, 14.4a, 14.4b, 14.4c, 14.4d, 14.5, 14.6a y 14.6b

1   Desconecte el cable del terminal negativo de la batería.
2   Haga palanca en las luces de cortesía para quitarlas del panel de vestidura de la puerta y desconecte el conector del cable.
3   Quite todos los tornillos de retención del panel de vestidura de la puerta y los conjuntos de apoyabrazos/manijas de las puertas (vea la ilustración).
4   En los modelos con ventanas manuales, quite la manivela de la ventana (vea la ilustración). En los modelos con ventanas eléctricas, retire el panel de interruptores de puerta y el conjunto del interruptor de control (vea las ilustraciones).
5   En los modelos con asientos/espejos con memoria, use una herramienta de palanca

pequeña de hoja plana para quitar el interruptor de asiento/espejo con memoria y desconecte el conector del cable (vea la ilustración).
6   Sujete el panel de vestidura, levante y tire para separarlo de la puerta (vea la ilustración). Desconecte la barra de traba de la manija interna de la puerta (vea la ilustración). Desenchufe todos los conectores eléctricos restantes y retire el panel de la puerta.
7   Para la instalación, conecte los conectores

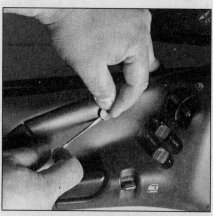

14.4b Si está equipado con ventanas eléctricas, retire las cubiertas de los tornillos del panel de vestidura. . .

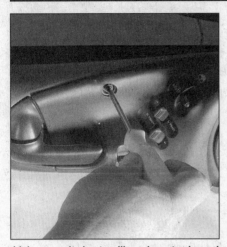

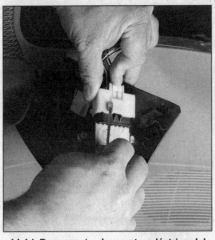

14.4c ... quite los tornillos y levante el panel de interruptores de la puerta

14.4d Desconecte el conector eléctrico del interruptor de accesorios

del mazo de cables y coloque el panel en posición en la puerta. Presione el panel de vestidura en el lugar hasta que se asienten los ganchos.

8 Instale los apoyabrazos/manijas de las puertas, la luz de cortesía y el interruptor o la manivela de la ventana. Vuelva a conectar el cable negativo de la batería.

Panel de vestidura de la puerta deslizante

Consulte la ilustración 14.11

9 Cierre la puerta y quite la moldura superior del bastidor.

10 Quite los tornillos que sujetan el panel de vestidura al panel interno de la puerta. Si retira el panel de vestidura de la puerta deslizante izquierda, quite el tornillo del interior del bisel del cenicero.

11 Desconecte todos los sujetadores push-in y quite el panel de vestidura del vehículo (vea la ilustración).

12 La instalación se realiza en forma inversa al desmontaje.

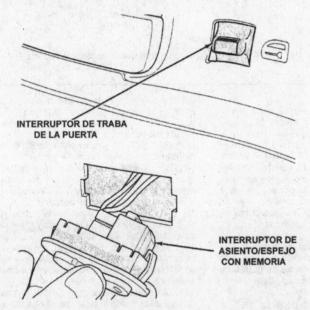

14.5 Si está equipado con un interruptor de asiento/espejo con memoria, desmonte el conjunto del interruptor del panel de la puerta y desconecte el conector

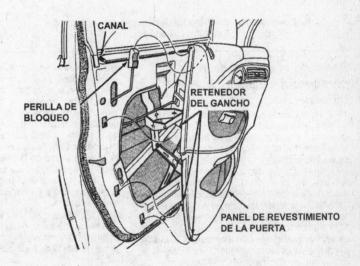

14.6a Levante el panel de vestidura y tire para desenganchar el panel de vestidura del bastidor de la puerta

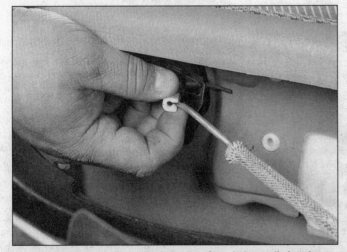

14.6b Desconecte la varilla de la cerradura de la manija interior de la puerta

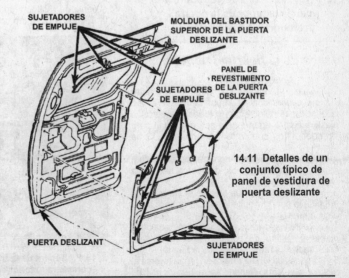

14.11 Detalles de un conjunto típico de panel de vestidura de puerta deslizante

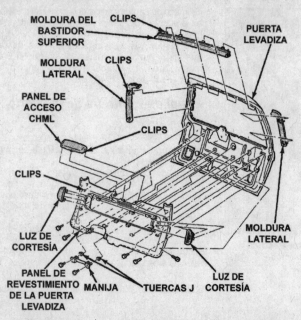

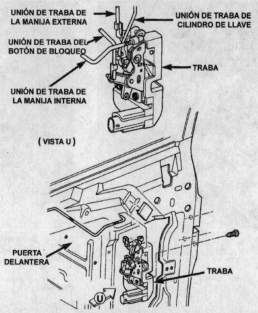

14.16 Detalles de un conjunto típico de panel de vestidura de compuerta levadiza

15.4 Detalles de un conjunto típico de traba de puerta

Panel de vestidura de la compuerta levadiza

Consulte la ilustración 14.16

13   Retire la moldura del bastidor superior de la compuerta levadiza y las molduras laterales. Quite los tornillos que sujetan la manija auxiliar y los sujetadores alrededor del perímetro del panel de vestidura inferior.

14   Si está equipado con luces de cortesía, retírelas de la moldura haciendo palanca y desconecte el conector del cable de la lámpara.

15   Retire la tapa y los sujetadores de la luz de freno alta sosteniendo el panel de vestidura.

16   Suelte los clips ocultos que sujetan el panel de vestidura a la compuerta levadiza alrededor del borde la compuerta levadiza (vea la ilustración) y retire el panel de vestidura.

17   La instalación se realiza en forma inversa al desmontaje.

---

15   Traba, cilindro de cerradura y manija exterior de la puerta - desmontaje e instalación

---

Traba de la puerta delantera

Consulte la ilustración 15.4

1   Cierre la ventana completamente y retire el panel de vestidura de la puerta delantera (vea la Sección 14). Retire con cuidado la protección plástica contra agua según sea necesario para acceder a los componentes interiores de la puerta.

2   Si está equipado con trabas eléctricas, retire el conector del cable del motor de la traba eléctrica de la puerta.

3   Suelte los clips que sujetan el varillaje a la traba de la puerta y quite los varillajes de la traba de la puerta.

4   Retire los tornillos que sujetan la traba de la puerta al bastidor del extremo de la puerta (vea la ilustración) y retire la traba de la puerta.

5   La instalación se realiza en forma inversa al desmontaje. **Nota:** *Deben usarse tornillos nuevos*

si se retiró la traba.

6   Después de instalar la traba de la puerta pestillo con nuevos tornillos, inserte el varillaje en la traba, acople los clips para sujetar el varillaje a la traba de la puerta y conecte el conector eléctrico al motor de la traba eléctrica de la puerta, si está equipado. Inserte una llave hexagonal a través del orificio ovalado situado en la cara de cierre de la puerta por encima de la traba y afloje el tornillo de cabeza Allen.

7   Tire hacia afuera en la manija exterior de la puerta y afloje y vuelva a apretar el tornillo de cabeza Allen.

8   Compruebe que la traba de la puerta y la cerradura eléctrica de la puerta funcionen; a continuación, instale el protector de plástico y panel de vestidura de la puerta delantera.

Manija externa de la puerta delantera

Consulte la ilustración 15.11

9   Cierre la ventana completamente y retire el panel de vestidura de la puerta delantera (vea la Sección 14). Retire con cuidado la protección

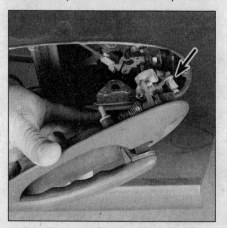

15.11 Separe de la traba el varillaje de la cerradura exterior de la puerta (flecha)

plástica contra agua según sea necesario para acceder a los componentes interiores de la puerta. Si está equipado con el sistema de seguridad antirrobo para vehículos (VTSS), utilice el orificio de acceso en la parte posterior del panel interno de la puerta y desconecte el conector del interruptor del mazo de cables de la puerta. Libere los sujetadores push-in que sujetan el mazo de cables del interruptor del VTSS al refuerzo interior de la puerta.

10   Suelte el clip que fija el varillaje de la traba de la puerta a la traba de la puerta y retire de la traba el varillaje de la traba.

11   Suelte el clip que fijación el varillaje de la cerradura a la traba de la puerta y retire de la traba el varillaje de la cerradura (vea la ilustración).

12   Quite las tuercas que sujetan la manija exterior de la puerta al panel exterior de la puerta y retire la manija del vehículo.

Cilindro de la cerradura de la puerta delantera

Consulte las ilustraciones 15.13 y 15.14

13   Siga el procedimiento anterior para quitar la manija exterior de la puerta delantera. Suelte el el clip que fija el cilindro de la cerradura a la manija exterior (vea la ilustración) y tire de la cerradura de la manija de la puerta.

14   Instale el clip de retención del cilindro de la cerradura en la manija de la puerta. Coloque el brazo de unión hacia la parte trasera del vehículo, empuje el cilindro de la cerradura en la manija de la puerta hasta que el cilindro de la cerradura encaje en su sitio (vea la ilustración). El resto de la instalación se realiza en forma inversa al desmontaje.

Control de traba/cerradura de la puerta deslizante

Consulte las ilustraciones 15.16, 15.17 y 15.18.

15   Retire el panel de vestidura de la puerta deslizante (vea la Sección 14), la defensa de tope de la puerta y la almohadilla de sonido si está equipada.

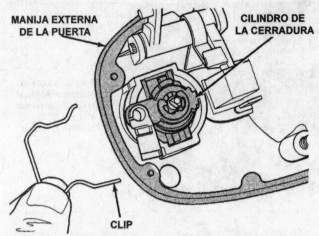

MANIJA EXTERNA DE LA PUERTA

CILINDRO DE LA CERRADURA

CLIP

15.13 Retire el clip que retiene el cilindro de la cerradura de la puerta delantera a la manija exterior de la puerta

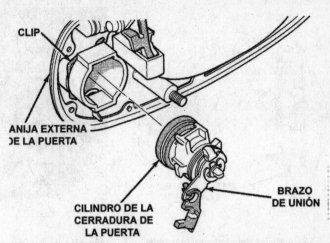

CLIP

MANIJA EXTERNA DE LA PUERTA

CILINDRO DE LA CERRADURA DE LA PUERTA

BRAZO DE UNIÓN

15.14 Instale el clip en la manija de la puerta y presione el cilindro de la cerradura hasta que encaje en su lugar

15.16 Quite la cubierta de la traba/cerradura

15.17 Separe las varillas de unión (flechas) del control de la traba/cerradura

16   Saque la cubierta de control de traba/cerradura que se mantiene en su lugar mediante clips (vea la ilustración).

17   Con la puerta deslizante ligeramente abierta, liberar el el clip que fija la unión de la traba trasera al control de traba/cerradura (vea la ilustración).

18   Coloque un destornillador de punta plana entre las orejetas del clip de metal y la parte inferior de la unión (vea la ilustración). Gire el destornillador para desconectar la unión del clip.
Precaución: *Tenga mucho cuidado de no dañar los clips metálicos; se debe reemplazar todo el conjunto de control de traba/cerradura si alguno de los clips de metal en el control de traba/*

cerradura está doblado o roto. *No intente reparar los clips para retener las uniones.*

19   Retire la unión trasera de la traba del control de traba/cerradura.

20   Suelte el clip que fija la unión de la manija exterior de la puerta al control de traba/cerradura como en el Paso 18 anterior; a continuación, retire el el unión de la manija exterior de la puerta.

21   Suelte el clip que fija la unión de la palanca acodada de la manija interior de la puerta al control como en el Paso 18 anterior y separe la unión de la palanca acodada de la manija interior de la puerta del control de traba/cerradura.

22   Quite la unión del cilindro de la cerradura

del control.

23   Suelte el clip que fija la unión de la cerradura interior al control y quite la unión de la cerradura interior del control.

24   Suelte las orejetas de la cerradura que sujetan la caja del cable de la traba abierta al control de traba/cerradura, y retire del control y mantenga abierto el extremo de la bola del cable de la traba.

25   Afloje los pernos que sujetan el control de traba/cerradura de la puerta deslizante (si está equipado con cerraduras eléctricas, desconecte el conector del cable del motor de la cerradura eléctrica de las puertas).

26   Retire la cerradura de traba del vehículo.

27   La instalación se realiza en forma inversa al desmontaje.

Manija exterior de la puerta deslizante

Consulte la ilustración 15.31

28   Consulte la Sección 14 y retire el panel de vestidura, la defensa de tope de la puerta deslizante y el protector plástico según sea necesario para acceder a los sujetadores de liberación externos.

29   Retire la cubierta del control de traba/cerradura y suelte el clip que fija el varillaje de la manija exterior de la puerta a la manija de la puerta.

30   Separe el varillaje de la manija exterior de la puerta y luego, separe el varillaje del control de traba/cerradura.

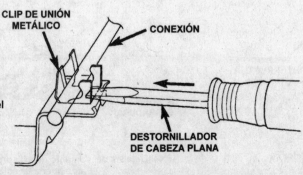

CLIP DE UNIÓN METÁLICO

CONEXIÓN

15.18 Para separar una varilla de unión del clip de metal, inserte un destornillador entre las orejetas del clip y la parte inferior de la unión, y gire el destornillador

DESTORNILLADOR DE CABEZA PLANA

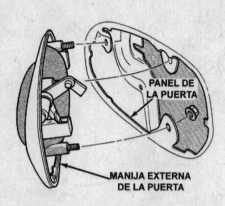

PANEL DE
LA PUERTA

MANIJA EXTERNA
DE LA PUERTA

**15.31 Detalles del conjunto de la traba
exterior de la puerta deslizante**

**15.35 Desconecte de
el conector eléctrico
(flecha) del interruptor
inercial de la
compuerta levadiza**

31   Quite las tuercas que sujetan la manija exterior de la puerta al panel exterior de la puerta (vea la ilustración) y retire la manija de la puerta del vehículo.
32   La instalación se realiza en forma inversa al desmontaje.

Pestillo de la compuerta levadiza

Consulte la ilustración 15.35

33   Quite el panel de vestidura y la protección contra el agua del itnerior de la compuerta levadiza (vea la Sección 14).
34   Retire la unión de la manija exterior del clip en la traba.
35   Desconecte del interruptor inercial de la compuerta levadiza el conector del cable (vea la ilustración).
36   Quite los tornillos que sujetan la traba a la compuerta levadiza y retírela del vehículo.
37   La instalación se realiza en forma inversa al desmontaje.

Manija exterior de la compuerta levadiza

Consulte la ilustración 15.41

38   Retire el panel de vestidura de la compuerta levadiza (vea la Sección 14) y el motor de la traba eléctrica.
39   Libere la unión de la manija exterior del clip en la traba de la compuerta levadiza.
40   Si está equipado con un sistema de seguridad, desconecte el interruptor del VTSS de la parte posterior del cilindro de la cerradura y desacople la tuerca de seguridad.
41   Retire la tuerca que sujeta la manija exterior de la compuerta levadiza a la compuerta levadiza (vea la ilustración).
42   Libere la ranura de retención que sujeta la manija a la compuerta levadiza y retire la manija y las uniones del vehículo.
43   La instalación se realiza en forma inversa al desmontaje.

Cilindro de la cerradura de la compuerta levadiza

Consulte las ilustraciones 15.44 y 15.46

44   Retire la manija exterior de la compuerta

levadiza, como se indica arriba, y retire el clip del cilindro de la cerradura de la manija (vea la ilustración).
45   Quite de la manija el cilindro de la cerradura y el brazo.
46   Para la instalación, coloque el clip de retención del cilindro de la cerradura en la manija de la compuerta levadiza y empuje el cilindro de la cerradura hasta que encaje en su lugar (vea la ilustración).
47   Instale la manija exterior de la compuerta levadiza y verifique que la cerradura funcione.

16   Puerta delantera - desmontaje e instalación

Consulte las ilustraciones 16.2, 16.4 y 16.5.
Precaución: *Si debe retirarse el pasador de la bisagra, no vuelva a utilizar el pasador original. Si planea quitar el pasador, asegúrese de tener uno nuevo antes de iniciar el trabajo. Los clips de retención utilizados en los pasadores de las bisagras de la puerta también deben ser sustituidos por otros nuevos.*

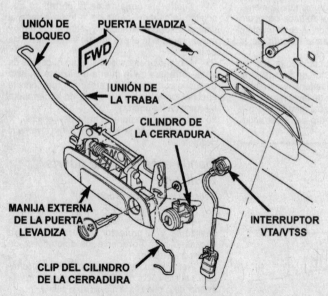

UNIÓN DE
BLOQUEO

PUERTA LEVADIZA

FWD

UNIÓN DE
LA TRABA

CILINDRO DE
LA CERRADURA

MANIJA EXTERNA
DE LA PUERTA
LEVADIZA

CLIP DEL CILINDRO
DE LA CERRADURA

INTERRUPTOR
VTA/VTSS

**15.41 Detalles del conjunto de la manija exterior de
la compuerta levadiza**

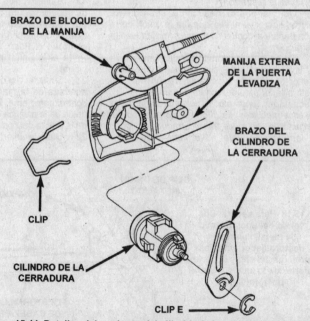

BRAZO DE BLOQUEO
DE LA MANIJA

MANIJA EXTERNA
DE LA PUERTA
LEVADIZA

BRAZO DEL
CILINDRO DE
LA CERRADURA

CLIP

CILINDRO DE LA
CERRADURA

CLIP E

**15.44 Detalles del conjunto del cilindro de la cerradura de la
compuerta levadiza**

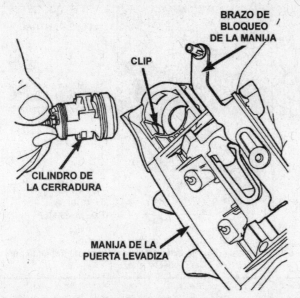

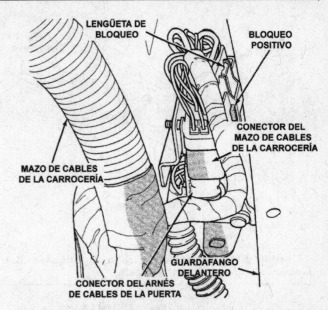

15.46 Para instalar el cilindro de la cerradura, coloque el clip en la manija de la compuerta levadiza y presione el cilindro hasta que encaje en su lugar

16.2 Libere el deslizador positivo de la cerradura en el lado del conector y desconecte el conector de mazo de cables de la puerta

1   Quite la protección contra salpicaduras del alojamiento de la rueda delantera (vea la Sección 29).

2   Desconecte el conector del mazo de cables de la puerta del mazo de cables de la carrocería (vea la ilustración).

3   Presione la lengüeta de bloqueo que mantiene juntas las mitades del conector del cable y desconecte el mazo de cables de la puerta del mazo de cables de la carrocería.

4   Haga marcas /alrededor de la cabeza de los pernos de montaje con un marcador. Quite los pernos que sujetan la correa de control de la puerta al poste A (vea la ilustración). Coloque un gato debajo de la puerta o pídale a un asistente que la sostenga mientras quita los pernos de

la bisagra. **Nota:** *si se usa un gato, coloque un trapo entre la puerta a la puerta de pintura de las superficies.*

5   Quite los pernos que sujetan la bisagra inferior al bastidor del extremo de la puerta (vea la ilustración). Mantenga la puerta estable, retire los pernos que sujetan la bisagra superior al bastidor del extremo de la puerta y con cuidado levante la puerta.

6   La instalación se realiza en forma inversa al desmontaje; asegúrese de alinear la bisagra con las marcas que se realizaron durante la extracción antes de ajustar los pernos.

7   Luego de la instalación de la puerta, revise la alineación y, si es necesario, ajústela de la siguiente manera:

a)   Los ajustes hacia arriba y hacia abajo y hacia adentro y hacia afuera se hacen aflojando los pernos de la bisagra a la puerta y moviendo la puerta según sea necesario.

a)   Los ajustes hacia adelante y hacia atrás se hacen aflojando los pernos de la bisagra a la carrocería y moviendo la puerta según sea necesario.

c)   El pestillo de la cerradura de la puerta también se puede ajustar hacia arriba, hacia abajo y hacia los costados para lograr un acoplamiento positivo con el mecanismo de la cerradura. Esto se hace aflojando los tornillos de montaje y moviendo el pestillo según sea necesario.

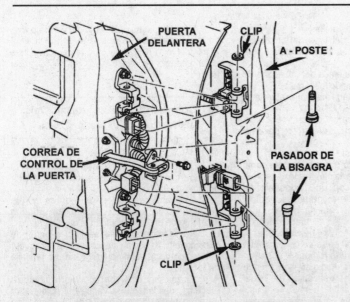

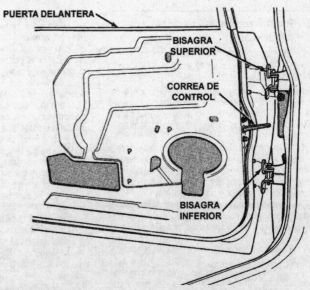

16.4 Detalles del conjunto de bisagra y correa de control de la puerta delantera

16.5 Mientras sujeta la puerta de manera segura, quite los pernos que fijan las bisagras a la puerta

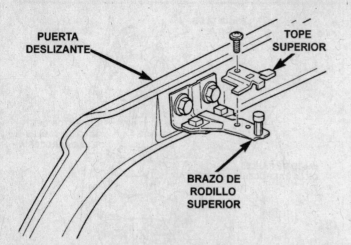

17.4 Detalles del conjunto de brazo de rodillo y tope superiores de la puerta deslizante

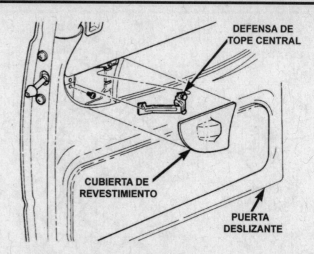

17.5 Detalles del conjunto de la defensa de tope central de la puerta deslizante

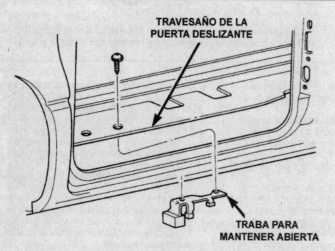

17.7 Detalles del conjunto del pestillo de la traba que mantiene abierta la puerta deslizante

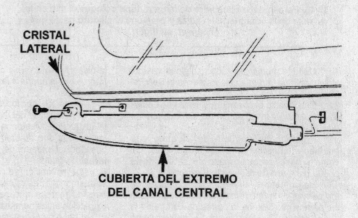

17.10 Detalles del conjunto de canal central y cubierta

17 Puerta deslizante - desmontaje e instalación

Consulte las ilustraciones 17.4, 17.5, 17.7, 17.10, 17.12a y 17.12b

Precaución: *Aplique varias capas de cinta de enmascarar a la carrocería alrededor del extremo trasero del canal del rodillo superior y el borde delantero del cristal lateral para evitar dañar la pintura.*

Nota: *Este procedimiento se aplica al desmontaje y a la instalación de puertas deslizantes manuales y eléctricas, y se aplica a puertas deslizantes derechas e izquierdas. No se aplica al mecanismo eléctrico para la puerta.*

1   Aplique cinta de enmascarar a la superficie exterior del panel lateral debajo del canal del rodillo central, hacia atrás de la abertura de la puerta.
2   Suelte la traba de la puerta deslizante y abra la puerta.
3   Aplique cinta de enmascarar a la zona de jamba de la puerta, hacia atrás del canal del rodillo superior.
4   Quite el tornillo que sujeta la defensa del tope del brazo del rodillo superior al brazo del

rodillo superior (vea la ilustración).
5   Retire la defensa del tope del brazo del rodillo superior y la cubierta de vestidura de la puerta (vea la ilustración).
6   Retire el centro y la placa del travesaño de la puerta deslizante quitando los tornillos.
7   Retire el pestillo para mantener abierta la puerta (vea la ilustración).
8   En modelos con puerta deslizante eléctrica, desconecte el conector eléctrico para el mecanismo del motor.
9   Abra el cristal lateral.
10   Extraiga la cubierta del extremo del canal del rodillo central (vea la ilustración). Apoye la puerta deslizante con un dispositivo de elevación adecuado que tenga una superficie superior acolchada. La puerta debe poder moverse mientras está en el dispositivo de elevación. **Precaución:** *No permita que el rodillo del bisagra central entre en contacto con el cristal lateral. Esto podría romper el cristal.*
11   Haga rodar la puerta hacia atrás hasta que los rodillos inferiores se desacoplen del canal inferior.
12   Haga rodar la puerta hacia atrás hasta que los rodillos de las bisagras superiores y centrales salgan de los canales superiores y centrales (vea la ilustraciones).

13   Retire la puerta deslizante del vehículo.
14   La instalación se realiza en forma inversa al desmontaje. Tenga presente las precauciones anteriores sobre el rodillo de la bisagra y el cristal lateral.

18 Compuerta levadiza - desmontaje, instalación y ajuste

Consulte la ilustración 18.5

1   Solicite a un asistente que sujete la compuerta levadiza en la posición totalmente abierta.
2   Desconecte todos los cables y los conectores de mazo de cables que puedan interferir con el desmontaje de la puerta trasera.
3   Retire la moldura del bastidor superior de la compuerta levadiza y desconecte la manguera del líquido de la ventana trasera, de la boquilla de rociado.
4   En los modelos con compuerta levadiza eléctrica, desconecte la varilla del accionador del mecanismo de elevación, de la compuerta levadiza.
5   Marque alrededor de las bisagras (vea la ilustración).

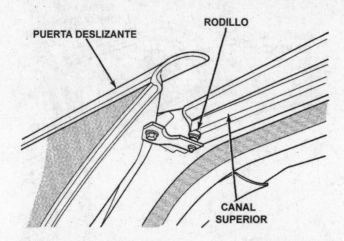

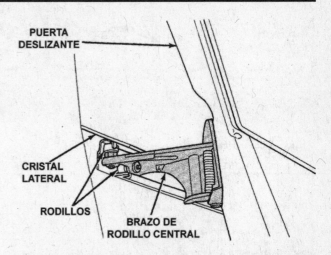

15.31 Detalles del conjunto del rodillo superior de la puerta deslizante

17 Detalles del conjunto del rodillo central de la puerta deslizante

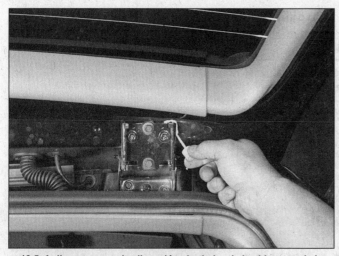

18.5 Aplique marcas de alineación alrededor de las bisagras de la compuerta levadiza

19.3 Quite el perno en el extremo inferior del tirante de la compuerta levadiza (asegúrese de que la compuerta levadiza esté sujeta de manera segura antes de retirar estos pernos)

6   Con la ayuda de un asistente que sostenga la compuerta levadiza, desacople los tirantes de apoyo (vea la Sección 19).

7   Retire los pernos de las bisagras y desacople la compuerta levadiza del vehículo.

8   La instalación se realiza en forma inversa al desmontaje.

9   Luego de la instalación, cierre la compuerta levadiza y asegúrese de que se encuentre en la alineación apropiada con los paneles de carrocería circundantes. Los ajustes se realizan cambiando la posición de los pernos de las bisagras en las ranuras. Para ajustar, afloje los pernos de las bisagras y vuelva a colocar las bisagras, ya sea lado a lado o adelante y atrás, la cantidad deseada y vuelva a apretar los pernos.

10   El acoplamiento de la puerta trasera se puede ajustar aflojando los pernos del pestillo de la cerradura, reposicionando el pestillo y volviendo a apretar los pernos.

19   Tirante de la compuerta levadiza - reemplazo

Consulte la ilustración 19.3

1   Solicite a un asistente que sujete la compuerta levadiza en la posición totalmente abierta.

2   Extraiga la goma selladora de la brida del poste D junto al pivote del extremo del conjunto del tirante.

3   Extraiga el perno de montaje donde el tirante se une a la carrocería (vea la ilustración).

4   Quite el perno que sujeta el tirante a la compuerta levadiza y retire el tirante del vehículo.

5   La instalación se realiza en forma inversa al desmontaje.

20   Cristal de la ventana de la puerta delantera - desmontaje e instalación

Consulte las ilustraciones 20.3 y 20.5

1   Quite el panel de vestidura de la puerta y la protección de plástico (vea la Sección 14). Retire ambas molduras de la correa interior y exterior, y el altavoz de la radio si está instalado.

2   Baje el cristal para poder llegar a las placas de elevación delantera y trasera del regulador a través de los orificios de acceso delantero y trasero en el panel de la puerta.

3   Retire los clips que sujetan el cristal de la
puerta a las placas de elevación del regulador (vea la ilustración) y retire el cristal de las placas de elevación.

4   Retire la goma selladora del cristal y luego inserte la parte delantera del cristal entre el canal de la corredera del cristal y el panel exterior de la puerta.

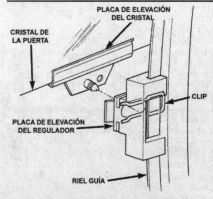

20.3 Detalles del conjunto de placa de elevación del regulador del cristal de la puerta delantera

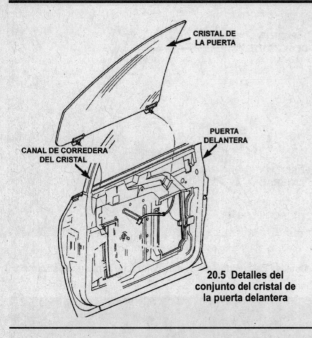

20.5 Detalles del conjunto del cristal de la puerta delantera

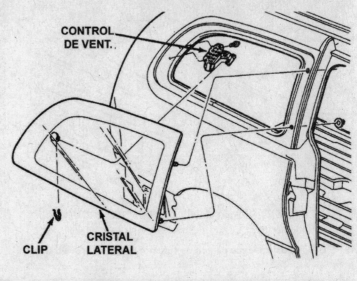

21.3 Detalles del conjunto del cristal de la ventana lateral

5   Levante con cuidado el cristal hacia arriba y fuera de la abertura exterior en la parte superior de la puerta (vea la ilustración).

6   La instalación se realiza en forma inversa al desmontaje.

21   Vidrio de la ventana lateral - desmontaje e instalación

Consulte la ilustración 21.3

1   Quitar la vestidura interior que está alrededor de la ventana que se retirará; a continuación, abra la ventana a la posición de ventilación.

2   Retire el tornillo que sujeta el retenedor de la ventana al brazo del motor de ventilación y liberar el retenedor del brazo del motor.

3   Retire las tuercas que sujetan el cristal al poste (vea la ilustración) y retire el cristal del vehículo.

4   La instalación se realiza en forma inversa al desmontaje.

22   Regulador de la ventana de la puerta - desmontaje e instalación

Consulte las ilustraciones 22.4 y 22.5

1   Quite el panel de vestidura de la puerta y la protección contra el agua (vea la Sección 14).

2   Retire el cristal de retención del cristal de la puerta y deje que el cristal de la ventana se apoye en la parte inferior de la puerta.

3   En los modelos con ventanas eléctricas, desconecte el conector eléctrico.

4   Afloje los tornillos que sujetan los rieles guía delantero y trasero al panel de la puerta (vea la ilustración).

5   Retire la cabeza de los tornillos en los rieles guía de las ranuras del ojo de la cerradura en el panel de la puerta, levante el regulador para desconectarlo y a continuación, deslícelo hacia atrás y retírelo a través del orificio de acceso en la puerta. Retire el riel guía delantero a través del orificio de acceso delantero (flecha derecha) y el

riel guía trasero a través del orificio de acceso trasero (vea la ilustración).

6   La instalación se realiza en forma inversa al desmontaje.

23   Consola inferior - desmontaje e instalación

Vea las ilustraciones 23.1a y 23.1b.

Advertencia: *Estos modelos tienen bolsas de aire. Desconecte siempre el cable negativo de la batería y luego el cable positivo, y espere dos minutos antes de trabajar cerca de los sensores de impacto, la columna de dirección o el tablero de instrumentos para evitar la posibilidad de que se produzca un despliegue accidental de la bolsa de aire, lo que puede producir lesiones personales (vea el Capítulo 12).*

1   En los modelos 1999-2000, retire los dos tornillos delanteros que sujetan la consola inferior

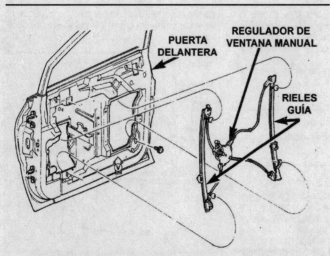

22.4 Detalles del conjunto del regulador de la ventana manual de la puerta delantera

22.5 Retire el riel guía delantero a través del orificio de acceso delantero (flecha derecha) y el riel guía trasero a través del orificio de acceso trasero (flecha izquierda)

23.1a Retire los tornillos que sujetan la consola inferior al soporte del piso

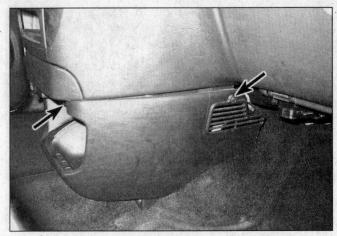

23.1b En los modelos 2001 y posteriores, retire estos tornillos (flechas)

al soporte del piso y al panel de instrumentos (vea la ilustración). En los modelos 2001 y posteriores, retire los dos tornillos superiores delanteros, dos tornillos inferiores delanteros y dos tornillos traseros que sujetan la consola inferior al soporte del piso y al panel de instrumentos (vea la ilustración).

2   En los modelos equipados así, desconecte el conector del cable de salida de potencia auxiliar.

3   Deslice la consola hacia atrás de los soportes del panel de instrumentos y quite la consola inferior.

4   La instalación se realiza en forma inversa al desmontaje.

24   Consola superior - desmontaje e instalación

Modelos 1996 a 2000

Consulte la ilustración 24.1

1   Abra la puerta del recipiente del transmisor (vea la ilustración) y quite el tornillo que sujeta la

consola al toldo interior.

2   Abra la puerta recipiente de gafas y presione la pestaña de retención que está directamente sobre la puerta de traba. Baje la parte trasera de la consola lejos del toldo interior.

3   Tire de la consola hacia la parte trasera, suelte los clips que sujetan la parte delantera de la consola a la armadura del techo y baje la consola.

4   Apretando completamente las lengüetas de cierre, desconecte todos los conectores de cables y quite la consola superior.

5   La instalación se realiza en forma inversa al desmontaje.

Modelos 2001 y posteriores

Consulte la ilustración 24.8

6   Desconecte el cable del terminal negativo de la batería.

7   Retire los tornillos de retención en la parte delantera de la consola superior.

8   Sujete los lados de la consola superior (vea la ilustración), tire hacia abajo de manera uniforme y desacople los dos clips de presión en la parte trasera.

9   Baje la consola superior lo suficiente como

para tener acceso a los conectores eléctricos. Desconecte los conectores eléctricos y quite la consola superior.

10   La instalación se realiza en forma inversa al desmontaje.

25   Bisel del grupo de instrumentos - desmontaje e instalación

Consulte las ilustraciones 25.2 y 25.4

Modelos 1996 a 2000

Advertencia: *Estos modelos tienen bolsas de aire. Desconecte siempre el cable negativo de la batería y espere dos minutos antes de trabajar cerca de los sensores de impacto, la columna de dirección o el panel de instrumentos para evitar la posibilidad de que se produzca un despliegue accidental de la bolsa de aire, lo que puede producir lesiones personales (vea el Capítulo 12)*

1   Quite la cubierta del extremo izquierdo del panel de instrumentos y las cubiertas inferiores de la columna de la dirección (vea la Sección 26).

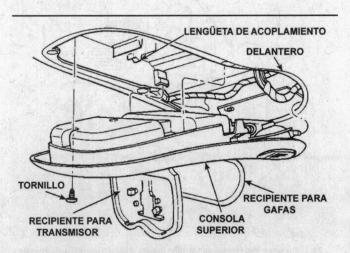

24.1 Detalles del conjunto de la consola superior

LENGÜETA DE ACOPLAMIENTO

DELANTERO

TORNILLO

RECIPIENTE PARA TRANSMISOR

CONSOLA SUPERIOR

RECIPIENTE PARA GAFAS

24.8 Sujete los lados de la consola superior y tire hacia abajo de manera uniforme; luego, desacople los dos broches en la parte trasera.

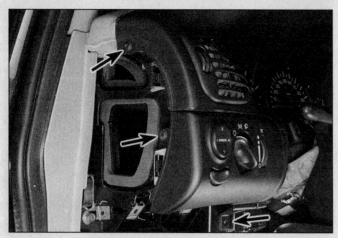

25.2 Quite los dos tornillos en el extremo izquierdo del bisel del grupo y uno de cada lado de la columna de dirección (el tornillo en el lado derecho de la columna de dirección no está visible)

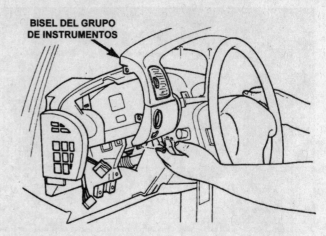

25.4 Suelte el clip que está arriba de la ventilación derecha y tire del frontal del bisel del grupo de instrumentos hacia la parte trasera

2   Quite los dos tornillos en el extremo izquierdo del bisel del grupo y uno de cada lado de la columna de dirección (vea la ilustración).

3   Desconecte el clip que sujeta el bisel del grupo al panel de instrumentos de arriba de la rejilla de ventilación derecha.

4   Retire el bisel del grupo del panel de instrumentos y desconecte los conectores eléctricos de la parte trasera (vea la ilustración).

5   La instalación se realiza en forma inversa al desmontaje.

Modelos 2001 y posteriores

Consulte la ilustración 25.7

6   Sujete firmemente el borde delantero de la cubierta superior de la columna de dirección, tire hacia arriba con rapidez y desacople la cubierta del panel de instrumentos. Retire la cubierta superior.

7   Quite los cuatro tornillos que fijan el grupo de instrumentos. Retire el grupo del bisel y desconecte los conectores eléctricos de la parte trasera (vea la ilustración).

8   Quite los cuatro tornillos que fijan el bisel del grupo.

9   Mueva la columna de dirección a la posición totalmente abajo.

10   Extraiga el bisel del grupo del panel de instrumentos y retírelo.

11   La instalación se realiza en forma inversa al desmontaje.

26   Paneles del tablero de instrumentos - desmontaje e instalación

Advertencia: *Estos modelos tienen bolsas de aire. Desconecte siempre el cable negativo de la batería y luego el cable positivo, y espere dos minutos antes de trabajar cerca de los sensores de impacto, la columna de dirección o el tablero de instrumentos para evitar la posibilidad de que se produzca un despliegue accidental de la bolsa de aire, lo que puede producir lesiones personales (vea el Capítulo 12).*

Cubiertas de los extremos del panel de instrumentos

Consulte la ilustración 26.1

1   En los modelos de 1996 a 2000, para la cubierta del extremo izquierdo, retire la cubierta de la columna de dirección inferior según sea necesario para tener espacio; a continuación, retire el tornillo de fijación (vea la ilustración). La cubierta del extremo derecho solo está unida mediante clips y no tiene un tornillo de retención.

2   En todos los modelos, sujete firmemente la cubierta (por la caja de fusibles en la tapa izquierda o la paleta del calentador en la tapa derecha) y tire fuertemente para quitarla. Si es necesario, haga palanca suavemente con un destornillador.

3   La instalación se realiza en forma inversa al desmontaje.

Bisel del interruptor de los faros

4   Retire bisel del grupo de instrumentos (vea la Sección 25).

5   Separe el bisel del interruptor de los faros

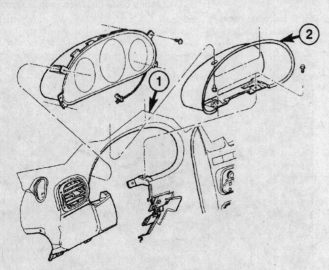

25.7 Conjunto de grupo de instrumentos y bisel

1   *Grupo de instrumentos*   2   *bisel del grupo*

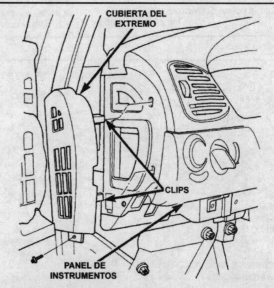

26.1 Detalles del conjunto de la cubierta del extremo izquierdo del panel de instrumentos (modelos 1996 a 2000)

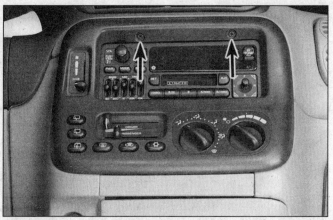

26.10c Quite los dos tornillos de la parte superior del bisel (flechas)

26.11 En los modelos 2001 posteriores, el bisel (flecha) sale como una sola pieza después de retirar los tornillos

26.15 Abra la puerta de la guantera, retire el clip que sujeta la correa de tope de la puerta y suelte las bisagras

26.17 Quite los tornillos que sujetan la manija de liberación del freno de estacionamiento

del bisel del grupo de instrumentos.

6   La instalación se realiza en forma inversa al desmontaje.

Bisel del panel de control de radio y calefacción/aire acondicionado

Consulte las ilustraciones 26.10 y 26.11

7   En los modelos 1996 a 2000, extraiga el portavasos (vea el Capítulo 29).

8   Inserte con cuidado un destornillador cubierto con cinta por encima de la cubierta del panel de acceso a los tornillos debajo del panel de control de calefacción/aire acondicionado y haga palanca para retirar la cubierta del panel de instrumentos (vea el Paso 30).

9   Quite los tornillos de retención del bisel detrás de la cubierta.

10   En los modelos 1996 a 2000, quite los tornillos que sujetan la parte superior del bisel al panel de instrumentos (vea la ilustración).

11   En los modelos 1996 a 2000, quite los tornillos que sujetan la parte superior del bisel al panel de instrumentos. En los modelos 2001 y posteriores, quite los tornillos laterales restantes, desconecte los conectores eléctricos del interruptor de accesorios y extraiga el bisel del panel de instrumentos (vea la ilustración).

12   En los modelos 1996 a 2000, quite los conectores eléctricos de panel de control de calefacción/aire acondicionado y el interruptor del soplador.

13   La instalación se realiza en forma inversa al desmontaje.

Guantera

Consulte la ilustración 26.15

14   Abra la puerta de la guantera, retire el contenido y quite el clip que retiene la correa de tope de la puerta.

15   Gire la guantera hacia abajo, sulte las bisagras del panel de instrumentos y quite la guantera (vea la ilustración).

16   La instalación se realiza en forma inversa al desmontaje.

Cubierta inferior de la columna de dirección

Modelos 1996 a 2000

Consulte las ilustraciones 26.17, 26.18 y 26.19.

17   Retire los tornillos que sujetan la manija de liberación del freno de estacionamiento al panel de instrumentos (vea la ilustración).

18   Retire los tornillos que sujetan la cubierta al panel de instrumentos (vea la ilustración).

26.18 Quite los tornillos que sujetan la cubierta inferior de la columna de dirección al panel de instrumentos (no todos los tornillos están visibles)

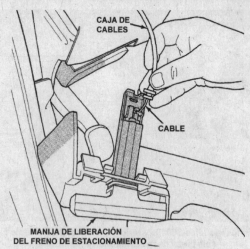

26.19 Desconecte el cable del freno de estacionamiento de la manija de liberación

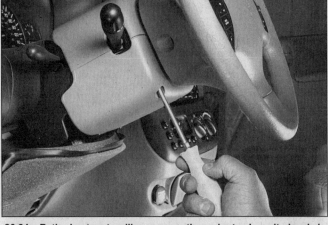

26.24a Retire los tres tornillos que mantienen juntas las mitades de la cubierta superior de la columna de dirección y separe las mitades

26.24b Retire los dos tornillos (uno a cada lado) y quite el bisel

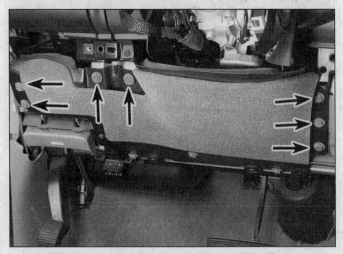

26.27 Pernos de refuerzo bloqueador de rodillas (flechas)

19   Tire de la cubierta hacia atrás y desacople el alojamiento del cable del freno de estacionamiento de la ranura en el extremo de la manija de liberación y desacople el pivote del extremo del cable de la ranura en el mango (vea la ilustración).
20   La instalación se realiza en forma inversa al desmontaje.

Modelos 2001 y posteriores

21   Quite los tornillos laterales e inferiores que sujetan la cubierta inferior de la columna de dirección al panel de instrumentos y retire la cubierta.
22   La instalación se realiza en forma inversa al desmontaje.

Cubiertas superiores de la columna de dirección

Vea las ilustraciones 26.24a y 26.24b.

23   Retire la cubierta inferior de la columna de dirección.
24   Quite los tornillos que sujetan las cubiertas superiores de la columna de dirección y separe las mitades (vea la ilustración). Para quitar el bisel de la columna de dirección al panel de instrumentos, extraiga el bisel del grupo de instrumentos. Quite los tornillos y retire el bisel (vea la ilustración).

25   La instalación se realiza en forma inversa al desmontaje.

Refuerzo bloqueador de rodillas

Consulte la ilustración 26.27

26   Retire la cubierta inferior de la columna de dirección (vea más arriba).
27   Quite los tornillos que sujetan el refuerzo bloqueador de rodillas al panel de instrumentos y retire el refuerzo bloqueador de rodillas (vea la ilustración).
28   La instalación se realiza en forma inversa al desmontaje.

Portavasos

Modelos 1996 a 2000

Consulte las ilustraciones 26.29, 26.30 y 26.31.

29   Tire del portavasos para retirarlo, presione la orejeta en la parte trasera y quite el soporte (vea la ilustración).
30   Inserte con cuidado un destornillador cubierto con cinta por encima de la cubierta del de acceso a los tornillos debajo del panel de control de calefacción/aire acondicionado y haga palanca para retirar la cubierta del panel de instrumentos (vea la ilustración). Extraiga el bisel central.
31   Quite los tornillos en la guía y tire de la

guía hacia fuera para soltar los espárragos guía traseros del panel de instrumentos (vea la ilustración).
32   Suelte el clip que sujeta la lámpara a la guía y tire de la guía del portavasos.

Modelos 2001 y posteriores

33   Inserte con cuidado un destornillador cubierto con cinta por encima de la cubierta del panel de acceso a los tornillos debajo del panel

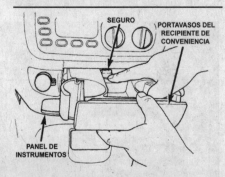

26.29 Tire del portavasos y presiones la cerradura hacia abajo

26.30 Con cuidado, haga palanca en la cubierta de acceso del tornillo inferior para quitarla del panel de instrumentos y retire los tornillos detrás de la cubierta

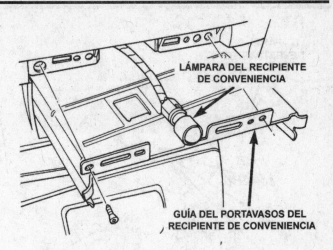

26.31 Extraiga la guía del portavasos

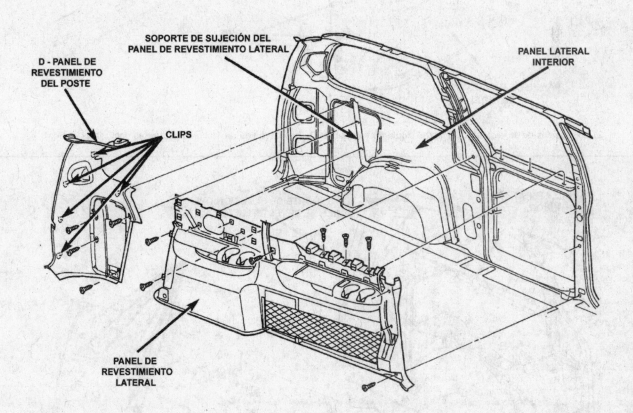

27.3a Paneles de de vestidura del lateral izquierdo y del poste D - base larga de rueda con una sola puerta deslizante (típico)

---

de control de calefacción/aire acondicionado y haga palanca para retirar la cubierta del panel de instrumentos (vea el Paso 30).

34   Quite el panel de control del calefactor/aire acondicionado.

35   Extraiga el conjunto del portavasos del panel de instrumentos inferior, desacople los espárragos guía traserosa y retire el portavasos.

36   La instalación se realiza en forma inversa al desmontaje.

27   Paneles de vestidura laterales interiores - desmontaje e instalación

Consulte las ilustraciones 27.3a, 27.3b y 27.3c

1   Retire el primer y, si está equipado, el segundo asiento trasero.

2   Quite los tapones de plástico del panel de vestidura que se va a quitar. Utilice un destornillador de punta plana.

3   Retire todos los tornillos de montaje con un destornillador y libere los clips de montaje (vea las ilustraciones). Desconecte todos los conectores de cables de las salidas de potencia de los accesorios, si está equipado así.

4   Separe los paneles de vestidura de la carrocería.

5   La instalación se realiza en forma inversa al desmontaje.

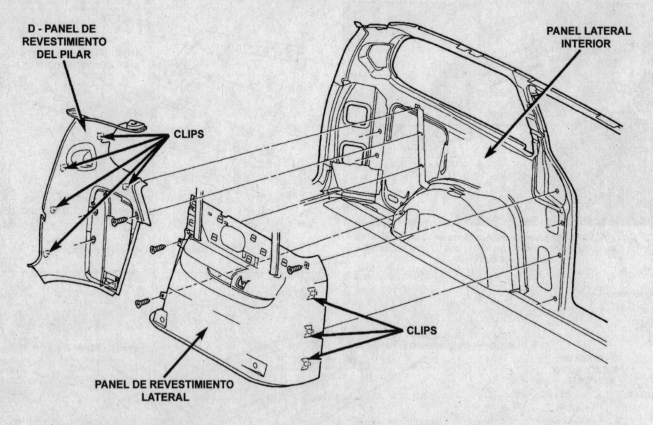

D - PANEL DE
REVESTIMIENTO
DEL PILAR

CLIPS

PANEL LATERAL
INTERIOR

CLIPS

PANEL DE REVESTIMIENTO
LATERAL

27.3b Paneles de de vestidura del lateral izquierdo y del poste D - base larga de rueda con dos puertas deslizantes (típico)

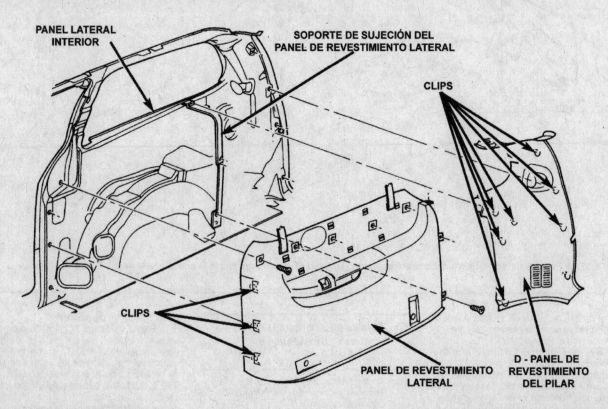

PANEL LATERAL
INTERIOR

SOPORTE DE SUJECIÓN DEL
PANEL DE REVESTIMIENTO LATERAL

CLIPS

CLIPS

PANEL DE REVESTIMIENTO
LATERAL

D - PANEL DE
REVESTIMIENTO
DEL PILAR

27.3c Paneles de de vestidura del lateral derecho y del poste D - base larga de rueda con aire acondicionado trasero (típico)

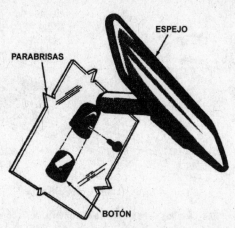

28.1 Detalles del conjunto de espejo retrovisor interior

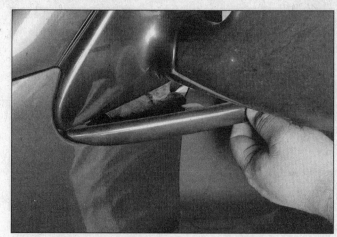

28.3 Retire la moldura en la base del espejo lateral

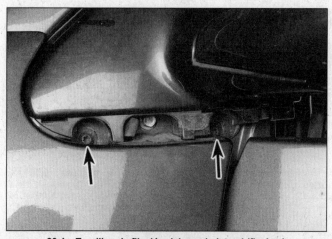

28.4a Tornillos de fijación del espejo lateral (flechas)

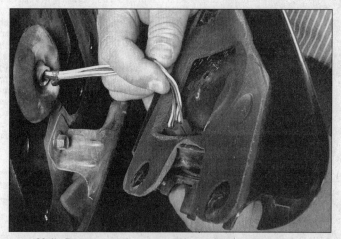

28.4b Desconecte el conector eléctrico del espejo eléctrico

28   Espejos - desmontaje e instalación

Consulte las ilustraciones 28.1, 28.3, 28.4a y 28.4b

Interior

1   Utilice un destornillador con cabeza Phillips para quitar el tornillo de fijación, luego deslice el espejo hacia arriba y hacia afuera del botón en el parabrisas (vea la ilustración).
2   La instalación se realiza en forma inversa al desmontaje.

Exterior

3   Retire el tornillo que sujeta la moldura a la base del espejo y quite la moldura (vea la ilustración).
4   Retire los tornillos y quite el espejo (vea la ilustración). En los modelos con espejos eléctricos, desconecte el conector eléctrico.
5   La instalación se realiza en forma inversa al desmontaje.

29   Protección contra salpicaduras del alojamiento de la rueda - extracción e instalación

Consulte la ilustración 29.2

1   Afloje las tuercas de orejeta de la rueda,

levante la parte delantera del vehículo y apóyela de manera segura en torretas de seguridad. Retire las ruedas.
2   Retire los sujetadores push-in que sujetan la protector contra salpicaduras a los rieles del bastidor (vea la ilustración).

3   Retire los tornillos que sujetan la protección contra salpicaduras del alojamiento de la rueda en la defensa delantera y quite la protección contra salpicaduras del vehículo.
4   La instalación se realiza en forma inversa al desmontaje.

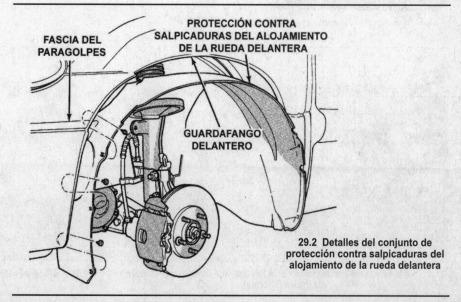

29.2 Detalles del conjunto de protección contra salpicaduras del alojamiento de la rueda delantera

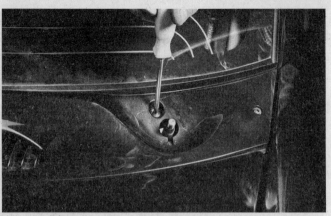

30.1 Retire los tornillos de la cubierta de la coraza

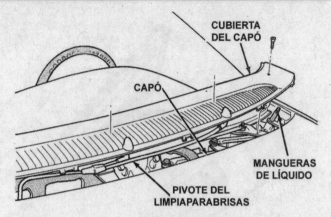

30.4 Detalles del cojunto de la cubierta de la coraza

30 Cubierta de la coraza - desmontaje e instalación

Consulte las ilustraciones 30.1, 30.4 y 30.5.

1   Retire los brazos del limpiaparabrisas (vea la Sección 1), quite los tornillos que sujetan la parte inferior de la cubierta de la coraza al módulo de limpiaparabrisas (vea la ilustración).
2   Desacople los sujetadores de cuarto de vuelta que fijan los extremos exteriores de la cubierta de

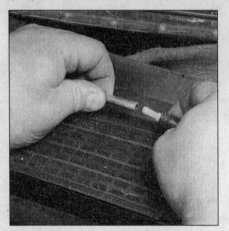

30.5 Desconecte la manguera del líquido

la coraza al módulo de limpiaparabrisas.
3   Abra el cofre y libere las tuercas mariposa que sujetan la parte delantera de la cubierta de la coraza al módulo de limpiaparabrisas.
4   Cierre el cofre, pero no lo trabe. Ahora quite los tornillos exteriores (vea la ilustración) y levante la cubierta de la coraza lo suficiente como para llegar a la manguera del líquido.
5   Desconecte la manguera del líquido de la boquilla de líquido derecha (vea la ilustración). Levante la cubierta de la coraza hacia el parabrisas y fuera del vehículo.
6   La instalación se realiza en forma inversa al desmontaje.

31 Asientos - desmontaje e instalación

Delantero

Consulte las ilustraciones 31.1 y 31.2

1   Mueva el asiento hacia adelante y retire los tornillos de la vestidura del asiento (vea la ilustración).
2   Quite las tuercas de la guía del asiento debajo del asiento; comience en la parte delantera y trabaje hacia atrás (vea la ilustración). Desconecte todos los conectores eléctricos conectados al asiento.
3   Levante el asiento del vehículo.
4   La instalación se realiza en forma inversa al desmontaje.

Trasero

5   Levante las manijas de la traba de liberación en los lados inferiores del asiento y deslice el asiento hacia la parte trasera del vehículo.
6   La instalación se realiza en forma inversa al desmontaje.

32 Revisión del cinturón de seguridad

1   Revise los cinturones de seguridad, las hebillas, las placas del pestillo y los aros guía para detectar daños evidentes y señales de desgaste.
2   Vea si la luz que recuerda ajustarse el cinturón de seguridad se enciende cuando la llave se coloca en las posiciones Run (en marcha) o Start (arranque). También se debería oír una campanada.
3   Los cinturones de seguridad están diseñados para bloquearse ante una frenada repentina o un impacto, sin embargo, permiten el libre movimiento durante la conducción normal. Asegúrese de que los retractores regresan el cinturón de seguridad a su pecho mientras conduce y rebobinan el cinturón por completo cuando la hebilla se desabrocha.
4   Si alguna de las revisiones anteriores revela problemas con el sistema de cinturones de seguridad, reemplace las partes que sea necesario.

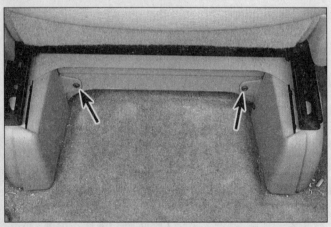

31.1 Cubierta y tornillos de montaje de la vestidura inferior del asiento delantero (flechas)

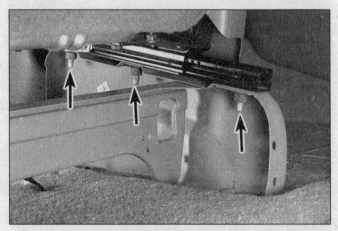

31.2 Tuercas de retención de la guía del asiento delantero (flechas)

Capítulo 12
Sistema eléctrico del chasis

Contenido

Especificaciones

Tipos de bombillas de luz

Delantera

Bombilla de faro
1996	9004
De 1997 a 2000 (excepto Town & Country)	9007

1998 a 2000 Town y Country
Luces altas	9005

Luces bajas
1998	905SLL
1999 a 2000	9005ZLSS
2001 y posteriores	9007 (66 N·m)

Luz de estacionamiento/de señal direccional/de posición delantera
1996 a 1998	3157NA
1999 a 2000	3157NAK
2001 y posteriores	3157A
Estacionamiento/señal direccional Town & Country	4157NAK
Luz lateral delantera Town & Country	194NA

Bombilla de luz de niebla
Excepto Town & Country	H3
Town & Country	9040

Interior

Indicador de ABS/bolsas de aire	
1996 a 2000	PC194
2001 y posteriores	LED
Ajuste de alarma (seguridad)	
1996 a 2000	PC194
2001 y posteriores	PC74
Advertencia de frenos	
1996 a 2000	PC194
2001 y posteriores	LED
Luces de techo traseras centrales	579
Luces de lectura traseras centrales	578
Luces indicadoras de puerta entreabierta	
1996 a 2000	PC194
2001 y posteriores	LED
Luz de cortesía de la puerta	
1996 a 2000	567
2001 y posteriores	578
Compartimiento del motor	579
Cortesía de puerta delantera	
1996 a 2000	567
2001 y posteriores	578
Luces de techo de lectura delanteras/centrales/traseras	
1996 a 2000	579
2001 y posteriores	578
Luz de la guantera	194
Indicador de luces altas	
1996 a 2000	PC194
2001 y posteriores	PC74
Luces de compuerta levadiza	
1996 a 2000	567
2001 y posteriores	578
Luces indicadoras de compuerta levadiza entreabierta	
1996 a 2000	PC74
2001 y posteriores	LED
Indicador de combustible bajo	
1996 a 2000	PC194
2001 y posteriores	PC74
Bajo líquido del lavaparabrisas, bajo voltaje	
1996 a 2000	P74
2001 y posteriores	LED
Indicador de bajo voltaje	
1996 a 2000	PC74
2001 y posteriores	LED
Indicador de falla	
Indicador	PC74
Grupo base	LED
Indicador de presión de aceite	
1996 a 2000	PC194
2001 y posteriores	PC74
Luces de lectura de la consola superior	
1996 a 2000	579
2001 y posteriores	PC579
Indicador de cinturón de seguridad	
1996 a 2000	PC74
2001 y posteriores	LED
Indicador de temperatura	
1996 a 2000	PC194
2001 y posteriores	LED
Luz de velocímetro y tablero de instrumentos	
1996 a 2000	PC194
2001 y posteriores	PC74
Espejo visera	6501966

Trasera

Luces de cola, de freno, direccionales y laterales

    Modelos 1996 3157

    Modelos 1997 y posteriores... 3057

Bombilla de la luz de reversa

    Modelos 1996 921

    Modelos 1997 y posteriores... 3057

Bombilla de la luz de freno de montaje alto central (CHMSL)

    Modelos 1996 922

    Modelos 1997 y posteriores... 921

Luces de placa de matrícula... 168

Nota: *No utilice bombillas con mayor potencia luminosa que las bombillas enumeradas. No toque las bombillas halógenas con los dedos ni con ningunar sustancia aceitosa - límpielas con alcohol.*

1   Información general

El sistema eléctrico es de 12 V, con descarga negativa a tierra. La energía para las luces y todos los accesorios eléctricos es suministrada por una batería de plomo-ácido, que es cargada por el alternador.

Este Capítulo describe los procedimientos de reparación y mantenimiento de los múltiples componentes eléctricos que no están asociados con el motor. En el Capítulo 5, se puede encontrar información sobre la batería, el alternador, el distribuidor y el motor de arranque. **Advertencia:** *Al trabajar en el sistema eléctrico, desconecte el cable del terminal negativo de la batería para evitar cortocircuitos y/o incendios.*

2   Solución de problemas eléctricos - información general

Un circuito eléctrico típico consiste en un componente eléctrico, interruptores, relés, motores, fusibles, conexiones de fusibles o disyuntores relacionados con ese componente, y en el cableado y los conectores que unen el componente a la batería y al chasis. Para ayudar a detectar un problema en un circuito eléctrico, se incluyen diagramas de cableado al final de este Capítulo.

Antes de intentar reparar un circuito eléctrico defectuoso, estudie los diagramas de cableado correspondientes para saber cómo está formado ese circuito en particular. Por ejemplo, se pueden detectar los puntos donde se encuentran las fallas comprobando si los demás componentes relacionados con el circuito están funcionando correctamente. Si varios componentes o circuitos fallan al mismo tiempo, existen posibilidades de que el problema se encuentre en un fusible o en la conexión a tierra, ya que, a menudo, varios circuitos están dirigidos a través de un mismo fusible y de una misma conexión a tierra.

Los problemas eléctricos a menudo derivan de causas simples, como conexiones flojas o corroídas, un fusible quemado, una conexión de fusible fundida o un relé con fallas. Antes de realizar el diagnóstico de fallas de un circuito con problemas, inspeccione visualmente el estado de todos los fusibles, los cables y las conexiones.

Si van a utilizarse instrumentos de prueba, utilice los diagramas para planear por anticipado los lugares en donde se realizarán las conexiones necesarias para detectar en forma precisa el punto donde se encuentra la falla.

Entre las herramientas básicas necesarias para realizar el diagnóstico de fallas eléctricas, se incluyen: un probador de circuitos o voltímetro (también se puede utilizar un foco de 12 V con un juego de cables de prueba), un probador de continuidad, que incluye un foco, una batería y un cable puente, y un cable puente, preferentemente con un disyuntor incorporado, que puede utilizarse para derivar componentes eléctricos. Antes de intentar localizar un problema con instrumentos de prueba, utilice los diagramas de cableado para decidir en qué puntos realizará las conexiones.

Revisiones de voltaje

Se deben realizar revisiones de voltaje si un circuito no está funcionando correctamente. Conecte un cable del probador de circuitos a la terminal negativa de la batería o a una conexión a tierra comprobada. Conecte el otro cable a un conector del circuito que está probando, preferentemente al más cercano a la batería o al fusible. Si se enciende el foco del probador, hay voltaje en el circuito, lo que significa que la parte del circuito comprendida entre el conector y la batería está libre de problemas. Continúe revisando el resto del circuito de la misma manera. Cuando alcance un punto en el que no haya voltaje, el problema se encuentra entre ese punto y el último punto probado en el que había voltaje. La mayoría de las veces, el problema se encuentra en una conexión floja. **Nota:** *Tenga en cuenta que algunos circuitos reciben voltaje únicamente cuando la llave de encendido está en la posición Accessory (accesorios) o Run (marcha).*

Búsqueda de un cortocircuito

Un método para encontrar un cortocircuito en un circuito consiste en quitar el fusible y conectar una luz de prueba o un voltímetro en su lugar a las terminales del fusible. No debe haber voltaje presente en el circuito. Mueva el mazo de cables de lado a lado observando la luz de prueba al mismo tiempo. Si se enciende la lámpara, hay un cortocircuito con la conexión a tierra en algún punto de esa área, probablemente en alguna zona donde se haya desgastado el material aislante. Puede realizarse la misma prueba en cada componente del circuito, aun en un interruptor.

También es común encontrar "localizadores de cortocircuitos". Estas herramientas, de precio razonable, se conectan en lugar de un fusible y envían pulsos de voltaje a través del circuito. Luego se usa un medidor inductivo (incluido en el kit) a lo largo del cableado para el circuito.

Cuando la aguja en el medidor deja de moverse, encontró el punto del cortocircuito.

Revisión de la conexión a tierra

Para revisar si un componente está conectado a tierra correctamente, realice una prueba de conexión a tierra. Desconecte la batería y conecte un cable de una luz de prueba autoalimentada, conocida como probador de continuidad, a una conexión a tierra buena comprobada. Conecte el otro cable al cable o a la conexión a tierra que está probando. Si se enciende la bombilla, la conexión a tierra es buena. Si no se enciende la bombilla, la conexión a tierra no es buena.

Prueba de continuidad

Las pruebas de continuidad se realizan para determinar si hay cortocircuitos en un circuito (si la electricidad puede pasar correctamente). Con el circuito apagado (sin energía en el circuito), se puede utilizar un probador de continuidad autoalimentado para revisar el circuito. Conecte los cables de prueba en los dos extremos del circuito (o al extremo de "energía" y a una conexión a tierra conocida); si la luz de prueba se enciende, la energía pasa correctamente a través del circuito. Si la luz no se enciende, hay una ruptura (abertura) en algún punto del circuito. Se puede utilizar el mismo procedimiento para probar un interruptor mediante la conexión del probador de continuidad a los terminales del interruptor. Con el interruptor en la posición de encendido, la luz de prueba debe encenderse.

Búsqueda de un circuito abierto

Cuando se realiza el diagnóstico de posibles circuitos abiertos, a menudo es difícil ubicarlos a simple vista porque los conectores ocultan la oxidación o la desalineación de los terminales. Con solo mover el conector de un sensor o de un mazo de cables, se puede corregir el problema del circuito abierto. Recuerde esto cuando se indique un circuito abierto durante el diagnóstico de fallas de un circuito. Los problemas intermitentes también pueden estar ocasionados por conexiones oxidadas o flojas. El diagnóstico de fallas eléctricas es simple, si se tiene presente que todos los circuitos eléctricos consisten básicamente en electricidad que pasa desde la batería, a través de cables, interruptores, relés, fusibles y conexiones de fusibles, a cada uno de los componentes eléctricos (focos, motores, etc.) y a la conexión a tierra, desde donde retorna a la batería. Cualquier problema eléctrico se debe a una interrupción en el flujo de la electricidad que proviene de la batería y que se dirige hacia ella.

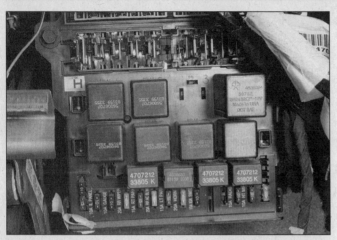

3.1a Los fusibles, los disyuntores y los relés están situados bajo el panel de instrumentos en el bloque de empalmes

3.1b El centro de distribución de potencia (PDC) se encuentra en el compartimiento del motor y contiene tanto fusibles como relés (modelos 1996 a 2000)

3   Fusibles - información general

Consulte las ilustraciones 3.1a, 3.1b, 3.1c y 3.3

Los circuitos eléctricos del vehículo están protegidos por una combinación de fusibles, disyuntores y conexiones de fusibles. Los fusibles interiores están montados en el bloque de empalmes ubicado debajo del costado izquierdo del tablero de instrumentos (vea la ilustración). En los modelos 1999 a 2000, los fusibles adicionales y el bloque de relés, llamados centro de distribución de potencia (PDC) se encuentran en el lado izquierdo del compartimiento del motor (vea la ilustración). En los modelos 2001 y posteriores, los fusibles adicionales y el bloque de relés se encuentran en el módulo de potencia integrado (IPM). El MIP es una combinación del centro de distribución de potencia (PDC) y el módulo de control delantero (FCM). El de PDC se une al FCM para formar el centro de fusibles y relés del IPM y se encuentra en el lado izquierdo del compartimiento del motor (vea la ilustración). Se accede al bloque de empalmes debajo del tablero quitando primero la cubierta inferior de la columna de dirección y la rodillera (vea el Capítulo 11).

Cada fusible está diseñado para proteger un circuito específico, y los distintos circuitos están identificados en el mismo panel de fusibles.

Se utilizan fusibles miniaturizados en el bloque de fusibles. Estos fusibles compactos, con diseño de terminal de paleta, permiten realizar la extracción y el reemplazo con la punta de los dedos. Si falla un componente eléctrico, siempre revise primero el fusible. Un fusible quemado se reconoce fácilmente a través del cuerpo de plástico transparente. Inspeccione visualmente el elemento en busca de evidencia de daños (vea la ilustración). Si se requiere una prueba de continuidad, las puntas de los terminales de paleta están expuestas en el cuerpo del fusible.

Asegúrese de reemplazar los fusibles quemados con fusibles del mismo tipo. Los fusibles de diferentes clasificaciones son físicamente intercambiables, pero solo deben utilizarse fusibles de la clasificación adecuada. No se recomienda el reemplazo de un fusible por otro de un valor superior o inferior al especificado. Cada circuito eléctrico necesita un nivel de protección específico. El valor de amperaje de cada fusible está marcado en el cuerpo del fusible.

Si el fusible de reemplazo falla inmediatamente, no vuelva a reemplazarlo hasta

detectar y corregir la causa del problema. En la mayoría de los casos, la causa se debe a un cortocircuito en el cableado producido por un cable roto o deteriorado.

4   Cables fusibles - información general

Consulte las ilustraciones 4.2a y 4.2b

Algunos circuitos están protegidos por cables fusibles. Estas conexiones se utilizan en circuitos que normalmente no tienen fusibles, como el circuito de ignición.

Si bien las conexiones de fusibles parecen tener un calibre mayor que los cables que protegen (vea la ilustración), el aspecto se debe a que cuentan con aislamiento grueso. Todos los fusibles son de cuatro calibres más pequeños que el cable que están diseñados para proteger; las conexiones de fusibles no se pueden reparar, pero se puede instalar una conexión nueva de cable del mismo tamaño. El procedimiento se realiza de la siguiente manera:

a) *Desconecte el cable del terminal negativo de la batería.*

3.1c En los modelos 2001 y posteriores, el centro de fusibles y relés del IPM está ubicado en el compartimiento del motor y contiene tanto el PDC (A) como el FCM (B)

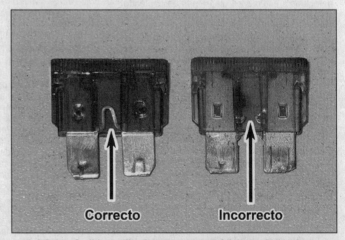

3.3 Los fusibles utilizados en estos modelos pueden revisar visualmente con facilidad para determinar si se quemaron (fusible en buen estado a la derecha, fusible quemado a la izquierda)

4.2a Unión de fusible típica (flecha) - esta se encuentra en el centro de distribución de energía (PDC)

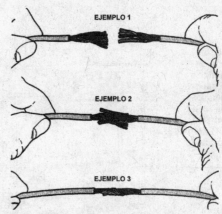

4.2b Para reparar una unión de fusible, corte la sección dañada y luego empalme una sección nueva pelando el cable y retuorciéndolos juntos, tal como se muestra aquí. Una vez unidos en forma segura, suelde las conexiones y envuélvalos con cinta aislante

b) Desconecte el cable fusible del arnés de cableado.

c) Corte la conexión de fusible dañada del cable justo detrás del conector.

d) Retire el material aislante hacia atrás aproximadamente 1 pulgada.

e) Extienda los filamentos del cable expuesto, júntelos y retuérzalos en su lugar (vea la ilustración).

f) Utilice soldadura con núcleo de resina para soldar los cables juntos a fin de lograr una buena conexión.

g) Utilice bastante cinta de aislar alrededor de la unión soldada. No deben quedar cables expuestos.

h) Conecte el cable negativo de la batería. Pruebe el circuito para comprobar que funciona correctamente.

5   Cortacircuitos - información general

Vea las ilustraciones 5.1a y 5.1b.

Los disyuntores protegen componentes tales como las ventanas eléctricas, los seguros eléctricos de las puertas, el limpiaparabrisas, la bomba de combustible, las luces de freno, los frenos antibloqueo (ABS), las bolsas de aire, el módulo de control del tren motriz (PCM) (vea las ilustraciones) y el compresor del aire acondicionado. Algunos disyuntores están ubicados en la caja de fusibles. En algunos modelos, el disyuntor se reinicia automáticamente, de modo que una sobrecarga eléctrica en el circuito hará que falle momentáneamente; luego, el circuito se restablecerá. Si el circuito no vuelve a activarse, revíselo inmediatamente. Una vez que se corrige el problema, el disyuntor volverá a su funcionamiento normal. Algunos disyuntores deben reiniciarse manualmente.

6   Relés - información general

Varios accesorios eléctricos en el vehículo usan relés para transmitir corriente al componente. Si el relé es defectuoso, el componente no funcionará correctamente. El bloque de empalmes, situado debajo del tablero (vea la Sección 3) y el PDC, o el IPM, que se encuentra en el compartimiento del motor, contienen varios relés (vea las ilustraciones 3.1a, 3.1b y 3.1c).

Si se sospecha que un relé falla, se puede quitar y probar en el departamento de servicio de un distribuidor o en un taller de reparaciones. Los relés defectuosos se deben reemplazar como una unidad.

7   Señales direccionales/luces de emergencia intermitentes - revisión y reemplazo

Consulte la ilustración 7.1

Advertencia: *Estos modelos tienen bolsas de aire. Desconecte siempre el cable del terminal negativo de la batería y espere dos minutos antes de trabajar cerca de los sensores de impacto, la columna de dirección o el tablero de instrumentos para evitar la posibilidad de que se produzca un despliegue accidental de la bolsa de aire, lo que puede producir lesiones personales (vea la Sección 27).*

1   El módulo de señales direccionales/luces de emergencia/luces de día (DRL) se encuentra en el bloque de empalmes, junto a y a la izquierda de

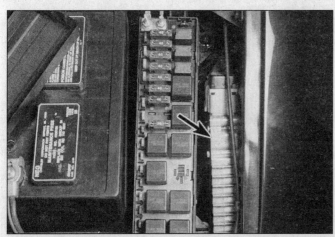

5.1a El módulo de control del tren motriz (flecha) está directamente al lado del centro de distribución de potencia (PDC) (modelos 1996 a 2000)

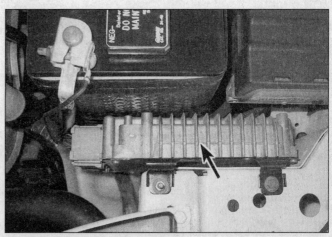

5.1b El módulo de control de potencia (flecha) se encuentra directamente adelante de la batería y centro de fusibles y relés del IPM (modelos 2001 y posteriores)

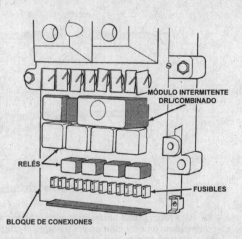

7.1 El módulo combinado de luces de señales direccionales/luces de emergencia/ luces de día (DRL) está montado debajo del tablero sobre el bloque de empalmes

MÓDULO INTERMITENTE DRL/COMBINADO

RELÉS

FUSIBLES

BLOQUE DE CONEXIONES

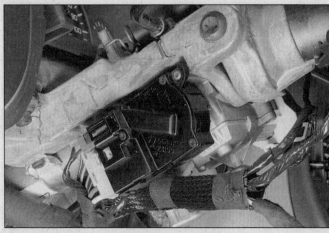

8.1 El interruptor de ignición está ubicado en el lado izquierdo de la columna de la dirección.

la columna de dirección (vea la ilustración). Para acceder al bloque de empalmes, primero retire la cubierta inferior de la columna de dirección y el panel de la rodillera (vea el Capítulo 11).

2   Cuando el módulo intermitente funciona correctamente, se puede oír un clic durante su funcionamiento. Si las señales direccionales fallan en cualquiera de los lados y el módulo intermitente no hace su característico sonido de clic, esto quiere decir que hay una bombilla defectuosa en la señal direccional. Si se observa una señal direccional con intermitencia rápida, se quemó una luz o hay una conexión suelta o abierta a una luz. Cuando la ignición está en ON, las señales direccionales delanteras están encendidas forma constante (sin parpadear) para las luces de día (DRL) y parpadean solo cuando se accionan las señales direccionales o las luces de emergencia.

3   Si no parpadea ninguna de las dos señales direccionales ni las luces de emergencia, el problema puede deberse a un fusible quemado, un defecto en el módulo intermitente, un interruptor dañado o una conexión floja o abierta. Si una revisión rápida de la caja de fusibles indica que se quemó el fusible del direccional, compruebe que no haya ningún cortocircuito en el cableado antes de colocar un fusible nuevo.

4   Para reemplazar el módulo intermitente, simplemente desconéctelo de su conector eléctrico y conecte el nuevo.

5   Asegúrese de que el reemplazo sea idéntico a la original. Antes de instalar la unidad nueva, compárela con la usada.

6   La instalación se realiza en forma inversa al desmontaje.

8   Interruptor de ignición y cilindro de cerradura - desmontaje e instalación

Advertencia: *Estos modelos tienen bolsas de aire. Desconecte siempre el cable del terminal negativo de la batería y espere dos minutos antes de trabajar cerca de los sensores de impacto, la columna de dirección o el tablero de instrumentos para evitar la posibilidad de que se produzca un despliegue accidental de la bolsa de aire, lo que puede producir lesiones personales (vea la Sección 27).*

Interruptor de ignición

Consulte la ilustración 8.1

1   El interruptor de ignición se encuentra en el lado izquierdo de la columna de dirección y es accionado por el cilindro de cerradura (vea la ilustración).

2   Desconecte el cable del terminal negativo de la batería.

3   Retire los tornillos de la cubierta de la columna de dirección debajo de la columna de dirección y cerca de la manija del freno de estacionamiento. Baje la cubierta para acceder a la manija del freno de estacionamiento.

8   Coloque el interruptor de ignición en la posición RUN (marcha). Con un destornillador, presione la lengüeta de retención del cilindro de la cerradura en la parte inferior del cilindro de cerradura.

5   Desconecte los conectores eléctricos del

interruptor de ignición, retire los tornillos de montaje del interruptor de ignición, presione la lengüeta de retención detrás del interruptor de ignición, desconecte el interruptor y bájelo de la columna de dirección. Observe la posición del eje del accionador que se conecta al cilindro de la cerradura.

6   Para la reinstalación, inserte la llave de encendido, indexe la lengüeta en el interruptor con la muesca en el cilindro de la cerradura e instale los tornillos.

Cilindro de cerradura

Consulte la ilustración 8.10

7   Desconecte el cable del terminal negativo de la batería.

8   Extraiga los tres tornillos de la cubierta inferior de la columna de dirección debajo de la columna de dirección y retire la cubierta.

9   Inserte la llave y gírela a la posición Run (marcha).

10   Presione la lengüeta de retención del cilindro de la cerradura (podría requerirse un destornillador pequeño) para desacoplar el cilindro de la cerradura; luego, retire el cilindro de la cerradura (vea la ilustración).

11   Inserte el cilindro de la cerradura en la posición LOCK (bloqueo) mientras presiona el cilindro hacia adentro, inserte la llave y gírela en sentido horario hasta la posición Run (marcha).

9   Interruptor de funciones múltiples - revisión y reemplazo

Advertencia: *Estos modelos tienen bolsas de aire. Desconecte siempre el cable del terminal negativo de la batería y espere dos minutos antes de trabajar cerca de los sensores de impacto, la columna de dirección o el tablero de instrumentos para evitar la posibilidad de que se produzca un despliegue accidental de la bolsa de aire, lo que puede producir lesiones personales (vea la Sección 27).*

1   El interruptor de multifunción está ubicado en el lado izquierdo de la columna de la dirección. Incorpora las funciones de señales direccionales, atenuador de los faros y limpia/lavaparabrisas en un solo interruptor.

2   Retire los tornillos de la cubierta inferior de la columna de dirección debajo de la columna de dirección. Baje la cubierta para acceder al interruptor multifunción.

3   Desconecte los conectores eléctricos.

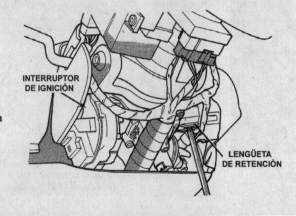

8.10 Con la llave en la posición Run, oprima la lengüeta de retención y tire el cilindro de la cerradura hacia afuera

INTERRUPTOR DE IGNICIÓN

LENGÜETA DE RETENCIÓN

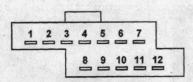

PRUEBA DEL INTERRUPTOR MULTIFUNCIÓN DE SEÑALES DIRECCIONALES	
POSICIÓN DEL INTERRUPTOR	**CONTINUIDAD ENTRE**
IZQUIERDA	4 Y 8
DERECHA	3 Y 8
PELIGRO	1 Y 8
LUCES BAJAS	9 Y 10
LUCES ALTAS	9 Y 121

9.4a Guía y tabla de continuidad de los terminales de los interruptores de luces direccionales, luces intermitentes de emergencia y atenuadores (modelos 1996 a 2000)

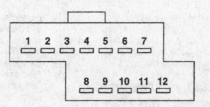

POSICIÓN DEL INTERRUPTOR	NÚMERO DE CLAVIJA	RESISTENCIA
IZQUIERDA	2 Y 3	1.7 Ω ± 5%
DERECHA	2 Y 3	1 K Ω ± 5%
BOCINA ÓPTICA	1 Y 3	4,8 K Ω ± 5%
LUCES ALTAS	1 Y 3	2.32 K Ω ± 5%

9.4b Guía y tabla de resistencias de los terminales del interruptor de señales direccionales, claxon óptico y luces altas (modelos 2001 y posteriores)

POSICIÓN DEL INTERRUPTOR	VALOR DE RESISTENCIA ENTRE
APAGADO	6 Y 7 MÁX. 1.0 Ω
POSICIÓN DE DEMORA	
1º	6 Y 7 1.91 K Ω ±5 Ω
2º	6 Y 7 1.00 K Ω ±5 Ω
3º	6 Y 7 617 K Ω ±5 Ω
4º	6 Y 7 389 K Ω ±2 Ω
5º	6 Y 7 256 K Ω ±2 Ω
6º	6 Y 7 156 K Ω ±1 Ω
BAJA	6 Y 7 65,4 K Ω ±0,5 Ω
ALTA	5 Y 8 MÁX. 1.0 Ω
LAVAR	CONTINUIDAD 8 Y 11

9.4c Guía y tabla de resistencias de los terminales del interruptor del limpia/lavaparabrisas (modelos 1996 a 2000)

POSICIÓN DEL INTERRUPTOR	VALOR DE RESISTENCIA ENTRE
APAGADO	6 Y 7 p CIRCUITO ABIERTO
POSICIÓN DE DEMORA	
1º	6 Y 7 8 K Ω ±80 Ω
2º	6 Y 7 6 K Ω ±60 Ω
3º	6 Y 7 4.5 K Ω ±45 Ω
4º	6 Y 7 3.5 K Ω ±35 Ω
5º	6 Y 7 2.5 K Ω ±25 Ω
6º	6 Y 7 1.5 K Ω ±15 Ω
BAJA	6 Y 7 1 K Ω ±10 Ω
ALTA	6 Y 7 1 K Ω ±10 Ω
LAVAR	6 AND 11 = CONTINUIDAD

9.4d Guía y tabla de resistencias de los terminales del interruptor del limpia/lavaparabrisas (modelos 2001 y posteriores)

Revisión

Vea las ilustraciones 9.4a, 9.4b, 9.4c y 9.4d.

4   Utilice un ohmímetro o una luz de prueba autoalimentada y los diagramas adjuntos para revisar la continuidad entre los terminales del interruptor con el interruptor en cada posición (vea las ilustraciones).

Reemplazo

6   Quite los pernos y desacople el interruptor de la columna de dirección.
6   La instalación se realiza en forma inversa al desmontaje.

---

10 Foco del faro - reemplazo

Modelos 1996 a 2000

Consulte las ilustraciones 10.4 y 10.5

Advertencia: *Los focos halógenos están llenos con gas y se encuentran bajo presión, y pueden*

estallar si se caen o si se raya su superficie. Utilice protección para los ojos y manipule las bombillas con cuidado; siempre que sea posible, tómelas solo de la base. No toque la superficie del foco con los dedos porque la oleosidad de su piel puede hacer que se sobrecaliente y falle prematuramente. Si toca la superficie de la bombilla, límpiela con alcohol.
1.   Abra el cofre. En algunos modelos, será

necesario retirar la mirilla del panel de cierre del radiador para tener acceso (vea el Capítulo 11).
2   Desconecte el cable del terminal negativo de la batería.
3   Quite la carcasa del faro (vea Sección 12).
4   Gire el anillo de retención de la bombilla en sentido antihorario (vea la ilustración).
5   Tire del conjunto del soporte hacia fuera para tener acceso, tome la base de la bombilla y

10.4 Gire el anillo de retención de la bombilla en sentido antihorario para retirar el soporte de la bombilla

10.5 Tire del conjunto del soporte hacia fuera para tener acceso, tome la base de la bombilla para retirarla del soporte

10.10 Gire el anillo de retención de la bombilla en sentido antihorario para retirar el soporte de la bombilla; luego, . .

10.11 . . . quite la bombilla del soporte

retírela del soporte (vea la ilustración).

6   Inserte la nueva bombilla en el soporte.

7   Instale el soporte de la bombilla en el conjunto del faro y conecte el conector eléctrico.

8   Instale el conjunto del faro.

Modelos 2001 y posteriores

Consulte las ilustraciones 10.10 y 10.11.

Advertencia: *Consulte la advertencia anterior relativa a la manipulación de bombillas halógenas.*

9   Quite el módulo de la carcasa del faro (vea la Sección 12).

10   Gire el anillo de retención de la bombilla en sentido antihorario y retire el soporte de la bombilla (vea la ilustración).

11   Quite la bombilla del soporte e instale una bombilla nueva (vea la ilustración).

12   Instale el soporte de la bombilla, gírelo en sentido horario y vuelva a conectar el conector eléctrico.

13   Instale el módulo de carcasa del faro.

---

11   Faros delanteros - ajuste

Consulte las ilustraciones 11.1 y 11.3

Advertencia: *Los faros deben apuntarse correctamente. Si no se ajustan de la manera*

correcta, pueden encandilar transitoriamente al conductor de un vehículo que conduce en sentido contrario y provocar un accidente o reducir mucho su capacidad para ver la carretera. Se debe revisar la posición de los faros cada 12 meses y cada vez que se instale una nueva carcasa de faro o que se realicen trabajos en la parte delantera de la carrocería.

1   Los faros de estos modelos cuentan con indicadores integrales de ajuste vertical y horizontal con los tornillos de ajuste que permiten al propietario comprobar y ajustar la alineación de los faros (vea la ilustración).

2   Para realizar el ajuste, el vehículo debe estar sobre un piso nivelado, con el tanque de gasolina lleno y una carga normal.

3   Abra el cofre y revise el indicador de burbuja vertical (vea la ilustración) para asegurarse de que la burbuja esté centrada sobre el área "0" del indicador.

4   Si es necesario, centre la burbuja girando el tornillo de ajuste hacia arriba y abajo (vertical) - el tornillo de ajuste cerca de la parte superior del módulo del faro (vea la ilustración 11.1). **Nota:** *No gire el tornillo de calibración en el indicador.*

5   Revise la flecha de la calcomanía indicadora horizontal para asegurarse de que esté apuntando al "0". Gire el tornillo de ajuste de derecha e izquierda (horizontal) (el tornillo de ajuste inferior) para ajustar si es necesario (vea

la ilustración 11.1).

6   Este ajuste de las luces bajas es el único ajuste necesario. La luz alta será correcta si el ajuste de las luces bajas es correcto. **Nota:** *Las luces de niebla son opcionales y están separadas de los módulos de los faros/señales direccionales. El ajuste de las luces de niebla es correcto cuando el patrón de luz es de 4 pulgadas por debajo de la altura central de la luz de niebla desde el suelo, con el vehículo a 25 pies de distancia de la pantalla de luz o de la pared.*

7   Si tiene problemas para alcanzar el ajuste apropiado, lleve el vehículo al departamento de servicio de un distribuidor o a una estación de servicio tan pronto como sea posible para hacer revisar los faros.

---

12   Carcasa del faro - desmontaje e instalación

Modelos 1996 a 2000

Vea las ilustraciones 12.3a y 12.3b

Advertencia: *Estos modelos tienen bolsas de aire. Desconecte siempre el cable del terminal negativo de la batería y espere dos minutos antes de trabajar cerca de los sensores de*

11.1 Tornillos del ajustador del módulo de los faros - la flecha izquierda es el ajustador a izquierda y derecha (horizontal) y la flecha de la derecha es el ajustador hacia arriba y hacia abajo (vertical)

11.3 Indicador de burbuja del módulo de los faros - faro retirado para mayor claridad

12.3a Quite las tuercas en la parte posterior de la carcasa y el perno de retención en la parte superior del faro. . .

12.3b . . . a continuación, quite la carcasa y desenchufe el conector de la bombilla

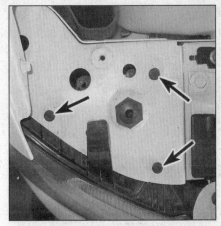

12.5 Retire los tres tornillos y quite el módulo de los faros. . .

impacto, la columna de dirección o el tablero de instrumentos para evitar la posibilidad de que se produzca un despliegue accidental de la bolsa de aire, lo que puede producir lesiones personales (vea la Sección 27).

1   Abra el cofre.
2   En el interior del compartimiento del motor, retire las tuercas que sujetan el módulo de los faros al panel de soporte del radiador.
3   Retire el tornillo de retención en la parte superior del módulo de los faros, tire del módulo de faros y desconecte el conector eléctrico (vea las ilustraciones).
4   La instalación se realiza en forma inversa al desmontaje. Cuando haya terminado, revise el ajuste del faro delantero (vea la Sección 11).

Modelos 2001 y posteriores

Consulte las ilustraciones 12.5 y 12.6.

Advertencia: *Estos modelos tienen bolsas de aire. Desconecte siempre el cable negativo de la batería y espere dos minutos antes de trabajar cerca de los sensores de impacto, la columna de dirección o el panel de instrumentos para evitar la posibilidad del despliegue accidental de la bolsa de aire, que podría causar lesiones personales (vea el Capítulo 12).*

5   Abra el cofre. En el interior del compartimiento del motor, retire los tres tornillos (vea

la ilustración) que sujetan el módulo de los faros al panel de soporte del radiador.
6   Tire del módulo de los faros hacia afuera y desconecte los conectores eléctricos (vea la ilustración).
7   La instalación se realiza en forma inversa al desmontaje. Cuando haya terminado, revise el ajuste del faro delantero (vea la Sección 11).

13   Reemplazo del foco

Luz delantera de estacionamiento/ lateral/señal direccional
Modelos 1996 a 2000

Consulte las ilustraciones 13.1 y 13.3

1   Desde debajo de la carcasa de la rueda delantera, retire la cubierta de acceso detrás de la luz de estacionamiento/señal direccional (vea la ilustración).
2   Gire el soporte de la bombilla en sentido antihorario un cuarto de vuelta y tire para quitarlo de la carcasa.
3   Retire la toma del soporte y quite la bombilla de la toma (ver ilustración).
4   La instalación se realiza en forma inversa al desmontaje.

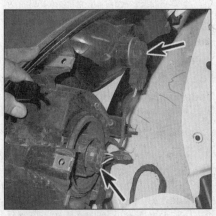

12.6 . . . a continuación, desconecte los conectores eléctricos

Modelos 2001 y posteriores

Consulte la ilustración 13.6

5   Quite el módulo de la carcasa del faro (vea la Sección 12).
6   Gire el soporte de la bombilla en sentido antihorario y retire el soporte de la bombilla (vea la ilustración).
7   Quite el la bombilla del soporte e instale una nueva (vea la ilustración).

13.1 Retire la cubierta de acceso a la luz de estacionamiento delantero/señal direccional

13.3 Tire de la bombilla de estacionamiento delantero/señal direccionar de su soporte y reemplácela

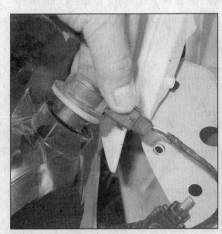

13.6 Gire el soporte de la bombilla en sentido antihorario y retírelo

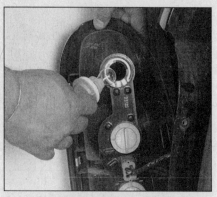

13.19 Después de girar el conjunto de detención trasera/señal direccional para retirarlo de la carrocería del vehículo, gire el soporte de la bombilla en sentido antihorario para quitarlo - saque la bombilla del soporte

13.22 Retire la cubierta de acceso a CHMSL y gire el soporte de la bombilla en sentido antihorario

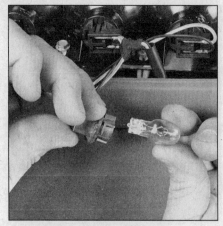

13.23 Extraiga la bombilla del soporte

8   Instale el soporte de la bombilla e inserte una bombilla nueva.
9   Instale el módulo de carcasa del faro.

Luz de niebla

Modelos 1996 a 1998
10   Retire los tornillos o las tuercas de retención del conjunto de la carcasa de la luz de niebla.
11   Quite el conjunto de la carcasa de a luz de niebla.
12   Retire la mica y sustituya la bombilla.
13   La instalación se realiza en forma inversa al desmontaje.

Modelos 1999 y posteriores
14   Detrás de tablero, llegue a la bombilla y el soporte, gírelos y retírelos del conjunto.
15   Desconecte el conector del cable de la base de la bombilla.
16   Consulte la advertencia relativa a las bombillas halógenas en la Sección 10 y sustituya la bombilla.
17   La instalación se realiza en forma inversa al desmontaje.

Bombilla de luz trasera y conjunto de las luces
Consulte la ilustración 13.19
18   Abra la compuerta levadiza, quite los

tornillos que sujetan el conjunto de las luces traseras, de freno, de señales direccionales y de reversa a la abertura de la puerta trasera. Separe el conjunto de las luces de la carrocería del vehículo, desacoplando el gancho que sujeta el extremo exterior del conjunto de las luces al cuerpo. Gire la carcas hacia afuera para tener acceso a los soportes de bombillas.
19   Gire el soporte de la bombilla y retírelo del conjunto de luces (vea la ilustración). Tire de la bombilla hacia afuera para retirarla.
20   Para separar completamente el conjunto de las luces del vehículo, presione la lengüeta de bloqueo en el conector de mazo y a continuación, retire el conector del conjunto de las luces.
21   La instalación se realiza en forma inversa al desmontaje.

Luz de freno de montaje alto central (CHMSL)
Consulte las ilustraciones 13.22, 13.23 y 13.24
22   Abra la compuerta levadiza. Suelte los clips que sujetan la cubierta de acceso a la CHMSL y retire la cubierta. Gire el toma de la bombilla en sentido antihorario un cuarto de vuelta (vea la ilustración).
23   Extraiga la bombilla del toma e instale la nueva (vea la ilustración).
24   Para retirar el conjunto de CHMSL, quite los tornillos de retención y separe el conjunto de

CHMSL del vehículo (vea la ilustración).
25   La instalación se realiza en forma inversa al desmontaje.

Luces interiores de la compuerta levadiza
Consulte las ilustraciones 13.27 y 13.29
26   Abra la compuerta levadiza.
27   Con un destornillador, haga palanca con cuidado para retirar el conjunto de las luces interiores de la compuerta levadiza (vea la ilustración).
28   Eleve el conjunto de las luces para retirarlo.
29   Separe la mica de la base de la luz para acceder a la bombilla (vea la ilustración).
30   Tire de la bombilla en sentido vertical para retirarla del soporte.
31   La instalación se realiza en forma inversa al desmontaje.

Luces del panel de instrumentos
Consulte la ilustración 13.33
32   Para acceder a las luces del panel de instrumentos, es necesrio retirar el grupo de instrumentos, el panel trasero, el conector de cable y la placa de circuito impreso (vea la Sección 20).
33   Gire el soporte de la bombilla un cuarto de vuelta en sentido antihorario y retírelo del grupo

13.24 Para quitar el conjunto de CHMSL, quite los tornillos de retención

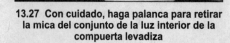

13.27 Con cuidado, haga palanca para retirar la mica del conjunto de la luz interior de la compuerta levadiza

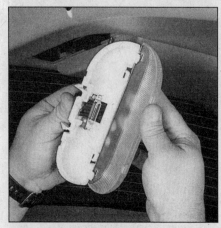

13.29 Separe la mica de la base de la luz para acceder a la bombilla

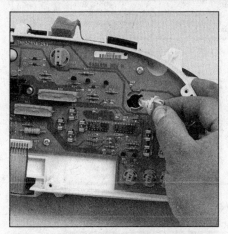

13.33 Las luces del panel de instrumentos se montan en soportes de bombilla de plástico gris. Gire el soporte de la bombilla 1/4 de vuelta en sentido antihorario para retirarlo. Una vez retirado el soporte de la bombilla, se puede tirar de la bombilla hacia afuera

de instrumentos (vea la ilustración).

34   Tire de la bombilla en sentido vertical para retirarla del soporte.

35   La instalación se realiza en forma inversa al desmontaje.

Luces de placa de matrícula

Consulte las ilustraciones 13.36 y 13.38

36   Quite los dos tornillos y tire del conjunto de la lámpara para retirarlo (vea la ilustración).

37   Retire el soporte de la bombilla.

38   Extraiga la bombilla del soporte (vea la ilustración).

39   La instalación se realiza en forma inversa al desmontaje.

Luces interiores - guantera, espejo de vanidad y otros

Consulte las ilustraciones 13.40, 13.41a, 13.41b y 13.41c

40   Para el reemplazo de la luz de la guantera, abra la guantera y deslice el interruptor del pasador de la guantera de su montaje. Retire

13.36 Retire los dos tornillos de luz de la placa de matrícula y extraiga el conjunto de la luz

la bombilla del soporte (vea la ilustración) y sustituya la bombilla.

41   Para las luces superiores y otras interiores, incluida la luz espejo de vanidad, retire la mica con cuidado y, o bien desacople la bombilla o gire el soporte de la bombilla un cuarto de vuelta para quitar la bombilla (vea las ilustraciones). Reemplace la bombilla.

42   La instalación se realiza en forma inversa al desmontaje.

14   Interruptor de los faros - revisión y reemplazo

Advertencia: *Estos modelos tienen bolsas de aire. Desconecte siempre el cable del terminal negativo de la batería y espere dos minutos antes de trabajar cerca de los sensores de impacto, la columna de dirección o el tablero de instrumentos para evitar la posibilidad de que se produzca un despliegue accidental de la bolsa de aire, lo que puede producir lesiones personales (vea la Sección 27).*

1   Desconecte el cable del terminal negativo de la batería.

2   Desmonte el interruptor de los faros (vea los Pasos 4 al 6 anteriores).

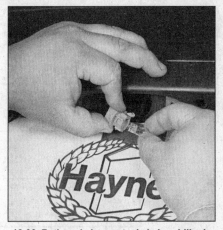

13.38 Retirar el el soporte de la bombilla de la luz de la placa de matrícula y deslice la bombilla fuera del soporte

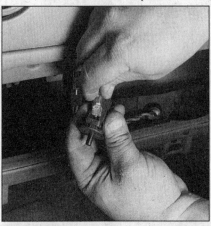

13.40 Abra la guantera y deslice el interruptor de la puerta de la guantera de su montaje - quite la bombilla para reemplazarla

Revisión

Consulte las ilustraciones 14.3a y 14.3b.

3   Con un ohmiómetro o una luz de prueba autoalimentada y el diagrama adjunto, compruebe que haya continuidad entre las

13.41a Con cuidado, haga palanca para quitar la mica de la luz interior

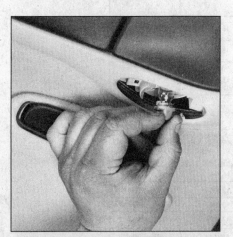

13.41b Retuerza en sentido antihorario y quiete el soporte de la bombilla de la luz del techo. Tire de la bombilla hacia afuera para reemplazarla.

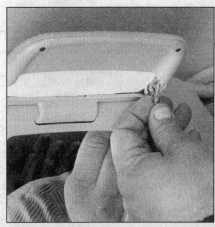

13.41c Después de retirar la mica de la luz espejo de vanidad haciendo palanca, quite la bombilla y reemplácela - hay una bombilla en cada lado del conjunto de la luz

POSICIÓN DEL INTERRUPTOR DE LOS FAROS	TERMINALES DEL CONECTOR DE 8 VÍAS	VALOR DE RESISTENCIA
APAGADO	2 A 1	5.2 OHMIOS (promedio)
	2 A 5	ABIERTO
	2 A 6	ABIERTO
	2 A 7	ABIERTO
	2 A 8	ABIERTO
LUCES DE ESTACIONAMIENTO ENCENDIDAS	2 A 3	ABIERTO
	2 A 5	ABIERTO
	2 A 6	ABIERTO
	2 A 7	ABIERTO
	2 A 8	CONTINUIDAD
FAROS ENCENDIDOS	2 A 3	CONTINUIDAD
	2 A 5	ABIERTO
	2 A 6	ABIERTO
	2 A 7	ABIERTO
	2 A 8	CONTINUIDAD
LUCES DE NIEBLA DELANTERAS ENCENDIDAS (CON LUCES DE ESTACIONAMIENTO O FAROS)	2 A 3	CONTINUIDAD
	2 A 6	CONTINUIDAD
	2 A 8	CONTINUIDAD
	5 A 2	CONTINUIDAD DEL DIODO
	7 A 2	CONTINUIDAD DEL DIODO

RUEDITA	TERMINALES DEL CONECTOR DE 12 VÍAS	VALOR DE RESISTENCIA
LUCES DE TECHO ENCENDIDAS	6 A 4	CONTINUIDAD
	6 A 5	ABIERTO
	6 A 12	8k A 12k OHMIOS
	3 A 9	CONTINUIDAD
	10 A 11	ABIERTO
MODO DE LUCES DE DÍA	6 A 4	ABIERTO
	6 A 5	CONTINUIDAD
	6 A 12	8k A 12k OHMIOS
	3 A 9	CONTINUIDAD
	10 A 11	CONTINUIDAD
LÁMPARAS I/P EN POSICIÓN DE BRILLO	6 A 4	ABIERTO
	6 A 5	ABIERTO
	6 A 12	8k A 12k OHMIOS
	3 A 9	CONTINUIDAD
	10 A 11	CONTINUIDAD
LÁMPARAS I/P EN POSICIÓN DE ATENUACIÓN	6 A 4	ABIERTO
	6 A 5	ABIERTO
	6 A 12	0 A 500 OHMIOS
	3 A 9	CONTINUIDAD
	10 A 11	CONTINUIDAD
FALLA DE LÁMPARAS DE CORTESÍA	6 A 4	ABIERTO
	6 A 5	ABIERTO
	6 A 12	0 A 500 OHMIOS
	3 A 9	ABIERTO
	10 A 11	CONTINUIDAD

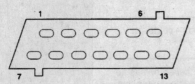

CONECTOR DE 8 VÍAS

14.3a Guía y tabla de continuidad de los terminales del interruptor de los faros (modelos 1996 a 2000)

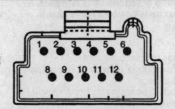

CONECTOR DE 12 VÍAS

terminales indicadas del interruptor con el interruptor en cada una de las posiciones indicadas (vea la ilustración). **Nota:** *En el conector de 8 vías del interruptor de los faros, los terminales 5 a 2 y 7 a 2 están etiquetados como continuidad de diodo (enumerados en la ilustración 14.3) - para probar estos terminales, use un medidor que tenga un ajuste de prueba de diodos, y siga las instrucciones del medidor para probar los diodos. Recuerde que un diodo solo puede pasar corriente en una dirección, por lo que debe conectar los cables rojo y negro del medidor y verificar la continuidad, y luego invertir la polaridad de los cables de prueba y verificar nuevamente si hay continuidad.*

Reemplazo

Consulte la ilustración 14.5.

4   Retire el bisel del panel de instrumentos del tablero de instrumentos (vea el Capítulo 11).
5   Quite los tornillos de montaje del interruptor de los faros (vea la ilustración).

POSICIÓN DEL INTERRUPTOR DE LOS FAROS	TERMINAL DEL CONECTOR DE 13 VÍAS	RESISTENCIA
APAGADO	11 A 6	3651 – 3729 Ω
LUCES DE ESTACIONAMIENTO ENCENDIDAS	11 A 6	1697 – 2517 Ω
LÁMPARAS DE ESTACIONAMIENTO CON LAS LUCES DE NIEBLA DELANTERAS ENCENDIDAS	11 A 6	5765 – 5886 Ω
FAROS ENCENDIDOS	11 A 6	788 – 809 Ω
AUTO ENCENDIDO	11 A 6	10056 – 10264 Ω
FAROS ENCENDIDOS CON LUCES DE NIEBLA DELANTERAS	11 A 6	1171 – 1200 Ω
AUTO ENCENDIDO CON LUCES DE NIEBLA DELANTERAS ENCENDIDAS	11 A 6	24278 – 24773 Ω

POSICIÓN DEL ATENUADOR	TERMINAL DEL CONECTOR DE 13 VÍAS	RESISTENCIA
TECHO	12 A 6	15568 – 23357 Ω
EXHIBICIÓN	12 A 6	5168 – 7757 Ω
ATENUACIÓN ALTA	12 A 6	2288 – 3437 Ω
ATENUACIÓN BAJA	12 A 6	688 – 1037 Ω
APAGADO	12 A 6	240 – 365 Ω

14.3b Guía y tabla de continuidad de los terminales del interruptor de los faros (modelos 2001 y posteriores)

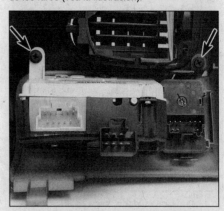

14.5 Retire estos dos tornillos (flechas) y separar el interruptor de los faros del bisel

15.4 Con la guantera retirada, desconecte el cable de la antena de radio (flecha)

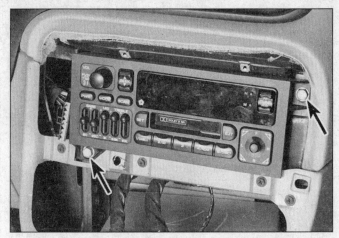

15.5a Retire los dos tornillos (flechas) que aseguran la radio

15.5b Quite la radio y desconecte los conectores eléctricos

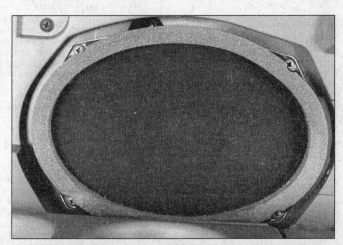

15.10 Con la cubierta superior del panel de instrumentos levantada, retire los cuatro tornillos alrededor del perímetro de la bocina y tire de ella

6   Extraiga el conjunto del interruptor del bisel.

7   Si es necesario, en este momento puede reemplazarse la bombilla de la luz del interruptor de los faros.

8   La instalación se realiza en forma inversa al desmontaje.

15   Radio y bocinas - desmontaje e instalación

Consulte las ilustraciones 15.4, 15.5a y 15.5b.

Advertencia: Estos modelos tienen bolsas de aire. Desconecte siempre el cable del terminal negativo de la batería y espere dos minutos antes de trabajar cerca de los sensores de impacto, la columna de dirección o el tablero de instrumentos para evitar la posibilidad de que se produzca un despliegue accidental de la bolsa de aire, lo que puede producir lesiones personales (vea la Sección 27).

Radio

1   Desconecte el cable del terminal negativo de la batería.

2   Quite el cenicero. Se puede reemplazar la luz del cenicero con el cenicero retirado. Retire la cubierta de acceso al tornillos del bisel de radio/calefacción y A/C (Capítulo 11). A continuación, retire los tornillos de fijación que sujetan la parte inferior y la superior del bisel. Tire del bisel hacia afuera parcialmente.

3   Desconecte el conector del cable al interruptor del soplador trasero si está equipado, y del control de la calefacción y el A/C.

4   Quite la guantera (vea el Capítulo 11). Desconecte el cable de la antena (vea la ilustración).

5   Quite los tornillos de montaje, tire de la radio para retirarla del panel de instrumentos, desconecte los conectores; luego, desmóntela del vehículo (vea las ilustraciones).

6   La instalación se realiza en forma inversa al desmontaje.

Bocinas

Panel de la puerta, poste o lateral

7   Retire el panel de vestidura de las puertas delanteras (Capítulo 11) para las bocinas de las puertas; para las bocinas de los paneles laterales y del poste, retire el panel de vestidura o la parrilla de la bocina, dependiendo de cómo esté equipado.

8   Quite los tornillos de montaje de la bocina. En la bocina de la puerta delantera, desacople también la tuerca de presión. Luego, tire de la bocina hacia abajo mientras desconecta el conector eléctrico.

Tablero de instrumentos

Consulte la ilustración 15.10

9   Retire la cubierta superior del panel de instrumentos haciendo palanca y soltando los clips en cada extremo. A continuación, levante el borde posterior y desacople los clips a lo largo del borde delantero.

10   Quite los tornillos (vea la ilustración), levante la bocina hacia fuera mientras desconecta el conector eléctrico. Quite la bocina del vehículo.

Bocinas traseras

11   El procedimiento de instalación se realiza a la inversa del de desmontaje, asegurándose de que los conectores del cable miren hacia delante.

16   Antena - desmontaje e instalación

Vea las ilustraciones 16.7a, 16.7b y 16.7c.

1   Desconecte el cable del terminal negativo de la batería.

2   Desconecte el cable de la antena (vea la Sección 15).

3　Retire el panel de vestidura para pies derecho (vea el Capítulo 11).

4　Afloje el aislante de la arandela de goma del poste de las bisagras de la puerta. Tire del cable de la antena a través del poste de las bisagras hasta que quede entre las bisagras de la puerta.

5　Levante la parte delantera del vehículo y coloque torretas de seguridad de manera segura. Retire la rueda delantera derecha.

6　Retire el protector contra salpicaduras del alojamiento de la rueda delantera, y deslice la funda de plástico hacia arriba en el mástil de la antena. Use una llave pequeña para desenroscar el mástil de la antena, y quitarlo de la antena de su base.

7　Retire la tapa de plástico de la tuerca de la tapa, quite la tuerca de la tapa de la base de la antena, y luego tire de la base de la antena de debajo de la defensa delantera (vea las ilustraciones).

8　La instalación se realiza en forma inversa al desmontaje.

16.7a Retire la cubierta de la antena

16.7b Desenrosque la tuerca de la tapa en la base de la antena

---

17　Motor del limpiaparabrisas - revisión y reemplazo

Limpiaparabrisas delantero
Consulte las ilustraciones 17.3 y 17.13

Revisión

1　Si el motor del limpiaparabrisas no funciona, primero verifique que no haya un fusible quemado en el bloque de fusibles y revise el centro de distribución de potencia en busca de algún fusible quemado o relé defectuoso (vea la Sección 3).

2　Controle el interruptor del limpiaparabrisas (vea la Sección 9).

3　Gire el interruptor de ignición y el del limpiador a la posición ON (encendido). Con un voltímetro, revise el voltaje en el conector del motor (vea la ilustración). Si no se mide voltaje, el problema está en la conexión del interruptor o del cableado.

4　Revise la conexión eléctrica a tierra el motor del limpiaparabrisas mediante la instalación de un cable de puente temporal entre el cuerpo del motor del limpiaparabrisas

y un punto a tierra del cuerpo, e intente hacer funcionar el limpiaparabrisas nuevamente. Si ahora el motor funciona, repare la conexión a tierra del motor del limpiaparabrisas.

5　Revise si el varillaje está atascado.

6　Si el limpiaparabrisas sigue sin funcionar, haga revisar el sistema en el departamento de servicio de un distribuidor o en otro taller calificado.

7　Reemplace el motor si es defectuoso.

Reemplazo

8　Desconecte el cable del terminal negativo de la batería.

9　Desconecte las mangueras del líquido, levante las cubiertas de los brazos del limpiaparabrisas y marque la ubicación de los brazos del limpiaparabrisas en el eje de pivote para su posterior instalación. Retire las tuercas de pivote del limpiaparabrisas y quite los brazos del limpiaparabrisas.

10　Desmonte la cubierta de la coraza (vea el Capítulo 11).

11　Abra el cofre. Desconecte el conector eléctrico del motor del limpiaparabrisas.

12　Desconecte la manguera del líquido para el parabrisas del acoplamiento dentro de la unidad. Desconecte los tubos de drenaje de la parte inferior de la unidad del limpiaparabrisas.

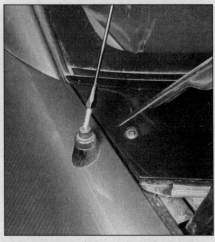

16.7c Saque la antena y el cable de la antena

13　Retire los pernos de montaje de la unidad del limpiaparabrisas (vea la ilustración).

14　Quite la unidad del limpiaparabrisas.

15　La instalación se realiza en forma inversa al desmontaje. El ajuste de la cuchilla y el brazo

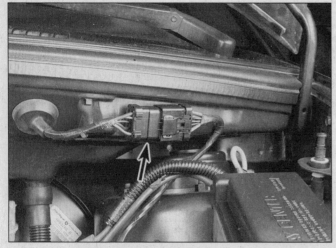

17.3 Desconecte el conector del limpiaparabrisas (flecha) para la prueba de voltaje de alimentación

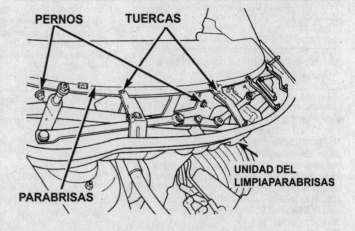

17.13 Retire los tres tornillos de montaje del motor del limpiaparabrisas en la pared de fuego

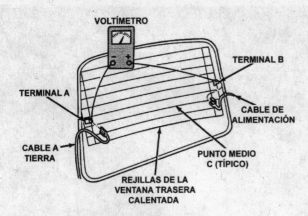

19.4 Puntos de prueba del desempañador de la ventana trasera

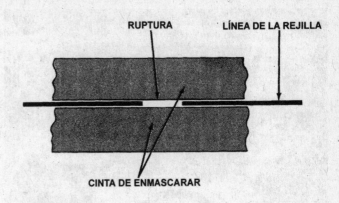

19.14 Al reparar una rejilla roto, primero aplique una tira de cinta a cada lado de la rejilla para enmascarar la zona

del limpiaparabrisas se mide el limpiaparabrisas quieto; el ajuste correcto es el brazo inferior del limpiaparabrisas a aproximadamente 1-1/2 pulgadas de distancia de la tapa de la coraza y el brazo superior del limpiaparabrisas a aproximadamente 2-1/2 pulgadas del brazo inferior. Haga funcionar el motor del limpiaparabrisas y verifique que el motor del limpiaparabrisas se detenga cuando el interruptor del limpiaparabrisas esté en OFF.

Limpiaparabrisas trasero

Revisión

16   Si el motor del limpiaparabrisas no funciona, primero verifique que no haya un fusible quemado en el bloque de fusibles y revise el centro de distribución de potencia en busca de algún fusible quemado o relé defectuoso (vea la Sección 3).
17   Revise el interruptor del limpiaparabrisas trasero.
18   Gire el interruptor de ignición y el del limpiador a la posición ON (encendido). Con un voltímetro, controle el voltaje en el conector del motor. Si no se mide voltaje, el problema está en la conexión del interruptor o del cableado.
19   Revise la conexión eléctrica a tierra el motor del limpiaparabrisas mediante la instalación de un cable de puente temporal entre el cuerpo del motor del limpiaparabrisas y un punto a tierra del cuerpo, e intente hacer funcionar el limpiaparabrisas nuevamente. Si ahora el motor funciona, repare la conexión a tierra del motor del limpiaparabrisas.
20   Si el limpiaparabrisas sigue sin funcionar, haga revisar el sistema en el departamento de servicio de un distribuidor o en otro taller calificado.
21   Reemplace el motor si es defectuoso.

Reemplazo

22   Desconecte el cable del terminal negativo de la batería.
23   Abra la compuerta levadiza. Retire el panel de adorno de la compuerta levadiza (vea Capítulo 11).
24   Desconecte el conector eléctrico del motor del limpiaparabrisas.
25   Retire los pernos de montaje del motor del limpiaparabrisas. Desmonte el motor.
26   La instalación se realiza en forma inversa al desmontaje.

18   Interruptor del desempañador de la ventana trasera - desmontaje e instalación

Advertencia: *Estos modelos tienen bolsas de aire. Desconecte siempre el cable del terminal negativo de la batería y espere dos minutos antes de trabajar cerca de los sensores de impacto, la columna de dirección o el tablero de instrumentos para evitar la posibilidad de que se produzca un despliegue accidental de la bolsa de aire, lo que puede producir lesiones personales (vea la Sección 27).*
1   El interruptor del desempañador es parte del interruptor de control del sistema de calefacción y aire acondicionado.
2   Quite el bisel de la radio/calefacción y aire acondicionado (vea el Capítulo 11).
3   Desconecte el conjunto del interruptor, el conector eléctrico y quite el interruptor del bisel.
4   La instalación se realiza en forma inversa al desmontaje.

19   Desempañador de la ventana trasera - revisión y reparación

Consulte las ilustraciones 19.4 y 19.14
1   El desempañador de la ventana trasera está formado por varios elementos horizontales fundidos en la superficie del vidrio.
2   Los daños pequeños que se produzcan en el elemento se pueden reparar sin quitar la ventana trasera.

Revisión

3   Gire el interruptor de ignición y los interruptores del sistema desempañador a la posición ON (encendido). **Nota:** *El desempañador de la ventana trasera también se activa cuando se selecciona el modo Defrost (descongelar) de la calefacción.*
4   Conecte a tierra el cable negativo de un voltímetro al terminal B y el cable positivo al terminal A de la rejilla de la calefacción (vea la ilustración).
5   La lectura del voltímetro debe ser de 10 a 12 voltios. Si la lectura es inferior, hay una mala conexión a tierra.
6   Conecte el cable negativo a una conexión a tierra comprobada de la carrocería. La lectura debe permanecer igual.

7   Conecte el cable negativo al terminal B; a continuación, toque cada línea de la rejilla en el punto medio con el cable positivo.
8   La lectura debe ser de aproximadamente seis voltios. Si la lectura es "0", hay una ruptura entre el punto medio "C" y el terminal "A".
9   Una lectura de 10 a 12 voltios es una indicación de una ruptura entre el punto medio "C". Mueva cable hacia la ruptura; el voltaje cambiará cuando se cruce la ruptura.
10   Si la rejilla del desempañador no recibe voltaje cuando el interruptor del desempañador está en ON, el interruptor de calefacción y A/C, el relé del desempañador o las conexiones eléctricas están sueltos.

Reparación

11   Repare la rotura en la línea utilizando un juego de reparación recomendado específicamente para este propósito, como el kit de reparación Mopar N.º 4267922 (o equivalente). En este juego, se incluye epoxi plástico conductor.
12   Ante reparar una ruptura, apague el sistema y deje que se desactive durante algunos minutos.
13   Limpie suavemente el área del elemento con lana de acero fina y luego límpiela completamente con alcohol isopropílico.
14   Utilice cinta de enmascarar para enmascarar el área que se reparará (vea la ilustración).
15   Mezcle bien el epoxi, de acuerdo con las instrucciones del envase.
16   Aplique el material epoxi en la ranura de la cinta de enmascarar, superponiendo el área no dañada alrededor de 3/4 de pulgada en cada extremo.
17   Deje que la reparación se cure durante 24 horas antes de quitar la cinta y utilizar el desempañador.

20   Grupo de instrumentos - desmontaje e instalación

Vea las ilustraciones 20.4a, 20.4b, 20.5a y 20.5b.
Advertencia: *Estos modelos tienen bolsas de aire. Desconecte siempre el cable del terminal negativo de la batería y espere dos minutos antes de trabajar cerca de los sensores de impacto, la columna de dirección o el tablero de instrumentos para evitar la posibilidad de que se produzca un despliegue accidental de la bolsa de aire, lo que puede producir lesiones personales (vea la Sección 27).*

20.4a Quite los tornillos (flechas) que fijan el grupo de instrumentos.

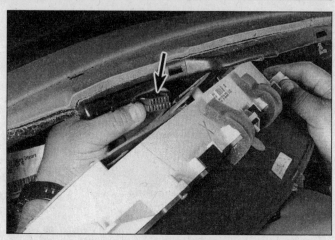

20.4b Levante el grupo de instrumentos y desenchufe los conectores eléctricos

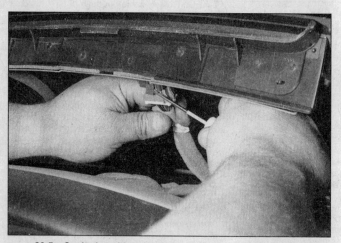

20.5a Suelte la cubierta superior del tablero para acceder a la pantalla electrónica

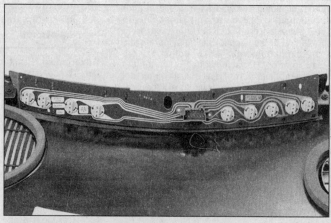

20.5b Pantalla electrónica del panel superior del tablero - para quitar las bombillas (en los soportes de plástico de color gris), gírelas 1/4 de vuelta en sentido antihorario

1   Desconecte el cable del terminal negativo de la batería.
2   Desmonte las cubiertas superiores de la columna de dirección (Capítulo 11).
3   Retire el bisel del grupo de instrumentos (vea el Capítulo 11).
4   Retire los tornillos que sujetan el grupo de instrumentos al panel de instrumentos, tire del grupo hacia atrás y desconecte los conectores eléctricos (vea las ilustraciones).
5   Suelte los clips de la cubierta superior del tablero para acceder a la pantalla electrónica de los instrumentos de la cubierta superior del tablero (vea la ilustración).
6   Desconecte los conectores del mazo de cables eléctricos.
7   La instalación se realiza en forma inversa al desmontaje.

21   Claxon - revisión y reemplazo

Consulte las ilustraciones 21.2, 21.3a y 21.3b.
Advertencia: *Estos modelos tienen bolsas de aire. Desconecte siempre el cable del terminal negativo de la batería y espere dos minutos antes de trabajar cerca de los sensores de impacto, la columna de dirección o el tablero de instrumentos para evitar la posibilidad de que se produzca un despliegue accidental de la bolsa de aire, lo que puede producir lesiones personales* (vea la Sección 27).

Revisión

1   Si los cláxones no suenan, revise el fusible del claxon 6 en el centro de distribución de potencia (debajo del cofre) y el fusible 7 en el bloque de empalmes debajo del tablero (vea la ilustraciones 3.1a y 7.1). Si el fusible está quemado, reemplácelo y vuelva a probar. Si se vuelve a quemar, hay un corto circuito en el claxon o en el cableado entre el claxon y el bloque de fusibles.
2   Para probar el claxon, desconecte el conector eléctrico (vea la ilustración). Conecte los cables puente fusionados de los terminales positivos y negativos de la batería a los terminales positivos y negativos de claxon. Si ahora el claxon suena, el problema es una mala conexión de tierra, un relé del claxon defectuoso, el interruptor del claxon defectuoso o un problema en el cableado. Si el claxon no suena, reemplácelo.
3   Retire y revise el relé del claxon (vea las ilustraciones), ubicado en el bloque de empalmes, de la siguiente manera. Conecte los terminales 85 y 86 a la batería con cables puente fusionados. El relé debe hacer clic. Con los cables de puente todavía conectados, compruebe que haya continuidad entre los terminales 30 y 87. Si hay continuidad, el relé está bien. Si el relé no funciona como se describió, reemplácelo.

Reemplazo

4   Los cláxones se encuentran delante de la rueda delantera izquierda, detrás de la cubierta de la defensa. Para quitar los cláxones, desconecte el conector eléctrico y retire el perno del soporte.
5   La instalación se realiza en forma inversa al desmontaje.

22   Espejos retrovisores eléctricos - descripción y revisión

Consulte la ilustración 22.7

1   Los espejos retrovisores eléctricos utilizan dos motores para mover el vidrio; uno para los ajustes hacia arriba y hacia abajo, y otro para los ajustes hacia la izquierda o hacia la derecha. Puede haber espejos calefaccionados en los modelos que tienen un desempañador de ventana trasera. Puede haber espejos con memoria en los modelos que tienen los asientos eléctricos con memoria.
2   El interruptor de control de los espejos eléctricos en el bisel interruptor de los faros tiene un interruptor basculante que envía voltaje al espejo izquierdo o al derecho y un botón para mover el espejo hacia arriba, abajo, a la derecha o a la Izquierda. Con la llave de ignición en la

21.2 Para probar un claxon, desconecte el conector eléctrico (flecha)

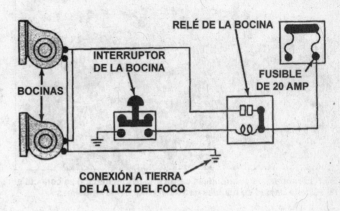

21.3a Diagrama del circuito del claxon

posición ON (encendido), pero con el motor apagado, baje las ventanas y pruebe todas las funciones del interruptor de control de los espejos (izquierda, derecha y arriba,' abajo) del espejo izquierdo y del espejo derecho.

3   Escuche cuidadosamente el sonido que produce el funcionamiento de los motores eléctricos de los espejos.

4   Si pueden oírse los motores, pero el vidrio del espejo no se mueve, es muy probable que haya un problema con el mecanismo impulsor ubicado en el interior del espejo. Extraiga y desmonte el espejo para localizar el problema.

5   Si los espejos no funcionan y no se oye ningún sonido proveniente de estos, revise el fusible (vea la Sección 3).

6   Es el fusible está bien, quite el interruptor de control de los espejos del su soporte de montaje sin desconectar los cables conectados a éste. Coloque la llave de ignición en la posición ON (encendido) y revise el voltaje en el interruptor. Debería haber voltaje en un terminal. Si no hay voltaje en el interruptor, compruebe que no haya un circuito abierto o un cortocircuito en el cableado comprendido entre el tablero de fusibles y el interruptor.

7   Si hay voltaje en el interruptor, desconéctelo. Revise que haya continuidad en todas las posiciones de funcionamiento del interruptor (vea la ilustración). Si el interruptor no tiene continuidad, reemplácelo.

8   Vuelva a conectar el interruptor. Localice el cable que va desde el interruptor hasta la conexión a tierra. Dejando el interruptor conectado, conecte un cable puente entre este cable y la conexión a tierra. Si el espejo funciona normalmente con este cable en su lugar, repare la conexión a tierra defectuosa.

9   Si el espejo sigue sin funcionar, extraiga la cubierta y revise el voltaje de los cables del espejo con una luz de prueba. Revíselo con la llave de ignición en la posición ON (encendido) y el interruptor selector del espejo del lado correcto. Haga funcionar el interruptor del espejo en todas sus posiciones. Debe haber voltaje en uno de los cables que van del interruptor al espejo en cada posición del interruptor (excepto en la posición neutra "off" [apagado]).

10   Si no hay voltaje en cada una de las posiciones del interruptor, revise el cableado comprendido entre el espejo y el interruptor de control para comprobar que no haya circuitos abiertos o cortocircuitos.

11   Si hay voltaje, quite el espejo y pruébelo fuera del vehículo con cables puente.

12   Reemplace el espejo si no pasa esta prueba (vea el Capítulo 11).

23   Sistema de control de la velocidad crucero - descripción y revisión

1   El sistema de control de velocidad crucero mantiene la velocidad del vehículo mediante un servomotor accionado por vacío, que está ubicado en el compartimiento del motor y está conectado mediante un cable al varillaje del acelerador. El sistema consiste en el módulo electrónico de control del tren motriz (PCM), el interruptor de los frenos, los interruptores de control, un relé, el sensor de velocidad del vehículo, los controles montados en el volante y el cableado asociado. Abajo, se enumeran algunos procedimientos que pueden utilizarse para detectar problemas comunes de la velocidad crucero.

2   Localice y revise el fusible (vea la Sección 3). Revise también la manguera de vacío al servo control de velocidad crucero para asegurarse de que no está tapada, agrietada o blanda (lo que hará que falle durante el funcionamiento). Con el motor apagado, revise el servo mediante la aplicación de vacío (con una bomba de vacío

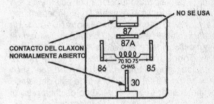

21.3b Detalles de los terminales del relé del claxon

manual) a la conexión de vacío del servo - el servo debe mover el varillaje del acelerador si funciona correctamente.

3   Haga que un asistente active las luces de freno mientras usted revisa el funcionamiento de estas (el voltaje del interruptor de la luz de freno desactiva el control de velocidad crucero).

4   Si las luces de freno no se encienden ni apagan, corrija el problema y vuelva a probar el control de la velocidad crucero.

5   Inspeccione el varillaje del cable entre el servo de control de velocidad crucero y el varillaje del acelerador; debe funcionar libremente, sin atascarse.

6   Inspeccione visualmente los cables

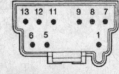

22.7 Guía y tabla de continuidad de los terminales del interruptor del espejo retrovisor eléctrico trasero

CONTINUIDAD DEL INTERRUPTOR DEL ESPEJO		
PERILLA DE SELECCIÓN DEL ESPEJO EN POSICIÓN "LEFT" (IZQUIERDA)		
PALANCA DE MOVIMIENTOv	**CONTINUIDAD ENTRE**	
ARRIBA	CLAVIJA 9 - CLAVIJA 12, CLAVIJA 6 - CLAVIJA 11, CLAVIJA 9 – CLAVIJA 13	
IZQUIERDA	CLAVIJA 9 - CLAVIJA 7, CLAVIJA 6 - CLAVIJA 11, CLAVIJA 9 – CLAVIJA 8	
ABAJO	CLAVIJA 9 - CLAVIJA 6, CLAVIJA 12 - CLAVIJA 11, CLAVIJA 9 - CLAVIJA 11	
DERECHA	CLAVIJA 9 - CLAVIJA 6, CLAVIJA 7 - CLAVIJA 11, CLAVIJA 8 - CLAVIJA 11	
PERILLA DE SELECCIÓN DEL ESPEJO EN POSICIÓN "RIGHT" (DERECHA)		
PALANCA DE MOVIMIENTO	**CONTINUIDAD ENTRE**	
ARRIBA	CLAVIJA 9 - CLAVIJA 13, CLAVIJA 1 - CLAVIJA 11, CLAVIJA 9 – CLAVIJA 12	
IZQUIERDA	CLAVIJA 9 - CLAVIJA 8, CLAVIJA 1 - CLAVIJA 11, CLAVIJA 9 – CLAVIJA 7	
ABAJO	CLAVIJA 9 - CLAVIJA 13, CLAVIJA 1 - CLAVIJA 11, CLAVIJA 12 - CLAVIJA 11	
DERECHA	CLAVIJA 9 - CLAVIJA 1, CLAVIJA 8 - CLAVIJA 11, CLAVIJA 7 - CLAVIJA 11	
LÁMPARA	CLAVIJA 5 - CLAVIJA 11	

24.1 El módulo de control de la carrocería (BCM) (flecha) se conecta a la unidad de fusibles y relés del bloque de empalmes

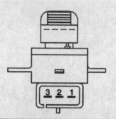

PRUEBA DEL INTERRUPTOR DE TRABA DE LA PUERTA		
POSICIÓN DEL INTERRUPTOR	CONTINUIDAD ENTRE	VALOR DE RESISTENCIA
SEGURO	2 Y 3	1.5K ohmios ± 1 %
ABIERTO	2 Y 3	249 ohmios ± 1 %

24.5 Guía y tabla de continuidad de los terminales del interruptor de traba de las puertas

conectados al servo de control de velocidad crucero y revise si hay cables corroídos, dañados o rotos.

7   Pruebe el vehículo para determinar si el control de velocidad funciona correctamente. En caso contrario, lleve el vehículo al departamento de servicio de un concesionario o a un especialista en electricidad del automóvil para el diagnóstico y la reparación.

8   Todas las funciones del control de velocidad son monitoreados por el diagnóstico de a bordo (OBD) del PCM y todo fallo detectado se almacenará como un código de falla (vea el Capítulo 6 para obtener más información).

24   Sistema de seguros eléctricos de las puertas - descripción y revisión

Consulte las ilustraciones 24.1, 24.5, 24.8 y 24.11.

1   Los sistemas de traba eléctrica de las puertas son operadas por motores de traba de las puertas situados en las puertas delanteras, la/s puerta/s deslizante/s, la compuerta levadiza, y los relés de trabado/destrabado en el bloque de empalmes, que reciben una señal del módulo de control de la carrocería (BCM). El BCM se encuentra debajo del tablero a la izquierda de la columna de dirección, que se conecta a la parte posterior

del bloque de empalmes (vea la ilustración). El BCM traba automáticamente las puertas y la compuerta levadiza cuando la velocidad del vehículo es superior a 16 mph. La función de trabado automático de las puertas puede ser desactivada por el conductor del vehículo si lo desea (función Desactivar/Activar). El accionamiento de las trabas de las puertas se realiza mediante interruptores o en forma remota sin llave, si está equipado así. Los interruptores de bloqueo tienen dos posiciones de funcionamiento: Bloqueo y desbloqueo.

2   Revise siempre la protección del circuito en primer lugar. Hay un fusible de 40 amperios ubicado en el centro de distribución de potencia (debjo del cofre). Estos vehículos usan una combinación de disyuntores y fusibles.

3   Accione los interruptores de bloqueo de las puertas en ambas direcciones (bloqueo y desbloqueo) con el motor apagado. Escuche el clic suave del relé en funcionamiento.

4   Si no se escucha un clic, revise el voltaje de los interruptores. Si no hay voltaje presente, revise el cableado comprendido entre el panel de fusibles y los interruptores para comprobar que no haya cortocircuitos o circuitos abiertos.

5   Si hay voltaje presente pero no se escucha ningún clic, pruebe la continuidad del interruptor (vea la ilustración). Reemplácelo si no hay continuidad en alguna de las dos posiciones del interruptor.

6   Si el interruptor tiene continuidad pero el

relé no hace un clic, revise el cableado entre el interruptor y el relé para comprobar que haya continuidad. Si no hay continuidad, repare el cableado.

7   Si el relé recibe corriente del interruptor pero no la envía a los solenoides, revise la caja del relé para ver si la conexión a tierra es defectuosa. Si la conexión a tierra de la caja del relé está en buen estado, reemplace el relé.

8   Si funcionan todos los motores de los seguros, excepto uno, quite el panel de adorno de la puerta afectada (vea el Capítulo 11) y revise el voltaje en el solenoide accionando al mismo tiempo el interruptor de bloqueo (vea la ilustración). Uno de los cables debe tener voltaje en la posición de bloqueo, y el otro debe tener voltaje en la posición de desbloqueo.

9   Si el motor de la traba que no funciona está recibiendo voltaje, reemplace el solenoide.

10   Si el motor del seguro que no funciona no está recibiendo voltaje, revíselo en busca de un circuito abierto o un cortocircuito entre el motor del seguro y el relé. **Nota:** *Es común que los cables se rompan en la parte del mazo, entre la carrocería y la puerta (la apertura y el cierre de las puertas produce fatiga en los cables y, eventualmente, los rompe).*

11   Para quitar el motor de la traba de la compuerta levadiza, retire el panel de vestidura de la compuerta levadiza (Capítulo 11). Afloje los pernos del motor de la traba (vea la ilustración),

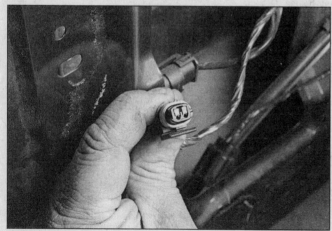

24.8 Conector de traba de la puerta para revisión del voltaje de alimentación - se accede con el panel de la puerta retirado

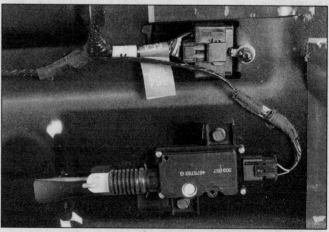

24.11 Para quitar el motor de la traba de la compuerta levadiza, retire los dos pernos y desconecte el conector eléctrico, y luego gire el motor para desenganchar la varilla

desconecte el conector eléctrico y la unión de la traba de la manija externa del eje del motor de la traba. Retire el motor de la traba del vehículo.

12   Para quitar el motor de la traba de la puerta deslizante, retire el panel de vestidura de la puerta deslizante (Capítulo 11). Quite la cubierta del control del pestillo/traba y el control. Quite los tornillos que sujetan el motor de la traba. Si se va a retirar el contacto de la traba de la puerta deslizante, quite los tornillos de montaje y desconecte el conector eléctrico.

13   La instalación se realiza en forma inversa al desmontaje.

25   Sistema de ventanas eléctricas - descripción y revisión

Consulte las ilustraciones 25.8a, 25.8b, 25.16a y 25.16b

1   El sistema de ventanas eléctricas consiste en los interruptores de control separados de la ventana del conductor y de la ventana del pasajero, interruptores separados de las ventanas de ventilación traseras izquierda y derecha (si está equipado con ventanas de ventilación trasera eléctricas), los motores, mecanismos de accionamiento de las ventana (reguladores) y el cableado asociado.

2   Las ventanas eléctricas cuentan con cables de manera tal que se pueden bajar y levantar desde el interruptor de control maestro, ubicado en el lado del conductor, o desde los interruptores remotos ubicados en cada una de las ventanas. Cada ventana tiene un motor individual que es reversible. La posición del interruptor de control determina la polaridad y, por lo tanto, la dirección de funcionamiento del motor. La ventana del conductor tiene una posición automática de interruptor hacia abajo, utilizando un interruptor de ventana eléctrica que tiene dos posiciones de tope, ya sea para el funcionamiento normal (primera posición de tope) y automático hacia abajo (segunda posición de tope).

3   Estos procedimientos son generales; de modo que, si no puede encontrar la causa del problema utilizándolos, sirve el vehículo al departamento de servicio de un distribuidor u otro taller de reparaciones calificado.

4   El sistema de ventanas eléctricas funciona cuando el interruptor de ignición está en la posición ON (encendido). Si no funciona ninguna de las ventanas eléctricas, revise el fusible o el disyuntor.

5   Si no funcionan solamente las ventanas traseras, o si las ventanas solo se accionan desde el interruptor de control maestro, revise el interruptor de bloqueo de las ventanas traseras para comprobar si hay continuidad en la posición desbloqueada. Reemplácelo si no tiene continuidad.

6   Revise el cableado comprendido entre los interruptores y el tablero de fusibles para comprobar la continuidad. Repare el cableado, si es necesario.

7   Si solamente una ventana no funciona desde el interruptor de control maestro, pruebe con el otro interruptor de control de la ventana. **Nota:** *Esto no se aplica a la ventana de la puerta del conductor.*

8   Si la misma ventana funciona desde un interruptor, pero no desde el otro, revise la continuidad del interruptor (vea la ilustración).

9   Si el interruptor está bien, revise que no haya cortocircuitos o circuitos abiertos en el cableado entre el interruptor afectado y el motor de la ventana.

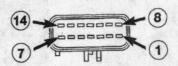

PRUEBA DEL INTERRUPTOR DE LA VENTANA ELÉCTRICA DE LA PUERTA DEL CONDUCTOR	
POSICIÓN DEL INTERRUPTOR	**CONTINUIDAD ENTRE**
APAGADO	13 y 1
	13 y 2
	13 y 3
	13 y 4
	13 y 5
	13 y 6
	13 y 7
	13 y 8
CONDUCTOR ARRIBA	11 y 8
* **CONDUCTOR ABAJO**	11 y 6
* **CONDUCTOR ABAJO**	11 y 6
PASAJERO ARRIBA	9 y 4
PASAJERO ABAJO	9 y 2
VENT. IZQUIERDA ABIERTA	11 y 7
VENT. IZQUIERDA CERRADA	9 y 3
VENT. DERECHA ABIERTA	9 y 1
VENT. DERECHA CERRADA	11 y 5

* SE DEBE PROBAR CON B+ EN LA CLAVIJA 9 Y TIERRA EN LA CLAVIJA 13 PARA VERIFICAR LAS CONTINUIDAD ENTRE LAS CLAVIJAS 11 Y 6

25.8a   Guía y tabla de continuidad para los terminales de la ventana eléctrica del lado del conductor - interruptor de control

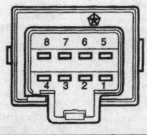

POSICIÓN DEL INTERRUPTOR	CONTINUIDAD ENTRE
APAGADO	3 Y 8
APAGADO	2 Y 5
ARRIBA	4 Y 8
ABAJO	4 Y 5

25.8b   Guía y tabla de continuidad para los terminales de la ventana eléctrica del lado del pasajero - interruptor de control

25.15a Dos pernos fijan el motor de la ventana de ventilación trasera eléctrica

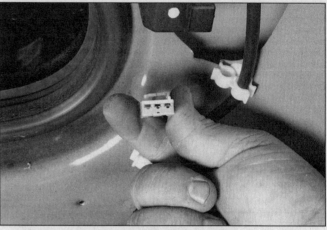

25.15b Conector eléctrico de la ventana de ventilación trasera eléctrica - verifique que haya voltaje de alimentación en el conector

10 Si una ventana no funciona desde ninguno de los dos interruptores, quite el panel de adorno de la puerta afectada (vea el Capítulo 11) y revise el voltaje del motor mientras acciona el interruptor.

11 Si llega voltaje al motor, desconecte el vidrio de la ventana del regulador (vea el Capítulo 11). Mueva manualmente la ventana hacia arriba y hacia abajo y revise al mismo tiempo que no haya agarrotamiento o daños. Además, revise que no haya daños o agarrotamiento en el regulador. Si el regulador no está dañado y la ventana se mueve hacia arriba y hacia abajo suavemente, reemplace el motor (vea el Capítulo 11). Si hay agarrotamiento o daños, lubrique, repare o reemplace las piezas, según sea necesario.

12 Si no llega voltaje al motor, revise el cableado del circuito para comprobar que haya continuidad entre los interruptores y los motores. Verifique que el relé esté conectado a tierra correctamente y que reciba voltaje de los interruptores. También controle que el relé esté enviando voltaje al motor cuando se encienda el interruptor. De no ser así, reemplace el relé.

13 Pruebe las ventanas después de que haya terminado las reparaciones para comprobar que se hayan realizado las reparaciones adecuadas.

14 Para quitar el motor de la ventana eléctrica de la puerta delantera, retire el panel de vestidura (Capítulo 11), coloque cinta adhesiva en la ventana para soportar el peso de la ventana en su posición, corte la banda de sujeción en el motor de la ventana, desconecte el conector eléctrico del motor y quite los tornillos y las tuercas de retención del motor; instale el nuevo motor primero, sin quitar el viejo motor de los cables. **Nota:** *No permita que el tambor de cable se separe de la guía del cable.* Luego, separe el motor original del tambor de cable y la guía del cable. Inserte el tambor en el eje del motor nuevo; si es necesario, solicite a un asistente que retire la cinta que sujeta el cristal y baje el cristal ligeramente para alinear el tambor con el eje del motor.

15 Para quitar el motor de la ventana de ventilación, retire el panel de vestidura del poste, desconecte el conector eléctrico, quite la tuerca que sujeta la manivela al cristal de ventilación, retire los pernos de montaje del motor eléctrico de ventilación y quitar el motor de la ventana de ventilación. Tire del brazo de la manivela de la ventana de ventilación

del motor. Realice un ciclo en el motor de reemplazo a la posición abierta e instale el brazo de de la manivela de la ventana de ventilación. Revise el circuito eléctrico como se describe anteriormente en los Pasos 4, 9 y 12 (vea las ilustraciones) utilizando dos de los terminales del conector.

16 Para la instalación, realice un ciclo en el motor a la posición abierta de la ventana y la manivela a su posición extendida.

17 La instalación se realiza en forma inversa al desmontaje.

26 Asientos eléctricos - descripción y revisión

Consulte las ilustraciones 26.8a, 26.8b y 26.8c

1 Los asientos eléctricos, si están equipados, le permiten ajustar la posición del asiento en ocho direcciones: hacia arriba, hacia abajo y adelante, hacia atrás, inclinación hacia delante e inclinación hacia atrás.

2 El sistema de asientos eléctricos consta de cuatro motores de inversión, un interruptor en el asiento y un fusible de 40 amperios en el centro de distribución de potencia (PDC) ubicado en el compartimiento del motor y un interruptor situado en el mazo de cables debajo del asiento del conductor.

3 Si el asiento no se mueve completamente o no llega a la carrera completa, mire debajo del asiento para ver si hay objetos que puedan bloquear el movimiento del asiento.

4 Si el asiento no funciona en absoluto, revise el estado de la batería y el fusible.

5 Con el motor apagado para reducir el nivel de ruidos, opere los controles del asiento en todas las direcciones y escuche si algún sonido proviene de los motores del asiento.

6 Si el motor funciona o hace clic, pero el asiento no se mueve, el mecanismo integral de accionamiento del asiento está dañado y el conjunto del motor debe ser reemplazado.

7 Si el motor no funciona ni hace ruido, verifique si hay voltaje en el disyuntor motor debajo del asiento, mientras un asistente opera el interruptor. Si sigue sin funcionar, reemplácelo.

8 Si el motor no recibe voltaje, compruebe si hay voltaje en el interruptor. Si no hay voltaje en el interruptor, revise el cableado entre el panel

de fusibles y el interruptor. Si hay voltaje en el interruptor, revise la continuidad del interruptor en todas sus posiciones de funcionamiento (vea la ilustración). Si no hay continuidad, reemplace el interruptor.

9 Si el interruptor está bien, revise que no haya cortocircuitos o circuitos abiertos en el cableado entre el interruptor y el motor. Si hay un relé entre el interruptor y el motor, verifique que esté conectado a tierra correctamente y que haya voltaje en el relé. Compruebe también que haya voltaje desde el relé al motor cuando se acciona el interruptor. Si no hay y el relé está conectado a tierra correctamente, reemplace el relé.

19 Pruebe las reparaciones que haya completado.

27 Sistema de bolsas de aire - información general

Consulte la ilustración 27.3

Advertencia: *Desconecte siempre el cable del terminal negativo de la batería antes de comenzar cualquier operación de servicio, especialmente si implica el servicio del volante o el sistema de bolsas de aire. Si no se desconecta la batería, pueden desplegarse accidentalmente las bolsas de aire y causar lesiones. Deje que el capacitor del sistema de bolsas de aire se descargue durante dos minutos antes de quitar cualquier componente del sistema de bolsas de aire.*

Estos modelos están equipados con un sistema de protección de bolsas de aire. Este sistema está diseñado para proteger al conductor y al pasajero del asiento delantero contra lesiones graves en caso de que se produzca una colisión frontal si el conductor y el pasajero del asiento delantero usan el cinturón de seguridad. Se compone de módulos de bolsa de aire en el centro del volante y el lado derecho del tablero de instrumentos y un sensor de impacto.

Los modelos 2001 y posteriores también están equipados con bolsas de aire de impacto lateral. Este sistema está diseñado para proteger al conductor y al pasajero del asiento delantero contra lesiones graves en caso de que se produzca una colisión con impacto si el conductor y el pasajero del asiento delantero usan el cinturón de seguridad.

POSICIÓN DEL INTERRUPTOR	CONTINUIDAD ENTRE CLAVIJAS	
	CONDUCTOR	PASAJERO
APAGADO	CLAVIJA 1 a 2	CLAVIJA 1 a 2
	CLAVIJA 1 a 3	CLAVIJA 1 a 3
	CLAVIJA 1 a 4	CLAVIJA 1 a 4
	CLAVIJA 1 a 6	CLAVIJA 1 a 6
	CLAVIJA 1 a 7	CLAVIJA 1 a 7
	CLAVIJA 1 a 8	CLAVIJA 1 a 8
	CLAVIJA 1 a 9	CLAVIJA 1 a 9
	CLAVIJA 1 a 10	CLAVIJA 1 a 10
ELEVADOR DELANTERO ARRIBA	CLAVIJA 1 a 10	CLAVIJA 1 a 7
	CLAVIJA 5 a 7	CLAVIJA 5 a 10
ELEVADOR DELANTERO ABAJO	CLAVIJA 1 a 7	CLAVIJA 1 a 10
	CLAVIJA 5 a 10	CLAVIJA 5 a 7
INTERRUPTOR CENTRAL HACIA ADELANTE	CLAVIJA 1 a 3	CLAVIJA 1 a 3
	CLAVIJA 5 a 6	CLAVIJA 5 a 6
INTERRUPTOR CENTRAL HACIA ATRÁS	CLAVIJA 1 a 6	CLAVIJA 1 a 6
	CLAVIJA 3 a 5	CLAVIJA 3 a 5
ELEVADOR TRASERO ARRIBA	CLAVIJA 1 a 9	CLAVIJA 1 a 8
	CLAVIJA 5 a 8	CLAVIJA 5 a 9
ELEVADOR TRASERO ABAJO	CLAVIJA 1 a 8	CLAVIJA 1 a 9
	CLAVIJA 5 a 9	CLAVIJA 5 a 8
RECLINACIÓN ARRIBA	CLAVIJA 1 a 4	CLAVIJA 1 a 4
	CLAVIJA 2 a 5	CLAVIJA 2 a 5
RECLINACIÓN ABAJO	CLAVIJA 1 a 2	CLAVIJA 1 a 2
	CLAVIJA 4 a 5	CLAVIJA 4 a 5

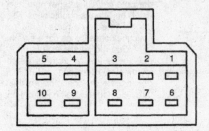

26.8a Guía y tabla de continuidad de los terminales del interruptor de los asientos eléctricos (modelos 1996 a 2000)

POSICIÓN DEL INTERRUPTOR	CONTINUIDAD ENTRE CLAVIJAS
	CONDUCTOR
APAGADO	CLAVIJAS 5 y 4
	CLAVIJAS 5 y 3
	CLAVIJAS 5 y 2
	CLAVIJAS 5 y 10
	CLAVIJAS 5 y 9
	CLAVIJAS 5 y 8
	CLAVIJAS 5 y 7
	CLAVIJAS 5 y 6
ELEVADOR DELANTERO ARRIBA	CLAVIJAS 5 y 6
	CLAVIJAS 1 y 9
ELEVADOR DELANTERO ABAJO	CLAVIJAS 5 y 9
	CLAVIJAS 1 y 6
INTERRUPTOR CENTRAL HACIA ADELANTE	CLAVIJAS 5 y 3
	CLAVIJAS 1 y 10
INTERRUPTOR CENTRAL HACIA ATRÁS	CLAVIJAS 5 y 10
	CLAVIJAS 3 y 1
ELEVADOR TRASERO ARRIBA	CLAVIJAS 5 y 7
	CLAVIJAS 1 y 8
ELEVADOR TRASERO ABAJO	CLAVIJAS 5 y 8
	CLAVIJAS 1 y 7
RECLINACIÓN ARRIBA	CLAVIJAS 5 y 2
	CLAVIJAS 4 y 1
RECLINACIÓN ABAJO	CLAVIJAS 5 y 4
	CLAVIJAS 2 y 1

26.8b Guía y tabla de continuidad de los terminales del interruptor del asiento eléctrico del lado del conductor (modelos 2001 y posteriores)

POSICIÓN DEL INTERRUPTOR	CONTINUIDAD ENTRE CLAVIJAS
	PASAJERO
APAGADO	CLAVIJAS 5 y 4
	CLAVIJAS 5 y 3
	CLAVIJAS 5 y 2
	CLAVIJAS 5 y 10
	CLAVIJAS 5 y 9
	CLAVIJAS 5 y 8
	CLAVIJAS 5 y 7
	CLAVIJAS 5 y 6
ELEVADOR DELANTERO ARRIBA	CLAVIJAS 5 y 9
	CLAVIJAS 1 y 6
ELEVADOR DELANTERO ABAJO	CLAVIJAS 5 y 6
	CLAVIJAS 1 y 9
INTERRUPTOR CENTRAL HACIA ADELANTE	CLAVIJAS 5 y 3
	CLAVIJAS 1 y 10
INTERRUPTOR CENTRAL HACIA ATRÁS	CLAVIJAS 5 y 10
	CLAVIJAS 3 y 1
ELEVADOR TRASERO ARRIBA	CLAVIJAS 5 y 8
	CLAVIJAS 1 y 7
ELEVADOR TRASERO ABAJO	CLAVIJAS 5 y 7
	CLAVIJAS 1 y 8
RECLINACIÓN ARRIBA	CLAVIJAS 5 y 2
	CLAVIJAS 4 y 1
RECLINACIÓN ABAJO	CLAVIJAS 5 y 4
	CLAVIJAS 2 y 1

26.8c Guía y tabla de continuidad de los terminales del interruptor del asiento eléctrico del lado del pasajero (modelos 2001 y posteriores)

Módulo de bolsas de aire

Cada módulo de bolsa de aire contiene un alojamiento que contiene el cojín (bolsa de aire) y la unidad de inflado. El conjunto del inflador está montado en la parte trasera de la carcasa, sobre un orificio a través del cual se expulsa el gas que infla la bolsa casi instantáneamente cuando se envía una señal eléctrica desde el sistema. El cable especialmente bobinado que transporta la señal hasta el módulo se denomina conector eléctrico rotativo. El conector eléctrico rotativo es una cinta plana conductora de electricidad similar a un cordón que está bobinada para que pueda transmitir una señal eléctrica independientemente de la posición del volante.

Sensores

El sensor de impacto del sistema está montado en el módulo de control de bolsas de aire (ACM) montado justo delante de la consola central en el compartimiento de pasajeros (vea la ilustración).

El sensor de impacto es un interruptor sensible a la presión que completa un circuito eléctrico cuando se produce un impacto de suficiente fuerza G. La señal electrónica del sensor de impacto se envía al ACM, que luego completa el circuito e infla las bolsas de aire.

Módulo de control de la bolsa de aire (ACM)

El ACM controla el sistema cada vez que se arranca el vehículo, y hace que la luz AIRBAG (bolsa de aire) se encienda, y luego se apague, si el sistema está funcionando correctamente. Si hay una falla en el sistema, la luz se encenderá

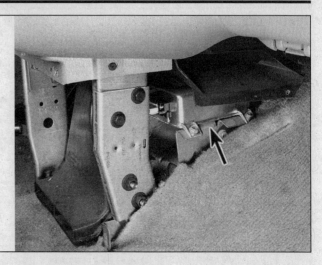

27.3 El módulo de control de las bolsas de aire (ACM) se encuentra debajo del tablero, adelante de la consola central

y permanecerá encendida y el ACM almacenará los códigos de fallas que indican la naturaleza de la misma. Si la luz AIR BAG se enciende y permanece encendida, es necesario llevar inmediatamente el vehículo a su distribuidor para efectuar la reparación.

28   Diagramas de cableado - información general

Puesto que es imposible incluir todos los diagramas de cableado de cada año de modelo en este manual, los siguientes diagramas son los más comunes y los que se necesitan más a menudo.

Antes realizar el diagnóstico de fallas de cualquier circuito, revise el fusible y los disyuntores (si los tiene) para asegurarse de que estén en buenas condiciones. Asegúrese de que la batería esté correctamente cargada y revise las conexiones de los cables (vea el Capítulo 1).

Cuando revise un circuito, asegúrese de que todos los conectores estén limpios y sin terminales corroídos, rotos o flojos. Cuando desconecte un conector, no tire de los cables. Tire solamente de las cajas del conector.

LEYENDA DE SÍMBOLOS UTILIZADOR EN LOS DIAGRAMAS DE CABLEADO			
+	POSITIVO		CONECTOR
−	NEGATIVO		CONECTOR MACHO
	CONEXIÓN A TIERRA		CONECTOR HEMBRA
	FUSIBLE		DENOTA QUE EL CABLE CONTINÚA EN OTRA PARTE
	FUSIBLE DE AJUSTE CON BARRA BUSS		DENOTA QUE EL CABLE PASA A UNO DE LOS DOS CIRCUITOS
	DISYUNTOR		EMPALME
	CAPACITOR		IDENTIFICACIÓN DEL EMPALME
Ω	OHMIOS		ELEMENTO TÉRMICO
	RESISTOR	TIMER	TEMPORIZADOR
	RESISTOR VARIABLE		CONECTOR DEL MÚLTIPLE
	RESISTOR EN SERIE		OPCIONAL CON CABLEADO SIN CABLEADO
	BOBINA		BOMBINADOS "Y"
	BOBINA PASO	88:88	LECTURA DIGITAL
	CONTACTO ABIERTO		LUZ DE FILAMENTO SIMPLE
	CONTACTO CERRADO		LUZ DE FILAMENTO DOBLE
	INTERRUPTOR CERRADO		L.E.D.: DIODO QUE EMITE LUZ
	INTERRUPTOR ABIERTO		TERMISTOR
	INTERRUPTOR DE AJUSTE CERRADO		MEDIDOR
	INTERRUPTOR DE AJUSTE ABIERTO		SENSOR
	INTERRUPTOR DE DESCARGA SIMPLE DE DOS POLOS		INYECTOR DE COMBUSTIBLE
	INTERRUPTOR DE PRESIÓN	#36	DENOTA EL CABLE A TRAVÉS DE DESCONEXIÓN DE LA MÁMPARA
	INTERRUPTOR DEL SOLENOIDE	#19 STRG COLUMN	DENOTA EL CABLE A TRAVÉS DE CONEXIÓN DE LACOLUMNA DE DIRECCIÓN
	INTERRUPTOR DE MERCURIO	INST PANEL #14	DENOTA EL CABLE A TRAVÉS DE CONEXIÓN DEL PANEL DE INSTRUMENTOS
	DIODO O RECTIFICADOR	ENG #7	DENOTA EL CABLE A TRAVÉS DE LA ARANDELA AISLANTE AL COMPARTIMIENTO DEL MOTOR
	DIODO ZENER BIDIRECCIONAL		DENOTA EL CABLE A TRAVÉS DE LA ARANDELA AISLANTE
	MOTOR		ELEMENTOS DE LA REJILLA DEL CALEFACTOR
	INDUCIDO Y BUJES		

CÓDIGO DE COLOR	COLOR	ESTÁNDAR RASTREAR COLOR
BL	AZUL	WT
BK	NEGRO	WT
BR	MARRÓN	WT
DB	AZUL OSCURO	WT
DG	VERDE OSCURO	WT
GY	GRIS	BK
LB	CELESTE	BK
LG	VERDE CLARO	BK
OR	NARANJA	BK
PK	ROSA	BK o WT
RD	ROJO	WT
TN	CANELA	WT
VT	VIOLETA	WT
WT	BLANCO	BK
YL	AMARILLO	BK
*	CON RASTREADOR	

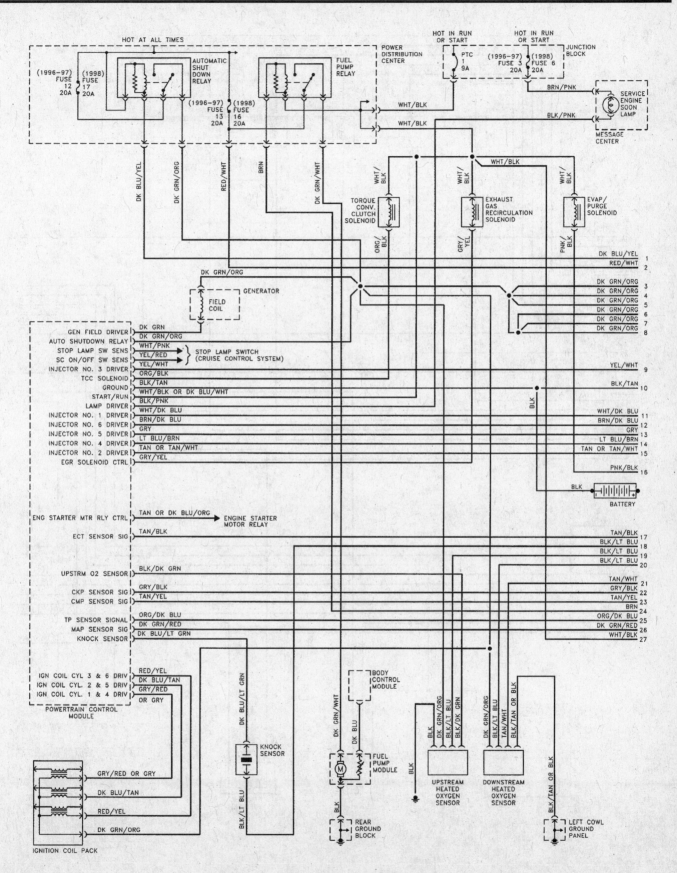

Sistema típico de control del motor (parte 1 de 3)

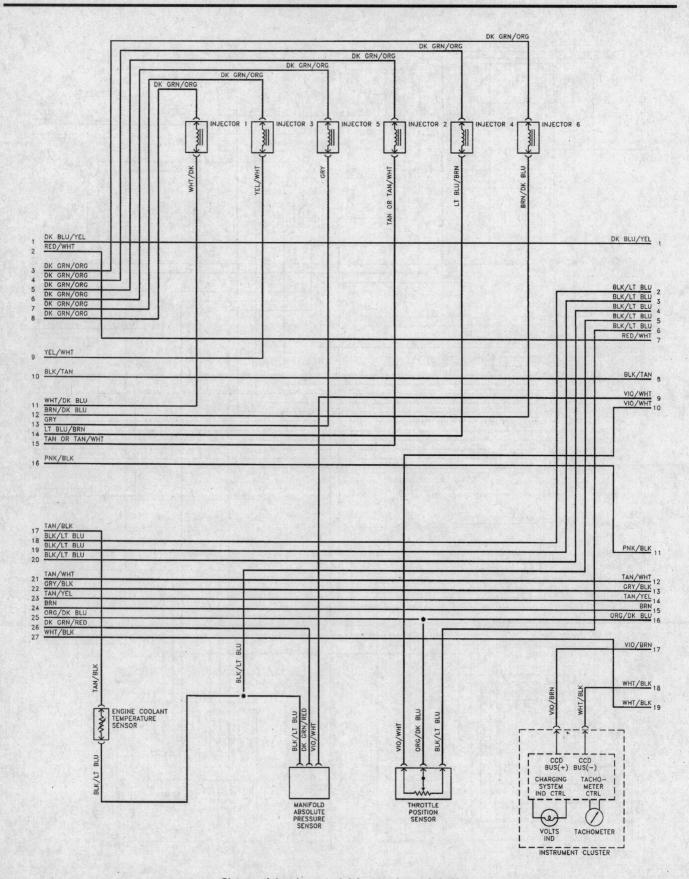

Sistema típico de control del motor (parte 2 de 3)

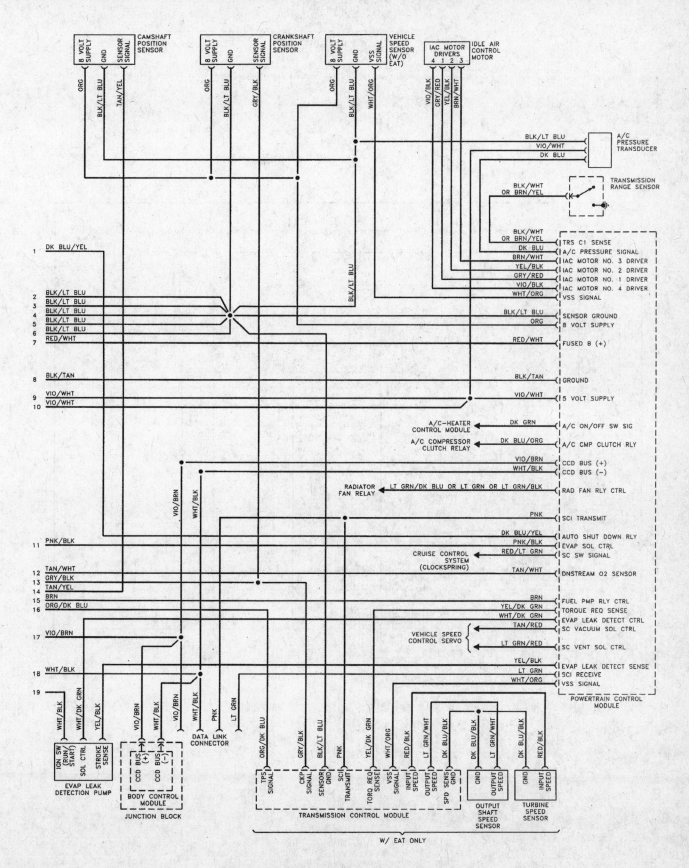

Sistema típico de control del motor (parte 3 de 3)

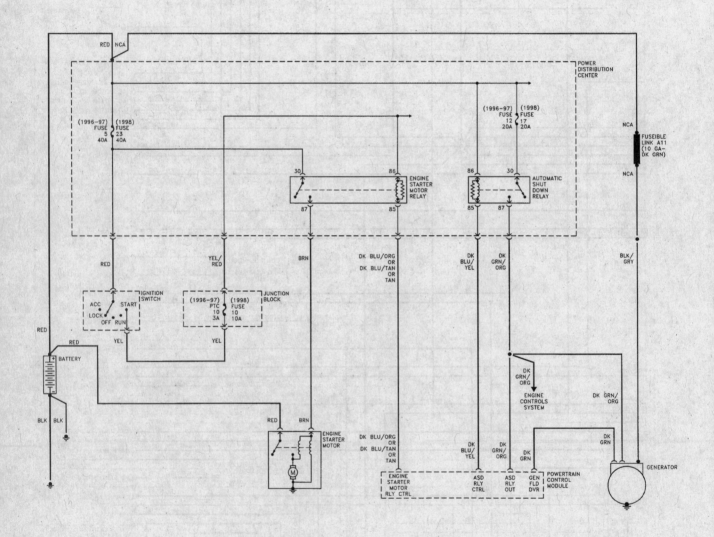

Sistema típico de arranque y de carga

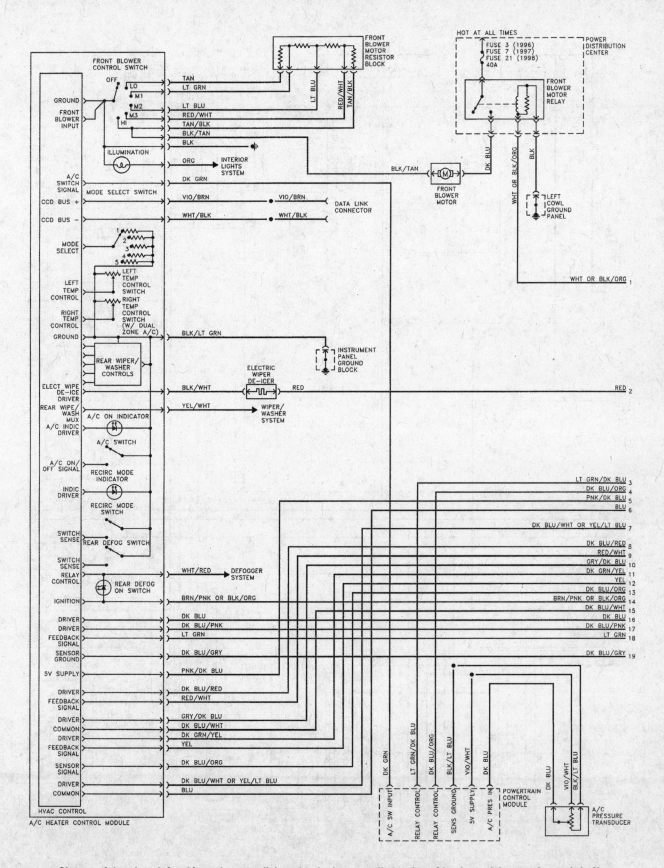

Sistema típico de calefacción y aire acondicionado - incluye ventilador de enfriamiento del motor (parte 1 de 2)

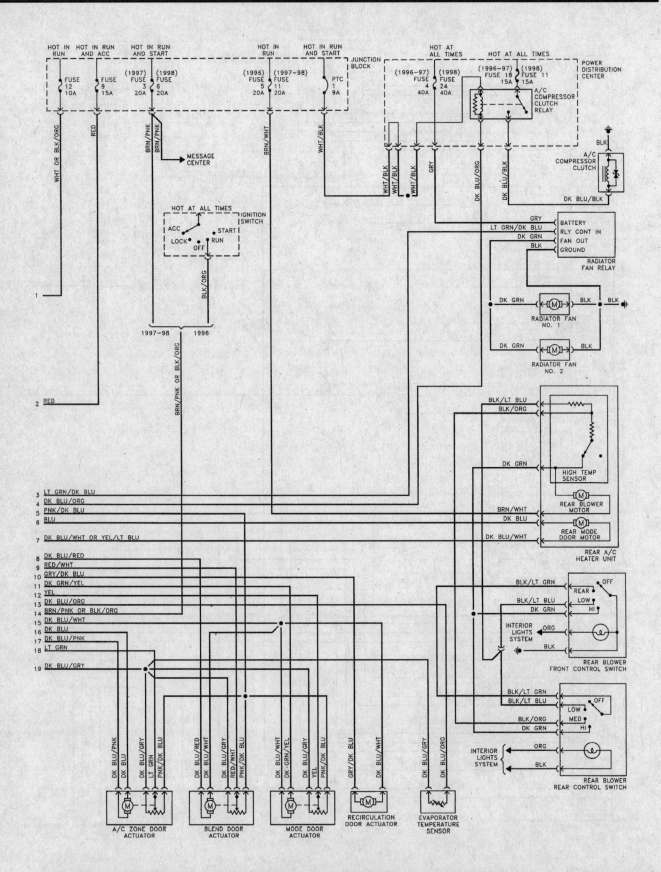

Sistema típico de calefacción y aire acondicionado - incluye ventilador de enfriamiento del motor (parte 2 de 2)

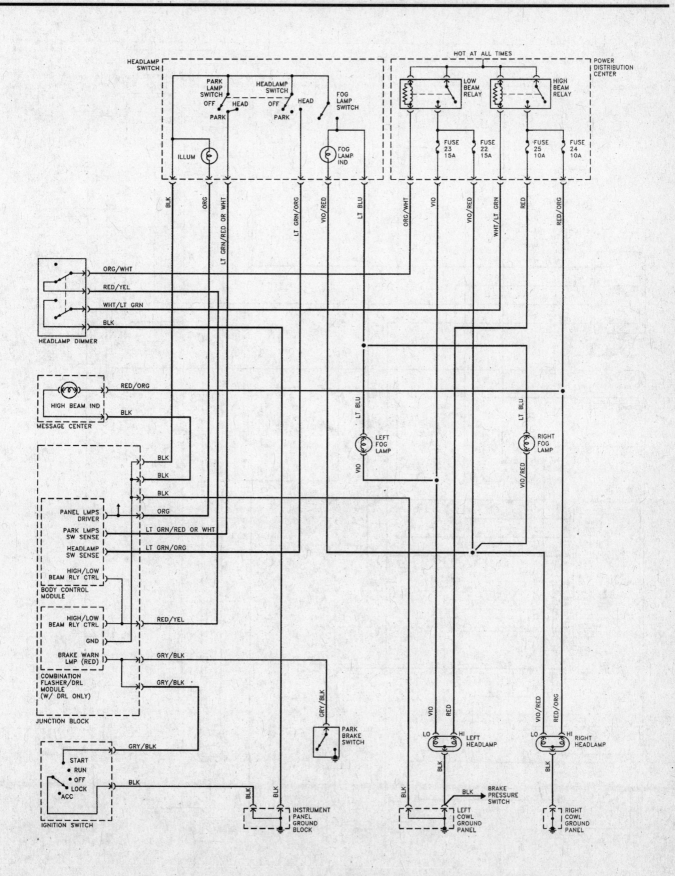

Sistema típico de faros y luces de niebla - modelos 1996 y 1997

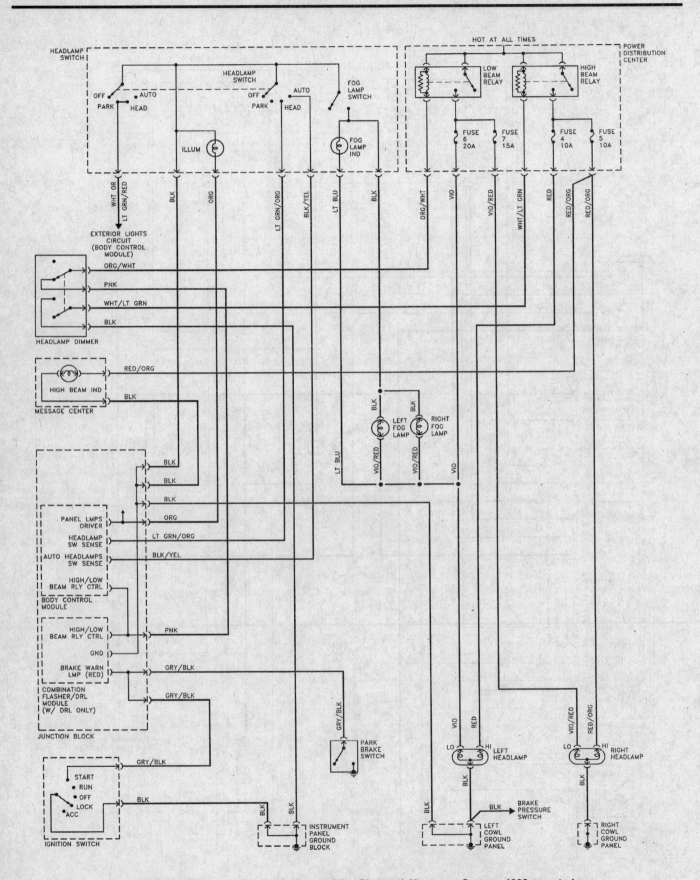

Sistema típico de faros y luces de niebla - modelos Plymouth Voyager y Caravan 1998 y posteriores

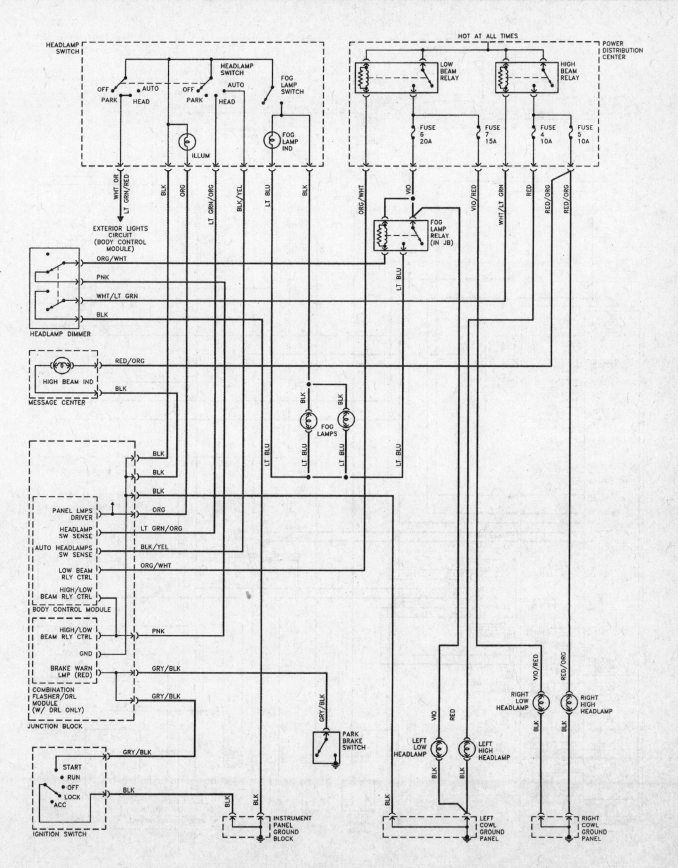

Sistema típico de fatos y luces de niebla - modelos Chrysler Town y Country 1998 y posteriores

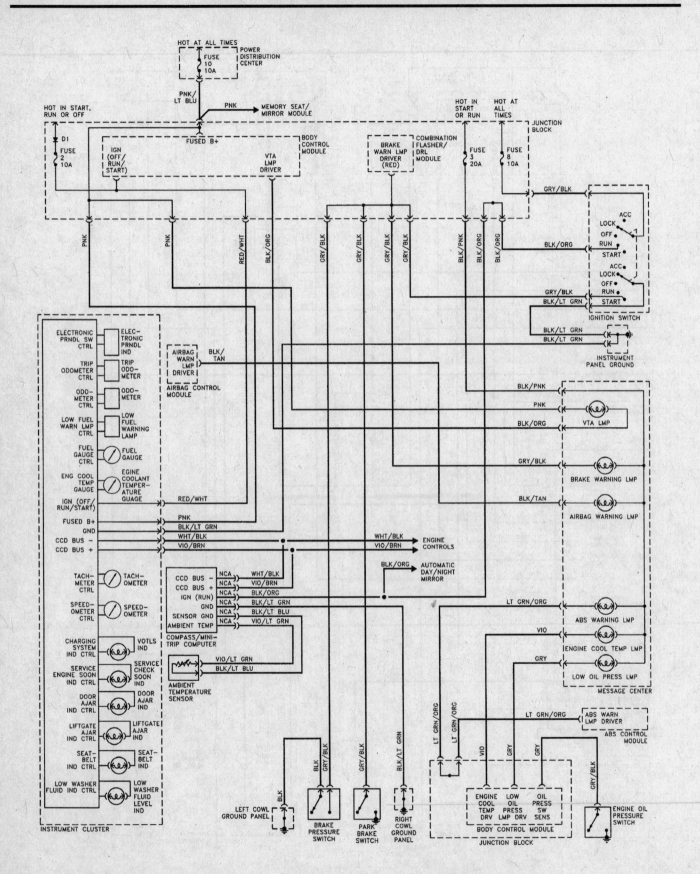

Sistema típico de advertencia del motor - modelos 1996

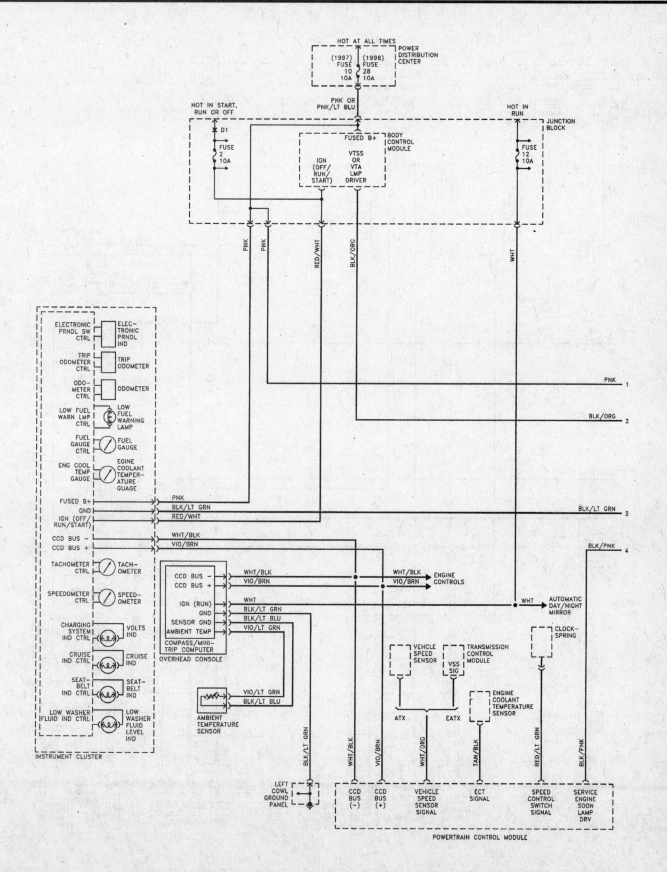

Sistema típico de advertencia del motor - modelos 1997 y posteriores (parte 1 de 2)

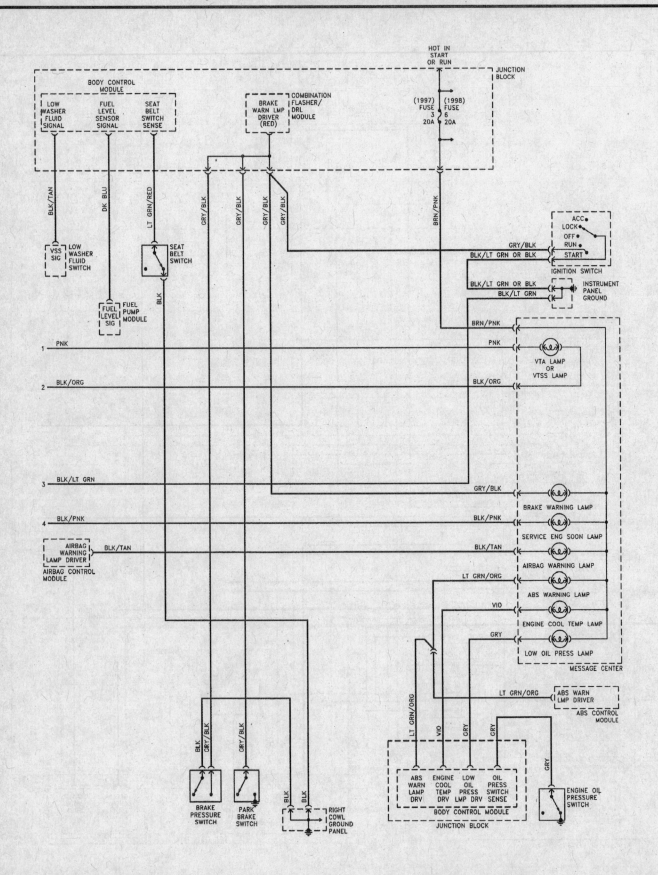

Sistema típico de advertencia del motor - modelos 1997 y posteriores (parte 2 de 2)

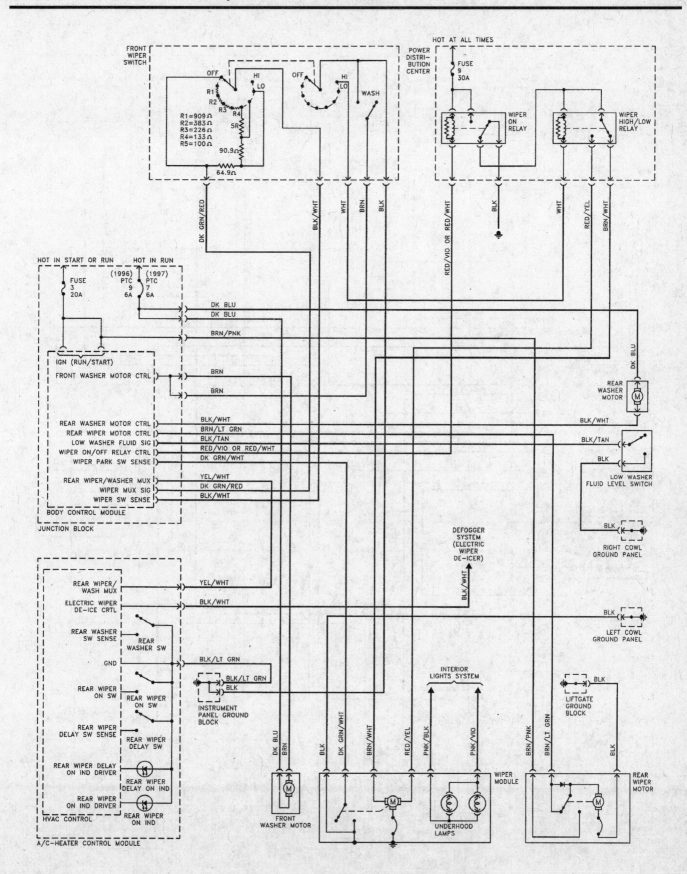

Sistema típico de limpiaparabrisas - modelos 1996 y 1997

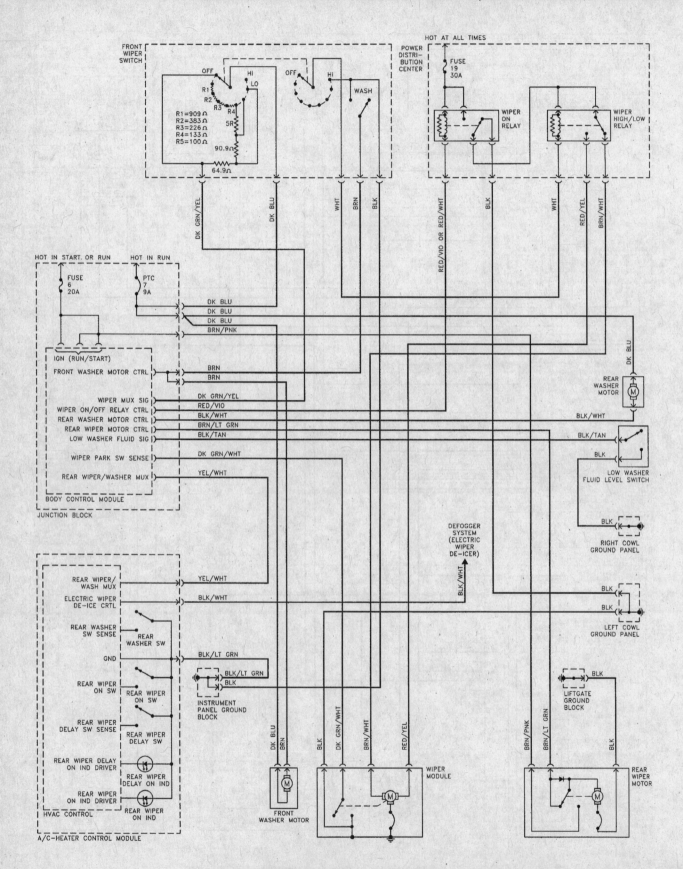

Sistema típico de limpiaparabrisas - modelos 1998 y posteriores

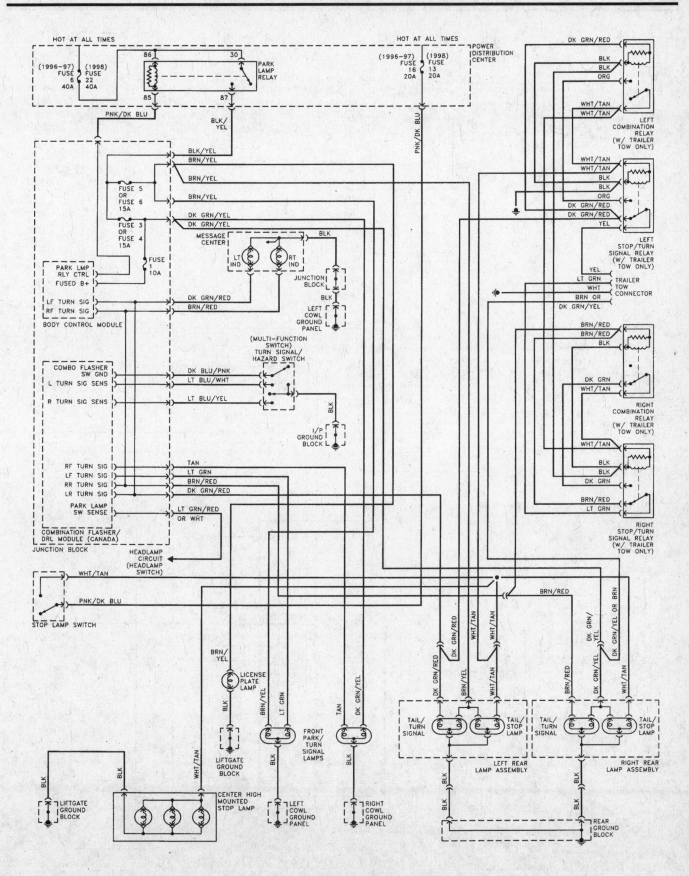

Sistema típico de luces exteriores

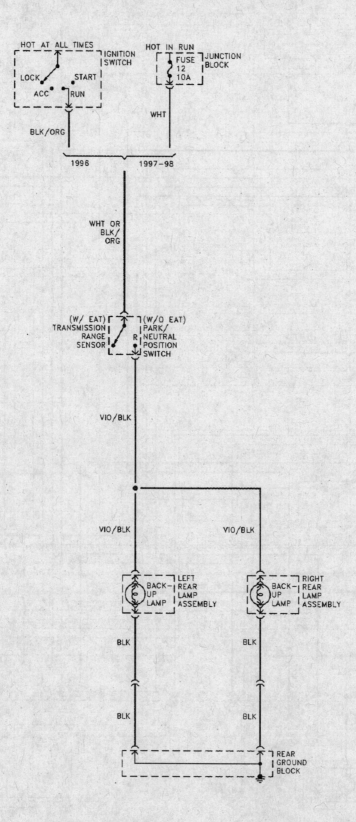

Sistema típico de luces de reversa

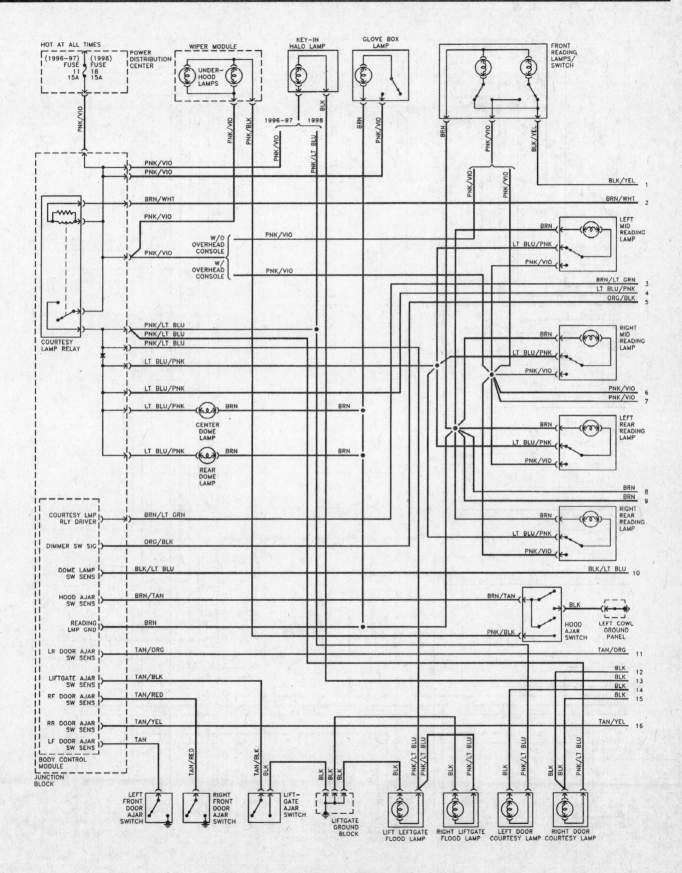

Sistema típico de iluminación interior (parte 1 de 2)

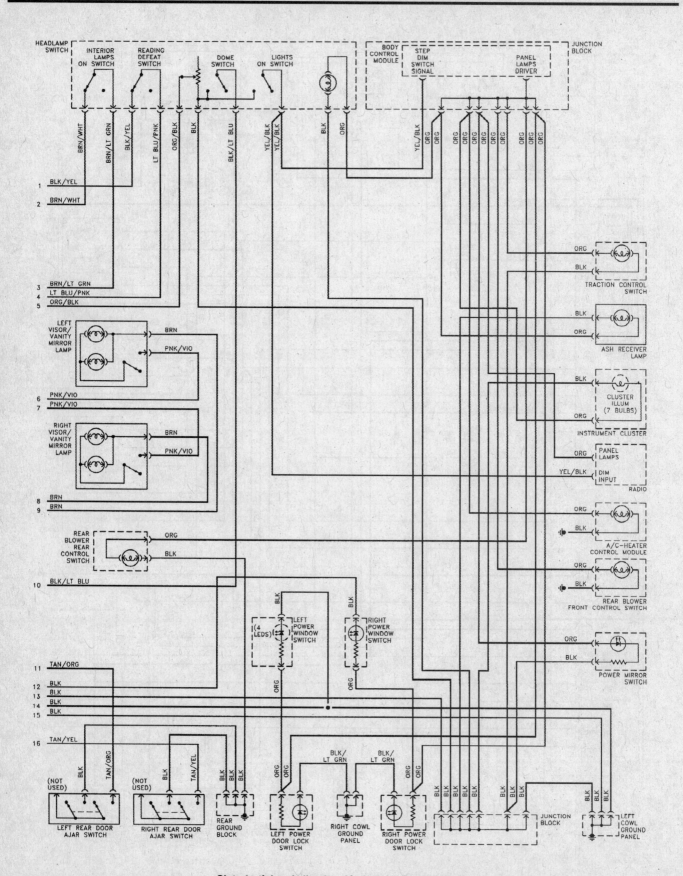

Sistema típico de iluminación interior (parte 2 de 2)

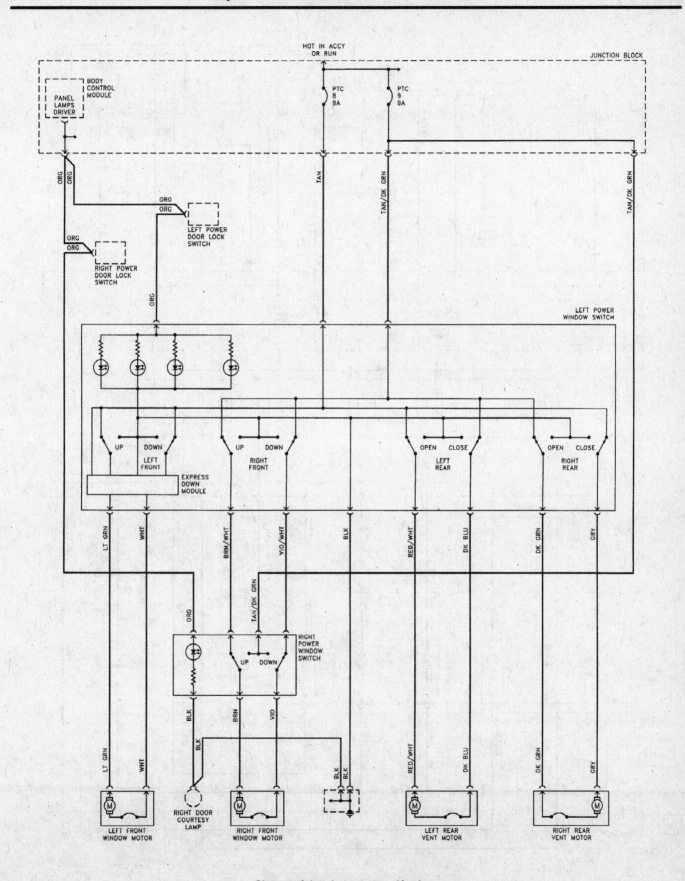

Sistema típico de ventanas eléctricas

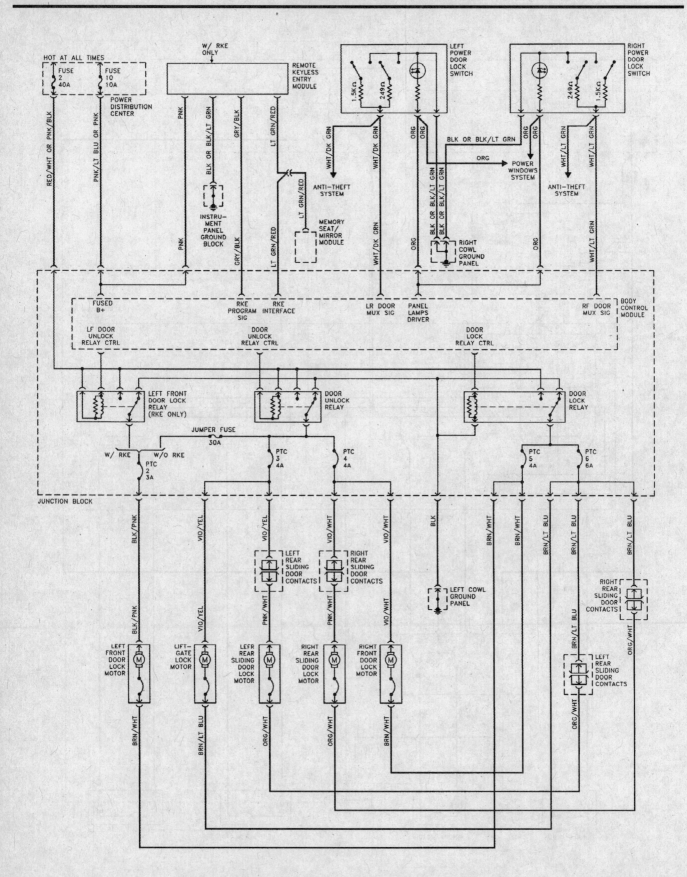

Sistema típico de cerradura eléctrica de puertas - modelos 1996 y 1997

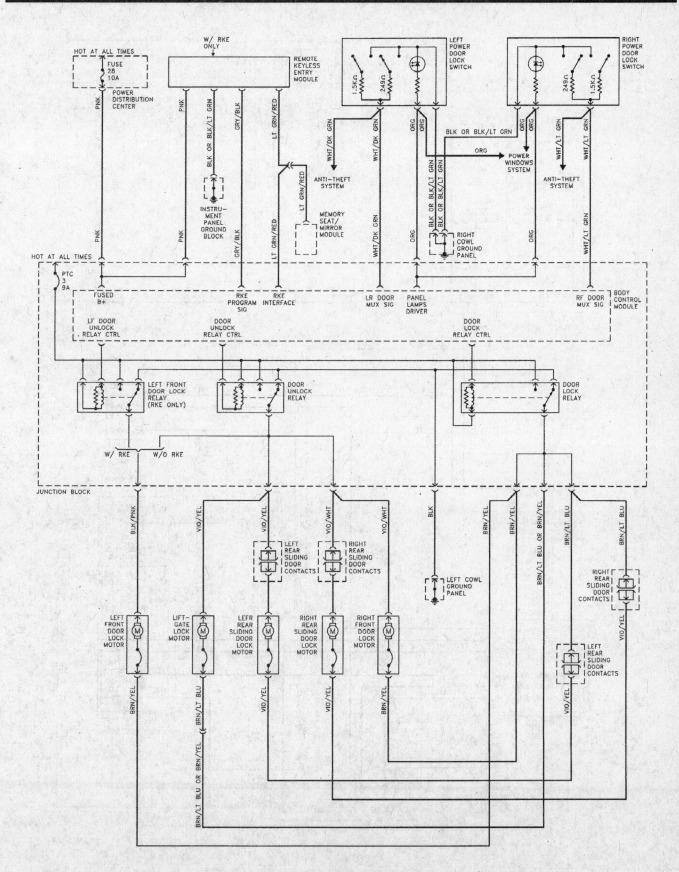

Sistema típico de cerradura eléctrica de puertas - modelos 1998 y posteriores

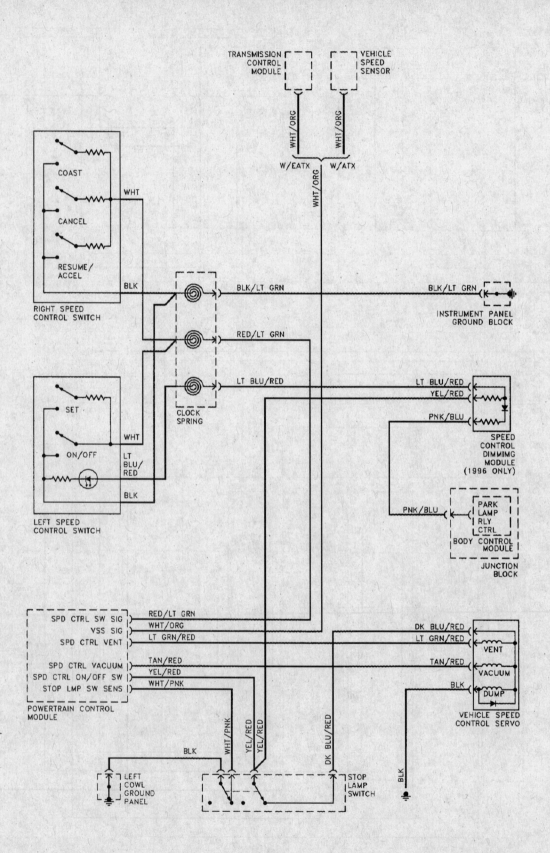

Sistema típico de control de velocidad crucero

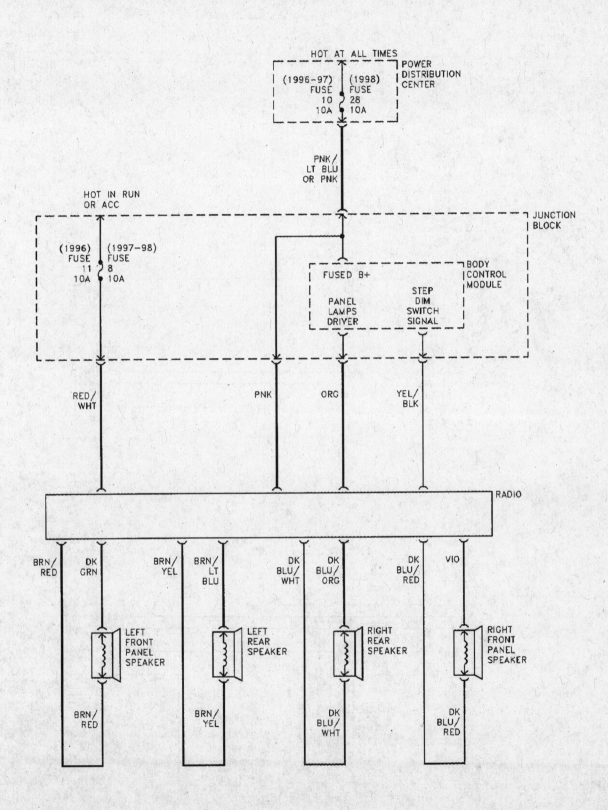

Sistema de audio típico

Notas

Glosario

ABS	Frenos antibloqueantes	Bypass	Desvío
A.I.R.	Regulador de la inyección de aire	Cab	Cabina
AIR CONDITIONING	Aire acondicionado	Canister purge	Purga del canasto de carbón
AC	Aire acondicionado	Carb	Carburador
Acc	Accesorio	Cargo	Cargo
Accel	Acelerador	Cass	Casete
Advance	Avance	CC	Control de crucero
Air	Aire	Charge	Carga
Air diverter valve	Válvula de desviación del aire	Check eng	Luz de Advertencia de la computadora
ALDL	Conector para extraer códigos		
Alt	Alternador	Chk	Chequear
Alternator	Alternador	Choke	Estrangulador
Amp	Amplificador	Cigarette lighter	Encendedor de cigarros
Amplifier	Amplificador	Circ.	Circuito
Ann	Aniversario	Circuit breaker	Corta circuito
Antilock	Frenos antibloqueantes	Clock	Reloj
Ashtray	Cenicero	Close Loop	Ciclo cerrado
AT	Transmisión automática	Cluster	Agrupador de instrumentos
AutoAutomático		Clutch	Embrague
Aux	Auxiliar	Code	Código
AW	Ruedas de aleación	Coil	Bobina
AWD	Tracción en todas las ruedas	Colis	Bobinas
Backing	Retroceder	Cold	Frío
Backup	Retroceso	Color	Color
Bat	Batería	Combination	Combinación
Battery	Batería	Comp	Compresor
Beam	Luz	Compt	Compartimiento
BK	Negro	Computer	Computadora
BK/O	Negro/Naranja	Cond	Condición
BK/W	Negro/Blanco	Conn.	Conector
Blk	Negro	Conns	Conectores
Blower	Ventilador	Connector	Conector
Blu	Azul	Contact	Contacto
Blwr	Ventilador	Control	Control
Box	Caja	Controller	Controlador
Brake	Freno	Conv	Convertible
BRK	Freno	Coolant	Anticongelante
Brn	Café Obscuro	Cooling fan	Ventilador de enfriamiento
Brn	Marrón	Cooling SW	Interruptor para el ventilador de enfriamiento
Bumper	Defensa		
Buzzer	Zumbador	Courtesy	Cortesía

CPE	Cupé	Fuse panel	Panel de fusibles
Crash	Accidente	FWD	Tracción en las cuatro ruedas
Cruise	Crucero	FWD	Tracción en las ruedas delanteras
Ctrl	Control	Gauge	Reloj del tablero
Ctsy	Cortesia	Gear	Engrane
Cut	Cortar	Gen	Generador
Cutoff	Apagar	Generator	Generador
Cyl	Cilindros	Glove box	Guantera
Dash panel	Tablero	Glow	Iluminar
Defog	Descongelador	GLS RF	Techo de vidrio
Detention	Detención	Gn	Verde
DFRS	Asientos traseros que se miran uno al otro	Governor	Governador
		Grd	Tierra
DG	Verde Oscuro	Green	Verde
Diagnostic	Diagnosticar	Grn	Verde
Diesel	Diesel	Gry	Gris
Digital	Digital	GY	Gris
Dimmer	Amortiguador de luz	H SRRA	Páguete para la montaña
Diode	Diodo	Harn	Arnés
Dir	Direccionales	Harness	Grupo de alambres
Direction	Dirección	Hazard	Peligro
Dist.	Distribuidor	Haz Flasher	Intermitente de emergencia
Distrib	Distribuidor	Head lt	Faroles delanteros
Dk Blu	Azul Obscuro	Heated	Calentado
Dk Grn	Verde Obscuro	Heater	Calentador
DLX	De lujo	Heavy	Pesado
Dome light	Luz para el interior	HEGO	Sensor de oxígeno para los gases de escape
Dome LP	Luz para el interior		
Door	Puerta	HI Beam	Luces altas
Down	Baja	HI/LO	Luces altas y bajas
DR.	Puerta	High	Alto
Drive	Marcha/tracción	Horn	Corneta/bocina
Dsl	Diesel	Horns	Cornetas/bocinas
Dual	Doble	HT, HDTP	Techo duro (techo sin el poste del centro)
EEC	Control electrónico del motor		
ECM	Modulo de control electrónico	Htr Blo	Ventilador
EGR	Recirculación de los gases del escape	Idle	Marcha mínima
Elect	Electrónico	Ign	Ignición
Electric	Eléctrico	Ignition	Ignición
Emission	Emisión	Ignition sw.	Interruptor de la ignición/llave
En.	Motor	Illum	iluminación
Enable	Podrá	Immac	Inmaculado
Eng	Motor	In	En o adentro
Engine	Motor	Ind	Indicador
Exc	Excelente	Indicator	Indicador
Ext	Extendido	Inertia	Inercia
Ext.	Exterior	Injector	Inyector
Extended	Extendido	Input	Entrada
Fac	Factoría	Inside	Adentro
Fan	Ventilador	Inst	Instrumento
Fender	Guadafango	Instrument	Instrumento
FI	Inyección de combustible	Inst cluster	Aglutinador de instrumentos
Flasher	Intermitente	Int	Interior
Fluid	Fluido	Interior	Interior
Fog LT	Luces para la neblina	Interlock	Trabar
Four	Cuatro	Internal	Interno
Frame	Chasis	Interval	Intervalos
From	Desde	Ir. signal	Direccionales
Front	Frente	Jamb	Jamba
Frt.	El frente	Jumper	Cable de empalme
Fuel	Combustible	Junction box	Caja de acoplamiento
Fus	Fusible	Key	Llave
Fuse	Fusible	Kickdown	Rebase
Fuse block	Bloque de fusibles	Kicker	Accionador

L.H.	Lado izquierdo	P/B	Frenos de potencia
Lamp	Luz/lampara	P/S	Dirección hidráulica
LB	Azul Pálido	P/W	Morado/Blanco
LB/PK	Azul Pálido/Rosado	P/W	Ventanas eléctricas
LB/R	Azul Pálido/Rojo	Panel	Panel
Left	Izquierda	Park	Estacionar
Level	Nivel	Parking	Estacionando
Lever	Palanca	PB	Frenos de potencia
LG	Verde Pálido	PCM	Módulo de control de la potencia del
LG/BK	Verde Pálido/Negro		motor (computadora)
LG/R	Verde Pálido/Rojo	PDL	Cierre de las puertas automáticos
LHD	Con volante a la mano izquierda	PERF	Paquete de alto rendimiento
Lic	Placa/matricula	Pick-up	Camioneta
License	Placa/matricula	PK/LG	Rosado/Verde Pálido
Life	Vida	PKG	Paquete
Light	Luz	PLUG	Tapón
Lighter	Encendedor	PM	Espejos eléctricos
Line	Línea	Pnk	Rosado
Link	Eslabon	Pos	Posición
Located	Localisado	POS	Positivo
Lock	Cerrado	Position	Posición
Low	Baja	Power	Poder
Low Beam	Luces bajas	Power door locks	Cierre de puertas eléctricos
LP	Azul Pálido	Ppl	Morado
LT	Luz	Press	Presión
LTS	Luces	Pressure	Presión
Lt Blu	Azul pálido	Printed circuit	Circuito impreso
Lt Brn	Marrón pálido	PS	Dirección de potencia
Lt Grn	Verde pálido	PU	Camioneta
Lt Tan	Café pálido	Pulse	Pulsación
LTHR	Piel (cuero)	Pump	Bomba
M/T	Transmisión manual	PW	Ventanas eléctricas
Main	Principal	Pwr	Fuerza
Man	Manual	PWR	Voltaje
Magnetic	Magnetico	R	Rojo
MAP	Presión absoluta del múltiple de	R.H.	Lado derecho
	admisión	R/PK	Rojo/rosado
Marker	Indicador	R/W	Rojo/Blanco
Meter	Medidor	R/Y	Rojo/Amarillo
MI	Millaje	RABS	Frenos anti bloqueantes
Mkr	Marcador	Radiator	Radiador
Model	Modelo	Radio	Radio
Module	Modulo	Rear	Atrás
Motor	Motor	Red	Rojo
Multi-fuction SW	Interruptor de función múltiple	Ref	Referencia
Neut	Neutral	Regulator	Regulador
Neutral	Neutral	Relay	Relé
Neu.Sfty.Sw.	Interruptor de seguridad	Res	Resistencia
Not used	No se usa	Res	Resistor
Off	Apagado	Resistor	Resistor
Oil	Aceite	Right	Derecha
Oil pressure	Presión de aceite	Rly	Relé
Omitted	Omitido	Rlys	Relees
Only	Solamente	Roof marker lps.	Luz para el techo
Open Loop	Ciclo abierto	RSE	Paquete royal SE
Org	Naranja	Run	Correr
Orn	Naranja	Sac	Sacrificar
Output	Salida	Safety	Seguridad
Outside	Afuera	Seat belt	Cinturón de seguridad
Overdrive	Sobremarcha	Seat(s)	Capacidad para sentarse adicional
OW	Ventana de opera	SED	Sedan
OX	Oxigeno	Select	Seleccionar
Oxygen	Oxigeno	Self-test output conn	Conector para la prueba de salida
Oxygen sensor	Sensor de oxigeno	Send	Enviador

Sender	Enviador de señal	To sheet metal	A la carrocería
Sens	Sensor	Top	Arriba
Sensor	Sensor	Torque conv clutch	Embrague del par de torsión
Servo	Servo	Traffic	Tráfico
Shift	Cambio	Trailer	Remolque
Shut-off	Apagar	Trans	Transmisión
Side	Lado	Two	Dos
Sig.	Indicador	Unit	Unidad
Socket	Enchufe	Used	Usado
Sol.	Solenoide	Useful	Servible
Spark	Chispa	Vac	Vacío
Spd	Velocidades	Vacuum	Vacío
Speaker	Bocina	Valve	Válvula
Spec	Especial	Vehicle	Vehículo
Speed	Velocidad	Volt Reg	Regulador de voltaje
Splice	Conector	Voltage	Voltaje
Start	Arranque	Voltmeter	Voltímetro
Starter	Motor de arranque	W	Con
Stop	Freno	W/LB	Blanco/Azul Pálido
Stop	Limitador	W/O	Sin
Strap	Correa	W/S Washer	Bote para el limpiador del parabrisas
SW	Interruptor	W/shield	Parabrisas
SWB	Distancia entre los dos ejes	Warn	Peligro
SWS	Interruptores	Warning	Peligro
Switch	Interruptor	Washer	Limpiador
System	Sistema	Water	Agua
T/LG	Café Pálido/Verde Pálido	WB	Distancia entre los ejes
Tachometer	Tacómetro	WDO	Sin
Tail	Trasera	Wheel	Rueda
Tail gate	Puerta trasera de cargo	Whls	Ruedas
Tan	Café Pálido	Wht	Blanco
Tank	Tanque	Window	Ventana
TCC	Embrague del par de torsión	Windshield	Parabrisas
Temp	Temperatura	Wiper	Limpia parabrisas
Term	Terminal	Wiper motor	Motor limpia parabrisas
Terminal	Terminal	Wire	Alambre
Test	Prueba	Wiring	Alambrado
TFI	Pelicula integrada gruesa	With	Con
Thermistor	Termistor	Without	Sin
Thermo	Termostato	Wrg.	Alambrado
Throttle	Acelerador	Wrng	Peligro
Throttle pos sensor	Sensor de la posición del acelerador	Y/LG	Amarillo/Verde Pálido
Timer	Reloj	Yel	Amarillo
Timing	Tiempo		

CALIBRE DE LOS ALAMBRES Y COLOR DEL AISLAMIENTO

El calibre del alambre y el color del aislamiento están marcados en los esquemáticos para ayudar a identificar cada circuito. Cuando se marcan dos colores de aislamiento, el primero es el color general y el segundo es el color de la raya. Los alambres negros siempre son de tierra. El calibre de los alambres está dado en AWG (Calibre Americano de Alambres).

Colores para los alambres

Nota: *Cuando usted encuentre una combinación de letras, por ejemplo Ppl/Wht, las primeras letras (Ppl) indican el color del alambre, la línea que las separan quieren decir que el alambre tendrá una línea fina con un color (Wht), en este ejemplo el alambre sería de color Morado con una línea Blanca.*

B	Negro	Gry	Gris	Pk	Rosado
Bk	Negro	Gy	Gris	Pnk	Rosado
Blk	Negro	L	Pálido	Ppl	Morado
Blu	Azul	LBL	Azul pálido	R	Rojo
Brn	Café oscuro	Lg	Verde Pálido	Red	Rojo
D	Oscuro	Lt	Pálido	T	Café Pálido
DBL	Azul Oscuro	O	Naranja	Tan	Café Pálido
DG	Verde Oscuro	Or	Naranja	W	Blanco
G	Verde	Org	Naranja	Wht	Blanco
Gn	Verde	Orn	Naranja	Y	Amarillo
Grn	Verde	P	Morado	Yel	Amarillo

Notas

Índice

Manuales automotrices Haynes

ACURA
- **12020 Integra** '86 thru '89 **& Legend** '86 thru '90
- **12021 Integra** '90 thru '93 **& Legend** '91 thru '95
- **Integra** '94 thru '00 - see HONDA Civic (42025)
- **MDX** '01 thru '07 - see HONDA Pilot (42037)
- **12050 Acura TL** all models '99 thru '08

AMC
- **Jeep CJ** - see JEEP (50020)
- **14020 Mid-size models** '70 thru '83
- **14025 (Renault) Alliance & Encore** '83 thru '87

AUDI
- **15020 4000** all models '80 thru '87
- **15025 5000** all models '77 thru '83
- **15026 5000** all models '84 thru '88
- **Audi A4** '96 thru '01 - see VW Passat (96023)
- **15030 Audi A4** '02 thru '08

AUSTIN-HEALEY
- **Sprite** - see MG Midget (66015)

BMW
- **18020 3/5 Series** '82 thru '92
- **18021 3-Series** incl. Z3 models '92 thru '98
- **18022 3-Series** incl. Z4 models '99 thru '05
- **18023 3-Series** '06 thru '10
- **18025 320i** all 4 cyl models '75 thru '83
- **18050 1500 thru 2002** except Turbo '59 thru '77

BUICK
- **19010 Buick Century** '97 thru '05
- **Century** (front-wheel drive) - see GM (38005)
- **19020 Buick, Oldsmobile & Pontiac Full-size (Front-wheel drive)** '85 thru '05
- **Buick** Electra, LeSabre and Park Avenue; **Oldsmobile** Delta 88 Royale, Ninety Eight and Regency; **Pontiac** Bonneville
- **19025 Buick, Oldsmobile & Pontiac Full-size (Rear wheel drive)** '70 thru '90
- **Buick** Estate, Electra, LeSabre, Limited, **Oldsmobile** Custom Cruiser, Delta 88, Ninety-eight, **Pontiac** Bonneville, Catalina, Grandville, Parisienne
- **19030 Mid-size Regal & Century** all rear-drive models with V6, V8 and Turbo '74 thru '87
- **Regal** - see GENERAL MOTORS (38010)
- **Riviera** - see GENERAL MOTORS (38030)
- **Roadmaster** - see CHEVROLET (24046)
- **Skyhawk** - see GENERAL MOTORS (38015)
- **Skylark** - see GM (38020, 38025)
- **Somerset** - see GENERAL MOTORS (38025)

CADILLAC
- **21015 CTS & CTS-V** '03 thru '12
- **21030 Cadillac Rear Wheel Drive** '70 thru '93
- **Cimarron** - see GENERAL MOTORS (38015)
- **DeVille** - see GM (38031 & 38032)
- **Eldorado** - see GM (38030 & 38031)
- **Fleetwood** - see GM (38031)
- **Seville** - see GM (38030, 38031 & 38032)

CHEVROLET
- **10305 Chevrolet Engine Overhaul Manual**
- **24010 Astro & GMC Safari Mini-vans** '85 thru '05
- **24015 Camaro V8** all models '70 thru '81
- **24016 Camaro** all models '82 thru '92
- **24017 Camaro & Firebird** '93 thru '02
- **Cavalier** - see GENERAL MOTORS (38016)
- **Celebrity** - see GENERAL MOTORS (38005)
- **24020 Chevelle, Malibu & El Camino** '69 thru '87
- **24024 Chevette & Pontiac T1000** '76 thru '87
- **Citation** - see GENERAL MOTORS (38020)
- **24027 Colorado & GMC Canyon** '04 thru '10
- **24032 Corsica/Beretta** all models '87 thru '96
- **24040 Corvette** all V8 models '68 thru '82
- **24041 Corvette** all models '84 thru '96
- **24045 Full-size Sedans** Caprice, Impala, Biscayne, Bel Air & Wagons '69 thru '90
- **24046 Impala SS & Caprice and Buick Roadmaster** '91 thru '96
- **Impala** '00 thru '05 - see LUMINA (24048)
- **24047 Impala & Monte Carlo** all models '06 thru '11
- **Lumina** '90 thru '94 - see GM (38010)
- **24048 Lumina & Monte Carlo** '95 thru '05
- **Lumina APV** - see GM (38035)
- **24050 Luv Pick-up** all 2WD & 4WD '72 thru '82
- **Malibu** '97 thru '00 - see GM (38026)
- **24055 Monte Carlo** all models '70 thru '88
- **Monte Carlo** '95 thru '01 - see LUMINA (24048)
- **24059 Nova** all V8 models '69 thru '79
- **24060 Nova and Geo Prizm** '85 thru '92
- **24064 Pick-ups** '67 thru '87 - Chevrolet & GMC
- **24065 Pick-ups** '88 thru '98 - Chevrolet & GMC

- **24066 Pick-ups** '99 thru '06 - Chevrolet & GMC
- **24067 Chevrolet Silverado & GMC Sierra** '07 thru '12
- **24070 S-10 & S-15 Pick-ups** '82 thru '93, **Blazer & Jimmy** '83 thru '94,
- **24071 S-10 & Sonoma Pick-ups** '94 thru '04, including **Blazer, Jimmy & Hombre**
- **24072 Chevrolet TrailBlazer, GMC Envoy & Oldsmobile Bravada** '02 thru '09
- **24075 Sprint** '85 thru '88 **& Geo Metro** '89 thru '01
- **24080 Vans - Chevrolet & GMC** '68 thru '96
- **24081 Chevrolet Express & GMC Savana** Full-size Vans '96 thru '10

CHRYSLER
- **10310 Chrysler Engine Overhaul Manual**
- **25015 Chrysler Cirrus, Dodge Stratus, Plymouth Breeze** '95 thru '00
- **25020 Full-size Front-Wheel Drive** '88 thru '93
- **K-Cars** - see DODGE Aries (30008)
- **Laser** - see DODGE Daytona (30030)
- **25025 Chrysler LHS, Concorde, New Yorker, Dodge Intrepid, Eagle Vision,** '93 thru '97
- **25026 Chrysler LHS, Concorde, 300M, Dodge Intrepid,** '98 thru '04
- **25027 Chrysler 300, Dodge Charger & Magnum** '05 thru '09
- **25030 Chrysler & Plymouth Mid-size** front wheel drive '82 thru '95
- **Rear-wheel Drive** - see Dodge (30050)
- **25035 PT Cruiser** all models '01 thru '10
- **25040 Chrysler Sebring** '95 thru '06, **Dodge Stratus** '01 thru '06, **Dodge Avenger** '95 thru '00

DATSUN
- **28005 200SX** all models '80 thru '83
- **28007 B-210** all models '73 thru '78
- **28009 210** all models '79 thru '82
- **28012 240Z, 260Z & 280Z** Coupe '70 thru '78
- **28014 280ZX** Coupe & 2+2 '79 thru '83
- **300ZX** - see NISSAN (72010)
- **28018 510 & PL521 Pick-up** '68 thru '73
- **28020 510** all models '78 thru '81
- **28022 620 Series Pick-up** all models '73 thru '79
- **720 Series Pick-up** - see NISSAN (72030)
- **28025 810/Maxima** all gasoline models '77 thru '84

DODGE
- **400 & 600** - see CHRYSLER (25030)
- **30008 Aries & Plymouth Reliant** '81 thru '89
- **30010 Caravan & Plymouth Voyager** '84 thru '95
- **30011 Caravan & Plymouth Voyager** '96 thru '02
- **30012 Challenger/Plymouth Saporro** '78 thru '83
- **30013 Caravan, Chrysler Voyager, Town & Country** '03 thru '07
- **30016 Colt & Plymouth Champ** '78 thru '87
- **30020 Dakota Pick-ups** all models '87 thru '96
- **30021 Durango** '98 & '99, **Dakota** '97 thru '99
- **30022 Durango** '00 thru '03 **Dakota** '00 thru '04
- **30023 Durango** '04 thru '09, **Dakota** '05 thru '11
- **30025 Dart, Demon, Plymouth Barracuda, Duster & Valiant** 6 cyl models '67 thru '76
- **30030 Daytona & Chrysler Laser** '84 thru '89
- **Intrepid** - see CHRYSLER (25025, 25026)
- **30034 Neon** all models '95 thru '99
- **30035 Omni & Plymouth Horizon** '78 thru '90
- **30036 Dodge and Plymouth Neon** '00 thru '05
- **30040 Pick-ups** all full-size models '74 thru '93
- **30041 Pick-ups** all full-size models '94 thru '01
- **30042 Pick-ups** full-size models '02 thru '08
- **30045 Ram 50/D50 Pick-ups & Raider and Plymouth Arrow Pick-ups** '79 thru '93
- **30050 Dodge/Plymouth/Chrysler RWD** '71 thru '89
- **30055 Shadow & Plymouth Sundance** '87 thru '94
- **30060 Spirit & Plymouth Acclaim** '89 thru '95
- **30065 Vans - Dodge & Plymouth** '71 thru '03

EAGLE
- **Talon** - see MITSUBISHI (68030, 68031)
- **Vision** - see CHRYSLER (25025)

FIAT
- **34010 124 Sport Coupe & Spider** '68 thru '78
- **34025 X1/9** all models '74 thru '80

FORD
- **10320 Ford Engine Overhaul Manual**
- **10355 Ford Automatic Transmission Overhaul**
- **11500 Mustang** '64-1/2 thru '70 Restoration Guide
- **36004 Aerostar Mini-vans** all models '86 thru '97
- **36006 Contour & Mercury Mystique** '95 thru '00
- **36008 Courier Pick-up** all models '72 thru '82
- **36012 Crown Victoria & Mercury Grand Marquis** '88 thru '10
- **36016 Escort/Mercury Lynx** all models '81 thru '90
- **36020 Escort/Mercury Tracer** '91 thru '02

- **36022 Escape & Mazda Tribute** '01 thru '11
- **36024 Explorer & Mazda Navajo** '91 thru '01
- **36025 Explorer/Mercury Mountaineer** '02 thru '10
- **36028 Fairmont & Mercury Zephyr** '78 thru '83
- **36030 Festiva & Aspire** '88 thru '97
- **36032 Fiesta** all models '77 thru '80
- **36034 Focus** all models '00 thru '11
- **36036 Ford & Mercury Full-size** '75 thru '87
- **36044 Ford & Mercury Mid-size** '75 thru '86
- **36045 Fusion & Mercury Milan** '06 thru '10
- **36048 Mustang V8** all models '64-1/2 thru '73
- **36049 Mustang II** 4 cyl, V6 & V8 models '74 thru '78
- **36050 Mustang & Mercury Capri** '79 thru '93
- **36051 Mustang** all models '94 thru '04
- **36052 Mustang** '05 thru '10
- **36054 Pick-ups & Bronco** '73 thru '79
- **36058 Pick-ups & Bronco** '80 thru '96
- **36059 F-150 & Expedition** '97 thru '09, **F-250** '97 thru '99 **& Lincoln Navigator** '98 thru '09
- **36060 Super Duty Pick-ups, Excursion** '99 thru '10
- **36061 F-150** full-size '04 thru '10
- **36062 Pinto & Mercury Bobcat** '75 thru '80
- **36066 Probe** all models '89 thru '92
- **Probe** '93 thru '97 - see MAZDA 626 (61042)
- **36070 Ranger/Bronco II** gasoline models '83 thru '92
- **36071 Ranger** '93 thru '10 **& Mazda Pick-ups** '94 thru '09
- **36074 Taurus & Mercury Sable** '86 thru '95
- **36075 Taurus & Mercury Sable** '96 thru '05
- **36078 Tempo & Mercury Topaz** '84 thru '94
- **36082 Thunderbird/Mercury Cougar** '83 thru '88
- **36086 Thunderbird/Mercury Cougar** '89 thru '97
- **36090 Vans** all V8 Econoline models '69 thru '91
- **36094 Vans** full size '92 thru '10
- **36097 Windstar Mini-van** '95 thru '07

GENERAL MOTORS
- **10360 GM Automatic Transmission Overhaul**
- **38005 Buick Century, Chevrolet Celebrity, Oldsmobile Cutlass Ciera & Pontiac 6000** all models '82 thru '96
- **38010 Buick Regal, Chevrolet Lumina, Oldsmobile Cutlass Supreme & Pontiac Grand Prix (FWD)** '88 thru '07
- **38015 Buick Skyhawk, Cadillac Cimarron, Chevrolet Cavalier, Oldsmobile Firenza & Pontiac J-2000 & Sunbird** '82 thru '94
- **38016 Chevrolet Cavalier & Pontiac Sunfire** '95 thru '05
- **38017 Chevrolet Cobalt & Pontiac G5** '05 thru '11
- **38020 Buick Skylark, Chevrolet Citation, Olds Omega, Pontiac Phoenix** '80 thru '85
- **38025 Buick Skylark & Somerset, Oldsmobile Achieva & Calais and Pontiac Grand Am** all models '85 thru '98
- **38026 Chevrolet Malibu, Olds Alero & Cutlass, Pontiac Grand Am** '97 thru '03
- **38027 Chevrolet Malibu** '04 thru '10
- **38030 Cadillac Eldorado, Seville, Oldsmobile Toronado, Buick Riviera** '71 thru '85
- **38031 Cadillac Eldorado & Seville, DeVille, Fleetwood & Olds Toronado, Buick Riviera** '86 thru '93
- **38032 Cadillac DeVille** '94 thru '05 **& Seville** '92 thru '04, **Cadillac DTS** '06 thru '10
- **38035 Chevrolet Lumina APV, Olds Silhouette & Pontiac Trans Sport** all models '90 thru '96
- **38036 Chevrolet Venture, Olds Silhouette, Pontiac Trans Sport & Montana** '97 thru '05
- **General Motors Full-size Rear-wheel Drive** - see BUICK (19025)
- **38040 Chevrolet Equinox** '05 thru '09 **Pontiac Torrent** '06 thru '09
- **38070 Chevrolet HHR** '06 thru '11

GEO
- **Metro** - see CHEVROLET Sprint (24075)
- **Prizm** - '85 thru '92 see CHEVY (24060), '93 thru '02 see TOYOTA Corolla (92036)
- **40030 Storm** all models '90 thru '93
- **Tracker** - see SUZUKI Samurai (90010)

GMC
- **Vans & Pick-ups** - see CHEVROLET

HONDA
- **42010 Accord CVCC** all models '76 thru '83
- **42011 Accord** all models '84 thru '89
- **42012 Accord** all models '90 thru '93
- **42013 Accord** all models '94 thru '97
- **42014 Accord** all models '98 thru '02
- **42015 Accord** all models '03 thru '07
- **42020 Civic 1200** all models '73 thru '79
- **42021 Civic 1300 & 1500 CVCC** '80 thru '83
- **42022 Civic 1500 CVCC** all models '75 thru '79

(Continuación)

Haynes North America, Inc., 861 Lawrence Drive, Newbury Park, CA 91320-1514 • (805) 498-6703 • http://www.haynes.com

Manuales automotrices Haynes (continuacíon)

NOTA: Si usted no puede encontrar su vehículo en esta lista, consulte con su distribuidor Haynes, para información de la producción más moderna.

42023 Civic all models '84 thru '91
42024 Civic & del Sol '92 thru '95
42025 Civic '96 thru '00, **CR-V** '97 thru '01, **Acura Integra** '94 thru '00
42026 Civic '01 thru '10, **CR-V** '02 thru '09
42035 Odyssey all models '99 thru '10
Passport - see ISUZU Rodeo (47017)
42037 Honda Pilot '03 thru '07, **Acura MDX** '01 thru '07
42040 Prelude CVCC all models '79 thru '89

HYUNDAI
43010 Elantra all models '96 thru '10
43015 Excel & Accent all models '86 thru '09
43050 Santa Fe all models '01 thru '06
43055 Sonata all models '99 thru '08

INFINITI
G35 '03 thru '08 - see NISSAN 350Z (72011)

ISUZU
Hombre - see CHEVROLET S-10 (24071)
47017 Rodeo, Amigo & Honda Passport '89 thru '02
47020 Trooper & Pick-up '81 thru '93

JAGUAR
49010 XJ6 all 6 cyl models '68 thru '86
49011 XJ6 all models '88 thru '94
49015 XJ12 & XJS all 12 cyl models '72 thru '85

JEEP
50010 Cherokee, Comanche & Wagoneer Limited all models '84 thru '01
50020 CJ all models '49 thru '86
50025 Grand Cherokee all models '93 thru '04
50026 Grand Cherokee '05 thru '09
50029 Grand Wagoneer & Pick-up '72 thru '91 Grand Wagoneer '84 thru '91, Cherokee & Wagoneer '72 thru '83, Pick-up '72 thru '88
50030 Wrangler all models '87 thru '11
50035 Liberty '02 thru '07

KIA
54050 Optima '01 thru '10
54070 Sephia '94 thru '01, **Spectra** '00 thru '09, **Sportage** '05 thru '10

LEXUS
ES 300/330 - see TOYOTA Camry (92007) (92008)
RX 330 - see TOYOTA Highlander (92095)

LINCOLN
Navigator - see FORD Pick-up (36059)
59010 Rear-Wheel Drive all models '70 thru '10

MAZDA
61010 GLC Hatchback (rear-wheel drive) '77 thru '83
61011 GLC (front-wheel drive) '81 thru '85
61012 Mazda3 '04 thru '11
61015 323 & Protogé '90 thru '03
61016 MX-5 Miata '90 thru '09
61020 MPV all models '89 thru '98
Navajo - see Ford Explorer (36024)
61030 Pick-ups '72 thru '93
Pick-ups '94 thru '00 - see Ford Ranger (36071)
61035 RX-7 all models '79 thru '85
61036 RX-7 all models '86 thru '91
61040 626 (rear-wheel drive) all models '79 thru '82
61041 626/MX-6 (front-wheel drive) '83 thru '92
61042 626, MX-6/Ford Probe '93 thru '02
61043 Mazda6 '03 thru '11

MERCEDES-BENZ
63012 123 Series Diesel '76 thru '85
63015 190 Series four-cyl gas models, '84 thru '88
63020 230/250/280 6 cyl sohc models '68 thru '72
63025 280 123 Series gasoline models '77 thru '81
63030 350 & 450 all models '71 thru '80
63040 C-Class: C230/C240/C280/C320/C350 '01 thru '07

MERCURY
64200 Villager & Nissan Quest '93 thru '01
All other titles, see FORD Listing.

MG
66010 MGB Roadster & GT Coupe '62 thru '80
66015 MG Midget, Austin Healey Sprite '58 thru '80

MINI
67020 Mini '02 thru '11

MITSUBISHI
68020 Cordia, Tredia, Galant, Precis & Mirage '83 thru '93
68030 Eclipse, Eagle Talon & Ply. Laser '90 thru '94
68031 Eclipse '95 thru '05, Eagle Talon '95 thru '98
68035 Galant '94 thru '10
68040 Pick-up '83 thru '96 & Montero '83 thru '93

NISSAN
72010 300ZX all models including Turbo '84 thru '89
72011 350Z & Infiniti G35 all models '03 thru '08
72015 Altima all models '93 thru '06
72016 Altima '07 thru '10
72020 Maxima all models '85 thru '92
72021 Maxima all models '93 thru '04
72025 Murano '03 thru '10
72030 Pick-ups '80 thru '97 Pathfinder '87 thru '95
72031 Frontier Pick-up, Xterra, Pathfinder '96 thru '04
72032 Frontier & Xterra '05 thru '11
72040 Pulsar all models '83 thru '86
Quest - see MERCURY Villager (64200)
72050 Sentra all models '82 thru '94
72051 Sentra & 200SX all models '95 thru '06
72060 Stanza all models '82 thru '90
72070 Titan pick-ups '04 thru '10 **Armada** '05 thru '10

OLDSMOBILE
73015 Cutlass V6 & V8 gas models '74 thru '88
For other OLDSMOBILE titles, see BUICK, CHEVROLET or GENERAL MOTORS listing.

PLYMOUTH
For PLYMOUTH titles, see DODGE listing.

PONTIAC
79008 Fiero all models '84 thru '88
79018 Firebird V8 models except Turbo '70 thru '81
79019 Firebird all models '82 thru '92
79025 G6 all models '05 thru '09
79040 Mid-size Rear-wheel Drive '70 thru '87
Vibe '03 thru '11 - see TOYOTA Matrix (92060)
For other PONTIAC titles, see BUICK, CHEVROLET or GENERAL MOTORS listing.

PORSCHE
80020 911 except Turbo & Carrera 4 '65 thru '89
80025 914 all 4 cyl models '69 thru '76
80030 924 all models including Turbo '76 thru '82
80035 944 all models including Turbo '83 thru '89

RENAULT
Alliance & Encore - see AMC (14020)

SAAB
84010 900 all models including Turbo '79 thru '88

SATURN
87010 Saturn all S-series models '91 thru '02
87011 Saturn Ion '03 thru '07
87020 Saturn all L-series models '00 thru '04
87040 Saturn VUE '02 thru '07

SUBARU
89002 1100, 1300, 1400 & 1600 '71 thru '79
89003 1600 & 1800 2WD & 4WD '80 thru '94
89100 Legacy all models '90 thru '99
89101 Legacy & Forester '00 thru '06

SUZUKI
90010 Samurai/Sidekick & Geo Tracker '86 thru '01

TOYOTA
92005 Camry all models '83 thru '91
92006 Camry all models '92 thru '96
92007 Camry, Avalon, Solara, Lexus ES 300 '97 thru '01
92008 Toyota Camry, Avalon and Solara and Lexus ES 300/330 all models '02 thru '06
92009 Camry '07 thru '11
92015 Celica Rear Wheel Drive '71 thru '85
92020 Celica Front Wheel Drive '86 thru '99
92025 Celica Supra all models '79 thru '92
92030 Corolla all models '75 thru '79
92032 Corolla all rear wheel drive models '80 thru '87
92035 Corolla all front wheel drive models '84 thru '92
92036 Corolla & Geo Prizm '93 thru '02
92037 Corolla models '03 thru '11
92040 Corolla Tercel all models '80 thru '82
92045 Corona all models '74 thru '82
92050 Cressida all models '78 thru '82
92055 Land Cruiser FJ40, 43, 45, 55 '68 thru '82
92056 Land Cruiser FJ60, 62, 80, FZJ80 '80 thru '96
92060 Matrix & Pontiac Vibe '03 thru '11
92065 MR2 all models '85 thru '87
92070 Pick-up all models '69 thru '78
92075 Pick-up all models '79 thru '95
92076 Tacoma, 4Runner, & T100 '93 thru '04
92077 Tacoma all models '05 thru '09
92078 Tundra '00 thru '06 & **Sequoia** '01 thru '07
92079 4Runner all models '03 thru '09
92080 Previa all models '91 thru '95
92081 Prius all models '01 thru '08
92082 RAV4 all models '96 thru '10
92085 Tercel all models '87 thru '94
92090 Sienna all models '98 thru '09
92095 Highlander & Lexus RX-330 '99 thru '07

TRIUMPH
94007 Spitfire all models '62 thru '81
94010 TR7 all models '75 thru '81

VW
96008 Beetle & Karmann Ghia '54 thru '79
96009 New Beetle '98 thru '11
96016 Rabbit, Jetta, Scirocco & Pick-up gas models '75 thru '92 & Convertible '80 thru '92
96017 Golf, GTI & Jetta '93 thru '98, **Cabrio** '95 thru '02
96018 Golf, GTI, Jetta '99 thru '05
96019 Jetta, Rabbit, GTI & Golf '05 thru '11
96020 Rabbit, Jetta & Pick-up diesel '77 thru '84
96023 Passat '98 thru '05, **Audi A4** '96 thru '01
96030 Transporter 1600 all models '68 thru '79
96035 Transporter 1700, 1800 & 2000 '72 thru '79
96040 Type 3 1500 & 1600 all models '63 thru '73
96045 Vanagon all air-cooled models '80 thru '83

VOLVO
97010 120, 130 Series & 1800 Sports '61 thru '73
97015 140 Series all models '66 thru '74
97020 240 Series all models '76 thru '93
97040 740 & 760 Series all models '82 thru '88
97050 850 Series all models '93 thru '97

TECHBOOK MANUALS
10205 Automotive Computer Codes
10206 OBD-II & Electronic Engine Management
10210 Automotive Emissions Control Manual
10215 Fuel Injection Manual '78 thru '85
10220 Fuel Injection Manual '86 thru '99
10225 Holley Carburetor Manual
10230 Rochester Carburetor Manual
10240 Weber/Zenith/Stromberg/SU Carburetors
10305 Chevrolet Engine Overhaul Manual
10310 Chrysler Engine Overhaul Manual
10320 Ford Engine Overhaul Manual
10330 GM and Ford Diesel Engine Repair Manual
10333 Engine Performance Manual
10340 Small Engine Repair Manual, 5 HP & Less
10341 Small Engine Repair Manual, 5.5 - 20 HP
10345 Suspension, Steering & Driveline Manual
10355 Ford Automatic Transmission Overhaul
10360 GM Automatic Transmission Overhaul
10405 Automotive Body Repair & Painting
10410 Automotive Brake Manual
10411 Automotive Anti-lock Brake (ABS) Systems
10415 Automotive Detailing Manual
10420 Automotive Electrical Manual
10425 Automotive Heating & Air Conditioning
10430 Automotive Reference Manual & Dictionary
10435 Automotive Tools Manual
10440 Used Car Buying Guide
10445 Welding Manual
10450 ATV Basics
10452 Scooters 50cc to 250cc

SPANISH MANUALS
98903 Reparación de Carrocería & Pintura
98904 Manual de Carburador Modelos Holley & Rochester
98905 Códigos Automotrices de la Computadora
98906 OBD-II & Sistemas de Control Electrónico del Motor
98910 Frenos Automotriz
98913 Electricidad Automotriz
98915 Inyección de Combustible '86 al '99
99040 Chevrolet & GMC Camionetas '67 al '87
99041 Chevrolet & GMC Camionetas '88 al '98
99042 Chevrolet & GMC Camionetas Cerradas '68 al '95
99043 Chevrolet/GMC Camionetas '94 al '04
99048 Chevrolet/GMC Camionetas '99 al '06
99055 Dodge Caravan & Plymouth Voyager '84 al '95
99075 Ford Camionetas y Bronco '80 al '94
99076 Ford F-150 '97 al '09
99077 Ford Camionetas Cerradas '69 al '91
99088 Ford Modelos de Tamaño Mediano '75 al '86
99089 Ford Camionetas Ranger '93 al '10
99091 Ford Taurus & Mercury Sable '86 al '95
99095 GM Modelos de Tamaño Grande '70 al '90
99100 GM Modelos de Tamaño Mediano '70 al '88
99106 Jeep Cherokee, Wagoneer & Comanche '84 al '00
99110 Nissan Camioneta '80 al '96, **Pathfinder** '87 al '95
99118 Nissan Sentra '82 al '94
99125 Toyota Camionetas y 4Runner '79 al '95

Sobre 100 manuales de motocicletas también están incluidos

7-12